Victoria Forner

HISTORIA PROSCRITA
*La actuación de agentes judíos
en la Hª Contemporánea*

II

LA HISTORIA SILENCIADA
DE ENTREGUERRAS

VICTORIA FORNER

HISTORIA PROSCRITA
*La actuación de agentes judíos
en la Hª Contemporánea*
II
LA HISTORIA SILENCIADA DE ENTREGUERRAS

Ilustración de la portada:
"*Unser täglich Brot*" (*Nuestro pan de cada día*) 1946
Pintado por Ulrich Leman (1885–1988)
Düsseldorf, Stadtmuseum

Publicado por
OMNIA VERITAS LTD
OMNIA VERITAS®
www.omnia-veritas.com

© Omnia Veritas Ltd – Victoria Forner – 2017

Reservados todos los derechos. No se permite la reproducción total o parcial de esta obra, sin autorización previa y por escrito de los titulares del *copyright*. La infracción de dichos derechos puede constituir un delito contra la propiedad intelectual.

CAPÍTULO VIII 11

LA HISTORIA SILENCIADA DE ENTREGUERRAS 11
1ª Parte La Conferencia de Paz 11
- RIIA, CFR, IPR 14
- El Tratado de Versalles 16
- La creación de la Sociedad de Naciones y su fracaso 21
- Conferencia de San Remo, *Declaración Balfour* y Mandato británico 23

2ª parte Expolio, guerra civil y terror en Rusia. Muerte de Lenin y derrota de Trotsky 33
- El mayor atraco de la historia 36
- La guerra civil contra los blancos 52
- Guerra civil contra los campesinos. 71
- Guerra civil contra los obreros y los marinos de Kronstadt 76
- Guerra civil contra los cosacos 80
- Terror rojo y terror judío 83
- Muerte de Lenin. Trotsky y Stalin pugnan por el poder 87

3ª Parte Fracaso del comunismo internacional en Alemania y triunfo del nacionalismo 96
- Alemania, pieza clave para la revolución internacional 97
- El Tratado de Rapallo y el asesinato de Rathenau 105
- Hitler y el "Putsch de Múnich" 110
- Numerosos judíos "antisemitas" en el entorno de Hitler 112
- Los banqueros judíos financian a Hitler 120
- Mientras Judea declara la guerra, el sionismo colabora: el Acuerdo Haavara. ..141

4ª Parte Roosevelt en la Casa Blanca. El congresista McFadden denuncia la conspiración 150
- Discurso de McFadden pronunciado el 10 de junio de 1932 156
- Los discursos de McFadden en 1933 161
- Los discursos de 1934 166

5ª Parte Terror en la URSS y genocidio en Ucrania 172
- La eliminación de los kulaks 174
- Colectivización forzosa 179
- Nuevos ataques contra los sacerdotes y las iglesias 184
- Holodomor: el genocidio ignorado de los campesinos ucranianos 187

6ª Parte Los juicios de Moscú y la purga del trotskysmo 201
- El asesinato de Kírov 205
- El Juicio de los Dieciséis 214
- El juicio de Pyatakov 232
- La purga en la NKVD y en el Ejército Rojo 249
- El Juicio de los Veintiuno 266
- Yezhovschina 295

CAPÍTULO IX 297

REPÚBLICA, REVOLUCIÓN Y GUERRA CIVIL EN ESPAÑA 297
1ª Parte La religión y la Iglesia en España 297
- Los apóstoles del ateísmo traen la Internacional a España 306
2ª Parte Acoso a la Monarquía y derribo 309
- Catorce meses sin tregua 311
- El golpe de Estado incruento 321

3ª Parte La II República *328*
    La marea de masones lo inunda todo 329
    Anticlericalismo... 333
    La Constitución de la II República 336
    El bienio social-azañista o masónico 340
    El centro-derecha gobierna sin la CEDA 348
    Golpe de Estado de Companys en Cataluña...................................... 356
    Golpe de Estado cruento y guerra civil en Asturias 360
    De crisis en crisis hacia el Frente Popular... 367
4ª Parte Frente Popular, revolución y guerra civil *372*
    El asesinato de Calvo Sotelo 382
    Fracaso del golpe de Estado... 388
    La revolución.. 392
    Cataluña, punta de lanza de la revolución... 393
    La situación en Madrid 400
    Largo Caballero y Negrín entregan el oro a Stalin............................ 407
    Huida del Gobierno y matanza masiva de presos............................. 413
    Hacia el dominio stalinista de la República 425
    Guerra civil en el bando republicano y derrocamiento de Largo Caballero 435
    Judíos trotskystas y judíos stalinistas.. 448
    Represión contra poumistas y anarquistas. El asesinato de Andreu Nin 454
    La situación en la España de Franco 458
    Sobre el mito de Guernica y la campaña del norte 463
    Dos batallas decisivas para ganar la guerra....................................... 465
    Golpe de Estado de Casado y nueva guerra civil en el bando republicano 471
    Sobre la represión en la España nacional.. 475

ÍNDICE **481**
OTROS LIBROS PUBLICADO POR OMNIA VERITAS **505**

CAPÍTULO VIII

LA HISTORIA SILENCIADA DE ENTREGUERRAS

1ª PARTE
LA CONFERENCIA DE PAZ

Del 28 al 30 de junio de 1917, casi tres meses después de la declaración de guerra de Estados Unidos a Alemania, se celebró en la sede del Gran Oriente en París, calle Cadet número 2, una importantísima conferencia internacional masónica. El vizconde Léon de Poncins, uno de los estudiosos que más ha escrito sobre la masonería, asegura que se trató de "un encuentro ultrasecreto que tuvo un significado histórico absolutamente vital". Casi todas las logias de los países aliados y neutrales estuvieron presentes. El objeto de la reunión era establecer las bases de un tratado de paz y preparar la creación de una futura Liga de Naciones. Una comisión presentó el resultado de sus trabajos por boca del hermano Lebey, quien leyó en voz alta una resolución que constaba de trece artículos. Seis meses más tarde, el hermano Woodrow Wilson, apoyado por el hermano Mandell House y por sus consejeros judíos Baruch y Brandeis, presentó ante el Congreso de Estados Unidos sus famosos catorce puntos, trece de los cuales repetían de cabo a rabo el texto leído en el Congreso Masónico de París. Este hecho desconocido o ignorado por los historiadores lo demuestra Léon de Poncins como una verdad innegable en el libro *Société des Nations, super-état maçonnique*, publicado en 1936. En dicha obra se cita la moción presentada por el hermano Peigné, la cual se convirtió en la resolución que el Congreso dirigió al presidente Wilson, quien en 1919 iba a recibir el Nobel de la Paz por impulsar la Sociedad de Naciones:

> "Este Congreso envía a Mr. Wilson, presidente de los Estados Unidos, el homenaje de su admiración y el tributo de su reconocimiento por los grandes servicios que ha prestado a la humanidad; declara que se siente feliz por colaborar con el presidente Wilson en este trabajo de justicia internacional y fraternidad democrática, que es el mismo ideal de la masonería; y afirma que los eternos principios de la masonería están por

completo en harmonía con aquellos proclamados por el presidente Wilson en defensa de la civilización y la libertad de los pueblos."

En ausencia de los representantes de los países derrotados, a quienes se presentaron los acuerdos para que los firmasen, El 18 de enero de 1919 comenzó en París la Conferencia de Paz, a la que asistieron treinta y dos países. Se prolongó hasta el 20 de enero de 1920. La Creación de la Sociedad de Naciones era uno de los objetivos fundamentales en la agenda de los vencedores. Las sesiones estuvieron dirigidas por Wilson, Lloyd George y Clemenceau. Vittorio Emanuele Orlando, que encabezó la delegación italiana, tuvo un papel muy secundario y acabó dimitiendo en junio de 1919.

En realidad, como se ha venido explicando, estos hombres eran sólo los instrumentos del Poder Oculto que dominó por completo la Conferencia. Dichos políticos estaban rodeados de consejeros judíos cuya influencia fue preponderante en los debates. El consejero privado de George Lloyd fue el judío Sir Philip Sassoon. Los Sassoon, enriquecidos con el tráfico ilícito de opio, están emparentados con los Rothschild y ejercen su control sobre los bancos de India y China. Naturalmente Lord Milner, el superagente de los Rothschild ingleses, formaba parte de la delegación británica y junto a Bonar Law y George Lloyd estampó su firma en el Tratado de Versalles. Como secretario de Estado por India asistió a la Conferencia el judío británico Edwin Samuel Montague. En cuanto a los franceses, el propio Georges Clemenceau era un masón próximo a los Rothschild. Su inseparable asesor fue George Mandel, un judío que era su secretario privado y cuyo verdadero nombre era Louis Georges Rothschild, hijo natural de una Rothschild. Incluso el intérprete de Clemanceau, Paul Mantoux, era judío. Otro judío francés signatario de los Tratados fue Louis-Lucien Klotz. También el ministro de Exteriores italiano, barón Sidney Sonnino, que firmó el Tratado de Versalles, era hijo de un judío. Sonnino era además un hombre del trust Olivetti, fundado en 1908 por Camillo Olivetti, un socialista judío que previó que las máquinas de escribir iban a ser un mercado de vanguardia.

El contingente de judíos en la delegación americana fue escandaloso. Paul Warburg, el artífice del Sistema de la Reserva Federal, la encabezaba. Cuatro hombres rodeaban a Woodrow Wilson: Edward Mandell House, agente illuminati del cártel Rothschild-Warburg-Rockefeller, a quien el presidente consideraba su "alter ego", Bernard Mannes Baruch, "procónsul de Judá en América", el juez del Supremo Louis Dembitz Brandeis, campeón del sionismo en Estados Unidos, y Henry Morgenthau. Integraban además la delegación nueve miembros del "American Jewish Committee", cuyo presidente, Louis Marshall, era a la vez vicepresidente del "American Jewish Congress". En la estela de Marshall iban el rabino Stephen Wise, el rabino B. L. Levinthal, el juez Julian Mack, Harry Cutler, Jacob de Haas, Jacob Syrkin, Joseph Barondess y Leopold Benedict.

En la delegación alemana se encontraba el hermano de Paul Warburg, Max Warburg, quien al frente del Servicio Secreto alemán había financiado a Trotsky y a Lenin. Casi todos los componentes de la representación alemana que revisaron el Tratado de Versalles y aceptaron las condiciones de paz eran también judíos. Los más destacados fueron Walter Rathenau, ministro de Exteriores de la República de Weimar; Edgar Jaffé, comunista bávaro que había sido ministro de Hacienda de la República Soviética de Bavaria y era amigo de Kurt Eisner; el profesor Albrecht Mendelssohn-Bartholdy, nieto del compositor Félix Mendelssohn, el profesor Jacob Wassermann, autor de varias novelas de tema judío, Óscar Oppenheimer y otros.

Por si todo esto fuera poco, los judíos que formaban parte de las distintas representaciones diplomáticas constituyeron el "Comité des Delegacions Juives". Sus pretensiones tenían que ver con los derechos de las minorías, que lograron plasmar en un Tratado sobre las Minorías Nacionales firmado el 28 de junio de 1919, el cual se aplicó básicamente en países donde existían minorías judías. El artífice fue Lucien Wolf, que asistió a la Conferencia de Paz formando parte de la delegación inglesa. Wolf, de quien se dijo que poseía todos los secretos del Foreign Office y cuyo secretario era el también judío David Mowshowitch, puso en juego sus contactos diplomáticos para lograr el Tratado, el cual permitía a los judíos acudir a la Sociedad de Naciones cada vez que consideraban que sus privilegios habían sido violados por un Estado soberano[1]. La Organización Sionista, además de tener colocados a sus agentes en las espaldas de los líderes aliados, tuvo asimismo representación propia en la Conferencia. Su jefe, el ubicuo Chaim Weizmann, acababa de firmar el 3 de enero de 1919 un acuerdo con el emir Feisal Ibn Hussein sobre Palestina que nunca fue implementado. Otro sionista de mención obligada presente en París fue Félix Frankfurter, un juez confidente de su colega Louis Brandeis, que encabezaba la delegación sionista norteamericana. Frankfurter sería más tarde asesor de Franklin D. Roosevelt.

El 13 de mayo de 1919, mientras el elemento judío predominaba en todas las delegaciones de la Conferencia de Paz, el senador Adrien Gaudin de Villaine denunció con palabras inequívocas en el Senado de Francia la subversión que los judíos estaban protagonizando. Entre otras clarividentes acusaciones dijo: "la Revolución Rusa y la Gran Guerra son sólo fases de la movilización suprema de los poderes cosmopolitas del dinero, y esta cruzada

---

[1] El artículo VI del Tratado permitía a los judíos tener representación en parlamentos nacionales y ayuntamientos, además de instituciones de autogobierno. Ante cualquier medida que fuese considerada por ellos una violación de sus privilegios, tenían el derecho a quejarse a la Sociedad de Naciones, que debía interferir ante el supuesto Estado soberano. En Polonia, concretamente, la minoría judía logró prohibir que se pudieran celebrar elecciones en sábado, su día festivo. Tampoco podían ser citados a juicio en sábado ni se les podía exigir que pagasen sus deudas o los salarios a sus empleados.

culminante del Dinero contra la Cruz no es otra cosa que la aspiración furiosa del Judío al dominio de nuestro mundo. Es la Alta Banca Judía que ha provocado en Rusia la revolución preparada por los Kerenskys y finalmente perpetrada por los Lenins, Trotskys y Zinóvievs, como lo fue ayer el golpe de Estado comunista en Hungría, porque el bolchevismo es un levantamiento talmúdico."

RIIA, CFR, IPR

Puede decirse que en París estaban todos. Se trataba de aprovechar los resultados de la guerra para avanzar en las pretensiones internacionalistas de los banqueros illuminati, máximos vencedores del conflicto mundial que ellos habían auspiciado y financiado. Además de la negociación y redacción de los Tratados, la Conferencia de Paz brindó a los asistentes la oportunidad de mantener en paralelo múltiples reuniones y contactos de altísimo nivel. Edward Mandell House convocó el 19 de mayo de 1919 a una serie de delegados británicos y norteamericanos para un encuentro de trabajo en el Hotel Majestic de París. El 30 de mayo de 1919 tuvo lugar una segunda reunión en el mismo hotel para discutir la creación del "Royal Institute of International Affairs" (RIIA), también conocido como "Chattan House Study Group", pues sus cuarteles generales se ubicaron inicialmente en esta sede propiedad de los Astor, una de las grandes familias de los Illuminati. Con anterioridad el grupo de la Round Table, la sociedad secreta fundada por Lord Milner, había encargado a Lionel Curtis que configurase un plantel de expertos para preparar la fundación del RIIA.

En París los hombres de Alfred Milner entablaron estupendas relaciones con los técnicos enviados por Morgan y Rockefeller, entre los que estaban Georges Louis Beer y Thomas Lamont, uno de los dos representantes del Tesoro en la Conferencia, a quien ya conocemos por sus actividades en favor del comunismo. Ambos estuvieron entre los organizadores del "Council on Foreign Relations" (CFR), organismo equivalente al RIIA en Estados Unidos, cuya gestación se planificó asimismo en París. Fue en una reunión celebrada el 5 de junio de 1919 donde se optó por la fórmula de organizaciones separadas que debían colaborar entre ellas. A pesar del acuerdo inicial alcanzado en París, el CFR, cuya sede se instaló en Nueva York, no se formó oficialmente hasta el 29 de julio de 1921. Otro organismo subsidiario del RIIA concebido por la élite financiera en los encuentros parisinos fue el "Institute of Pacific Relations" (IPR), fundado para ocuparse exclusivamente de los asuntos del lejano oriente.

Estas organizaciones globalistas han ejercido desde su creación como "think tanks" cuya finalidad sería en teoría aconsejar a sus respectivos gobiernos sobre cuestiones internacionales. En la práctica son instrumentos de control del Poder Oculto que se mueve permanentemente en la sombra, el cual a través de estos organismos dicta o impone a las naciones las políticas que deben adoptarse en el ámbito internacional. En definitiva, los internacionalistas, mundialistas o globalistas, y hoy se está viendo con claridad meridiana, pretendían ir arrebatando la soberanía a los Estados nacionales y entregarla a una camarilla de técnicos al servicio de los banqueros internacionales. El respaldo financiero del RIIA provino inicialmente de los Astor. En un acto de reconocimiento, Waldorf Astor, hijo de John Jacob Astor, fue designado miembro honorario del Royal Institute of International Affairs. Otro financiero de prestigio que participó en la creación del RIIA fue el barón Edmond de Rothschild de Francia, cuyo papel en la Conferencia de Paz de París fue muy relevante. Edmond de Rothschild dio su aprobación personal a cada uno de los miembros fundadores. Del RIIA nacieron posteriormente nuevos órganos de control como el "Tavistock Institute" y el Club de Roma.

El dinero para la fundación de Council on Foreign Relations lo aportaron J. P. Morgan, Paul Warburg, Bernard Baruch, Jacob Schiff, Otto Kahn y John D. Rockefeller, entre otros. Es decir, los mismos banqueros judíos que estaban detrás de la creación de la Reserva Federal. En la primera Junta Directiva del CFR figuraban Paul Warburg, Otto Kahn, Isaiah Bowman, William Shepard, Whitney Shepardson, Stephen Duggan, John W. Davis, Norman H. Davis y Archibald Coolidge. Esta institución se iba a convertir con el paso del tiempo en el gobierno en la sombra de Estados Unidos. He aquí los nombres de algunos políticos de renombre que fueron directores del CFR: Zbigniew Brzezinski, Paul Volker, George H. W. Bush, David Rockefeller, Henry Kissinger, Alan Greenspan, George Shultz, Jeane Kirkpatrick, Richard B. Cheney, etc.. Durante mucho tiempo el hombre más poderoso del CFR fue David Rockefeller, nieto de John D. Rockefeller, que ejerció como presidente de la Junta Directiva del Consejo entre 1970-85. David Rockefeller fue durante treinta y seis años uno de los directores del Consejo, cargo que complementaba con la presidencia del Chase Manhattan Bank.

Los banqueros internacionales y sus agentes copan actualmente estos organismos, que trabajan para lograr el monopolio mundial de la banca, independientemente de qué tipo de poder acabe haciéndose con el control de un gobierno mundial. Desde Adam Weishaupt y la masonería iluminada, la expresión Nuevo Orden Mundial (New World Order) significa la llegada de un solo Gobierno para todo el mundo, uno de cuyos símbolos, la pirámide con el ojo de Osiris (El Ojo que Todo lo Ve) y la inscripción "Novus Ordo Seclorum", fue colocado en el billete de un dólar norteamericano por Franklin Delano Roosevelt. En general la existencia de estos organismos es desconocida incluso por personas de formación universitaria. El secretismo, como en los tiempos de Weishaupt, es considerado esencial. Por ello no trasciende nunca cuándo ni dónde se celebran las reuniones en las que se toman las decisiones más relevantes para el conjunto de la humanidad.

El Institut of Pacific Relations, organismo emanado también del Grupo Milner, es decir, de la Round Table, aunque concebido en París, fue alumbrado finalmente en 1925. Más adelante, en las páginas del capítulo onceno, habrá ocasión de profundizar en la lucha que el difamado senador McCarthy mantuvo prácticamente en solitario para desmantelar la conspiración comunista en Estados Unidos, de la cual el IPR era uno de los principales bastiones. El profesor Carroll Quigley admite que este organismo estuvo dedicado a la expansión de la ideología comunista, lo cual fue conocido públicamente gracias a las investigaciones del Senado norteamericano. Lo que suele desconocerse, sin embargo, es el patrocinio de Wall Street. El IPR, una asociación privada exenta de pagar impuestos, se gobernó por un cuerpo de diez Consejos Nacionales. Las naciones constituyentes fueron Estados Unidos, Gran Bretaña, URSS, China, Australia, Nueva Zelanda, Canadá, Holanda, Filipinas y Francia. El Consejo Americano del IPR tuvo su cuartel general en Nueva York. Sus principales financieros fueron la "Carnegie Foundation" y la "Rockefeller Foundation". Ambas fundaciones estaban relacionadas con Wall Street a través de la alianza de Morgan y Rockefeller. El resto de las aportaciones procedieron de firmas asociadas a estos banqueros judíos, tales como "Standard Oil", "International Telephone and Telegraph" (ITT), "International General Electric", "National City bank" y el "Chase National Bank". Puede decirse que el Institute of Pacific Relations pasó a controlar las políticas de Estados Unidos en el extremo oriente. Entre las jugadas poco conocidas del IPR figura el papel que jugó este organismo en la caída de China en manos del comunismo. Pero seguiremos ahora presentando cronológicamente otros aspectos de la Conferencia de Paz, pues todo ello se verá en su momento.

El Tratado de Versalles

Al comenzar este apartado, es pertinente recordar las palabras de Adolphe Isaac Crémieux en 1861: "En lugar de los Papas y los Césares, surgirá un nuevo reino, una nueva Jerusalén. ¡Y nuestros buenos masones, con los ojos vendados, ayudan a los judíos en la 'Gran Obra' de construir ese nuevo Templo de Salomón, ese nuevo Reino cesáreo-papista de los cabalistas!". Cinco años más tarde, en 1866, el rabino Isaac M. Wise había confirmado también el control absoluto que ejercían sobre la masonería: "La masonería es una institución judía, cuya historia, grados, costes y aclaraciones son judíos de principio a fin." Versalles fue, pues, la plasmación de un triunfo largo tiempo perseguido: las monarquías más poderosas de Europa habían sido derrocadas, Rusia estaba en manos del comunismo y los sionistas podían por fin sentar las bases del Estado judío en Palestina. Leon Motzkine, en un artículo publicado en septiembre de 1933 en la revista *Les Juifs. Témoignages de notre temps*, lo reconoce con estas palabras: "En Versalles todo había sido minuciosamente preparado y nada había sido dejado al azar. Fue un momento de triunfo saboreado en silencio." Las palabras de estos ideólogos judíos confirman, pues, que el Tratado de Versalles fue la plasmación de una victoria lograda con la colaboración de los "buenos masones", quienes desde que fueron iluminados por la secta de Adam Weishaupt habían sido el mejor instrumento de la conspiración.

Si Lord Curzon reconoció que el Tratado de Versalles "no era un tratado de paz sino una ruptura de hostilidades", Ezra Pound se refirió a él desde Radio Roma con esta afirmación rotunda: "El verdadero crimen es acabar una guerra con el fin de hacer inevitable la próxima." Las pretensiones espectrales de lograr una paz sin vencedores ni vencidos, es decir, sobre la base del programa del presidente Wilson, no sólo se esfumaron dramáticamente en París, sino que se transformaron en unas condiciones humillantes que castigaban cruelmente al pueblo alemán. Lo asombroso, no obstante, es que se hubieran podido concebir esperanzas de una paz negociada después de haber asistido a la campaña antialemana fabricada en la prensa internacional y de haber constatado quiénes y de qué manera habían empujado a Estados Unidos a la guerra contra Alemania. Incluso Stalin declaró que el Tratado de Versalles fue "un dictado de odio y de latrocinio." En París se adoptó un sistema de funcionamiento estructurado en tres niveles. El primero de ellos era la conferencia pública, celebrada a la vista de todos, que se mostraba al enjambre de periodistas de todo el mundo que habían acudido para cubrir extensamente los actos y toda la parafernalia escenificada abiertamente. El segundo nivel eran las conferencias secretas de los presidentes aliados, los políticos cooptados, que se reunían privadamente y comparaban las notas y las instrucciones que les pasaban sus amos ocultos. El tercer nivel era el de las conferencias nocturnas de los líderes judíos y sus buenos masones, conocidas sólo por un grupo selecto de escogidos, en donde se discutían y tomaban las decisiones de la verdadera agenda.

Después de la firma el 11 de noviembre de 1918 del Armisticio de Compiègne, los aliados dieron a Alemania un plazo de treinta y seis días para que firmase el Tratado de Paz. Sumida en el caos por la desmovilización del Ejército y la revolución comunista, Alemania sólo fue capaz de comprar la prolongación del armisticio con entregas de materias primas, patentes de invención, maquinaria, e incluso productos alimenticios. En estas circunstancias, Inglaterra y Francia impusieron un bloqueo por hambre para apoyar sus exigencias. El 3 de marzo de 1919 Winston Churchill declaró ante la Cámara de los Comunes: "Continuaremos practicando el bloqueo por hambre con todo rigor. Alemania está a punto de perecer de hambre. Dentro de muy pocos días estará en pleno colapso. Entonces será el momento de tratar con ella." El conde Brockdorff-Rantzau, el embajador en Copenhague que en 1917 había caído en la trampa de Alexander Parvus y lo había recomendado a los servicios secretos de su país, llegó a París el 29 de abril el frente de la delegación alemana que aspiraba a negociar la paz. El 7 de mayo comenzó la primera sesión y Clemenceau, que había sido nombrado presidente de la Conferencia, sin recordar las ansias belicistas de Poincaré y sus discursos incendiarios a favor de la guerra en San Petersburgo, acusó a Alemania de ser la única responsable. Brockdorff-Rantazu alegó, naturalmente, que ello no era cierto. Un texto con cuatrocientos cuarenta artículos fue presentado entonces a la delegación alemana y se les pidió que respondieran en el plazo de una semana. Sobre los catorce puntos de Wilson esgrimidos por el representante alemán para negociar la paz y sobre la petición de una unión de Austria y Alemania, nadie quiso saber nada.

El 9 de mayo Walter Rathenau, quien siendo judío amaba a Alemania y se sentía alemán, escribió en *Die Zukunft* que si no se conseguía una mejora de las condiciones del Tratado, el conde Brockdorf-Rantzau tendría que presentar a los gobiernos enemigos el decreto de disolución del Parlamento, la dimisión colectiva del presidente del Reich y de sus ministros, así como la invitación a los aliados a que se hicieran cargo del poder en Alemania. "De este modo - decía Rathenau- incumbirá al enemigo la responsabilidad de la paz y de todos los actos de Alemania, y tendrán, ante el mundo, ante la historia y ante sus propios pueblos el deber de encargarse del destino de sesenta millones de individuos. Esto sería un hecho sin precedentes, la caída inaudita de un Estado, pero, al mismo tiempo, una decisión compatible con el honor y la conciencia." El 12 de mayo el canciller Scheidemann obtuvo de la Asamblea una aplastante mayoría en contra de la firma del Tratado. Se presentaron entonces contrapropuestas. En el texto de la carta diplomática enviada se recordaba lo siguiente:

> "Mediante el intercambio de notas llevado a cabo entre el presidente Wilson y el Gobierno alemán en el curso del mes de octubre de 1918, se adquirió un compromiso válido desde el punto de vista del Derecho Internacional. En virtud de aquel compromiso, Alemania depuso las armas el 11 de noviembre sobre la base de los catorce puntos definidos por el presidente Wilson en su mensaje al Congreso norteamericano del 8 de enero de 1918 y en sus declaraciones posteriores, especialmente en su discurso del 27 de septiembre de 1918... Según los principios enunciados en esos diversos discursos, la paz debía ser establecida sobre la base del libre derecho de los pueblos a disponer de sí mismos, y los tratados debían ser discutidos por todos, sin discriminación entre vencedores y vencidos. Imponer a Alemania un tratado distinto de los principios admitidos por una y otra parte equivaldría, pues, a una violación del pacto contraído anteriormente al armisticio. Sin embargo, no hay, por así decirlo, ni una sola cláusula que esté de acuerdo con los principios previamente convenidos."

Mucho mayor peso que esta carta diplomática, que fue prácticamente menospreciada, tuvo el famoso telegrama que el 28 de mayo Jacob Schiff envió desde Nueva York a Woodrow Wilson, un texto que ha pasado a la historia como "el cablegrama de las dos mil palabras". Tanto Cyrus Adler, biógrafo del banquero, como el conde de Saint-Aulaire en *Geneva versus Peace* comentan su contenido. El segundo alude a las instrucciones de Schiff al presidente de Estados Unidos sobre el mandato de Palestina, sobre las reparaciones alemanas en relación a la Alta Silesia, el Sarre, y el corredor de Danzig, y sobre Fiume. Wilson cambió de inmediato la orientación de las negociaciones y se plegó en todo a las exigencias del banquero que estaba financiando a Trotsky. Es un sarcasmo amargo constatar que quien más interés tenía en la victoria de la dictadura comunista en Rusia y en que se reconociera de inmediato al Gobierno de los Soviets envió el cable en nombre de la "Association of the League of Free Nations", dirigida por el mismo Jacob Schiff y financiada por cinco banqueros norteamericanos.

Se ha comentado ya en el capítulo anterior que el artículo 231 del Tratado de Versalles obligó a Alemania a asumir toda la responsabilidad de la guerra y se ha visto asimismo que el 16 de junio de 1919 se produjo incluso una nota de ampliación a dicho artículo en la que se acusaba directamente a Alemania de haber planeado e iniciado la guerra. Además, se añadía que el pueblo alemán era responsable de los hechos de su Gobierno. Ello suponía una condena moral para todo un pueblo, lo cual suponía un hecho sin precedentes históricos. Fue precisamente el mismo día 16 de junio cuando se entregó a la delegación alemana la respuesta de los aliados a la carta diplomática. Al comprobar que se ignoraban los argumentos sostenidos por el Gobierno alemán, el canciller Scheidemann se negó a la firma y presentó su dimisión. El 21 de julio se constituyó un nuevo gobierno presidido por Gustav Bauer, el cual consiguió que el Reichstag aprobase la firma del Tratado. En las condiciones se hacía constar: "El Gobierno del Reich alemán está dispuesto a firmar el tratado de paz, sin que por ello reconozca que el pueblo alemán es el autor responsable de la guerra."

El conde Brockdorff-Rantzau, alegando que su concepto del honor le impedía estampar su firma en el documento, dimitió y abandonó París. Francia y Gran Bretaña amenazaron con reanudar el bloqueo si no se procedía a la firma del Tratado. En estas circunstancias un desconocido llamado von Haniel, personaje cuyo nombre no figura en ningún otro hecho histórico, sustituyó a Brockdorff-Rantzau y anunció el 23 de junio que el Gobierno alemán se doblegaría a todas las exigencias de sus enemigos. "Algunas de las cláusulas del tratado- se decía en el texto de aceptación- sólo han sido incluidas en él para humillar al pueblo alemán. Nos inclinamos ante la violencia de que somos objeto porque, después de todo lo que hemos sufrido, no disponemos ya de ningún medio para contestar. Pero este abuso de la fuerza no puede empañar el honor del pueblo alemán." Dos días antes, en la base de Scapa Flow, donde estaba apresada la flota de guerra alemana, aprovechando que la escudra británica de vigilancia se hizo a la mar para efectuar ejercicios de tiro, el almirante alemán von Reuter ordenó abrir las compuertas, las escotillas y los tubos lanzatorpedos de todos los barcos y luego mandó arriar la bandera alemana de los mástiles. Mientras se bajaban los botes, mugieron las sirenas y sonaron las campanas de alarma. Setenta barcos fueron hundiéndose lentamente en el fondo del mar.

El 28 de junio de 1919 Alemania firmó el Tratado en la galería de los Espejos del palacio de Versalles, el "Diktat", el cual contenía tres tipos de cláusulas: territoriales, militares y financieras. En función de las primeras, Alemania perdió 88.000 km2 y ocho millones de habitantes: Francia se anexionó Alsacia Lorena y el territorio del Saar fue colocado bajo su administración, lo que le permitió explotar la región minera durante catorce años. Bélgica se hizo con las comarcas de Eupen y Malmedy. El territorio de Memel, parte norte de Prusia Oriental a orillas de Báltico, pasó a ser administrado por Francia y en 1924 la Sociedad de Naciones lo adjudicó a Lituania sin plebiscito. Dinamarca se anexionó el Schleswig del Norte. Polonia, que no existía como Estado desde 1795, recibió Posen y parte de Prusia Ocidental con el fin de que tuviera una salida al mar. Se creó así el corredor de Danzig, con lo que Prusia Oriental quedó separada del resto de Alemania. Danzig, ciudad habitada casi exclusivamente por alemanes, pasó a ser llamada "ciudad libre" bajo protección teórica de la Sociedad de Naciones. La parte sur de la Alta Silesia, importantísima región minera, pasó también a formar parte del nuevo Estado polaco. A estas pérdidas hay que añadir el territorio de los sudetes, que por el Tratado de Saint-Germain fue entregado a Checoslovaquia, un país recién creado cuya cohesión moral, social y política era inexistente. En cuanto a las colonias alemanas, fueron transformadas en mandatos y asignadas, bajo tutela de la Sociedad de Naciones, a Francia, a Gran Bretaña y a países de la Commonwealth como Australia, Nueva Zelanda o la Unión Sudáfricana.

Las cláusulas militares impusieron: la incautación de las flotas mercante y de guerra, la reducción del ejército alemán a cien mil soldados, la supresión de las escuelas militares, del Estado Mayor, de la artillería pesada, de los carros de combate y de la aviación. La fabricación de material de guerra quedó prohibida. En cuanto a las cláusulas financieras, Alemania tuvo que hacer frente a los gastos de reconstrucción de las regiones que había ocupado militarmente en Francia, Bélgica y Rumanía. También se le exigió que reparase los daños causados por las tropas francesas en Alsacia Lorena y que pagase los daños de guerra sufridos por las poblaciones civiles de las regiones no ocupadas. Asimismo tuvo que hacerse cargo de los gastos de las tropas de ocupación en su propio territorio. Alemania fue obligada a aceptar el control de la navegación fluvial en sus grandes ríos, lo cual supuso la internacionalización de sus vías fluviales. Se le exigió el pago de veinte mil millones de marcos oro antes del 1 de mayo de 1921 y se creó una comisión de reparaciones para que calculase la cifra final que se debía reclamar a Alemania. Finalmente, el 27 de abril de de 1921 dicha comisión, que estaba presidida por el inefable Raymond Poincaré, estableció que Alemania debía pagar 132.000. millones de marcos oro. Alemania se negó a aceptar esta cantidad imposible, que era equivalente a la totalidad de los bienes del país en 1914. El 5 de mayo de 1921 se lanzó un ultimátum: si no se reconocía esta deuda, la flota anglofrancesa reanudaría el bloqueo de Alemania y se ocuparía la cuenca del Ruhr, el corazón minero e industrial de Alemania, cosa que finalmente hicieron tropas franco-belgas el 11 de enero de 1923.

La creación de la Sociedad de Naciones y su fracaso

El presidente Wilson, gran promotor de la Sociedad de Naciones, consiguió que la Conferencia de Paz aprobara el 25 de abril de 1919 el Pacto de la Sociedad de Naciones, que fue anexado a los diversos tratados de paz. De hecho entró en vigor el 28 de junio, fecha en que se firmó el Tratado de Versalles, aunque su fundación tuvo lugar en Ginebra el 10 de marzo de 1920. Este proyecto de "justicia universal y fraternidad democrática" constituía un ejemplo máximo de la hipocresía de sus promotores, que sólo perseguían sus propios fines y los objetivos de quienes aspiraban a un gobierno mundial. Tras desmembrar cuatro imperios, los internacionalistas pretendían que la Sociedad de Naciones fuera un organismo supranacional que neutralizase todos los problemas que surgieran a causa del múltiple desplazamiento de fronteras y de la ubicación de las poblaciones en el seno de los nuevos Estados.

Por otra parte, mientras en función del Tratado sobre las Minorías Nacionales la minoría judía debía ser absolutamente respetada en todos los países, Francia e Inglaterra, que habían ampliado sus dominios coloniales, ignoraban las aspiraciones de los pueblos colonizados de Africa y Asia. Mientras los sionistas imponían sus pretensiones sobre Palestina, se despreciaban los derechos del pueblo palestino, que habitaba aquella tierra desde miles de años antes de Cristo. Mientras en Polonia los judíos podían obligar a toda la población a respetar su "sabbath", en Estados Unidos los derechos de la minoría negra estaban siendo violados continuamente. Pese a todas estas contradicciones, los rabinos de Francia afirmaron: "Esta Sociedad de Naciones es la primera aplicación en el orden político de los principios de paz y fraternidad que el judaísmo ha proclamado desde los profetas en el mundo civilizado." Por su parte el rabino Simon Tor Yacal exigía la liberación de Jerusalén y afirmaba que "la Sociedad de Naciones, casta criatura nacida del espíritu de Israel, debe vivir y respirar el aire de su padre. La Sociedad debe tener su sede en Jerusalén." Con todo ello, pues, no es de extrañar que algunos detractores del nuevo organismo se refirieran a él como Sociedad de las Aluci-Naciones. El primer presidente del Consejo de la Sociedad de Naciones fue un afamado masón, Léon Bourgeois, que en 1895 había presidido en Francia un gobierno en el que ocho de los diez ministros eran asimismo masones. Si en 1919 el hermano Wilson había recibido el Nobel de la Paz, en 1920 le tocó el turno al hermano Bourgeois. El segundo presidente de la Sociedad de Naciones fue Paul Hymans, un judío que había representado a Bélgica en la Conferencia de Paz y que era miembro de la logia *Les Amis Philantropes* del Gran Oriente de Bélgica.

Cuando Woodrow Wilson regresó a Estados Unidos, llevaba consigo gemas preciosas y regalos por valor de un millón de dólares en oro, ofrecidos por sus hermanos masones y otros "amigos" con el fin de asegurar sus esfuerzos en favor de la Sociedad de Naciones, el organismo que debía garantizar la paz mundial y establecer un nuevo orden. Clemenceau había pedido a Wilson la creación de una fuerza internacional que estaría bajo el control ejecutivo de la Sociedad de Naciones, pero el presidente norteamericano había rechazado la demanda con el argumento de que la Constitución de su país no permitía tal cesión de soberanía. En cualquier caso, todo parecía bien encaminado hasta que surgió la sorpresa: el Senado recordó a Wilson que la firma de tratados requería la aprobación de la cámara por una mayoría de dos tercios. Al darse el caso de que su Administración demócrata convivía con una mayoría republicana en el Senado, era preciso llegar a un pacto. Quizá lo más prudente hubiera sido acudir a la Conferencia de Paz acompañado de una sólida representación republicana para evitar este tipo de contratiempos. De todas maneras, en Europa existía el convencimiento de que el presidente Wilson superaría el obstáculo.

Sin embargo, la petición de entrada de Estados Unidos en la Sociedad de Naciones realizada por el presidente no fue aprobada. El rechazo del Senado al Tratado de Versalles y al Pacto de la Sociedad de Naciones puso en peligro todo el esquema trazado en París. Los republicanos no aceptaron, entre otras cosas, que Estados Unidos cediera su soberanía nacional a un organismo internacional y tampoco estuvieron dispuestos a comprometer su fuerza militar o naval para intervenir en conflictos entre naciones sin autorización del Congreso. No consideraron admisible que Estados Unidos pudiera estar sometido a un arbitraje o investigación de la Asamblea de la Sociedad de Naciones, ni que estuvieran obligados a contribuir a cualesquiera de los gastos de dicho organismo. Pese al callejón sin salida en el que se encontraba, Wilson se mostró decidido a jugar una última baza y emprendió una gira alrededor del país para tratar de vender directamente al pueblo estadounidense la idea de la Sociedad de Naciones. En veintidós días recorrió ocho mil millas y su salud comenzó a resquebrajarse. A finales de septiembre, después de sufrir constantes jaquecas, se derrumbó agotado en Pueblo (Colorado) y tuvo que regresar a Washington, donde el 2 de octubre padeció una embolia cerebral que casi le costó la vida y lo dejó paralítico. Cuando consiguió recuperarse, trató de reanudar su campaña, que acabó con un derrota electoral en 1920. Warren Harding juró su cargo en marzo de 1921 y comenzó con él un periodo republicano que iba a durar hasta 1933, año en que los demócratas colocaron a Franklin D. Roosevelt en la Casa Blanca. Thomas Woodrow Wilson murió el 3 de febrero de 1924. Su alter ego, Edward Mandell House, acabó solo y olvidado en su apartamento de Nueva

York. Ambos habían sido únicamente fantoches al servicio de los poderosos banqueros que los habían utilizado hasta que les fueron útiles.

En 1922, dos años después de su ruidosa fundación en Ginebra, se reunió la primera Asamblea General de la Sociedad de Naciones. Pese al chasco que supuso la retirada de Estados Unidos, se proclamó que era una internacional de los pueblos que debería lograr la constitución de un Super-Estado con todos los poderes, o sea, ejecutivo, legislativo y judicial. Asimismo, se declaró abiertamente que cuanto más se apoyase en las agrupaciones masónicas del mundo entero, mayor fuerza moral y real tendría. Es evidente que la idea del Gobierno Mundial, opuesta al principio de existencia de Estados nacionales, se perseguía de dos maneras formalmente diferentes. Mientras la Sociedad de Naciones, "una idea judía", según el líder sionista Nahum Sokolov, aspiraba a una internacional de los pueblos, a un Super-Estado; los comunistas, para quienes la burguesía no formaba parte del pueblo, proclamaban la dictadura internacional del proletariado. La conspiración había puesto en marcha dos sistemas con el fin de lograr un mismo objetivo y los banqueros judíos internacionales estaban dispuestos a utilizar cualquiera de los dos para remodelar el mundo según sus intereses. El experimento comunista iba a costar más de cien millones de vidas en todo el planeta. Tras la no participación de Estados Unidos, el fracaso de la Sociedad de Naciones estaba cantado: no logró ejercer ninguna autoridad y malvivió hasta que fue sustituida en 1946 por la ONU.

Conferencia de San Remo, *Declaración Balfour* y Mandato británico

Además del Tratado de Versalles, la Conferencia de Paz originó otros tratados. Los límites de Austria, que pasó a ser un país de 84.000 km2 con una población de seis millones y medio de habitantes, quedaron definidos en el Tratado de Saint Germain, firmado el 10 de septiembre de 1919, por el que se reordenó Europa central y oriental. El Tratado de Trianon, firmado el 4 de junio de 1920, estableció las fronteras húngaras. El nuevo Estado quedó reducido a 92.000 km2 para una población de ocho millones de habitantes. El Tratado de Sèvres, firmado el 10 de agosto de 1920, nunca fue ratificado por Turquía, que perdía la Tracia oriental y Esmirna, las cuales pasaban a manos de Grecia, aparte de Armenia y el Kurdistán, que obtenían la independencia. Los estrechos del Bósforo y los Dardanelos se transfirieron a una comisión internacional. La aceptación de estas condiciones de paz por el sultán propiciaron la reacción de los Jóvenes Turcos, que declararon la guerra a Grecia. Mustafá Kemal Ataturk y muchos de sus seguidores eran apóstatas judíos, "doenmés", que aprovecharon la coyuntura para derrocar a Mehmet VI e instaurar la República el 29 de octubre de 1923. Anteriormente, el 23 de julio de 1923, el Tratado de Lausana anuló las cláusulas del Tratado de Sèvres referentes a los territorios mencionados, que fueron reintegrados a

Turquía. En 1936, por el acuerdo internacional de Montreaux, Turquía recuperó el control de los estrechos.

La necesidad imperiosa de limitar razonablemente la extensión de esta obra nos impide ampliar los hechos relevantes acontecidos en el imperio otomano, así como detenernos en el silenciado genocidio de un millón y medio de cristianos armenios, acaecido entre 1915 y 1923 bajo el dominio de los Jóvenes Turcos, quienes mediante el Comité por la Unión y el Progreso habían organizado en 1908 un golpe de Estado contra el sultán Abdul Hamid II y se habían hecho con el poder. A continuación apuntamos sólo algunos datos. El fundador del movimiento de los Jóvenes Turcos fue un judío masón llamado Emmanuel Carasso, líder en Salónica de la logia italiana *Macedonia Risorta,* a la que pertenecían todos los miembros del movimiento. Carasso compartió con su correligionario Alexander Parvus el lucrativo negocio del suministro de víveres a los otomanos durante la guerra mundial. Además de varias publicaciones y numerosos panfletos, Carasso financió el periódico *The Young Turk,* editado por el sionista Vladimir Jabotinsky. Uno de sus socios en la empresa periodística fue nuevamente Alexander Parvus, que era el director económico de otro periódico de los Jóvenes Turcos, *The Turkish Homeland.* Emmanuel Carasso fue un protegido del banquero veneciano Volpi de Misurata, del cual a la vez era socio. Este banquero estaba estrechamente aliado con la City de Londres. Como consecuencia de todo ello, en 1909 Sir Ernest Cassel, un judío de origen askenazi que era el banquero de la Familia Real británica, estableció y dirigió el Banco Nacional de Turquía y el mando de la flota otomana fue entregado a un almirante británico. Los Jóvenes Turcos se apresuraron a paralizar la construcción del Orient Express, que debía unir Berlín y Bagdad. El control del imperio otomano había sido planeado en las logias masónicas de Salónica, París y Viena. En el Comité de Salónica, además de Carasso, figuraban los judíos Salem, Sassun, Fardji, Meslah, y doenmés o criptojudíos como David Bey y la familia Baldji. Puede decirse que la llamada Revolución de los Jóvenes Turcos fue equivalente en el imperio otomano a la Revolución Judeo-bolchevique en el imperio ruso. David Bey, que fue ministro de Finanzas rodeado de numerosos consejeros británicos, y otros doenmés de Salónica que llevaron a cabo la revolución eran descendientes de los seguidores de un culto judío del siglo XVIII, cuyo líder fue el falso Mesías Baruchyah Russo, en quien se creía que había reencarnado el alma de Shabbetay Zeví mediante el proceso de metempsicosis. Parece evidente que la responsabilidad del genocidio armenio debe ser atribuida, con todas las connotaciones pertinentes, a quienes ostentaban el poder, i. e., a los Jóvenes Turcos.

Sobre la desmembración del imperio otomano, diseñada en 1916 en los acuerdos secretos Sykes-Picot, y el reparto de sus territorios en Oriente Medio entre Francia y Gran Bretaña, nos interesa detenernos en la Resolución de San Remo para Palestina, firmada el 25 de abril de 1920 y conformada a partir de la *Declaración Balfour* de 1917. Dicha Resolución es el documento fundamental que permitió establecer el Mandato Británico para Palestina. El 24 de julio de 1922 el Consejo de la Sociedad de Naciones confirmó la Resolución, que fue firmada por cincuenta y un Estados. Como consecuencia de la Resolución de San Remo se suprimieron todos los acuerdos anteriores que afectaban a la región, incluido el acuerdo Sykes-Picot. El sionismo siempre ha considerado determinantes las implicaciones legales de esta Resolución, puesto que, según los sionistas, otorgaba al pueblo judío la soberanía "de iure" sobre Palestina y obligaba a Gran Bretaña a cumplir lo prometido en la *Declaración Balfour* con la nación beneficiaria del Mandato. Sin embargo Lord Curzon, secretario de Estado del Foreign Office que con Lloyd George encabezaba la delegación británica en San Remo, interpretaba la *Declaración Balfour* con más prudencia y menos euforia. Inicialmente, la Conferencia estableció un hogar nacional para el pueblo judío en Palestina, cuyo territorio comprendía ambos lados del río Jordán, es decir, Transjordania (la actual Jordania) y la franja de Gaza incluidas. Sin embargo, en 1922 los británicos separaron la Transjordania y crearon un emirato que fue entregado a Abdalah I, miembro de la familia hashemita que había sido expulsada por Ibn Saud de Arabia Saudita.

Las actas de la reunión sobre Palestina del Consejo Supremo de las Fuerzas Aliadas, celebrada el 24 de abril de 1920, permiten apreciar que la *Declaración Balfour* no era un documento tan rotundo y definitivo como pretendían los sionistas, que en San Remo trataron de ampliarla y mejorarla. Lord Curzon resistió las presiones y rechazó absolutamente moverse un ápice más allá del texto original. "Lo más justo es acatar estrictamente los términos originales -dijo textualmente-, más allá de los cuales el Gobierno británico no estaba dispuesto a ir." Hay que aclarar que Lord Curzon fue uno de los miembros del Gabinete británico que se habían opuesto al proyecto sionista cuando se discutieron los términos de la Declaración. Argumentaba que los recursos de Palestina eran demasiado limitados para poder sostener un Estado judío y que cualquier paso dado en este sentido provocaría la reacción antagónica de los árabes de la región. Según se hace constar en las actas, Lord Curzon estaba convencido de que la delegación francesa no rechazaría adherirse al texto tal como estaba redactado inicialmente.

Sin embargo Philippe Berthelot, máximo representante del Ministerio de Exteriores de Francia, mostró cierto desacuerdo y dejó caer que quizá había que someter la propuesta a la Sociedad de Naciones. Berthelot preguntó si la *Declaración Balfour* en favor de los sionistas había sido generalmente aceptada por los Aliados. Tras puntualizar que no deseaba en absoluto ofender al Gobierno británico, informó que hasta donde él recordaba, "nunca se había producido una aceptación oficial de la Declaración por parte de los Aliados del Gobierno británico." Frente a estas palabras, Lord Curzon argumentó que Berthelot no estaba del todo familiarizado con la historia del asunto y le recordó que en febrero de 1918

Nahum Sokolov había comunicado los términos de la Declaración al entonces ministro de Exteriores francés, Stéphen Pichon. Lord Curzon precisó que la Declaración contemplaba, en primer lugar, la creación de un hogar nacional para los judíos, cuyos privilegios y derechos debían ser salvaguardados por un poder militar; en segundo lugar, era de la mayor importancia garantizar los derechos de las minorías, primero de los árabes y luego de las comunidades cristianas, tal y como se decía en la segunda parte del texto. Sostuvo por ello que, en interés de estas comunidades, a las que Berthelot había hecho mención, era insensato suprimir la segunda parte de la Declaración. Berthelot pidió entonces una lectura en voz alta del texto y añadió que, hasta donde él sabía, Pichon había estado de acuerdo en establecer el hogar tradicional para los judíos, pero no estaba claro que hubiera aceptado íntegramente la Declaración. Lord Curzon rechazó los argumentos de Berthelot y le dijo que difícilmente podía sostener que Pichon desconocía el texto íntegro del documento y su significado. Curzon le recordó que Pichon no sólo había respaldado la *Declaración Balfour* en nombre de su Gobierno, sino que había escrito en su carta de respuesta a Sokolov que "el acuerdo entre los Gobiernos francés y británico sobre la cuestión era completo."

Cuando prácticamente no había judíos en Palestina y los que había no compartían los planteamientos del sionismo, es desconcertante que ingleses y franceseses aludieran a "minorías" para hacer referencia a los habitantes nativos, al pueblo palestino, que poseía el cien por cien de la tierra y la habitaba desde tiempos inmemoriales. Al tantear o explorar las posibilidades de que se suprimiera la segunda parte de la *Declaración Balfour,* aquella que alude a la población árabe, parece evidente que Berthelot representaba los intereses de los sionistas, para quienes los palestinos no existían. Las presiones, pues, para modificar en San Remo el texto de la Declaración en beneficio del sionismo no dieron resultado. Este pequeño rifirrafe diplomático entre Lord Curzon y Philippe Berthelot nos sirve de preámbulo para retroceder y explicar con cierto detalle cómo se gestó este famoso documento y cómo se preparó el Mandato británico para Palestina.

Desde el principio los sionistas comprendieron que para poder arrebatar la tierra al pueblo que la habitaba precisaban la protección de un gran poder y de su ejército. Ya en 1915 el Dr. Weizmann lo había vaticinado con estas palabras: "La toma de posesión del país por los judíos, sobre los que descansa todo el peso de la organización, deberá hacerse durante los próximos diez o quince años bajo un protectorado británico temporal." Cuando el Gobierno británico comprendió cuáles eran las intenciones del sionismo, se alarmó ante la perspectiva de actuar como protector en solitario de los judíos sionistas en Palestina y pensó en Estados Unidos para compartir la ocupación del país. Con objeto de plantear la cuestión, Lord Balfour cruzó el Atlántico. Antes de emprender viaje, Balfour mantuvo una larga conversación con Weizmann, quien supo de primera mano que los ingleses estaban ansiosos por pactar un protectorado anglo-americano. Puesto que los sionistas temían la reacción de la opinión pública norteamericana, decidieron rechazar este planteamiento. El 8 de abril de 1917 Weizmann escribió al juez Brandeis para pedirle que se opusiera a dicho plan y que trabajase para que el Gobierno de Estados Unidos apoyase la propuesta de un único protectorado británico. Hacía ya dieciocho días que el país había entrado en la guerra cuando Lord Balfour llegó a Washington. El presidente Wilson decidió dejar el asunto en manos de los sionistas que lo rodeaban, es decir, Brandeis, Mandell House y el rabino Wise. A este último le dijo concretamente: "Cuando llegue el momento en que usted y el juez Brandeis piensen que el asunto está maduro para que yo intervenga y actúe, estaré preparado." Parece ser que el secretario del Foreign Office no llegó siquiera a entrevistarse con Woodrow Wilson, puesto que aceptó sin rechistar los deseos de los sionistas sobre la administración británica de Palestina. Su biógrafo escribe que "prometió su apoyo personal al sionismo."

De primerísimo orden fue el papel de los Rothschild tanto en el asunto del Mandato como en la redacción y recepción de la *Declaración Balfour*. El episodio del "Damascus Affair" marcó el inicio de una progresiva implicación de los Rothschild franceses e ingleses en la tarea de hacer de Palestina el futuro Estado judío. Fue la casa francesa la que a través del barón Edmond de Rothschild, hijo menor de James de Rothschild, se implicó de manera directa en proyectos de colonización en Palestina. En 1882 Edmond patrocinó la creación de la primera colonia en Rishon LeZion y compró terrenos a los terratenientes otomanos. Hoy el rostro de Edmond de Rothschild figura sobre el billete de 500 shekels, diversas localidades en Israel llevan su nombre y existe en Tel Aviv el Boulevard Rothschild. Su hijo James Armand, Jimmy para los amigos, financió el edificio de la Knesset (Parlamento). La esposa de Jimmy, Dorothy de Rothschild, Dolly, donó el edificio más significativo del Estado sionista, la Corte Suprema de Justicia en Jerusalén, en el que puede admirarse un despliegue arquitectónico de todos los símbolos del iluminismo masónico, entre los cuales predomina una enorme pirámide de color verde con el Ojo que Todo lo Ve (The All Seeing Eye), símbolo del Nuevo Orden Mundial.

El 9 de noviembre de 2004 un judío llamado Jerry Golden publicó en internet (goldenisraelreport.com/EvilRoots.htm) un informe titulado *The Roots of Evil in Jerusalem* (*Las Raíces del Mal en Jerusalén*) en el que, tras aceptar que será tildado de antisemita, delata la existencia de una fuerza diabólica instalada en Jerusalén, la cual se ha expandido desde allí por todo Israel. En dicho informe, ilustrado con sorprendentes fotografías, denuncia que el diseño arquitectónico de la Corte Suprema de Justicia, edificio diseñado y financiado por los Rothschild, es una prueba visible del complot diabólico de la masonería iluminada y de quienes pretenden instaurar el Nuevo Orden Mundial. El informe explica con detalle el sentido de todos los elementos masónicos desplegados arquitectónicamente en el interior de la

Corte Suprema. Dos fotografías muestran desde posiciones diferentes una enorme pirámide de color verde, la misma que figura en el billete de dólar norteamericano, con el Ojo que Todo lo Ve (The All Seeing Eye) en el vértice superior. En la primera foto la pirámide es vista desde el interior del edificio. Una de las caras con el ojo de Osiris se recorta perfectamente centrada tras el cristal de un gran ventanal de forma rectangular que se abre a la luz en una habitación oscura. La segunda es una fotografía aérea del palacio en su conjunto. En ella se distingue perfectamente el vertice superior de la pirámide de cuatro caras con el famoso Ojo, el cual sobresale por encima del edificio a través de un círculo de grandes dimensiones. Todo el recorrido en el interior del palacio de justicia pretende ser un viaje de la oscuridad hacia la iluminación. Existe una zona con luz tenue en la que nace una escalera que sube hacia una luminosidad que todo lo inunda. Los escalones suman 30 y forman tres grupos de diez separados por dos rellanos. Una vez arriba se abre un mirador acristalado desde el que se contempla Jerusalén. Desde allí se accede a la gran biblioteca, que tiene tres pisos o niveles, los que se precisan para alcanzar la cifra de 33, el alto grado reservado a los iluminados en la masonería del Rito Escocés. El primer nivel de la biblioteca es sólo para abogados; el segundo, sólo para jueces en activo; el tercero, sólo para jueces retirados. El despliegue de símbolos es constante en todo este templo masónico. Perfectamente ensamblados, formando parte del ingenioso diseño arquitectónico del edificio, aparecen todos los elementos habituales de la masonería: cruces invertidas sobre las que se camina, un obelisco egipcio, combinaciones de figuras que suman seis, la escuadra y el compás formando parte del suelo de un gran patio interior, la letra "G", etc.

Además de los Rothschild mencionados, Niall Ferguson comenta que tras la muerte de Nathaniel (Natty) en 1915, sus dos hijos, Walter y Charles, compartieron con sus parientes franceses el fervor sionista. La esposa del segundo, Rozsika von Wertheimstein, fue introducida por Jimmy al líder sionista Chaim Weizmann en julio de 1915. A través de ella Weizmann contactó con personajes influyentes como Lord Robert Cecil, subsecretario del Foreign Office, o el general Allenby, el futuro "liberador" de Jerusalén. Sin embargo el propio Weizmann declaró que la mejor manera de "asociar el nombre de la casa más importante de la judería con la concesión de la Magna Carta de la liberación judía" era asegurar el apoyo de Walter, el heredero de Nathaniel y nuevo jefe de "New Court", que era considerado como un rey por la judería mundial. Poco antes de morir, Nathaniel había apoyado en enero de 1915 el memorándum del sionista Herbert Samuel, quien en 1920 sería nombrado Alto Comisionado para Palestina. El título del documento era *El Futuro de Palestina* y en él se apostaba por un protectorado británico "en el que los desperdigados judíos poco a poco se concentrarían masivamente desde los cuatro puntos del globo y a su debido tiempo conseguirían la autonomía." La idea de que Gran Bretaña compartiera con

Francia el poder en Palestina fue rechazada por el propio Walter, quien escribió una carta a Weizmann en la que se oponía a dicha idea: "Inglaterra debe tener el control en solitario", fueron sus palabras textuales. Los Rothschild ingleses no estaban dispuestos a que se repitiera en Palestina el experimento del control compartido del canal de Suez en Egipto.

En 1917 llegó el momento de la decisión. El resultado final dependía lógicamente del balance de fuerzas dentro del Gobierno. Walter Rothschild tenía de su parte a los miembros más influyentes: el primer ministro David Lloyd George, Alfred Milner y Arthur Balfour, el secretario del Foreign Office, el cual le pidió a Lord Rothschild que le hiciera llegar un texto que pudiera servir de propuesta para una declaración. El 18 de julio de 1917 Lord Rothschild escribió una carta a Lord Balfour, citada por B. Jensen en su obra *The Palestine Plot*, cuyo texto es el siguiente:

> "Querido Sr. Balfour,
> Por fin puedo enviarle la fórmula que usted me pidió. Si el Gobierno de Su Majestad me enviara un mensaje en la línea de esta fórmula y ellos y usted la aprobasen, yo la presentaría a la Federación Sionista en una conferencia convocada con este propósito.
> El borrador de la declaración es el siguiente:
> (1) El Gobierno de su Majestad acepta el principio de que Palestina debería ser reconstituida como hogar nacional para el pueblo judío.
> (2) El Gobierno de Su Majestad pondrá su máximo empeño en asegurar la consecución de dicho objetivo y discutirá los métodos y medios necesarios con la Organización Sionista."

La crucial reunión del Gobierno británico se produjo el 17 de octubre de 1917. Según Niall Ferguson, el propio Lord Rothschild se encargó de presionar y urgir a Lloyd George a través de Lord Milner, su agente en el Gabinete de Guerra, para que colocase el tema de Palestina en el orden del día, puesto que si se demoraba la decisión, los alemanes podían anticiparse y emitir su propia declaración prosionista con el fin de ganarse el apoyo judío en Estados Unidos y en Rusia. Finalmente, el 2 de noviembre de 1917 el Gobierno británico envió la famosa *Declaración Balfour* a Sir Walter Lionel Rothschild, presidente de las comunidades judías de Gran Bretaña, que fue redactada por el judío Leopold Amery, secretario adjunto del Gabinete de Guerra, quien en 1925 fue a Palestina como secretario colonial del Gobierno británico. El lector puede comparar las similitudes y las diferencias con el texto anterior:

> "El Gobierno de Su Majestad ve con simpatía el establecimiento en Palestina de un hogar nacional para el pueblo judío y pondrá su máximo empeño en facilitar la consecución de dicho objetivo, quedando claramente entendido que no se hará nada que pudiera perjudicar los derechos civiles y religiosos de las existentes comunidades no judías en

Palestina, o los derechos y el status político de que gozan los judíos en otro país."

Este texto está considerado como uno de los documentos más importantes del siglo XX. Para enfatizar la contribución de los Rothschild a este logro histórico, el 2 de diciembre hubo una gran celebración en el teatro de la ópera de Covent Garden, en el transcurso de la cual Walter y Jimmy se dirigieron a los asistentes. Lord Rothschild dijo a la entusiasmada audiencia que se trataba del "mayor acontecimiento ocurrido en la historia judía durante los últimos mil ochocientos años." Por su parte, Jimmy declaró que el Gobierno británico "había ratificado el plan sionista."

La *Declaración Balfour* obtuvo un apoyo casi total de la pensa internacional; sin embargo, la comparación de los textos citados permite ahora comprender mejor el diálogo mantenido en San Remo el 24 de abril de 1920 entre Lord Curzon y el diplomático francés Philippe Berthelot. En el texto propuesto inicialmente por Lord Rothschild los árabes o las "comunidades no judías" no merecían ninguna consideración; pero en la *Declaración Balfour* se hablaba de "los derechos civiles y religiosos de las comunidades no judías en Palestina." Parece claro que las tesis de Lord Curzon y de los miembros no sionistas del Gabinete habían conseguido plasmarse en el texto de la *Declaración Balfour*. Llama también la atención la referencia a "los derechos y estatus político de que gozan los judíos en otro país", que permite sospechar que se pretendía salvaguardar a los judíos no sionistas de cualquier presión migratoria. Se entiende, pues, que en la Conferencia de San Remo los sionistas trataran de mejorar o modificar el documento en su favor.

Los hechos iban a demostrar sobre el terreno cuáles eran los propósitos del sionismo internacional. Antes de que diera comienzo la Conferencia de Paz, con el pretexto de servir de enlace entre la Administración militar británica y los judíos, fue enviada a Palestina una Comisión Sionista, que llegó a principios de marzo de 1918. Sus verdaderas intenciones eran "aconsejar" al general Clayton para que su Administración colaborase en todo con ellos. Como era previsible, Chaim Weizmann se desplazó con la Comisión. James de Rothschild, Jimmy, el hijo de Edmond de Rothschild, era otro de los miembros prominentes. Junto a él figuraban además Israel Sieff y el mayor Ormsby-Gore, futuro Lord Harlich, que era director del Midland Bank y que, como director del Standard Bank de Sudáfrica, había contribuido en la Guerra de los Bóeres por el control del oro y los diamantes de Sudáfrica. En cuanto a Israel Sieff, era director de Marks & Spencers y socio de varios banqueros internacionales. Sieff fue nombrado presidente del Comité para Planes Económicos y Políticos y fue miembro permanente del "brain trust" que aconsejó a los sucesivos gobiernos británicos. Como recompensa a sus servicios a la banca judía internacional fue nombrado jefe de la Orden de los Macabeos. Leon Simon, posteriormente nombrado caballero, fue encargado de la Oficina General de Correos británica y controló todas las comunicaciones telegráficas y telefónicas. La propaganda estuvo en manos de Edwin Samuel, que durante la II Guerra Mundial actuó como censor en jefe para el gobierno británico. Cuando en 1948 se proclamó el Estado de Israel, Samuel fue nombrado director jefe de Radiodifusión.

En *Palestine, The Reality* (1939) J. M. N. Jeffries relata un episodio que permite apreciar hasta dónde llegaba la prepotencia de los sionistas en Palestina antes de que se estableciera el Mandato. En 1919 el desfile de líderes era continuo. Uno de los que viajaron desde Estados Unidos fue Louis Dembitz Brandeis, el juez impuesto al presidente Wilson en la Corte Suprema. Una vez en Jerusalén, Brandeis se dirigió al cuartel militar británico en el Monte de los Olivos y le dijo al general Money que las ordenanzas de las autoridades militares deberían estar subordinadas a la Comisión Sionista. El general se quedó de piedra ante un requerimiento tan arrogante, pero su ayudante argumentó acalorado: "Para un gobierno hacer esto sería renunciar a su posición. Como abogado usted se da cuenta de ello." Brandeis replicó: "Se tiene que comprender que el Gobierno británico está comprometido a respaldar la causa sionista. A menos que esto sea aceptado como un principio rector, deberé informar al Foreign Office." Pocas horas después el Foreign Office, a través del Ministerio de la Guerra, desautorizaba a los militares. Así las cosas, varios oficiales solicitaron el traslado y el coronel Meinertzhagen, un destacado sionista, fue enviado a Palestina.

Durante la década que siguió, pese al intento de incentivar por todos los medios la inmigración ilegal a Palestina y de comprar tierras a los árabes a través del "Jewish National Fund", se llegó a la conclusión de que la previsión de Weizmnann de ocupar el país en diez o quince años no era factible. Se comenzó a pensar entonces en que sería necesaria una nueva guerra para poder arrebatar el país a los palestinos y convencer o forzar a cientos de miles de judíos de todo el mundo para que migrasen a la tierra prometida. A finales de agosto de 1929 graves disturbios entre judíos y palestinos provocaron que se nombrase una comisión de investigación, la "Hope-Simpson Commission", cuyas conclusiones denunciaron que las actividades de la Agencia Judía y del "Histadrut" (Federación General de Trabajo) eran perjudiciales para el desarrollo económico de la población árabe.

En 1930 Lord Passfield, el secretario colonial británico, emitió el "Passfield White Paper", un informe oficial sobre la política británica en Palestina, en el que se proponía suspender la inmigración de judíos y recortar la autoridad de la Agencia Judía. Inmediatamente Chaim Weizmann pidió audiencia ante el primer ministro británico, entonces Ramsay Macdonald, quien, intimidado ante los reproches del líder sionista, se comportó como si lo amenazaran con una pistola: no sólo anuló el Passfield White Paper, sino que pidió humildemente a Weizmann a quién quería que nombrase como nuevo Alto Comisionado para Palestina. Pese al fiasco cada vez más evidente del proyecto de Hogar Nacional judío y pese a la constatación de que, como muchos habían predicho, los judíos no irían por sí solos masivamente a Palestina, ni los políticos norteamericanos ni los británicos se atrevieron a desobedecer al Dr. Weizmann, el emisario del sionismo internacional.

2ª PARTE
EXPOLIO, GUERRA CIVIL Y TERROR EN RUSIA. MUERTE DE LENIN Y DERROTA DE TROTSKY

"¿Qué es lo más difícil de todo?" se preguntaba Goethe. La respuesta la ofrecía él mismo: "lo que parece más sencillo: ver con nuestros ojos lo que hay delante de ellos." Quizá sea esta la razón para entender por qué tantos historiadores miopes no explican o ignoran que los banqueros judíos internacionales conspiraban con los marxistas para derribar el capitalismo tradicional y sustituirlo por el comunismo. Pese a todas las evidencias, ha de admitirse que no es fácil aceptar que los Rothschild, los Morgan, los Warburg, los Rockefeller, los Schiff, los Guggenheim..., los hombres más poderosos del mundo, apoyaban a revolucionarios profesionales que supuestamente pretendían combatirlos. Puede parecer contradictorio; sin embargo es exactamente lo que ocurrió con la implantación del comunismo en medio mundo.

Tanto el Dr. Quigley, el "insider" que en su sorprendente *Tragedy en Hope* ofreció las claves de la conspiración, como W. Cleon Skousen en *The Naked Capitalist* aclaran que la contradicción es sólo aparente. Quigley confiesa abiertamente: "los banqueros internacionales que se han propuesto rehacer el mundo estaban totalmente seguros de que podían usar su dinero para obtener la cooperación y el control de los grupos conspiradores comunistas y socialistas." El objetivo de estos internacionalistas, los mismos que hoy son globalistas, era apropiarse de todas las riquezas y recursos del planeta. Para conseguirlo utilizaron el marxismo como ideología y a miles de agentes como conspiradores políticos con el fin de derribar los gobiernos existentes y sustituirlos por una dictadura mundial de corte socialista. John Ruskin, Cecil Rhodes y Alfred Milner estaban persuadidos de que a través de patrones socialistas se podría federar al mundo entero. Estos selectos agentes de los grandes financieros fundaron la Round Table, la sociedad secreta que se coaligó con la conspiración comunista. Ambos grupos trabajaban para lograr un mundo dirigido por líderes políticos escogidos, los cuales, aconsejados y apoyados financieramente, debían hacerse con el control de toda la propiedad, de la industria, de la agricultura, de la educación y de la política en general. El apóstol de la revolución mundial por antonomasia, Adam Weishaupt, ya lo había anunciado mucho antes: "Es necesario establecer un régimen universal de dominación, una forma de gobierno que abarcará todo el mundo."

Como se ha visto, los grupos de financieros que dirigían la conspiración desde Wall Street y la City de Londres dedicaron grandes cantidades de dinero para financiar a los revolucionarios marxistas. A continuación se verá que no les importó lo más mínimo que, una vez tomado el poder, los comunistas impusieran una dictadura feroz y cometieran crímenes contra la humanidad en un nivel sin precedentes en la historia. Diversos estudios han demostrado que los judeo-bolcheviques, criminales enfermizos donde los haya, nunca hubieran podido tomar y mantener el poder en Rusia sin el apoyo financiero que recibieron de los banqueros. Recordemos una vez más que en 1917 las mayores ayudas financieras fueron organizadas por Sir George Buchanan y Lord Alfred Milner, el fundador de la Round Table que trabajaba como agente de la confederación Morgan-Rothschild-Rhodes. Trotsky, según se ha dicho, estaba casado con la hija del rico banquero Givotovsky y fue financiado por Jacob Schiff, de Kuhn Loeb & Company. Otros banqueros judíos claves en la conspiración fueron los Warburg. Félix Warburg estaba casado con Frieda Schiff, la hija de Jacob Schiff; Paul Warburg se casó con Nina Loeb, hija de Salomón Loeb. Max Warburg Financió la revolución rusa desde Alemania, lo cual no fue impedimiento para que más tarde colaborase con los nazis en el Reichsbank hasta 1938.

En nuestra opinión, la impunidad que los judeo-bolcheviques han tenido desde siempre ante la historia constituye una prueba de que eran agentes del Poder Oculto, de los Illuminati, i. e. de los banqueros internacionales. Mientras los crímenes del nazismo son continuamente magnificados a través de Hollywood y de los medios de comunicación, el mundo espera todavía la primera película de la industria del cine, en manos de magnates judíos, que denuncie el terror rojo y los crímenes innumerables del comunismo en Rusia, en China y en tantos otros países. Mientras Himmler o Eichmann son identificados como grandes criminales, Dzerzhinsky, Yagoda, Yezhov o Beria son unos desconocidos para el gran público. Mientras Hitler, Goebbels o Goering simbolizan lo peor de la humanidad, Lenin y Trotsky siguen siendo reverenciados por amplios sectores de la opinión pública como líderes prestigiosos de la clase obrera. Mientras los campos de concentración nazis son visitados por millones de personas y en Alemania e Inglaterra se programa que los estudiantes realicen vistas anuales de peregrinaje a Auschwitz, el Gulag soviético permanece perdido en el olvido como si no hubiera existido nunca. Mientras se sigue acosando a personas nonagenarias por supuestos crímenes cometidos contra los judíos durante la guerra, los criminales comunistas han vivido libres de cualquier persecución de los tribunales de justicia.

Setenta años después del final de la II Guerra Mundial, Alemania sigue encarcelando a personas por su pasado nacionalsocialista[2]. Por contra,

---

[2] En 2009 Estados Unidos extraditó a Alemania a John Demjanjuk, un anciano de ochenta y nueve años que había sido juzgado en Israel y absuelto en 1993. Un tribunal de Múnich se proclamaba competente para juzgarlo porque en 1952 había vivido cerca de la capital bávara. El 2 de mayo de 2011 Demjanjuk, ya con noventa y un años, fue declarado culpable por complicidad en el asesinato de judíos en Sobibor y condenado a cinco años de prisión. Internado finalmente en un asilo de ancianos a causa de su delicada salud,

casi nadie conoce, puesto que no se le ha dado nunca publicidad, que los campos de concentración soviéticos, llamados colonias o campos de trabajo, estaban dirigidos por judíos a los que jamás se acusó de nada, pese a que, según cifras de Robert Conquest en *The Great Terror*, doce millones de personas de las que nadie se acuerda perecieron en el Gulag. Entre estos judíos destacan Naftaly Frenkel, que le propuso a Stalin la construcción de un canal que uniera el Mar Báltico con el Mar Blanco. El ingeniero jefe fue el judío Gregory Davidsohn Afanasjew y los supervisores de la obra fueron los también judíos Aron Solts y Jacob Rappoport. Este proyecto faraónico costó la vida a doscientos cincuenta mil prisioneros. En el volumen II de *Archipiélago Gulag* Alexander Solzhenitsyn aporta valiosa información ilustrada con fotos y dibujos sobre la construcción del canal, sobre Naftaly Frenkel y sobre sus "asesinos a sueldo". Denunciados por Solzhenitsyn, entre los criminales judíos más destacados en la administración general de los campos de concentración figuran Matvei Davidovich Berman, director de los campos de concentración; Semion Firin y Abraham Appeter, directores de prisiones; Lazarus Josephsohn Kagan, jefe de los campos del mar Bático; Abraham Isaaksohn Rottenberg, jefe encargado de los prisioneros en aislamiento y a la vez jefe de la Liga de Acción Ateísta; Samuel Kwazenskij, instructor político. Habría algunos más no citados por el autor de *Archipiélago Gulag* cuyos nombres ahorramos.

Sobre el expolio económico de Rusia reina también el silencio. Todo lo contrario ocurre cuando se trata de denunciar la maldad intrínseca del nacionalsocialismo en este sentido. A mediados de la década de 1990 aparecieron una serie de informes sensacionalistas sobre el blanqueo en Suiza de dinero robado por los nazis. Se desató una campaña mundial a raíz de una demanda presentada por el Congreso Mundial Judío. Supuestos supervivientes del Holocausto representados por el senador estadounidense Alphonse D'Amato presentaron demanda contra los bancos suizos. El oro de

---

murió el 17 de marzo de 2012. El 22 de diciembre de 2010, un fiscal alemán de la ciudad de Dortmund presentó cargos contra un hombre de noventa años, Samuel Kunz, antiguo guardia del campo de concentración de Belzec, al que acusaba de haber ayudado a matar a cientos de miles de judíos. El 1 de agosto de 2012 la prensa en Hungría daba noticia de que Laszlo Csatary, un anciano de noventa y siete años acusado por el Centro Simon Wiesenthal de haber supervisado la deportación de miles de judíos, había sido detenido a petición del Ministro de Exteriores de Francia. El 7 de agosto de 2012 la agencia Reuters denunciaba que Nadja Drygalla, una atleta alemana que se diponía a participar en los Juegos Olímpicos de Londres, tenía un novio que era un neonazi, motivo por el cual Alemania se planteaba obligar a todos los atletas a prometer su compromiso con la democracia. El 27 de enero de 2013, la canciller Angela Merkel declaró: "Alemania tiene una responsabilidad eterna por los crímenes del nacionalsocialismo, por las víctimas de la II Guerra Mundial y, sobre todo, por el Holocausto." Seis meses más tarde, el 13 de junio de 2013 el Parlamento alemán aprobó una resolución para combatir el antisemitismo, proteger la vida judía en Alemania y profundizar la relación con el Estado racista de Israel, cuyos crímenes han gozado de impunidad desde su fundación.

los nazis ocupó portadas en diarios de todo el mundo. La BBC proclamó que era "el mayor robo de la historia". La campaña fue apoyada con la publicación de libros como el de Adam Lebor, que fue inmediatamente traducido a varios idiomas. En España se editó en 1998 con el título *Los banqueros secretos de Hitler: cómo los banqueros suizos se aprovecharon del geonocidio nazi*. Según Lebor, los nazis saquearon 289 millones de dólares en los bancos centrales de los países ocupados.

Del saqueo que los judeo-bolcheviques realizaron en Rusia trata el libro publicado en 2008 por el profesor Sean McMeekin, *History's Greatest Heist. The Looting of Russia by the Bolsheviks* (*El mayor atraco de la historia. El saqueo de Rusia por los bolcheviques*). Según McMeekin, que para calcular la equivalencia de las cifras de 1918 con las actuales propone multiplicar por cien la cantidad, las ventas de oro robado efectuadas por los bolcheviques en sólo dieciocho meses superan con creces la cifra ofrecida por Lebor. Naturalmente, el motivo de que no haya campañas para denunciar el expolio y la matanza de gentiles en Rusia se debe a que los criminales y los ladrones fueron judíos al servicio del poder secreto que los había financiado. "No está lejos el día en que todas las riquezas y tesoros del mundo serán propiedad de los hijos de Israel", había anunciado Adolphe Crémieux en el manifiesto fundacional de la Alianza Israelita Universal.

El mayor atraco de la historia

A diferencia de los banqueros suizos que ocultaron su colaboración con los nazis, los principales financieros del genocidio en Rusia no se preocuparon en absoluto por esconder su contribución a la causa de la revolución, sino que incluso, como en el caso de Jacob Schiff y de J. P. Morgan, la proclamaron orgullosos al mundo entero. Estos mismos banqueros recuperaron con creces su inversión, ya que, una vez colocados en el poder, sus agentes se encargaron de blanquear el oro, la plata, el platino y las piedras preciosas que robaban compulsivamente los judeo-bolcheviques. Para ellos fueron los futuros contratos y la explotación de las enormes riquezas y recursos de Rusia, que siempre habían ambicionado. Sin esta colaboración interesada les hubiera sido imposible a los comunistas mantenerse en el poder, puesto que a la ruina económica de un país improductivo se añadía la guerra civil. El Banco del Estado de Rusia poseía las mayores reservas de oro del mundo, pero además estaban los bancos privados, competidores de la banca judía internacional, así como las riquezas de las personas particulares y de la Iglesia. Por consiguiente, a las reservas de oro imperial, había que añadir dinero en efectivo, bonos, relojes, platino, joyería, diamantes y otras gemas, cuberterías, pinturas, iconos, grabados, libros. Es decir, toda la riqueza de un continente conseguida durante siglos.

Sean McMeekin narra en la obra citada los problemas que tuvieron Lenin, Trotsky y sus adláteres para manejar los bancos sin la colaboración de los empleados expertos en las técnicas financieras y en los métodos de contabilidad. Anthony C. Sutton escribe en *Wall Street and the Bolshevik Revolution* que en este contexto Trotsky se acordó de su buen amigo Bernard Baruch y sentenció: "Lo que necesitamos aquí es un organizador como Bernard Baruch." Una semana después del golpe de Estado, los bancos privados, que conocían las intenciones nacionalizadoras de Lenin, cerraron sus puertas. El Banco del Estado y el Tesoro permanecieron abiertos, pero a lo largo del mes de noviembre se negaron a acceder a la petición de fondos solicitada en nombre del Consejo de Comisarios del Pueblo (Sovnarkom). El Consejo emitió entonces un decreto en el que se amenazaba con arrestar a los directores de banco que se negasen a facilitar la retirada de fondos. I. P. Shipov, el director del Banco del Estado, convenció a sus colegas para que no cedieran e informó al Sovnarkom de que el Banco del Estado había destinado 600 millones de rublos a la paga del ejército y a la caridad pública, que mantenía las cocinas para los pobres.

El 23 de noviembre los empleados del Banco del Estado comenzaron una huelga. El 24 de noviembre, Tras infructuosos intentos de obtener dinero, Lenin envió al nuevo comisario de Finanzas, Vyacheslav Menzhinsky, con un ultimátum: Si Shipov no cedía, se despediría a todos los empleados del banco, perderían su pensión y los más jóvenes serían reclutados. Ante la nueva negativa, Shipov fue despedido y sustituido por un equipo financiero de bolcheviques, los cuales, pese a tener conocimientos sobre libros y manuales del sistema bancario, no conocían los procedimientos técnicos del Banco del Estado de Rusia, cuyos interminables corredores y complicada maquinaria les eran inaccesibles. Necesitaban saber cuántas cajas con dinero en efectivo había, cuántas cajas de seguridad y dónde estaban escondidas las llaves. Se optó entonces por la toma de rehenes: el gerente de la sucursal de Petrogrado, el cajero jefe, el jefe de contabilidad, el guardián de la cámara acorazada fueron obligados a colaborar a punta de pistola.

En diciembre de 1917 casi todos los funcionarios del Estado se negaban a colaborar con el Gobierno bolchevique, considerado ilegal: profesores, empleados de telégrafos y teléfonos, trabajadores del transporte de agua, funcionarios municipales de Petrogrado y Moscú se declararon en huelga contra el supuesto Gobierno de los trabajadores. Lenin escogió entonces a Félix Dzerzhinsky para dirigir la Cheka (Comisión Extraordinaria para Combatir la Contrarrevolución y el Sabotaje), creada el 20 de diciembre con el cometido de liquidar prácticamente sin límite legal alguno cualquier acto contrarrevolucionario. No debe olvidarse que en el mes de noviembre, dieciocho días después del golpe de Estado, se habían celebrado elecciones para una Asamblea Constituyente y los bolcheviques habían quedado en minoría. La constitución del Parlamento estaba programada para el 18 de enero de 1918. Es normal, pues, que los directores de banco y todo el país esperasen la formación de un gobierno legal emanado de estos comicios.

Como si la cosa no fuera con ellos, el 27 de diciembre de 1917 el judío Grigori Sokolnikov (Girsh Yankelovich Brilliant), nombrado nuevo director del Banco del Estado, abolió mediante decreto los bancos privados y los bolcheviques reclamaron todos los depósitos bancarios superiores a cinco mil rublos. En el decreto se estipulaba que, una vez recibida la notificación, los propietarios de cajas fuertes tenían tres días para presentarse en el banco con las llaves de sus cajas. Como es lógico, todo el mundo ignoró el decreto de un gobierno que pretendía robar descaradamente los bienes de las personas, toda vez que existía el convencimiento de que los días de los bolcheviques estaban contados. Nadie esperaba que el 18 de enero iba a producirse un segundo golpe de Estado y que los parlamentarios iban a ser disueltos por los guardias rojos y los regimientos de letones, que actuaban como tropas de choque del gobierno soviético. Aquel mismo día miles de personas que se manifestaban ante el palacio Táuride, donde se hallaba reunida la Asamblea Constituyente, fueron dispersadas a tiros y cerca de una veintena perdieron la vida.

El sistema puesto en marcha por Sokolnikov para proceder al saqueo consistía en llamar por orden de abecedario a todos los propietarios de cajas fuertes. Los nombres de aquellos que no se presentaban o se negaban a colaborar eran marcados como "enemigos del pueblo". Ya en febrero de 1918 se había llegado en Petrogrado a la letra ele. Max Laserson, director comercial de la Compañía Minera Shuvalov, se presentó con las llaves de su caja fuerte y se convirtió en un colaborador de los comunistas. Más tarde Laserson describió cómo se operaba para robar los objetos de valor: barras y monedas de oro, platino, plata, piedras preciosas y divisa extranjera. Según Laserson, "la plata confiscada, oro, piedras preciosas y perlas... se acumulaban en cantidades tan enormes que difícilamnete pueden ser concebidas... Pasé a través de grandes salas repletas hasta el techo con todo tipo de baúles, maletas, cajas, cestas, bolsos, etc." En realidad esa era la parte más fácil del pillaje general que se pretendía llevar a cabo. Los bancos, además de reservas de oro, joyas y dinero en efectivo, tenían obligaciones de los depositarios, acciones y bonos del Estado. Pero no todo eran activos: asumir el control de los bancos implicaba asimismo hacerse cargo de los pasivos. En cualquier caso muchos propietarios de cajas fuertes habían huido al extranjero o estaban escondidos, por lo que el 10 de noviembre de 1918 el trotskysta Nikolai Krestinsky, otro judío que había sido nombrado recientemente comisario de Finanzas, publicó un decreto en el que se concedían ciertas ventajas a quienes aparecieran y colaborasen con el Gobierno.

El mismo mes de noviembre de 1918 se formó una agencia para registrar todo tipo de objetos de arte. Leonid Krasin y Máximo Gorky fueron los dos hombres comisionados para llevar a cabo esta tarea. El escritor y María Andreeva, su esposa de hecho, quisieron creer ingenuamente que se trataba de salvar el patrimonio cultural ruso y que los objetos confiscados estaban destinados a exponerse en los "museos proletarios". Pronto tuvieron ocasión de comprender el verdadero fin de la operación. En febrero de 1919 la agencia de Gorky quedó subordinada al Comisariado de Comercio, concretamente a su Comisión de Comercio Extranjero (Narkomvneshtorg), a fin de preparar las antigüedades y obras de arte más valiosas para una posible exportación. Krasin (Goldgelb), el antiguo camarada Nikitich, el juedo-bolchevique vinculado a Olof Aschberg (Obadiah Asch) que como director de Siemens-Schuckert en San Petersburgo había establecido importantes contactos en Estocolmo y en Berlín, fue facultado por Lenin para que supervisase el proyecto y explorase la posibilidad de negocio con firmas suecas y alemanas. El registro que se efectuó de las antigüedades y objetos valiosos confiscados ha permitido a investigadores como Sean McMeekin ofrecer un amplio estudio de la operación, estudio que ocupa el capítulo tercero de su obra. Los datos que siguen proceden, pues, de *History's Greatest Heist. The Looting of Russia by the Bolsheviks*.

La mayor parte de los tesoros robados por los bolcheviques salieron de Rusia por el puerto estonio de Tallin. El propio Leonid Krasin redactó personalmente los términos del Tratado de Paz de Tartu, que Estonia ratificó el 2 de febrero de 1920. El Tratado garantizaba a los comunistas de manera casi ilimitada el uso de las líneas de ferrocarril y de los puertos estonios. El día siguiente, 3 de febrero, un decreto del Consejo de Comisarios firmado por Lenin nombraba al judío trotskysta Nikolai Krestinsky director del "Gokhran" (Tesorería del Estado para el almacenamiento de objetos valiosos), cuya responsabilidad consistía en la centralización y anotación en libros de contabilidad de todos los objetos valiosos del territorio soviético. El profesor McMeekin escribe: "Desde Siberia a la frontera polaca, desde el mar Negro al Báltico, el tremendo patrimonio de las riquezas de Rusia iba a ser acumulado y preparado para ser exportado." Dos semanas después de la firma del Tratado de Tartu, Krasin ordenó a la comisión Gorky-Andreeva que comenzaran a reunir en las proximidades de Petrogrado los objetos más valiosos de cara a una posible exportación. En su escrito ponía énfasis en "artículos hechos de oro, plata y platino, además de piedras preciosas y perlas."

El 16 de marzo de 1920 Krestinsky ordenó a los trabajadores del Gokhran que empezaran a preparar los metales preciosos en pilas de platino, iridio, oro y plata. Las joyas debían ser amontonadas en perlas y piedras preciosas, que, a la vez, debían separarse por tamaños. Aparte figuraban los diamantes, que debían desmontarse de los objetos que los contenían y clasificarse por quilates. A mediados de julio, la "cosecha" acumulada en Gokhran ascendía a 21.563 quilates de diamantes; 20.305 de perlas, tres mil relojes de oro, plata y platino, doscientos kilos de artículos artísticos de joyería, cerca de cien kilos en lingotes y pepitas de oro, treinta toneladas de plata, alrededor de ocho mil objetos artísticos chapados en oro, media tonelada de fragmentos de oro y 41.845 piezas de plata cuyo peso no se especifica. En los mercados mundiales el valor de todo ello ascendía a 225 millones de rublos, cerca de 112.5 millones de dólares. A finales de noviembre de 1920 el valor de los objetos artísticos acumulados en Gokhram había soprepasado los 490 millones de rublos o los 245 millones de dólares, es decir, unos 25 billones de dólares actuales. Según se ha dicho, para calcular aproximadamente el valor de las cifras en el presente hay que multiplicar por cien.

Krestinsky tenía el mandato de acumular el botín de todo el continente Euroasiático, pero durante los primeros seis meses el Gokhran se centró en las cajas fuertes de los bancos de Moscú y Petrogrado que seguían sin abrir. Treinta y cinco mil fueron abiertas durante el verano de 1918, pero el ritmo del saqueo se estancó. Aproximadamente quedaban cincuenta y una mil cajas confiscadas por los comunistas cuyos propietarios no habían aparecido. Dos años más tarde, en septiembre de 1920, sólo se habían podido vaciar unas doce mil setecientas, otras catorce mil novecientas fueron abiertas por la fuerza, pero quedaban unas veintitrés mil trescientas que habían resistido todos los esfuerzos. Ante la lentitud del proceso, Krestinsky decidió crear otro organismo, la Comisión de las Cajas Fuertes (Seifovaia Komissiia), subordinada al Comisariado de Finanzas, que empezó en agosto de 1920 sus operaciones, supervisadas por la Cheka. En el esfuerzo por estructurar la logística del pillaje se creó aún otro aparato burocrático, el Inspectorado Financiero (Finninspektsiia).

El vertido masivo de los diamantes rusos en los mercados de Tallin, Estocolmo y Copenhage se convirtió en un problema, puesto que amenazaba con destruir el techo del precio artificial establecido por los Oppenheimer, que dominaban el mercado mundial después de haberse hecho con el control de los diamantes sudafricanos. En 1920 el propio Krasin vendió en Londres diamantes por valor de 40.000 libras esterlinas. Todo ello llevó a los comunistas a cortejar al consorcio De Beers, con la intención de venderles a granel los diamantes que almacenaba el Gokhran. En general, la inundación de los mercados con los metales y piedras preciosas que los comunistas trataban de vender distorsionó los precios, que sufrieron un desplome.

La confiscación masiva de las riquezas de la Iglesia, cuyos activos y bienes muebles habían sido nacionalizados en enero de 1918, no comenzó hasta principios de 1922. Fue en el contexto de la guerra civil contra el campesinado y de la gran hambruna de 1921, que ocasionó cinco millones de muertos, cuando los comunistas organizaron una campaña para justificar el robo ante los ojos de la población, mayoritariamente unida a la Iglesia Ortodoxa. En el verano de 1921 el hambre en la región del Volga comenzó a alarmar al Gobierno soviético, que llegó a admitir públicamente que 25 millones de rusos estaban al borde de la inanición. Con la llegada del invierno, Trotsky asumió el protagonismo, puesto que Lenin tuvo que apartarse del primer plano debido a los problemas de salud que dos años más tarde iban a provocar su desaparición definitiva. En enero de 1922 Trotsky escribió un artículo ampliamente difundido por la prensa soviética. En él acusaba a la Iglesia Ortodoxa de no ofrecer asistencia a los necesitados. Se le pedía que vendiera sus objetos de valor en oro y plata para socorrer a los hambrientos. La campaña se complementó con miles de cartas de supuestos lectores de *Izvestia y Pravda*, que daban apoyo a la confiscación de los bienes eclesiásticos. Muchas de estas cartas estaban escritas por clérigos que colaboraban con el régimen, los llamados "renovacionistas", que incluso dejaron caer que el patriarca Tikhon amenazaba con la excomunión a los generosos donantes cristianos que pretendían ayudar. "Convertid el oro en pan" fue el eslogan acuñado por Trotsky para su campaña de "agitprop", en la que se invitaba a las masas a robar en las iglesias con la justifiacción de que los clérigos reaccionarios saboteaban los esfuerzos de las autoridades para socorrer a la población.

Sean McMeekin califica estos argumentos como "una mentira desde el principio hasta el final" y denuncia que en 1921 los comunistas habían vendido oro y otros metales preciosos por valor de 200 millones de dólares de la época, dinero que no había sido utilizado para aliviar el hambre de la población, sino para importaciones estratégicas, sobre todo en el ámbito del armamento. McMeekin añade que en el contexto de la hambruna, en lugar de comprar cereales y semillas para las regiones afectadas, se realizaban importaciones de artículos considerados de lujo para los miembros del partido, por ejemplo, chocolate comprado en Londres por valor de 30 millones de rublos zaristas; fruta, tabaco y opio de Persia por valor de 63 millones de rublos; además de miles de toneladas de arenque sueco, pescado sazonado finlandés, bacon alemán y grasa de cerdo francesa. Georg Solomon escribe en *Unter den Roten Machthabern* (*Entre los gobernantes rojos*) que, "mientras la gente moría de hambre", las élites soviéticas consumían exquisiteces como "trufas, piñas, naranjas mandarinas, bananas, frutos secos, sardinas y Dios sabe qué más."

En enero de 1922 Leonid Krasin pagó 16.400 rublos oro en Londres para conseguir piezas de repuesto para la flota de Rolls-Royce en la que viajaban los peces gordos del Partido Comunista. El descaro y la arrogancia de los líderes judeo-bolcheviques era tal, que ni siquiera se preocupaban de guardar las apariencias. Trotsky, Lenin, Dzerzhinsky y compañía circulaban por las calles de Petrogrado y Moscú a bordo de lujosos Rolls-Royce. Lenin se adjudicó a sí mismo el disfrute de tres coches de lujo del garaje del palacio de Alejandro en Tsárkoye Seló, dos Rolls-Royce y la vieja Limusina Delauney-Belville de Nicolás II. Al principio Lenin iba de un sitio a otro a bordo de este vehículo. El profesor McMeekin explica divertido que en marzo de 1918 la limusina le fue robada a punta de pistola, un hecho irónico que supuso un giro inesperado de la frase "saquead a los saqueadores", acuñada por Lenin para justificar el atraco generalizado. Desde entonces Lenin hizo uso de un modelo de Rolls-Royce de 1915 que había pertenecido a Mijail Romanov. Anteriormente Kerensky ya había dado ejemplo de cómo comportarse cuando se estaba el poder. En julio de 1917, instalado en el Palacio de Invierno, decidió hacer uso del dormitorio del zar Alejandro III. Kerensky requisó también un Rolls-Royce a un extranjero rico y lo utilizó para sus desplazamientos.

En junio de 1921 el patriarca Tikhon había organizado un comité para ayudar a los hambrientos. El 7 de julio Tikhon lanzó una llamada angustiosa a sus feligreses a través de una pastoral leída en todas las iglesias en la que les pedía que acogieran rápidamente en sus brazos a los que padecían "con los corazones llenos de amor y de deseo de salvar a vuestros hermanos famélicos." He aquí un fragmento significativo: "La carroña se ha convertido en un plato selecto para la población hambrienta, e incluso ese plato es difícil de encontrar. Los llantos y los gemidos se oyen por todas partes. Se ha llegado ya al canibalismo... ¡Tended una mano de socorro a vuestros hermanos y a vuestras hermanas! Con el acuerdo de los fieles podéis utilizar los tesoros de las iglesias que no tengan valor sacramental para socorrer a los hambrientos, tales como los anillos, las cadenas y los brazaletes, así como los ornamentos que adornan los santos iconos..." Más de doscientas mil copias de este llamamiento fueron distribuidas por toda la nación. El 22 de agosto de 1921 el patriarca escribió a las autoridades soviéticas. Les pedía autorización para que la Iglesia Ortodoxa pudiera comprar suministros directamente y para organizar cocinas de ayuda en áreas de hambruna. No sólo se denegó la petición, en septiembre de 1921 los comunistas disolvieron además el comité de ayuda y arrestaron a sus líderes. El 23 de febrero de 1922 se ordenó por decreto la expropiación de los objetos de valor de la Iglesia Ortodoxa. El arzobispo de Petrogrado, Veniamin, y el patriarca Tikhon fueron arrestados y declarados "enemigos del pueblo."

A quienes sí se permitió ayudar fue a los norteamericanos. El 13 de julio de 1921 el Gobierno soviético pidió socorro internacional a través de Máximo Gorky. El ARA ("American Relief Administration") del futuro presidente Hoover envió importantes ayudas a Rusia a partir del 20 de agosto. En total se destinaron 45 millones de dólares y comenzó la distribución de alimentos. El ARA y sus organizaciones asociadas alimentaron a unos 12 millones y medio de bocas. La Comisión Americana para Asistencia a Rusia ("American Comission on Russian Relief"), cuyas tareas de ayuda supervisaba Stalin, estimó que en 1922 había unos tres millones de niños sin hogar y que otros dos millones estaban a punto de morir de hambre en sus casas. En *The Harvest of Sorrow* Robert Conquest denuncia que el Gobierno de Moscú no informó deliberadamente a las organizaciones de asistencia norteamericanas sobre las áreas de hambruna en Ucrania y además obstaculizó el contacto con las zonas necesitadas. Los más vergonzoso, pues demuestra una vez más la naturaleza criminal de los líderes comunistas y su desprecio por la vida humana, fue que entre el 1 de agosto de 1921 y el 1 de agosto de 1922 unas 500.000 toneladas de grano fuero exportadas desde Ucrania para ser distribuidas en el extranjero.

Para comprender adecuadamente el asalto sistemático a los bienes de la Iglesia, hay que considerar que después de cuatro años de pagos continuados en oro, los comunistas habían agotado las reservas de la Rusia imperial. La última remesa de oro, cuarenta toneladas, salió del puerto de Tallinn el 6 de febrero de 1922 a bordo del barco de vapor *Gladiator*. La necesidad urgente de conseguir más oro fue determinante en la campaña de robos a la Iglesia, que fue dirigida por Trotsky y confiada a la Cheka, que a principios de año había pasado a llamarse GPU (Administración Política del Estado). Bajo el mando total de Trotsky, la ofensiva fue planeada en una serie de sesiones del Sovnarkom, del Politburó y del Comité Central del Partido Comunista, celebradas en diciembre y enero de 1921-22. Una resolución del Comité Ejecutivo Central del 2 de enero de 1922, donde no figuraba ni una palabra para las víctimas de la hambruna, declaraba explícitamente que los objetos valiosos de la iglesia que fueran vendibles irían al Gokhran. Dos nuevos decretos sucesivos, emitidos el 14 y el 23 de enero, ordenaban que los envíos procedentes de todas las regiones debían sin demora ser entregados al Gokhran. Todos los trenes en los que era transportado el botín de la Iglesia iban escoltados por oficiales del Ejército Rojo.

En la estrategia de Trotsky la propaganda que justificaba la confiscación era esencial, ya que debía presentarse como una oleada de ira popular contra la Iglesia. La esperada defensa de muchas iglesias y monasterios por parte de los parroquianos debía servir a la vez como justificación para que el Ejército Rojo aplastase la resistencia. En una carta de 19 de marzo de 1922 dirigida a los miembros del Politburó, de la cual procede el siguiente fragmento extraído del libro de Sean McMeekin, Lenin se expresaba en estos términos:

> "...Con tanta gente hambrienta que se alimenta de carne humana, con los caminos congestionados de centenares y de millares de cadáveres, ahora y sólo ahora podemos (y en consecuencia debemos) confiscar los bienes de la Iglesia con una energía feroz y despiadada. Precisamente ahora y solamente ahora la inmensa mayoría de las masas campesinas puede apoyarnos o, más exactamente, puede no estar en condiciones de apoyar a ese puñado de clericales Cien Negros y de pequeño-burgueses reaccionarios... Podemos así proporcionarnos un tesoro de varios centenares de millones de rublos oro. Sin ese tesoro, ninguna actividad estatal en general, ninguna realización económica en particular, y ninguna defensa de nuestras posiciones es concebible. Debemos, cueste lo que cueste, apropiarnos de ese tesoro de varios centenares de millones de rublos (¡quizá de varios miles de millones de rublos!). Todo esto no puede realizarse con éxito más que ahora."

A mediados de abril de 1922 *Izvestia* informaba sobre más de mil cuatrocientos "excesos sangrientos" como consecuencia de enfrentamientos entre los defensores de las iglesias y la GPU. En realidad, cada nuevo choque se ajustaba perfectamente a los planes de Trotsky y a sus acusaciones de que la Iglesia impedía la ayuda a los hambrientos. El 28 de marzo de 1922 *Izvestia* había dado instrucciones sobre lo que trabajadores y campesinos debían hacer si querían evitar las muertes de millones de personas agonizantes: "Despreciad a esta banda de 'solemnes' sacerdotes rabiosos. Quemad la más sagrada contrarrevolución con hierro caliente. Coged el oro de las iglesias. Cambiad el oro por pan." Las estimaciones sobre el número de víctimas de esta concreta campaña de terror varían. Las cifras oficiales reconocen que veintiocho obispos y 1.215 sacerdotes fueron asesinados. Las fuentes eclesiásticas elevan las cifras de asesinatos a 2.691 sacerdotes, 1.962 monjes y 3.447 monjas. "Otros veinte mil parroquianos -escribe McMeekin- perdieron asimismo la vida, la mayoría viejos creyentes que defendieron sus queridas iglesias con horquetas y fueron abatidos con ametralladoras."

Sólo en Moscú había setecientas sesenta y cuatro iglesias ortodoxas y otras setenta y cuatro capillas. Piezas artísticas y tesoros de mil años de historia rusa se conservaban en ellas. Cada uno de los siete distritos de la ciudad fue adjudicado a una comisión de saqueo. Más de una veintena de hombres fuertemente armados, de los cuales la mitad eran guardias rojos o miembros de la GPU, integraban estas comisiones. El 5 de abril de 1922 habían asaltado ya cuarenta y tres iglesias ortodoxas y monasterios, en los que habían robado alrededor de seis toneladas y media de tesoros. En su investigación, el profesor McMeekin asegura que en sólo tres días los asaltos se multiplicaron y apunta que entre el 5 y el 8 de abril "no menos de ciento seis iglesias de Moscú fueron saqueadas y se obtuvo un botín de trece toneladas de objetos valiosos." Entre el 24 y el 26 de abril "ciento treinta iglesias y tres capillas fueron atacadas y se acarrearon trece toneladas de plata y unos veinticinco kilos de oro, además de cantidades no especificadas de vasos y recipientes." En Petrogrado los comités de saqueo habían acumulado a finales de abril treinta toneladas de plata, unos setenta kilos de oro, tres mil seiscientos noventa diamantes y otras trescientas sesenta y siete piedras preciosas. Valiosos iconos ortodoxos, los más antiguos de los cuales eran de los siglos XV y XVI, también fueron confiscados en grandes cantidades. Muchos acabaron en bazares y anticuarios donde se vendieron a precios de ganga. El banquero Olof Aschberg compró personalmente unos doscientos ochenta. El Gokhran de Moscú recibió casi todo el oro y la plata. A principios de 1923 había tanta plata acumulada en el Gokhran, unas quinientas cincuenta toneladas, que tuvo que vaciarse un edificio cercano para poder guardarla.

Además del saqueo sistemático, decenas de miles de iglesias cristianas fueron destruidas en toda Rusia. Muchas fueron convertidas en urinarios públicos, en bodegas y almacenes. En la catedral de San Basilio se instaló un museo contra Dios. Sin embargo, ni una sola sinagoga sufrió el menor daño. Mientras sacerdotes ortodoxos eran encarcelados, torturados e incluso crucificados, los rabinos no tenían nada que temer. En contraste a las numerosas medidas anticristianas, los comunistas aprobaron una ley contra el antisemitismo que podía acarrear la muerte de los acusados. El hecho de poseer un ejemplar de los *Protocolos de los Sabios de Sión* podía asimismo comportar la cárcel e incluso la muerte. Robert Wilton denuncia el carácter de venganza talmúdica que subyace en muchas actuaciones perpetradas por los judeo-bolcheviques. Quizá el acto más significativo fue la erección de un monumento a Judas Iscariote, un hecho cargado de simbolismo que se llevó a cabo en 1918 por iniciativa de Trotsky. En *La Enciclopedoa Ortodoxa* el padre Alexey Uminskiy relata que Trotsky quiso estar presente en la inauguración de la estatua. Antes de su llegada, el obispo Ambrosio fue asesinado apresuradamente. El motivo alegado para la conmemoración de la figura de Judas fue que lo consideraban el "primer revolucionario". La imagen, descrita por testigos presenciales, representaba a un hombre con la cara distorsionada por la ira que mira al cielo con el puño apretado.

Los judeo-bolcheviques compensaron con creces a sus jefes, los banqueros judíos internacionales. Se ha comentado ya que durante 1918, tras la firma del Tratado de Brest Litovsk, Alemania y los poderes de la Entente competían para obtener concesiones comerciales en Rusia: la minería, los ferrocarriles, la electrificación eran los contratos más deseados. En mayo de 1918 un informe interno del Ministerio de Exteriores germano describía a los líderes bolcheviques como "hombres de negocios judíos". Agentes del Deutsche Bank y de la banca judía Mendelssohn cortejaban a Krasin y a Joffe, a quien el Ministerio de Exteriores alemán había concedido valija diplomática. El Gobierno de Suecia, desde donde operaba Olof Aschberg, el hombre del Guaranty Trust de J. P. Morgan, había facilitado el uso de un código diplomático a los agentes soviéticos para sus comunicaciones con Moscú. Suecia, pese a no reconocer formalmente a los bolcheviques, actuaba como un aliado de facto. Nuevamente Olof Aschberg se convirtió en el genio financiero que canalizó el tráfico ilegal de oro ruso hacia el exterior. Los propios comunistas filtraron un informe en el verano de 1919 en el que reconocían que la experiencia bancaria de Aschberg les permitía enviar el oro ruso, tanto tiempo codiciado por los Morgan, Schiff, Warburg, Rothschild y compañía, donde deseasen. Otro judío avezado en el mundo de las finanzas que trabajó como consejero del Gobierno soviético fue Aaron Sheinman, quien a la vez trabajaba en estrecha asociación con Aschberg, Krasin, Litvinov y Sokolnikov, todos ellos correligionarios judíos. Sheinman era un experto en los mercados de oro y platino. En 1918 fue despachado a Estocolmo con 17 millones de rublos oro y en 1920 viajó a Tiflis con varios millones de francos franceses para comprar cincuenta aviones con motores Fiat.

El tráfico de los lingotes del oro imperial ruso se canalizó a través del puerto estonio de Tallin, donde acudían los agentes de los banqueros para comprarlo a precio de chollo antes de que fuera refundido por las cecas suecas. Los supervisores de las ventas de este oro eran los judíos Isidor Emmanuilovich Gukovsky y Georg Solomon, que encabezaban la Misión Comercial Soviética en Tallin. El primero había sido Comisario de Finanzas tras la revolución. El segundo era un antiguo colega de Krasin en Siemens-Schukert. El profesor McMeekin desvela que Leonid Krasin, Comisario de Comercio, le otorgó a Solomon el gracioso título de "ministro de contrabando de Estado". En *Unter den Roten Machthabern* Georg Salomon describe cínicamente en una frase su propio trabajo: "Trabajaba por tanto como saqueador y ladrón" ("Ich arbeitete also für Plünderer und Diebe"). Gukovsky tenía montado su centro de operaciones en el Hotel Petersburg, cuyas habitaciones habían sido todas alquiladas a bajo precio por gentileza del Gobierno estonio. Solomon estaba instalado en el Hotel Goldener Löewe (León de Oro), donde recibía a los suministradores. El mismo Georg Solomon informa sobre sus chanchullos y turbios negocios. Solomon reconoce la recepción de suculentas "propinas" y admite también los hábitos corruptos de su colega Gukovsky, que en ocasiones vendía el oro ruso un 30 por ciento por debajo del precio de mercado a G. Scheel and Company, el mayor banco privado de Tallin, regentado entonces Paul Heinrich Scheel.

El hombre acreditado como "representante financiero" de la Misión Soviética era Olof Aschberg, viejo amigo de Georg Solomon y de Leonid Krasin desde los días de Siemens-Schukert en Estocolmo. El propio Aschberg explica cómo funcionaba el contrabando de oro en colaboración con los suecos: "ellos acaparaban oro ruso, ponían otro cuño en los lingotes y fundían las monedas. La ceca real trabaja a toda presión. Después el oro con el sello sueco podía ser vendido con un beneficio fantástico." Conviene saber que el Gobierno sueco estuvo presidido en tres ocasiones (1920, 1921-1923 y 1924-1925) por el masón socialdemócrata Hjalmar Branting, que ya en 1917-1918 había sido ministro de Hacienda. Las transacciones funcionaban a través del banco de Aschberg, que en 1918 había cambiado el nombre del Nya Banken y había pasado a llamarse Svensk Economiebolaget. Allí se recibían los pedidos de los compradores. Gukovsky entregaba el oro soviético u otros metales preciosos a Aschberg o a otros intermediarios, quienes por un precio transportaban la mercancía a través del Báltico.

Aschberg normalmente se hacía a la mar en el *Kalewipoeg* y en un viaje pasaba un cargamento de oro que representaba muchos millones de coronas. En Estocolmo el oro se fundía y se cambiaba la antigua insignia zarista por una sueca. Luego se vendía sobre todo a Estados Unidos, concretamente al Guaranty Trust de J. P. Morgan. El mismo año de 1918 Aschberg abrió frente a la Embajada soviética en Berlín una sucursal del Svensk Economiebolaget, concretamente en el número 69 de Unter den Linden, el bulevar más famoso de la ciudad. Isaak Steinberg, conocido como "el ingeniero", otro judío bolchevique, uno más, que había sido comisario de Justicia hasta marzo de 1918, era uno de los directores del banco. En Londres, se ha dicho ya en el capítulo anterior, el agente del nuevo banco de

Aschberg era Earl Grey, antiguo socio de Cecil Rhodes que presidía el British Bank of North Commerce. El profesor McMeekin informa que en otoño de 1920 la osadía de Olof Ascheberg llegó a tal punto que incluso prometió a Maksim Litvínov que podía enviar el oro directamente a la ceca de Estados Unidos y evitar las altas primas que se pagaban en Estocolmo. Dicha oferta fue realizada antes de que el Gobierno norteamericano tomase en noviembre medidas severas a propósito de los movimientos de oro ruso, cuyas ventas a la Reserva Federal se realizaban sin los correspondientes certificados de propiedad.

En *Wall Street and the Boshevik Revolution,* el profesor Sutton da noticia de la salida de Tallin con destino a Estados Unidos de tres barcos con oro soviético: El *S.S. Gauthod,* con un cargamento de doscientas dieciséis cajas de oro, supervisado por el masón Yuri Lomonosov[3]; el *S. S. Carl Line,* cargado asimismo con otras doscientas dieciséis cajas de oro; y el *S. S. Ruheleva,* con ciento ocho cajas. El contenido de cada caja estaba tasado en sesenta mil rublos oro. Sutton cita todavía el nombre de un cuarto barco, el *S. S. Wheeling Mold,* pero no ofrece cifras. Depositado por el Guaranty Trust de Nueva York, el oro llegó a la Oficina de Tasación. Guaranty Trust inquirió entonces a la Reserva Federal con respecto a la aceptación. A su vez la Reserva Federal preguntó al Tesoro. El superintendente de la Oficina de Tasación de Nueva York informó al Tesoro de que aproximadamente siete millones de dolares en oro no tenían marcas de identificación y que los lingotes depositados habían sido ya fundidos en Estados Unidos.

El superintendente del Tesoro explicó el 17 de noviembre de 1920 a James Hecksher, del Irving National Bank de Nueva York, que se tenía constancia de envíos de oro procedentes de ciertos países bálticos y que se sospechaba que todas la remesas eran de oro ruso, razón por la cual debía hacer llegar al Tesoro todas las investigaciones sobre el oro de origen ruso o bolchevique con el fin de recibir instrucciones antes de que lo introdujeran en el mercado quienes lo ofertaban o querían hacer pagos con él. Kunh, Loeb & Company, aparentemente en nombre de Guaranty Trust, indagó en el Departamento de Estado a propósito de cuál era la posición oficial con respecto a la recepción de oro soviético. El 26 de noviembre S. P. Gilbert, secretario adjunto del Tesoro, advirtió en términos inequívocos a los

---

[3] Yuri Lomonosov, ingeniero ferroviario, había sido la mano derecha del ministro de Comunicaciones del masónico Gobierno provisional. Entre 1918 y 1919 Lomonosov vivió en Estados Unidos, pero tras el triunfo de la revolución regresó a Rusia y colaboró con los bolcheviques. Con la ayuda de Kuhn, Loeb & Company, trabajó en Suecia con Olof Aschberg en la exportación de oro ruso a Estados Unidos. En noviembre de 1920 el Consejo de Comisarios del Pueblo lo nombró responsable de las compras de material ferroviario. En Berlín organizó la compra de locomotoras alemanas y suecas para los bolcheviques, que habían arruinado la otrora estupenda infraestructura ferroviaria rusa, vital en plena guerra civil. Antes de la revolución Rusia no importaba ni locomotoras ni vagones, pues su industria abastecía sus necesidades. Rusia producía el 56% del manganeso de todo el mundo, mineral necesario para fabricar acero.

banqueros que pretendían refundir el oro ruso al estilo sueco: "Todo el oro que sea de origen soviético será rechazado por la Casa de la Moneda de Estados Unidos, independientemente de quien lo ofrezca."

A principios de 1919 el Gobierno soviético había abierto en Nueva York el "Soviet Bureau", dirigido por Ludwig Martens, un bolchevique de origen alemán que actuaba de hecho como embajador y cuyo secretario era Santeri Nuorteva (Alexander Nyberg). Ya en 1919 un informe de Scotland Yard citado por Anthony Sutton asociaba a Martens con el Guaranty Trust Company: "Martens está en el centro de atención. No hay duda de su conexión con el Guaranty Trust Company, aunque es sorprendente que una empresa tan influyente tenga negocios con los bolcheviques." A mediados de junio de 1919 un comité presidido por el senador Clayton R. Lusk, el "Lusk Committee", que investigaba actividades sediciosas, consiguió una orden de registro de las oficinas en Manhattan del Soviet Bureau y se hizo con importantes documentos. Martens fue citado a declarar ante el Comité, pero se negó a presentarse elegando inmunidad diplomática. Finalmente reconoció que había recibido 90.000 dólares para financiar actividades comunistas en Estados Unidos y quedó asimismo en evidencia que el Guaranty Trust apoyaba financieramente a los comunistas.

Con el fracaso de Woodrow Wilson con respecto a la Sociedad de Naciones y tras su parálisis a causa de la embolia cerebral, los planes de los conspiradores sufrieron un ligero traspiés, que se acentuó con la llegada a la presidencia del republicano Warren Harding. Mandell House desapareció paulatinamente de la escena y los comunistas perdieron importantes apoyos en el Gobierno. No obstante, pese a que hubo que esperar a la llegada del demócrata Franklin D. Roosevelt en 1933 para que Estados Unidos reconociera oficialmente a la URSS, nada impidió que los banqueros judíos de Wall Street siguieran colaborando estrechamente con los comunistas, como lo demuestra el hecho de que en noviembre de 1922 Olof Aschberg abrió en Moscú un banco para gestionar las transferencias por cable.

Como parte de la NEP (Nueva Política Económica), los comunistas autorizaron la apertura de determinados bancos privados y Aschberg fundó el Ruskombank (Banco de Comercio Exterior), en el cual tenía una importante participación el Banco de Inglaterra. Su director de operaciones fue Max May, vicepresidente del Guaranty Trust Company, un hombre de J. P. Morgan que había trabajado ya con Aschberg en la importación de oro ruso para el Guaranty Trust. Gracias a los contactos de Aschberg en Berlín y Estocolmo y los de May en Wall Street, el Ruskombank atrajo hacia Moscú muchos miles de millones de dólares en capital extranjero. Los comunistas obtuvieron crédito del Ruskombak depositando en él oro, platino, diamantes, perlas y otras piedras preciosas procedentes del Gokhran, que luego eran vendidos en el extranjero o directamente a compradores en Moscú. En definitiva, concluye Anthony Sutton, "una sindicatura de banqueros de Wall Street expandió sus horizontes en una escala global. El gigantesco mercado ruso iba a convertirse en un mercado cautivo, técnicamente en una colonia para ser explotada por un grupo de poderosos financieros y por las corporaciones que ellos controlaban."

Una vez estuvo en su apogeo el sistema de blanqueo del oro, los comunistas pudieron pagar todas las importaciones que precisaban. Los billetes de banco se habían devaluado enormemente, tanto que habían perdido el 96% de su valor en relación con el rublo oro. Lógicamente, pudiendo cobrar en oro o en platino, metal del que Rusia producía el 95% mundial, nadie estaba dispuesto a aceptar papel. El hecho de pagar en oro a los proveedores abrió casi todas las puertas a los comunistas, quienes en cuatro años dilapidaron las enormes reservas de la Rusia zarista. El oro desaparecía a tal velocidad que en febrero de 1921 el Politburó comisionó a Krasin para que explorase la posibilidad de vender diamantes y joyería para financiar la compra de armas en el extranjero. No obstante, el hecho de que los bolcheviques no reconocieran las deudas y compromisos contraídos por anteriores gobiernos originó una ola de protestas y fue inicialmente un obstáculo en las relaciones comerciales con los países europeos. Algunos banqueros holandeses, por ejemplo, preguntaban en abril de 1918 que les explicasen por qué se había confiscado el capital que la "neutral Holanda" había invertido en Rusia. Krestinsky, el nuevo comisario de Finanzas, les respondió que las participaciones bancarias "estaban siendo nacionalizadas, no liquidadas."

El encargado de gestionar en Londres la colaboración del Gobierno de Lloyd George con los comunistas fue nuevamente el ubicuo Leonid Krasin. La parte británica de la deuda contraída por la Rusia zarista, suscrita sobre todo entre 1914 y 1917, era mayor que la francesa y ascendía a más de 600 millones de libras esterlinas. Alexandre Millerand, primer ministro de Francia, en junio de 1920 le dijo a Lloyd George que las negociaciones que mantenía el Gobierno británico con Krasin otorgaban a los bolcheviques un prestigio y autoridad que no merecían. Lloyd George contestó hipócritamente que él negociaba con representantes del régimen soviético "no como Gobierno, sino como controladores de facto." A Lloyd George le importaban poco las objeciones morales, planteadas asimismo el 7 de junio por varios parlamentarios en los Comunes, que advirtieron sobre la naturaleza aberrante del régimen soviético, cuyas pretensiones comerciales se basaban en el oro robado.

Simultáneamente, Louis Delavaud, embajador francés en Estocolmo, protestó indignado ante el ministro de Exteriores sueco, barón Erik de Palmstierna, a quien hizo saber que Francia consideraba las reservas de oro rusas como garantía para los acreedores de su país y que el oro "sería legalmente decomisado" en los países occidentales si era reexportado desde Suecia. Los suecos hicieron oídos sordos y el primer ministro, el socialista Hjalmar Branting, incluso reprochó a los franceses que se negaran a participar en las negociaciones de Londres. Lo cierto es que en Europa todos esperaban el resultado de las cruciales negociaciones anglo-soviéticas, que iban a decidir el status legal del oro ruso en las capitales del continente. En Londres, los principales opositores a la negociación eran Lord Curzon y Winston Churchill, quien aún no había sido ganado por los conspiradores internacionales. Churchill, entonces ministro de Guerra, llegó incluso a amenazar con la dimisión si se firmaba cualquier tipo de acuerdo con Krasin. Finalmente el acuerdo comercial anglo-soviético se firmó el 16 de marzo de 1921 y fue tan favorable a los intereses de los comunistas como lo había sido el Tratado de Tartu con Estonia. Sobre el asunto crucial de la deuda, Krasin aceptó que el Gobierno soviético realizaría una declaración en la que "se responsabilizaba de pagar compensación a personas privadas que habían suministrado mercancías o servicios a Rusia que no se habían liquidado." Sin embargo, esta probabilidad remitía a un tratado general de paz que debería ser negociado más tarde, una vez terminada la guerra civil en la que Gran Bretaña, Francia y Estados Unidos tenían una posición más que ambigua, como se verá en el siguiente apartado.

Una vez que los comunistas pudieran vender oro en Inglaterra, podrían hacerlo en cualquier parte. No hay que olvidar que diariamente un Rothschild fijaba entonces y fija hoy el precio del oro en la City de Londres. Sean McMeekin escribe lo siguiente: "Al ceder el derecho de apoderarse del oro, fondos, valores o mercancías procecentes de la Rusia soviética, el Gobierno británico, socavaba su propio caso sobre la responsabilidad de los bolcheviques de compensar a personas privadas a las que habían expropiado, puesto que reconocía como propiedad soviética legal el botín obtenido mediante la expropiación. Sorprendentemente, el oro soviético importado recibía mejores condiciones para la reexportación que el oro que entraba en Inglaterra procedente de Sudáfrica, que era miembro de la Commonwealth. Al primero se le concedía una licencia de exportación válida durante seis meses, frente a los cuarenta y dos días para el segundo."

Lloyd George insistió en la Cámara de los Comunes que el acuerdo anglo-soviético no otorgaba a Moscú el reconocimiento diplomático, sino que era "meramente un acuerdo comercial." En realidad, el acuerdo incluía el uso de códigos y claves, además de valijas diplomáticas y el reconocimiento de pasaportes válidos. En mayo de 1921 la Corte Británica de Apelaciones anuló, urgida por el propio Lloyd George, una decisión anterior del Tribunal Supremo que había permitido a los acreedores de la Rusia zarista el secuestro de activos bolcheviques. El propio Tribunal Supremo dictaminó en julio que el oro soviético importado al Reino Unido era legalmente inviolable. A partir de este momento, los únicos países importantes que se resistían a ceder como había hecho Gran Bretaña eran Francia, Estados Unidos y Japón. En palabras del profesor McMeekin "el acuerdo anglo-soviético significaba la transformación del régimen bolchevique, que de una conspiración acosada de activistas políticos, pasaba a convertirse en una millonaria oligarquía criminal que podía valerse de los mercados de capital occidentales para financiar la guerra contra su propio pueblo."

Tras el acuerdo, el Gobierno soviético se atiborró de importaciones y las reservas de oro fueron esfumándose a mayor velocidad. En seis meses ciento cincuenta toneladas de oro fueron despachadas al extranjero. Durante el verano de 1921 muchos envíos de oro soviético no se efectuaban ya en lingotes, sino en monedas. Claro está que siempre quedaba el Gokhran. Olof Aschberg estima que entre 1921 y 1924 él solo procesó platino, oro, diamantes y perlas del Gokhran por valor 200 millones de coronas suecas, unos 50 millones de dólares. En su afan de seguir acumulando riquezas, en 1922 los judeo-bolcheviques se atrevieron incluso a profanar la tumba de Catalina la Grande con el fin de robar un famoso collar. También en marzo de 1922, después de una frenética búsqueda, descubrieron escondidas en la armería del Kremlin las coronas imperiales de los Romanov y estaban dispuestos a venderlas al mejor postor. La intención de los comunistas de contrabandear el collar de Catalina y las coronas imperiales fue divulgada tan ampliamente que un barco de pasajeros rusos, el *White Star*, a su llegada al puerto de Nueva York fue registrado a fondo por agentes del Tesoro. Un soplo que resultó ser falso situaba las joyas imperiales a bordo del buque.

A medida que se iban agotando las reservas de oro, los líderes soviéticos decidieron que necesitaban comprar a crédito y pensaron en ofrecer derechos de explotación de las minas y otorgar prospecciones petrolíferas. La Guggenheim Exploration, la General Electric, la Standard Oil lograron suculentos contratos. La General Electric Company, multinacional controlada por Morgan, electrificó la URSS durante dos décadas, con lo cual se cumplió el dicho de Lenin según el cual socialismo equivalía a electrificación. La Standard Oil, empresa del clan Rockefeller, se hizo con el 50% de los campos petrolíferos del Cáucaso, que supuestamente habían sido nacionalizados. El Chase Manhattan Bank de los Rockefeller, tras conseguir en 1927 un acuerdo de distribución del petróleo soviético en los mercados europeos, otorgó a los comunistas un crédito de 75 millones de dólares. No es de extrañar, pues, que Frank Vanderlip, presidente del National City Bank de Nueva York y representante de Rockefeller en la reunión de Jekill Island que dio origen a la creación de la Reserva Federal, comparase a Lenin con George Washington. También es comprensible que el publicista Ivy Lee, brazo derecho de John D. Rockefeller en temas de comunicación, pusiera en marcha una campaña publicitaria en la que se explicaba que los comunistas eran en realidad unos "idealistas incomprendidos" a los que había que ayudar "por el bien de la humanidad".

Tras el acuerdo anglo-soviético, se intentó demorar todo lo posible el pago de las deudas. En vistas a la Conferencia de Génova, que iba a celebrarse en abril de 1922, Georgi Chicherin, comisario de Exteriores considerado ruso, pero que es reputado como judío por Jüri Lina, puesto que lo era su madre, llamada Meierdorf, envió el 28 de octubre de 1921 una propuesta a Londres y a París en la que sugería pagar las deudas anteriores a 1914, pero no los grandes préstamos contraídos durante la guerra. Las condiciones finales que el Politburó presentó a la Conferencia pretendían que la deuda se pagase pasados quince años a cambio de un gran préstamo de un billón de dólares. Sean McMeekin escribe que "el problema diplomático que afrontaban Chicherin y Krasin era cómo frustar educadamente las expectativas de la Entente sin dar una bofetada estridente en la cara de Lloyd George." Para amortiguar el golpe al premier británico, Trotsky realizó ante sus colegas del Politburó una propuesta descarada: "Deberíamos anunciar que en el caso de que los poderes de la Entente confiscasen todo el dinero de los capitalistas rusos en el extranjero, lo consideraríamos como un acto de reciprocidad y nos comprometeríamos a no protestar." Como dice el refrán, cree el ladrón que todos son de su condición. Es decir, Trotsky invitaba a los obligacionistas y tenedores de bonos a que, después de haber sido robados por los bolcheviques, robasen también ellos como contrapartida. El desprecio con que el Gobierno soviético afrontó la Conferencia de Génova fue tan evidente que ni Lloyd George pudo evitar el fracaso. La primera reunión internacional después de la guerra mundial, a la que asistieron treinta y cuatro países, terminó sin ningún tipo de acuerdo.

La guerra civil contra los blancos

Son escasos los libros traducidos al español que tratan monográficamente de la guerra civil rusa, un desastre histórico poco conocido. En la Primera Guerra Mundial perdieron la vida unos dos millones de rusos, pero la guerra civil provocó cerca de trece millones de muertos. Aunque las cifras varían según las fuentes, B. T. Urlanis, citado por Robert Conquest en *The Harvest of Sorrow* como una autoridad en la materia, da la cifra de trescientos mil combatientes muertos entre ambos bandos. Si ello es cierto, el resto serían víctimas de la represión en la guerra civil contra la burguesía, los campesinos, los obreros y los cosacos que se opusieron a la dictadura comunista. Hay que considerar que dentro de esta cifra se incluyen cinco millones de personas que murieron a causa de la hambruna de 1921-22. La guerra civil, más que una guerra de grandes operaciones militares, fue una guerra librada en la retaguardia en la que blancos y rojos perseguían a los opositores en las zonas que controlaban.

Dicho esto, los crímenes de unos y otros no admiten la comparación, puesto que la política de terror comunista predicaba abiertamente el exterminio de los enemigos de clase. Nicolás Werth en *El libro negro del comunismo* afirma que "la política de terror comunista fue sistemática, organizada y puesta en funcionamiento mucho antes de la guerra contra grupos enteros de la sociedad". Cuando se hicieron con el poder, los bolcheviques contaban entre cien mil y doscientos mil miembros en un país de 175 millones de habitantes. Este partido cuyos líderes ni siquiera eran rusos, puesto que eran revolucionarios profesionales de origen judío financiados desde el extranjero, persiguió a todos sus adversarios políticos, desde los anarquistas hasta los monárquicos. Se tiende a creer que la burguesía era el único enemigo de clase que querían erradicar; sin embargo, como se verá, entre las víctimas hubo obreros y soldados que reclamaban pan y trabajo; campesinos que se oponían a las requisas y a la colectivización; los cosacos, un grupo étnico y social considerado hostil; y, en definitiva, cualquiera que se opusiera a su política. Quienes no aceptaban su dictadura eran calificados como "enemigos del pueblo", al que los líderes comunistas judíos pretendían representar.

La guerra civil había sido una aspiración tanto de Trotsky como de Lenin. En 1914, en una carta a Schliapnikov ya mencionada con anterioridad, Lenin escribía que había que transformar la guerra en una guerra civil. Completamos hora la cita del texto: "Cuándo se producirá esto es otra cuestión, y no resulta todavía claro. Debemos dejar que madure el momento y forzarlo a madurar sistemáticamente... No podemos ni prometer la guerra civil ni decretarla, pero tenemos el deber de actuar -el tiempo que sea necesario- en esa dirección." En septiembre de 1916, en plena guerra mundial, Lenin escribía de nuevo en el mismo sentido: "Cualquiera que acepte la lucha de clases debe aceptar la guerra civil, que en toda sociedad de clases representa la continuación, el desarrollo y la acentuación de la guerra de clases." En 1918 Trotsky insistía ante el Comité Ejecutivo Central en que el partido estaba a favor de la guerra civil. Dicho en otras palabras, la receta de estos dos "amigos" del proletariado era más guerra y más sufrimiento para el pueblo ruso. Con un desprecio absoluto hacia las vidas de los trabajadores y de las personas, después de la terrible conflagración mundial que había costado millones de muertos, pretendían abiertamente que los rusos se despedazaran unos a otros para poder así eliminar con mayor facilidad a cuantos se les oponían.

A causa de las dudas y pugnas internas entre partidarios y contrarios al reconocimiento de los comunistas, la intervención aliada en Rusia, especialmente la británica y la estadounidense, estuvo caracterizada por la ambigüedad. Los agentes de la conspiración trataron con ahínco de que sus gobiernos reconocieran al Gobierno de Lenin. Si Lord Milner, como quería, hubiera logrado situarse al frente del Foreign Office, es seguro que hubiera impulsado el reconocimiento. Los desacuerdos entre el Foreign Office y el Gabinete de Guerra son confirmados por Bruce Lockhart, quien escribe en *Memoirs of a British Agent* que Lord Milner, decepcionado por la falta de iniciativa de Lord Balfour, "un viejo caballero inofensivo", deseaba estar al frente del Foreign Office durante seis meses. Mandell House, el agente de los banqueros que habían creado la Reserva Federal y financiado la revolución en Rusia, presionó a Wilson hasta el final para conseguir que el presidente reconociera a los comunistas. Recordemos que el rabino Judas Magnes, convencido de la inminencia del triunfo de las tesis de los amigos de Trotsky, declaró en abril de 1918 que el presidente Wilson pensaba convocar una Conferencia de Paz para conseguir una paz general basada en los planteamientos de los bolcheviques.

Conseguir una paz general en lugar de una paz separada era el plan de quienes querían a los bolcheviques en Versalles. Como sabemos, uno de los objetivos de la misión de Lockhart en Moscú consistía en, según sus propias palabras, "poner un palo en las ruedas de una posible negociación de paz separada". Trotsky, comisario de Guerra, pretendía que EE. UU. y Gran Bretaña intervinieran en Rusia como aliados en contra de Alemania y ofreció a los ingleses que lo ayudasen en la reorganización de las flotas. Sin embargo, la incertidumbre sobre el resultado de las luchas internas entre los bolcheviques, culminadas en apariencia en 1918 con el intento de asesinato de Lenin, propiciaba la ambigüedad e impedía la toma de decisiones. Lockhart, víctima sobre el terreno de la inexistencia de una línea clara de actuación, lamentaba que no hubiera una política británica, "a menos que siete políticas diferentes a la vez pudieran ser consideradas una política". De hecho, en la Cámara de los Comunes parlamentarios airados pedían en nombre de la decencia explicaciones al Gobierno sobre la permanencia en Moscú de un agente británico "ante un gobierno de criminales que alardeaban de su intención de destruir la civilización cristiana."

A finales de abril de 1918 las contradicciones y la indecisión de los aliados eran patentes. Mientras Francia abogaba claramente por apoyar a las fuerzas antibolcheviques, EE.UU. y Gran Bretaña parecían inclinarse a favor de los soviéticos: el presidente Wilson se oponía a la intervención sin el consentimiento de los comunistas y los británicos presionaban a sus agentes para que lograran que los soviéticos aceptaran ayuda militar con el supuesto compromiso de no interferir en sus asuntos internos. Inicialmente, a petición de Trotsky, soldados ingleses, franceses y americanos desembarcaron pequeños contingentes en Murmansk, Arcángel y Vladivostock para evitar que los alemanes capturasen las provisiones almacenadas en estos puertos. A finales de mayo quienes sí estaban decididos a intervenir eran los japoneses, pero el presidente Wilson se oponía absolutamente a dicha intervención. En junio los ingleses seguían indecisos, a pesar de que los generales blancos trataban de organizarse y esperaban el apoyo, económico y/o militar de sus antiguos aliados, considerado decisivo. En sus expectativas confiaban en el desembarco de dos divisiones británicas en Arcángel y varias divisiones japonesas en Siberia.

Bruce Lockhart, el hombre de Lord Milner, escribe que el 4 de agosto se extendió el rumor de que los aliados habían desembarcado una poderosa fuerza en Arcángel, que algunos cifraban en cien mil soldados y otros en dos divisiones. Los japoneses iban a enviar siete divisiones para ayudar a los checos[4]. A pesar de la gran confusión, se entendía que el desembarco en Arcángel tenía carácter antibolchevique. El 10 de agosto de 1918 la prensa soviética apareció con impactantes titulares en primera página, en los que se informaba de una gran victoria naval sobre los aliados en Arcángel. Lockhart narra que se presentó ante Lev Karaján (Karakhanyan), otro judío que era vicecomisario de Asuntos Exteriores. Karaján, que junto a sus correligionarios Joffe y Trotsky había figurado como secretario en la delegación que negoció en Brest-Litovsk, enseguida le aclaró a Lockhart toda la verdad. "La situación no es seria -le dijo- los aliados han desembarcado sólo unos centenares de hombres". Por consiguiente, la gran victoria naval no era más que pura propaganda de los comunistas para animar a sus seguidores. En realidad, el general F. C. Poole, que mandaba las tropas desembarcadas, tenía una vez más órdenes de resistir la influencia y penetración alemana. Lockhart admite que la parodia de desembarco en el norte provocó la pérdida de la línea del Volga y el colapso temporal del movimiento antibolchevique en la Rusia europea. Además, la percepción de que los aliados no tenían voluntad de comprometerse seriamente provocó disensiones y amargas peleas entre los grupos opositores.

Boris Brasol se interroga en *The World at the Crossroads* sobre cuáles eran las verdaderas intenciones de los pequeños contingentes aliados, puesto que nadie en Rusia podía entender qué pretendían. Una de las expediciones británicas de las que se posee detallada información es la del coronel John Ward, cuyo 25 Batallón del Regimiento de Middlesex fue enviado en julio de 1918 desde Honk-Kong a Vladivostok (Siberia), originariamente con labores de guarnición. Ward publicó en 1920 *With the "Die-Hards" in Siberia* (*Con los "Reaccionarios" en Siberia*), un libro en el que a lo largo de veinticuatro capítulos relata su experiencia durante la guerra civil rusa. Especialmente significativo es el capítulo vigesimosegundo, titulado *American Policy and its Results* (*Política americana y sus resultados*). En él, John Ward da algunas claves para entender ciertas actuaciones. Ward escribe que el almirante Kolchak, nombrado jefe del Gobierno Provisional de Omsk, le expresó su convencimiento de que las tropas norteamericanas

---

[4] La actuación de los checos requiere una breve explicación, aunque si hubiera espacio podría ser extensa, pues los hechos son complejos. Diremos únicamente que al estallar la guerra el zar aceptó la petición de un grupo de inmigrantes checos, que querían luchar junto al ejército imperial. Nació así la compañía checoslovaca, que pronto aumentó de tamaño gracias a la incorporación durante la guerra de desertores y prisioneros del ejército austro-húngaro. A finales de 1917 se había convertido en un Cuerpo de unos sesenta mil soldados. Los bolcheviques pactaron la evacuación de la Legión Checa hacia Francia, pero tenía que hacerse vía Vladivostock. Por ello, los checos debían viajar en el transiberiano. Apenas iniciado el traslado los soviéticos incumplieron su palabra y trataron de detener a los desertores del ejército austríaco para repatriarlos a Austria. Finalmente, Trotsky ordenó el desarme de la Legión Checa, lo cual motivó que en mayo de 1918 los checos, tras apoderarse de la ciudad de Cheliábinsk, tomaran las armas contra los bolcheviques.

estaban siendo usadas con propósitos distintos a los que se esperaba y que la fuerza expedicionaria norteamericana comandada por el general William Graves estaba colaborando con los comunistas. Veamos unos fragmentos del mencionado capítulo:

> "Sus agentes (de Kolchak) le habían informado que de sesenta oficiales de enlace y traductores, cincuenta eran judíos rusos o parientes de judíos rusos, algunos de los cuales se habían exiliado de Rusia por motivos políticos o por otros delitos y habían regresado convertidos en ciudadanos americanos, capaces de influir en la política en dirección contraria de la deseada por el pueblo americano. Yo le aseguré que esto no podía ser..., pero él replicó que los informes eran tan voluminosos y tan categóricos que pensaba que yo, como representante del pueblo inglés y oficial del Ejército de Su Majestad, debía tener conocimiento de la situación."

El coronel Ward escribe que tiempo después de haber recibido la denuncia de Kolchak, un punto ferroviario esencial situado en la estación de Kraevesk fue tomado por un destacamento de guardias rojos, que entraron tranquilamente en la estación y arrestaron a los soldados norteamericanos que la custodiaban. Ante las sospechas de que había existido colaboración, Ward decidió investigar por sí mismo las acusaciones de Kolchak, por lo que mantuvo diversas entrevistas con oficiales y soldados americanos. Descubrió entonces que muchos tenían la sensación de que estaban sólo ayudando a los bolcheviques, a los que incluso se había cedido un territorio en el que podían hacer propaganda con el fin de ganarse a la población:

> "Supe a través de estas tropas americanas que sus funcionarios y sus oficiales, del General Graves para abajo, estaban en permanente contacto con oficiales de la Guardia Roja, con los que habían llegado a más de un acuerdo; que incluso los soldados corrientes pensaban que el entendimiento entre las dos fuerzas era de carácter tan general y amistoso que no se contemplaba la posibilidad de futuras hostilidades entre ellos... El asunto de Kraevesk parecía ser sólo el síntoma de una política más amplia y no el acto insensato de un oficial negligente."

A través de sus investigaciones el coronel Ward consiguió hacerse con una carta de un capitán norteamericano dirigida a un oficial del Ejército Rojo que operaba en el distrito de Svagena, en la que se hablaba claramente de una confraternización entre las dos tropas. Ward considera la carta una prueba evidente del entendimiento que existía desde hacía meses entre las autoridades americanas y los comunistas en las provincias marítimas. El coronel Ward denuncia en su libro que "la presencia de fuerzas americanas en Siberia estaba siendo utilizada por alguien con propósitos no meramente americanos." Considera bastante obvio que "esta siniestra influencia subterránea había desviado la política americana de su curso recto y honesto". Ward afirma sin ambages que la política americana produjo "un estado de indecisión entre los aliados, y de inquietud y anarquía entre la población de las provincias de Transbaikal y Ussurie". He aquí otro fragmento:

> "En contra de la opinión general, el mando americano declaró neutral una zona en el distrito de Suchan. Operaciones armadas de los rusos del almirante Kolchak o del Ejército Rojo fueron prohibidas dentro de esta zona. Los oficiales de Lenin y Trotsky no respetaron la orden y enseguida empezaron a reunir a sus fuerzas desperdigadas. En tres semanas izaron la bandera roja en sus propios cuarteles, bajo la protección de la bandera de Estados Unidos. Desde esta zona neutral americana los bolcheviques organizaron sus fuerzas para atacar a los japoneses en la provincia de Amur, para destruir los trenes británicos de suministros en la línea de Ussurie y finalmente intercambiaron disparos con los centinelas rusos cerca de Vladivostock, escapando siempre a la zona americana cuando eran atacados por fuerzas del gobernador."

La reacción del mando norteamericano ante las quejas de los aliados fue la contraria a la deseada. En lugar de erradicar el mal y extirpar de la zona a los comunistas, se concluyó que, para evitar que en el futuro se reprodujeran actos lamentables, era preciso un acuerdo más amplio y vinculante entre las fuerzas norteamericanas y los comunistas. Se supo entonces que el general Graves había concertado una conferencia con mandos del Ejército Rojo. Ante la reacción indignada del Gobernador de Vladivostock, que le hizo saber a Graves que el Gobierno ruso consideraría tal encuentro un acto hostil, el general estadounidense desistió en su empeño. La ruptura de las negociaciones provocó la ira del Gobierno soviético en Moscú, que ordenó a sus comisarios en Ussurie que se utilizasen las fuerzas organizadas bajo protección americana para atacar a sus protectores.

En definitiva, puede afirmarse que en ningún momento a lo largo de 1918 los gobiernos de la Entente tuvieron intenciones de derrocar a los bolcheviques. Aparte de lo ocurrido con este contingente americano infiltrado por agentes judíos amigos de los bolcheviques, la intervención aliada fue un chasco. Catorce países enviaron tropas a Rusia; pero, si exceptuamos a los sesenta mil checos, que, según se ha explicado en la nota anterior, ya se encontraban en el terreno, apenas desplegaron entre todos ciento treinta mil soldados en territorio soviético, la mitad de los cuales eran japoneses. La intervención japonesa, por otra parte, respondía a sus propios intereses, toda vez que, tras el Tratado de Brest-Litovsk, estaban convencidos del triunfo de Alemania en la guerra mundial. En cualquier caso ciento treinta mil soldados es una cifra ridícula si se considera la enorme extensión de un país que abarca dos continentes.

Por contra, Trotsky reclutó en dos años un ejército de cinco millones de hombres. Sobre la naturaleza del mando en el Ejército Rojo, varios autores acuden a una cita del periódico *El Comunista*, editado en Járkov, que en su edición del 12 de abril de 1919 publicó un artículo de M. Cohen en el que se alardeaba de que la revolución era obra de los judíos. Sobre el Ejército, Cohen escribe: "Cierto es que en las filas del Ejército Rojo hay soldados que no son judíos, en cuanto se refiere a los soldados rasos, pero en los comités y en las organizaciones sociales, igual que ocurre con los comisarios, los judíos llevan con valor a las masas de proletarios rusos a la victoria... El símbolo del judaísmo ha venido a ser también el símbolo del proletariado ruso, como puede verse por haber adoptado la estrella roja de cinco puntas, que en épocas anteriores era el símbolo de sionismo y del judaísmo." Según la *Jewish Virtual Library,* en Járkov, que entre 1919 y 1934 fue capital de Ucrania y se convirtió en un importante centro judío, se publicaron en aquella época numerosas publicaciones en yiddish y en hebreo, por lo que cabe suponer que si *El Comunista* no estaba escrito en ruso, debía de estarlo en una de estas dos lenguas.

La composición del Ejército Rojo es estudiada por Jüri Lina, quien cita la revista mensual *Molodaya Gvardiya,* fundada en 1922 en Moscú. En su número 11 de 1990 esta histórica publicación informaba de que casi todos los jefes del Ejército eran judíos y también lo eran el 80% de los comisarios del Comisariado para Asuntos Militares. Se citan hasta un centenar de nombres. He aquí unos cuantos, algunos de los cuales reaparecerán más adelante cuando examinemos las purgas de Stalin contra los trotskystas. El vicecomisario del pueblo para asuntos Militares era Yefraim Shchlyansky, que había viajado con Lenin desde Suiza en el famoso tren. Entre sus colaboradores estaban Semyon Nakhimson y Yemelyan Yarovslaski (Minei Izrailevich Gubelman), que fue editor del periódico satírico *Bezbozhnik* (*El Ateo*) y presidente del Comité Antireligioso del Comité Central. Posteriormente Yaroslavsky fue también historiador oficial del partido. Entre los miembros del Consejo Militar *Molodaya Gvardiya* menciona a otros doce judíos. Destacamos tres nombres: Arkady Rosengoltz, íntimo colaborador de Trotsky, que tras la guerra civil trabajó en los comisariados de Transportes, de Finanzas y en el Directorio de la Fuerza Aérea del Ejército Rojo. Entre 1925 y 1927 fue embajador en el Reino Unido, puesto desde el que supervisaba el espionaje soviético. Rosengoltz, como tantos otros trotskystas, fue ejecutado en 1938. Mijail Lashevich, según la *Enciclopdia Judía de Rusia* conocido también como Gaskovich, otro troskysta perseguido por Stalin que desapareció (suicidio o accidente de coche) en 1928. Joseph Unschlicht, junto a Rosa Luxemburgo y Leo Jogiches miembro del Partido Socialemócrata Polaco y Lituano. Judío de extracción polaca, Unschlicht fue uno de los criminales de masas más activos en la eliminación de oponentes políticos. También él fue liquidado por Stalin en 1938. Entre los jefes militares más importantes figuran entre otros nombres Naum Zorkin; Iona Yakir; Boris Feldman, que en julio de 1934 llegó a ostentar el cargo de jefe de la Administración de Personal del Ejército y que, junto a Yakir, también acabó fusilado en junio de 1937; Vladimir Lazarevich, comandante en jefe del Cuarto Ejército entre diciembre de 1918 y marzo de 1919 y posteriormente comandante del Tercer Ejército entre junio y octubre de 1920. Lazarevich estuvo al frente de la Academia de la Fuerza Aérea desde 1925 a 1927. Apoyándose en la información de la citada revista, Jüri Lina ofrece una relación de más de cincuenta judíos que eran líderes importantes del Ejército Rojo, la mitad de los cuales comandaban una división. En el periodo de entreguerras el poder de los judíos en el Ejército Rojo no disminuyó. Según Andrei Sverdlov, hijo del responsable del asesinato de la familia imperial, durante la segunda guerra mundial hubo en el Ejérito Rojo trescientos cinco generales judíos.

Pese a que todas las fuerzas políticas se habían posicionado en contra de la dictadura de los bolcheviques, a comienzos de 1920 la suerte estaba ya echada y la derrota de los Blancos era inevitable, aunque la guerra se prolongó hasta 1922. Una vez más la lucha partidista es una de las claves para comprender los acontecimientos que llevaron a la victoria de los comunistas. Por una parte estaban los socialistas revolucionarios de izquierdas, cuya líder, María Spiridónova, encarcelada tras el intento de golpe de Estado de julio de 1918, había permanecido detenida hasta que fue amnistiada en noviembre. En diciembre de 1918 presidió un congreso de su partido tolerado por los bolcheviques, donde condenó el terror sistemático de la Cheka. Detenida de nuevo el 10 de febrero de 1919 junto con otros doscientos diez militantes del partido, fue considerada histérica por un tribunal revolucionario que ordenó su internamiento en un sanatorio para enfermos mentales. Durante 1919 unos dos mil eseristas fueron detenidos y cerca de sesenta organizaciones de los socialistas de izquierdas, suprimidas. Por otra parte, los socialistas revolucionarios de derechas se reunieron en septiembre de 1918 con todas las fuerzas antisoviéticas y acordaron formar un nuevo Gobierno provisional en Omsk, que estuvo encabezado por un directorio de cinco miembros: Avkséntiev, Bóldyrev y Zenzínov, del Partido Social-Revolucionario; y Vinogradov y Volgogódski, del Partido Democrático Constitucional (kadetes).

El libro del coronel John Ward constituye de nuevo una valiosa fuente para conocer en primera persona los sucesos acaecidos en Omsk. Ward relata que cuando el 18 de octubre de 1918 llegó con su batallón de ochocientos hombres, la ciudad estaba decorada con banderas de todas las naciones. El objetivo en aquel mes de octubre era unir las fuerzas del Directorio de los Cinco y las del Gobierno Siberiano del almirante Kolchak. El Directorio, integrado por socialistas revolucionarios moderados y por "intelectuales" del partido de los kadetes, había recibido su autoridad de la Asamblea Constituyente reunida en Ufá y era reconocido como Gobierno de todas las Rusias. El Gobierno de Kolchak era el resultado de los distritos siberianos de la Duma y era considerado reaccionario, puesto que era realista y estaba apoyado y custodiado por los cosacos zaristas. Tanto los militares como los cosacos culpaban a los primeros de la destrucción del Ejército y los acusaban asimismo de haber entregado el país a las fuerzas de la anarquía y al bolchevismo a través de Kerensky. El coronel Ward confirma que rusos de todas las clases coincidían generalmente en considerar a Kerensky la causa de todos los males y reconoce que "combinar estos elementos hostiles y divergentes en una fuerza unida para la resurrección de Rusia le parecía imposible." Se consiguió, sin embargo, pese al escepticismo, formar un gobierno unitario del que Kolchak fue nombrado ministro de la Guerra. Pronto los hechos iban a demostrar que se trataba de un espejismo.

Durante las negociaciones para la formación del Gobierno surgió una seria complicación. El general Bóldyrev, a través del cual los socialistas revolucionarios iban a controlar el nuevo ejército, y su colega Avkséntiev pidieron para un miembro de su partido la dirección de una milicia recién creada que actuaría como una especie de policía bajo el nuevo régimen: aspiraban a tener el control revolucionario y social de todas las fuerzas del nuevo Gobierno. Sólo la presión de los representantes aliados consiguió que se aceptase la petición y se superase el escollo. El 6 de noviembre se celebró un banquete en honor del nuevo Gobierno de todas las Rusias. Los representantes de las fuerzas aliadas presentes en Omsk fueron todos invitados, incluido el coronel Ward, quien no olvida mencionar en su crónica que en el exterior la temperatura era de sesenta grados bajo cero. Presidió el acto Avkséntiev, nuevo presidente del Consejo de Ministros. A la hora de los discursos tomó la palabra el general Knox, jefe de la misión militar británica, quien pidió que los rusos trabajasen juntos para formar un ejército y un gobierno capaces de establecer la ley y el orden. Los siguientes en hablar fueron el general Bóldyrev, miembro del Directorio de Ufá que había sido nombrado comandante en jefe del nuevo ejército ruso, y el almirante Kolchak, que sólo pronunció algunas frases cortas, acogidas con poco entusiasmo.

Según Ward, mientras en el frente la escasez de armas y equipamiento eran un triste realidad, la milicia controlada por los socialistas revolucionarios estaba perfectamente dotada. Las protestas de los generales a Bóldyrev obligaron a Kolchak, ministro de la Guerra, a respaldar sus peticiones y a presentar sus quejas al comandante en jefe. La respuesta de Bóldyrev fue que las quejas del frente eran ficticias y además le intimó que el asunto no era de su incumbencia. En el transcurso de la discusión Bóldyrev le dijo francamente que lo habían aceptado en el Gobierno por presiones de los aliados y que si continuaba interfiriendo sería excluido del mismo. Kolchak presentó inmediatamente su dimisión; pero los aliados occidentales lo convencieron de que siguiera en el Gobierno. Aparentemente con el fin de alejarlo de Omsk, se le autorizó a realizar una visita de inspección en la línea del frente. El almirante Kolchak supo que el coronel Ward había recibido orden de viajar también hacia el frente, por lo que le preguntó si podía enganchar su vagón al tren. De este modo a principios de noviembre de 1918 ambos militares viajaron juntos en el mismo tren. Sobre la presencia del Kolchak en el frente, el coronel Ward escribe lo siguiente: "La presencia del almirante Kolchak pareció galvanizar a todo el ejército de vida y energía. Los soldados rusos, cuyas botas habían desaparecido desde hacía tiempo y cuyos pies estaban vendados con sacos para protegerlos de la nieve, sintieron la seguridad de que tras la visita del ministro recibirían botas y ropa adecuada".

Estando en el frente, llegaron noticias que aconsejaban regresar urgentemente a Omsk. En una de las estaciones se supo que el general Bóldyrev, que había abandonado la ciudad y se dirigía hacia el frente de Ufá, pedía al almirante Kolchak que lo esperase para entrevistarse con él. Ward escribe que fue invitado por Kolchak a su vagón y le explicó que la situación en Omsk era crítica, pues los dos grupos del Gobierno se habían enfrentado y estaban dispuestos a destruirse mutuamente. El 6 de noviembre el tren del comandante en jefe Bóldyrev entró en la estación de Ekaterinburgo. A las doce del mediodía Kolchak subió al tren de Bóldyrev y comenzó una entrevista que duró hasta las cinco de la tarde. Qué ocurrió entre ambos militares sólo ellos lo saben. Durante cinco horas de conversación pueden decirse muchas cosas. El 17 de noviembre llegó a Omsk el tren en el que viajaban el almirante Kolchak y el coronel Ward, quien califica de "indescriptible" el estado en que se encontraba la ciudad: "cada noche, tan pronto llegaba la oscuridad, se oían por todas partes gritos y tiros de rifle y de revólver. Por la mañana carretillas sanitarias recogían entre cinco y veinte cuerpos de militares muertos."

El golpe de Estado era inminente y tuvo lugar el 18 de noviembre. El Directorio fue arrestado y se ofreció la autoridad absoluta al almirante Kolchak, quien, aunque inicialmente rechazó el cargo, fue nombrado Gobernador Supremo de todas las Rusias, con un Consejo de Ministros de catorce miembros que debía rendirle cuentas de sus responsabilidades. Kolchack convocó al representante francés en Omsk, Eugene Renault y al coronel John Ward, que era entonces el máximo representante británico en la ciudad. Fue el propio almirante quien se dirigió al cuartel general británico donde, además del coronel Ward, fue recibido por el teniente coronel J. F. Neilson, el capitán Stephani, el Coronel R. Frank, militar del ejécito ruso que era el enlace de Ward, y Mr. Frazer, el corresponsal de *The Times*. Ante todos ellos el almirante, que hablaba inglés perfectamente, explicó las razones y las circunstancias que le habían llevado a asumir la suprema autoridad en toda Rusia. El almirante fue interrogado sobre la suerte de los socialistas revolucionarios y otros miembros del Directorio que habían sido arrestados y respondió que no tenía información sobre su paradero.

Al día siguiente, 19 de noviembre, el coronel Ward escribió el siguiente texto al almirante Kolchak: "Tras nuestra entrevista de la pasada tarde le envié una nota pidiendo información y alguna garantía para los miembros del Consejo arrestados. Hasta el momento no he recibido noticias al respecto. Le he dicho ya que tengo la seguridad de que mi país contemplará con gran preocupación cualquier daño causado sin un juicio adecuado a estos prisioneros de Estado. Apreciaría como un favor si pudiera proporcionarme información sobre este asunto." El mismo día el atamán cosaco Krasilnikov, el coronel Volkov y el teniente coronel Katanaev se presentaron en el cuartel general británico e informaron que la responsabilidad del arresto de los miembros del Gobierno era enteramente suya, que no habían sufrido el menor daño y que estaban listos para entregar los prisioneros a las autoridades, juntamente con los papeles intervenidos y con varios millones de rublos que se suponían robados. Los tres oficiales aseguraron que el almirante Kolchak se responsabilizaba de su seguridad y añadieron que tenía intención de sacarlos del país a la menor oportunidad.

Para tener el panorama completo de lo ocurrido durante la guerra civil, debe considerarse que, además de las disputas, enfrentamientos y traiciones entre los rusos, los intereses divergentes de los aliados y la desconfianza entre ellos impedían la coordinación con los generales blancos. El nombramiento del general Maurice Janin como jefe de las fuerzas aliadas y rusas en Siberia fue causa de graves disputas con el almirante Kolchak, que no aceptó que las tropas rusas estuvieran bajo el mando de un militar extranjero. El 16 de diciembre de 1918 Janin llegó a Omsk. Este general francés pensaba que los ingleses habían instalado a Kolchak en el poder para que sirviera a sus intereses. Ya el día 19 escribió un informe sobre el Gobierno de Omsk en el que decía que un almirante de gran prestigio había remplazado al gobierno de coalición "gracias a la complacencia de un inglés que le quiso tener bien sujeto el estribo." Además de los norteamericanos del general Graves, infiltrados por los judeo-bolcheviques, otros que hacían la guerra por su cuenta eran los japoneses, cuya actitud errática se debía a sus iniciales errores de cálculo. El Gobierno japonés, que llegó a tener cerca de sesenta mil soldados en el terreno, pensaba que una victoria alemana en la guerra le iba a permitir obtener ganancias territoriales en la Rusia asiática.

Cuando Bóldyrev regresó a Omsk desde Ufá, el almirante Kolchak, que había declarado que tan pronto se hubiera restablecido el orden en el país pensaba convocar una asamblea nacional elegida por sufragio universal, le ofreció un puesto en su Gobierno; pero él lo rechazó. Bóldyrev alegó que deseaba abandonar el país, puesto que no creía que un gobierno dictatorial pudiera sacar a Rusia de sus dificultades. Su petición fue aceptada. El representante japonés en Omsk solicitó poco después ser informado sobre si el general Bóldyrev había sido forzado a abandonar el país o lo había hecho voluntariamente. También quería saber si los británicos habían suministrado el tren y la guardia que había conducido al exilio a los miembros del Directorio, los cuales habían salido del país por Chang-Chun, puesto fronterizo chino. Curiosamente, el único general que no quiso obedecer las órdenes emanadas del Gobierno de Kolchak fue el atamán G. M. Semiónov, cuyo cuartel general estaba junto al de los japoneses en Chita, desde donde se negó con insolencia a reconocer la autoridad de Kolchak. Cuando éste se dispuso a actuar contra el aventurerismo del general amotinado, los japoneses lo impidieron e informaron que Semiónov estaba bajo su protección y que no tolerarían la interferencia del Gobierno de Omsk. El general Semiónov se hizo famoso por su crueldad: llevó a cabo ejecuciones indiscriminadas de trabajadores y encarceló y azotó a numerosas personas en su distrito. El escándalo y la alarma entre la población llegó hasta tal punto que los aliados se vieron obligados a pedir explicaciones a Japón por su conducta inadmisible.

Pronto, sin embargo, los japoneses tuvieron ocasión de reconducir sus relaciones con el gobierno de Omsk. La actitud ambigua e hipócrita de los Aliados culminó con una declaración emitida en París por el Consejo Aliado a mediados de enero de 1919. En ella se decía que no podían ayudar ni reconocer a ninguna de las partes y que los distintos gobiernos existentes debían alcanzar un armisticio y enviar representantes a la "Isla de los Perros", cerca de Constantinopla, con el fin de alcanzar un compromiso mutuo. La noticia cayó en Rusia como una bomba. Ello equivalía a pasar por alto más de un año de crímenes y expolio de los comunistas y a aceptar su legitimidad. Aprovechando el desconcierto y la ira, los japoneses se apresuraron a declarar que el único país capaz de ayudar a Rusia era Japón, pues los otros países estaban cansados de la guerra, eran incapaces de luchar contra los bolcheviques y pedían a gritos la desmovilización. En su propaganda ofrecían liquidar al ejército bolchevique en dos meses y establecer una monarquía en Rusia a cambio de un acuerdo razonable con el Gobierno de Omsk. Estas eran las circunstancias que debían afrontarse a comienzos del decisivo año 1919.

Hemos dejado aparcado un asunto de gran importancia para la adecuada comprensión de la figura del almirante Aleksander Kolchak. Se trata del famoso "oro del almirante Kolchak", cuya historia resumiremos ahora brevemente. En 1915, ante la posibilidad de que los alemanes pudieran tomar Petrogrado, la mitad de las reservas del oro imperial ruso, unas quinientas toneladas de oro, fueron puestas a salvo en los sótanos blindados del banco de Kazán. Más oro almacenado en sucursales del Banco del Estado de Moscú, Samara y Tambov se trasladó también a Kazán. En el verano de 1918 los bolcheviques, que habían encargado a la Cheka la custodia del tesoro, trataron de mover las reservas de la ciudad, pero sólo lograron sacar unas cien cajas de oro. A principios de agosto de 1918 Kazán cayó en manos de la Legión Checa y del Ejército de KOMUCH (siglas de Ejército del Pueblo del Comité de Miembros de la Asamblea Constituyente), mandado por el geneal Vladimir Kappel. El 2 de agosto la ciudad de Kazán fue sitiada y los barcos subieron por el Volga. Los guardias rojos fueron atacados incluso por los socialistas revolucionarios, que, como los checos, querían continuar la guerra contra Alemania. El 6 de agosto el Ejército Blanco se apoderó de ocho mil cuatrocientas cajas de lingotes de oro y otras con lingotes de platino, además de unos dos mil quinientos sacos de plata y otros con piezas de oro. El 13 de octubre, siguiendo las instrucciones de Kolchak, la mayor parte del tesoro fue transportado en trenes a Omsk. No es extraño, pues, que surgieran todo tipo de tensiones por el control de estos impresionantes recursos. Un cargamento de oro enviado en tren de Omnsk a Vladivostock fue capturado por el general Semiónov. El atamán utilizó los lingotes para mantener a sus tropas, ingresó 13 millones de rublos oro en bancos japoneses e incluso trató de persuadir a los mongoles para que luchasen contra la Tercera Internacional. Con este fin envió al barón R. F. Ungern a Mongolia con varios millones de rublos oro.

La noticia de que parte del tesoro imperial había caído en manos de los blancos despertó el apetito insaciable de los banqueros, que, como de costumbre, no tenían ningún problema en financiar a ambos bandos, máxime cuando los créditos estaba garantizados por el oro. Anthony Sutton desvela que los mismos banqueros que habían financiado la revolución contactaron en agosto de 1919 con el secretario de Estado, Robert Lansing, quien recibió una carta del National City Bank de Nueva York (Rockefeller) solicitando opinión sobre un prestamo de cinco millones de dólares al almirante Kolchak. También J. P. Morgan & Co avisó al secretario de Estado sobre su disponibilidad a ofrecer a Kolchak un crédito adicional de diez millones de libras esterlinas a través de un consorcio de banqueros británicos y americanos. El préstamo fue garantizado por el oro de Kolchak, que, según Sutton, fue enviado por barco a San Francisco. La falta de equipamiento de los soldados blancos, de los cuales sólo dos de cada diez tenían fusiles, obligó al almirante a gastar cuanto fuera necesario para dotar a su ejército adecuadamente. Dos firmas americanas, Remington Arms y Unión Metallic Cartridge, vendieron armamento por valor de 125 millones de rublos oro.

Además de Aleksander Kolchak, cuyo ejército operaba en Siberia, entre los principales generales blancos figuraba Anton Denikin, que avanzaba desde el sur con un ejército de voluntarios, apoyado por los cosacos del Don y reforzado por el ejército del Cáucaso de Piotr Wrangel, barón de Wrangel. En agosto de 1919 este ejército del sur desencadenó una ofensiva que comenzó con importantes victorias e incluso logró atravesar el perímetro de seguridad de los bolcheviques. Entre septiembre y octubre de 1919 las ciudades de Kiev, Kursk y Orel, esta última situada a 250 millas de Moscú, fueron conquistadas. La fábrica de municiones de Tula estuvo a punto de caer en sus manos. El capitán George Pitt-Rivers[5], antropólogo inglés que

---

[5] El capitán George Pitt-Rivers era primo de Clementine Churchill, esposa de Winston Churchill, quien ordenó su arresto y encarcelamiento el 27 de junio de 1940 por sus simpatías declaradas con el nacionalsocialismo. Recientemente se ha tenido acceso a los "Pitt-Rivers Papers" en los archivos del Churchill College de la Universidad de Cambridge. Se trata de una colección de cartas y escritos que ofrecen nuevos conocimientos sobre la figura de este antropólogo, que durante la década de 1920-1930 fue considerado un científico eminente y respetable, alabado por sus trabajos y

regresó a Inglaterra tras ser gravemente herido durante la primera guerra mundial, escribió varios textos sobre la guerra civil. Reproducimos uno de ellos especialmente significativo sobre el avance de Denikin, citado por Boris Brasol en *The World at the Cross Roads*:

> "Los Ejércitos Blancos fueron derrotados porque eran ineficientes, eran ineficientes porque se permitía que traidores políticos conspirasen para asegurar su ineficiencia... Los blancos no se podían unir en una política porque no tenían una política común, porque todos sus esfuerzos eran anulados por intriga, conspiración y sabotaje, y finalmente porque ningún movimiento formado por un batiburrillo de elementos incompatibles y contradictorios puede derrotar a otro movimiento que en todo momento sabe lo que quiere y no acepta compromisos. Incluso los campesions rusos entienden esto mejor que los estadistas y los políticos aliados. Cuando Denikin realizó su rápido avance hacia Moscú, el entusiasmo de los campesinos de los territorios liberados fue desenfrenado. Salieron en masa a dar la bienvenida a sus libertadores llevando sobre sus cabezas los iconos sagrados y la imagen del zar. Imaginad su perplejidad y tristeza cuando los oficiales del séquito de Denikin les dijeron que enterrasen sus baratijas y que su lucha con los bolcheviques no tenía nada que ver con el zar."

Ciertamente, Denikin no representaba a los zaristas, sino a los constitucionalistas demócratas, pero la ausencia de unidad en las filas de los blancos, como bien apunta Pitt-Rivers, permitía cualquier suposición sobre sus intenciones finales. Tampoco podía hablarse de uniformidad entre los ucranianos, que años más tarde culminarían sus desgracias con la hambruna de 1932-33 (Holodomor) y se convirtieron en las mayores víctimas de la catástrofe desencadenada tras la Revolución. Sobre el suelo de Ucrania la tragedia de la guerra civil adquirió las peores cotas de represión, pues en dos años esta república fue tomada por unos y otros repetidamente[6]. El 11 de

---

publicaciones. Tras su muerte en 1966, Pitt-Rivers fue olvidado por completo por los historiadores. Considerado un antisemita, el hecho de haberse situado en el "lado equivocado" de la guerra conllevó su desaparición. Ya en sus escritos sobre la primera guerra mundial, Pitt-Rivers denunció públicamente la doblez y la hipocresía de su país con respecto a la Rusia zarista. "Fue en Inglaterra -escribía Pitt-Rivers- el hogar de los judíos, donde el Gobierno del zar fue sistemáticamente denigrado, convertido durante años en el centro de la tiranía más negra y opresiva del mundo." Bradley W. Hart, un joven estudioso que durante la investigación de su doctorado contactó en 2009 con la familia, tuvo acceso a miles de documentos personales que se encontraban en el ático de la casa familiar en Dorset. Con el permiso de la familia, Hart informó sobre la importancia de los documentos al staff del Centro de Archivos Churchill y actualmente los papeles de Pitt-Rivers, que arrojan una luz nueva sobre las relaciones anglo-germanas, pueden ser consultados en este archivo, considerado fascinante por el citado investigador.

[6] En las elecciones a la Asamblea Constituyente de noviembre de 1917 los bolcheviques sólo obtuvieron el 10% del voto en Ucrania. En el Congreso de los Soviets convocado en

octubre de 1919, casi simultáneamente a la ofensiva de Denikin, el ejército del noroeste, comandado por Nikolai Yudénich, trató de conquistar Petrogrado. Yudénich alcanzó el palacio de verano de Tsárkoye Seló y algunos suburbios de la ciudad. Su retirada forzosa cuando se encontraba a las puertas de la antigua capital zarista supuso otro duro golpe para las esperanzas de los blancos, quienes habían pensado que si conseguían el control de las grandes ciudades provocarían el pánico entre los seguidores de los bolcheviques. En su afán por lograr este objetivo tanto Denikin como Yudénich estiraron demasiado sus líneas y descuidaron los flancos. El ataque de los rojos les obligó a retroceder apresuradamente en noviembre, una retirada en completo desorden que presagiaba el desastre.

Quienes también luchaban a finales de 1919 contra los comunistas en las cercanías de Petrogrado eran los estonios del general Johan Laidoner, que libraban su propia guerra de liberación y se habían negado a suministrarle provisiones a Yudénich para su ofensiva de otoño. El 31 de diciembre de 1919 dos periódicos de Estonia publicaron un texto encontrado en poder de un comandante judío llamado Shunderev, caído en la batalla estando al mando de un batallón bolchevique. El escritor estonio Jüri Lina reproduce en *Under the sign of the Scorpion* fragmentos del documento aparecido íntegramente en el periódico *Postimees* de Tartu. Se trata de una circular que contenía una llamada a todos los jefes judíos para la formación de una sociedad secreta sionista. La carta, escrita en ruso por el comité central del

---

Kiev entre el 16-18 de diciembre de 1917 sus delegados lograron el 11% de las papeletas y marcharon corriendo hacia Járkov, ciudad situada al este del país que había sido ocupada por el Ejército Rojo. Allí el 25 de diciembre de 1917 proclamaron un gobierno soviético (República Popular de Ucrania); pero el 22 de enero de 1918 la Rada (Consejo Supremo o Parlamento) declaró la independencia de Ucrania y envió una delegación a Brest-Litovsk para pedir apoyo a Alemania contra los bolcheviques. El 12 de febrero el Gobierno títere de Járkov entró en Kiev escoltado por el Ejército Rojo. Siguiendo las instrucciones de Lenin, los bolcheviques se apoderaron de los cereales en los pueblos y los enviaron a Rusia. Según Robert Conquest, entre el 18 de febrero y el 9 de marzo de 1918 sólo desde la provincia de Kherson unos mil cien vagones de ferrocarril cargados de grano fueron enviados a Rusia. Este primer gobierno soviético, que suprimió todas las escuelas e instituciones culturales ucranianas, duró sólo unas semanas. El judío Latsis, el jefe de la Cheka, fusiló a gente por el mero hecho de hablar ucraniano en las calles. Con el avance de los alemanes y los austríacos, el Gobierno soviético se disolvió. El 29 de abril de 1918 los alemanes colocaron en el poder al general Pavel Skoropadsky, que se mantuvo como "Hetman" hasta diciembre. Tras el armisticio de Compiègne, Skoropadsky perdió el apoyo alemán y los blancos no pudieron evitar su caída. El 5 de febrero de 1919 los soviéticos lanzaron un ataque y el Gobierno ucraniano tuvo que abandonar Kiev. Se instaló entonces el segundo régimen comunista que duró unos ocho meses, hasta que el 2 de octubre de 1919 se disolvió por orden de Lenin ante la inminente llegada de los blancos de Denikin. Por fin, en marzo de 1920 los soviéticos ocuparon por tercera vez Ucrania. La ocupación fue interrumpida temporalmente en mayo a causa de la conquista de la parte occidental del país, incluida Kiev, por los polacos. No es difícil imaginar lo que todas estas idas y venidas supusieron en términos de represión para la sufrida población ucraniana.

departamento de la Unión Mundial Israelí en Petrogrado, llevaba fecha de 18 de marzo de 1918. El texto incide en las ideas de siempre:

> "¡Hijos de Israel! El tiempo de nuestra victoria final está cerca. Estamos en el principio de nuestro dominio mundial y de nuestro prestigio. Aquello en lo que habíamos soñado se ha convertido casi en una realidad... A pesar del hecho de que Rusia ha sido sometida y yace bajo el castigo de nuestro pie, debemos todavía tener cuidado. Hemos transformado a Rusia en un esclavo económico, hemos cogido prácticamente todas sus riquezas y su oro y la hemos obligado a arrodillarse ante nosotros. Pero debemos tener la precaución de guardar nuestro secreto. No debemos tener ninguna compasión para nuestros enemigos. Debemos eliminar a sus individuos mejores y más talentosos, de modo que la Rusia sometida quedará sin sus líderes. De este modo destruiremos cualquier posible rebelión en nuestra contra. Debemos provocar la lucha de clases y las discordias entre campesinos y trabajadores cegatos. La guerra civil y la lucha de clases aniquilarán los valores culturales que han adquirido los pueblos cristianos... Trotsky-Bronstein, Zinóviev-Radomyslsky, Uritsky, Kámenev-Rosenfeld, Steinberg, éstos y muchos otros leales hijos de Israel ocupan los cargos más altos de la nación y mandan sobre los esclavos esclavizados. Derrotaremos totalmente a Rusia. Nuestra gente ostenta puestos dirigentes en los comités ciudadanos, en los comisariados, en los comités de avituallamiento y en otras instituciones. ¡Pero no dejéis que la victoria se os suba a la cabeza!"

Debe descartarse la posibilidad de que la carta sea una falsificación. Juri Lina añade que en febrero de 1994 se publicó en Rusia información sobre el resultado de una investigación de los materiales del trotskysta Uritsky. Entre sus papeles había sido encontrado un documento secreto copiado el 17 de mayo de 1918 que reproducía el mismo texto de la circular que Shunderev llevaba encima.

Las batallas decisivas de Denikin y Yudénich coincidieron con una declaración del premier británico, Lloyd George, el títere utilizado una y otra vez por el sionismo y por los patrocinadores de la conspiración comunista. El 8 de noviembre de 1919 Lloyd George pronunció un discurso en el London Guildhall en el que anunciaba un cambio de política con respecto a Rusia. Gran Bretaña abandonaba la partida porque, según sus palabras, Rusia era "un pantano" que ya en el pasado se había tragado ejércitos extranjeros. Había llegado la hora de admitir que "Gran Bretaña no podía permitirse el lujo de una intervención tan costosa en una interminable guerra civil". El primer ministro dijo que esperaba que los meses de invierno dieran la oportunidad a todas las partes para reflexionar y reconsiderar la situación. En *History's Greatest Heist* el profesor McMeekin cita el texto de un periodista inglés que acompañaba al ejército de Denikin, según el cual el efecto de este discurso en la moral de los blancos "fue eléctrico". Los voluntarios blancos habían creído que estaban librando las últimas batallas de la guerra mundial con Gran Bretaña como poderoso aliado. "De repente -escribe Mc Meekin- se dieron cuenta espantados de que Inglaterra consideraba que la guerra había terminado y que la lucha en Rusia era simplemente un conflicto civil... La atmósfera en el sur de Rusia cambió por completo. La opinión de George Lloyd de que la causa de los voluntarios estaba condenada al fracaso ayudó a certificar la debacle". En diciembre de 1919 el puerto de Novorossiysk en el mar Negro fue el escenario de escenas desesperadas entre una muchedumbre de civiles y de soldados blancos que, ante el temor de ser capturados por los rojos, trataban de embarcar en los últimos barcos franceses y británicos que abandonaban el puerto.

Pese a todo, el 4 de abril de 1920 el general Wrangel, que a principios de año había sido acusado de conspirar contra Denikin, aceptó el cargo de comandante en jefe de un nuevo ejército en Crimea, ofrecido por un nuevo Estado Mayor. Wrangel, según parece, trató ingenuamente de ganarse el favor de determinados judíos con influencia en Estados Unidos, Inglaterra y Francia. Pronto tuvo algunos instalados en su retaguardia. En Crimea, por ejemplo, el representante francés, conde Damien de Martel, estaba casado con una judía de Odessa. Uno de los oficiales de enlace del conde de Martel con Wrangel era un tal Peshkov, cuyo verdadero nombre era Sverdlov, un hijo adoptivo de Gorky que era hermano del judío que había ordenado el asesinato de la familia imperial. Perfectamente equipados con ropa de lana, botas, cascos, abrigos y todo tipo de armamento que habían recibido a lo largo del año, los rojos intensificaron en noviembre de 1920 su campaña para expulsar a Wrangel de Crimea. Durante la evacuación de las últimas unidades blancas y de los civiles que huían se produjo una matanza de gran envergadura, que culminó con la ejecución sumaria de no menos de cincuenta mil civiles, según cifras oficiales, que fueron fusilados o ahorcados entre mediados de noviembre y finales de diciembre. Se ha dicho ya en el capítulo anterior que algunas fuentes aumentan hasta ciento veinte mil el número de víctimas y que el comisario político del Ejército Rojo que dirigió la matanza fue Bela Kun, apoyado por otros dos judíos, Roza Zemlyachka y Boris Feldman.

En cuanto a Siberia, tras los combates de invierno, el almirante Kolchak comenzó en marzo de 1919 un ofensiva en tres frentes. Ayudado por las deserciones y las sublevaciones antibolcheviques en diversas ciudades, en tres meses avanzó más de trescientos kilómetros; pero en el inicio del verano se produjo la contraofensiva soviética y en julio las tropas del almirante se habían replegado hasta el punto de partida. El 29 de octubre el general Mijail Dieterichs, que de enero a julio de 1919 había supervisado personalmente la investigación del juez Sokolov sobre el asesinato de la familia real, ordenó la evacuación de Omsk, pero Kolchak anuló la orden y optó por una defensa imposible de la ciudad. Las misiones diplomáticas de los aliados abandonaron Omsk el 7 de noviembre y el propio Kolchak lo hizo durante la noche de 13 de noviembre. Con él salieron de la ciudad camino de Irkutsk, donde pensaba reunirse con sus ministros, cinco trenes que transportaban las reservas del oro de los zares. Durante el viaje supo que los mandos de la Legión Checa habían decidido abandonar sus actividades en favor del Gobierno de Omsk y salir de Rusia. Poco después se enteró asimismo del levantamiento social-revolucionario en Vladivostock, que pudo ser aplastado.

El comportamiento del general francés Maurice Janin y el de la Legión Checa, que estaba bajo su mando y sostenía los levantamientos del Partido Socialista Revolucionario en Siberia, fue clave en el trágico final de Kolchak. Los checos exigieron a Janin prioridad para su evacuación y el general Janin aceptó sus condiciones. En pocos días los checos se hicieron con el control del transiberiano e impusieron su orden de evacuación a los jefes de estación rusos, lo cual implicaba prioridad ante las tropas del almirante, que viajaba lentamente hacia Irkutsk con intención de alcanzar el puerto de Vladivostock. Más de ciento veinte trenes con refugiados quedaran atascados en las vías en pleno invierno siberiano y fueron capturados por los soviéticos. El convoy de Kolchak, ante la negativa de Janin de dar prioridad a sus trenes, quedó detenido en Krasnoiarsk desde el 17 al 21 de diciembre. Tras largas negociaciones y con el compromiso de Janin de garantizar su libertad y su seguridad, el almirante Kolchak pudo abandonar la ciudad y seguir hacia Nizhneúdinsk, adonde llegó con su cargamento de oro el 27 de diciembre. Parece ser que allí quedó a la vez detenido y protegido por los checos, a los que varios investigadores de ambos bandos acusan de haber robado parte del tesoro ruso.

Cuando Kolchak llegó a Irkutsk el 15 de enero de 1920, la ciudad estaba en manos de los socialistas revolucionarios. El día 16 dos oficiales checos subieron al tren, estacionado en las afueras de la ciudad, y detuvieron a Kolchak. A pesar de que el salvoconducto del almirante estaba garantizado por los aliados, es decir, Gran Bretaña, Francia, Italia y Japón, los militares checos, que estaban bajo el mando del general francés, traspasaron al almirante a las autoridades locales de menchaviques y socialistas revolucionarios, quienes el 21 de enero lo entregaron a los bolcheviques. En la madrugada del 7 de febrero de 1920 Aleksander Kolchak fue ejecutado en las riberas del río Angará por decisión del Comité Provincial bolchevique. Los verdugos arrojaron su cuerpo a las aguas del río congelado a través de un orificio hecho en el hielo. En el lugar de la ejecución existe hoy un monumento levantado hace unos años.

Cuando el Gobierno francés obtuvo información sobre lo ocurrido, relevó al general Janin del mando y ordenó su regreso inmediato a Francia. Janin salió de Rusia por el puerto de Kharbin, cerca de Vladivostock, en abril de 1920. Cuando llegó a París fue recibido en el Ministerio de Asuntos Exteriores, donde debió de escuchar serios reproches a su actuación que empañaron su carrera, pues acabó siendo apartado en un destino de importancia menor. Como se ha comentado en la nota 55 del capítulo anterior, antes de abandonar Rusia, el general Janin recibió en su tren estacionado en los andenes del puerto de Kharbin, cerca de Vladivostock, al Juez Sokolov y a Pierre Gilliard, el profesor de francés de las hijas del zar, quienes consiguieron entregarle los dossiers de la investigación y tres valiosos cofres que contenían unas trescientas reliquias imperiales, documentos y fotografías de la familia de Nicolás II que Gilliard y el general Dieterichs habían rescatado de la casa de Ipátiev.

Una leyenda sobre el llamado "oro del almirante Kochak" ha ido creciendo con los años. Libros, películas, documentales y artículos de investigación ofrecen versiones variadas sobre el destino final del tesoro. Siguen a continuación las informaciones que nos parecen más fiables. El profesor Mc.Meekin, cuyo estudio sobre lo ocurrido con las inmensas riquezas de Rusia nos merece la mayor credibilidad, considera que la mayor parte del tesoro cayó en manos de los soviéticos y escribe que las reservas de oro de los bolcheviques aumentaron en 210 millones de dólares (21.000 millones actuales) tras la captura de Kolchak en Irkutsk en febrero de 1920. Según otras fuentes, entre Nizhneúndinsk e Irkutsk los soviéticos se apoderaron de trescientas veintitrés toneladas de oro y platino, aunque también los checos, como se ha dicho, se habrían hecho con parte del botín. Todo invita a pensar, y así lo hacen diversos investigadores, que los checos embarcaron en Vladivostock gran número de cajas con oro, el cual fue utilizado para fundar un banco que sirvió para sentar las bases del desarrollo económico de Checoslovaquia, un país nacido tras el Tratado de Versalles. No hay, naturalmente, documentos que demuestren este hecho, pero sólo así puede explicarse que el valor de la corona checa se disparase enseguida tras la creación del banco y que la moneda checoslovaca se convirtiera en una de las más fuertes de Europa hasta 1939.

Pavel Nokilov, experto en la historia del Movimiento Blanco, alude a un curioso documento del jefe del servicio de contrainteligencia de Kolchak en los Archivos del Estado de la Federación Rusa. Se trata de un informe con fecha de 14 de agosto de 1919 sobre el envío de oro a Francia para pagar la compra de aviones. Según el documento, el Gobierno francés se quedó con el oro como cobro de la deuda contraída por el Gobierno Provisional ruso. Oleg Budnitskii, investigador de la Academia Rusa de Ciencias de Moscú, además de rebajar la cuantía del tesoro, trata de demostrar que todo el oro acabó en bancos del extranjero, debido a que con él se pagaron los préstamos y las compras de tanques, aviones, locomotras y de todas las necesidades de los ejércitos blancos. Finalmente, existe la creencia de que una parte del oro se halla en el fondo del lago Baikal, el más profundo del mundo con honduras de más de mil seiscientos metros. Habría acabado allí tras un descarrilamiento provocado por la voladura de un túnel en las montañas que circundan el lago cerca de Irkutsk. En 2010 la agencia rusa Interfax dio noticia del hallazgo de parte del tesoro imperial de Kolchak en las profundidades del lago. Los batiscafos Mir-1 y Mir-2, en el contexto de una expedición científica de la Fundación para la Protección del Baikal, habrían descubierto supuestamente lingotes de oro a unos cuatrocientos metros de profundidad.

Guerra civil contra los campesinos

Teóricamente, la guerra civil tan anhelada por Lenin y Trotsky tenía como enemigo fundamental a la burguesía, la clase social que en 1789 había sido utilizada por la conspiración mundial con dos objetivos: acabar con todos los tronos y todas las religiones e implantar el liberalismo en sustitución del mercantilismo. Como es sabido, la intervención del Estado en la economía, el proteccionismo de la producción propia y el fortalecimiento de las naciones eran las características del mercantilismo, al que había que sustituir por un nuevo sistema económico y político que propugnaba el "laissez faire, laissez passer" que impera actualmente en la forma de neoliberalismo salvaje. En 1917 el proletariado era la nueva clase social que iba a ser utilizada para acabar con la burguesía y con la propiedad privada, con el objetivo final de adueñarse de todos los recursos del planeta e implantar la dictadura del proletariado. Era una segunda manera de hacerse con el control de todas las riquezas. Un sistema más rápido que el liberalismo, pues propugnaba el robo a gran escala. Las bases del comunismo, como se ha explicado, estaban ya establecidas cuando murió Adam Weishaupt en 1830. El *Manifiesto Comunista* reproduce básicamente la doctrina del iluminismo. En Rusia, para sustituir a la burguesía por el proletariado Lenin apelaba alegremente el exterminio. El 31 de agosto de 1918 se hacía un llamamiento en este sentido en *Pravda:* "Trabajadores, ha llegado la hora de aniquilar a la burguesía, de lo contrario seréis aniquilados por ella. Las ciudades deben ser implacablemente limpiadas de toda la putrefacción burguesa. Todos estos señores serán fichados y aquellos que representen un peligro para la causa revolucionaria, exterminados". Pronto, sin embargo, los dictadores comunistas constataron que no sólo se les oponía la burguesía, sino el ochenta por ciento de la población, que integraba a todos los estamentos de la sociedad rusa.

Más terrible que la guerra contra los ejércitos blancos fue la guerra contra la población civil, muy especialmente la guerra contra el campesinado ruso, cuyas revueltas y levantamientos en la retaguardia de los ejércitos rojos fueron desde la primavera de 1918 una constante. Ya entonces Lenin se refirió a los kulaks como "sanguijuelas y parásitos" porque se negaban a entregar sus comestibles y proclamó la "guerra sin piedad contra los kulaks". Por razones tácticas el 8 de noviembre de 1917 los bolcheviques, presionados por los socialistas revolucionarios, habían promulgado un decreto que pretendía ganarse el apoyo del campesinado. En él se decía que toda la tierra, incluida la de propiedad estatal, debía ser "para el que la trabaja" y que las "formas de ocupación de la tierra debían ser libres". Sin embargo, se declaraba que cualquier decisión definitiva sería adoptada por la Asamblea Constituyente, que como se sabe fue disuelta a tiros. Lenin admite que los bolcheviques firmaron en aquel momento una ley que no querían "porque no querían oponerse a la voluntad de la mayoría de los campesinos". El 19 de febrero de 1918 hubo un nuevo decreto sobre la distribución de tierras que estaba relacionado con el anterior; pero en él se hablaba ya de la "socialización" de la tierra y las virtudes de la "colectivización". Se retrocedió entonces a la situación anterior a las reformas de Stolypin y reaparecieron las comunas. En *The Harvest of Sorrow* Robert Conquest afirma que en mayo de 1918 "los bolcheviques decidieron que la fase inicial de alianza con el campesinado en su conjunto estaba acabada y que la revolución socialista podía ya empezar en serio."

La nueva Constitución soviética de 1918 supuso una degradación del campesinado en favor de los obreros. El enfrentamiento entre el proletariado de los pueblos contra los kulaks fue la fórmula de la nueva fase del socialismo. Es decir, se pretendía una alianza con los payeses más pobres con el fin de neutralizar a los campesinos de clase media. Sin embargo, el partido era extremadamente débil en los pueblos. Conquest escribe que "antes de la revolución sólo cuatrocientos noventa y cuatro campesinos pertenecían al Partido Bolchevique y sólo existían cuatro células rurales." Añade que los líderes bolcheviques admitían francamente la necesidad de originar la guerra de clases en los pueblos y reproduce la intervención de Sverdlov ante el Comité Ejecutivo Central en mayo de 1918: "Debemos plantearnos seriamente el problema de dividir los pueblos en clases, de crear en ellos dos campos hostiles que se opongan, colocando a los elementos más pobres de la población contra los elementos kulak. Sólo si somos capaces de quebrar los pueblos en dos campos, para excitar allí la misma lucha de clases que en las ciudades, conseguiremos en los pueblos lo que hemos conseguido en las ciudades."

Aunque el grueso de los campesinos pobres se mantenía distante, el régimen consiguió crear algun tipo de base en las áreas rurales. A medida que creció el antagonismo en los pueblos, pequeñas bandas que aceptaron el patrocinio comunista, con ayuda de intrusos armados procedentes de las ciudades, empezaron a robar y a asesinar más o menos impunemente. El resultado de todo ello fue una revuelta generalizada. A lo largo de 1918 se produjeron doscientas cuarenta y cinco rebeliones antisoviéticas en veinte regiones de la Rusia Central. Según cifras oficiales, entre julio y noviembre de 1918 se produjeron ciento ocho "rebeliones kulaks", según las denominaba el régimen, en las que participaron aldeas enteras sin distinción de clases sociales. El 10 de agosto de 1918 en unas directrices al Soviet de Penza Lenin ordenaba lo siguiente: "¡Camaradas! La sublevación kulak en vuestros cinco distritos debe ser aplastada sin piedad." En las instrucciones concretas de actuación se pedía colgar públicamente a, por lo menos, cien kulaks, publicar sus nombres, apoderarse de todo el grano y seleccionar rehenes. Los archivos de la Cheka, abiertos a los investigadores desde 1991, permiten confirmar que entre el 15 de octubre y el 30 de noviembre de 1918 se produjeron cuarenta y cuatro explosiones que se convirtieron en revueltas campesinas. Cerca de mil personas fueron fusiladas y otras seiscientas veinte perdieron la vida como consecuencia de la represión.

Nicolás Werth en el capítulo primero de *El libro negro del Comunismo*, titulado *Un Estado contra su pueblo*, arguye que a inicios de 1919 el sistema de requisas estaba ya centralizado y bien planificado. Cada provincia, distrito, cantón o comunidad aldeana debía entregar al Estado una cuota fijada por adelantado en función de las cosechas estimadas. Estas cuotas incluían una veintena de productos: patatas, miel, huevos, mantequilla, carne, leche... Otro motivo de las revueltas campesinas era el reclutamiento forzoso ordenado por Trotsky. Al menos tres millones de campesinos desertaron entre 1919 y 1920. La represión del Gobierno no se limitó a fusilar a miles de ellos, sino que se tomaba a los familiares como rehenes. Un decreto firmado por Lenin el 15 de febrero de 1919 ordenaba a las chekas locales que tomaran rehenes para obligar a los campesinos a limpiar la nieve de los ferrocarriles. Si se negaban, los rehenes debían "ser pasados por las armas".

En 1919 había en Ucrania verdaderos ejércitos campesinos de decenas de miles de hombres, cuyas reivindicaciones eran: "la tierra para los campesinos, libertad de comercio y soviets elegidos libremente sin moscovitas ni judíos." Werth comenta las grandes revueltas de abril en Ucrania contra los destacamentos de requisa bolcheviques y aporta datos de la Cheka sobre los primeros veinte días de julio, que hacen referencia a más de doscientas revoluciones, "lo que implica cerca de cien mil combatientes armados y varios centenares de miles de agricultores". Los ejércitos campesinos de Grigoriev, que integraban unidades amotinadas del Ejército Rojo con cincuenta cañones y setecientas ametralladoras, tomaron en abril-mayo de 1919 ciudades del sur de Ucrania al grito de las siguientes consignas: "¡Todo el poder a los soviets del pueblo ucraniano!" "¡Ucrania para los ucranianos sin bolcheviques ni judíos!" "¡Reparto de tierras!" "¡Libertad de empresa y de comercio!". Entre las ciudades ocupadas estaban Cherkassy, Jerson, Nikolayev y Odessa. Algunos historiadores sostienen que este levantamiento imposibilitó la proyectada invasión de Rumanía del Ejército Rojo, que quería acudir en ayuda de la República Soviética de Hungría de Bela Kun. Otro ejército comandado por un tal Zeleny, bajo el lema "¡Viva el poder soviético, abajo los bolcheviques y los judíos!" llegó a controlar la provincia de Kiev con excepción de las grandes ciudades. Puede decirse que la rebelión en Ucrania y en zonas del Volga se generalizó.

Durante los meses de febrero y marzo de 1920, en Kazán, Simbirsk y Ufá, provincias sometidas a requisas insoportables, se produjo la llamada "insurrección de las horcas", protagonizada por unos treinta mil labradores. La rebelión fue ganando adeptos y se llegó a formar un ejército campesino de cincuenta mil hombres que se enfrentó con útiles de labranza a unidades regulares del Ejército Rojo armadas con cañones y ametralladoras. En cuestión de días miles de campesinos fueron asesinados y centenares de aldeas, incendiadas. En el otoño y en el invierno de 1920, tras la salida de Rusia de los útimos contingentes de tropas extranjeras, estallaron las más feroces rebeliones de campesinos contra la dictadura de Lenin y Trotsky. En el este de Ucrania el ejército de Nestor Majnó agrupó a quince mil hombres y dos mil quinientos jinetes, que contaban con un centenar de ametralladoras, unos veinte cañones y dos tanques. En el oeste de Siberia se formó un ejército de más de sesenta mil hombres. En el norte del Cáucaso otros treinta mil campesinos se levantaron contra el Gobierno comunista.

El presidente del Comité Revolucionario del Cáucaso Norte, Sergó Ordzhonikidze, un trotskysta de origen georgiano que durante las purgas de Stalin acabó "suicidándose" en 1937, ordenó el 23 de octubre de 1920 que todos los habitantes de Ermolovskaia, Romanovskaia, Samachinskaia y Mikhailovskaia fueran expulsados de sus hogares y que las casas y las tierras fueran redistribuidas entre campesinos pobres. Todos los hombres entre dieciocho y cincuenta años fueron deportados al norte, condenados a trabajos forzados. Los esbirros de la Cheka se apoderaron de los bienes de las citadas ciudades y de todo el ganado. A mediados de noviembre dos de las ciudades fueron completamente vaciadas de habitantes y una de ellas, arrasada. Adicionalmente, el Cáucaso fue limpiado de diez mil "enemigos de clase" y más de cinco mil esperaban la deportación. Lenin justificó las medidas argumentando que los campesinos eran "mucho más peligrosos que todos los Denikins, Yudénichs y Kolchaks juntos, puesto que estamos tratando con un país donde el proletariado (se refería al industrial) representa una minoría." Esta declaración no deja de ser aberrante, pues implica la admisión de que se pretendía imponer la dictadura de una minoría

La revuelta más prolongada tuvo lugar en la provincia de Tambov, pues había estallado ya en 1918 y se prolongó hasta finales de 1920. Tambov, provincia densamente poblada situada a unos quinientos kilómetros al sureste de Moscú y controlada por los socialistas revolucionarios, era el granero de la nueva capital del régimen. Desde el otoño de 1918 las requisas habían originado múltiples motines que habían sido reprimidos sin escrúpulos. Si se entregaban las cuotas establecidas, la gente quedaba condenada a morir de hambre. En agosto de 1920 en la aldea de Jitovo, donde los destacamentos de requisa cometían abusos de todo tipo, uno de los cuales era apalizar a los ancianos cuyos hijos habían desertado y se escondían en los bosques, se produjeron graves incidentes que se extendieron por toda la provincia. A principios de septiembre, todos los representantes gubernamentales de tres distritos de Tambov que no pudieron huir fueron asesinados por un ejército de más de catorce mil hombres, mayoritariamente desertores, armados con fusiles, horcas y hoces.

Esta revuelta se convirtió en un movimiento insurreccional organizado por un jefe militar social revolucionario llamado Aleksandr Stepanovich Antonov. Se formaron milicias campesinas y se creó un servicio de información que consiguió infiltrar la Cheka de Tambov. Antonov puso en marcha una campaña de propaganda que denunciaba la "comisariocracia bolchevique". Además de trabajadores ferroviarios y otros obreros, miles y miles de desertores fueron uniéndose a su ejército. Según Richard Pipes en *A Concise History of the Russian Revolution*, Antonov se valió de no menos de ciento diez mil desertores, de los cuales consiguió armar a cincuenta mil, que dividió en dieciocho o veinte regimientos. El 19 de octubre de 1920 Lenin ordenó a Dzerzhinsky "aplastar de manera rápida y ejemplar este movimiento". En octubre el Gobierno controlaba apenas la capital de la provincia y escasos centros urbanos; pero a finales del año, con tropas especiales procedentes de Crimea y otros destacamentos del Ejército Rojo, se pudo reunir una fuerza de cien mil soldados. El general Mijail Tujachevsky fue el responsable de "las operaciones de liquidación de las bandas de Antonov en la provincia de Tambov". Tujachevsky utilizó destacamentos especiales de la Cheka equipados con artillería pesada y con aviones. Cumplió las órdenes de Lenin mediante una represión despiadada, en la que llegó a utilizar gases asfixiantes para exterminar a los rebeldes que continuaban reuniéndose en los bosques.

Estas guerras campesinas alcanzaron su apogeo en los primeros meses de 1921. La Cheka informaba en febrero de que ciento dieciocho levantamientos estaban en marcha. Los comunistas sólo controlaban las ciudades y los campos quedaban a merced de bandas o ejércitos de labradores hambrientos. Vladimir Antonov Ovseenko, comandante del Ejército Rojo, admitía en enero de 1921 que la mitad de los agricultores se estaban muriendo de hambre. El 12 de febrero el comandante militar del Volga informaba que en la provincia de Samara el ejército había disparado contra varios miles de payeses hambrientos que asediaban los hangares donde se había almacenado el grano. En Saratov campesinos fuertemente armados se apoderaron de las reservas de los almacenes del Estado. Entre enero y marzo de 1921 se perdió el control de las provincias de Tiumen, Omsk, Cheliabinsk y Ekaterinburgo. La ciudad de Tobolsk fue tomada por un ejército popular de labradores y sólo pudo ser recuperada por unidades del ejército el 30 de marzo. En las dos grandes ciudades, Petrogrado y Moscú, un decreto del Gobierno había impuesto en enero el racionamiento de pan.

La situación era tan explosiva que el X Congreso del Partido, en el contexto de la NEP (Nueva Política Económica) que comenzó a aplicarse a partir de marzo de 1921, propuso finalizar con las requisas y sustituirlas por un impuesto en especie. Esta medida no sirvió para acabar con las revueltas, que sólo remitieron como consecuencia de la hambruna de 1921-1922. En cuanto a la NEP, suponía el reconocimiento de que los planes de socialización y colectivización para el campo llevaban al país a la ruina y ponían en peligro al propio régimen. Lenin se refirió a esta nueva política, que pretendía evitar el colapso de la producción industrial y hacía ciertas concesiones al capitalismo, como "un espacio para respirar". Según sus propias palabras, se trataba de "una retirada estratégica que nos permitirá avanzar en un frente más amplio en un futuro próximo." Robert Conquest transcribe estas líneas de una carta de Lenin a Kámenev del 3 de marzo de 1922, pero que sólo fue conocida en 1959: "Es una gran equivocación pensar que la NEP pone fin al terror; recurriremos otra vez al terror y al terror económico."

Guerra civil contra los obreros y los marinos de Kronstadt

El régimen soviético adoptó el calificativo de "bandidos" para todos aquellos que se oponían a su dictadura. El término fue adoptado tras la operación contra los anarquistas llevada a cabo la noche del 11 al 12 de abril de 1918. Bruce Lockhart, testigo de los hechos, cuenta que Trotsky decidió limpiar Moscú de anarquistas, quienes siguiendo el ejemplo de los bolcheviques habían ocupado las casas de los ricos y aplicaban el consejo de Lenin de "saquear a los saqueadores". La redada comenzó a las tres de la madrugada y consistió en un ataque simultáneo a veintiséis casas tomadas por los anarquistas. Lockhart califica el asalto de éxito completo, pese a que, para desalojar los edificios, los chekistas de Dzerzhinsky y de Peters mataron a un centenar de anarquistas y otros quinientos fueron arrestados, de los cuales veintiocho fueron ejecutados acusados de ser "bandidos". Más tarde, durante la mañana, Bruce Lockhart y Raymond Robins, el colega norteamericano que consideraba a Trotsky el judío más importante después de Cristo, fueron invitados a realizar una macabra excursión turística, cuyo guía fue Yacov Peters. Lockhart describe uno de los escenarios:

> "En el lujoso salón principal de la casa Gracheva, los anarquistas habían sido sorprendidos en mitad de una orgía, la larga mesa que había servido para la comilona estaba tumbada y platos rotos, vasos y botellas de champán eran islas desagradables en una piscina de sangre y vino derramado. Una mujer joven yacía con el rostro hacia el suelo. Peters le dio la vuelta. Su cabello estaba desmelenado. Se le había disparado en el cuello y la sangre se había coagulado en un siniestro grumo púrpura. No tendría más de veinte años. Peters se encogió de hombros. 'Prostituta', dijo, 'Quizá ha sido para bien'. Fue una escena inolvidable."

A partir de entonces los obreros podían convertirse en bandidos si se oponían al Gobierno. Los soviets controlados por opositores mencheviques y socialistas revolucionarios fueron disueltos el 14 de julio de 1918. En numerosas ciudades hubo protestas y huelgas. En Kolpino, cerca de Petrogrado, un destacamento de la Cheka abrió fuego sobre una manifestación de obreros que protestaban contra el hambre y diez trabajadores perdieron la vida. El mismo día en Ekaterinburgo, en la fábrica Berezovski, quince personas fueron asesinadas por los guardias rojos durante la celebración de un mitin de protesta contra los comisarios bolcheviques. Al día siguiente se decretó la ley marcial y la Cheka local fusiló a catorce personas. Nicolás Werth apunta que ni siquiera se informó a Moscú de estas ejecuciones y añade que en el verano de 1918 numerosas manifestaciones en distintas ciudades industriales fueron reprimidas a costa de la sangre de los trabajadores. Según este autor, "uno de los episodios de represión más cuidadosamente ocultados por el nuevo régimen fue la violencia ejercida sobre el mundo obrero, en nombre del cual los bolcheviques habían tomado el poder."

Durante el año de 1919 la ola de protestas obreras en las fábricas fue en aumento. Según el Centro Ruso de Conservación y Estudio de la Documentación Histórica Contemporánea (CRCEDHC), fuente citada una y otra vez por la media docena de autores de *El libro negro del comunismo*, el 10 de marzo de 1919 diez mil obreros de las fábricas Putilov reunidos en asamblea general emitieron una proclama en la que se denunciaba que el Gobierno era sólo "la dictadura del Comité Central del Partido Comunista, que gobierna con la Cheka y los tribunales revolucionarios." Se exigía la liberación de los presos políticos de los "auténticos partidos revolucionarios". Lenin se desplazó a Petrogrado y los días 12 y 13 de marzo trató de tomar la palabra en las fábricas, pero él y Zinóviev fueron abucheados por los trabajadores, que les gritaron "¡Abajo los judíos y los comisarios!". El 16 de marzo los destacamentos de la Cheka asaltaron la fábrica Putilov y detuvieron a cerca de mil obreros. En los días siguientes, doscientos huelguistas fueron ejecutados sin juicio en la fortaleza de Schüsselbourg. En distintas ciudades rusas se sucedieron las huelgas durante la primavera de 1919 y todas fueron duramente reprimidas. Los trabajadores pedían las mismas raciones de pan que los soldados, supresión de privilegios para los comunistas, interrupción del reclutamiento forzoso, elecciones libres al comité de las fábricas, libertad de asociación, de expresión y de prensa.

A primeros de marzo de 1919 los obreros de la ciudad de Astracán, cerca de la desembocadura del Volga, comenzaron una huelga. El 10 de marzo el regimiento 45 se negó a disparar sobre los trabajadores que desfilaban por la ciudad y los soldados se unieron a los huelguistas. Tras el saqueo de la sede del Partido Comunista y el asesinato de sus responsables, Astracán cayó en manos de los obreros y los desertores. La ciudad, considerada clave para impedir la conexión entre los ejércitos de Kolchak y Denikin, fue reconquistada sin tardanza. Sergei Kírov, presidente del Comité

Militar Revolucionario de la región "ordenó el exterminio sin piedad de los sucios guardias blancos por todos los medios." Las tropas que permanecieron fieles y destacamentos de la Cheka bloquearon Astracán y la reconquistaron. Las prisiones se llenaron de soldados amotinados y de huelguistas.

Se puso en práctica entonces el método de Carrier, el famoso inventor de los ahogamientos del Loira. En el capítulo segundo de esta obra se han narrado ya los crímenes de este fanático criminal y se ha comentado que los chequistas judeo-bolcheviques imitaron su método en Astracán. Recordamos, pues, que huelguistas y soldados fueron arrojados al Volga desde gabarras con una piedra al cuello. Entre el 12 y el 14 de marzo entre dos mil y cuatro mil prisioneros fueron ahogados o fusilados. A partir del día 15 comenzó la persecución de los burgueses de la ciudad, a los que se acusó de haber instigado una conspiración que se había servido de los trabajadores y de los desertores. Las casas de los comerciantes de Astracán fueron saqueadas y sus propietarios fusilados. Las cifras sobre el número de víctimas consideradas burguesas se acercan al millar. El día 18 de marzo, aniversario de la Comuna de París, según resaltaron las autoridades, fueron inhumados con gran pompa los cuarenta y siete muertos de los comunistas.

En marzo de 1920 Trotsky inició una campaña para la militarización del trabajo. Veamos una cita al respecto reproducida por el historiador E. H. Carr en *La Revolución Bolchevique 1917-1923*, uno de los volúmenes de su *Historia de la Rusia Soviética*: "La militarización es impensable sin militarizar a los sindicatos como tales, sin el establecimiento de un régimen en el que cada obrero se sienta soldado del trabajo, que no pueda disponer por sí mismo libremente; si se le da la orden de trasladarse, debe cumplirla; si no la cumple, será un desertor a quien se castiga. ¿Quién cuida de ello? El sindicato; él crea el nuevo régimen. Esto es la militarización de la clase obrera." Con estas ideas se pretendía convencer a los trabajadores de que el comunismo era la ideología que los iba a liberar de su supuesta esclavitud.

A principios de 1921 tuvo lugar la rebelión de Kronstadt, uno de los episodios más conocidos de la guerra civil contra obreros y soldados. El 21 de enero un decreto del Gobierno ordenó reducir un tercio las raciones de pan en una serie de ciudades entre las que estaba la base naval de Kronstadt. A finales de febrero las marchas contra el hambre, las huelgas y las ocupaciones de fábricas se sucedieron y alcanzaron su apogeo en los grandes centros urbanos, sobre todo en Petrogrado y en Moscú. En la primera capital los obreros trataron de entrar en los cuarteles para confraternizar con los soldados y hubo duros enfrentamientos con unidades de la Cheka en los que varios trabajadores perdieron la vida y centenares resultaron heridos. En Petrogrado los obreros de las grandes fábricas, reunidos en asambleas, exigían la abolición de la dictadura comunista. Varios regimientos de Petrogrado se reunieron y adoptaron declaraciones de apoyo a los trabajadores. Entre los días 23 y 25 de febrero miles de obreros desfilaron por las calles de Petrogrado para protestar contra la dictadura. El día 24 destacamentos de la Cheka abrieron fuego contra una manifestación y mataron a doce personas. El mismo día se detuvo a cerca de mil militantes socialistas, lo cual no impidió que miles de soldados desertaran para unirse a los trabajadores.

El 28 de febrero se produjo por fin el amotinamiento de los marinos del *Sebastopol* y del *Petropavlosk*, los dos acorazados de la base de Kronstadt, en la isla de Kotlin. Los marinos lanzaron un ultimátum que debía ser respondido en veinticuatro horas. Las reivindicaciones se presentaron en un programa de quince puntos. Entre otras cosas se pedía: elecciones secretas a los soviets, puesto que los actuales "no representaban la voluntrad de los trabajadores y campesinos"; libertad de palabra, de prensa y de organización; fin de la supremacía del Partido Comunista; igualdad de racionamiento para todos y liberación de los detenidos políticos, que incluían miembros de los eseristas, obreros, campesinos, soldados y marinos. Se pedía además la supresión de las requisas, la abolición de los destacamentos de la Cheka y la expulsión de los judíos de todos los altos cargos que ocupaban. Según Alexander Berkman, escritor anarquista de origen judío, esta última exigencia era considerada entre las más importantes[7].

El 1 de marzo se celebró en Kronstadt un mitin multitudinario al que asistieron quince mil personas. La mitad de los dos mil bolcheviques de Kronstadt se unieron a los insurrectos. Mijail Kalinin, presidente del Comité Ejecutivo Central de los soviets, acudió a la base naval para tratar de calmar los ánimos, pero tuvo que retirarse abucheado. Durante la primera semana de marzo la Cheka emitía informes cotidianos sobre la situación en los que se temía por una sublevación general en Petrogrado, toda vez que los amotinados habían contactado con las asambleas de obreros en gran número de fábricas. Uno de los líderes visibles de la rebelión fue el primer oficial del *Petropavlosk*, llamado Perichenko, quien encarceló al comité local del Partido Comunista. El 6 de enero Trotsky había declarado que todos los que pedían libertad de expresión y de prensa deberían ser fusilados "como patos en un estanque" o "como perros". El 7 de marzo la Cheka recibió órdenes de actuar contra los trabajadores y más de dos mil que simpatizaban con los socialistas o los anarquistas fueron detenidos con el fin de aplastar la retaguardia de la rebelión.

Las operaciones contra los amotinados, organizadas por el propio Trotsky y dirigidas por el general Tujachevsky, comenzaron el 8 de marzo de 1921. Trotsky ordenó que las mujeres y los hijos de los rebeldes fueran tomados como rehenes y prometió a los amotinados que serían "tiroteados

---

[7] Alexander Berkman, lituano de origen judío, encabezó el movimiento anarquista en Estados Unidos junto a Emma Goldman, que como él era lituana y judía. Tras la represión de Kronstadt, Berkman abandonó Rusia horrorizado y publicó varios libros en los que denunció el mito del bolchevismo. Según sus propias palabras, "el terror y el despotismo habían aplastado la esperanza nacida en octubre de 1917". Finalmente se suicidó el 28 de junio de 1936.

como perdices". La isla fue bombardeada con aviones y con artillería de costa antes de que el 561 regimiento de infantería emprendiera el ataque. Algunas unidades se negaron a atacar y casi todos los miembros del segundo batallón se pasaron al bando de los marinos amotinados. La lucha fue enconada y ocasionó miles de muertos por ambos bandos. Las aguas heladas del golfo de Finlandia quedaron cubiertas de cadáveres y el Gobierno finlandés pidió que se retiraran los cuerpos ante el temor de que con el deshielo acabaran en las costas finlandesas y pudieran suponer un peligro sanitario. Diez mil soldados rojos perdieron la vida en el asalto. Mijaíl Tujachevsky declaró posteriormente que nunca antes había visto luchar como en Kronstadt: "Los marinos lucharon como bestias. No puedo comprender de dónde sacaron la fuerza para su furia. Cada casa tuvo que ser dinamitada".

En los días que siguieron a la caída de Kronstadt se desató una represión sin escrúpulos y se fusiló a gran escala. Durante dos meses se celebraron juicios sumarios que, según datos oficiales, condenaron a muerte a más de dos mil cien personas. Según se recoge en los documentos sobre Kronstadt citados por Nicolás Werth, una seis mil quinientas personas fueron internadas en prisiones y campos de concentración. Antes de la caída de la base naval, cerca de ocho mil personas lograron huir a través del golfo de Finlandia y acabaron en campos de concentración. A Jolmogory, un campo próximo a Arcángel, fueron a parar cinco mil de estos prisioneros, de los cuales en menos de un año tres mil quinientos habían muerto. En Jolmogory, como en Astracán, se puso en práctica el método de Carrier: los detenidos, embarcados en gabarras, atados de brazos y con una piedra al cuello, eran arrojados a las aguas del río Dvina. Un chekista judío, un psicópata llamado Mijail Kedrov (Zederbaum) había inaugurado allí en junio de 1920 este sistema cruel de asesinatos masivos. La barbarie y la crueldad de Kedrov son descritas por Donald Rayfield en el libro *Stalin y los verdugos*, publicado en español en 2003. En él se explica que en el norte de Rusia Kedrov "masacraba a niños en edad escolar y a oficiales del Ejército con tanta saña que tuvo que ser internado en un psiquiátrico". Este enfermo mental salió a la calle al poco tiempo y se le concedió de nuevo el mando de una unidad de la Cheka en el mar Caspio. Varios testimonios confirman que muchos amotinados de Kronstadt, así como gran número de cosacos y de campesinos de la provincia de Tambov deportados a Jomolgory fueron ahogados en el río en 1922. Cerca de dos mil quinientos civiles de Kronstadt fueron deportados a Siberia sólo por haber permanecido en la base cuando se produjeron los hechos.

Guerra civil contra los cosacos

La eliminación de los cosacos del Don y del Kubán fue el objetivo de la guerra civil contra este grupo étnico, un pueblo de guerreros amante de la libertad. Los propios líderes bolcheviques calificaron sus acciones encaminadas al exterminio y a la deportación del conjunto de la población de estos territorios cono la "Vendée soviética". El antecedente histórico de la Vendée francesa, una de las matanzas más brutales de la historia contemporánea, constituía, pues, el modelo de los comunistas. En el capítulo segundo se ha estudiado que los revolucionarios jacobinos lograron una proclama de la Convención que en términos inequívocos declaraba que se trataba de "exterminar a los bandidos de la Vendée para purgar completamente el suelo de la libertad de esa raza maldita." La misma voluntad genocida animaba a los líderes soviéticos, que ya desde la primavera de 1918 planificaron la guerra contra los cosacos, considerados enemigos de clase.

El 24 de enero de 1919, una resolución secreta del Comité Central del Partido Comunista contemplaba una serie de medidas contra los cosacos, entre las que estaban la confiscación de sus tierras, que fueron redistribuidas; la obligación de que entregasen sus armas bajo pena de muerte; y la disolución de sus circunscripciones administrativas. Isak Reingold, judío trotskysta que presidía el Comité Revolucionario del Don y que años más tarde sería eliminado por Stalin, asumió la represión en estas tierras cosacas. En unas semanas, entre febrero y marzo de 1919, destacamentos de bolcheviques ejecutaron a más de 8.000 personas. En las aldeas cosacas los tribunales revolucionarios necesitaban sólo unos minutos para condenar a muerte por "comportamiento contrarrevolucionario". En junio de 1919 Reingold reconocía lo siguiente: "hemos tenido una tendencia a realizar una política de exterminio masivo de los cosacos sin la menor distinción." Ante la evidencia de los fusilamientos en masa, los cosacos decretaron la movilización general de todos los hombres de dieciséis a cincuenta y cino años y pidieron el alzamiento contra los comunistas en toda la región. En el texto del llamamiento a la rebelión se explicaba que estaban "a favor de elecciones libres y en contra de los comunistas, de las comunas y de los judíos. Estamos contra las requisas, los robos, y las ejecuciones perpetradas por las chekas." A inicios del mes de junio, los cosacos del Don y del Kubán se habían unido al grueso de los ejércitos blancos de Denikin.

La derrota de los blancos conllevó una segunda ocupación militar de las tierras cosacas, que se vieron de nuevo sometidas al terror rojo. Otro judío, Karl Lander, uno de los principales dirigentes de la Cheka, fue nombrado plenipotenciario en el norte del Cáucaso y del Don. Lander puso en funcionamiento tribunales especiales de tres miembros (troikas) encargados de la descosaquización. Sólo en el mes de octubre de 1920 estas troikas condenaron a muerte a más de seis mil personas. Los miembros de las familias de cosacos que no habían sido capturados fueron tomados como rehenes y muchos acabaron sus días en campos de concentración, auténticos campos de la muerte, según reconoció Martin Latsis, otro judío de origen letón como su colega Karl Lander. Latsis, cuyo verdadero apellido era

Sudrabs, fue presidente de la Cheka de Ucrania en 1919 y miembro del presídium de la Cheka entre 1918-1921. En un informe del CRCEDHC (Centro Ruso de Conservación y de Estudios de Documentos en Historia Contemporánea) citado por Nicolás Werth, Martin Latsis dejó constancia por escrito de que mujeres, niños y ancianos, en condiciones terribles, en medio del barro y el frío, "morían como moscas", y añade: "las mujeres están dispuestas a todo con tal de escapar de la muerte. Los soldados que vigilan el campo se aprovechan para mantener relaciones con ellas." Latsis, señalado como trotskysta por Stalin, fue asimismo ejecutado en 1938. En *Un Estado contra su pueblo*, Werth estima que durante los años de 1919 y 1920 entre trescientas mil y medio millón de personas de las regiones cosacas del Don y del Kubán fueron asesinadas o deportadas. Este autor explica que uno de los medios más eficaces de descosaquización consistía en la destrucción de aldeas y la deportación de todos sus habitantes.

Pese a todo, el episodio más desgarrador para los cosacos tuvo lugar veinticinco años más tarde, cuando tras haberse rendido en el sur de Austria a los británicos, éstos, sabiendo que los enviaban a la muerte o al internamiento en el Gulag soviético, repatriaron a cincuenta mil cosacos a la URSS. Los oficiales fueron ejecutados y los demás fueron condenados a campos de concentración o de trabajo. Se calcula que la mitad de ellos murieron durante el internamiento. El libro donde se narra con detalle lo acontecido es *The Last Secret*, de Nicholas Bethell, publicado en 1974. A partir de archivos oficiales abiertos a los investigadores en 1972, Lord Bethell desvela que los cincuenta mil cosacos formaban parte de dos millones de personas, hombres, mujeres y niños que se encontraban en manos de los aliados y fueron repatriados a la Unión Soviética en contra de su voluntad. Muchos habían abandonado Rusia en 1917 y eran exiliados, disidentes que no tenían por tanto pasaporte soviético.

Nuestros campeones de la libertad y de la democracia, pese a conocer perfectamente el carácter sanguinario de la dictadura comunista, que por entonces había acabado con la vida de más de veinte millones de personas, no tuvieron ningún problema moral en colaborar una vez más con el comunismo. Alexander Solzhenitsyn, quien considera a Churchill y a Roosevelt criminales que devolvieron a Rusia a refugiados políticos para que fueran perseguidos y ejecutados, afirma que este hecho poco conocido constituye "el último secreto de la Segunda Guerra Mundial". Ciertamente, Los cosacos habían luchado con los alemanes, pero sus esposas e hijos no lo habían hecho. Además, debe considerarse que tras la victoria de los comunistas en la guerra civil y la subsiguiente ola de terror desencadenada contra ellos, decenas de miles de cosacos huyeron hacia el oeste de Europa y no eran ciudadanos soviéticos, puesto que constituían ya una generación de emigrados que nunca habían reconocido la legitimidad del Estado soviético. Según los términos del Tratado de Yalta, la mayoría de ellos no debían ser repatriados. Hugh Trevor-Roper, autor de la introdución en el libro de Bethell, es más moderado que Solzhenitsyn en su crítica y denuncia que hubo "un exceso de celo prosoviético en las autoridades británicas responsables de la repatriación".

Terror rojo y terror judío

La Cheka (Comisión Extraordinaria para Combatir la Contrarrevolución y el Sabotaje), que posteriormente fue conocida bajo distintas siglas (GPU, OGPU, NKVD, MVD y KGB) fue creada el 20 de diciembre de 1917 mediante un decreto de Lenin. Al frente de esta policía política Lenin situó a Félix Dzerzhinsky, un judío polaco que se llamaba en realidad Rufin. "No necesitamos justicia", declaró en una ocasión Dzerzhinsky, un sádico adicto a las drogas a quien Zinóviev consideraba "el santo de la revolución". En octubre de 1918 los desajustes mentales de Dzerzhinsky llegaron a tal extremo que tuvo que ser enviado de incógnito a un sanatorio en Suiza, donde permaneció durante un mes para recibir tratamiento psiquiátrico. Precisamente en el mes de octubre de 1918, tras el intento de asesinato de Lenin, la Cheka ordenó entre diez mil y quince mil ejecuciones sumarias sin juicio. De este modo, en sólo unas semanas la Cheka duplicó las condenas a muerte ejecutadas en el imperio zarista durante noventa y dos años.

Otro judío llamado Gleb Boky, principal organizador del Gulag, parecía llamado a suceder a Dzerzhinsky tras su muerte a finales de 1926. Boky era su protegido y hombre de máxima confianza. Sin embargo, fue un stalinista llamado Viacheslav Menzhinsky quien ocupó el cargo. Salvo el citado Menzhinsky, los jefes comunistas que presidieron la Cheka fueron judíos o tuvieron una esposa judía. Entre ellos, como se verá más adelante, figuran Yagoda, Yezhov (casado con una judía) y Beria, tres de los mayores criminales de la historia contemporánea. El historiador judío Leonard Shapiro escribe que "cualquiera que tuviera la mala suerte de caer en manos de la Cheka tenía grandes posibilidades de verse confrontado con, y posiblemente ser fusilado por, un investigador judío". W. Bruce Lincoln, profesor norteamericano de Historia rusa, confirma que en Ucrania "los judíos constituían el 80% de los agentes regulares de la Cheka". La mitad de los miembros de la policía secreta que operaban a las órdenes de los directores judíos de la Cheka eran también judíos, aunque muchos de ellos, como era habitual, ocultaban este hecho mediante la adopción de nombres rusos. El resto era reclutado entre la escoria de la sociedad. Este último hecho fue incluso denunciado por dos veteranos bolcheviques, Olminsky y Petrovsky, quienes al comprobar que la Cheka actuaba "con plenos poderes por encima de los soviets y de mismo partido", solicitaron la adopción de medidas para "limitar los excesos de celo de una organización repleta de criminales y de sádicos, de elementos degenerados de lumpen-proletariado".

Werth se apoya en archivos del Comité Central para confirmar que las chekas locales estaban en manos de elementos degenerados, tiranos sangrientos, incontrolados e incontrolables. Cita un informe del secretario de organización regional del partido en Yaroslavl, fechado el 26 de septiembre de 1919, en el que se dice: "Los chekistas saquean y detienen a cualquiera. Sabiendo que quedarán impunes, han transformado la sede de la Cheka en un inmenso burdel a donde llevan a las 'burguesas'. La embriaguez es general. La cocaína es ampliamente utilizada por los jefecillos." Otro informe llegado el 16 de octubre de 1919 desde Astracán confirma lo anterior: "Las borracheras y las orgías son cotidianas. Casi todos los chekistas consumen abundantemente cocaína. Esto les permite, dicen ellos, soportar mejor la visión cotidiana de la sangre. Ebrios de violencia y de sangre, los chekistas cumplen con su deber, pero son elementos incontrolados que es necesario vigilar estrechamente."

La intención de utilizar el terror como instrumento fundamental para librarse de los opositores y mantenerse en el poder fue inicialmente anunciada por Trotsky el 1/13 de diciembre de 1917 ante los delegados del Comité Ejecutivo Central de los soviets: "En menos de un mes, el terror va a adquirir formas muy violentas, a ejemplo de lo sucedido durante la gran Revolución Francesa. No será ya sólo la prisión, sino la guillotina, ese notable invento que tiene como ventaja reconocida recortar en el hombre una cabeza, lo que se dispondrá para nuestros enemigos." Días después Lenin, en un mitin ante una asamblea de obreros, aludía a la utilización del terror como "justicia revolucionaria de clase". Las primeras víctimas del terror fueron los intelectuales, pensadores independientes que se mostraban activos en la denuncia de la dictadura comunista. La "intelligentsia", la élite intelectual guardiana de la cultura rusa, fue señalada como objetivo en la carta circular de la sociedad secreta sionista mencionada más arriba: "debemos eliminar a sus indivíduos mejores y más talentosos, de modo que la Rusia sometida quedará sin sus líderes. De este modo destruiremos cualquier posible rebelión en nuestra contra."

Tras la caída del comunismo comenzaron a aparecer en Rusia numerosas obras que, al no estar inicialmente traducidas al inglés o a otra lengua occidental, sólo podían ser leídas en ruso. El investigador estonio Jüri Lina bebió en muchas de estas fuentes y las cita en *Under the Sign of the Skorpion*. Una de estas obras, publicada en Moscú en 1992, es *In the Light of the Day*. Su autor, Vladimir Soloukhin, fallecido en 1997, fue un poeta y escritor destacado del grupo "Village Prose", un movimiento literario interesado en la vida tradicional de las comunidades rurales. En esta obra postrera Soloukhin denuncia que, además de perseguir a intelectuales, los chekistas también arrestaban a jóvenes que llevaban un gorro estudiantil y algunos de ellos eran liquidados porque Lenin pensaba que los futuros intelectuales también podían ser una amenaza para el régimen soviético. Este autor revela que los chekistas se interesaban por chicas y chicos bien parecidos: guiados por la extraña creencia de que entre la gente atractiva habría más intelectuales, los consideraban un potencial peligro para la sociedad.

En 1924 se publicó en Berlín uno de los primeros libros aparecidos en occidente sobre el terror comunista, *Terror rojo en Rusia (1918 a 1923)*, del socialista revolucionario S. P. Melgunov. Esta oba se ha convertido en un clásico consultado por casi todos los investigadores y actualmente puede leerse en inglés en internet en una traducción de 2014 de Terri Fabre (Kuznetsoff). En este libro precursor se da noticia de las principales matanzas y ejecuciones en masa perpetradas por los comunistas. Son muy conocidas las citas que hace Melgunov del informe realizado por la comisión Rohrberg, que entró en Kiev a finales de agosto de 1919 después de la toma de la ciudad por los blancos. En la sala de ejecución de la Checa provincial de Kiev, un gran garaje, "todo el suelo estaba inundado de sangre, y ésta no corría, sino que formaba una capa de algunas pulgadas. Era una horrible mezcla de sangre, de sesos, de pedazos de cráneos, de mechones de cabellos y demás restos humanos. Todas las paredes agujereadas con millares de balas estaban salpicadas de sangre, y pedazos de sesos y de cuero cabelludo estaban pegados en ellas." En otro fragmento del informe se describe una fosa común hallada en un rincón del jardín que contenía unos ochenta cuerpos que mostraban la crueldad de los asesinos: "Allí yacían cadáveres destripados; otros tenían varios miembros amputados; algunos estaban descuartizados; otros tenían los ojos sacados y la cabeza, la cara, el cuello y el tronco cubiertos de profundas heridas... otros no tenían lengua."

La Cheka de Kiev había publicado aquel mismo mes de agosto de 1919 el primer número de su periódico *Krasnyi Mech* (*La espada roja*). Nicolás Werth ofrece un fragmento de su artículo editorial, en donde se justifican ideológicamente los excesos criminales relatados en el párrafo anterior:

> "Rechazamos los viejos sistemas de moralidad y de 'humanidad' inventados por la burguesía con el fin de oprimir y explotar a las 'clases inferiores'. Nuestra moralidad no tiene precedente, nuestra humanidad es absoluta porque descansa sobre un nuevo ideal: destruir cualquier forma de opresión y de violencia. Para nosotros todo está permitido porque somos los primeros en el mundo en levantar la espada no para oprimir y reducir a la esclavitud, sino para liberar a la humanidad de sus cadenas... ¿Sangre? ¡Que la sangre corra a ríos! Puesto que sólo la sangre puede colorear para siempre la bandera negra de la burguesía pirata convirtiéndola en un estandarte rojo, bandera de la Revolución. ¡Puesto que sólo la muerte final del viejo mundo puede liberarnos para siempre jamás del regreso de los chacales!"

Recordemos que el presidente de la Cheka para toda Ucrania entre el 2 de abril y el 16 de agosto de 1919 era el citado Martín Latsis, un estrecho colaborador de Dzerzhinsky que había sustituido en el cargo a otro judío llamado Isaak Izrailevitch Schvarts. Latsis publicó en 1920 un libro en el que propugnaba una violencia sin límite para los enemigos de clase. Según su tesis, las sentencias no debían emitirse en función de la culpabilidad o la inocencia, sino atendiendo a la clase social. Así explica Latsis el terror rojo: "Estamos comprometidos en el exterminio de la burguesía como clase. No es preciso probar que un hombre actuó en contra del poder soviético. Lo primero que hay que preguntar cuando se arresta a una persona es a qué clase pertenece, cuál es su origen, su educación, su profesión." Melgunov recoge un texto del Comité Central del Partido Comunista en el que se reconoce abiertamente que las Comisiones Extraordinarias "no son órganos de justicia, sino de exterminio sin piedad". El Comité Central define la Cheka como "un órgano de combate que obra sobre el frente interior de la guerra civil. No juzga al enemigo, sino que lo extermina, ni perdona al que está al otro lado de la barricada, sino que lo aplasta."

Con estas directrices como telón de fondo las atrocidades estaban a la orden del día. Las violaciones y todo tipo de abusos, como es fácil imaginar, eran habituales; aunque, violaciones aparte, una de las torturas más crueles para las mujeres consistía en introducir carbón ardiente en sus vaginas. En cuanto a los religiosos, sacerdotes, monjes y monjas, los métodos eran variados. Uno de ellos consistía en verter plomo fundido en sus gargantas antes de ser quemados vivos. La crucifixiones eran comunes. En un reciente documental cinematográfico titulado *La Rusia que perdimos*, el director Stanislav Govorukhin cuenta que los sacerdotes de Kherson fueron crucificados. En Pern, el arzobispo Andronnikov fue horriblemente torturado: le sacaron los ojos y le cortaron las orejas, la nariz y la lengua. El obispo de Voronezh fue hervido vivo en un gran caldero y luego se obligó a los monjes a punta de pistola a beber el caldo.

Uno de los métodos más crueles tenía a las ratas como protagonistas: las víctimas eran metidas en ataúdes llenos de ratas hambrientas o, también, se encerraba a ratas voraces en una jaula sin fondo sobre el estómago sangrante del detenido para que éste presenciara cómo los roedores iban devorándole los intestinos. Distintas fuentes describen una tortura llamada "arrancando la piel", practicada por los chequistas de Járkov. Se colocaba en hilera a los detenidos y les clavaban las manos en una tabla, luego cortaban sus muñecas con un cuchillo, se echaba agua hirviendo sobre las manos y se comenzaba a estirarles la piel. Otra crueldad de los chekistas consistía en machacar el cráneo de las víctimas con tornillos o taladrarlo con herramientas de dentista. Una vez cortada o aserrada la parte superior, se obligaba al siguiente en la fila a comer el cerebro. Con frecuencia se arrestaba a familias enteras y se torturaba a los hijos delante de sus padres y a las mujeres ante sus maridos. Jüri Lina remite al libro *Nomenklatura*, publicado en Estocolmo en 1982 por Mijail Voslensky, un antiguo funcionario soviético. Víctimas sumergidas en aceite o alquitrán hirviendo, víctimas empaladas, asadas vivas en hornos, empapadas en agua en pleno invierno y dejadas sobre la nieve para que se convirtieran en cubos humanos de hielo, y otros métodos que ya nos ahorramos son descritos en la obra mencionada.

Lina, asiduo a hemerotecas en su trabajo de investigación, cita un periódico ruso-judío, *Yevreyskaya Tribuna*, el cual en su edición del 24 de agosto de 1922 informa de que Lenin había preguntado a los rabinos si estaban satisfechos con las crueles ejecuciones. El autor estonio denuncia un trasfondo ideológico que va más allá de la lucha de clases y cita un pasaje bíblico, modificado en algunas Biblias europeas tras la segunda guerra mundial. Se halla en el libro segundo de Salomón y se refiere a la "victoria sobre los ammonitas". En su versión original se narra la masacre del rey David en todas las ciudades habitadas por los hijos de Ammon. El texto original reza así: "los cortó con sierras y con picos de hierro y los arrojó al horno". En el pasaje modificado se dice: "hizo salir de la ciudad a sus habitantes y los puso a manejar la sierra, los rastros y picos de hierro." Ciertamente, es muy fácil encontrar en los libros del Pentateuco y en los libros históricos textos en los que Yavé, el Dios de Israel, además de la destrucción de otras religiones, ordena el exterminio y la limpieza étnica, a veces con la única excepción de las niñas vírgenes. Por otra parte se ha visto ya que en el *Talmud*, además de fomentar un odio patológico hacia el cristianismo, se considera que sólo los judíos son seres humanos.

Pese a la exhibición ante los ojos del mundo entero de este odio visceral hacia la civilización cristiana y de un terror sin precedentes basado en el desprecio absoluto hacia la vida humana, algunos dirigentes de las naciones que debían defender necesariamente estos valores, sometidos a los intereses de quienes habían financiado el comunismo, colaboraron descaradamente con los criminales judeo-bolcheviques. A pesar de que la guerra contra los blancos estaba ganada a principios de 1920 y de que en octubre del mismo año se firmó el alto el fuego con Polonia, la nueva predisposición británica tras la declaración de Lloyd George permitió definitivamente que los comunistas realizaran todo tipo de compras gracias a sus aún abundantes reservas de oro. 1920 fue el año de adquisiciones masivas de material de guerra, que fue utilizado por los soviéticos para masacrar a su propio pueblo ante la indiferencia y la hipocresía consuetudinaria de las famosas democracias.

Muerte de Lenin. Trotsky y Stalin pugnan por el poder

El 6 de febrero de 1922 la Cheka fue abolida por decreto y reemplazada por la GPU (Dirección Política del Estado). Cambió el nombre, pero los responsables y los métodos siguieron siendo los mismos. El 20 de mayo Lenin propuso por carta a Dzerzhinsky un plan para expulsar a escritores y profesores considerados contrarrevolucionarios. El 22 se creó una comisión encargada de fichar a una serie de intelectuales que debían ser arrestados. El 1 de junio entró en vigor un nuevo Código Penal que legalizaba la violencia ejercida contra los enemigos políticos. Puede decirse que estas fueron las últimas actuaciones que contaron con la dirección de Lenin, puesto que el 25 de mayo de 1922 tuvo su primer derrame cerebral. A pesar de que no fue apartado de toda responsabilidad hasta el 10 de marzo de 1923, la lucha por el poder comenzó a partir de aquel momento.

La salud de Lenin mejoró en junio y, aunque no regresó al Kremlin, trató de escribir cartas y de participar en algunos actos públicos, hasta que el 13 de diciembre de 1922 sufrió otros dos derrames que aconsejaron reducir sus actividades. Stalin había sido nombrado el 3 de abril secretario general del Comité Central del Partido Comunista Panruso, quizá por ello el 18 de diciembre el Comité Central lo nombró responsable de la supervisión médica de Lenin. El cargo de secretario general era visto entonces como un puesto menor. Incluso algunos se referían a Stalin como el "camarada archivista". Pero se da la circunstancia de que Stalin controlaba también el "Orgburó" (Oficina Organizativa del Comité Central del Partido). Ambas posiciones combinadas le permitieron ir colocando a sus aliados en los puestos claves del partido. Todo coincidió con los graves problemas de salud de Lenin y cogió por sorpresa a Trotsky y a sus asociados, que trataron de reaccionar antes de la muerte del líder.

El 22 de diciembre, día en que Lenin tuvo un nuevo ataque, Stalin, que debía de estar ya meditando su estrategia para imponerse como líder, supo que Lenin había escrito a Trotsky para felicitarlo por su victoria sobre el monopolio del comercio. Al día siguiente Stalin llamó a Nadezhda Krúpskaya, la esposa judía de Lenin que trabajaba en la sombra para que Trotsky fuera el sucesor de su marido, y la maltrató verbalmente por haber dejado escribir a Lenin en su delicado estado de salud. En lugar de quejarse a su esposo, Krúpskaya escribió a Kámenev y le explicó que había sido objeto de una tormenta de improperios groseros por haber escrito una carta a Trotsky, dictada por Lenin con permiso médico. Le pidió protección contra las interferencias en su vida privada. Stalin la había amenazado con llevarla ante la Comisión de Control del Partido. Pese a que confiaba en el apoyo unánime de dicha Comisión, le dijo a Kámenev que no tenía tiempo para tal "farsa" y que sus nervios estaban "a punto de romperse". Robert Conquest confirma que entre otras palabras gruesas Stalin llamó "puta sifilítica" a la Krúpskaya. Otra fuente sobre el incidente es Maria, la hermana de Lenin que estuvo con él hasta el final. Según ella, "Krúpskaya quedó totalmente rota tras la conversación con Stalin; no era ella misma, lloró y se revolcó por el suelo."

El 29 de diciembre de 1922 se aprobó la creación de la URSS y el 30 de diciembre se firmó el Tratado que convirtió a Rusia en la Unión de Repúblicas Socialistas Soviéticas. El 4 de enero de 1923 Lenin añadió una postdata a su testamento, en la que proponía la dimisión de Stalin:

"Stalin es demasiado tosco, y este defecto, aunque bastante aceptable en nuestro medio y en el trato entre nosotros comunistas, resulta intolerable en un secretario general. Por ello sugiero que los camaradas piensen en una manera de desplazar a Stalin de este puesto y en nombrar a otro hombre que en todos los aspectos se diferencie del camarada Stalin en su superioridad, es decir, más leal, más educado y más considerado con los camaradas, menos caprichoso, etc. Esta circunstancia puede parecer una pequeñez; pero yo creo que, desde el punto de vista de prevenir la escisión y desde el punto de vista de lo que he escrito antes acerca de las relaciones entre Trotsky y Stalin, no es una pequeñez, o se trata de una pequeñez que puede adquirir importancia decisiva."

El testamento con su postdata, que fue entregado a Krúpskaya en un sobre cerrado que debería ser abierto y entregado al partido cuando muriese, no fue conocido hasta la desaparición de Lenin. En estas circunstancias, Lenin dictó durante las siguientes semanas varios artículos para *Pravda*. En uno de ellos, escrito el 10 de febrero y publicado finalmente el 4 de marzo, Lenin atacaba a Stalin. Una mayoría del Politburó se opuso a su publicación e incluso se pensó en imprimir con el artículo un sólo ejemplar del diario con el fin de engañar a Lenin. Finalmente Trotsky convenció a Zinóviev y a Kámenev para que *Pravda* publicase el texto. En el mes de febrero de 1923 Stalin había dicho al Politburó que Lenin había solicitado un veneno. Trotsky replicó que el médico de Lenin, que también era el suyo, pensaba que podría recuperarse con ligeras discapacidades. Stalin insistió en que el veneno era sólo para tenerlo a mano por si los dolores se hacían intolerables; pero su petición no fue apoyada.

A principios de marzo de 1923, Lenin escribió una carta a Stalin, de la que envió copias a Zinóviev y a Kámenev. Toda ella se refería a la conversación telefónica en la que había insultado gravemente a su mujer. Robert Conquest, sovietólogo autor de numerosas obras sobre la URSS, reproduce el texto en su biografía *Stalin, Breaker of Nations*, publicada en 1991:

"Muy respetable camarada Stalin,
Te permitiste ser tan mal educado como para llamar a mi mujer por teléfono e insultarla. Ella ha estado de acuerdo en olvidar lo que dijiste. No obstante, ha informado a Zinóviev y a Kámenev sobre el incidente. No tengo intención de olvidar lo que se ha hecho en mi contra, y por supuesto considero que cuanto se hizo en contra de mi mujer ha sido hecho contra mí mismo. En consecuencia te pido que consideres si estarías dispuesto a retirar lo que dijiste y a pedir disculpas o si prefieres por contra romper las relaciones con nosotros.
Respetuosamente tuyo,
Lenin"

Una de las secretarias de Lenin, María Volodicheva, entregó personalmente la carta a Stalin, quien la abrió delante de ella. Reaccionó con calma y dijo lentamente que "no hablaba Lenin, sino su enfermedad", aunque aceptó pedir disculpas a Krúpskaya si Lenin insistía. Volodicheva regresó con la disculpa oral.

Conquest relata que una de las secretarias de Lenin le dijo a Trotsky que Lenin estaba preparando "una bomba" contra Stalin. Por otra parte, Kámenev supo a través de una segunda secretaria que Lenin había decidido "aplastar políticamente a Stalin". Parece claro que la Krúpskaya y Trotsky estaban jugando sus cartas con el fin de desembararzarse de Stalin. Es casi seguro que lo habrían conseguido si el 7 de marzo de 1923 Lenin no hubiera sufrido la última apoplejía, que le privó definitivamente de su capacidad de hablar. El 17 de abril de 1923, pocas semanas después de que Lenin fuera finalmente incapacitado, se celebró el Duodécimo Congreso del Partido. Trotsky parecía bien situado y muchos dieron por hecho que sería el nuevo líder. El 23 de abril los médicos decidieron operar a Lenin con el fin de extraer de su cuerpo la bala que llevaba alojada a tres milímetros de la arteria carótida desde el atentado de Dora Kaplan en 1918. La agonía se prolongó hasta el 21 de enero de 1924. Aunque hubo rumores de que Lenin había sido envenenado, existen pocas posibilidades de que así fuera.

Las evidencias y los hechos narrados a lo largo de esta obra no admiten duda: Trotsky, además de traer a Rusia dinero y poderosas ayudas internacionales, había aglutinado en torno al insignificante partido bolchevique a toda el ala izquierda revolucionaria gracias a su autoridad sobre el Bund. Él era el hombre que los financieros judíos que estaban detrás de la revolución habían querido desde el principio al frente de Rusia. Con la desaparición de Lenin había llegado por fin el momento. Su prestigio en Estados Unidos y en Europa estaba bien cimentado y en la URSS era la primera figura del Politburó. Comisario de Guerra y generalísimo de las Fuerzas Armadas, tenía a sus órdenes al Ejército Rojo que había ganado la guerra civil y que él mismo había creado. Una mujer judía que sabía muy bien lo que representaba Trotsky, Nadezhda Krúpskaya, había sabido permanecer junto a Lenin hasta el final y había logrado la redacción de una postdata en su testamento que rechazaba a Stalin como sucesor. El hecho de que Trotsky no consiguiera hacerse con el poder fue sorprendente y de una importancia histórica determinante, toda vez que años más tarde sus patrocinadores internacionales, ante la evidencia de que Stalin iba liquidando sin contemplaciones a todos los judíos trotskystas, concibieron una manera de recuperar el control del Estado soviético.

En *Mi vida* el propio Trotsky explica por qué en el momento del combate decisivo él estaba desactivado a causa de la fiebre, sin posibilidad de intervenir en los debates que iban a decidir el futuro. A finales del otoño de 1923, sólo unos meses antes de la muerte de Lenin, Trotsky estaba cazando patos en unos pantanos con un calzado inadecuado:

> "Tan pronto pisé en el suelo, calzado como iba con zapatillas de fieltro, se me encharcaron los pies de agua. Antes de que pudiera alcanzar a saltos el automóvil, tenía los pies completamente helados. Me senté al lado del chófer, me descalcé y me calenté las piernas en el motor. Pero el enfriamiento se apoderó de mí y tuve que meterme en la cama. Después de la gripe sobrevino una fiebre criptógena. Los médicos me prohibieron abandonar el lecho, que hube de guardar lo que quedaba de otoño y durante el invierno. Es decir, que mientras se desarrollaba la discusión en torno al trotskysmo, yo tenía que estarme atado a la cama. Puede uno prever las revoluciones y las guerras. En cambio, no es tan fácil prever las consecuencias que pueden derivarse de una excursión de caza de patos en el otoño."

El final de la cita es significativo: se pueden prever guerras o revoluciones, sobre todo si las provocas o sabes cómo provocarlas; pero el azar o la casualiad pueden condicionar los acontecimientos. Un imprevisto, un accidente o, si se quiere, el destino obligó a Trotsky a desaparecer de la escena política en el momento en que se desarrollaba la lucha por el poder. La suma de recursos que tenía en sus manos era suficiente para conseguirlo. Una vez erigido en dictador, la carta de Lenin redactada por la Krúpskaya le hubiera permitido eliminar de inmediato a Stalin con facilidad. La discusión sobre el trotskysmo a que se alude en el texto había sido propiciada por Stalin, que recriminaba a Trotsky una serie de "errores". Por su parte los trotskystas se defendían acusando a Stalin de querer intimidar al partido, a lo que él replicó que sólo pretendía intimidar a las facciones.

Tras la muerte de Lenin, Petrogrado pasó a llamarse Leningrado a propuesta de Stalin, quien telegrafió a Trotsky, el cual tras meses de enfermedad se hallaba convaleciente en el Cáucaso, y le anunció que el funeral tendría lugar antes de que pudiera llegar a Moscú, por lo que le aconsejó que siguiera recuperándose. Sin embargo, las honras fúnebres se celebraron seis días después, el 27 de enero de 1924; o sea, Trotsky hubiera podido llegar a tiempo para estar presente en un momento tan importante, en el que Stalin asumió todo el protagonismo. Además de ser el organizador de las grandilocuentes ceremonias, pronunció un discurso en el que prometió lealtad eterna a Lenin. Posteriormente, Trotsky declaró que Stalin lo había engañado a propósito.

En mayo de 1924 se celebró el XIII Congreso del Partido Comunista. Unos días antes, Krúpskaya envió a Kámenev, quien estaba casado con Olga, una hermana de Trotsky fusilada por orden de Stalin el 11 de septiembre de 1941 junto a Maria Spiridónova, el testamento secreto de Lenin con una carta en la que decía que su marido le había expresado el deseo de que después de su muerte fuera presentado ante el congreso del partido para su información.

Nuevamente Robert Conquest desvela las palabras textuales pronunciadas por Stalin cuando leyó el documento. Volvió a referirse a Krúpskaya como una "vieja puta" e incluso maldijo a Lenin, de quien dijo: "Se caga en mí y se caga en sí mismo". Antes del inicio del Congreso, el Comité Central se reunió para examinar los documentos. Kámenev leyó en voz alta el texto. La situación fue bochornosa, pero Stalin, sentado en uno de los bancos de la tribuna del presídium, supo autocontrolarse y mantener la calma. Trotsky, con gesto de desprecio en su rostro, guardó silencio. Cuando Stalin tomó la palabra, dijo que Lenin no era él cuando escribió el texto, sino "un hombre enfermo rodeado de mujeres".

Oleg Agranyants, agente soviético que desertó en 1986, comparte la idea de Stalin y atribuye a Nadezhda Krúpskaya la autoría de los documentos que se quería presentar ante el XIII Congreso. Según Agranyants, durante el periodo en que fueron redactados la salud de Lenin era tan mala que en ocasiones no recordaba siquiera su propio nombre, lo cual era sabido por los miembros del Politburó. Además, Agranyants asegura que una comparación del texto con otros escritos de Lenin permite constatar que el lenguaje es notablemente diferente. Finalmente, el Comité Central decidió que el testamento no debía ser leído ante el Congreso ni publicado. Se permitió que, con comentarios del Comité en el sentido de que Stalin había demostrado su capacidad y Lenin había estado enfermo, pudiera ser leído únicamente en encuentros restringidos en las delegaciones provinciales. Stalin presentó su dimisión como secretario general, que fue rechazada por unanimidad.

Tras comprender que por el momento no podían imponerse, los trotskystas decidieron la táctica de formar grupos. Por ello Zinóviev y Kámenev simularon apoyar inicialmente a Stalin con el fin de mantener una lucha subterránea permanente hasta encontrar alguna posibilidad de socavar desde dentro su liderazgo. El triunvirato que se formó fue en general aceptado como el núcleo del Politburó. El orden en que eran nombrados situaba a Zinóviev, que controlaba la maquinaria del partido en Leningrado, en primer lugar; a Kámenev, que supuestamente dominaba en Moscú, en segundo lugar; Stalin pasaba por ser el tercero, aunque nada estaba más lejos de la realidad. Pronto Zinóviev y Kámenev comprendieron que la táctica de dividirse sólo favorecía a Stalin, que aprovechaba la coyuntura para enfrentar a unos contra otros y probar así su lealtad.

Una vez más las circunstancias jugaron en contra de Trotsky. En el momento en que la pugna y las discusiones ideológicas eran enconadas y Stalin había desatado una campaña para debilitarlo, regresó la fiebre y volvió a quedar fuera de combate en el otoño de 1924. En octubre Stalin comenzó a denigrarlo públicamente. Entre otras cosas, se aludía a sus discrepancias con Lenin, se criticaba su oportunismo político y se recordaba que sólo al final se había sumado a los bolcheviques. El 17 de diciembre de 1924 llegó uno de los momentos decisivos. Stalin rechazó la idea de la "revolución permanente" sostenida por Trotsky y se mostró partidario de construir en principio el "socialismo en un sólo país". Esto dejó perplejos a los trotskystas, pues chocaba frontalmente con sus planes internacionalistas. Ellos pensaban que la revolución en una Rusia retrasada y no proletaria sólo podía consolidarse con el apoyo de las revoluciones en Europa occidental, donde sí se daban las condiciones para un estallido proletario que permitiría el Gobierno mundial y la dictadura del proletariado. La realidad, sin embargo, demostraba que los repetidos intentos de los partidos comunistas en Austria, en Hungría y, sobre todo, en Alemania habían fracasado y que el único objetivo alcanzado por los bolcheviques había sido el de mantenerse en el poder a costa de la ruina completa de Rusia.

Stalin en realidad pretendía colocar a la Internacional al servicio de la URSS y sujeta a sus órdenes. Cuando a finales de 1924 se planteó la disyuntiva entre el nacionalcomunismo de Stalin y el comunismo internacional, Zinóviev y Kámenev decidieron presentar batalla en contra del socialismo en un solo país. Quedó así en evidencia que eran trotskystas. En enero de 1925 Trotsky perdió su posición clave en el Comisariado del Pueblo para la Guerra, cargo que debió ceder a Mijail Frunze, un hombre de confianza de Zinóviev. Frunze duró poco como comisario. En octubre Stalin le pidió en nombre del Politburó que se operarse unas úlceras estomacales. Falleció durante la operación, supuestamente a causa de una sobredosis de cloroformo. Puesto que la operación parecía innecesaria, se propagaron rumores de que había sido asesinado, aunque nunca llegó a probarse nada. En su lugar Stalin colocó a un hombre de su máxima confianza, Kliment Voroshilov. La aparición en occidente de la obra *Since Lenin Died* (*Desde que murió Lenin*), del escritor americano Max Eastman, en la que se publicaba el testamento de Lenin, propició otra demostración de fuerza de Stalin. El Politburó le pidió a Trotsky que prestara un servicio al partido. Se trataba de que repudiase a Eastman y de que negase, además, la existencia del testamento. El texto le fue impuesto a Trotsky, que, humillado, sólo tuvo que firmarlo.

El XIV Congreso se celebró en diciembre de 1925. Antes de que comenzara, un hombre de confianza de Kámenev, Nikolai Uglanov, que era secretario de organización del partido en Moscú, desertó con todo su equipo y se alineó junto a Stalin. La jugarreta enfureció a Kámenev, que durante las sesiones del congreso tuvo una intervención muy crítica que terminó con estas palabras: "He llegado a la convicción de que el camarada Stalin no puede representar la función de unir a todo el partido." Durante el discurso el alboroto había ido en aumento. Al acabar se oyeron gritos de desaprobación tales como: "¡Mentira!" "¡Patrañas!" Desde el lugar que ocupaba la delegación zinovievista de Leningrado se alzó un ligero clamor de apoyo. Pero enseguida los delegados se pusieron en pie y aclamaron al camarada Stalin con aplausos estruendosos y gritos de "¡Larga vida al camarada Stalin!". La estrategia de Zinóviev y Kámenev había fracasado y su derrota quedó públicamente escenificada.

En la primavera de 1926 Trotsky viajó a Berlín con su mujer, Natalia Sedova. Los médicos de Moscú no sabían explicar las fiebres pertinaces que sufría y decidió consultar con galenos alemanes. Apenas regresó a la URSS, reanudó abiertamente sus relaciones con Zinóviev y Kámenev. En sus reuniones criticaban con frecuencia a Stalin, al que parodiaban: se burlaban de él imitando su comportamiento y su manera de hablar. Pero a la vez, convencidos de la dureza y del temperamento implacable del georgiano, temían que pudiera tener la tentación de quitarlos de en medio, como finalmente hizo durante las purgas. Los tres judíos denunciaron que los stalinistas llevaban a cabo en Moscú campañas antisemitas contra ellos. En el verano de 1926, el trío formó un grupo unido de oposición.

Un cuarto judío, Nikolai Bujarin, que estaba jugando ante Stalin el mismo papel que habían desempeñado Zinóviev y Kámenev, trató de hacer comprender a Trotsky que sus compañeros de oposición habían dejado de ser una opción para el partido. Trotsky le respondió que menos lo era Stalin. Los tres intervinieron formalmente ante el pleno del Comité Central en julio de 1926 y Zinóviev fue enseguida apartado del Politburó. En octubre, bajo la amenaza de expulsión del partido, se vieron obligados a cesar en sus actividades de disidencia. Sin embargo, unas semanas más tarde, durante unas tempestuosas sesiones en el seno del Politburó en las que estaban presentes muchos miembros del Comité Central, Trotsky no supo contenerse y lanzó un ataque terrible contra Stalin. Concretamente dijo: "El primer secretario ofrece su candidatura para el puesto de sepulturero de la Revolución." Stalin, pálido, se levantó. Pareció al principio que iba a perder los nervios y a replicar destemplado, pero no lo hizo. Después de permanecer en silencio unos segundos, salió de la habitación dando un portazo. El día siguiente el Comité Central votó la salida de Trotsky del Politburó. Era el principio del final mejicano escrito con un piolet por Ramón Mercader en 1940.

A partir de este momento la situación para Trotsky fue haciéndose insostenible. El episodio que precipitó su expulsión del partido y su confinamiento en Alma Ata fue el fracaso de los comunistas chinos en el inicio de la guerra en aquel país. El 12 de abril de 1927 Chian Kai-Shek, después de haberlos acusado de actuar en lo social y en lo económico en contra de los intereses de China, mandó ejecutar a miles de miembros del todavía incipiente PCCh (Partido Comunista de China), fundado en 1921. Exportar e implantar el comunismo en China era para los internacionalistas una cuestión de primerísimo orden. La oposición trotskysta no podía permanecer callada y aprovechó la coyuntura para culpar a la dirección stalinista por la debacle en China, que había supuesto la dispersión del Partido Comunista. Stalin obligó a Trotsky y a Zinóviev a presentarse ante la Comisión de Control del Comité Central con intención de preparar su expulsión. Los opositores prepararon entonces una plataforma de cara al próximo congreso del partido, que debía celebrarse en diciembre de 1927.

Stalin la prohibió. Se recurrió entonces a las viejas tácticas de propaganda mediante la impresión ilegal de panfletos e impresos variados, que ante los ojos de Stalin constituía una auténtica conspiración clandestina.

El 7 de noviembre, décimo aniversario de la Revolución, trotskystas y zinovievistas se sumaron a la manifestación oficial, pero desplegaron sus propias pancartas y gritaron sus propias consignas. Stalin, informado con antelación de las intenciones de sus enemigos, había preparado la respuesta. La policía, ayudada por grupos de stalinistas y otros afines movilizados para la ocasión, reprimió con dureza a los disidentes. En definitiva, Trotsky y Zinóviev fueron expulsados del partido y Kámenev y otros opositores lo fueron del Comité Central. Zinóviev y sus partidarios se rindieron y, sin ser readmitidos, les fue permitido entonar la palinodia en el XV Congreso, celebrado entre el 2 y el 19 de diciembre de 1927, donde reconocieron públicamente que eran anti-leninistas y que estaban equivocados. Por su parte Trotsky rechazó cualquier apaño y fue confinado en 1928 en la capital de Kazakh, Alma Ata. Sus seguidores más incondicionales fueron deportados a Siberia y a Asia Central.

Con Trotsky y Zinóviev fuera de combate y Kámenev seriamente tocado, Stalin puso entonces su mirada sobre Bujarin y sus aliados, Mijal Tomsky (Honigberg), que se suicidaría en 1935 antes de ser arrestado por el NKVD, y Aleksei Rykov, ejecutado en 1938 acusado de haber conspirado con Trotsky contra Stalin. Los tres encabezaban un sector moderado, llamado por algunos la derecha del partido. En agosto de 1928 Bujarin comenzó a dar muestras de nerviosismo e incomodidad y se entrevistó con Kámenev y Sokólnikov (Brilliant), quienes, como él, iban a figurar más tarde entre los judíos trotskystas purgados por Stalin. Bujarin lamentó que ni Zinóviev ni Kámenev estuvieran ya en el Comité Central y admitió que sólo él, Tomsky y Rykov resistían en un Politburó dominado totalmente por Stalin, a quien comparó con Genghis Khan. Bujarin coincidió con sus interlocutores en que la línea de Stalin era nefasta para la revolución. Robert Conquest afirma que Bujarin temía por su vida, puesto que les dijo textualmente a sus interlocutores que Stalin, cuya táctica era asumir compromisos verbales, los mataría ("he will slay us"). Este acercamiento a Kámenev y a Sokólnikov, quien hasta que en 1929 fue alejado a Londres como embajador negociaba contratos con las compañías petroleras occidentales, no sirvió de nada salvo para dejar marcado a Bujarin, que había pretendido establecer alianzas con sus correligionarios de cara a una posible lucha futura. A pesar de que Bujarin insistió en que el encuentro debía mantenerse en secreto, fue conocido casi enseguida por la policía secreta de Stalin, quien iba a consagrarse como uno de los grandes genios policiales de la historia, quizá sólo comparable a Joseph Fouché.

3ª PARTE
FRACASO DEL COMUNISMO INTERNACIONAL EN ALEMANIA Y TRIUNFO DEL NACIONALISMO

Cuando Lord Curzon advirtió que el Tratado de Versalles era una declaración de guerra, no apuntó que la guerra podía ser civil. Hemos visto ya que tanto Trotsky como Lenin concebían la guerra civil en Rusia como la mejor manera de dirimir la lucha de clases. Sus intenciones en Alemania eran las mismas, como se verá a continuación. Las absurdas limitaciones económicas impuestas a Alemania y las imposibles reparaciones de guerra exigidas a la nueva República de Weimar, que obligaban a entregar la producción de todo el trabajo de la nación, sólo podían abocar al país a la miseria y a la agitación social permanente, es decir, a crear las condiciones para extender la revolución a Alemania. El hambre, la miseria, el paro y los golpes de Estado continuados fueron consecuencias previsibles del desgraciado Tratado de Versallles.

El 18 de noviembre de 1919 Hindenburg compareció ante un Comité de Investigación del Parlamento que indagaba sobre las causas de la guerra y del colapso. El viejo mariscal leyó una declaración que había preparado con Karl Helfferich y Ludendorff en la que se reafirmaba en la idea de que hubo traición. Paul von Hindemburg aseguró que el Ejército podría haber acabado la guerra favorablemente si no hubiera sido desintegrado en la retaguardia y citó a un general británico que reconocía que el Ejército alemán había sido "apuñalado por la espalda". El general, cuyo nombre no dijo, era Sir Frederick Maurier, cuyos artículos en el *Daily News* de Londres habían sido traducidos en el *Neue Zürcher Zeitung*. En sus textos aparecía la palabra "Dolchstoss", que significa puñalada por la espalda.

Tal vez esta declaración, que provocó conmoción y gritos en el seno de la comisión parlamentaria, ayudó a desencadenar el llamado "Putsch de Kapp", que se desarrolló entre el 13 y el 17 de marzo de 1920. Fue un intento desesperado de rechazar el Tratado de Versalles mediante un golpe de Estado cuya planificación era casi inexistente, por lo que estaba de antemano condenado al fracaso. Wolfgang Kapp, un nacionalista conservador, y el general Walther von Lüttwitz, que apenas contaba con apoyo en el Ejército, fueron las cabezas visibles de la intentona. Kapp había nacido en Nueva York y su madre era judía, según desvela en sus memorias Heinrich Brüning, canciller entre 1930 y 1932. Inicialmente, los golpistas tomaron con facilidad el poder en Berlín; pero el presidente socialdemócrata Friedrich Ebert convocó a los sindicatos a la huelga general y fueron obligados a ceder en dos días.

De inmediato los comunistas, que seguían esperando el momento, aprovecharon la oportunidad y llamaron a la lucha armada. A través de comités revolucionarios tomaron el poder político en Essen, Duisburg, Düsseldorf y Mülheim. Comenzó así una insurrección que duró dos semanas, sobre todo en las zonas metalúrgicas y carboníferas de la región del Ruhr, donde hubo sangrientos combates entre las milicias revolucionarias y el Ejército, que finalmente tuvo que intervenir para restablecer el orden constitucional. Medios filocomunistas aseguran con orgullo que en el Ruhr se había formado un "Ejercito Rojo" de cincuenta mil hombres. Según estos medios, los obreros estaban armados porque habían enterrado las armas tras los levantamientos de 1919. Cientos de personas perdieron la vida en los enfrentamientos. Todo ello provocó un sentimiento de antagonismo que a lo largo de 1920 se plasmó en huelgas continuas y feroces batallas callejeras en las ciudades industriales.

Alemania, pieza clave para la revolución internacional

En dos ocasiones trataron los comunistas de hacerse con el poder en Alemania: la primera, en marzo de 1921; la segunda, en octubre de 1923. Trotsky y otros teóricos del comunismo coinciden en afirmar que el fracaso de la revolución alemana de 1923 fue decisivo para las aspiraciones de los internacionalistas, que aspiraban a la revolución permanente con el fin de lograr la dictadura mundial del proletariado. En agosto de 1920 Trotsky pretendió conducir al Ejército Rojo hasta las fronteras de Alemania, que, con su numeroso proletariado industrial, constituía el país idóneo para expandir la revolución. Tras haber derrotado al ejército de Jósef Pilsudski, comandante en jefe de las fuerzas polacas, los soviéticos persiguieron a los polacos en retirada con el fin de conseguir la tan anhelada frontera común con la nueva República de Weimar. Sin embargo, una derrota crucial en las cercanías de Varsovia frustró las expectativas de Trotsky. En 1921 el comunismo seguía estancado en un sólo país y se consideraba vital la caída de Alemania.

Tras el fracaso de la revolución de noviembre de 1918 y del levantamiento espartaquista de enero de 1919, un judío hijo de banqueros, Paul Levi, sucedió a Rosa Luxemburgo. Su primer objetivo fue convertir al KPD en un partido de masas. Para ello, dijimos en el capítulo anterior, comenzó a recibir abundante financiación desde Rusia a través de Jacob Reich, el camarada Thomas. Con el dinero se organizaron unas "centurias proletarias", que debían ser el embrión de un futuro Ejército Rojo tras la toma del poder mediante una guerra de guerrillas. El administrador de los dólares que llegaban desde Moscú a la Embajada rusa en Berlín era el judío Leo Flieg, un empleado de banca que pasaba por ser la eminencia gris del partido. Flieg, que había sido el brazo derecho de Leo Jogiches (Tischa), ocupó el cargo de secretario de la oficina de organización del Comité Central del KPD hasta 1932. Además, actuaba de enlace clandestino con el OMS (Servicio

Secreto de la Comintern). Su labor conspirativa debió de ser importante en la preparación del intento de golpe de Estado de 1921.

Veinticuatro expertos rusos se desplazaron en enero de 1921 a Alemania con el fin de organizar un alzamiento militar. Eran supuestamente expertos en guerra civil. Al frente de ellos iba un viejo conocido, Bela Kun. Como de costumbre, sus principales acompañantes eran judíos. Entre ellos destacaban: Joseph Pogány y Samuel Guralsky. El primero, conocido como el "Napoleón Rojo", había formado parte del grupo que asesinó al conde Tisza. Bajo el régimen de Bela Kun en Hungría Pogány había sido sucesivamente en el transcurso de tres meses comisario de Asuntos Extranjeros, comandante en jefe del Ejército Rojo y comisario de Educación de la República Soviética Húngara. El segundo era un judío polaco que se llamaba Abraham Heifetz y había pertenecido a los sionistas de Poale Zion. En *Antisemitismo, bolchevismo y judaísmo* Rogalla von Bieberstein apunta que Guralski, que era muy pequeño y por ello los agentes del Comintern lo apodaban "le petit", debía dirigir el Estado Mayor del Comité Revolucionario. El 18 de marzo de 1921 Bela Kun señaló la necesidad de la guerra civil en *Rote Fahne* (*Bandera Roja*), el periódico del partido controlado permanentemente por intelectuales y propagandistas judíos. "La revolución proletaria -dijo- implica el armamento del proletariado y el desarme de la burguesía". Kun declaró abiertamente que la ley no debía ser un impedimento para el proletariado.

Unos días antes del inicio del alzamiento, Zinóviev autorizó el asesinato del jefe del Ejército, el general Seeckt, a quien calificó como "el Kolchak alemán y el mayor peligro para los trabajadores". Los sicarios de la Comintern trataron de matarlo mientras paseaba a caballo por el zoológico de Berlín, pero fallaron. El hombre que asumió la responsabilidad de preparar el asesinato del general Seeckt fue Skoblewsky, un trotskysta que había sido enviado a Alemania para preparar la insurrección y que en Berlín era conocido como General Wolf y Helmuth; en Hamburgo, era Hermann; en Dresde, Goresoski. Cuando fue arrestado dijo que se llamaba Alexander Skoblewsky. Durante la guerra civil española, como se verá, fue el famoso general Gorev, que dirigió junto a Miaja la defensa de Madrid en noviembre de 1936. En *La noche quedó atrás* Jan Valtin, pseudónimo de Richard Krebs, relata esta época en que trabajó para él y asegura que Skoblewsky había proyectado también el asesinato de Hugo Stinnes, uno de los grandes industriales de Alemania.

Bela Kun estaba convencido de que el triunfo de la revolución en Alemania tendría consecuencias en Hungría y en los países de Europa oriental. Apoyado por Zinóviev y por Ernst Meyer, que en febrero había reemplazado a un discrepante Paul Levi en la dirección del KPD, Kun impuso su "Teoría de la Ofensiva", según la cual un partido comunista debía estar siempre a la ofensiva contra la burguesía. Ante la evidencia de que el movimiento insurreccional pretendía acabar con el sistema parlamentario, el

24 de marzo el presidente Ebert declaró el estado de sitio. El levantamiento, insuficientemente preparado, quedó aislado en algunas zonas industriales del país. Pese a ello, el 27 de marzo el Partido Comunista, decidió lanzar la ofensiva revolucionaria en apoyo a los mineros de Alemania central. En las grandes fábricas de Leuna, en Sajonia-Anhalt, al sur de Leipzig, unos cuatro mil trabajadores que tenían ametralladoras entre su armamento protagonizaron el alzamiento. No muy lejos de Weimar, otras ciudades de esta zona industrial de Alemania central secundaron la rebelión. Merseburg, Halle y Mansfeld, donde los mineros del carbón mantenían un pulso con las autoridades desde mediados de marzo, fueron los principales centros de la insurrección. El 29 de marzo la policía antidisturbios prusiana y una batería del Ejército aplastaron a los cuatro mil trabajadores de Leuna. Treinta y cinco policías y cerca de ciento cincuenta obreros perdieron la vida durante los combates. La impaciencia, la descoordinación y la improvisación abocaron a la "Acción de Marzo" (Märzaktion) al desastre.

Paul Levi, partidario de la política del frente único, mostró su desacuerdo con la estrategia de Bela Kun, lo que provocó su expulsión por indisciplina. Levi, que calificó de "tonterías" la teoría de la ofensiva permanente, se refirió a la "Acción de Marzo" como un intento de golpe de Estado, coincidiendo así con el periódico socialdemócrata *Hamburger Echo*, que denunció lo ocurrido como un "intento de golpe de Estado comunista". En junio de 1921 se celebró en Moscú el Tercer Congreso de la Internacional. Víctor Serge escribe en sus memorias que Lenin se mostró furioso con la actuación de Bela Kun, al que llamó repetidamente "estúpido" durante su discurso. No hay que olvidar, sin embargo, que tanto Zinóviev, que era director de la Comintern, como Bujarin y Rádek, este último representante de la Internacional en Alemania, habían apoyado la "Märzaktion", pese a que, según se concluyó en el análisis del Congreso, no existía una situación revolucionaria.

Reinhard Kühnl, autor de *La República de Weimar*, obra que hemos contrastado con nuestras fuentes, presenta lo ocurrido en marzo de 1921 y en octubre de 1923 sin escribir una sola palabra sobre el papel de Moscú. Insiste, como hacen en general los historiadores marxistas, en que los obreros "luchaban por realizar transformaciones sociales según el modelo de la revolución acaecida en Rusia." Kühnl pasa por alto que simultáneamente, en el mismo mes de marzo, mientras Bela Kun, Zinóviev y compañía utilizaban a los obreros alemanes como carne de cañón para lograr sus objetivos, los trabajadores rusos de las grandes fábricas de Petrogrado desfilaban por las calles de la ciudad exigiendo el fin de la dictadura comunista. La Cheka, que temía una sublevación general, había detenido a más de dos mil obreros socialistas que apoyaban a los marinos de Kronstadt. A la vez, Trotsky decía que había que fusilar a cuantos pedían libertad de expresión y amenazaba a los amotinados con asesinar a sus mujeres y a sus hijos, a los que había tomado como rehenes. Naturalmente, Kühnl prefiere ignorar que las transformaciones sociales propuestas como modelo habían ocasionado en 1921 una hambruna en Rusia que causó cinco millones de muertos.

El "Octubre Alemán" fue decidido el 28 de agosto de 1923 en una reunión secreta del Politburó en el Kremlin. Ya el nombre indica cuáles eran sus pretensiones. La revolución de octubre en Alemania debía ser el detonante de la revolución en Europa central y occidental, lo que iba a posibilitar la continuación de la revolución mundial. Se trataba, por tanto, de una operación de gran envergadura, una reedición de la revolución de octubre rusa. En *Das Scheitern des Kommunismus in deutschen Oktober* (*El fracaso del comunismo en el Octubre alemán*) Karsten Rudolph dice que en Rusia se imprimieron carteles dirigidos a los jóvenes con esta leyenda: "¡Juventud rusa! ¡Aprended alemán! ¡El Octubre alemán está por llegar!". El 10 de octubre de 1923 se reprodujo en *Rote Fahne* una carta de Stalin a August Thalheimer, dirigente judío del KPD que desde la desaparición de Rosa Luxemburg era el principal ideólogo del periódico. En ella se decía lo siguiente: "La próxima revolución en Alemania es el acontecimiento mundial más importante de nuestros días. El triunfo de la revolución tendrá para el proletariado de Europa y América una importancia mayor que el triunfo de la revolución rusa hace seis años. La victoria del proletariado alemán trasladará, sin duda, el centro de la revolución mundial de Moscú a Berlín."

El trasfondo político del Octubre Alemán en la URSS no puede pasarse por alto. En abril de 1923 Lenin había sido incapacitado. Trotsky y Stalin se disponían a librar la batalla para sucederle. Un triunfo de la revolución en Alemania hubiera avalado la teoría trotskysta de la revolución permanente y Stalin nunca hubiera podido, como hizo en diciembre de 1924, abogar por el nacionalcomunismo y mostrarse partidario de asentar inicialmente el socialismo en un sólo país. En general, las decisiones que se tomaron sobre Alemania en el verano de 1923 estuvieron condicionadas por las luchas internas en el interior del partido soviético. Poco antes de que se pusieran en marcha los mecanismos para desencadenar la revolución, por ejemplo, se le planteó a Stalin que los miembros más antiguos del Politburó, quizá Zinóviev, Stalin y Trotsky, ejercieran conjuntamente la responsabilidad del Secretariado, cuya importancia empezaba a ser correctamente valorada por los trotskystas. Robert Conquest señala que Stalin respondió con la propuesta de que Trotsky, Zinóviev y Bujarin entraran a formar parte del Orgburó. Añade Conquest que en una reunión del Comité Central celebrada poco antes del Octubre Alemán tuvo lugar "una escena ridícula": Trotsky en una rabieta ofreció dimitir de todos sus puestos y marchar a Alemania para luchar en la revolución. Zinóviev, por su parte, dijo que él haría lo mismo. Lógicamente, ni uno ni otro contaron con la aprobación del Comité Central. Muchas de las discusiones y posiciones de los líderes soviéticos fueron conocidas posteriormente en las *Lecciones de Octubre*, un texto en el que Trotsky realiza su "análisis crítico" de lo ocurrido. Pese al culto que le rinden comunistas de todo el mundo, se trata de un texto poco objetivo de un valor relativo, pues, como de costumbre, Trotsky da la versión de los hechos que le interesa.

El año 1923 había comenzado con la ocupación francesa del Ruhr, la cual provocó el caos y una crisis económica y política que era un caldo de cultivo idóneo para la revolución. El 11 de enero de 1923 cinco divisiones francesas y una belga equipadas con artillería pesada y tanques irrumpieron en el Ruhr, un territorio de 3.300 kilómetros cuadrados y tres millones de habitantes que constituía la mayor región industrial de Alemania y de Europa. Essen y Gelsenkirchen fueron los primeros centros urbanos ocupados. Ametralladoras fueron colocadas en los puntos estratégicos de las ciudades, como las estaciones y los tejados de las casas que daban a las plazas. Las minas y las reservas de carbón y combustible fueron confiscadas. Las aduanas, los ferrocarriles, los barcos y los medios de transporte en general pasaron a estar controlados por los ocupantes y cientos de oficiales alemanes fueron encarcelados. El Gobierno revanchista de Poincaré justificó la ocupación militar alegando que Alemania se había retrasado en el pago de las reparaciones de guerra. El Gobierno presidido por el liberal Wilhelm Cuno, que ocupaba el cargo desde el 23 de noviembre de 1922, optó por una política de resistencia pasiva y de desobediencia civil a las autoridades de ocupación, lo que supuso el cierre de todos los centros de producción. Incluso prominentes industriales como Thyssen, Krupp, Stinnes, Kirdorf o Kloeckner ayudaron a organizar en las fábricas la resistencia pasiva. Fritz Thyssen y otros empresarios del carbón fueron arrestados por la autoridades francesas y encarcelados en Mainz. Acusado en el juicio de inducir a los trabajadores a desobedecer a las autoridades de ocupación bajo la ley marcial, Thyssen alegó sin miedo: "Soy alemán y me niego a obedecer órdenes francesas en suelo alemán". En lugar de condenarlo a cinco años de prisión, la corte marcial prefirió imponerle una multa de trescientos mil marcos oro.

Walter Krivitsky (Samuel G. Ginsberg), un judío trotskysta asesinado en Nueva York en 1941, desvela en *Yo, jefe del Servicio Secreto Militar soviético* que en 1923 él y otros agentes fueron enviados enseguida a Alemania con el fin de "movilizar agitadores en la región del Ruhr y de reunir armas para un levantamiento cuando llegase el momento oportuno." Krivitsky explica que crearon tres organizaciones en el Partido Comunista Alemán: "el Servicio Secreto del Partido, bajo la dirección del departamento cuarto del Ejército Rojo; formaciones militares, núcleos del futuro Ejército Rojo alemán; y el 'Zersetzungsdienst' (Servicio de corrupción), cuya misión era desmoralizar al Ejército y a la Policía." Krivitsky añade que los comunistas alemanes formaron pequeños grupos terroristas, llamados unidades "T", cuya misión era el asesinato de militares y policías. Estas unidades de criminales, según Krivitsky, "estaban formadas por fanáticos ferozmente valientes".

El 13 de mayo de 1923 comenzó una huelga en el centro industrial de Dortmund que se extendió por todos los centros mineros y metalúrgicos del Ruhr e implicó a cerca de trescientos mil obreros. Hubo batallas intensas entre policías y las "centurias proletarias", que se hicieron con el control de los mercados y las tiendas. El Gobierno de Cuno cayó en agosto como consecuencia de la oleada de huelgas. El socialdemócrata Gustav Stresemann, quien declaró que el suyo iba a ser "el último gobierno parlamentario burgués", formó entonces un Ejecutivo de unidad sin el KPD, que había experimentado un fuerte crecimiento en afiliación y propugnaba una política de frente único, adoptada tras el fracaso de la "Märzaktion". En otoño el paro rondaba el 30%, la producción industrial era tan sólo el 20% de la alcanzada en 1913 y la inflación estaba absolutamente desbocada. Existe incluso una medalla conmemorativa de la inflación de aquel año en la que se lee esta inscripción: "el 1 de noviembre de 1923 una libra de pan costaba tres millones de marcos, una libra de carne, treinta y seis millones de marcos y un vaso de cerveza, cuatro millones de marcos". Para comprar un dólar se requería una cantidad astronómica de marcos. Es decir, el papel moneda había perdido todo su valor. Fue de esta manera como se consiguió arrebatar a las clases medias los ahorros de toda una vida.

El líder del KPD era entonces Heinrich Brandler, el primer dirigente importante del Partido Comunista que no era judío. Brandler había regresado a Alemania desde Moscú en agosto de 1922. En el Octavo Congreso del KDP, celebrado en Leipzig el 28 de enero de 1923, la facción representada por Brandler y August Thalheimer fue apoyada por Karl Rádek y se impuso de este modo a la facción más radical, encabezada por Ruth Fischer, Arkadi Maslow y Ernst Thälmann. En agosto de 1923 Trotsky decidió que existía en Alemania una situación revolucionaria. Rádek y Zinóviev, quien a pesar del fracaso de la "Märzaktion" seguía dirigiendo la Comintern, dudaban. Stalin era partidario de esperar y contener al KPD; pero sabía que no podía oponerse a la revolución alemana y no lo hizo. Fue Trotsky, pues, quien exigió que la Internacional Comunista y el Partido Comunista Alemán organizaran la toma del poder. En septiembre, ante la supuesta idoneidad de la situación para lanzar de nuevo la revolución, Brandler y dos dirigentes judíos de la facción radical, Ruth Fischer y Arkadi Maslow, fueron llamados a Moscú para consultas. A propuesta de Trotsky, el Politburó había acordado que el levantamiento alemán tendría lugar el 7 de noviembre de 1923, sexto aniversario de la Revolución Bolchevique. Brandler, sin embargo, propuso que fueran los comunistas alemanes quienes fijaran la fecha en el momento más adecuado. Parece ser que Brandler dijo que él no era Lenin y le pidió a Trotsky que se desplazase a Alemania para dirigir personalmente la revolución. Se acordó el envío de ayuda técnica y militar, por lo que numerosos agentes y especialistas viajaron clandestinamente a Alemania para preparar el alzamiento.

Brandler regresó a Alemania y Zinóviev, con la aprobación de Trotsky, apoyó al KPD para que formase gobiernos de coalición con los socialdemócratas de izquierdas del SPD en Sajonia y Turingia, lo cual ocurrió a principios de octubre. El 1 de octubre Zinóviev envió un telegrama al Comité Nacional del Partido Comunista Alemán en el que se decía que según las estimaciones de la Internacional Comunista (Comintern) "el momento decisivo llegaría en cuatro, cinco o seis semanas". Se instaba a los comunistas para que "procedieran a armar enseguida a unos sesenta mil hombres". El ejército proletario de Sajonia debía dirigirse hacia Berlín y el de Turingia, a Múnich. Trotsky defendió públicamente en varios discursos la entrada en los gobiernos de Sajonia y Turingia, pues, según él, permitiría un "campo de entrenamiento" hasta que los principales batallones del proletariado estuvieran listos para romper de forma decisiva con el orden burgués y comenzaran la insurrección bajo la dirección comunista. En dos informes, el 19 de octubre a la Unión de Obreros Metalúrgicos de Rusia, y el 21 de octubre en la Conferencia de Obreros Políticos en el Ejército Rojo y la Marina Roja, Trotsky insistía en este planteamiento.

Inesperadamente, a mediados de octubre el Gobierno de la República de Weimar había decretado el estado de sitio en todo el país y estaba ya planteado el conflicto con el gabinete sajón, que, siguiendo las instrucciones de Zinóviev, armaba apresuradamente a las centurias proletarias. Ante la exigencia de disolución de las centurias, el ministro del Interior del Gobierno de Sajonia declaró en una reunión de los Consejos Obreros de Lepizig que había que optar entre la dictadura roja o la dictadura blanca y añadió que las centurias proletarias eran organizaciones obreras que se preparaban para la lucha. En la sesión del Parlamento de Sajonia del 17 de octubre se dio lectura a una carta del gobernador militar de Sajonia. El general von Müller pedía si el Gobierno estaba de acuerdo con el ministro del Interior o si aceptaba la disolución de las centurias. El presidente del Consejo de Ministros sajón declaró que el Gobierno no debía rendir cuentas al gobernador militar y exigió al Gobierno de la República que desautorizase al general. Müller, no obstante, recibió el apoyo del Gobierno de Stresemann, por lo que se prohibieron las manifestaciones en las calles, se suspendió la publicación de periódicos comunistas y el Reichswehr (Ejército) entró en Sajonia.

En estas circunstancias, la estrategia del frente único seguida por Heinrich Brandler, esbozada por su antecesor Paul Levi y apoyada por los dirigentes del Kremlin, no funcionó, puesto que el ala izquierda de la socialdemocracia no respaldó a los comunistas en el momento crucial. El 21 de octubre se celebró en Chemnitz una conferencia de los comités de fábricas en la que se dio por hecho que el Congreso de los Consejos Obreros de todo el país proclamaría la huelga general y la dictadura del proletariado. Cuando Brandler presentó una moción para la huelga general, los delegados del SPD pusieron objeciones y ello provocó la indecisión del líder comunista, que optó por aplazar la convocatoria, puesto que en su opinión intentar la insurrección sin el respaldo incondicional del sector izquierdista del SPD era imposible. Se dio, por tanto, la orden de espera; pero en Hamburgo, supuestamente por un problema de comunicación, se ignoró la contraorden y durante la madrugada del 23 de octubre las centurias proletarias comenzaron el levantamiento armado. Su jefe militar fue un brigadier soviético de origen judío, Manfred (Moses) Stern, quien años más sería enviado a España, donde se hizo famoso durante la guerra civil como jefe de la XL Brigada.

El trotskysta Víctor Serge narra en tono heroico la toma de Hamburgo en *Memorias de mundos desaparecidos (1901-1941)*, donde no escatima alabanzas para los dirigentes judíos del KPD: Ruth Fischer, Arkadi Maslow, Heinz Neumann y Arthur Rosenberg, "los únicos dirigentes posibles -según él- de una revolución alemana". Su relato comienza así: "La contraorden no llega a Hamburgo, donde trescientos comunistas comienzan la revolución. La ciudad está glacial de silencio y espera concentrada; se lanzan cargados de un entusiasmo terrible, organizados con método. Las comisarías de policía caen una tras otra, se instalan tiradores en las buhardillas que dominan las encrucijadas, Hamburgo está tomada, aquellos trescientos la han tomado." Menos romántica es la información que aporta Rogalla von Bieberstein, quien explica que los comunistas levantaron barricadas y trampas para blindados y que el asalto a las estaciones de policía tenía como objetivo hacerse con más armas. Diecisiete policías y veinticuatro revolucionarios perdieron la vida durante los enfrentamientos. Veintiséis policías resultaron heridos y numerosos insurgentes fueron asimismo heridos o detenidos antes de su retirada. Este autor revela que los archivos secretos abiertos en Rusia confirman que la mayoría de los estrategas del Octubre Alemán fueron revolucionarios internacionales judíos. Entre ellos menciona a Rádek, quien viajó ex profeso a Alemania para asumir la dirección superior de la revolución; a Joseph Unslichlicht, "que ocupaba cargos directivos tanto en el Ejército Rojo como en la Cheka y debía supervisar la formación de un Ejército Rojo en Alemania"; a Lazar Stern, "que tenía que comandar las operaciones militares"; y nuevamente a Samuel Guralski, "le petit", que, como en 1921, debía liderar el Comité Revolucionario (REVCOM). Entre los expertos militares soviéticos de origen judío Víctor Serge añade a Solomon Abrámovich Losovsky.

El canciller Stresemann lanzó un ultimátum al primer ministro de Sajonia, el socialdemócrata de izquierdas Erich Zeigner, en el que exigía que destituyera a todos los ministros comunistas de su gabinete. Zeigner se negó a capitular, por lo que el 27 de octubre, en aplicación del artículo 48 de la Constitución de Weimar, el presidente de la República, Friedric Ebert, ordenó su sustitución. El 30 de octubre de 1923 se formó un gobierno socialdemócrata sin comunistas. El Octubre Alemán había fracasado y casi no había habido lucha. Con la derrota de los comunistas alemanes, la revolución mundial quedaba tocada de muerte. La imposibilidad de llevar a la práctica los planteamientos de los internacionalistas iba a permitir a Stalin formular su plan para asentar el socialismo en un solo país y establecer el nacionalcomunismo en la URSS.

Zinóviev y Trotsky, a pesar de que habían estado de acuerdo con la estrategia del frente único y habían autorizado la entrada del KPD en los gobiernos de Sajonia y Turingia, culparon a Brandler y a su colega Thalheimer por la debacle. En enero de 1924 Brandler fue llamado de nuevo a Moscú y se decidió envirlo a Kazakhstan, en Asia central. Durante el congreso del Partido Comunista Alemán, celebrado en Frankfurt en abril de 1924, también se señaló a los mismos culpables, que con la ayuda de Moscú fueron reemplazados. La nueva cúpula del KDP estaba encabezada por Ruth Fischer, Arkadi Maslow, Werner Scholem, Ivan Katz, Paul Schlecht y Ernst Thälmann. Sólo los dos últimos no eran judíos. Los verdaderos líderes fueron en realidad los dos primeros. El jefe de la Agitprop (agitación y propaganda) fue Alexander Emel, otro judío cuyo verdadero nombre era Moses Lurje. Un partidario de Fischer, Arthur Rosenberg, judío bautizado cristiano, se convirtió en el intelectual de más prestigio del comunismo radical alemán. Rosenberg, que en julio de 1924 pasó a formar parte del Presídium de la Comintern, en un discurso pronunciado en el Parlamento alemán insistía en pedir a los comunistas que acabaran con la república burguesa. En 1925, con la pérdida de poder de los trotskystas en la URSS, estos dirigentes fueron progresivamente apartados de la dirección. La mayoría acabaron en manos de Stalin y fueron ejecutados durante las purgas.

El Tratado de Rapallo y el asesinato de Rathenau

En el intervalo de los episodios revolucionarios de 1921 y 1923, se produjeron dos hechos de gran importancia y complejidad que precisan este breve apartado, pues ambos son significativos. Nos referimos al desconcertante Tratado de Rapallo y al asesinato de Walter Rathenau, uno de sus artífices. El 16 de abril de 1922 dos judíos, Georgi Chicherin (Ornatsky) y Walter Rathenau, ambos ministros de Exteriores de sus respectivos países, protagonizaron un acuerdo histórico firmado en la localidad italiana de Rapallo. Su condición de judío no impedía a Rathenau ser un nacionalista alemán convencido. Oswald Hesnard, un germanista francés que lo conoció personalmente, apunta lleno de admiración que "su persona no dejaba entrever más que sabiduría, mesura, modestia." Rathenau declaraba abiertamente que los judíos debían oponerse tanto al sionismo como al comunismo e integrarse con normalidad en la sociedad alemana. Charles Sarolea, profesor de la Universidad de Edinburgo, en *Impressions of Soviet Russia*, una obra magistral, escribe que una noche, mientras conversaba con Rathenau sobre el papel dominante de los judíos en la Revolución Bolchevique, le preguntó cuál sería en su opinión el fin de la tragedia rusa. Su respuesta fue: "No puede haber duda de que el fin de la tragedia rusa será el pogromo más terrible que haya sufrido nunca la raza judía." Convencido de la aberración que suponía el Tratado de Versalles, Rathenau defendía en vano ante Francia y Gran Bretaña la tesis de que sólo si se permitía a su país el desarrollo económico habría posibilidad de pagar las reparaciones exigidas. Las materias primas de Alemania eran expoliadas y Gran Bretaña aplicaba además un impuesto del 26% a sus mercancías con el fin de impedir su recuperación. Junto a la flota y otros recursos, como se ha dicho más arriba, Alemania se había visto obligada a entregar cinco mil locomotoras, ciento cincuenta mil vagones y sus vehículos de transporte. La maquinaria industrial había sido desmantelada y transportada a Francia e Inglaterra. En definitiva, era un país esclavizado

Por todo ello, pese a ser profundamente anticomunista, Rathenau comprendió que sólo existía la alternativa de llegar a acuerdos comerciales con el otro país que no había firmado el Tratado de Versalles. Antes de llegar a la firma de Rapallo había habido negociaciones secretas preliminares. Ya en 1920 y en 1921 la Rusia soviética mostró interés en adquirir material militar fabricado en Alemania y había hecho pedidos a largo plazo valorados en cientos de millones de rublos oro. Sin embargo, la participación de agentes de Moscú en la "Acción de Marzo" de 1921 hizo dudar a los alemanes, quienes propusieron entonces que cualquier acuerdo comercial debería hacerse a través de bases estrictamente privadas. "Los soviéticos -escribe McMeekin- estuvieron de acuerdo siempre que se hiciera a través del S.E.A. (Svenska Ekonomie Aktiebolaget) de Olof Aschberg. El Reichbank, cuando supo que el banco de Aschberg estaba dispuesto a vender oro soviético -por valor de 38 toneladas métricas- como crédito a la importación, se entusiasmó ante la posibilidad de obtener oro, cada vez más escaso en una Alemania agobiada por la inflación." El profesor McMeekin señala que el Gobierno alemán estaba más desesperado y tenía más necesidad que los rusos de un amplio acuerdo. "Por ello -sigue escribiendo- la Wilhelmstrasse (sede del Ministerio de Exteriores) estuvo dispuesta a pasar por alto los repetidos intentos de los comunistas en 1919 y 1921 de derrocar al Gobierno de la República de Weimar mediante un golpe de Estado, aparentemente por el principio paradójico de que sólo un acuerdo a largo plazo con los bolcheviques podía salvar a Alemania del bolchevismo."

Tan grande era la necesidad de Alemania de buscar una salida a su aislamiento, que el Tratado de Rapallo fue extraordinariamente ventajoso para Rusia. El boceto, revisado en Moscú por expertos alemanes en el invierno de 1922, recibió casi sin enmiendas el visto bueno de Rathenau. Constituye una ironía cruel que quien había sido el mayor escéptico del Ministerio de Exteriores alemán sobre las relaciones con los soviéticos se viera en la necesidad de pactar con ellos y establecer relaciones diplomáticas. Tan generosos se mostraron los alemanes que, además de cancelar toda la deuda contraída por Rusia, facilitaron a los comunistas una línea de crédito casi ilimitada para comprar armas en Alemania. "Las disposiciones comerciales en el artículo 5 del Tratado de Rapallo -explica Sean McMeekin-, en el cual Berlín prometía su máximo esfuerzo para cumplir los contratos, revelaban la dura realidad: los alemanes estaban tan desesperados por el negocio con los bolcheviques que ni siquiera se molestaron en preguntar cómo cobrarían." Existía, no obstante, una cláusula secreta en el Tratado que satisfacía las exigencias de los militares, puesto que se contemplaba el entrenamiento de tropas alemanas y la fabricación de armas en territorio soviético. La ocasión para dar conformidad al borrador redactado en invierno y proceder a la firma del texto definitivo del Tratado se presentó en la Conferencia de Génova, celebrada entre el 10 de abril y el 22 de mayo de 1922. En ella participaron cerca de treinta países, según se ha comentado más arriba. Los negociadores soviéticos y alemanes se desplazaron desde Génova hasta el cercano balneario de Rapallo y firmaron el Tratado.

Ingleses, franceses y norteamericanos recibieron con estupor la noticia del acuerdo germano-soviético y se mostraron indignados con Walter Rathenau. John Coleman, autor de *The Conspirator's Hierarchy: The Committee of 300*, considera que no existe ninguna duda de que Rathenau fue asesinado por agentes del SIS (Servicio Secreto de Inteligencia Británico). Según este autor, Rathenau desbarató los planes de la élite que ostenta el poder y antepuso su nacionalismo a los intereses del llamado Comité de los 300. Coleman destaca que Rathenau había sido durante un tiempo consejero de los Rothschild y ello pudo hacerle pensar que estaba a salvo de represalias en su contra. Pertenecía además a la jerarquía alemana. Su padre, Emil Rathenau, había fundado el gigante AEG (Allgemeine Elektricitäts-Gesellschaft) y él lo había sucedido como presidente de la compañía en 1915. Rathenau, que había sido asesor financiero del Kaiser Guillermo II, estaba perfectamente informado sobre la naturaleza del poder, tanto que el 24 de diciembre de 1921 había publicado en *Wiener Freie Presse* un artículo del que distintos investigadores extraen estas palabras: "Sólo trescientos hombres, cada uno de los cuales conoce a todos los otros, gobiernan el destino de Europa. Ellos escogen a sus sucesores entre su propio entorno. Estos hombres tienen en sus manos los medios de acabar con la forma de un Estado al que ellos consideren inaceptable." Según Coleman, Rathenau cometió el error de poner límites a la maldad de los hombres que pueden sacudir al mundo.

Dos meses después de la firma del Tratado, en la mañana del sábado 24 de junio de 1922, Walter Rathenau, que había rechazado por ostentosa la protección de tres policías que le había sido ofrecida, fue asesinado mientras viajaba en un coche descubierto desde su casa en Grunewald a la oficina del Ministerio de Exteriores. Un vehículo ocupado por tres hombres lo adelantó. El conductor era Ernst Werner Techow y sentados en el asiento trasero iban Erwin Kern y Hermann Fischer. Kern le disparó desde cerca con una pistola automática y a continuación Fischer arrojó una granada de mano que hizo explosión en el asiento trasero, donde estaba sentado Rathenau. Un trabajo de auténticos profesionales, los cuales, según enseña la historia oficial, pertenecían a la Organización Cónsul, un organismo clandestino de carácter ultranacionalista. Techow fue arrestado el 29 de junio; pero los dos asesinos trataron de escapar a Suecia. Tres semanas después del atentado Kern fue liquidado por la policía cuando lo tenía rodeado en el lugar donde se escondía. Fischer, supuestamente, se suicidó. De este modo no pudieron ser ni interrogados ni presentados ante un tribunal de justicia, lo cual es muy significativo.

La madre de Walter Rathenau demostró en una carta a la madre de Techow que sus valores y los de su hijo eran más propios del cristianismo que del judaísmo. Estas fueron sus palabras, transcritas en *Walter Rathenau* por Hans Lamm: "Con un dolor indescriptible le tiendo mi mano. Dígale a su hijo que en nombre del espíritu de la víctima, lo perdono, como seguramente lo perdonará Dios, si confiesa plenamente ante un tribunal terrenal y se arrepiente ante Dios. Si hubiera conocido a mi hijo, la persona más noble de la tierra, hubiera dirigido el arma asesina hacia sí mismo antes que hacia él. Ojalá estas palabras le den paz a su alma. Mathilde Rathenau."

La desinformación que frecuentemente envuelve los comentarios sobre Walter Rathenau, al que con absoluta ligrereza, sin saber nada de él, se condena en algunos medios por el hecho de ser judío, nos impulsa a escribir unas líneas de contenido biográfico que le hagan algo de justicia. Walter fue el mayor de los tres hijos de Emil Rathenau y Mathilde Nachmann. Emil Rathenau con un capital relativamente modesto de cinco millones de marcos fundó la Allgemeine Electricitäts-Gesellschaft en 1883, empresa que en 1914 se había convertido en una de las compañías más importantes del mundo. A pesar de compartir con su madre la pasión por la música y las artes, estudió matemáticas, física, química y filosofía con los sabios más eminentes de su época. Sus capacidades abarcaban las letras, la pintura, la ciencia, la filosofía, la política o la metafísica. Emil Ludwig escribió que Walter Rathenau sabía pintar un retrato, diseñar una casa, construir turbinas y fábricas, escribir poesía, redactar tratados o interpretar una sonata. Muy poco conocido es el hecho de que Robert Musil, autor de *El hombre sin atributos* (*Der Man ohne Eigenschaften*), novela monumental que quedó inacabada por la muerte de Musil, se inspiró en Walter Rathenau para crear a Arnheim, su personaje principal. Thomas Edison fue otra de las personalidades que mostraron su asombro ante sus múltiples habilidades.

Eugene Davidson, autor de *The Making of Adolf Hitler,* se refiere a él como un hombre de extraordinarias percepciones y contradicciones. Rathenau escribió sobre las razas del norte de ojos azules, que él llamaba "Mut-Menschen", personas de coraje, de proezas, de alma profunda, en contraposición a las "Furcht Menschen", las personas del temor, más inteligentes, las razas de pelo oscuro del sur, que eran los artistas y los pensadores clásicos. Davidson considera que ambos tipos eran proyecciones de sus dos almas y añade que era a los germanos a quienes admiraba, por su valor, por sus virtudes, por su integridad; pese a que eran las gentes del sur las que habían legado al mundo la cultura, las religiones, además de su decadencia.

Rathenau se sentía profundamente alemán y amaba a su país sin limitaciones. Hans Lamm, autor del libro *Walther Rathenau*, destaca estas palabras suyas: "No tengo más sangre que la alemana, ni otra tribu ni otro pueblo." A pesar de que se identificaba como judío y no quiso convertirse al cristianismo, creía en la revelación de Cristo, hasta el punto de que en el funeral de su padre citó un texto con palabras de Jesús. En una carta a una amiga expresaba su deseo de viajar a Sevilla, "nuestra casa", escribió en alusión a sus raíces sefardíes. El canciller Joseph Wirth le ofreció en mayo de 1921 el cargo de ministro de Reconstrucción. Su madre, por quien sentía especial predilección, le suplicó que rechazara el ofrecimiento. La aceptación implicaba abandonar sus puestos en la industria, renunciar a sus múltiples facetas como escritor, a sus intereses y negocios personales, a la posibilidad de retirarse a sus haciendas en el campo. Inicialmente le prometió a su madre que declinaría el ofrecimiento; pero su compromiso personal con Alemania lo llevó a reflexionar que debía aceptar el nombramiento. Rathenau dimitió como presidente de la compañía eléctrica y como miembro de varios consejos de dirección, pero sólo fue ministro de Reconstrucción durante tres o cuatro meses: pese a que dos tercios de la población de la Alta Silesia habían expresado en referéndum su voluntad de seguir siendo alemanes, el Consejo de la Sociedad de Naciones decidió el 20 de octubre de 1921 que la Alta Silesia debía pasar a Polonia, lo que provocó la caída del Gobierno debido a la retirada de los ministros del Partido de Centro, Rathenau entre ellos.

Posteriormente, como sabemos, sería nombrado ministro de Asuntos Exteriores. Unas semanas antes de ser asesinado, pese a que sólo tenía cincuenta y cuatro años, escribió: "En realidad ya no me queda mucho, la llama se está apagando." El hecho de que un día después de su muerte un millón de personas se concentraran en el Lustgarten de Berlín y cientos de miles lo hicieran en Hamburgo, Leipzig y otras ciudades de Alemania da una idea de la emoción y la conmoción de la gente. Sobre la muerte, Walther Rathenau hizo la siguiente reflexión, que extraemos de la obra *Walter Rathenau, sein Leben und sein Werk* (*Walther Rathenau, su vida y su obra*), escrita pocos años después de su desaparición por el conde Harry Graf Kessler: "La muerte es una apariencia, la sufrimos porque nos fijamos sólo en una parte, y no en toda la estructura de la vida. Las hojas mueren, pero el árbol vive, el árbol muere, pero el bosque vive, el bosque muere, pero la tierra que alimenta y consume a sus criaturas es verde. Si el planeta muere, entonces otros miles similares nacen bajo los rayos de nuevos soles. En todo el mundo visible no conocemos la muerte. Nada esencial en la tierra muere. Sólo cambian las apariencias."

Hitler y el "Putsch de Múnich"

Apenas había sido vencida la conspiración comunista que debía acabar con la República de Weimar, se produjo otro intento de golpe de Estado, esta vez de signo diametralmente opuesto, pues lo protagonizó Adolf Hitler, secundado por Hermann Göring, Rudolf Hess y Alfred Rosenberg, miembros del Partido Obrero Nacional-Socialista de Alemania (NSDAP). Los golpistas contaban con el apoyo adicional del general Erich Ludendorff. Entre las turbulencias y peligros que afrontaba la joven República estaban las tendencias separatistas. A partir de esta consideración, puede entenderse algo mejor el "Putsch de Múnich", puesto que tuvo lugar cuando el Gobierno conservador de Baviera, presidido por Gustav von Kahr, pretendía declarar la independencia de Baviera. En este contexto, Hitler planeó anticiparse a los separatistas y dar su propio golpe; pero no para separar a Baviera del resto del país, sino para servirse de ella como plataforma para derrocar al Gobierno de la República.

A las ocho de la tarde del 8 de noviembre de 1923, von Kahr pronunciaba un discurso ante tres mil personas en la gran sala de la Bürgerbräu, una gran cervecería en las afueras de Múnich. Hitler entró en el local acompañado por miembros del partido, ordenaron unas cervezas y soportaron durante media hora el aburrido parlamento del orador. Mientras tanto, seiscientos miembros de la sección de asalto del partido (Sturmabteilung), las SA, rodearon el edificio. Cuando a las 20.30 Göring irrumpió en la cervecería y colocó una ametralladora en la entrada, Hitler aprovechó el tumulto, subió sobre una silla, y tras disparar al techo gritó: "¡La revolución nacional ha comenzado!" Inmediatamente Hitler invitó a von Kahr, al general Otto von Lossow, que estaba al frente del Ejército en Baviera, y al coronel Seisser, jefe de la Policía, a que entraran con él en una habitación contigua con el fin de discutir los planes para derribar al Gobierno de Berlín. Los tres exigieron la presencia del general Ludendorff, cuyo prestigio en el Ejército era indiscutible. Una vez quedó claro que Ludendorff apoyaba el golpe, regresaron todos al salón de la cervecería y pronunciaron breves discursos, acogidos con aclamaciones de un auditorio excitado.

Desde el exterior llegaron entonces noticias de que las SA tenían dificultades con tropas del ejército. Hitler decidió salir y encargó a Ludendorff que controlara la cervecería. El general pidió a von Kahr, Lossow y Seisser que le dieran su palabra de honor de que eran leales a Hitler. Una vez recibida la promesa, les dijo ingenuamente que eran libres y que se podían ir. Ninguno de ellos tenía la más mínima intención de apoyar el golpe y se apresuraron a pedir refuerzos. Durante la noche las tropas comenzaron a maniobrar y los golpistas no fueron capaces de ocupar los centros estratégicos de la ciudad. Al amanecer Hitler comprendió que habían sido traicionados por von Kahr y compañía. Entonces Ludendorff, convencido de que su presencia bastaría para que soldados y policías no les disparasen, propuso a Hitler una marcha pública hacia el centro de la ciudad para tomarla. Unos dos mil hombres, con Hitler y Ludendorff al frente, empezaron a las once de la mañana la caminata desde la Bürgerbräu a lo largo del río Isar hacia la Marienplatz, donde está el Ayuntamiento.

La gente salió en masa a la calle para presenciar el paso de la columna y algunos se unieron a la marcha en señal de apoyo. Pretendían dirigirse hacia el Ministerio de Defensa, donde estaban aparcadas camionetas de las SA con ciento cincuenta hombres comandados por Gregor Strasser. Un cordón policial se interpuso en una calle que daba a la plaza del Odeón. Tras un tiempo de expectación en que unos y otros se contemplaban en silencio, se oyó un tiro. Enseguida la policía disparó una granizada de balas. Dieciséis nazis cayeron muertos al suelo, entre los que se encontraba el doctor en ingeniería Max Erwin von Scheuber-Richter, un amigo personal del general Ludendorff que había financiado al partido con importantes cantidades de dinero. Ludendorff siguió caminando en línea recta a través de la lluvia de fuego hasta que llegó intacto a las filas de la policía. Göring fue gravemente herido en una ingle y Hitler se fracturó la cabeza del húmero del hombro izquierdo. Cuatro policías perdieron asimismo la vida en el tiroteo.

El general Ludendorff fue absuelto, pero Hitler, acusado de alta traición, fue condenado a cinco años de cárcel, de los que sólo iba a cumplir nueve meses. Se cerraron las oficinas del partido y su periódico, *Völkischer Beobachter* (*El Observador del Pueblo*), fue secuestrado y prohibido. Göring logró huir, pero el fuerte tratamiento recibido a causa de su herida lo convirtió temporalmente en un morfinómano. Los dirigentes que no fueron detenidos se refugiaron en Austria. Todo invitaba a pensar que tras el fracaso del golpe las posibilidades políticas de Adolf Hitler y del NSDAP se habían esfumado. No fue así, toda vez que tras escribir *Mein Kampf* en la cárcel, Hitler salió convencido de que para conquistar el poder era preciso convertir el NSDAP en un partido de masas y ganar unas elecciones.

Hitler había comenzado su carrera política en 1919, un año después de haber ingresado en el hospital de Passewalk, cerca de Berlín, a causa de la inhalación de gas en el frente. Allí recibió estupefacto la noticia de que su país había perdido la guerra sin haber sido derrotado en el campo de batalla. Como muchos alemanes, asumió la teoría de que Alemania había sido "apuñalada por la espalda" por una banda de comunistas guiados por judíos. Cuando recibió el alta, siguió vinculado al Ejército, para el que realizaba trabajos de información. El 12 de septiembre de 1919 se le encargó que asistiera en Múnich a un mitin político del DAP "Deutsche Arbeitpartei" (Partido Obrero Alemán), fundado nueve meses antes por un trabajador ferroviario llamado Anton Drexler con el patrocinio de la Thule-Gesellschaft (Sociedad Thule). El programa de este pequeño partido era nacionalista y antisemita. Apenas cincuenta personas asistían al acto, entre las que estaba Gottfried Feder, quien habló sobre la vileza del interés. Hitler iba a marcharse cuando se levantó otro orador, un profesor llamado Baumann, quien pronunció un discurso en el que abogaba por la separación de Baviera de Alemania y su unión con Austria con el fin de fundar un nuevo Estado germano en el sur. Excitado y en completo desacuerdo con estas ideas separatistas, Hitler decidió intervenir e hizo una alocución ardiente e improvisada, en la que rebatió los argumentos del profesor y se declaró a favor de la unión de todos los alemanes. Cuando hubo terminado de hablar, salió a la calle sin decir nada. Drexler salió corriendo tras él y le declaró que compartía cuanto había dicho. Pocos días después le pidió que ingresara en el partido y Hitler aceptó la invitación.

Tras su ingreso en el DAP, Hitler trabajó duro durante cuatro años en busca de afiliación y de financiación. Desde el 24 de febrero de 1920 aquella pequeña agrupación de obreros ferroviarios se había convertido en el NSDAP, un partido que entre sus benefactores o donantes económicos tenía a los Bechstein, Helene y Carl Bechstein, el famoso fabricante judío de pianos, y a Fritz Thyssen, el magnate del acero. Hitler contaba también con las simpatías de Henry Ford, quien, según una información aparecida el 20 de diciembre de 1922 en *The New Yok Times*, financiaba el movimiento nacionalista y antisemita de Hitler en Múnich.

Numerosos judíos "antisemitas" en el entorno de Hitler

Mucho se ha escrito sobre Hitler, pero los aspectos que comentaremos en las páginas que siguen son mayoritariamente ignorados. En este apartado se verá que a su alrededor, ya sea en el entorno familiar, ya en su formación ideológica de juventud, ya en su carrera política, aparecen repetidamente judíos, en ocasiones sionistas, supuestamente antisemitas. En un segundo apartado comprobaremos que, antes de alcanzar el poder, Hitler fue financiado por los mismos banqueros judíos internacionales que habían financiado la Revolución Bolchevique y que colocaron a Franklin Delano Roosevelt en la Casa Blanca. En tercer lugar trataremos sobre el *Acuerdo Haavara*, un acuerdo "nazionista", firmado el 25 de agosto de 1933 entre nazis y sionistas, que promovía la emigración de judíos alemanes a Palestina. Si se considera que el racismo de unos y otros coadyuvaba en la consecución de unos objetivos coincidentes, los hechos tienen una lógica innegable. En realidad el nacionalismo y el antisemitismo de Hitler fueron las herramientas utilizadas por el sionismo internacional para conseguir por fin la fundación del Estado de Israel, imposible si no se conseguía "empujar" a las grandes masas de judíos askenazis, por tanto no semitas, a Palestina.

Un libro fundamental para abordar el primer punto es *Bevor Hitler kam* (*Antes de que llegara Hitler*), obra publicada en 1964 por Dietrich Bronder, un profesor alemán de origen judío que en 1952, después de abordar entre 1940 y 1950 estudios de derecho, economía, medicina, teología y filosofía, presentó en la Universidad de Göttingen su tesis doctoral en Historia sobre el tema *Dirección y organización del movimiento obrero socialista en el imperio alemán de 1890 a 1944.* No existe, que sepamos, edición en inglés de esta obra, pero en Alemania pueden encontrarse aún algunos ejemplares en librerías de viejo. Quien escribe pasó el mes de agosto de 2011 en Berlín y pudo averiguar a través de una colega, profesora de latín, que en la biblioteca de su Universidad se guardaba un sólo ejemplar de la obra de Bronder, el cual no podía ser prestado y debía ser por ello consultado en la biblioteca. En *Bevor Hitler kam*, un trabajo de extremada erudición, se examina el bagaje intelectual e ideológico que fue cimentando las bases del nacionalismo racial prusiano, que ya antes de la Primera Guerra Mundial influía en una élite intelectual y militar e iba a ser más tarde clave en el pensamiento nacionalsocialista. El profesor Bronder encabeza su obra con una cita significativa de Engelbert Pernstorfer, cofundador del Partido Socialdemócrata de Austria fallecido en 1918, que merece ser reproducida, pues es pertinente en el contexto que venimos estudiando:

> "Cada cultura es nacional... El socialismo y el pensamiento nacional no sólo no son contradictorios, sino que van necesariamente juntos. Cada intento de debilitar el pensamiento nacional debe, si tiene éxito, reducir la riqueza del género humano... El nacionalismo debe ser por consiguiente algo más que un fenómeno atávico, como un chovinismo reprobable; sus raíces deben penetrar profundamente en la tierra de los seres humanos. La historia no es otra cosa que la historia de los pueblos y de los Estados, en los cuales viven la vida. El pueblo es el motivo y el desencadenante de todos los acontecimientos humanos. Quien pretenda pasar por alto este hecho o superarlo teóricamente, naufragará siempre."

Publicada en 1974 en Suiza, otra obra de interés que puede leerse "online" en PDF es *Adolf Hitler -Founder of Israel. Israel in War with Jews*, cuyo autor Hennecke Kardel, también de origen judío, fue absuelto en 1982 de una demanda interpuesta contra él en 1979 por el Estado alemán, que además confiscó sus propiedades. Conjuntamente con Anneliese Kappler, Kardel publicó en 1998 *Marcel Reich-Ranicki: der Eichmann von Kattowitz* (*Marcel Reic-Ranicki: el Eichmann de Katowice*), obra por la que fue denunciado por injurias, es de suponer que por el propio Reich-Ranicki, un judío polaco conocido como el "Papa de la Literatura alemana" por sus críticas literarias. El 9 de marzo de 1999 la Fiscalía General de la Audiencia Provincial de Hamburgo comunicó a Hennecke Kardel que las pesquisas inicidas en su contra por sospechas de posible ultraje o injuria no habían prosperado, por lo cual la causa había sido sobreseída. Kardel, que según parece fue perseguido toda su vida, bebe profusamente del libro de Dietrich Bronder, la fuente mencionada en el párrafo anterior. De ambas obras proceden buena parte de los datos que siguen.

Apoyándose en sus propias investigaciones, Bronder enumera una serie de jerarcas nacionalsocialistas de origen judío, entre los que sitúa en primer lugar al Führer y canciller del Reich Adolf Hitler. Muchos falsos certificados de pureza racial fueron fabricados entonces con el fin de ocultar parentescos indeseados. Kardel asegura que en el caso de Hitler, a pesar de que no se dispone de los documentos, puesto que se hicieron desaparecer, existe un porcentaje elevadísimo de posibilidades de que el abuelo paterno del Führer fuera un rico judío llamado Frankenberger. Algunos autores, entre los que destaca Greg Hallett, autor de *Hitler Was a British Agent*, puntualizan que el tal Frankenberger era sólo un intermediario que ocultaba la identidad del verdadero abuelo de Hitler. El padre de Hitler, Alois, hijo único nacido en 1837, era, pues, un bastardo concebido a los cuarenta y dos años por María Anna Schicklgruber. El 10 de mayo de 1842, cinco años después del nacimiento de su hijo ilegítimo, Maria Anna Schicklgruber se casó con Johan Georg Hiedler. El pequeño Alois, que durante cuarenta años llevó el apellido de su madre, fue a vivir con su tío Johan Nepomuk Hüttler. El autor de *The Making of Adolf Hitler*, Eugene Davidson, considera poco probable que el abuelo de Adolf Hitler fuera el judío Frankenberger y estima que la tesis más plausible es que Alois, el padre de Hitler, era en realidad hijo de Johan Nepomuk, un granjero acomodado con quien Alois Hitler vivió hasta que tuvo dieciséis años.

En 1847 Schicklgruber murió y diez años después la siguió su marido. En enero de 1877 tres personas iletradas que firmaron su declaración con la letra "X" juraron ante el pastor Zahnschirm que Johan Georg Hiedler había dicho antes de morir que quería adoptar como hijo a Alois. Tras haber escuchado este testimonio, el pastor de la parroquia de Döllersheim procedió a modificar el registro de entrada de 7 de junio de 1837. Desde aquel día Alois Schicklgruber pasó a llamarse oficialmente Alois Hitler. Así, pues, Alois modificó el patronímico Hiedler y se hizo llamar Hitler, un apellido judío que aparece asimismo escrito bajo otras tres formas: Hütler, Hüttler y Hittler. La madre de Adolf Hitler, Klara Pölzl, fue la tercera esposa de Alois Hitler, a quien llamaba "Onkel Alois" (tío Alois), ya que era su sobrina. Konrad Heiden, periodista e historiador judío que escribió a veces con el seudónimo de Klaus Bredow, es autor de una biografía en dos volúmenes sobre Adolf Hitler publicada en Zurich en 1936-37. En ella revela que un antepasado de Klara Hitler fue Johann Salomon y confirma que Hitler es un apellido común en tumbas judías de algunas partes de Austria.

Otro testimonio sobre el origen judío del Führer lo aporta Hans Frank, gobernador general de la Polonia ocupada y abogado de Hitler durante la guerra. Frank, quien según Bronder y Kardel era también medio judío, fue condenado a la horca en Núremberg. Antes de morir admitió que conocía el origen de Hitler. Lo confirma en su libro de memorias, *In the Face of the Gallows*, escrito poco antes de subir al patíbulo. Kardel escribe que Hans Frank recibió el encargo de Hitler de rastrear los documentos que podían vincularlo con su abuelo judío. Frank habría descubierto una correspondencia mantenida durante años entre los Frankenberger y la abuela de Hitler, Maria Anna Schicklgruber.

En *I Paid Hitler* (*Yo pagué a Hitler*), un libro de Fritz Thyssen publicado en 1941 y supuestamente escrito por él mismo, aunque posteriormente negó su autoría, se dice que la abuela Schicklgruber había sido una criada en la casa de la familia Rothschild de Viena, donde quedó embarazada. Eugene Davidson, sin embargo, menciona a la familia Frankenberger y no a la familia Rothschild. Si Fritz Thyssen está en lo cierto al situar a la abuela Schicklgruber como sirvienta en la casa vienesa de Salomón Rothschild, el judío Frankenberger podría ser el intermediario designado por el propio Rothschild, con lo cual la tesis de Greg Hallett quedaría confirmada. En este sentido, Niall Ferguson, biógrafo autorizado de la familia Rothschild, confirma los excesos y perversiones sexuales de Salomón Rothschild en Viena: "Tenía una pasión lasciva por 'chicas muy jóvenes' y sus 'aventuras' con ellas tenían que ser encubiertas por la policía". Las comillas dentro de la cita indican, evidentemente, los eufemismos utilizados por Ferguson para eludir dos palabras: niñas y escándalos.

Según Kardel, Hitler supo de la existencia de su abuelo judío a través de su madre, quien, temiendo por su vida tras una operación por un cáncer de pecho, habló con su hijo unos meses antes de morir. Klara Hitler le dio una dirección en Viena por si la podía necesitar y le explicó que la abuela paterna había quedado embarazada mientras trabajaba en Graz para el señor Frankenberger. Klara le dijo a su hijo que su padre, Alois, había recibido ayudas económicas de la familia Frankenberger hasta que tuvo catorce años. El 21 de diciembre de 1907 murió Klara Hitler y a comienzos de 1908 el joven Adolf, que no había superado el examen para el ingreso en la Academia de Bellas Artes de Viena, decidió visitar a los Frankenberger con la esperanza de que podrían ayudarlo a entrar en dicha institución. Se entrevistó con un hombre de unos sesenta años, quien le admitió que su familia había ayudado económicamente a su padre, pese a que no estaba demostrado que el progenitor había sido uno de ellos. Además de decepcionado, Hitler, que tenía entonces dieciocho años, salió humillado de la entrevista. Desde aquel momento, su interés por la cultura judía y sus contactos con judíos en Viena, ciudad en la que vivían unos doscientos mil, adquirieron una dimensión nueva.

En el otoño de 1908 Hitler era ya un lector asiduo de la revista *Ostara*, fundada en 1905 por Adolf Josef Lanz, antiguo monje cisterciense que había sido expulsado de la orden en 1899 a causa de su interpretación racista de la historia sagrada y por formar parte de un movimiento que predicaba la separación de Roma. Lanz, que desde 1908 era editor y escritor único de la revista, justificaba sus teorías raciales desde puntos de vista gnósticos y cabalistas modificados en función de sus objetivos raciales. En 1909 Hitler visitó la abadía cisterciense de la Santa Cruz en Wienerwald con el fin de averiguar la dirección del artífice de la revista *Ostara*, nombre que evocaba una antigua divinidad germánica de la primavera. Según parece, Hitler quería comprarle algunos números atrasados y Lanz se los regaló. A partir de ahí nació la amistad entre ambos.

El hermano Jörg, así era conocido en el monasterio, pese a que predicaba la pureza racial aria y el antisemitismo, se había unido a una mujer judía llamada Liebenfels y desde entonces se hacía llamar Dr. Georg Lanz von Liebenfels. Más tarde decidió convertirse en noble y proclamó que era hijo del barón Johann Lancz y de Katharina Skala. En realidad su padre, Johann Lanz, no ostentaba ningún título nobiliario, sino que era profesor en Viena; sin embargo, su auténtica madre se apellidaba Hoffenreich y era hija de un comerciante eslovaco de origen judío llamado Abraham Hoffenreich. Es evidente que este ideólogo del nazismo, que ni era doctor ni era barón, pretendía ocultar sus orígenes.

En 1907 el supuesto barón von Liebenfels formó la ONT (Orden de los Nuevos Templarios). Dietrich Bronder apunta que la idea se le ocurrió tras asistir a la representación de la opera romántica *Der Templer und die Jüdin* (*El templario y la judía*), de Heinrich Marschner. La Orden de los Nuevos Templarios tenía su sede en el castillo de Werfenstein, donde por primera vez ondeó en Alemania la bandera con la cruz gamada. Se trataba de una bandera con una esvástica roja sobre un fondo dorado. Bronder añade que lo más sorprendente del caso es que, "después de que von Lanz les hubiera prestado el castillo de Werfenstein, también la comunidad judía de Viena celebraba allí su fiesta de los tabernáculos, en recuerdo de la peregrinación de los hijos de Israel a través del desierto. La alianza estaba forjada con el rabino Moritz Altschüler, uno de los amigos judíos de los maestros de la Orden, conocido como coeditor de la *Monumenta judaica*, en la cual ¡colaboraba también el antisemita Lanz!" Evidentemente, el hecho de que la cita acabe con una exclamación indica la estupefacción de Bronder ante la falta de lógica en los comportamientos del siniestro von Liebenfels, quien en realidad era un sionista que otorgaba a los judíos plenos derechos sobre Palestina.

Hennecke Kardel cita el texto de una carta de Lanz von Liebensfels a un hermano de la ONT, el hermano Aemilius, escrita el 22 de febrero de 1932, un año antes de que Hitler llegara al poder: "¿Sabes que Hitler es nuestro mejor estudiante? Ya verás que él y a través de él también nosotros triunfaremos y suscitaremos un movimiento que hará temblar al mundo. ¡Heil tú!" La influencia de Lanz sobre Hitler es el tema de un artículo de una docena de páginas titulado "El hombre que dio las ideas a Hitler" ("Der Mann, der Hitler die Ideen gab. Jörg Lanz von Liebenfels"), publicado en 1958 por Wilfried Daim. El texto en alemán puede leerse en formato PDF en internet. Lanz von Liebenfels perteneció asimismo a la Thule-Gesellsachft, de la que era Maestre.

De especial importancia para el lanzamiento del NSDAP fue la adquisición del periódico *Völkischer Beobachter* (*Observador del pueblo*), cuyos principales accionistas eran miembros de la Sociedad Thule (Thule-

Gesellschaft), orden secreta que inicialmente reivindicaba la antigüedad germana, a la que pertenecieron destacados jerarcas nazis. El día de Navidad de 1920 apareció en el periódico un pequeño anuncio en el que se informaba de que el partido nazi había adquirido el rotativo a costa de un gran sacrificio "con el fin de convertirlo en un arma implacable del germanismo". Dietrich Bronder y Hennecke Kardel confirman que fueron dos amigos judíos de Hitler quienes posibilitaron la compra: Moses Pinkeles, alias Trebitsch-Lincoln, uno de los hombres más misteriosos del siglo XX[8], y Ernst Hanfstängl.

Kardel explica que Hitler conoció a Ignaz Trebitsch-Lincoln a través de Dietrich Eckart, ideólogo del partido y miembro de la Orden de Thule fallecido prematuramente en 1923. Según su relato, el encuentro se había concertado para explorar las posibilidades de que Trebitsch aportase dinero para la compra del periódico y tuvo lugar en una cervecería. Hitler preguntó a Trebitsch-Lincoln qué pensaba acerca de Palestina como solución para todo el tinglado del antisemitismo. Su interlocutor opinó sobre las bondades de la unión de los nacionalsocialistas y los sionistas. Añadió que los ingleses deberían entregarles Palestina y ellos se encargarían luego de llevar allí a la gente. Kardel narra que en un momento de la conversación sobre los judíos Trebitsch-Lincoln puso su mano en el antebrazo de Hitler y le dijo

---

[8] El misterio de Ignaz Trebitsch-Lincoln ha despertado el interés de numerosos investigadores. René Guenon, especializado en temas de esoterismo, piensa que Trebitsch-Lincoln, nacido en Hungría en 1879 en el seno de una familia judía ortodoxa, era un agente de las fuerzas ocultas. Jean Robin, otro escritor dedicado a temas ocultistas, sitúa a Trebtisch-Lincoln al servicio de una élite que él llama los Superiores Desconocidos, vinculados a la Sociedad del Dragon Verde. El historiador Guido Preparata, por contra, considera que, como Parvus (Alexander Helphand), era un especialista en el arte de la subversión que trabajaba para Gran Bretaña. Bernard Wasserstein en *The Secret Lives of Trebitsch-Lincoln* sostiene que ya antes de la primera guerra mundial se dedicaba al espionaje. La tesis de que era un espía doble e incluso triple es respaldada por otros investigadores. Donald McCormick en *Peddler of Death: The Life and times of Sir Basil Zaharoff* lo vincula con el "Mercader de la Muerte", el judío Basil Zaharoff, de quien era amigo íntimo, y añade que trabajó como consejero secreto de David Lloyd George. McCormick cree que existía una asociación triangular entre Zaharoff, Lloyd George y Trebitch-Lincoln basada en el hecho de que "cada uno sabía un secreto sobre el otro". Preparata escribe que cuando en el verano de 1919 llegó a Berlín, había perdido la nacionalidad inglesa y había sido expulsado de Inglaterra. Este historiador considera que existe la posibilidad de que fuera un agente comunista al servicio de los bolcheviques. En definitiva, ni los hechos conocidos ni las especulaciones sobre este personaje permiten desvelar el enigma de su verdadera personalidad. Aportaremos dos datos más en los que coinciden diversas fuentes: en 1930 Moses Pinkeles, alias Ignaz Trebitsch-Lincoln, fue iniciado, supuestamente en el Tibet, y se convirtió en el venerable Chao Kung. Oficialmente se le dio por desaparecido en Shanghai en 1943, aunque tampo esto es seguro. Se cree que falleció el 6 de octubre, pero algunas fuentes hablan de suicidio y de asesinato. El *Times of Ceylon* informó después de la guerra que había sido visto en India, en las cercanías del Tibet, viviendo tranquilamente.

textualmente: "Sé quién es usted, Frankenberger". Hitler retiró enérgicamente su brazo y mirándolo desafiante replicó: "¡No diga nunca Frankenberger o hablaré en voz alta sobre usted, Moses Pinkeles! ¡Moses Pinkeles de Hungría!" A la pregunta de cuánto dinero necesitaba, Hitler respondió que 100.000 marcos. Pinkeles sacó entonces de su bolsillo tres fardos de billetes que sumaban 30 mil marcos y los puso sobre la mesa. Dietrich Bronder asegura que los 70 mil restantes fueron aportados por Ernst Hanfstängl, "Putzi" para los amigos íntimos, entre los que estaba Hitler, para quien tocaba en ocasiones el piano.

El hecho de que Hanfstängl, hijo de un rico editor de arte alemán y de una norteamericana de origen judío llamada Katharine Heine, tuviera nacionalidad estadounidense y fuera judío no impidió que permaneciera durante veinte años en el entorno más selecto de Hitler. Hasta 1937, Hanfstängl fue jefe del departamento de Prensa Extranjera del NSDAP; pero algo debió de ocurrir en 1941, puesto que perdió la confianza del Führer y fue invitado a abandonar el país. Tras la intervención de Estados Unidos en la guerra mundial, este amigo de Hitler se convirtió en consejero del presidente de Estados Unidos, el también judío Franklin Delano Roosevelt, a quien había conocido ya cuando ambos estudiaban en Harvard. ¿Era Putzi un agente colocado desde el principio junto a Hitler?

Que los principales dirigentes del NSDAP estuvieran emparentados con familias de origen judío es sin duda una revelación sorprendente, ya que todos ellos declaraban ser antisemitas. Como denuncia Dietrich Bronder, la contradicción de esta circunstancia con las teorías "völkisch" (raciales) parece insalvable. Este profesor insiste en que los datos que ofrece en su obra son el resultado de sus propias pesquisas sobre los líderes nacionalsocialistas. De entre cuatro mil dirigentes investigados, Bronder descubre que ciento veinte eran extranjeros de nacimiento y en muchos casos ambos progenitores era foráneos. "Un porcentaje -añade- eran incluso de origen judío, por tanto 'intolerable' a efectos de las leyes raciales de nacionalsocialismo".

Entre los nombres que figuran en la lista que aparece en *Bevor Hitler kam* destacan, además del propio Hitler, los siguientes: Karl Haushofer, considerado uno de los artifices de las teorías espirituales del nacionalsocialismo y creador de la geopolítica, asignatura de la que fue catedrático en la Universidad de Múnich. Destacado dirigente de la Sociedad de Vril o Logia Luminosa y de la Orden de Thule, Haushofer, pese a que se comportaba como un católico piadoso y era defensor entusiasta de las teorías raciales arias, era de origen judío y estaba casado con una judía. Rudolf Hess era su ayudante en la Universidad y también fue iniciado en la Sociedad Vril. Hess, secretario del Führer, ministro del Reich y también miembro conspicuo de la Thule-Gesellschaft, cuyo gran Maestre era el barón Rudolf von Sebottendorf, tenía también, según Bronder, antepasados de origen judío. Entre los nombres más importantes citados en *Bevor Hitler kam* destacan:

Hermann Göring, mariscal del Reich; el dirigente del Reich y del NSDAP Gregor Strasser; el Dr. Josef Goebbels; Alfred Rosenberg; Hans Frank y Heinrich Himler; el ministro del Reich von Ribbentrop (quien prometió estrecha amistad con el jefe sionista Chaim Weizmann, primer jefe del Estado de Israel muerto en 1952); el alto jefe de las SS Reinhard Heydrich; Erich von Bach-Zelkewski; los banqueros Ritter von Stauss y von Stein, poderosos patrocinadores de Hitler antes de 1933; el mariscal de campo y secretario de Estado Erhard Milch; el subsecretario de Estado Friedrich Gauss; los físicos y miembros antiguos del partido Philipp von Lenard y Abraham Robert Esau...

Comentario aparte merece el mencionado R. Heydrich, una de las peores figuras del régimen, pues fue el jefe de los Einsatzgruppen (Grupos de acción u operativos), que fusilaron a miles de judíos en Polonia y en la URSS. Tanto Kardel como Bronder aluden al origen predominantemente judío de Reinhard Tristan Eugen Heydrich, pero en este caso contamos con información adicional que aporta el escritor judío Henry Makow (Henrymakow.com, 4 de octubre de 2009), quien confirma que el padre de Heydrich fue el judío Bruno Suess, hijo del judío Robert Suess y de Ernestine Linder. Bruno cambió su apellido por el de Reinhard, que en alemán significa de pureza ímproba. Graf Kessler en *Die Familennamen der Juden in Deutschland* (*Los apellidos de judíos en Alemania*), explica que muchos judíos alemanes con el apellido Goldman cambiaban su nombre por el de Reinhard, que era uno de los favoritos. De este modo, Bruno Suess se convirtió en Bruno Reinhard, un cantante de opera wagneriano y compositor que quería ser aceptado como un no judío. Makow sostiene que Bruno Reinhard, que contrajo matrimonio con la hija de su profesor y abrió una escuela de música en Halle, era masón y frankista. Añade que Reinhard Heydrich hizo su servicio militar en la marina y sus camaradas lo llamaban el Moisés rubio. Félix Kersten, el médico de Himmler, escribe en *The Kersten Memoirs* (1957) que Hitler sabía que Heydrich era medio judío. El hecho de que Heydrich fuera uno de los nazis más encarnizados contra los judíos se explicaría, quizá, por su necesidad de hacer méritos para que, pese a sus orígenes, no se dudara de él. En España el dominico Tomás de Torquemada constituye un caso similar. Este judío converso, confesor de la reina Isabel, primer inquisidor general de Castilla y Aragón, destacó por su celo implacable en la persecución de sus hermanos de raza. Torquemada fue uno de los principales partidarios de la expulsión de los judíos de España.

Julius Streicher, jefe de distrito, jefe de las SA, miembro destacado de la Orden de Thule y famoso editor del famoso periódico *Der Stürmer*, es asimismo señalado por Kardel por sus orígenes judíos. Fundado en 1923, el periódico fue inflexible durante veinte años en la denuncia de las peores aberraciones atribuidas a los judíos, entre las que estaban el crimen ritual y ciertas perversiones sexuales. El dibujante del periódico, cuyos dibujos mostraban una agresividad y una saña extremas, era el judío Jonas Wolk, alias Fritz Brandt. Pese a que no podía ser imputado por crímenes de sangre, Streicher fue condenado a muerte en Núremberg. Cada día son más los juristas que denuncian lo ocurrido en Núremberg como la antítesis del Derecho. El caso de Streicher es ilustrativo en este sentido. Se sabe, gracias a una nota que logró pasar su abogado Hans Marx, que negros y judíos lo torturaron horriblemente en su celda: se le hizo incluso una foto en la que aparecía desnudo con marcas negras y azules y con un letrero alrededor del cuello cuya inscripción decía "Julius Streicher, rey de los judíos". Cuando el abogado denunció los hechos ante la corte, los jueces rechazaron la protesta indignados y ordenaron que no figurase en las anotaciones y grabaciones del juicio por ser "extremadamente inapropiada".

El verdugo que colgó a los jerarcas nazis fue el judío John Clarence Woods, sargento del ejército norteamericano que se deleitó en prolongar en la horca el sufrimiento de los condenados. La agonía de Rosenberg fue la más corta y duró diez minutos. Ribbentrop necesitó dieciocho minutos para morir y el general Keitel, veinticuatro. Cuando le tocó el turno a Streicher le preguntaron cómo se llamaba y él contestó: "ya lo sabéis". Al subir los escalones del patíbulo grito "¡Heil Hitler!". La estrangulación de Streicher duró catorce minutos. Kardel apunta que la caja en la que pusieron su cuerpo llevaba la inscripción Abraham Goldberg, según él, su verdadero nombre. Por otra parte Giles MacDonogh, autor de *Después del Reich* (2010), obra traducida recientemente al español y editada en Barcelona, confirma que en el libro de registros del crematorio donde se incineraron los restos de Streicher se escribió también el nombre Abraham Goldberg. Según MacDonogh, se trataba de un falso nombre. Si ello es así, ¿Por qué se le puso el cartel con la inscripción "rey de los judíos"? ¿Por qué le preguntaron por su nombre cuando subía al patíbulo? ¿Qué sentido tenía cambiarle el nombre? Las ejecuciones, "casualmente", tuvieron lugar el 16 de octubre, día de la festividad judía de Hoshaná Rabá, el séptimo día de Sucot, considerado por el Zohar como un día de juicio para las naciones del mundo. De este modo, se presentaron a la comunidad judía como un acto de venganza talmúdica.

Los banqueros judíos financian a Hitler

Un libro que ha pasado a la historia como el *Sidney Warburg* constituye la prueba irrefutable que demuestra que Hitler fue utilizado como un instrumento por los banqueros judíos internacionales: los Rockefeller, los Warburg, los Morgan, es decir, los mismos conspiradores que habían financiado la Revolución Bolchevique. Antony Sutton, autor de *Wall Street and the Rise of Hitler*, dedica un capítulo de esta obra a estudiar el asunto. Sutton, quien opina que el libro es auténtico y considera que Sidney Warburg es en realidad James Paul Warburg, hijo de Paul Warburg, cita las *Memorias* de Franz von Papen, publicadas en 1953, en las que este estadista considera genuino el libro en cuestión. Von Papen escribe: "La explicatióm mejor documentada de la repentina adquisición de fondos de los nacionalsocialistas estuvo en un libro publicado en Holanda en 1933 por la prestigiosa editorial Van Holkema & Warendorf, titulado *De Geldbronnen van Het Nationaal-Socialisme (Drie Gesprekken Met Hitler),* bajo el nombre de Sidney Warburg."

El libro estuvo sólo unos días en las liberías de Holanda, puesto que fue suprimido enseguida. Sutton afirma que tres copias sobrevivieron a la purga, una de las cuales fue traducida al inglés con el título *The Financial Sources of National Socialism (Three conversations with Hitler)* y posteriormente fue depositada en el Britsh Museum, aunque actualmente no se halla a disposición del público y por ello no puede ser utilizada por los investigadores. Una segunda copia perteneció al canciller Schuschnigg de Austria y nada más se sabe de ella. La tercera copia fue traducida al alemán en Suiza. Sutton aclara que el texto que él posee se tradujo al inglés a partir de una copia autentificada de la traducción alemana comprada por él mismo en 1971. No hace, sin embargo, ninguna referencia a una edición aparecida en España en 1955, publicada por la editorial NOS de Mauricio Carlavilla con el título *El dinero de Hitler*. Esta edición es la que manejamos nosotros. Sorprendentemente, Carlavilla reproduce la portada de la edición holandesa y asegura que este ejemplar original estaba en su poder desde hacía ocho años. Confrontados los textos de la edición española con los publicados en inglés por el profesor Sutton, podemos confirmar que, salvo algunos matices irrelevantes debidos a la traducción al español, los contenidos son coincidentes en lo esencial.

El 24 de noviembre de 1933 *The New York Times* dio noticia de la publicación del libro con el siguiente titular "Hoax on Nazis Feared" (Se teme un fraude sobre los nazis). Un breve artículo apuntaba que un panfleto había aparecido en Holanda y que el autor no era el hijo de Paul Warburg. Se informaba asimismo que el traductor era J. G. Shoup, un periodista belga que vivía en Holanda, y se decía que los editores y el propio Shoup "se preguntaban si habían sido víctimas de un timo." En nuestra opinión, el intento inmediato de desprestigiar el libro a través de la publicación de un artículo en dicho periódico es sólo una prueba más de su autenticidad. Se ha comentado ya en el capítulo anterior que un judío llamado Adolph Ochs compró *The New York Times* en 1896. Añadiremos ahora que Adolph Ochs contrajo matrimonio con la hija de un importante miembro del judaísmo reformista. De dicho matrimonio nació una hija que se casó con Arthur Hays Sulzberger, que dirigió el periódico. El diario, por tanto, es propiedad del clan Ochs-Sulzberger y constituye una herramienta al servicio de los intereses de quienes financiaron a Hitler y a Rossevelt en la década de 1930.

Puesto que disponemos de un ejemplar de *El dinero de Hitler,* comentaremos con cierto detalle el texto supuestamente escrito por James Paul Warburg bajo el seudónimo de Sidney Warburg. Las razones que impulsaron al hijo de Paul Warburg a entregar un texto en inglés al prestigioso publicista holandés no podemos conocerlas. Lo que sí sabemos es que su familia desaprobó sus veleidades y tuvo la capacidad de retirar el libro de la circulación. Gracias a las mencionadas *Memorias* de von Papen, se sabe también que un socio de los Warburg que trabajaba en la firma Warburg & Co. en Amsterdam informó sobre la publicación del libro en Holkema & Warendorf. Los editorers, tras ser advertidos de que no existía una persona con el nombre de Sidney Warburg, decidieron retirar la obra de la circulación. En el libro de von Papen figura el texto de una declaración jurada realizada por James Paul Warburg en 1949, en la que declaraba que el libro era una falsificación. En cualquier caso, aun concediendo que Sidney Warburg no fuera el vástago de Paul Warburg, quedan los hechos narrados en primera persona con total precisión y detalle. Quien escribió el texto tenía que ser necesariamente alguien muy próximo a los financieros que colocaron a Hitler en el poder.

El libro, que consta de tres capítulos titulados con tres fechas: "1929", "1931" y "1933", comienza con una breve reseña de la conversación entre "Sidney Warburg" e I. G. Shoup, el traductor de las conversaciones con Hitler. En ella Warburg justifica por qué le entrega el manuscrito en inglés para su traducción al holandés: "Hay momentos -le dice Sidney Warburg- en que me gustaría huir de un mundo tan lleno de intrigas, maniobras de bolsa, embrollos y mentiras. Con mi padre hablo de vez en cuando sobre estas cosas. ¿Sabe lo que no he podido comprender nunca? Cómo es posible que personas de carácter bueno y honesto participen en estafas y engaños sabiendo que afectarán a miles de personas." Shoup sabe perfectamente quién es su interlocutor, pues se refiere a él como "hijo de uno de los más poderosos banqueros de Estados Unidos, socio del banco Kuhn, Loeb & Co. de Nueva York." El traductor se pregunta: "¿Por qué quería decir al mundo cómo había sido financiado el nacionalsocialismo?"

En el primer capítulo, "1929", Warburg dice algunas cosas imposibles de creer, como, por ejemplo, que el Tratado de Versalles, pese a que había sido inspirado por Wilson, nunca había contado con las simpatías de Wall Street porque Francia había salido beneficiada y tenía en sus manos la reconstrucción económica de Alemania. Hay que recordar que quienes acompañaban a Wilson en París eran los banqueros de Wall Street, entre los que estaban Bernard Baruch, Thomas Lamont, de la firma J. P. Morgan, y el mismísimo Paul Warburg. Bernard Baruch, consejero económico de la Conferencia de Paz, aprobó e impulsó las durísimas reparaciones impuestas a Alemania. No sabemos a quién pretende engañar "Sidney Warburg", quien farisaicamente argumenta, como si ello no fuera un buen negocio, que "cuanto más presionaba Francia para obtener sus reparaciones de guerra, más préstamos debían conceder Estados Unidos y Gran Bretaña para que Alemania pudiera pagar y asegurar la reconstrucción económica del país." Después de algunas reflexiones de carácter político y económico que pretenden "exponer los errores de un sistema que rige el mundo", Warburg pasa a narrar cómo recibió el encargo de viajar a Alemania y entrevistarse con Hitler.

Warburg, que hablaba perfectamente alemán, puesto que había trabajado cuatro años consecutivos en un banco de Hamburgo, cuenta que cierto día de junio de 1929 mantuvo en Nueva York una entrevista en las oficinas del Guaranty Trust con J. H. Carter, presidente comisario de dicho banco. En una segunda reunión celebrada el día siguiente en la Dirección del Guaranty Trust, en la que estaban presentes el joven Rockefeller; un representante del Royal Dutch llamado Glean; presidentes de los bancos de la Reserva Federal y otros cinco banqueros privados, Carter les propuso el nombre del joven Warburg para la misión ante Hitler: "todos estuvieron de acuerdo en que yo era el hombre que ellos necesitaban:" Warburg escribe que hubo una nueva conferencia "en la que Carter y Rockefeller llevaban la voz cantante y los demás se limitaban a escuchar y asentir." En ella, todos estuvieron de acuerdo en que "sólo había un medio de salvar a Alemania de la tenaza financiera francesa, y este medio era una revolución. Ésta podía realizarse por medio de dos grupos políticos distintos: o bien el Partido Comunista Alemán -lo que suponía, en caso de que llegara a triunfar su revolución soviética, el predominio de la URSS sobre Europa y el aumento del peligro comunista en el mundo entero-, o bien desencadenar la revolución mediante el grupo de los nacionalistas." No parecen ni creíbles ni honestos los argumentos justificativos de "Sidney Warburg", entre otras cosas porque la revolución comunista había ya fracasado en tres ocasiones. Además, no es razonable que "para salvar a Alemania de la tenaza financiera francesa" se pensara en desencadenar una revolución. Los motivos reales, evidentemente, eran otros y de mucho mayor alcance, como habrá ocasión de comentar más adelante, pues ahora interesan los hechos concretos que acontecieron. Se acordó que Hitler no debía conocer los propósitos de la asistencia económica de Wall Street y que había que dejar que él mismo, mediante su ingenio y sus razonamientos, fuera quién descubriera los motivos latentes detrás de la propuesta.

Warburg salió de Nueva York en dirección a Cherburgo a bordo del *Ile de France.* "Yo viajaba con pasaporte diplomático y cartas de presentación de Carter, Tommy Walker, Rockefeller, Glean y Herbert Hoover." Ya en Múnich, el cónsul americano fracasó en su intento de ponerlo en contacto con el grupo nacionalista: "Esto me hizo perder ocho días." Finalmente consiguió llegar hasta Hitler gracias a la gestión de las autoridades municipales de Múnich. Deutzberg, el alcalde, le comunicó que Hitler lo recibiría en la Bräukeller. A continuación sigue el relato del primer encuentro. En una habitación antigua y rústica situada detrás de la gran sala de la cervecería Hitler estaba sentado entre dos hombres detrás de una larga mesa. "Los tres hombres se pusieron en pie al verme llegar y se presentaron uno por uno. El camarero me trajo una gran jarra de cerveza y comencé a hablar." Warburg dio a entender que deseaba una conversación a solas y que prefería que no estuvieran presentes terceras personas. "No es mi costrumbre -dijo Hitler- pero si usted me enseña su documentación, lo pensaré." Mostradas un par de cartas de introducción, los acompañantes se retiraron tras una indicación con la mirada. "Entonces saqué todas mis cartas de recomendación y las extendí sobre la mesa, invitando a Hitler a que se informase de su contenido. Después de leerlas, me preguntó si yo pensaba publicar mi conversación con él en algún periódico americano. Contesté negativamente. Más sosegado, me dijo enseguida: 'Es que no me fío mucho de los periodistas. Sobre todo de los periodistas americanos'. Yo no pregunté el motivo, ya que tampoco me interesaba saberlo."

No puede haber duda de que a partir de este momento Hitler supo con quiénes estaba tratando, ya que los nombres que figuraban en las cartas de recomendación eran bien significativos. Comenzó entonces un monólogo de Hitler, quien quería saber qué pensaban sobre su Movimiento, ya que su programa había sido traducido al inglés. Luego siguieron las denuncias por las consecuencias del Tratado de Versalles sobre la población, las denuncias sobre los marxistas y los judíos, sobre los partidos políticos y su servidumbre, sobre la traición y la corrupción. Frente a todo ello, se alzaba su partido, que pretendía ganarse el corazón del pueblo, que prometía trabajo y pan con un programa completamente alemán, y que comenzaba a contar con el apoyo de muchos parados, de las clases medias y de la gente del campo. Se refirió a continuación a la necesidad de lograr fuerza y dinero para conseguir los objetivos y denunció la actitud de la banca judía. Hitler le entregó entonces el programa del partido: "Aquí podrá usted encontrar lo que nos proponemos conseguir y lo que consideramos nuestra meta." Warburg creyó llegado el momento de exponer el motivo de su misión, pero "casi no me dejó empezar". Nuevamente cogió la embalada y comenzó a referirse a las dificultades y a la necesidad de llevar a cabo una gran propaganda, para la cual necesitaba dinero. Warburg declara que estaba cansado ya de escuchar los discursos y escribe: "Cada vez se me hacía más difícil llevar a cabo mi cometido y exponer el objeto de mi entrevista. Hitler parecía oírse a sí mismo con agrado, y cuando yo intentaba intercalar alguna palabra que me sirviese de introducción para explicarle lo que deseaba, él pasaba a otro tema." Cuando por fin llegó el momento, Warburg lo refleja en el texto con estas palabras.

- "'El presidente Hindenburg no mira con simpatía nuestro movimiento, pero cuando llegue el momento no intentará volver al pueblo contra nosotros. La aristocracia que lo rodea tiene miedo de ver al pueblo en el poder. Porque nosotros podríamos exigirles cuentas de su cobarde actitud frente al extranjero y su indecisión frente al capitalismo judío'.
De repente se calló. Me miró larga y detenidamente y me interpeló con rudeza.
- '¿Es usted quizá judío?'

- 'No; soy de ascendencia alemana'.
- 'Sí, claro; su nombre lo pone de manifiesto'.
Entonces tuve una oportunidad para hablar de nuevo de las dificultades que se oponían al programa de Hitler y conseguí al fin empezar a hablar del plan de ayuda financiera que le quería proponer.
- 'Si esto fuera verdad -interrumpió Hitler-, ¡Cuántas cosas podríamos conseguir!'"

Cuando el enviado de Wall Street le preguntó cuánto dinero necesitaba para sus planes, Hitler se sorprendió momentáneamente y apretó un timbre. Conversó con el camarero y al poco rato entró un hombre alto y delgado de unos cuarenta años vestido con uniforme pardo. Hitler, sin presentárselo a su interlocutor, le preguntó sin rodeos "que cantidad de dinero sería necesaria para hacer una intensa propaganda del Movimiento". Warburg indica que más tarde supo que el hombre que había entrado era el banquero von Heydt, el cual escribió algunos números y se los pasó a su jefe, quien le dio las gracias en un tono que significaba que podía retirarse. "Mire usted -dijo entonces Hitler-, hacer un cáculo en nuestras circunstancias no es fácil. Previamente preciso saber el máximo que está dispuesto a entregar el señor que le envía a usted, y, además, si estaría dispuesto a hacernos una nueva donación en el caso de que precisáramos otra vez su ayuda." Warburg le explicó entonces que no podía responder. Su misión consistía en establecer contacto con él y precisaba informar a quienes lo habían enviado para saber cuál era la máxima cantidad que pondrían a su disposición. "No pareció gustarle mucho mi respuesta. Quizá le pareció todo algo complicado, y en tono bastante seco preguntó si yo podría darle aunque sólo fuera una idea aproximada de la cantidad con la que podría contar eventualmente. Repetí que no me era posible." Por su interés, sigue la cita íntegra del diálogo:

- " '¿Cuándo podré tener el dinero?'
Le contesté que esperaba que fuera tan pronto como se recibiera en Nueva York mi informe telegráfico, siempre que hubiera un acuerdo sobre la suma exacta. Hitler me quitó de nuevo la palabra. No deseaba que el dinero se enviara a Alemania; era demasiado peligroso.
- 'No tengo confianza en ningún banco alemán. El dinero debe ser depositado en un banco extranjero, desde el cuál sería puesto a mi disposición'.
De nuevo miró la cantidad que habían sumado y, como si diera una orden tajante, dijo:
- 'Cien millones de marcos'.
Hice esfuerzos por no dejar traslucir mi asombro por la magnitud de la suma. Le prometí telegrafiar a Nueva York y comunicarle rápidamente la respuesta que me diesen. Me interrumpió:

- 'En cuanto tenga usted noticias, escríbale a von Heydt. Su dirección es Lützow-Ufer, 18, Berlín. Él se pondrá inmediatamente en contacto con usted para cuanto sea preciso'.
Hitler se puso en pie. Me dio la mano -lo que consideré una buena señal- y me marché. De camino hacia mi hotel iba yo haciendo números mentalmente. 100 millones de marcos eran unos 24 millones de dólares. Empecé a dudar de que Carter deseara destinar a 'fond perdu' una cantidad tan elevada para un movimiento político europeo. Finalmente pensé que en Nueva York les gustaría saber el resultado de mi gestión y envié secretamente un extracto de la conversación que sostuve con Hitler. Al día siguiente, al atardecer, fui a una reunión que se celebró en el círculo del Partido Nacionalsocialista; por la mañana había recibido en mi hotel una invitación para asistir a ella. Habló Hitler en persona; después tomó la palabra un tal Falkenhayn."

La respuesta de Nueva York llegó tres días más tarde. "Una respuesta breve, y también en escritura cifrada. En ella se ofrecían a Hitler diez millones de dólares. Se esperaba que yo informara a qué banco europeo debía ser enviada esa cantidad en cuenta a mi nombre." En relación a las cantidades que se dan, hay que considerar que la hiperinflación que entre 1921-23 destruyó la moneda alemana se había podido frenar con la sustitución temporal del Reichsmark por el Rentenmark, apoyado por las hipotecas de las propiedades alemanas y por la producción industrial. Warburg sigue narrando que, según lo indicado, contactó por escrito con von Heydt, quien al día siguiente le telefoneó y quedaron citados en su hotel. Von Heydt llegó acompañado de otro hombre que fue presentado como Frey y "les comuniqué que Nueva York estaba dispuesto a poner a su disposición diez millones de dólares que serían enviados a un banco europeo a mi nombre. Yo los pondría gustosamente a disposición de Hitler. Habría que regular el pago y la transferencia de ese dinero." Dos días después ambos hombres se presentaron de nuevo en el hotel con las instrucciones que les había dado el Führer. La proposición era la siguiente:

"Yo debería telegrafiar a Nueva York comunicando que pusieran a mi disposición los diez millones de dólares en la banca Mendelssohn & Cía., en Amsterdam: Yo mismo tendría que ir a buscar el dinero en dicha ciudad y conseguir de este banquero que me diese diez cheques de un millón de dólares para cambiarlos por marcos y situarlos en diez poblaciones distintas en Alemania. Los cheques los pondría yo a nombre de diez personas diferentes, las cuales los pondrían a disposición de Heydt. Éste vendría conmigo a Amsterdam. Una vez en Amsterdam, podría yo regresar a América."

El hecho de que el banco elegido por Hitler fuera el Mendelssohn de Amsterdam es bien significativo, toda vez que era un banco judío en la órbita de los Warburg. Los Mendelssohn, además, habían sido durante el siglo XIX los banqueros más favorecidos por los Rothschild, a pesar de que Samuel Bleichröder intentó suplantarlos en Berlín. No es, pues, de extrañar que "Sidney Warburg" fuera recibido por el director con una extraordinaria amabilidad cuando solicitó entrevistarse con él. Sorprendió al joven Warburg que von Heydt "fue tratado por todos los empleados, tanto inferiores como superiores, como si lo considerasen uno de los mejores clientes del banco." Ello indica, claro está, que los nazis, pese a los discursos contra la banca judía, operaban habitualmente con bancos judíos sin ningún problema.

"Sidney Warburg" embarcó en el *Olimpia* en Southhampton y regresó a Nueva York, donde informó de todo a J. H. Carter, el hombre de Morgan y del Guaranty Trust, quien le propuso convocar una reunión plenaria para que pudiera informar con detalle. "En la nueva reunión -escribe Warburg- estuvieron presentes los mismos señores que en julio; pero esta vez al lado de Glean, que ostentaba la representación del Royal Dutch, estaba sentado un representante inglés, Angell, uno de los hombres de más peso en la Asiatic Petroleum Company... Todos encontraron excesiva la cantidad de 24 millones, pero a mí me dio la impresión de que precisamente la magnitud de la suma les indicaba que se podía tener confianza en la firmeza y veracidad de los actos del Führer." Entre otros detalles, Warburg destaca el "enorme interés que demostró Rockefeller por las manifestaciones que hiciera Hitler sobre los comunistas." También hace constar que a las pocas semanas después de su regreso ciertos periódicos "comenzaron a mostrar especial interés por el nuevo partido alemán y añade que "en periódicos como *The New York Times, Chicago Tribune, Sunday Times*, etc. se empezaron a publicar notas informativas sobre los discursos de Hitler.

A principios de 1924 El NSDAP tenía 24 diputados. Tras el fracaso del "Putsch de Múnich", el partido quedó tocado por el descrédito y en las elecciones de finales de aquel año obtuvo 14 representantes. Peor aún les fueron las cosas en 1928, pues los nazis lograron sólo 12 diputados. Sorprendentemente, todo empezó a cambiar en las elecciones del 14 de septiembre de 1930, en las que el NSDAP multiplicó por diez sus resultados y con casi seis millones y medio de votos obtuvo 107 escaños. De la noche a la mañana el partido de Hitler se había convertido en la segunda fuerza política de Alemania, únicamente por detrás del Partido Sociademócrata, que fue el partido más votado y obtuvo 143 actas de representantes. Los comunistas, enemigos declarados de los nazis, con casi dos millones de votos menos, consiguieron 77 escaños. Parece claro que la inyección de dinero de Wall Street había surtido efecto.

El segundo capítulo de *El dinero de Hitler*, titulado "1931", comienza con una reflexión sobre la política monetaria. El hecho de que en septiembre de 1931 el Banco de Inglaterra suprimiera el patrón oro[9] provocó que el gobierno francés retirase parte de sus reservas en oro almacenadas en la Reserva Federal: "Se embarcaron -escribe Warburg- enormes cantidades de oro en Nueva York con dirección a Europa, de las cuales una buena parte fue a parar a Francia, aunque yo no puedo asegurar esto taxativamente... A finales de septiembre de 1931 y a comienzos de octubre vimos que ya se habían enviado a Europa de 650 a 700 millones de dólares. Los depósitos de oro que el Gobierno francés tenía todavía en poder del Banco de la Reserva Federal a finales de octubre fueron valorados en unos 800 millones de dólares." Warburg atribuye el debilitamiento sufrido por la libra esterlina a la táctica francesa, que, supuestamente, pretendía desgastar financieramente a Londres para que no pudiera acudir en ayuda de Alemania. Se comenta la visita a Washington de Pierre Laval, presidente del Consejo de Ministros de Francia, y de dos expertos financieros, Parnier y Lacour-Gayet. "Sidney Warburg" comenta que los expertos de la Reserva Federal y del Tesoro "opinaban que el Gobierno francés había perdido algunos millones para hundir la libra y hacer desaparecer el patrón oro de Londres."

Enseguida el tema vuelve a centrarse en la financiación del NSDAP, puesto que "Sidney Warburg" da noticia de la recepción de una carta de Hitler a finales de octubre de 1931, de la cual transcribe en su libro el siguiente texto:

> "Nuestro Movimiento crece con tal celeridad en toda Alemania que precisa de una gran financiación. Ya ha sido utilizada la suma que usted me proporcionó para el desarrollo del Partido, y preveo que no podré seguir adelante si en breve no recibo una nueva ayuda. Yo no dispongo, como nuestros enemigos los comunistas y los socialdemócratas, de las grandes fuentes financieras de gobiernos, sino que tengo que atenerme estrictamente a las cantidades que me proporcionan los miembros del Partido. De la suma que usted me envió ya no queda nada. El próximo

---

[9] El patrón oro, como es sabido, permitía cambiar el papel moneda por oro. Así, por ejemplo, en 1930 cualquier persona podía obtener una onza de oro a cambio de un billete de 20 dólares. Como consecuencia de la gran depresión provocada por el crack bursátil de 1929, el pánico se apoderó de la gente hasta el punto de que en 1931 muchos intercambiaban sus billetes por oro, con lo cual las reservas del Banco de Inglaterra comenzaron a descender. Montagu Norman, gobernador del Banco de Inglaterra entre 1920-1944, aceptó abandonar el patrón oro, pese a que siempre había sido su más acérrimo defensor. La medida estimuló en todo el mundo el intercambio de papel por oro, pues si la City de Londres, el centro mundial de las finanzas, podía hacer una jugada de este tipo, otros podían seguir el ejemplo. En 1933 F. D. Roosevelt acabó con la convertibilidad en oro para los ciudadanos. Desde entonces sólo los gobiernos y los bancos mundiales podían cambiar los billetes por oro. Se llegó incluso al extremo de prohibir que los norteamericanos pudieran poseer oro. En 1934 Estados Unidos readoptó el patrón oro, pero no a 20 dólares la onza, sino a 35. Más adelante se verá la crítica del congresista Louis. T. McFadden a la política de Roosevelt en relación a sus medidas sobre el oro.

mes tengo que emprender una gran acción que nos puede llevar al Poder. Mas para ello necesito mucho dinero. Le agradecería me comunique con qué cantidad puedo contar por parte de ustedes."

"Sidney Warburg" comenta el tono de la carta y considera que es más bien el de "una persona que se cree con más derecho a pedir que a rogar un favor." Otro detalle que llama su atención es que, pese a que la carta estaba fechada en Berlín, el sobre le había llegado con un matasellos de una estafeta americana, lo cual indicaba que Hitler tenía un hombre de confianza en Estados Unidos y probablemente en el mismo Nueva York. A continuación se pasa a informar de una nueva reunión en las oficinas del Guaranty Trust Co, a la que fue invitado también un hombre de los Rothschild, Montagu Norman, el gobernador del Banco de Inglaterra, que se encontraba en Nueva York. "Sidney Warburg" pone en boca de J. H. Carter las siguientes palabras: "Si él quiere venir, podemos cantar victoria". Montagu Norman fue informado de la gestión de 1929 y opinó que los diez millones de dólares eran una suma muy elevada para la financiación de un movimiento político; pero finalmente se decidió que "Sidney Warburg" se desplazara de nuevo a Europa.

Ya en Alemania, el joven Warburg visitó distintas ciudadades para valorar la situación sobre el terreno. En Hamburgo se entrevistó con un banquero judío partidario de Hitler, al que pegunta cómo siendo judío era partidario de los nazis. En Berlín conversó con un industrial entusiasta del nacionalsocialismo. Tras comprobar que el partido había arraigado entre la población, consideró llegado el momento de contactar con Hitler, al que escribió a su dirección de Berlín. Alojado en el hotel Adlon, recibió en sus habitaciones al banquero von Heydt y a un desconocido que le fue presentado como Lütgebrunn. Ambos le explicaron la actuación del partido sobre los parados, a los que integraban en las milicias, lo cual conllevaba elevados gastos, pues en las casas del NSDAP en las distintas ciudades alemanas "los hombres comen allí, duermen allí, y todo a cargo del partido." Tras justificar los gastos en uniformes, en compras de armas a los contrabandistas, en medios de locomoción, etc., von Heydt le anunció que Hitler lo recibirá al día siguiente en su casa de Fasanenstrasse, 28. "Sidney Warburg" comenta que, por el aspecto del inmueble, tuvo la impresión de que iba a visitar a un ciudadano cualquiera: "Encontré a Hitler bastante envejecido, pero menos nervioso; tenía más aplomo, y también estaba mejor vestido. Me causó la impresión de que sabía lo que quería y quién era."

La relación de la segunda entrevista comienza con una intervención de Hitler, quien asegura a su interlocutor: "Si nos conceden un año de actividad, caerá el poder en nuestras manos." Afirma orgulloso que "la pandilla roja tiembla de miedo" y añade que les harán ver de lo que son capaces. Explica que tienen "un plan de movilización que no puede fracasar", el cual está "a cargo de Göring, uno de nuestro mejores colaboradores. En dos horas nuestras formaciones pueden estar preparadas en todo el país para lanzarse a la calle. En primer lugar actuarían las sesiones de asalto, cuya misión es ocupar los edificios, capturar a los jefes políticos y también a los miembros del Gobierno que no estén de nuestro lado... Si ha de correr la sangre, que corra. Una revolución no se hace de otro modo; sólo por la fuerza puede enseñarse a los traidores lo que es el honor."

Tras haberlo escuchado, Warburg pregunta cuáles son sus intenciones en política internacional. Entonces Hitler se levantó y empezó a caminar por la habitación a la vez que dio comienzo a un largo monólogo, en medio del cual "Sidney Warburg" intercala lo siguiente: "Debo aclarar, antes de proseguir, que en cuanto volví a mi hotel escribí textualmente esta conversación. Precisamente tengo las cuartillas ante mí; por tanto, no me hago responsable de lo que haya de incomprensible e incoherente. Deben protestar ante Hitler si encuentran algo raro o si les sorprenden sus ideas sobre política exterior." El discurso de Hitler contiene cosas dignas de mención. Por ejemplo, asegura que encarcelará a judíos, comunistas y socialdemócratas; que el Ejército del Reich está con ellos "hasta el último hombre"; que los dos únicos jefes del mundo a quienes respeta son Mussolini y Stalin, sobre todo al primero, y añade: "Lástima que Stalin sea judío". Cuando consideró que con su extenso discurso había quedado respondida la pregunta, Hitler se interesó inmediatamente por la cantidad de dinero que podían ofrecerle. Expuso entonces la existencia de dos planes para tomar el poder. El primero es el "plan revolucionario". El segundo es la toma legal del poder, es decir, el "cambio de Gobierno". Parece claro que al cominenzo de la entrevista Hitler ha tratado de venderle el primero, que, según aclara, es cuestión de tres meses, mientras que el segundo necesitaría tres años. "¿Qué opina usted que es preferible?"

"Sidney Warburg" escribe que se limitó a encogerse de hombros en señal de ignorancia. Ante esta actitud, Hitler dijo: "Ustedes los americanos desconocen las circunstancias; por lo tanto, les resulta muy difícil acertar en este dilema; pero ¿qué cree usted que dirán sus amigos?" Puesto que Warburg tampoco pudo darle una respuesta, Hitler creyó necesario explicar algo más sobre el asunto: "Mire usted, ni mis colaboradores ni yo mismo sabemos a ciencia cierta qué camino seguir. Göring es partidario de la revolución; los demás son más bien partidarios del cambio de Gobierno. Yo lo soy de ambas cosas... Hay una razón que nos hace dudar sobre cuál será el mejor método, y es que no sabemos con cuánto dinero podemos contar por parte de ustedes. Si en 1929 hubieran sido más generosos, hace tiempo que estaría ya todo en orden; pero con diez millones de dólares no pudimos realizar ni la mitad del plan." Por fin, según el relato de Warburg, Hitler se sentó sobre la mesa, cogió un librito de notas y sentenció: "La revolución cuesta 500 millones de marcos; el cambio de gobierno, unos 200 millones de marcos. ¿Qué cree usted que decidirán sus amigos?". Warburg le prometió que se pondría rápidamente en contacto con Nueva York y que tan pronto tuviera una respuesta se la haría conocer de inmediato. Entonces Hitler volvió a levantarse, comenzó a pasear de nuevo y dijo: "Sus amigos de América tienen un indudable interés en que nuestro partido logre el poder en Alemania; si no, no estaría usted ahora conmigo, ni en 1929 me habrían entregado diez millones de dólares. No me importa qué motivos les impulsan a ayudarme; pero deben tener bien presente que sin medios financieros suficientes no puedo hacer nada."

Como se ha dicho, los banqueros judíos que financiaban a Hitler pretendían que él mismo interpretara las razones de su asistencia económica. Naturalmente, en dos años Hitler había tenido tiempo de saber perfectamente quiénes lo querían en el poder. Otra cosa es que hubiera comprendido sus verdaderas intenciones. En este sentido es muy significativo que reconozca que no le importan las razones. "Sidney Warburg" acaba el relato de su entrevista con el Führer con estas palabras: "Por el tono de las últimas frases, parecía que Hitler se dirigía a un gran auditorio y que me atacaba a mí como si yo fuera su peor enemigo. Yo estaba ya harto de aguantarlo. Le repetí que hablaría con Nueva York y que le daría la respuesta tan pronto la recibiera." La respuesta de Nueva York tardó cinco días en producirse. Al parecer, la primera respuesta no fue clara y "Sidney Warburg" telegrafió nuevamente para pedir una repetición de la misma. Recibió luego un largo cablegrama que él transcribe:

> "Las sumas propuestas están fuera de lugar. No queremos ni podemos. Explica al hombre que un giro de tal magnitud perturbaría el mercado europeo. Completamente desconocido en el terreno internacional. Espero un informe más extenso antes de tomar una determinación. Continúa ahí. Sigue investigando. Convence al hombre de la imposibilidad de sus peticiones. No olvides incluir en el informe tu propia opinión sobre las posibilidades de futuro que ofrece el hombre."

Warburg escribió una carta a Hitler y le comunicó las noticias recibidas. Dos días después lo visitaron en su hotel dos personas a las que hasta entonces no conocía: Göring y Streicher. "El primero, de aspecto elegante, paso firme, brutal; el segundo tenía un aspecto más bien afeminado." El encuentro con Göring fue en extremo desagradable, ya que, pese a la insistencia de Warburg en que él era un simple intermediario cuyas opiniones o ideas "nada tenían que ver con el desarrollo de las cosas", Göring le hablaba en un tono enfurecido, hasta el punto de que llegó a decirle textualmente: "Sois todos unos farsantes." Estas palabras indignaron a Warburg: "Me puse en pie y le señalé a Göring la puerta para que se marchase; así lo hizo, en compañía de Streicher, sin saludar siquiera." El texto sigue así:

> "Escribí a Hitler una carta en la que le pedía que en lo sucesivo tratara conmigo personalmente y que no me enviara más emisarios,

especialmente a Göring. Le expliqué en pocas palabras lo sucedido y añadí que por nada del mundo deseaba volver a encontrarme con Göring. No sé lo que ocurriría entre Hitler y Göring; el caso es que al día siguiente recibí una carta de éste en la que me presentaba sus excusas, atribuyendo su excitación a la gran tensión que estaban viviendo, ya que después de Hitler él era el segundo jefe del partido."

Tres días más tarde llegó por fin un cablegrama con este texto: "Informe recibido. Estamos dispuestos a entregar diez, máximo quince millones de dólares. Aconseja al hombre de la necesidad de agresión contra un peligro extranjero." La ambigüedad de la última frase permite todo tipo de especulaciones, pues en ella podría estar la clave de los verdaderos propósitos de la financiación. Después de comunicar a Hitler las noticias mediante una nueva carta, Strasser y von Heydt visitaron a Warburg con plenos poderes para obrar en nombre del Führer, quien, según dijeron, debía descansar dos semanas por prescripción de su médico. Von Heydt aceptó la suma de quince millones y advirtió que con ella quedaba descartada la opción revolucionaria. Strasser preguntó cuándo podría estar el dinero en Alemania: "Le dije que creía que a lo sumo sería cuestión de un par de días, tan pronto como supiera si Hitler estaba conforme con las cifras, pero que yo tomaría las medidas oportunas para que no se enviase la cantidad hasta que hubiera hablado con Hitler." Von Heydt respondió que el Führer necesitaba reposo absoluto, pero Warbug insistió en que "no se tramitaría nada hasta que no hubiera hablado con Hitler."

Al día siguiente, mientras comía en las habitaciones de su hotel, "Sidney Warburg" recibió el aviso de que un chófer lo estaba esperando en la entrada. Tras leer una carta en la que Hitler le rogaba que fuera a verlo en el coche que estaba a su disposición, subió al vehículo y fue conducido a la casa de Fasanenstrasse, donde tuvo lugar por fin la entrevista con Hitler. Éste le confirmó que aceptaba los quince millones de dólares, aunque de este modo se escogía el camino más largo, el del cambio de gobierno. "Von Heydt -anunció Hitler- se pondrá en contacto con usted sobre la manera de enviar el giro." La narración sigue así: "Intenté hacerle comprender que no era posible que mis representados enviaran los quince millones de dólares en un sólo giro. Primeramente enviarían diez y luego cinco millones, y que necesitaban recibir mis instrucciones. Repetí a Hitler la importancia de las condiciones que Carter establecía en el telegrama respecto al extranjero. Esta vez no volvió a lanzar las consabidas frases sobre el programa, sino que tajantemente respondió: 'deje eso a mi cargo. Lo que ya he logrado es una garantía para lo que aún podré conseguir'. Así terminó aquella conversación."

Tres días después llegó una contraorden, según la cual los quince millones serían entregados "en cierto banco europeo" tan pronto fueran a recogerlos. Después de haber comunicado esta noticia a Hitler, Warburg recibió otra vez la visita de von Heydt, quien le pidió que se girase la cantidad de la manera siguiente: Cinco millones a nombre de Warburg, que serían pagados en Mendelssohn & Co. en Amberes; cinco millones a la Unión Bancaria de Rotterdam, en Rotterdam; y otros cinco millones a la Banca Italiana de Roma. Veamos textualmente los detalles de la operación:

> "En compañía de Von Heydt, Gregor Strasser y Göring fui a estos tres puntos a recoger los giros. Después teníamos que enviar una gran cantidad de cheques a ciudades y pueblos de Alemania a una serie interminable de nombres, que figuraban en larguísimas listas que tenían los jefes nacionalsocialistas. En Roma, Strasser, von Heydt y Göring fueron recibidos en el edificio principal del banco por el comisario presidente. Aún no llevábamos cinco minutos en el despacho cuando dos hombres con uniforme fascista, que al parecer debían de ser también jefes, nos fueron presentados: Rossi y Balbo. Göring tomó la palabra hablando en italiano con aquellos señores. No me enteré de nada. Fuimos invitados a comer a casa de Balbo. Yo era el único que no llevaba uniforme. Los jefes nacionalsocialistas llevaban uniformes marrones; los fascistas, negros."

Sobre el hecho de que se fraccionase el dinero en numerosos cheques, Anthony Sutton considera que ello era un recurso usado habitualmente, cuya finalidad era blanquear el dinero con objeto de disfrazar su origen de Wall Street. Días después de su periplo europeo con los nazis, "Sydney Warburg" embarcó en el puerto de Génova y a bordo del *Savoya* zarpó con destino a Nueva York. A su llegada informó extensamente sobre lo tratado en las conversaciones con Hitler y sobre las circunstancias reinantes en Alemania. Nuevamente fue Rockefeller uno de los más interesados en conocer detalles concretos. También quisieron saber todo acerca de los colaboradores del Führer y el joven Warburg les contó el incidente con Göring.

A comienzos de 1932 la Gran Depresión iniciada en 1929 con la caída de la Bolsa de Nueva York hacía estragos en Alemania. Unos seis millones de trabajadores estaban registrados en las oficinas de empleo; pero si se incluye a quienes hacían pequeños trabajos a tiempo parcial y a las personas que no figuraban en el registro y también buscaban un trabajo, la cifra se aproximaba a los diez millones. El 3 de julio de 1932 El NSDAP logró unos resultados espectaculares y se convirtió en la primera fuerza política. Los casi seis millones y medio de votos obtenidos en 1930 se convirtieron en catorce millones. De 107 escaños en el Bundestag pasó a tener 230. Ello implicaba que el 37,4% de los votos emitidos habían sido para el partido nazi. Pese a que el éxito era indiscutible, Hitler no logró que se tradujera en el anhelado cambio político, pues Hindenburg, presidente de la República, y el general Kurt von Schleicher, estrecho colaborador del viejo mariscal, no lo avalaron como canciller. Después de un largo tira y afloja entre los distintos actores políticos, se llegó a un punto muerto y se optó por una nueva convocatoria de elecciones, que se celebraron el 6 de noviembre de 1932.

Los resultados no fueron los esperados por Hitler y el NSDAP perdió dos millones de votos y treinta y cuatro diputados, pese a lo cual siguió siendo con diferencia el partido más votado.

De nuevo comenzaron las intrigas para lograr la Cancillería. Schleicher convenció a Hindenburg de que podría dividir a los nazis si lo nombraba canciller. El anciano mariscal accedió a su petición el 2 de diciembre de 1932. El hombre que podía disputar a Hitler el liderazgo del partido era Gregor Strasser. Schleicher, convencido de que unos sesenta diputados nacionalsocialistas lo seguirían le ofreció la Vicecancillería. Gracias al diario de Göbbels se tiene noticia del ambiente que se respiraba en el interior del NSDAP. En una entrada del día 8 de diciembre anota: "Hay rumores de que Strasser planea algún tipo de revolución palaciega... A mediodía explotó la bomba. Strasser ha escrito una carta al Führer en la que le comunica que renuncia a todos los cargos." En una reunión mantenida entre Göbbels, Himmler, Röhm y Hitler, el Führer amenazó con suicidarse si el partido se rompía. Concretamente, según escribe Göbbels, dijo: "Si alguna vez el partido se rompe en trozos, entonces pondré fin a todo con una pistola en tres minutos."

La lucha en el seno del partido entre Strasser y Hitler se saldó a favor del segundo y el canciller Schleicher no pudo mantenerse en el cargo. El 4 de enero de 1933, bajo los auspicios del banquero Kurt von Schröder, Hitler se reunió con von Papen, quien había pertenecido al Partido de Centro Católico y tenía el apoyo de los conservadores del DNVP (Partido Nacional Popular Alemán). Ambos llegaron a un acuerdo para formar una coalición de gobierno en la que Hitler sería el canciller y von Papen, vicecanciller. El 28 de enero de 1933 Schleicher presentó su renuncia y von Papen propuso a Hindenburg un gobierno con los nazis. El 30 de enero Hitler juró a media mañana el cargo ante Hindenburg y fue nombrado canciller de Alemania. El 1 de febrero de 1933, Ludendorff, el general que había participado con Hitler en el "Putsch de la Cervecería", escribió una carta a Hindenburg que Eugene Davidson cita en *The Making of Adolf Hitler*. Extraemos del texto este fragmento: "Nombrando a Hitler canciller del Reich, ha entregado nuestra patria a uno de los más grandes demagogos de todos los tiempos. Le vaticino solemnemente que este hombre maldito precipitará nuestro Reich en el abismo y conducirá a nuestra nación a una miseria inconcebible. A causa de lo que ha hecho, generaciones venideras lo maldecirán en su tumba." Esta era la situación cuando "Sidney Warburg" llegó a Berlín para entrevistarse nuevamente con Hitler.

En el tercer capítulo, titulado "1933", Warburg cuenta que la misma noche en que se incendió el edificio del Reichstag, i. e. el 27 de febrero de 1933, envió una carta al antiguo domicilio de Hitler en Berlín anunciando su llegada. Warburg confiesa que en esta ocasión quien había recibido una carta de Hitler con el ruego de que "enviara inmediatamente a su antiguo hombre de confianza para celebrar una entrevista" era Carter, el hombre del Guaranty

Trust Co., lo cual demuestra sin lugar a dudas, según proclama el mismo "Sidney Warburg", que Hitler sabía que "estaba tratando con el grupo financiero más poderoso del mundo".

El ya canciller del Reich lo recibió en la misma casa de Fasanenstrasse. Hitler, muy excitado, le habló durante media hora del incendio del Reichstag, del cual culpó a los comunistas: "los comunistas se han jugado el todo por el todo y han perdido al incendiar el Reichstag." Warburg escribe lo siguiente sobre el incendio del edificio del Reichstag: "Sólo más tarde he podido leer en América y en otros puntos teorías diferentes; ahora bien, si es cierto que el partido de Hitler tomó parte en el incendio, hay que reconocer que Hitler es el mejor comediante que he conocido en las cinco partes del mundo. Göring y Göbbels tampoco se quedan atrás; su desesperación era tan espontánea o se expresaron tan estupendamente bien, que al recordar aquellas conversaciones aún dudo que fuera todo ficticio." Es decir, Warburg tuvo la impresión de que los jefes nazis eran honestos cuando hablaron con él sobre el incendio.

Ochenta años después comunistas y nacionalsocialistas siguen acusándose mutuamente de un hecho del que ambos trataron de sacar rendimiento político. Ahora bien, la historia oficial ha concluido sin posibilidad de duda que todo fue obra de los nazis y esto es lo que se viene enseñando en centros académicos de mundo entero. Sin embargo, puesto que la historia oficial es falsa, cabe pensar que en este asunto miente como en tantos otros. Sólo dos días después del incendio, por ejemplo, el *Daily Worker*, órgano oficial del Partido Comunista Británico, sentenciaba sin ninguna prueba que los nazis habían incendiado su propio Parlamento. Willi Münzenberg, el genio de la propaganda comunista en Europa, y la OGPU fabricaron falsas evidencias que involucraban a los nazis en el incendio. Lo único claramente establecido es que un joven socialista holandés, Marinus Van der Lubbe, fue arrestado en el lugar de los hechos y admitió que había sido el autor del incendio. Van der Lubbe declaró que pretendía que el incendio del edificio significara una señal para la revolución y que lo había hecho solo. Una y otra vez se aferró a este relato; pero los comunistas lo acusaron de ser un degenerado, un imbécil que había sido puesto en el lugar como chivo expiatorio, y comenzaron a expandir el rumor de que todo era obra de los nazis. Van der Lubbe explicó que había comprado material de ignición y petróleo para provocar el incendio. La policía pudo comprobar todos estos extremos. Interrogadores sin afiliación política pensaron que decía la verdad. También los bomberos declararon que el relato de Van der Lubbe coincidía con el resultado de sus pesquisas en el lugar de los hechos.

Sobre la campaña de propaganda comunista podríamos escribir largo y tendido, pues fue obra principalmente de Otto Katz, el judío de Jistebnice, un triple o cuádruple agente que, según se verá en su momento, acabó ahorcado en 1952. Sobre Katz, al que volveremos a encontrar en España dirigiendo la propaganda de la II República en sintonía con Álvarez del

Vayo, apareció en 2010 una obra, *The Nine Lives of Otto Katz* (*Las nueve vidas de Otto Katz*), que ofrece abundante información sobre este judío errante, al que Mólotov llamó en una ocasión "Globetrotter". Jonathan Miles, autor de la obra, dedica dos capítulos a comentar los detalles de la campaña internacional sobre el incendio del Reichstag organizada por Katz, quien, según constata Miles, no tuvo nunca el menor escrúpulo en mentir con absoluta naturalidad. En abril de 1933 Münzenberg viajó a Moscú, donde se decidió la campaña para culpar a los nazis sobre el incendio. Katz, protegido de Münzenberg, viajó a Inglaterra, Francia, Holanda, Estados Unidos y donde hizo falta con el fin de obtener información y apoyos para escribir y editar el *Braunbuch uber Reichstagsbrand und Hitlerterror* (*El libro marrón sobre el incendio del Reichstag y el terror de Hitler*), pieza central de la propaganda, que en un alarde de medios y financiación se tradujo a una veintena de idiomas, entre ellos hebreo y yiddish. En Alemania, entró clandestinamente en agosto de 1933 una edición de 135.000 ejemplares. Su portada no tiene desperdicio: con un fondo del Reichstag en llamas, aparece la imágen de Göring. Su cabeza, deformada, semeja la de un perro rabioso. En su mano derecha sostiene un hacha enorme ensangrentada. De cintura para abajo lleva un delantal de carnicero salpicado con manchas de sangre. Entre otras fabulaciones, en el libro se atribuye al joven Marinus van der Lubbe un enredo con un misterioso Dr. Bell, un supuesto chulo de Ernst Röhm. Otto Katz organizó también un juicio paralelo en Londres, para el que se formaron comités de apoyo en numerosos países. Katz atribuyó máxima autoridad a su tribunal: declaró que "su mandato emanaba de la conciencia del mundo".

Hecha esta reseña aclaratoria, podemos regresar a la entrevista entre Hitler y Warburg, que tuvo lugar unos días antes de la celebración de nuevas elecciones, convocadas para el 5 de marzo de 1933. En la primera reunión del Gobierno, el 30 de enero, Hitler había propuesto la disolución del Parlamento y la convocatoria de otros comicios, pues estaba convencido de que podía obtener la mayoría absoluta. Von Papen, su aliado y vicecanciller, había aceptado con la condición de que no modificaría el Gobierno fueran cuales fueran los resultados[10]. Además de explicar al joven Warburg sus planes inmediatos, Hitler le comunicó que von Heydt ya no estaba con ellos y tampoco von Pfeffer. Calificó de ridículos a los hermanos Gregor y Otto Strasser: "En lugar de atacar, los Strasser y sus secuaces prepararon todo en el mayor silencio, pero yo estaba enterado de todos sus manejos." A

---

[10] En las elecciones de 5 de marzo de 1933 el NSDAP obtuvo 17.200.000 votos, lo que se tradujo en 288 escaños. El 43,9% de los alemanes votaron a los nacionalsocialistas. El segundo partido fue el SPD, que con 7.100.000 votos logró 120 diputados. Los comunistas fueron apoyados por 4.800.000 votantes y consiguieron 81 escaños. El 21 de marzo de 1933 Hitler consiguió la aprobación de la Ley Habilitante, que lo convirtió en un dictador constitucional.

continuación le dijo que lo había esperado antes en Berlín, que era preciso obrar con rapidez, y le preguntó si sus amigos lo querían seguir ayudando."

Warburg valora muy negativamente a Hitler en esta ocasión: "Hay momentos en que Hitler da la impresión de ser un enfermo. Nunca me fue posible mantener con él una conversación ordenada y corriente. De vez en cuando daba cambios tan bruscos y tan absurdos que no había más remedio que dudar de su equilibrio mental. Estoy convencido de que es de naturaleza hipernerviosa." En un momento de la entrevista Hitler empezó a hablar del problema judío. "¡Santo Dios! -exclama Warburg- comparó este problema alemán con el problema de los negros en América. Esto fue suficiente para hacerme a la idea de la inteligencia y de la manera de pensar de Hitler. Ambos problemas no se podían comparar. Ahorraré las inútiles comparaciones que hizo Hitler." Eran ya las tres de la madrugada cuando por fin se planteó el tema de la cantidad de la nueva ayuda. Hitler dijo que necesitaba "por lo menos cien millones de marcos para conseguirlo todo y para tener la posibilidad de una victoria completa y definitiva." Warburg le comentó que no podía pensarse en una cantidad tan elevada y recordó que ya se habían enviado 25 millones de dólares. Prometió telegrafiar en seguida a Nueva York, cosa que hizo a las cuatro y media de la madrugada, hora en que llegó a su hotel.

Carter telegrafió diciendo que podía enviarle siete millones de dólares. "Cinco serían girados desde Nueva York a Europa, a los bancos que yo había indicado, y los otros dos millones me serían entregados personalmente por la Renania Joint Stock Company en Düsseldorf, la filial alemana de la Royal Dutch." Después de transmitir la respuesta a Hitler, "Sidney Warburg" recibió la visita de Göbbels, quien lo condujo a la Fasanenstrasse. Lo recibieron Hitler y Göring. "La conversación fue muy corta. Tuve la impresión de que los tres hombres estaban disgustados por la cantidad anunciada y que estaban haciendo esfuerzos para no ser groseros conmigo; pero todo acabó bien. Hitler me pidió que mandara girar los cinco millones de dólares a la Banca Italiana de Roma; Göring me acompañaría. Los otros dos millones serían entregados a nombre de Göbbels en dinero alemán, en quince cheques de igual valor. Así terminó la entrevista."

Quizá nos hemos extendido más de lo necesario en esta sinopsis, pero hemos optado por hacerlo así, debido a que no puede conseguirse este libro purgado en Holanda. En cualquier caso, los lectores interesados quizá puedan encontrar aún en España algún ejemplar de la edición de 1955 de la editorial NOS. Antony Sutton admite que algunas de las informaciones son hoy conocidas; pero añade que debe tenerse en cuenta que la edición holandesa apareció en 1933 y que en ella el autor desvela hechos y nombres que sólo se conocieron mucho tiempo después, como, por ejemplo, que el banco von der Heydt fue un conducto financiero de Hitler. El autor, sea o no James Paul Warburg, demuestra tener acceso a datos muy concretos y sabe cosas que pocas personas podían conocer sin estar en una posición privilegiada.

La evidencia sobre la financiación de Wall Street a los nazis ha sido demostrada por distintos investigadores. El primer nombre que aparece íntimamente relacionado con los banqueros internacionales es Hjalmar Horace Greeley Schacht, el llamado "Mago de las Finanzas". En sus *Memorias* (Barcelona, 1954) Schacht cuenta que en 1903 el anciano Emil Rathenau le ofreció entrar en la A.E.G.; pero él prefirió un cargo en el Dresdner Bank, dirigido por los judíos Eugen Gutmann y Henry Nathan. Schacht desvela que en 1905 este banco firmó un acuerdo "muy interesante y beneficioso para mí" con Morgan y Cía, en cuyas negociaciones en Nueva York él participó. Hjalmar Schacht fue nombrado presidente del Reichsbank el 22 de diciembre de 1923, cargo que ocupó hasta 1930. Su primera gestión tuvo lugar en Londres, a donde se desplazó el 29 de diciembre de 1923 para entrevistarse con Montagu Norman, gobernador del Banco de Inglaterra. Montagu Norman fue el padrino del tercer hijo de Inge, la hija de Schacht, al que se bautizó en su honor con el nombre de Norman Schacht.

En 1932 Schacht, quien en sus memorias admite con naturalidad sus buenas relaciones con judíos sionistas, convenció a los industriales para que reclamasen a Hindenburg la Cancillería para Hitler, el cual lo nombró nuevamente presidente del Reichsbank el 17 de marzo de 1933, cargo que ocupó hasta 1939. Tres destacados banqueros judíos sionistas, Warburg (Max), Mendelssohn y Wasserman, formaban parte del Consejo General del banco y estamparon su firma en el nombramiento junto a las de Hindenburg y Hitler. Estando al frente de la entidad, recibió instrucciones de que ningún funcionario que hubiera sido masón podía acceder a cargos de confianza. En sus memorias escribe que respondió "que no estaba en condiciones de dar curso a la disposición en tanto que al frente de la dirección del Reichsbank se hallaba un masón. Éste era yo mismo." Sobre su pertenencia a la masonería, alude concretamente a una logia de Berlín, "Urania zur Unsterblichkeit" (Urania hacia la inmortalidad), y escribe: "En 1908 me hice miembro de una logia masónica. La masonería es vieja en mi familia. Mi padre perteneció a una logia americana. Mi bisabuelo, Christian Ulrich Detlev von Eggers, figuraba entre los grandes masones de su época." En otro pasaje desvela que en 1909 estuvo en Salónica, donde "casi todos los dirigentes del movimiento de los Jóvenes Turcos eran masones y sus reuniones secretas se celebraban al amparo de la logia." No desvela, sin embargo, que, además de masones, eran judíos conversos, "doenmés". Hjalmar Schacht, que había estudiado hebreo porque consideraba necesario el conocimiento de esta lengua para progresar en el negocio de la banca, fue nombrado ministro de Economía el 2 de agosto de 1934 y Hitler lo distinguió como miembro de honor del partido.

"Schacht era -escribe Sutton- un miembro de la élite financiera internacional que ejerce el poder detrás de la escena a través del sistema político de una nación. Él era el nexo clave entre la élite de Wall Street y el círculo interno de Hitler". Gracias a la confianza de los acreedores en Hjalmar Schacht se concibieron los planes Dawes (1924) y Young (1928), ambos diseñados por los banqueros de la Reserva Federal. Schacht fue el hombre que llevó a la práctica ambos planes actuando como una especie de interventor que administró la deuda alemana en nombre de los banqueros de Wall Street. En *Tragedy and Hope* Carroll Quigley asegura que el plan Dawes fue una creación de J. P. Morgan. Concretamente, se concertaron unos 800 millones de dólares en préstamos y las ganancias fluyeron a Alemania en forma de inversiones que fueron utilizadas para crear y consolidar gigantescas empresa químicas (I. G. Farben) y del acero (Vereignigte Stahlwerke) que primero ayudaron a Hitler a alcanzar el poder y después produjeron la mayor parte de los materiales utilizados en la II Guerra Mundial. En *Wall Street and the Rise of Hitler e*l profesor Sutton explica:

> "Entre 1924 y 1931, bajo los planes Dawes y Young, Alemania pagó a los aliados cerca de 36 millones de marcos en reparaciones. Al mismo tiempo Alemania pidió prestados en el extranjero, principalmente en Estados Unidos, 33 billones de marcos, lo que equivale a un pago neto de tres billones de marcos para reparaciones. Consecuentemente, la carga de las reparaciones monetarias fue de hecho acarreada por suscriptores extranjeros de los bonos alemanes emitidos por las casas financieras de Wall Street, con un beneficio significativo, por supuesto. Y, dicho sea de paso, estas casas pertenecían a los mismos financieros que regularmente se quitaban sus sombreros de banqueros y se ponían otros de hombres de Estado. Como hombres de Estado, prepararon los planes Dawes y Young para 'solventar' el 'problema' de las reparaciones. Como banqueros, emitieron los préstamos."

El Plan Young recibió el nombre de quien lo formuló, Owen D. Young, un agente de Morgan que era presidente de la General Electric Company. En realidad, considera Sutton, el Plan era el resultado del intercambio de ideas y la colaboración entre Schacht en Alemania y Morgan en Nueva York, es decir, la forma de un vasto y ambicioso sistema de cooperación y alianza internacional para el control mundial. Se pretendía ocupar Alemania con el capital americano y comprometer los activos alemanes a través de una gigantesca hipoteca poseída por Estados Unidos. El "insider" Carroll Quigley afirma que se aspiraba a "crear un sistema mundial de control financiero en manos privadas capaz de dominar el sistema político de cada país y la economía mundial en su conjunto." La idea del BIS (Bank for International Settlements), clave para llevar a la práctica este esquema, fue del propio Hjalmar Schacht, quien preveía una nueva guerra mundial. Él mismo explica cómo la propuso en una reunión con banqueros internacionales. La cita, extraída de *Wall Street and the Rise of Hitler*, constituye un documento de sumo interés:

> "...Un banco de estas características exigirá cooperación financiera entre vencedores y vencidos que conducirá a una comunidad de intereses, que a la vez producirá confianza mutua, entendimiento y promoverá y asegurará la paz.
> Puedo aún recordar meridianamente el marco en el que tuvo lugar esta conversación. Owen Young estaba sentado en una butaca echando caladas a su pipa, sus piernas extendidas, sus ojos sagaces sin apartarse un ápice de mí. Como acostumbro cuando propongo argumentos de este tipo, yo paseaba tranquilamente de un lado a otro de la habitación. Cuando hube acabado se produjo una breve pausa. Entonces todo su rostro se iluminó y su resolución se expresó con estas palabras: 'Dr. Schacht, me ha dado una idea maravillosa y voy a venderla al mundo.'"

Con los préstamos de los banqueros de la Reserva Federal se comenzaron a construir los grandes cártels alemanes. La sindicatura National City Corporation, liderada por Morgan y Rockefeller, prestó 35.000.000 de dólares a la Sociedad General de Electricidad (Allgemeine Elektricitäts Gesellschaft). Esta misma sindicatura bancaria prestó otros 30.000.000 dólares a I. G. Farben, que iba a convertirse en la mayor empresa de fabricación de productos químicos del mundo. Este cártel, auspiciado por Hermann Schmitz con asistencia financiera de Wall Street, había nacido en 1925 de la unión de seis grandes compañías de productos químicos alemanas (Badische Anilin, Bayer, Agfa, Hoechst, Weiler-ter-Meer y Griesheim-Elektron). La Unión de Acerías (Vereinigte Stahlwerke) recibió un préstamo astronómico de 70.225.000 de dólares, emitido por Dillon, Read & Co. una asociación bancaria cuyo principal accionista era Clarence Dillon. El verdadero nombre de este banquero era Lapowski, hijo de Samuel Lapowski, un judío polaco que había emigrado a Estados Unidos.

La General Electric Company, controlada por Morgan y Rockefeller, que estaba haciendo el gran negocio con la electrificación de la Rusia soviética, era el equivalente en Estados Unidos de la alemana A.E.G. (Allgemeine Electricitäts Gesellschaft). En 1929 la General Electric se hizo con el 25% de las acciones de A.E.G. mediante un acuerdo que significó la provisión de tecnología y patentes americanas para la compañía alemana. En dicho acuerdo, sin embargo, se estipulaba que A.E.G. no tendría participación en la compañía americana. La prensa financiera de Alemania informó, además, que A.E.G. tampoco tendría representación en la Junta de General Electric en Estados Unidos. Por contra, Owen D. Young se convirtió en el director de A.E.G. y de Osram en Alemania. En 1930 Young, que era ya presidente del Comité Ejecutivo de la Radio Corporation of America, fue nombrado presidente del Consejo de la General Electric en Nueva York.

Puede decirse que mediante estas operaciones la industria eléctrica norteamericana había conquistado el mercado mundial.

En 1939 la industria eléctrica alemana estaba controlada por corporaciones estadounidenses. Empresas no conectadas con Estados Unidos, como Siemens y Brown Boveri, fueron objetivo de los bombardeos durante la guerra, pero las empresas afiliadas con los norteamericanos apenas fueron atacadas. Antony Sutton escribe lo siguiente sobre la financión de Hitler por parte de estas empresas: "no existe evidencia de que Siemens, sin directores americanos, financiase a Hitler. Por otro lado, tenemos evidencia documental irrefutable de que tanto A.E.G. como Osram, ambas con directores americanos, financiaron a Hitler." Sutton adjunta fotocopias de dos documentos que demuestran dicha financiación. El primero es una orden de transferencia con fecha de 2 de marzo de 1933. A.E.G. da instrucciones al "Delbrück, Schickler Bank" para que abone 60.000 marcos al fondo del "Nationale Treuhand". El segundo documento lleva fecha de 9 de marzo de 1933. Gunther Quandt, principal accionista de Accumulatoren Fabrik y miembro de la dirección de A.E.G., ordena el abono de 25.000 marcos al mismo fondo a través del mismo Banco.

En *Wall Street and the Rise of Hitler* Antony Sutton demuestra que los Warburg, además de enviar a uno de los suyos para ofrecer dinero a Hitler, también financiaron al NSDAP con una cantidad muy importante a través de la I. G. Farben, compañía a la que estaban estrechamente vinculados. En Alemania, Max Warburg era director de este conglomerado de industrias químicas, mientras que en Estados Unidos Paul Warburg, el padre de "Sidney Warburg", era director de la I. G. Farben americana. Sutton reproduce nuevamente una fotocopia de la transferencia de I. G. Farben al Banco Delbrück, Schickler en Berlín. Dicho documento lleva fecha de 27 de febrero de 1933 y en él se dan instrucciones de pago por valor de 400.000 marcos, al "Nationale Treuhand", un fondo administrado por Hjalmar Schacht y Rudolf Hess que fue utilizado para elegir a Hitler en marzo de 1933. El banco en cuestión se había formado en 1910 como resultado de la unión de dos familias de origen judío: Gebrüder Schickler & Co. y Delbrück Leo & Co.

Mientras Judea declara la guerra, el sionismo colabora: el Acuerdo Haavara

En 1917 los conspiradores que aspiraban al sometimiento de las naciones a través de un gobierno mundial comunista habían logrado dos objetivos: el triunfo de los judeo-bolcheviques en Rusia y la promesa de Palestina al sionismo internacional, contenida en la *Declaración Balfour*. Sin embargo, en el periodo de entreguerras las cosas no habían continuado según lo previsto ni en Rusia, donde Trotsky había sido desplazado del poder; ni en Alemania, donde la revolución comunista había fracasado repetidamente;

ni en Palestina, donde la inmigración no satisfacía los deseos del sionismo. El apoyo financiero de los banqueros judíos internacionales a Hitler y el triunfo del nacionalismo en Alemania debían servir en última instancia para reconducir la situación en los tres escenarios a través de una nueva estrategia que conducía a otra guerra. En 1933, apenas se hubo colocado a Hitler en el poder, la capacidad conspirativa del judaísmo internacional se puso en marcha sin dilación: por un lado, organizaciones de judíos talmudistas de todo el mundo declararon la guerra a Alemania; por otro, casi simultáneamente, los sionistas colaboraron codo con codo con los nazis para el transfer de judíos alemanes a Palestina. El resultado de esta colaboración se plasmó en un acuerdo de transferencia (Haavara heskem), que ha pasado a la historia como el Acuerdo Haavara.

Después de la elección de Hitler como canciller, tuvo lugar en Amsterdam una conferencia en la que líderes judíos de todo el mundo pidieron el boicot para las mercancías alemanas y acordaron presionar a las compañías navieras con conexiones internacionales para que rechazaran el transporte de productos alemanes. A la vez se pedía que se denegara a Alemania el acceso al capital internacional. En Estados Unidos la asociación de Veteranos de Guerra Judíos hizo asimismo una llamada al boicot. El 23 de marzo veinte mil judíos norteamericanos se concentraron en el City Hall de Nueva York en apoyo a estos llamamientos. Finalmente, el día siguiente, 24 de marzo de 1933, el periódico londinense *Daily Express* informó sobre todo ello en primera página con el siguiente titular a siete columnas: "Judea declares war on Germany" ("Judea declara la guerra a Alemania"). Según la información del diario de Londres, prominentes líderes internacionales, algunos de los cuales eran reconocidos sionistas, pedían la unión de todos los judíos del mundo contra Alemania y anunciaban el boicot a sus mercancías. En el texto del artículo se decía que el comercio, la industria y las finanzas alemanas serían objeto de un boicot internacional y se aseguraba que en Londres, en París, en Nueva York y en Varsovia los hombres de negocios judíos estaban unidos para emprender una "cruzada económica". También el periódico judío *Natscha Retsch* informó sobre la conferencia de Amsterdam y animaba a que la guerra contra Alemania se emprendiera por todas las comunidades, conferencias y congresos, así como individualmente, "de este modo -sentenciaba- la guerra contra Alemania promoverá y avivará ideológicamente nuestros intereses, que requieren que Alemania sea destruida por completo." Uno de los agitadores más destacados fue Samuel Untermayer, el poderoso abogado de Nueva York que había impuesto al presidente Wilson el nombramiento del sionista Louis Dembitz Brandeis como juez del Tribunal Supremo. En su campaña Untermayer llamaba a la "guerra santa" ("holy war"), reclamada en el *Daily Express*.

El Gobierno alemán reaccionó exigiendo el cese inmediato de la campaña. Hitler amenazó con represalias si no se ponía fin de inmediato al plan contra Alemania y advirtió que ordenaría que se boicotearan durante un día los comercios judíos en todo el país. Naturalmente, la campaña continuó con igual intensidad, por lo que el Gobierno anunció que el día 1 de abril se produciría un boicot contra todos los negocios regentados por judíos. Mientras el día 1 de abril es descrito por la mayoría de historiadores como un acto de agresión contra la comunidad judía alemana, la declaración de guerra de "Judea" y la campaña de odio contra el pueblo alemán en su conjunto es generalmente ignorada por la historiografía oficial. El 7 de agosto de 1933 *The New York Times* reprodujo un extenso discurso de Samuel Untermayer, emitido por radio al país el día anterior, en el que se apelaba a la humanidad en nombre del idealismo y la justicia: "Cada uno de vosotros, judíos y gentiles indistintamente, que no se haya ya alistado en esta guerra sagrada debería hacerlo aquí y ahora. No es suficiente que no compréis productos fabricados en Alemania. Hay que rechazar el trato con cualquier comerciante o tendero que venda mercancías hechas en Alemania o que patrocine transportes o envíos alemanes." Las consecuencias de la campaña fueron muy negativas para la economía alemana, que vio reducidas sus exportaciones en un diez por ciento. Sin embargo, tuvo por otra parte efectos positivos, ya que ayudó a poner en marcha el comercio a través del "barter" (permuta), un sistema de intercambio de mercancías que permitió prescindir del capital judío.

El boicot atizaba los sentimientos antijudíos en el pueblo alemán y promovía en realidad el antisemitismo deseado por los sionistas, que necesitaban que las acciones de represalia de Hitler fueran lo suficientemente severas como para convencer a los judíos alemanes de que su lugar estaba en Palestina. Fue en este contexto que los nazis comenzaron a colaborar decididamente con la ZVFD, "Zionistische Vereinigung für Deutschland" (Unión Sionista por Alemania) con el fin de enviar judíos alemanes a Palestina. Los nazis se prestaron absurdamente desde el principio a aceptar este esquema perverso. Hay que tener presente que fueron los sionistas quienes traicionaron a Alemania durante la Primera Guerra Mundial y no los judíos alemanes de a pie, doce mil de los cuales murieron en la guerra luchando junto a sus compatriotas alemanes. Fue el sionismo internacional el que propuso a Gran Bretaña la victoria a cambio de la *Declaración Balfour*. A través de Mandell House, del juez Brandeis, de Bernard Baruch y de otros agentes que influían en el presidente títere de la Casa Blanca, los sionistas norteamericanos e ingleses presionaron hasta conseguir la entrada de Estados Unidos en la guerra y la posterior derrota de Alemania. Los nazis no podían ni debían ignorarlo.

La investigación sobre la colaboración entre nazis y sionistas es aún muy incompleta, pues la mayoría de los documentos que hacen referencia a ella, muchos de los cuales se hallan guardados bajo llave en Israel, no pueden ser consultados por los investigadores. En 2002 un escritor norteamericano de origen judío, Lenni Brenner, publicó *51 Documents: Zionist Collaboration with the Nazis*, obra que, según presume el editor, "contiene información explosiva que ignoran los historiadores". En ella se halla, por ejemplo, el texto completo del acuerdo Haavara. Existe además un artículo de gran interés, "The Secret Contacts: Zionism and Nazi Germany, 1933-1941", publicado en 1976 por Klaus Polkehn en el *Journal of Palestine Studies*. Veamos algunas informaciones contenidas en dichas obras.

Las estadísticas demuestran que entre 1871 y 1933 la población de origen judío disminuyó en Alemania del 1.05% al 0.76%. En 1933 vivían en Alemania 503.000 judíos, una tercera parte de los cuales residían en Berlín. En su mayoría estos judíos no eran sionistas. En 1925, por ejemplo, menos de nueve mil personas eran miembros de organizaciones sionistas. La CV, "Centralverein deustscher Staatsbürger jüdische Glaubens" (Unión Central de ciudadanos alemanes de fe judía), fundada en 1893, era la organización más representativa y declaraba abiertamente su rechazo al sionismo. Una declaración de la CV realizada el 10 de abril de 1921 es bien significativa en este sentido: "Si el trabajo de asentamiento en Palestina fuera sólo una labor de ayuda y asistencia, entonces desde el punto de vista de la CV nada se diría contra la promoción de esta tarea. Sin embargo, el asentamiento en Palestina es en primer lugar un objetivo de política nacional judía y a partir de ahí su promoción y ayuda debería ser rechazada." Pese a que la historia demuestra que los judíos son en su mayoría inasimilables, la CV luchaba contra el antisemitismo y, como había propuesto Rathenau, propugnaba la asimilación e integración de los judíos en la sociedad alemana. Por contra, la ZVFD rechazaba estos planteamientos, asumía el argumento talmúdico de que los judíos no pueden ser asimilados y se declaraba en contra de la integración y la participación de los judíos alemanes en la vida pública, es decir, compartía totalmente los planteamientos de los nazis. De hecho, la CV llegó a acusar a la ZVFD de haber dado "una puñalada por la espalda" a su lucha contra el nacionalismo antisemita.

En marzo de 1933 el Gobierno de Hitler comenzó a actuar en contra de las organizaciones judías no sionistas. Los locales de la propia CV fueron ocupados por las SA y clausurados. El 5 de marzo la CV en Turingia fue prohibida después de haber sido acusada de "intrigas de alta traición". Entre los colectivos prohibidos destacan dos por su carácter nacionalista: la "Liga de Veteranos Judíos del Imperio" y la "Unión Nacional de Judíos Alemanes"[11]. Los periódicos editados por los comunistas, por las

---

[11] Quizá la existencia de estas organizaciones sorprenda a algunos lectores; pero son sólo ejemplos de una realidad que documenta extensamente Dietrich Bronder en *Bevor Hitler kam*. Aunque la lealtad de algunas personalidades citadas en su obra es muy discutible, Bronder comenta un listado de nombres de origen judío que destacaron por su nacionalismo en los siglos XIX y XX. Muchos fueron militares de alta graduación, entre ellos numerosos generales. Recientemente, Bryan Mark Rigg, profesor de Historia en la Universidad Militar Americana en Virginia, ha publicado una obra donde sostiene que más de cien mil soldados con antecedentes familiares de origen judío sirvieron en la Wehrmacht durante la segunda guerra mundial.

organizaciones sindicales y por los socialdemócratas fueron prohibidos y las demás publicaciones pasaron a estar supervisadas por el Ministerio de Propaganda. Sólo los sionistas pudieron continuar libremente con sus tareas de divulgación y se permitió que su periódico, *Jüdische Rundschau*, apareciera sin ningún impedimento. La libertad de actuación para los sionistas incluía asimismo la publicación de libros: obras de líderes de sionistas como Chaim Weizmann, David Ben Gurión y Arthur Ruppin fueron legalmente editadas. Por otra parte, cabe destacar que mientras las logias masónicas fueron prohibidas, hasta 1939 se permitió que B'nai B'rith prosiguiera con sus actividades subversivas. Sólo cuando empezó la guerra se confiscaron sus documentos. De todos modos, la prohibición no debió de importar demasiado a la masonería, pues tradicionalmente masones e iluminados han actuado siempre sin problemas en la clandestinidad.

Klaus Polkehn sitúa incluso antes de 1933 los contactos entre nazis y sionistas. Este autor menciona a un oficial sionista, Leo Plaut, quien tenía una conexión con la policía política a través de Rudolf Diels, un amigo personal de Göring que sería nombrado primer jefe de la Gestapo en 1933. Plaut tenía el teléfono secreto de Diels y podía llamarlo en cualquier momento. Pese a que los documentos sobre estos contactos siguen secretos en los archivos del Yad-Vashem en Jerusalén, Polkehn supone que a través de esta conexión el 26 de marzo de 1933 Hermann Göring mantuvo un encuentro con líderes sionistas, entre los que cita a Kurt Blumenfeld, presidente de la ZVFD, quien se instaló en Palestina poco después. En dicha reunión se habrían sentado las bases de la colaboración que permitieron el acuerdo Haavara, firmado el 25 de agosto de 1933.

Un paso previo al acuerdo fue la fundación en Palestina de una compañía sionista de plantación de cítricos, "Hanotea", que contó con la colaboración del Ministerio de Economía alemán para la transferencia de capital. Los primeros judíos alemanes que migraron a Palestina lo hicieron en el ámbito de este acuerdo, cuyo artífice fue Sam Cohen, un financiero judío de origen polaco, amigo de Nahum Goldman, que poseía un castillo en Luxemburgo. La organización sionista no tardó en sustituirlo por un miembro del Comité Ejecutivo de la Agencia Judía en Palestina, Chaim Arlozoroff, quien junto a David Ben Gurión y Moshe Sharett formaba parte de la troika dirigente de la Agencia. Era, además, íntimo amigo de Weizmann, el líder del sionismo mundial y futuro primer presidente de Israel. Arlozoroff, judío ruso formado en Alemania, fue amante de la futura Magda Göbbels, la cual era amiga de la hermana del dirigente sionista. Arlozoroff fue asesinado el 16 de junio de 1933, poco después de regresar a Tel Aviv tras una ronda de negociaciones en Alemania. Pese a maniobras de confusión interesadas en las que se llega a insinuar que Göbbels estaba detrás del atentado, todo indica que los sicarios actuaron a las órdenes del movimiento revisionista de Zeev (Vladímir) Jabotinsky. De hecho, así fue establecido por los laboristas.

La obra donde se narran las discrepancias y las luchas internas entre los sionistas es *The Transfer Agreement: the Untold Story of the Secret Pact Between the Third Reich & Jewish Palestine* (*El Acuerdo de Transferencia: la historia no contada del pacto secreto entre el Tercer Reich y la Palestina judía*), publicada en 1984 por el historiador judío Edwin Black. Su relato invita a pensar que existía un sector miope que no aceptaba o no comprendía el plan a medio y largo plazo trazado por Chaim Weizmann y los grandes estrategas del sionismo, un plan que era apoyado por la logia B'nai B'rith. Este sector radical o ultranacionalista, encabezado por Jabotinsky, defendía con fervor el boicot económico y quería acabar con el nacionalismo alemán antes de que hubiera cumplido la función para la que había sido aupado al poder. Los revisionistas maniobraban para dar la batalla en el XVIII Congreso Sionista, que debía celebrarse en Praga en el mes de agosto de 1933. Fue en este contexto cuando se produjo el asesinato de Arlozoroff, enemigo declarado de Jabotinsky y del revisionismo.

Su muerte, probablemente un error de cálculo, fue bien aprovechada por los laboristas del Mapai para imponerse sin dificultades. Fue durante las sesiones del Congreso cuando el 25 de agosto la prensa filtró que se había firmado el Acuerdo de Transferencia, cuyo texto fue publicado por los nazis el 31 de agosto. Según Edwin Black, para acallar cualquier protesta, los laboristas del Mapai, apoyados por aliados de otros partidos, impusieron una resolución que "prohibía toda forma de protesta antinazi, incluido hacer campaña contra el Pacto de Transferencia. Bajo la resolución, todo el que rompiera la disciplina sería suspendido y juzgado por un tribunal especial, con poder para expulsar a la persona o partido de la Organización Sionista." El autor judío Ralph Schönman confirma en *The Hidden History of Zionism* (*La historia oculta del sionismo*) que en el XVIII Congreso de la Organización Sionista Mundial se derrotó una resolución en contra de Hitler por 240 votos contra 43.

El Acuerdo Haavara, pieza clave de la colaboración "nazionista" fue firmado por la Federación Sionista de Alemania (ZVFD), el Banco Anglo-Palestino, que obedecía las órdenes de la Agencia Judía, y el Ministerio de Asuntos Económicos alemán. Según el texto del decreto, se quería "promover la emigración judía a Palestina mediante la liberación de las sumas de dinero necesarias, pero sin presionar en exceso los fondos en moneda extranjera del Reichsbank, e incrementar al mismo tiempo las exportaciones alemanas a Palestina." Como consecuencia del acuerdo se fundaron dos compañías: la compañía Haavara en Tel Aviv y una compañía hermana llamada Paltreu en Berlín. El modo de funcionamiemto era el siguiente: el emigrante judío depositaba un mínimo de mil libras esterlinas en cuentas alemanas de la compañía Haavara abiertas en el Banco Wassermann de Berlín o en el Banco Warburg de Hamburgo. El dinero era usado para la compra de productos alemanes: herramientas agrícolas, materiales de construcción, fertilizantes, bombas de agua, etc., que eran posteriormente exportados a Palestina y vendidos allí por la compañía Haavara en Tel Aviv, de propiedad judía. Con el dinero de las ventas se entregaba al emigrante la misma cantidad que había aportado cuando llegaba. Los bienes alemanes entraron masivamente en Palestina, pero a la vez los sionistas traían colonos judíos y capital para el desarrollo del país. Los judíos alemanes más pobres quedaban excluidos del acuerdo: el hecho de que sólo miembros de la burguesía judía pudieran aportar la cantidad exigida implicaba una selectividad en la emigración. No es, pues, casual que los proyectos más importantes en Israel fueran fundados o dirigidos por emigrantes alemanes. Futuros primeros ministros de Israel como Ben Gurión, Moshé Sharret (entonces Moshé Shertok), Levi Eshkol y Golda Meir participaron en la empresa Haavara. Eshkol era su representante en Berlín y Golda Meir la apoyaba desde Nueva York.

En 1934 *Der Angriff* (*El Ataque*), el periódico de Göbbels, publicó un informe laudatorio titulado "Un nazi viaja a Palestina", firmado por LIM, seudónimo de Leopold Itz von Mindelstein, miembro del SD, Servicio de Seguridad (Sicherheitsdienst) de las SS. Mindelstein, sionista entusiasta, presidía en el interior del Servicio Secreto un departamento llamado "Judenreferat" (Oficina para Asuntos Judíos). Para conmemorar este viaje Göbbels ordenó acuñar una moneda en la que figuraba la estrella de David en el anverso y la cruz gamada en el reverso. Junto a la estrella un inscripción decía: "Un nazi viaja a Palestina". En el lado de la esvástica el texto rezaba: "Y se publica en *Der Angriff*". Tan a pedir de boca marchaba la cooperación, que los sionistas compraron un barco de pasajeros alemán, el *Hohenstein*, le cambiaron el nombre por el de *Tel Aviv* y crearon su propia compañía de navegación. El primer viaje de Bremerhaven a Haifa tuvo lugar a principios de 1935. Mientras en la popa del barco se leía su nombre con grafías hebreas, la bandera con la esvástica ondeaba en el mástil. En estas circunstancias, en agosto de 1935 el XIX Congreso Sionista de Lucerna aprobó de manera abrumadora el pacto con la Alemania de Hitler.

Otro episodio del buen entendimiento entre nazis y sionistas figura en un memorándum del profesor Franz Six, miembro del Servicio Secreto de las SS. Clasificado como "Materia Secreta para el Mando", el documento, citado por Klaus Polkehn, lleva fecha de 7 de junio de 1937 y se halla en los archivos de la "American Comission for the Study of War Documents". En él se detalla la visita a Berlín de Feivel Polkes, un sionista que era comandante del Haganah, el ejército clandestino judío. Polkes estuvo en Berlín del 26 de febrero al 2 de marzo de 1937 y mantuvo diversos encuentros con agentes del Servicio Secreto alemán. En dos de estas entrevistas el contacto fue Adolf Eichmann, quien en diciembre de 1961 sería juzgado en Israel y condenado a la horca. La primera reunión entre Eichmann y Polkes se produjo en el restaurante Traube, cerca del zoo. Polkes ofreció colaboración y le dijo a Eichmann que su máximo interés era "acelerar la emigración judía a Palestina, a fin de que los judíos lograran una mayoría sobre los árabes." Polkes explicó que con este propósito trabajaba conjuntamente con los servicios secretos de Inglaterra y Francia y ofreció información sobre oriente medio que pudiera ser de interés para Alemania. El comandante del Haganah invitó a Eichmann a Palestina y este aceptó la invitación.

El 26 de septiembre de 1937, camuflados como editores del *Berliner Tageblatt*, Adolf Eichmann y Herbert Hagen, sustituto de Mindelstein en la Oficina para Asuntos Judíos (Judenreferat), salieron de Berlín rumbo a Haifa, a donde llegaron el 2 de octubre. Las autoridades británicas impidieron el desembarco de los dos jefes de las SS, por lo que se dirigieron a Egipto, donde contactaron con Polkes. El informe del viaje contiene las conversaciones mantenidas en el Café Groppi de El Cairo, anotadas por Eichmann y Hagen. Polkes se expresó con absoluta franqueza: "El Estado sionista -dijo- debe fundarse como sea y lo antes posible, de manera que atraiga una corriente de emigrantes judíos a Palestina. Cuando el Estado se haya establecido de acuerdo con las propuestas expresadas en el informe Peel, y de acuerdo con las promesas parciales de Inglaterra, entonces las fronteras deben ser expandidas según nuestros deseos." Polkes expresó palabras de agradecimiento a sus interlocutores por las políticas antisemitas, que fueron anotadas en estos términos: "Círculos nacionalistas expresaron su alegría por la política radical hacia los judíos, puesto que esta política ayudaría a aumentar la población judía en Palestina, de manera que se pueda contar con una mayoría judía en Palestina en un futuro inmediato."

Fruto de estos encuentros surgieron más planes de colaboración: El "Mossad Le'aliyah Bet", una división de la Haganah creada para potenciar la inmigración clandestina, se estableció en Meineckestrasse, 10, en el distrito de Berlín-Charlottenburg. Dos emisarios, Pina Ginsburg y Moshe Auerbach, viajaron desde Palestina a Alemania con el propósito de concertar con la Gestapo todo lo necesario para promover y expandir la entrada ilegal de inmigrantes judíos sin permiso de la autoridad británica. Después del "Anschluss" (unión) de Austria y Alemania, se creó en Viena una Oficina Central para la Emigración Judía y a principios del verano de 1938 Eichmann se reunió en la capital austríaca con Bar-Gilead, un emisario del Mossad, quien le pidió permiso para establecer campos de entrenamiento para emigrantes. Eichmann consultó la petición y tras recibir una respuesta positiva facilitó todo lo necesario para la creación de estos campos. A finales de 1938 cerca de mil jóvenes judíos habían recibido entrenamiento de cara a su futura tarea en Palestina. También en Alemania, con ayuda de las autoridades nazis, Pina Ginsburg puso en funcionamiento campos de entrenamiento similares a los de Austria.

Las primeras críticas al Acuerdo Haavara surgieron como consecuencia de la revuelta palestina iniciada en abril de 1936. En protesta por la inmigración ilegal de judíos, los palestinos mantuvieron una huelga general que se prolongó hasta el mes de octubre. El Ministerio de Exteriores comenzó a plantearse hasta qué punto le era útil a Alemania continuar con el acuerdo de Transferencia. El cónsul general alemán en Jerusalén, Hans Döhle, presentó el 22 de marzo de 1937 un extenso memorándum en el que expresaba sus temores sobre las repercusiones que podía originar la política de apoyo a la inmigración judía. Hombres de negocio alemanes y árabes lamentaron el monopolio de la compañía Haavara de Tel Aviv en la venta de bienes alemanes. El apoyo oficial al sionismo podía acarrear la pérdida de los mercados en el mundo árabe. También el Ministerio del Interior emitió en diciembre de 1937 un memorándum en el que se reconocía que el acuerdo había contribuido de manera decisiva en el desarrollo de Palestina; pero coincidía con el informe del cónsul Döhle, en el sentido de que las desventajas eran mayores que los beneficios y por ello debía darse por concluido. Finalmente, Hitler analizó la situación y zanjó la controversia con la decisión de proseguir con el acuerdo, puesto que el objetivo de sacar a los judíos de Alemania justificaba las desventajas. El 12 de noviembre de 1938 un nuevo memorándum del Ministrio de Asuntos Exteriores aconsejó la cancelación del acuerdo Haavara; pero nuevamente Hitler ordenó personalmente la promoción de la inmigración masiva a Palestina "a través de todos los medios posibles".

Entre 1933 y 1941 unos sesenta mil judíos alemanes emigraron a Palestina merced al acuerdo Haavara y pudieron llevarse con ellos más de 100 millones de dólares, entonces una cifra enorme. Edwin Black confirma que muchos lograron trasladar a Palestina sus riquezas personales de Alemania. Según este historiador judío, la afluencia de bienes y capitales a Palestina gracias al Acuerdo Haavara "produjo una explosión económica y fue un factor indispensable en la creación del Estado de Israel". Quizá ahora se comprende mejor la ironía de Hennecke Kardel, quien en el título de su libro aludía a Hitler como uno de los fundadores de Israel. La persecución de los judíos estaba en realidad prediseñada por el sionismo para utilizarla posteriormente en la creación del Estado de Israel. Tal como se había concebido, los judíos acosados y perseguidos por Hitler, desplazados hacia el este de Europa e internados en campos de trabajo y de concentración, fueron los menos adinerados. Después de la guerra pudieron ser transferidos con relativa facilidad a Palestina.

4ª PARTE
ROOSEVELT EN LA CASA BLANCA.
EL CONGRESISTA McFADDEN DENUNCIA LA CONSPIRACIÓN

Esta cuarta parte del capítulo la ocuparán principalmente los textos de Louis Thomas McFadden, un congresista de los que no quedan, un patriota que denunció a los conspiradores en el lugar adecuado, en la Casa de Representantes del pueblo norteamericano; pero antes es preciso reseñar las circunstancias de la llegada al poder de Franklin Delano Roosevelt, un masón illuminati que el 28 de febrero de 1929 había adquirido el grado 32 del Rito Escocés, circunstancia que lo convirtió en "Príncipe Sublime del Secreto Real". Cinco años más tarde fue nombrado primer Gran Maestre Honorario de la Orden Internacional de Molay. Roosevelt, el único en la historia que ganó cuatro elecciones, juró su cargo como presidente de Estados Unidos el 4 de marzo de 1933. Hitler ganó el 5 de marzo los últimos comicios con el 44% de los votos. Ambos llegaban al poder simultáneamente y ambos iban a mantenerse en él durante un periodo de doce años. En América el rabino William F. Rosenblum aludió a Roosevelt como "un mensajero divino, el preferido por el destino, el Mesías de la América del mañana." Douglas Reed en *The Controversy of Zion* comenta que un amigo judío le dijo en 1937 que el rabino de su sinagoga, un anciano piadoso que trataba de interpretar los acontecimientos en términos de profecía levítica, predicaba que Hitler era "el Mesías judío".

Tras un periodo de tres presidentes republicanos, la llegada de otro demócrata a la Casa Blanca iba a permitir retomar las políticas de Woodrow Wilson. Con la obra *Wall Street and FDR* Antony Sutton completa su trilogía sobre los banqueros de la Reserva Federal. Sutton traza la trayectoria de Roosevelt, especulador financiero desde principios de los años veinte, y presenta a Roosevelts y Delanos como asociados históricos con los financieros de Nueva York. Según este autor, Roosevelt estaba emparentado con una de las familias de banqueros más antiguas de Estados Unidos y su bisabuelo, James Roosevelt, fundó en 1784 el Banco de Nueva York. Algunos investigadores aluden a su origen judío y se remontan a Claes Rosenfelt, un antepasado holandés que llegó a América en 1649. Otro de sus antecesores fue el masón illuminati Clinton Roosevelt, discípulo de Adam Weishaupt presentado ya en el capítulo V, autor en 1841 de un manifiesto de carácter comunista cuyo programa económico era muy similar al "New Deal" de FDR. Clinton Roosevelt proponía un gobierno totalitario dirigido por una élite que promulgaría todas las leyes.

Por su parte, John Coleman considera la elección de Roosevelt una prueba evidente del control de los "300" sobre la política de Estados Unidos, aunque vista la legión de judíos sionistas que rodeó al presidente, podría haberse referido a un nuevo títere del judaísmo internacional y del sionismo. Coleman escribe que la dinastía Delano poseía una enorme fortuna procedente del comercio del opio realizado con China a través de la Compañía de las Indias Orientales, con la que llegaron a un acuerdo en 1657 sobre la colonización de Curaçao. El padre de F. D. Rossevelt se había casado con Sara Delano, que procedía ya por séptima generación de una familia judía de origen sefardí. Como en el caso de Woodrow Wilson, Roosevelt había sido seleccionado como futuro presidente con bastante antelación. Su esposa, Eleanor Roosevelt, hija de un hermano del presidente Theodore Roosevelt, prima lejana de Franklin Delano Roosevelt y sionista hasta la médula, lo confirma: "Mr. Baruch fue un consejero de confianza de mi marido tanto en Albany como en Washington." Bernard Baruch era sólo la punta del iceberg, puesto que Roosevelt estuvo rodeado de judíos socialistas en Albany, la capital del Estado de Nueva York, del cual fue gobernador durante cuatro años antes de llegar a la Presidencia. Otros dos hombres del entorno más próximo a Wilson, el juez Brandeis y el rabino Stephen Wise, se habían también reagrupado en torno a Roosevelt, quien con el respaldo de socialistas y comunistas llegó a la Casa Blanca con la promesa de acabar con el dominio de Wall Street. Apenas asumió el cargo, sin embargo, nombró director de Presupuesto a un hombre de Wall Street, James Paul Warburg ("Sidney Warburg").

 La cantidad de judíos sionistas, socialistas y comunistas que se instalaron en el poder durante los años de F. D. Roosevelt es escandalosa. Más de setenta cargos de importancia fueron ocupados por agentes judíos, la mayoría de ellos sionistas, que durante doce años controlaron el Gobierno de Estados Unidos. Quizá uno de los más influyentes fue Félix Frankfurter, quien desempeñó junto a Roosevelt el papel que había jugado Mandell House con Wilson. Frankfurter, adoctrinado por el juez Louis Brandeis, había sido delegado sionista en la Conferencia de Paz de París en 1919. Más tarde, en 1939, Roosevelt lo nombraría juez del Tribunal Supremo en sustitución de Benjamín Cardozo, otro magistrado judío que se movía en la órbita de Bernard Baruch. Entre los miembros de la Administración de origen judío aliados de Frankfurter destacan Herbert Feis, consejero para asuntos económicos e internacionales en el Departamemto de Estado; Benjamín V. Cohen, un abogado al servicio del Movimiento Sionista que en 1919 había viajado a París con Frankfurter y que formó parte del "brain trust" de Roosevelt; Jerome Frank, que solicitó abiertamente a Frankfurter que lo introdujera en la Administración y acabó siendo nombrado por Roosevelt juez de la Corte de Apelación; David E. Lilienthal, un jurista recomendado de Frankfurter, sobre el que habrá ocasión de escribir en el capítulo XI, puesto que presidió la Comisión de Energía Atómica después de la guerra; Charles E. Wyzanski, otro juez, alumno de Frankfurter en la Escuela de Leyes de Harvard, que fue introducido en el Departamento de Trabajo como consejero legal; Harold Joseph Laski, un británico cuyo nombre judío era Frankenstein, miembro del Comité Ejecutivo de la Sociedad Fabiana, que llegó a ser amigo y asesor del presidente Roosevelt a través de Frankfurter.

Bernard Mannes Baruch estuvo durante cuarenta años en la cúspide del poder. Si con Wilson su posición fue siempre dominante y clave debido a la importancia de los cargos que ocupó, durante la etapa de Roosevelt fue considerado por algunos como el presidente no oficial en la sombra. Baruch aconsejó a Roosevelt que se preparase para una nueva guerra y le propuso fortalecer el WIB (War Industries Board), Consejo de Industrias de Guerra, que él mismo había presidido durante la Primera Guerra Mundial. El nuevo organismo ideado por Baruch fue el NRI (National Recovery Administration), Administración para la Recuperación Nacional. Un socio de Bernard Baruch, Gerard Swope, se convirtió en una de las piezas claves en el seno de la Administración Roosevelt. Swope, uno de los promotores del "New Deal", siendo presidente de la General Electric Company entre 1922 y 1939 ocupó media docena de cargos de gran importancia en diferentes departamentos de la Administración. Otros dos judíos en la órbita de Baruch fueron Mordechai Ezekiel, asesor económico de la Secretaría de Agricultura, que acabó siendo un capitoste de la FAO (Organización para la Alimentación y la Agricultura) en 1945, y Adolph J. Sabath, ferviente partidario de la guerra contra Alemania.

Otra pieza destacada del poderoso clan judío que dominaba al presidente Roosevelt fue Henry Morgenthau junior, consejero del presidente y secretario del Tesoro desde 1934 hasta 1945, cargo desde el que pudo financiar la guerra con la emisión de los llamados "bonos de la guerra". Morgenthau y Baruch trabajaban para que Estados Unidos entrase en la guerra contra Alemania y no dejaron de presionar a Roosevelt hasta que lograron su objetivo. Como es sabido, Morgenthau quiso convertir a Alemania en un país de agricultores y presentó el llamado Plan Morgenthau, sobre el que habrá ocasión de escribir más adelante. Otros judíos que se movieron dentro de su esfera de influencia fueron: R. S. Hecht, consejero de Finanzas; Jacob Viner, economista experto en tasas que colaboró estrechamente Morgenthau como adjunto a la Secretaría del Tesoro y que fue uno de los mentores de la Escuela de Chicago; Emmanuel Goldenweiser, director de la División de Investigación y Estadísticas del Consejo de Gobernadores de la Reserva Federal; David Stern, miembro también del Consejo de la Reserva Federal; Herman Oliphant, otro experto en tasas muy influyente en la política del Tesoro que fue asimismo consejero de Roosevelt; Harold Glasser, asistente de Dirección de la División de Investigación Monetaria, donde trabajaba como agente del espionaje soviético; Solomon Adler, infiltrado asimismo en el Departamento del Tesoro, fue enviado a China como representante del Tesoro durante la Segunda Guerra Mundial y resultó ser un espía que trabajaba para el comunismo internacional; Irving Kaplan y David Weintraub, ambos miembros del Partido Comunista, fueron otros espías judíos introducidos en el Departamento del Tesoro.

El juez Louis Dembitz Brandeis, quien había dicho que para ser buen norteamericano había que ser buen sionista, pese a que tenía en Félix Frankfurter a un hombre de confianza junto al presidente, estuvo con frecuencia al acecho para presionar cuando fue preciso. Samuel I. Rosenman, uno de los jueces judíos de la Corte Suprema muy cercano a Brandeis, era quien escribía los discursos de Roosevelt y más tarde escribió también los más importantes de Harry Solomon Truman. Él fue quien propuso y organizó el "brain trust" que formuló las políticas que posteriormente constituyeron el "New Deal". Fue en uno de los dicursos escritos por Rosenman donde apareció la frase que iba a hacer historia, aquella en la que prometía "a new deal for the american people". Rosenman formó parte del Consejo de la Casa Blanca entre 1943 y 1946, por lo que fue asimismo consejero de Truman, el presidente judío y masón del grado 32 por el rito escocés que ordenó los bombardeos atómicos sobre Japón. A pesar de que Rosenman fue una figura clave en la investigación de los crímenes de guerra, no apreció ningún problema en los genocidios de Hiroshima y Nagasaki. Otro juez, en este caso de la Corte Suprema de Nueva York, que tenía conexiones con Brandeis fue Samuel Dickstein, el cual jugó un papel determinante en la formación del Comité de Actividades Antiamericanas, que persiguió a disidentes y sospechosos de simpatizar con Alemania. A estos nombres de personajes próximos a Brandeis que pululaban en el entorno de Roosevelt hay que añadir otros dos sionistas ya conocidos, Samuel Untermayer y el rabino Stephen Wise.

Otro consejero judío con gran influencia sobre el presidente era Edward A. Filene, quien estaba asociado con Franklin D. Roosevelt desde 1907. Filene consiguió que la Administración Roosevelt aprobara en 1934 la "Federal Credit Union Act", una ley para regular el crédito que originó la CUNA (Credit Union National Association). Un socio de Filene, Louis Kirstein, fue con frecuencia consejero del presidente para asuntos relacionados con Palestina. Kirstein, uno de los sionistas más prominentes de Estados Unidos, fue presidente del Comité Ejecutivo del "American Jewish Committee", presidente honorario del "United Jewish Appeal" y director nacional del "Jewish Welfare Board". United Jewish Appeal se dedicaba a obtener fondos para promover la inmigración en Palestina. El "Kirstein Committee" trabajaba para buscar la cooperación de todos los judíos con el sionismo. Otro sionista que actuó primero como ayudante de Roosevelt y posteriormente de Truman fue David Niles, un inmigrante de origen ruso. Sus apologistas le atribuyen gran influencia sobre el presidente y aseguran que era capaz de lograr que Roosevelt cediera ante las demandas y argumentos de los sionistas, a los que él facilitaba acceso permanente a la Casa Blanca.

Muy significativos fueron asimismo los nombramientos de embajadores en la URSS. El primero de ellos fue William C. Bullitt, amigo íntimo de Roosevelt e integrante del "brain trust", cuya madre, Louise Gross (Horowitz), hija de Jonathan Horowitz, era de origen judío. Bullitt fue el primer embajador en Moscú y estuvo en el cargo desde 1933 hasta 1936. Su siguiente destino fue la Embajada en París, desde la cual mantenía conversaciones diarias con el presidente norteamericano. Bullitt se convirtió en una especie de embajador itinerante que trabajaba en favor de la guerra mundial. El que fue primer secretario de Defensa de Estados Unidos, James Forrestal, cuyo "suicidio" relataremos en el capítulo XI, escribió en *The Forrestal Diaries* (1951) un párrafo muy famoso sobre Bullitt y los impulsores de la guerra:

> "27 de diciembre de 1945
> Hoy he jugado a golf con Joe Kennedy (Joseph P. Kennedy, que fue embajador de Roosevelt en Gran Bretaña en los años que precedieron a la guerra). Le he preguntado sobre sus conversaciones con Roosevelt y con Neville Chamberlain a partir de 1938. Dijo que la posición de Chamberlain en 1938 era que Inglaterra no tenía motivos para luchar y que no podía arriesgarse a una guerra con Hitler. Punto de vista de Kennedy: Que Hitler se hubiera enfrentado con Rusia sin un subsiguiente conflicto con Inglaterra si no hubiera sido por las exhortaciones de Bullitt a Roosevelt en el verano de 1939 sobre la necesidad de confrontar a Alemania en favor de Polonia; ni los franceses ni los británicos hubieran hecho de Polonia una causa de guerra si no hubiera sido por las constantes demandas de Washington. Bullitt, dijo, insistió a Roosevelt que los alemanes no lucharían. Kennedy dijo que lo harían, y que invadirían Europa. Chamberlain, dice (Kennedy), le declaró que América y la judería mundial habían forzado a Inglaterra a la guerra."

El sucesor de Bullit ante Stalin fue un sionista vinculado a Wall Street y también amigo personal de Roosevelt, Joseph E. Davies, un admirador de la URSS que se mantuvo en el cargo hasta junio de 1938. Su sustituto fue una vez más un judío sionista, Laurence A. Steinhardt, el cual era sobrino de Samuel Untermayer y miembro de la "Federation of American Zionists" y de la "American Zion Commonwealth".

La retahíla de nombres de agentes judíos en los distintos departamentos de la Administración Roosevelt es especialmente numerosa en el ámbito de las relaciones laborales. En primer lugar destaca Sidney Hillman, que organizó el apoyo del mundo del trabajo al presidente escogido por Wall Street. Consejero de Roosevelt, este judío de origen lituano, nieto de un rabino talmudista, era capaz a los trece años de memorizar varios volúmeners del Talmud e iba para rabino; pero las doctrinas comunistas de Marx lo impulsaron hacia la revolución y se convirtió en un activista del Bund judío. En Estados Unidos fundó el Congreso de Organizaciones

Industriales y fue uno de los líderes comunistas infiltrados en la Administración. Otro judío de origen lituano era el economista Isador Lubin, nombrado director del Gabinete de Estadísticas Laborales por Frances Perkins, secretaria de Trabajo también de origen judío, aunque ello no está plenamente confirmado, pues fue adoptada al nacer. Isador Lublin fue un sionista destacado que trabajó durante más de veinte años como consejero de la "United Israel Appeal" y la "Jewish Agency for Israel". Además de ser un íntimo colaborador de Perkins, Lublin se convirtió en un confidente de confianza de Roosevelt. Frances Perkins introdujo en el Departamento de Trabajo a numerosos inmigrantes judíos procedentes de países del este de Europa, otro de ellos fue David Joseph Saposs (David Saposnik). Nacido en Kiev, Saposs fue en 1935 el principal economista del recien creado NLRB (National Labor Relations Board) y posteriormente sería fichado por Nelson Rockefeller como asesor en temas laborales. Otros judíos integrantes o relacionados con el Departamento de Trabajo de Frances Perkins fueron: Max Zaritsky, hijo de un rabino en Rusia, sionista muy activo que perteneció a la "Jewish National Workers Alliance" y fue también tesorero del "National Labor Committee for Palestina"; David Dubinsky (David Isaac Dobniesky), miembro del Bund nacido en Bielorusia y emigrado a Estados Unidos en 1911; William M. Leiserson, Benedict Wolf, A. H. Meyers, Frances Jerkowitz, Rose Schneiderman, Leo Wolman, Edward Berman, Jacob Perlman...

Si en Rusia los banqueros internacionales querían a hacerse con el control de la riqueza y los recursos del país merced a la actuación de los agentes que ellos habían colocado en el poder, en Estados Unidos el socialismo corporativo o empresarial asociado a Roosevelt perseguía la eliminación de la competencia y, bajo fachadas filantrópicas de tipo social y gracias a la protección del Estado, aspiraba a hacerse con el control de las principales empresas de la nación. En otras palabras, se trataba de favorecer a unos pocos y garantizar al máximo sus beneficios merced a una política legislativa que permitía la concentración de los negocios en manos de "socialistas corporativos" que prestarían servicios públicos desde sus empresas privadas. Sus máximos representantes ideólogicos eran "filósofos financieros" de Wall Street como Bernard Baruch, los Warburg u Otto Kahn, de Kuhn Loeb & Co., o sea, los mismos personajes que habían financiado la revolución bolchevique.

Hecha esta reseña escueta sobre Roosevelt y sobre quiénes estaban detrás de él, ha llegado el momento de conocer los textos de Louis Thomas McFadden. Bastantes cosas dichas hasta ahora en esta obra encuentran su confirmación en las intervenciones geniales de un congresista íntegro y honesto, cuyos discursos son documentos sensacionales que deberían ser traducidos a distintas lenguas y divulgados ampliamente. Las denuncias de McFadden son asombrosas por su valentía, pues finalmente le costaron la vida. Este congresista republicano por Pensilvania fue durante diez años presidente del Comité de Banca y Moneda del Congreso, por lo cual era un experto en la materia y sabía muy bien de lo que estaba hablando cuando expuso los crímenes de los banqueros de la Reserva Federal.

El semanario *Pelley's Weekly* publicó el 14 de octubre de 1936 una información sobre la muerte de Louis T. McFadden, acaecida el 3 de octubre de 1936. Según esta publicación, familiares del congresista denunciaron que había sufrido dos atentados contra su vida. El primer intento sucedió cuando bajaba de un taxi frente a un hotel de la capital. Alguien que estaba emboscado disparó dos veces con un revólver, pero falló y las balas se incrustaron en la carrocería del vehículo. La segunda tentativa tuvo lugar durante un banquete político en Washington. Después de comer McFadden sufrió violentas convulsiones. Por suerte un médico amigo que se encontraba allí pudo evitar la muerte por envenenamiento y supo salvarlo mediante un tratamiento de urgencia. Poco tiempo después, un súbito paro cardíaco le provocó la muerte instantánea. Richard C. Cook, experto en temas de política y economía en Estados Unidos, afirma convencido que "a la tercera los asesinos tuvieron éxito y pudieron acabar con el crítico más elocuente del sistema de la Reserva Federal."

Los discursos parlamentarios de McFadden están editados en un libro titulado *Federal Reserve Exposed. Collective Speeches of Congressman Louis T. McFadden*. El 10 de junio de 1932 McFadden pronunció en el Congreso de los Estados Unidos un discurso histórico en el que solicitaba una auditoría de los bancos de la Reserva Federal y exigía la derogación de la Ley de la Reserva Federal. Sigue un resumen del texto del discurso, pronunciado en un momento álgido de la Gran Depresión.

Discurso de McFadden pronunciado el 10 de junio de 1932

"Sr. presidente, en estas sesiones del Congreso hemos considerado situaciones de emergencia. Hemos hablado de los efectos y no de las causas de los hechos. En esta intervención trataré sobre las causas que nos han conducido a esta situación. Existen principios subyacentes que son responsables de las condiciones que estamos padeciendo ahora, y yo trataré de uno de ellos en particular que es tremendamente importante en cuanto a las consideraciones de esta proposición.

Sr. presidente, tenemos en este país una de las instituciones más corruptas jamas conocidas en el mundo. Me refiero al Consejo de la Reserva Federal y a los bancos de la Reserva Federal. El Consejo de la Reserva Federal ha estafado al Gobierno de los Estados Unidos y al pueblo de Estados Unidos suficiente dinero como para pagar la deuda nacional. Los expolios e iniquidades del Consejo de la Reserva Federal y de los bancos de la Reserva Federal actuando de común acuerdo han costado a este país suficiente dinero como para pagar varias veces la deuda nacional. Esta maléfica institución ha arruinado y empobrecido al pueblo de Estados Unidos, ha provocado su propia quiebra y ha provocado pácticamente la quiebra de nuestro Gobierno. Lo ha hecho a través de los defectos de la ley bajo la cual opera, a través de la administración desastrosa de la Ley por el Consejo de la Reserva Federal y a través de las prácticas corruptas de los buitres del dinero que la controlan.

Algunas personas creen que los Bancos de la Reserva Federal son instituciones del Gobierno de Estados Unidos. No son instituciones gubernamentales. Son monopolios de crédito privados que rapiñan al pueblo de Estados Unidos en su propio beneficio y en el de sus representantes extranjeros; especuladores domésticos y extranjeros, estafadores y ricos prestamistas depredadores. En la sombría tripulación de los piratas financieros hay algunos que le cortarían la garganta a un hombre con tal de obtener un dólar de su bolsillo; están aquellos que envían dinero a los Estados para compar votos con el fin de controlar nuestra legislación; y están aquellos que sostienen propaganda internacional con el propósito de engañarnos para que otorguemos nuevas concesiones que les permitirán tapar sus felonías y poner de nuevo en marcha su gigantesco tren del crimen.

Estos doce monopolios de crédito privado (se refiere a los doce bancos de la Reserva Federal) fueron engañosamente y deslealmente impuestos a este país por banqueros que llegaron aquí desde Europa y agradecieron nuestra hospitalidad socavando nuestras instituciones americanas. Estos banqueros sacaron dinero de este país para financiar a Japón en su guerra contra Rusia. Crearon el reino del terror en Rusia con nuestro dinero con el fin de promover la guerra. Indujeron a una paz separada entre Alemania y Rusia y de este modo impulsaron la división entre los aliados en la guerra mundial. Financiaron el viaje de Trotsky desde Nueva York a Rusia a fin de que pudiera contribuir en la destrucción del imperio ruso. Fomentaron e instigaron la revolución rusa y colocaron a disposición de Trotsky una gran fondo de dólares americanos en una de sus filiales bancarias en Suecia, a través del cual los hogares rusos pudieran ser completamente rotos y los niños rusos alejados de sus protectores.

Se ha dicho que el presidente Wilson fue engañado por los agasajos de estos banqueros y por las apariencias filantrópicas que adoptaron. Se ha dicho que cuando descubrió el modo en que había sido engañado por el coronel House, se volvió en contra de este entrometido, este 'monje sagrado' del imperio financiero, y le mostró la puerta. Tuvo la elegancia de hacer esto; y en mi opinión merece alabanza por ello. El presidente Wilson fue una víctima del engaño. Cuando llegó a la presidencia, tenía ciertas cualidades mentales y anímicas que le facultaban para un lugar destacado en esta nación. Pero había una cosa que él no era y que nunca aspiró a ser. No era un banquero. Dijo que sabía muy poco sobre banca. Fue por consiguiente por consejo de otros que la perversa Ley de la Reserva Federal -la condena a muerte de la libertad americana- se convirtió en una ley durante su mandato.

En 1912 la National Monetary Association, bajo la presidencia del senador Nelson W. Aldrich, hizo un informe y presentó una ley perversa llamada Ley de Asociación de la Reserva Nacional. Dicha ley es generalmente conocida como la Ley Aldrich. Él era la herramienta, si no el cómplice, de los banqueros europeos que durante casi veinte años han estado confabulándose para fundar un banco central en este país, y que en 1912 habían gastado e iban a continuar gastando enormes sumas de dinero para conseguir su propósito. Nosotros nos oponíamos al plan para un banco central. Los hombres que dirigen el Partido Demócrata prometieron entonces a la gente que si regresaban al poder no habría aquí banco central en tanto ellos sostuvierasn las riendas del poder. Trece meses más tarde esta promesa fue rota y la Administración Wilson, bajo el tutelaje de aquellas siniestras figuras de Wall Street que estaban detrás del coronel House, establecieron aquí en nuestro país libre la carcomida institución para controlarnos desde arriba hasta abajo y para encadenarnos desde la cuna hasta la sepultura.

Una de las grandes batallas para la protección de esta República se libró aquí en los tiempos de Jackson, cuando se creó el segundo banco de los Estados Unidos, fundado bajo los mismos falsos principios que están ejemplificados en la FED. Después de ello, en 1837, el país fue alertado contra los peligros que pueden acontecer si estos mismos intereses depredadores, después de haber sido desterrados, volvieran disfrazados y se aliaran con el fin de hacerse con el control del Gobierno. Esto es lo que hicieron cuando regresaron con la librea de la hipocresía y con falsas pretensiones obtuvieron el texto de la Ley de la Reserva Federal. El peligro sobre el que este país fue advertido nos ha caído encima y se demuestra en la cadena de horrores que tienen que ver con la traicionera y deshonesta FED. Miren a su alrededor cuando abandonen esta Cámara y veran evidencias de ello por todos lados. Este es un tiempo de miseria y por las condiciones que causaron esta miseria el Consejo de la Reserva Federal y los bancos de la Reserva Federal son plenamente responsables. Este es un tiempo de crímenes económicos y en la financiación de los delitos la FED no juega el papel de espectador desinteresado.

... El infame coronel House, consejero económico del presidente Woodrow Wilson, fue en gran medida responsable no sólo de la primera Gran Depresión, sino del endeudamiento artificial, del desahucio y del colapso cíclico que resultó de la engañosamente llamada Ley de la Reserva Federal. House fue principalmente responsable por la creación de la Reserva Federal. Según consta, fue visto constantemente junto al presidente, confundiéndolo siempre con una inadecuada jerga económica. El mismo presidente dijo bromeando que House había llegado a ser su alter ego. En verdad, House dominó al presidente con las intenciones ocultas de los autores del Plan Aldrich, sin poner a su disposición ciencia cierta... En la víspera del 23 de diciembre de 1913, aprobaron la Ley de la Reserva Federal durante la ausencia navideña de muchos legisladores que se oponían a ella. Por tanto la ley no sólo fue aprobada sin consentimiento público, sino en violación explícita del mandato público.

Mientras tanto y a causa de ello, nosotros mismos nos encontramos ahora en medio de la mayor depresión que hemos conocido. Desde el Atlántico al Pacífico nuestro país ha sido asolado por las prácticas funestas de la FED y de los intereses que la controlan. En ningún momento de nuestra historia el bienestar general de la gente a estado en un nivel tan bajo o las mentes de las personas tan llenas de desesperanza. Recientemente, en uno de nuestros Estados sesenta mil casas particulares y granjas fueron sacadas a subasta en un solo día. Según el reverendo Charles E. Coughlin, que hace poco ha testificado ante un comité de esta Casa, setenta y una mil casas y granjas en el condado de Oakland, Michigan, fueron vendidas y sus antiguos propietarios, desposeídos. Casos similares seguramente han tenido lugar en cada condado de Estados Unidos. La gente que ha sido expulsada son así los desperdicios de la Ley de la Reserva Federal. Son víctimas de los deshonestos y despiadados bancos de la FED. Sus hijos son los nuevos esclavos del salón de las subastas en el resurgimiento aquí de la esclavitud de los seres humanos."

La intervención McFadden continuaba con citas de declaraciones de distintos expertos realizadas en 1913 ante comités de Banca y Moneda del Senado o del Congreso. La tónica predominante en todas ellas es la denuncia del Sistema de la Reserva Federal, que constituye un atentado contra las libertades y la soberanía de la nación. El congresista pasó a continuación a criticar la salida al extranjero de las reservas de sus bancos y acusó nuevamente a los banqueros de la FED de actuar como agentes de bancos centrales extranjeros y de utilizar el dinero de los depositarios en beneficio de las principales casas bancarias europeas, todo lo cual se hacía a costa del Gobierno de Estados Unidos y en perjuicio del pueblo norteamericano. McFadden pidió que América fuera salvada para los americanos y exigió que se destruyera la FED, puesto que las reservas nacionales eran incautadas en beneficio de extranjeros. Ya que antes hemos visto las inversiones de los banqueros de Wall Street en Alemania con el fin de hacerse con el control de empresas alemanas, reproducimos la parte de la intervención que alude a estas operaciones y sigue con algunas cifras sobre la magnitud del tinglado montado por los "banksters" internacionales que hoy estrujan a las naciones con los mismos métodos.

"Sr. presidente, billones y billones de nuestro dinero han sido bombeados dentro de Alemania y dinero está aún siendo bombeado a Alemania por el Consejo de la Reserva Federal y por los bancos de la Reserva Federal. Su papel sin valor todavía se negocia y se renueva aquí con crédito público del Gobierno de Estados Unidos. El 27 de abril de 1932 la pandilla de la Reserva Federal envió a Alemania $750,000 en oro que pertenecen a depositantes en bancos americanos. Una semana más tarde otros $300,000 en oro fueron enviados a Alemania de la misma manera. A mitad de mayo $12,000,000 en oro fueron remitidos a Alemania por la

FED. Casi cada semana hay un envío de oro a Alemania. Estas remesas no se hacen para ganar dinero en el cambio, ya que el marco alemán está por debajo en la paridad con el dólar.

Sr. presidente, creo que los depositantes estadounidenses en el Banco Nacional tienen derecho a saber que está haciendo con su dinero el Consejo de la Reserva Federal y los bancos de la Reserva Federal. Hay millones de depositantes en este país que no saben que un porcentaje de cada dólar que ellos depositan en un banco miembro del Sistema de la Reserva Federal se va automáticamente a los agentes americanos de bancos extranjeros, y que todos sus depósitos pueden ser abonados fuera a extranjeros sin su conocimiento o consentimiento por la fraudulenta organización de la Ley de la Reserva Federal y por las prácticas dudosas de los bancos de la Reserva Federal.

Sr. presidente, el pueblo americano debería conocer la verdad de boca de sus servidores públicos. El Consejo de la Reserva Federal y los bancos de la Reserva Federal han sido banqueros internacionales desde el principio -con el Gobierno de Estados Unidos como su banquero obligatorio, y suministrador de moneda. Pero no es, no obstante, extraordinario ver a estos doce monopolios de crédito privados comprando una y otra vez deudas extranjeras en todas partes del mundo y pidiendo al Gobierno de Estados Unidos nuevas emisiones de billetes como intercambio de estas deudas. La magnitud del chanchullo tal como ha sido desarrollado por los bancos de la Reserva Federal, sus corresponsales extranjeros, y los banqueros depredadores europeos que pusieron en funcionamiento aquí la institución de las Reserva Federal y enseñaron a nuestros propios piratas cómo robar a la gente... la magnitud de este chanchullo se estima que se aproxima a $9,000,000,000 (nueve billones de dólares) al año. En los últimos diez años se dice que ha ascendido a $90,000,000,000 (noventa billones). Vinculado con esto, tienen ustedes, con un alcance de billones de dólares, el juego con los títulos de la deuda de Estados Unidos, que tiene lugar en el mismo mercado de valores, un juego en el que el Consejo de la Reserva Federal está gastando ahora $100,000,000 a la semana. Los billetes de la Reserva Federal son tomados del Gobierno de Estados Unidos en cantidades ilimitadas. ¿Es extraño que la carga de suministrar estas inmensas cantidades de dinero a la fraternidad del juego se haya convertido en una carga demasiado pesada para el pueblo americano?"

La histórica intervención del congresista finalizó con la petición de una auditoría de los bancos de la Reserva Federal, la cual más de ochenta años después sigue sin realizarse. McFadden denunció que el Consejo de la Reserva Federal había usurpado el Gobierno de los Estados Unidos: "Lo controla todo aquí. Controla nuestras relaciones internacionales y monta o desmonta gobiernos cuando quiere."

Los discursos de McFadden en 1933

Ya con Franklin D. Roosevelt en la Casa Blanca, Louis T. McFadden denunció que el nuevo presidente estaba a las órdenes de los banqueros internacionales, lo cual corrobora la tesis de Antony Sutton apuntada ya al comienzos de este apartado. El 23 de mayo de 1933, Louis T. McFadden imputó formalmente al Consejo de Gobernadores de la Reserva Federal, al interventor monetario y al secretario del Tesoro por numerosos actos criminales, que incluían conspiración, fraude, ilegalidad en el tipo de cambio y traición. Sigue, pues, un nuevo resumen de lo más significativo de sus intervenciones durante el año 1933, que comienza con la denuncia de que el plan de los banqueros persigue la esclavitud del mundo.

> "Sr. presidente, cuando se aprobó la FED, el pueblo de Estados Unidos no se dio cuenta de que se estaba instalando aquí un sistema mundial... Que este país iba a suministrar el poder financiero a un 'superestado internacional'. Un superestado controlado por los banqueros internacionales y los industriales internacionales actuando de común acuerdo para esclavizar al mundo por su propio placer. Los estadounidenses están siendo enormemente perjudicados. Han perdido sus empleos, han sido desposeídos de sus casas, han sido desahuciados de sus alojamientos alquilados, han perdido a sus niños y se les ha abandonado al sufrimiento y a la muerte ante la falta de cobijo, comida, vestidos y medicinas. La riqueza de Estados Unidos y el capital del trabajo han sido sustraídos y guardados bajo llave en las cajas fuertes de ciertos bancos y de ciertas corporaciones o exportados a países extranjeros para beneficio de los clientes extranjeros de estos bancos o corporaciones. Por lo que concierne al pueblo de Estados Unidos, la despensa está vacía. Es cierto que los almacenes y los depósitos de carbón y los silos de grano están llenos, pero están cerrados con candado y los grandes bancos y corporaciones tienen las llaves. El saqueo de Estados Unidos por la FED es el mayor crimen de la historia."
>
> ... Señor presidente, lo que se precisa es un regreso a la Constitución de Estados Unidos. La vieja lucha que se libró aquí en tiempos de Jackson debe repetirse. Debería restablecerse el Tesoro independiente de los Estados Unidos y el Gobierno debería guardar bajo llave su propio dinero en el edificio del pueblo pensado con este propósito. La FED debería ser abolida y las fronteras de Estado deberían ser respetadas. Las reservas bancarias deberían ser mantenidas dentro de los límites de los Estados a cuya gente pertenecen, y esta reserva de dinero de las personas debería ser protegida de manera que los banqueros internacionales no pudieran hurtarla. La FED debería ser abolida y sus bancos, habiendo violado sus estatutos, deberían ser liquidados inmediatamente. Los empleados gubernamentales desleales que han violado su promesa deberían ser destituidos y llevados a juicio. Si esto no se hace, pronostico que el pueblo

americano, ultrajado, saqueado, insultado y traicionado en su propia tierra, se levantará airado y barrerá a los cambistas del templo.
Sr. presidente, Estados Unidos está en quiebra: ha sido quebrado por la corrupta y deshonesta FED. Ha repudiado las deudas a sus propios ciudadanos. Su principal acreedor extranjero es Gran Bretaña y un esbirro británico ha estado en la Casa Blanca y agentes británicos están en el Tesoro de Estados Unidos haciendo inventario, organizando los plazos de las liquidaciones. Señor, presidente, la FED ha ofrecido atender a las demandas británicas a costa del pueblo americano mediante engaño y corrupción, a cambio de que Gran Bretaña les ayude a ocultar sus crímenes. Los británicos están protegiendo a sus agentes de la FED porque no quieren que se destruya el sistema de robo. Desean que continúe para su beneficio. A través de él, Gran Bretaña se ha convertido en la directora financiera del mundo. Ha recuperado la posición que ocupaba antes de la guerra mundial. Durante varios años ha sido un socio silencioso en los negocios de la FED. Bajo amenaza de chantaje o a través de su soborno o mediante la traición de ciudadanos americanos al pueblo de Estados Unidos, los agentes que están al frente de la FED, imprudentemente, han concedido a Gran Bretaña inmensos préstamos de oro que alcanzan cientos de millones de dólares. ¡Ha hecho esto en contra de la ley! Estos préstamos en oro no fueron simples transacciones. Han concedido a Gran Bretaña el poder de pedir billones en préstamos. Gran Bretaña saca billones fuera del país por medio de su control de la FED."

El siguiente pasaje hace referencia al abandono del patrón oro por parte de Gran Bretaña en 1931 y a las medidas que tomó posteriormente el presidente Roosevelt. En la nota número 9 se ha aludido de pasada a estas medidas y ahora podemos apreciar la crítica de McFadden. Para entender adecuadamente el fragmento que sigue, hay que saber que la primera propuesta que Roosevelt presentó ante el Congreso el 9 de marzo de 1933, cinco días después de su toma de posesión, fue la EBA (Emergency Banking Act). Dicha ley fue aprobada con tanta urgencia que ni siquiera circuló en la Casa de Representantes una copia del texto para que los congresistas pudieran por lo menos, sino estudiarla, leerla. El texto se aprobó tras una lectura en voz alta hecha por el presidente del Comité de Banca, Henry Steagall. Cuatro días antes de la aprobación de la Ley de Emergencia Bancaria, el presidente Roosevelt había decretado un cierre de todos los bancos, que no abrieron sus puertas hasta el 13 de marzo. El cierre no afectó, por supuesto, a los bancos de la Reserva Federal, que fueron los únicos que pudieron operar en todo el país. Quizá sea de interés añadir para valorar mejor las intervenciones de McFadden que en julio de 1932 el índice Dow Jones había perdido el 90% de su valor desde 1929, que el PIB americano había caído un 60% y que más de cuatro mil bancos desaparecieron.

"...Sr. presidente, el cierre de los bancos en los distintos Estados fue provocado por la corrupta y deshonesta FED. Esta institución manipuló el dinero y el crédito y fue la causante de la orden de las vacaciones bancarias. ¡Estas vacaciones fueron un montaje! No había emergencia nacional aquí cuando Franklin D. Roosevelt tomó posesión, con la excepción de la bancarrota de la FED, una bancarrota que había sido encubierta durante varios años y que había sido ocultada a la gente para que continuara permitiendo que sus depósitos bancarios y sus reservas bancarias y su oro y los fondos del Tesoro de los Estados Unidos fueran incautados por estas instituciones en quiebra. Protegidos, los depredadores banqueros internacionales han ido trasladando sigilosamente la carga de las deudas de la FED al Tesoro y al propio pueblo, que paga su estafa. Esa es la única emergencia nacional que ha habido aquí desde que empezó la depresión. La semana anterior a que se decretase el cierre bancario en el Estado de Nueva York, los depósitos en los bancos de ahorro de Nueva York eran mayores que los reintegros. No había temores en los bancos de Nueva York. No había necesidad de un cierre bancario ni en Nueva York ni en el país. ¡Roosevelt hizo lo que los banqueros internacionales le ordenaron que hiciera! No se engañe, señor presidente, ni permita ser engañado por otros en la creencia de que el despotismo de Roosevelt está de alguna manera encaminado a beneficiar a la gente: ¡Roosevelt se está preparando para firmar en la línea de puntos! ¡Se esta preparando para cancelar las deudas de la guerra de manera fraudulenta! Se está preparando para internacionalizar este país y para destruir la misma Constitución con el fin de mantener la FED intacta como institución monetaria para extranjeros.

Sr. presidente, no veo por qué razón hay que aterrorizar a los ciudadanos a fin de que entreguen su propiedad a los banqueros internacionales que poseen la FED. La declaración de que el oro será confiscado a sus propietarios legales si no lo entregan voluntariamente, para intereses privados, demuestra que hay un anarquista en nuestro Gobierno. ¡La declaración de que es necesario que la gente entregue su oro -el único dinero verdadero- a los bancos con la finalidad de proteger la moneda es una declaración de calculada deshonestidad! A través de esta desleal usurpación de poder en la noche del 5 de marzo de 1933, y mediante su proclamación, que en mi opinión fue una violación de la Constitución, Roosevelt separó la moneda de los Estados Unidos del oro, y la moneda de los Estados Unidos ya no está protegida por el oro. Es, por consiguiente, pura deshonestidad decir que el oro de la gente es necesario para proteger la moneda. Roosevelt ordenó a la gente que entregase su oro a los intereses privados, es decir, a los bancos, y tomó el control de los bancos de manera que todo el oro y los valores en oro que albergaban pudieran ser entregados a los banqueros internacionales que poseen y controlan la FED. Roosevelt vincula su suerte con los usureros. Escoge salvar a los corruptos y a los deshonestos a costa del pueblo de Estados Unidos. Se aprovechó de la confusión y del agotamiento de la gente y extendió la emboscada en todo el país para agarrar cualquier cosa de valor. Hizo una gran redada para los banqueros internacionales. El primer ministro de Gran Bretaña (se refiere al viaje de Ramsey McDonald) vino aquí a por dinero. ¡Vino aquí a hacer caja! Vino aquí con moneda de la FED y otras reclamaciones a la FED que Inglaterra había acaparado en todas partes del mundo y las presentó para cobrar en oro.

Sr. presidente, estoy a favor de obligar a la FED a pagar sus propias deudas. No veo por qué el público en general debe ser forzado a pagar las deudas de juego de los banqueros internacionales. Con su acción de cerrar los bancos de Estados Unidos, Roosevelt se apoderó de los depósitos bancarios en oro por valor de cuarenta billones o más. Estos depósitos eran depósitos de valores en oro. Con esta acción se obligó a pagarles a los depositantes sólo en papel, en todo caso. El papel moneda que propone desembolsar a los depositantes de los bancos y a la gente en general en lugar de sus valores en oro tan duramente ganados tiene un valor nimio, pues no está basado en nada con lo que la gente lo pueda convertir. Es el dinero de esclavos, no de hombres libres.

Al mediodía del 4 de marzo de 1933, FDR con su mano sobre la Biblia prometió preservar y proteger la Constitución de Estados Unidos. En la medianoche del 5 de marzo de 1933, confiscó la propiedad de los ciudadanos americanos. Rechazó la deuda interna del Gobierno a sus propios ciudadanos. Destruyó el valor del dólar americano. Liberó, o trató de liberar, a la FED de su responsabilidad contractual de liquidar su moneda en oro o en dinero legal en paridad con el oro. Deprecó el valor de la moneda nacional. El pueblo de Estados Unidos está ahora utilizando como dinero trozos de papel no canjeables. El Tesoro no puede liquidar este papel en oro o en plata. El oro y la plata del Tesoro han sido entregados ilegalmente a la corrupta y deshonesta FED. Y la Administración ha tenido el descaro de saquear el país para obtener más oro para los intereses privados diciendo a los patriotas ciudadanos que su oro es necesario para proteger la moneda. ¡No está siendo utilizado para proteger la moneda! Esta siendo usado para proteger a la corrupta y deshonesta FED. Los directores de estas instituciones han perpetrado una afrenta contra el Gobierno de Estados Unidos, y debe incluirse el delito de realizar entradas falsas en sus libros de contabilidad y el crimen aún más importante de retirar fondos del Tesoro de los Estados Unidos. El saqueo del oro de Roosevelt pretende ayudarlos a salir del hoyo cavado por ellos mismos cuando se jugaron los ahorros del pueblo norteamericano. Los banqueros internacionales han establecido aquí una dictadura porque quieren un dictador que los proteja. Quieren un dictador que haga una proclama que otorgue a la FED libertad incondicional y absoluta. ¿Ha Roosevelt aliviado a otros deudores en este país de la necesidad de pagar sus deudas? ¿Ha hecho alguna proclamación diciendo a los granjeros que no precisan pagar sus hipotecas? ¿Ha anunciado que las madres que tienen hijos hambrientos no tienen que pagar la leche? ¿Ha liberado a los dueños de casas de tener que pagar la renta? Desde luego que no. Sólo ha emitido una proclamación para tranquilizar a los banqueros internacionales y a los deudores extranjeros del Gobierno de Estados Unidos.

Sr. presidente, el oro en los bancos de este país pertenece al pueblo norteamericano, que tiene contratos de papel moneda por él bajo la forma de moneda nacional. Si la FED no puede cumplir sus contratos con los ciudadanos de Estados Unidos para canjear su papel moneda por oro, o dinero legal, entonces la FED debe ser relevada por el Gobierno de Estados Unidos y sus directivos deben ser juzgados. Debe haber un día de ajuste de cuentas. Si la FED ha robado al Tesoro, de manera que el Tesoro no puede liquidar en oro la moneda de la cual es responsable, entonces la FED debe ser expulsada del Tesoro. Señor presidente, un certificado en oro equivale a un recibo de depósito en el almacén de oro del Tesoro, y la persona que tiene un certificado en oro es el actual propietario de una cantidad correspondiente de oro apilada en el Tesoro. Ahora llega Roosevelt que quiere fundir el valor del dinero declarando ilegalmente que ya no puede ser convertido en oro a voluntad del poseedor.

El siguiente robo de Roosevelt para los banqueros internacionales fue la reducción del sueldo de los empleados federales. Los siguientes son los veteranos de todas las guerras, muchos de los cuales son ancianos y están enfermos o incapacitados... No veo el motivo por el que estos veteranos de la guerra civil deben ser obligados a renunciar a sus pensiones para beneficio financiero de los buitres internacionales que han saqueado el Tesoro, que han llevado el país a la bancarrota y lo han entregado traicioneramente a un enemigo extranjero. Hay muchas maneras de obtener ingresos públicos que son mejores que este acto barbárico de injusticia. ¿Por que no recaudar de la FED la cantidad que adeudan al Tesoro de Estados Unidos en interés por todo el dinero que han tomado del Gobierno? Esto aportaría billones de dólares al Tesoro. Si FDR fuera honesto como pretende, hubiera hecho esto inmediatamente. Y además, ¿por qué no forzar a la FED a revelar sus beneficios y a pagar al Gobierno su parte? Hasta que esto se haga, es de una deshonestidad nauseabunda hablar de mantener la reputación del Gobierno."

La intervención del congresista se prolongó para denunciar a los banqueros internacionales como "enemigos del pueblo" y siguió con nuevas acusaciones a FDR por estar a su servicio y por encubrir sus crímenes en lugar de "obligar a los buitres y estafadores de la FED a devolver lo robado." Finalizó con una retahíla de nombres de personas vinculadas a diferentes delitos, el principal de los cuales era la apropiación de fondos del Tesoro. Entre los acusados por McFadden figuraban servidores gubernamentales, miembros del Consejo de la Reserva Federal y un buen puñado de agentes a su servicio. Pidió al Comité de Justicia de la Cámara que investigara e informase al Congreso para que se destituyera a quienes fueran hallados culpables y pudiesen ser presentados ante los tribunales de justicia.

Los discursos de 1934

Como consecuencia de sus intervenciones en la Casa de Representantes durante 1934, pronto surgieron las habituales acusaciones de antisemitismo contra Louis T. McFadden. Como es sabido, quienes critican las actuaciones criminales de determinados judíos son tildados de antisemitas, lo cual suele ser una falacia. Hoy se ha llegado al punto de considerar antisemitas a quienes condenan los crímenes del sionismo. Del mismo modo que existen distintas lenguas semitas, hay que hablar de diversos pueblos semitas, los palestinos entre ellos, por supuesto. Paradójicamente, los sionistas, que no son semitas, pues mayoritariamente son askenazis descendientes de los kázaros, son los principales antisemitas del mundo, puesto que llevan casi setenta años tratando de acabar con un pueblo semita en Palestina. A McFadden le adjudicaron el calificativo porque denunció que la administración Roosevelt estaba controlada por judíos y porque se opuso a que el judío Henry Morgenthau fuera secretario del Tesoro. Los registros escritos de los discursos de 1934 permiten comprobar cómo durante los primeros meses McFadden prosiguió en sus acusaciones contra Roosevelt, contra la Reserva Federal y contra Gran Bretaña. El 15 de junio de 1934, sin embargo, McFadden pronunció un discurso sobre Jacob Schiff que reproducimos casi íntegro a continuación, puesto que es un documento que confirma una vez más cuanto hemos venido escribiendo sobre este banquero judío y su papel destacadísimo en la destrucción de la Rusia de los zares.

> "...En aquel tiempo un hombre llamado Jacob Schiff vino a este país como agente de ciertos prestamistas. Su misión era hacerse con el control de los ferrocarriles americanos. Este hombre era un judío. Era hijo de un rabino. había nacido en una de las casas de los Rothschild en Frankfurt, Alemania. Era un tipo pequeño con una cara agradable y, si recuerdo correctamente, sus ojos eran azules. A temprana edad partió de Frankfurt para hacer su fortuna y fue a Hamburgo, Alemania. En Hamburgo entró en el negocio bancario de los Warburg. Los Warburg de Hamburgo eran banqueros de toda la vida, con filiales en Amsterdam y Suecia... Un tiempo antes de la llegada de Schiff había en Lafayette, Indiana, una firma de mercaderes conocidos como Kuhn & Loeb. Creo que estaban ya aquí alrededor de 1850. Seguramente hicieron dinero a costa de los nuevos colonos que pasaban a través de Indiana en su viaje hacia el noroeste. Esta firma judía se trasladó finalmente a Nueva York, donde se instalaron como banqueros privados y se hicieron ricos.
> Jacob Schiff se casó con Teresa Loeb y se convirtió en el jefe de Kuhn Loeb & Co. Schiff ganó aquí muchísimo dinero para él y para los prestamistas de Londres. Empezó a dar órdenes a presidentes casi habitualmente. Parece que fue un hombre que no se detenía ante nada para lograr sus objetivos. No lo recrimino por ser judío, lo recrimino por

ser un provocador de conflictos. Rusia tuvo en Jacob Schiff a un poderoso enemigo. El pueblo norteamericano llegó a creer que su enemistad estaba causada por maldades hechas a los judíos rusos. Yo busqué en otra parte los motivos que lo impulsaban. En 1890 Jacob Schiff era el agente en este país de Ernest Cassell y otros prestamistas de Londres. Estos prestamistas tenían muchas ganas de una guerra entre inglaterra y Rusia y hacían propaganda diseñada para apoyar a Inglaterra en Estados Unidos. Este país era entonces un país deudor y pagaba anualmente una cantidad elevada a Schiff y a sus jefes. En consecuencia se encargó de predisponer a Estados Unidos contra Rusia. Lo hizo presentando al pueblo de Estados Unidos supuestas iniquidades contra los judíos rusos. Historias desagradables comenzaron a aparecer en la prensa. A los niños de este país les dijeron en las escuelas que los soldados rusos lisiaban de por vida a los niños judíos con el látigo. A través de recursos infames se fomentó la hostilidad entre Rusia y Estados Unidos.

Una de las argucias de Schiff fue la importación a gran escala de judíos rusos a Estados Unidos. Planeó diversas y variadas formas para el traslado temporal de estos emigrantes judíos. Dijo que no los haría entrar en este país por el puerto de Nueva York porque podría ser que les gustase demasiado Nueva York y luego no quisieran irse a los puestos de avanzada para los que habían sido seleccionados. Dijo que era preferible hacerlos llegar por Nueva Orleans y dejarlos allí durante dos semanas, 'de manera que pudieran pillar un poco de inglés y obtener un poco de dinero' antes de partir hacia lo que él llamó el 'interior de América'. Cómo iban a conseguir dinero, no lo dijo. Ayudados por Schiff y sus socios, muchos judíos rusos vinieron a este país en aquel tiempo y fueron nacionalizados. Muchos de estos judíos nacionalizados regresaron posteriormente a Rusia. Tan pronto regresaron a aquel país, reclamaron enseguida exención sobre las regulaciones domiciliarias impuestas allí a los judíos, es decir, reclamaron el derecho de vivir en cualquier lugar de Rusia porque eran ciudadanos americanos, o judíos 'yankees'. Hubo disturbios que fueron explotados por la prensa americana. Se produjeron revueltas, atentados con bombas y asesinatos que fueron pagados por alguien. Los autores de estas atrocidades parecen haber sido protegidos por poderosos intereses financieros. Mientras esto acontecía en Rusia, una vergonzosa campaña de mentiras fue orquestada aquí, y se gastaron grandes cantidades de dinero para hacer creer a la opinión pública que los judíos en Rusia eran una gente sencilla e inocente machacada por los rusos que necesitaba la protección del gran benefactor del mundo, el Tío Sam.

Llego ahora al momento en que se declaró la guerra entre Rusia y Japón. Ésta fue provocada merced a una habilidosa utilización de Japón con el fin de que Inglaterra no tuviera que combatir con Rusia en India. Era más barato y más conveniente para Inglaterra dejar que Japón peleara con Rusia en lugar de hacerlo ella misma. Como era esperado, Schiff y sus socios de Londres financiaron a Japón. Sacaron grandes cantidades de dinero de Estados Unidos con este propósito. El ambiente para la emisión de los préstamos había sido preparado con destreza. Las historias conmovedoras, en las que Schiff era un maestro, llegaron al corazón de los compasivos americanos. Los préstamos fueron un gran éxito. Millones de dólares americanos fueron enviados a Japón por Schiff y sus socios de Londres. Se aseguró el dominio de Inglaterra en India. Se impidió que Rusia entrase por el Paso Khyber y llegase a India por el noroeste. Al mismo tiempo se reforzó a Japón y se convirtió en un gran poder mundial, que como tal ahora nos hace frente en el Pacífico. Todo esto fue conseguido gracias al control de los medios de publicidad americanos, que comunicaban que los judíos rusos y los judíos 'yankees' estaban siendo perseguidos en Rusia, y vendiendo bonos de guerra japoneses a los ciudadanos americanos. Mientras la guerra ruso-japonesa estuvo en marcha, el presidente Theodore Roosevelt se ofreció para actuar como mediador, y una conferencia entre los beligerantes fue concertada en Portsmouth, New Hampshire. Cuando se celebró la conferencia, Jacob Schiff asistió y utilizó toda su influencia sobre Theodore Roosevelt para favorecer a Japón a costa de Rusia. Su principal objetivo, entonces y ahora, era la humillación de los rusos, cuyo único crimen era ser rusos en lugar de judíos. Intentó vejar a los rusos, pero el conde Witte, el plenipotenciario ruso, no se lo consintió. El poder de Schiff y el de su propaganda organizada fueron bien comprendidos por Witte. Por consiguiente no se sorprendió cuando el presidente Roosevelt, que era a menudo engañado, le pidió por dos veces que tratase con especial consideración a los judíos que con nacionalidad estadounidense habían regresado a Rusia. Witte se llevó a Rusia una carta de Roosevelt en la que figuraba esta súplica.

Sr. Presidente, las restricciones sobre los judíos en Rusia en aquel tiempo quizá hayan sido pesadas, pero pesadas o no, antes de que los rusos tuvieran ocasión de cambiarlas, Schiff había condenado el viejo tratado de ochenta años de amistad y buena voluntad entre Estados Unidos y Rusia. Hablando sobre este asunto, el conde Witte dice en su biografía: 'los rusos perdieron la amistad del pueblo americano'. Sr. presidente, no puedo creer que aquella gente, los auténticos rusos, perdieron nunca la amistad del pueblo americano. Se acabó con ellos para colmar las ambiciones de quienes pretenden ser los amos financieros del mundo, y algunos de nosotros fuimos engañados para que creyeramos que de alguna manera misteriosa ellos mismos eran los culpables. El abismo que se abrió de repente entre nosotros y nuestros viejos amigos y admiradores en Rusia fue un abismo creado por Jacob Schiff, el vengativo en su codicia inhumana, y él lo creó en nombre de la religión judía.

Sr. presidente, el pueblo de Estados Unidos no debería permitir que intereses financieros o cualesquiera otros intereses en particular dictasen la política exterior del Gobierno. Pero en este asunto la historia se repite. Usted ha oído, sin duda, sobre las llamadas persecuciones de judíos en Alemania. Sr. presidente, no hay persecución real de judíos en Alemania.

Hitler, los Warburg, los Mendelssohn y los Rothschild parecen estar en los mejores términos. No hay verdadera persecución de judíos en Alemania, pero ha habido una pretendida persecución porque hay doscientos mil no deseados judíos comunistas en Alemania, mayoritariamente judíos de Galicia que entraron en Alemania después de la guerra mundial, y Alemania está muy ansiosa por librarse de estos judíos comunistas en particular. Los alemanes desean preservar la pureza de su propia raza. Están dispuestos a conservar a judíos ricos como Max Warburg y Franz Mendelssohn, cuyas familias han vivido en Alemania durante tanto tiempo que han adquirido algunas de las características nacionales. Pero los alemanes no están dispuestos a quedarse con los judíos de Galicia, los advenedizos."

"Sidney Warburg" escribe algo muy similar cuando alude una conversación mantenida con un amigo judío, director de un banco en Hamburgo, que es partidario de Hitler. Éste le dice: "Al decir judíos, Hitler se refiere a los de Galicia, que infestan Alemania. Los judíos de origen netamente alemán son considerados por Hitler tan ciudadanos alemanes como cualesquiera; ya se verá como no los molestará en absoluto. No olvide usted que en el partido socialdemócrata y en el comunista son los judíos los que llevan la voz cantante. Hitler los atacará no porque sean judíos, sino porque son comunistas o socialdemócratas." Se da la circunstancia, como se ha dicho, que estos judíos de Galicia no eran semitas. La intervención de McFadden prosiguió con nuevas alusiones a la política de Roosevelt y concluyó con referencias nítidas sobre el papel de los banqueros judíos internacionales en la revolución rusa.

"Este gran espectáculo se ha montado, principalmente por los propios judíos alemanes, con la esperanza de que el Tío Sam demuestre que sigue tan loco como antes y permita que estos judíos comunistas de Galicia vengan aquí. Por esta razón Miss Perkins ha sido puesta al frente del Departamento de Trabajo. Está allí para flexibilizar las prohibiciones de inmigración. Se cree que por el hecho de ser mujer puede aplacar las críticas. Está en sintonía con los banqueros internacionales. Si no fuera así no estaría en una administración controlada por los judíos. Cuando la llamada "campaña antisemítica" diseñada para consumo americano fue lanzada en Alemania, Francia se alarmó porque temió que los judíos de Galicia pudieran acabar en suelo francés. Los periódicos franceses publicaron artículos aludiendo a esta amenaza; pero ahora que Francia ha comprendido que el propósito de la campaña antisemítica es arrojar doscientos mil judíos comunistas en Estados Unidos ya no está preocupada. ¡Ah, piensa, el viejo tío Sam va a pagar el pato, muy bien!
Sr. presidente, considero una lástima que haya americanos que gustan de ser serviles con los judíos adinerados y de alabarlos. Algunos de estos desgraciados están en manos de judíos prestamistas y no se atreven a hacerles una cruz. Usted ha sido testigo del indecente decomiso de las

reservas de oro y de otros valores del pueblo americano realizado por Franklin D. Roosevelt, de la destrucción de los bancos, del intento de blanqueo de los bancos de la Reserva Federal, cuya corrupción Roosevelt había admitido en sus arengas de campaña, y usted habrá visto que lo que ha sido confiscado no está en manos del actual Gobierno constitucional, sino en manos de los banqueros internacionales que son el núcleo del nuevo gobierno que Roosevelt pretende establecer aquí. Las actuaciones de Roosevelt no están en consonancia con la Constitución de los Estados Unidos, sino con los planes de la Tercera Internacional. Hubo un tiempo en que Trotsky fue un favorito de Jacob Schiff. Durante la guerra Trotsky publicó *Novy Mir* y dirigió reuniones de masas en Nueva York. Cuando abandonó Estados Unidos para regresar a Rusia, se sabe de buena fuente que lo hizo con el dinero de Schiff y con la protección de Schiff. Fue capturado por los británicos en Halifax e inmediatamente, por consejo de un personaje situado en las alturas, fue liberado. Apenas hubo llegado a Rusia, fue informado de que tenía crédito en Suecia, en la filial sueca del banco propiedad de Max Warburg en Hamburgo. Este crédito le permitió financiar la revolución rusa en beneficio de los banqueros judíos internacionales. Los ayudó a trastocarla para sus propios fines.

Actualmente la Unión Soviética está en deuda. Desde el regreso de Trotsky a Rusia, el curso de la historia rusa ha estado, ciertamente, influido por las operaciones de los banqueros internacionales. Ellos han actuado a través de instituciones alemanas e inglesas y han mantenido a Rusia en su servidumbre. Sus parientes en Alemania han sacado inmensas cantidades de dinero de Estados Unidos y han financiado uno por uno a sus agentes en Rusia con un provecho cuantioso. Fondos del Tesoro han sido aportados al Gobierno soviético por bancos de la Reserva Federal, que han actuado mediante el Chase Bank y del Guaranrty Trust Co. y otros bancos de Nueva York. Inglaterra, no menos que Alemania, nos ha sacado dinero a través de los bancos de la Reserva Federal y lo ha vuelto a prestar a altos tipos de interés al Gobierno soviético o lo ha utilizado para subvencionar sus ventas a la Rusia soviética y sus trabajos de ingeniería en territorio ruso. La presa en el río Dnieper fue construida con fondos tomados ilegalmente del Tesoro de Estados Unidos por los corruptos y deshonestos del Consejo de la Reserva Federal.

Sr. presidente, una inmensa suma de dinero de Estados Unidos ha sido usado en el extranjero en preparativos de guerra y en la adquisición y fabricación de suministros de guerra. Se dice que Alemania es copropietaria de una gran fábrica de producción de gas en Troitsk, en suelo ruso (se refiere probablemente a I. G. Farben, cuyos directores eran Max Warburg en Alemania y Paul Warburg en Estados Unidos). China está casi completamente sovietizada y se piensa que en el interior de Asia se almacenan enormes existencias de municiones, en espera del día en que los señores de la guerra de Estados Unidos enviarán tropas norteamericanas a Asia.

Sr. presidente, Estados Unidos debería tratar de no meterse en otra guerra, particularmente una guerra en Asia. Debería dirimir si merece la pena unirse a Rusia y China en una guerra contra Japón. Yo digo y he dicho a menudo que Estados Unidos debería recordar el consejo de George Washington. Debería preocuparse de sus propios asuntos y seguir en casa. No debería permitir que los banqueros judíos internacionales la involucrasen en otra guerra, con el fin de que ellos y sus gentiles que les sirven de tapadera y de aduladores puedan cosechar sabrosos beneficios de todo. Un ejército necesita desde bolsas de aseo a aviones, submarinos, tanques, máscaras de gas, gas venenoso, municiones, bayonetas, cañones y otras pafernalias e instrumentos de destrucción."

Louis Thomas McFadden libró una batalla desigual, puesto que debía de saber que nadie se atrevería a darle apoyo. Por ello, su actitud puede considerarse heroica. La magnitud de las acusaciones que formuló públicamente en el Congreso fueron de gran envergadura e importancia, de ahí que fueran inaceptables para los denunciados. Algunos acudieron al recurso habitual de insinuar que había perdido la cabeza. Su desaparición de la escena política en 1936 privó a los estadounidenses de un patriota, un congresista irrepetible digno de pasar a la historia de su país.

5ª PARTE
TERROR EN LA URSS Y GENOCIDIO EN UCRANIA

Un decreto de la GPU fechado el 18 de enero de 1929 ordenó la expulsión de la URSS de Trotsky. De este modo la posibilidad de que el principal agente de los banqueros judíos se hiciera con el poder se alejaba, por lo menos temporalmente. Trotsky llegó a Turquía en febrero y se instaló allí hasta julio de 1933, año en que optó por desplazarse a Francia, desde donde pensaba que podría relanzar una ofensiva política a gran escala. Stalin declaró más tarde que su expulsión había sido un error, lo cual parece evidente, toda vez que Trotsky pudo conspirar desde el extranjero, como quedó demostrado durante las purgas, cosa que nunca hubiera podido hacer estando en la URSS. Un ejemplo de sus actividades contra Stalin fue el *Boletín de la Oposición*, que él mismo fundó y dirigió ya en 1929. De este *Boletín*, impreso en caracteres cirílicos en Berlín, Zurich, Nueva York o París (según el período), se publicaron sesenta y cinco ejemplares a lo largo de los años. El hijo de Trotsky, León Sedov, que en 1929 tenía veintitrés años, actuó como editor y organizó su distribución en la URSS. El primer objetivo político de Trotsky era la cohesión de la oposición a Stalin. Isaac Deutscher, uno de sus seguidores, escribe que había puesto sus esperanzas en la creación de la Cuarta Internacional. En cualquier caso, con su jefe fuera del país la oposición trotskysta permaneció agazapada y a la espera, por lo que en 1929 Stalin se había aparentemente consolidado en el poder. Bajo su batuta, el comunismo prosiguió con los métodos genocidas practicados por Lenin y Trotsky contra los llamados enemigos de clase.

Se tiende a pensar que con Stalin acabó el predominio judío en los cuadros dirigentes del partido, lo cual es falso. El hombre fuerte de Stalin fue su cuñado, el judío ucraniano Lázar Kaganóvich, cuya hermana Rosa fue esposa o concubina de Stalin. Existe una polémica sobre si el propio Iosif David Vissarionovich Djugaschvili, conocido como Joseph Stalin, era de origen judío. Hitler lo consideraba judío y así se lo dijo a "Sidney Warburg" en una de sus entrevistas. Según algunas fuentes, entre las que destaca el funcionario soviético Iván Krylov, el apellido georgiano Djugaschvili, significa hijo de judío. Se ha dicho también que el nombre Kochba o Koba, un alias utilizado por Stalin a comienzos de su carrera, alude a Simón bar Kochba, un caudillo judío anterior a Cristo. El investigador ruso Gregory Klimov afirma que Stalin era medio judío. El autor judío David Weismann aseguró en 1950 en *B'nai B'rith Messenger*, una publicación de Los Ángeles, que Stalin era totalmente judío. Otro publicista judío, Salomón Schulman, reveló en Suecia que Stalin hablaba yiddish y que este era uno de sus secretos mejor guardados. Todo ello en el fondo tiene una importancia relativa, puesto que lo relevante es constatar que quienes detentaban el poder junto a

Stalin eran mayoritariamente judíos, muchos de los cuales escondían su lealtad a Trotsky.

Denis Fahey en *The Rulers of Russia* cita los nombres de los cincuenta y nueve miembros del Comité Central del Partido Comunista de la URSS en 1935 y sólo tres no eran judíos, pero estaban casados con judías. Fahey cita asimismo a los embajadores que en 1935-36 desempeñaban el cargo en los principales países del mundo y casi todos eran judíos o estaban casados con judías. La delegación soviética en la Sociedad de Naciones, encabezada por Litvínov, estaba integrada por ocho miembros y sólo uno de ellos no era judío. También Alfred Rosenberg, el jerarca nazi que tenía él mismo sangre judía, ofrece una relación nominal de judíos que en 1935-36 seguían estando en el poder en Rusia. En la administración de la industria de armamentos el porcentaje era superior al 95% y en el Comisariado del Pueblo para la Alimentación alcanzaba el 96%. En cuanto a los dirigentes del comercio, el 99% eran asimismo judíos. Se ha dicho ya anteriormente que tanto el Comisariado del Pueblo para Asuntos Internos, la GPU o antigua Cheka, como la Administración General de los Campos de Trabajo estaban en manos de criminales judíos. En la misma época, el Departamento de Censura en Moscú estaba copado por funcionarios judíos. Douglas Reed acompañó como periodista de *The Times* a Anthony Eden, secretario del Foreign Office, en su visita a Moscú. En su obra *Insanity Fair* escribe:

> "El Departamento de Censura, o sea, toda la maquinaria para controlar a la prensa interna y amordazar a la internacional estaba enteramente ocupado por judíos... parecía no haber ni un sólo funcionario no judío en toda la plantilla. Era el mismo tipo de judíos que uno encuentra en Nueva York, Berlín, Viena y Praga, de manos muy cuidadas, bien alimentados y vestidos con un toque a lo 'dandy'. Se me había dicho que la proporción de judíos en el Gobierno era pequeña, pero en este departamemto que tuve la ocasión de conocer íntimamente parecían tener el monopolio, y me pregunté a mí mismo dónde estaban los rusos."

Jüri Lina señala que se ignora en general que los principales ayudantes personales de Stalin eran judíos. Lo era, por ejemplo, su secretario personal León (Leiba) Mekhlis, quien a su vez, según Boris Bazhanov, tenía dos ayudantes judíos, Makhover y Yuzhak. Bazhanov, una de las fuentes del autor estonio, fue él mismo secretario de Stalin entre 1923 y 1925 y luego secretario del Politburó hasta enero de 1928, año en que desertó de la URSS. Bazhanov escribe en sus memorias que de los cuarenta y nueve secretarios de Stalin, cuarenta eran judíos. Según Lina, en 1937 diecisiete de los veintidós comisarios del pueblo eran judíos. En el Presídium del Soviet Supremo diecisiete de sus veintisiete miembros también lo eran. Lina presenta uno a uno a los integrantes judíos del Comisariado para Comercio Exterior, cuyo comisario desde 1930 hasta 1937 fue Arkady Rosengoltz, un trotskysta ejecutado en 1938. En adelante habrá ocasión de ir conociendo a los personajes a medida que vayan apareciendo como protagonistas. Sigue ahora un relato abreviado del terror practicado por el Estado comunista en su lucha contra el campesinado, cuyo enfrentamiento había tenido su primer episodio entre 1918-1922.

La eliminación de los kulaks

En enero de 1928, ante el temor de una escasez de grano, el Politburó decidió por unanimidad adoptar medidas de urgencia que permitían la expropiación de cereales a los kulaks, lo cual entraba en contradicción con la NEP, la Nueva Política Económica adoptada en 1921, que supuso el final teórico de las requisas. La NEP, que permitía un cierto funcionamiento del mercado, reconoció entonces que las medidas de socialización y colectivización eran inaplicables; aunque ya el mismo Lenin advirtió que se trataba de una "retirada estratégica". Se ha citado antes una carta de Lenin escrita el 3 de marzo de 1922, en la que decía a Kámenev que no debía pensarse que la NEP ponía fin al terror: "recurriremos otra vez al terror y al terror económico". Diez años después estas palabras resultaron ser proféticas. El decomiso de cereales producidos con la supuesta garantía de que se podrían comercializar y ganar dinero con ellos era una mala señal inequívoca para los campesinos, pese a que Stalin declaró que se trataba de medidas "absolutamente excepcionales". El Partido Comunista procedió a movilizar a sus cuadros y treinta mil activistas fueron enviados a las regiones agrícolas. En los pueblos se establecieron troikas con poder sobre las autoridades locales y sólo se permitió a los campesinos moler la cantidad necesaria para su consumo.

A finales de 1928 la Comisión de Planificación Estatal advirtió de una tendencia a la baja en la recolección de cereales. Stalin censuró la idea de convertir las "medidas excepcionales" en un principio permanente; pero el Politburó apuntó que existían grandes provisiones de grano en manos de los kulaks e insistió en la necesidad de aumentar las cuotas. Los plenipotenciarios del partido enviados a los pueblos no sólo ordenaban la requisa de productos, sino que pretendían que se señalase en las asambleas cuáles eran los kulaks que debían ser objeto de mayor presión. Muchos campesinos veían en el kulak un ejemplo y aceptaban su autoridad. La eliminación de los kulaks estaba inexorablemente vinculada al fin del mercado, puesto que en términos económicos significaba destruir los incentivos de los agricultores para producir. Ello era intuido o comprendido en los pueblos y aldeas, donde con frecuencia se votaba en contra de las medidas propuestas por el partido. Los líderes que hacían un uso inmoderado de la palabra eran denunciados como kulaks, contra los que se tomaban medidas como arrestos, registros de casas, multas, confiscaciones e incluso se llegaba en ocasiones al fusilamiento.

El clima iba enrareciéndose y la resistencia contra los funcionarios, calificada por el régimen de "actos terroristas", fue generalizándose. Por otra parte, en las ciudades, donde los pequeños comercios y los talleres de artesanos considerados empresas capitalistas fueron cerrados por las autoridades, se acudió de nuevo a las cartillas de racionamiento, que habían desaparecido desde los inicios de la NEP. En la primavera de 1929 también la carne comenzó a ser recogida por la fuerza. En Siberia, por ejemplo, el suministro de carne pasó de 700 toneladas en 1928 a 19.000 en 1929.

En mayo de 1929 el Consejo de Comisarios del Pueblo (Sovnarkom) definió al kulak como un payés que daba trabajo, o que tenía un molino u otras instalaciones, o que alquilaba maquinaria agrícola, o que era capaz de desarrollar actividades comerciales. Se dijo entonces que no había intención de eliminarlos y la deportación masiva tampoco se contemplaba; sin embargo en la primavera de 1929 los casos de actuaciones contra los kulaks aumentaron y en otoño las detenciones y requisas se extendían, lo cual provocó que incluso los agricultores más pobres opusieran una resistencia cada vez más enconada: se enterraba el grano o era vendido a bajo precio; pero en ocasiones incluso se quemaba o era arrojado a los ríos, lo cual fue interpretado como un intento de minar el régimen soviético por parte de los "capitalistas rurales".

En abril-mayo de 1929 se aprobó el primer Plan Quinquenal y el Gobierno anunció una nueva fase de la colectivización en masa. El Plan preveía inicialmente la colectivización de cinco millones de hogares, pero en junio del mismo año la cifra fue aumentada hasta ocho millones sólo en 1930, y en septiembre se dio la cifra de trece millones de pequeñas explotaciones familiares. Stalin en un artículo publicado en *Pravda* el 7 de noviembre de 1929 pintaba un panorama idílico y anunciaba que se había producido un cambio radical en la agricultura: "De la pequeña y retrasada agricultura individual a la agricultura a gran escala, a la avanzada agricultura colectiva, al cultivo de la tierra en común." Según Stalin, los agricultores se adherían masivamente al sistema de granjas colectivas: "No en pequeños grupos, como había ocurrido antes, sino pueblos enteros, regiones enteras, distritos enteros e incluso provincias enteras. ¿Y qué significa esto? - se preguntaba retóricamente- Significa que el agricultor medio se ha adherido al movimiento de las granjas colectivas. Y esa es la base del cambio radical en el desarrollo de la agricultura que representa el logro más importante del poder soviético durante el pasado año."

Pocos días después de la publicación de este artículo el Pleno del Comité Central del partido se reunió durante una semana, del 10 al 17 de noviembre de 1929. Se dijo a los miembros que la colectivización voluntaria se estaba produciendo y Viacheslav Mólotov, primer secretario del Partido Comunista de Moscú, que iba a ser nombrado presidente del Consejo de Comisarios en diciembre de 1930, se dirigió al pleno para pedir que se aprovechara el momento para solucionar de una vez por todas la cuestión agraria. Mólotov, que estaba casado con una judía sionista llamada Polina Zhemchúzhina[12], urgió a la inmediata colectivización en provincias y repúblicas y pidió que se diera un nuevo impulso durante los próximos meses. Él sería posteriormente el encargado de supervisar todo el proceso de colectivización desde la jefatura del Gobierno. Sobre los kulaks, Mólotov advirtió contra su incorporación a las granjas colectivas ("koljoses") y pidió que fueran tratados como "los más maliciosos y todavía no derrotados enemigos". El 27 de diciembre de 1929 Lazar Moiseyevich Kaganóvich (Kogan), judío ucraniano, cuñado de Stalin tras su matrimonio con Rosa Kaganovich, anunció el objetivo de "liquidar a los kulaks como clase". Deskulakización y colectivización agraria fueron, pues, dos procesos que se produjeron simultáneamente.

Aunque durante 1929 se habían producido ya numerosos desalojos y detenciones de kulaks en pueblos de Ucrania, en poblados cosacos ("stanitsas") y en otras partes, la resolución oficial del partido que supuso el principio de la destrucción del kulak como clase se conoció el 30 de enero de 1930, cuando el Politburó aprobó las "Medidas de Eliminación de Casas Kulak en los Distritos Sujetos a Colectivización". Quizá el lector pueda pensar que los kulaks eran ricos agricultores que explotaban grandes fincas y vivían como burgueses acomodados; pero no era ésta la realidad. Los kulaks en 1929 se hallaban muy empobrecidos y con dificultades podían hacer frente a los cada vez más duros impuestos. Sólo una minoría tenía media docena de vacas y dos o tres caballos y únicamente un 1% empleaban a más de un trabajador para las faenas de la explotación agraria.

Una comisión del Buró político presidida por Mólotov definió tres categorías de kulaks: en la primera situó a los "involucrados en actividades contrarrevolucionarias", que debían ser detenidos y trasladados a campos de trabajo de la GPU o ejecutados si oponían resistencia. Sus familias debían ser deportadas y sus bienes confiscados. En la segunda categoría se incluía a quienes debían ser detenidos y deportados con sus familias a regiones apartadas porque, aunque manifestaban una oposición menos activa, se mostraban "naturalmente inclinados a ayudar a la contrarrevolución". Los

---

[12] Polina Zhemchúzhina (Perl Karpovskaya), procedía de una familia de judíos ucranianos. Comisaria de Propaganda durante la guerra civil, se casó en 1921 con Vyacheslav Mólotov, que ya entonces era miembro del Comité Central. Una hermana suya, sionista como ella, emigró a Palestina durante los años veinte. Según el historiador Zhores Medvedev, Stalin sospechó siempre de Polina y en diversas ocasiones le recomendó a Mólotov que se divorciase de ella. Cuando en noviembre de 1948 Golda Meir llegó a Moscú como embajadora del recién creado Estado sionista, Polina entabló enseguida amistad con ella; pero en diciembre de aquel mismo año acabó siendo detenida, acusada de traición. Sentenciada a cinco años de internamiento en un campo de trabajo, fue liberada en 1953 por Lavrenti Beria, el judío que debía sustituir a Stalin tras su muerte, pues era el agente escogido por los financieros de la revolución. Como se verá en otro capítulo, existe un consenso casi generalizado en señalar a Beria como autor del asesinato de Stalin.

kulaks de tercera categoría eran los considerados "leales al régimen", a los que se podía tratar de integrar en las granjas colectivizadas en periodo de prueba.

En *The Harvest of Sorrow* Robert Conquest ofrece cifras que permiten apreciar cuán escasos eran los recursos de los kulaks expropiados en la provincia de Kryvti Rih (Ucrania central). En enero y febrero de 1930 fueron expropiadas allí 4.080 granjas, que aportaron al "koljós" (granja colectiva) sólo 2.367 edificios, 3.750 caballos, 2.460 cabezas de ganado, 1.105 cerdos, 446 trilladoras, 1.747 arados, 1.304 sembradoras y 2.021 toneladas de grano y mijo. La excusa que se pone para justificar tan miserables resultados es que estas granjas ya habían sido objeto de requisas en la ofensiva de 1928-29, lo cual sólo demuestra que se estaba actuando contra payeses ya muy arruinados. Conquest ofrece el testimonio de un activista con mala conciencia que asiste a la intervención y a las requisas en una casa, el cual nos sirve de ejemplo para comprender la situación de muchos de los kulaks expropiados: "tiene una mujer enferma, cinco hijos y ni una miga de pan en la casa. ¡Y esto es lo que llamamos kulak! Los niños visten trapos y andrajos. Todos tienen aspecto fantasmagórico. He visto la olla en el horno con unas pocas patatas en el agua. Esa era su cena." Nicolás Werth ofrece más ejemplos y denuncia que se detuvo a campesinos sólo por haber vendido granos en el mercado durante el verano, por haber empleado durante dos meses a un obrero agrícola, o por haber matado un cerdo en septiembre de 1929 "con la finalidad de consumirlo y de sustraerlo así a la apropiación socialista." Campesinos humildes que vendían productos elaborados por ellos mismos fueron detenidos por haberse "entregado al comercio". Alguno fue deportado por el hecho de que un familiar había sido oficial zarista y otros lo fueron porque frecuentaban la iglesia con asiduidad. En general, cualquier campesino que se opusiera a la colectivización era catalogado como kulak.

Durante el año 1930 unos dos millones y medio de campesinos participaron en cerca de catorce mil revueltas, levantamientos y manifestaciones en contra del régimen. Hubo choques sangrientos entre destacamentos de la GPU y grupos de campesinos armados con horcas, hoces y hachas. Centenares de soviets fueron saqueados y comités de campesinos se hicieron temporalmente con el control de algunas aldeas. En Ucrania veintiséis mil personas fueron detenidas por la GPU entre el 1 de febrero y el 15 de marzo, seiscientas cincuenta de las cuales fueron fusiladas. Asimismo, a finales de marzo de 1930 se arrestó sólo en algunos distritos de Ucrania occidental a más de quince mil "elementos contrarrevolucionarios". Según datos oficiales de la GPU, veinte mil personas fueron condenadas a muerte en 1930 solamente por las jurisdicciones de excepción de la policía política. Conquest escribe que en febrero de 1931 se tomó la decisión de proceder a una segunda oleada de deportaciones de kulaks que fue más minuciosamente preparada. Según este autor, en dos años se desarrolló en los campos "una lucha implacable y despiadada que se cobró millones de vidas". Conquest resume en la obra citada las estimaciones de diversos investigadores rusos no oficiales y concluye que unos quince millones de seres humanos, hombres mujeres y niños, fueron desarraigados. Dos millones fueron trasladados a proyectos industriales y el resto, deportados al Ártico. Un millón de hombres marcharon directamente al internamiento en campos de trabajo.

Pero detrás de las secas y frías cifras se esconden millones de historias de seres humanos que sufrieron la injusticia y el terror. En *The Harvest of Sorrow* se narran algunas de ellas, historias contadas de primera mano que permiten apreciar con algunos detalles la barbarie. Veamos, por ejemplo, el caso de un antiguo campesino que había servido en el Ejército Rojo y que en 1929 tenía treinta y cinco acres, dos caballos, una vaca, un cerdo, cinco ovejas, cuarenta gallinas y una familia de seis miembros. En 1928 tuvo que pagar un impuesto de 2.500 rublos y 7.500 fanegas de grano. No pudo hacerlo y se vio obligado a entregar su casa, valorada en unos 2.000 rublos. Un activista la compró por 250 y también los bienes fueron vendidos. Las herramientas e instrumentos fueron enviados al nuevo koljós. El campesino fue arrestado y encarcelado. Aunque antes había sido catalogado como un subkulak, se le acusó de ser un kulak que se negaba a pagar impuestos, de incitar contra la colectivización, de pertenecer a una organización contrarrevolucionaria, de haber tenido quinientos acres, cinco parejas de bueyes, cincuenta cabezas de ganado, de explotar a los trabajadores, etc. Su condena fueron diez años de trabajos forzados.

Otra historia es contada por una chica ucraniana, cuya familia tenía un caballo, una vaca, una novilla, cinco ovejas y algunos cerdos. Su padre se negó a entrar en el koljós y se le exigió una cantidad de grano que no tenía. "Durante una semana entera - sigue narrando la joven- no dejaron dormir a mi padre y lo golpearon con palos y revólveres hasta que se puso negro y azul y acabó tumefacto." Finalmente, un oficial de la GPU, presidente del Soviet del pueblo, fue a la casa en compañía de otros y confiscó todo tras hacer inventario. El padre, la madre, el hijo mayor, dos hermanas menores y un pequeño bebé fueron encerrados en la iglesia durante la noche. Luego los llevaron a la estación y los metieron en unos vagones de ganado. Cerca de Járkov el tren paró y un guardia amable permitió que las chicas bajasen para buscar un poco de leche para el bebé. En unas cabañas cercanas consiguieron leche y algo de comida, pero cuando regresaron el tren había partido. Las dos chicas vagaron por el campo. La narradora explica que, tras ser separada de su hermana, fue acogida provisionalmente por una familia de agricultores.

Otra descripción pinta una hilera de deportados en la provincia de Sumy (norte de Ucrania), alargándose en ambas direcciones hasta donde la vista puede abarcar, engrosada continuamente con gente de nuevos pueblos, camino de una estación para subir a un tren que los llevará hacia los Urales. Robert Conquest aporta datos concretos sobre estos trenes de deportados.

Alude a un tren con sesenta y un vagones que el 26 de mayo de 1931 abandonó Yantsenovo, una pequeña estación en la provincia de Zaporizhia (Ucrania), con tres mil quinientas personas a bordo, miembros de familias de kulaks que llegaron a Siberia el 3 de junio. Generalmente en cada vagón, con poco aire y poca luz, iban unas sesenta personas, a las cuales se alimentaba de mala manera. Nicolás Werth en *Un Estado contra su pueblo*, primera parte de las cinco de que consta *El libro negro del comunismo*, obra ya mencionada escrita por diversos autores, escribe que la correspondencia entre la GPU y el Comisariado del Pueblo para Transportes demuestra que los convoyes podían quedar inmovilizados en alguna vía secundaria durante semanas con temperaturas de veinte grados bajo cero. Existen cartas firmadas por colectivos de obreros y empleados ferroviarios, por ciudadanos de Rostov, Omsk, Vologda y de otros centros de clasificación, en las que se denuncia la "matanza de inocentes". Según distintos informes, en ocasiones hasta un 20% de los viajeros, sobre todo niños pequeños, morían durante el viaje. Alexander Solzhenitsyn refiere numerosas historias en su *Archipiélago Gulag*. En una de ellas cuenta como una madre cosaca parió una criatura en el interior de un vagón de deportados. El bebé, como era habitual, murió y dos soldados arrojaron su cuerpo al exterior desde el tren en marcha.

    En realidad la llegada a la taiga o a la tundra podía ser peor que el viaje. Conquest refiere algunos casos: en un destino para los kulaks cerca de Krasnoyarsk, no había ningún centro de acogida, sólo una alambrada de espinos y algunos guardias. De las cuatro mil personas deportadas allí, cerca de la mitad habían muerto al cabo de dos meses. En otro campo cercano al río Yenisei, en el oceano Ártico, los kulaks vivían en refugios subterráneos. Un comunista alemán cuenta que en Kazakhstan, entre Petropavlovsk y el lago Balkash, kulaks de Ucrania y de Rusia central caminaron a campo abierto hasta que llegaron a unas estacas clavadas en el suelo con letreros donde figuraba sólo el número del asentamiento. Se les dijo que debían cuidar de sí mismos y comenzaron por cavar agujeros en el suelo. El campo n° 205 en la taiga siberiana, cerca de Kopeisk, al sur de Ekaterinburgo, consistía en unas chabolas construidas por los presos. Los hombres eran enviados a serrar madera o a las minas, donde también se destinaba a las mujeres sin hijos. En noviembre los ancianos, los enfermos y los menores de catorce años fueron obligados a construir cabañas para el invierno. Su ración consistía en un cuarto de litro de caldo sin sustancia y diez onzas de pan al día. Casi todos los niños murieron.

Colectivización forzosa

    Uno de los intelectuales rusos más importantes del siglo XIX, Konstantin Leontiev, fallecido en 1891, avisó sobre las catastróficas ideas revolucionarias que entraban en Rusia desde occidente. Leontiev, que propugnaba una expansión cultural y territorial de Rusia hacia el este, profetizó una sangrienta revolución en Rusia guiada por un anticristo de naturaleza totalitaria que sería socialista: "El socialismo es el feudalismo del futuro", advirtió Leontiev. En *The Harvest of Sorrow* Conquest asegura que era común entre los campesinos referirse al comunismo como una "segunda servidumbre" y alude a informes oficiales que reproducen quejas textuales de campesinos que lamentan haber sido convertidos "en algo peor que esclavos". Conquest se refiere a una noticia del diario *Pravda* en la que se informa de una reunión silenciosa en un pueblo de Ucrania donde se ha aprobado la colectivización. Una muchedumbre de mujeres bloquea la carretera y enseguida llegan los tractores. Entre otras cosas se grita: "el Gobierno soviético nos quiere devolver a la servidumbre." En otros informes soviéticos se recoge la misma denuncia: "Queréis meternos en granjas colectivas para que seamos vuestros siervos y para que percibamos a los líderes locales como los señores."

Los campesinos medianos o subkulaks eran quienes oponían una oposición más tenaz; pero también los campesinos pobres, que con su esfuerzo y trabajo habían conseguido mejorar su condición social y económica, se oponían mayoritariamente al ingreso forzado en el koljós. Los campesinos individualistas fueron estigmatizados por las autoridades como si fueran criminales. Desde comienzos de 1930 las amenazas, calumnias y coacciones fueron intensificándose. La gama de medidas de presión era variada: se podía apostar a gente camorrera frente a la casa de los campesinos recalcitrantes; ordenar al cartero que no entregase el correo a los "individualistas"; negarles a sus familiares asistencia en los centros médicos; expulsar a los hijos de la escuela; rechazar la molienda de su grano en los molinos; se podía incluso presionar a los herreros para que rechazasen trabajar para ellos.

Stalin le comentó en una ocasión a Churchill lo ocurrido entre 1930-1931 en términos muy similares a como figura en *La Historia del Partido Comunista.* Según esta versión oficial, "los campesinos sacaron a los kulaks de la tierra, la deskulakizaron, confiscaron su ganado y su maquinaria y solicitaron al poder soviético que arrestase y deportase a los kulaks." Evidentemente, esta versión, según la cual la colectivización fue una revolución llevada a cabo desde arriba, pero apoyada desde abajo, nada tiene que ver con lo ocurrido. Es cierto que al principio algunos campesinos aprovecharon la coyuntura para venganzas y ajustes de cuentas o, simplemente, para entregarse al pillaje; pero en general la comunidad campesina se opuso tanto a la deskulakización como a la colectivización. En realidad, desde los tiempos de Stolypin los medianos y pequeños agricultores pedían un poco de tierra en propiedad para poder trabajarla y progresar; es decir, aspiraban a convertirse en kulaks.

Las revueltas compesinas en contra de las medidas gubernamentales de colectivización forzosa se multiplicaron durante los primeros meses de 1930. Según cifras oficiales de la GPU, en enero se produjeron cuatrocientas dos "manifestaciones de masas"; en febrero, mil cuarenta y ocho; y en marzo más de seis mil quinientas, de las cuales más de ochocientas tuvieron que ser "aplastadas por la fuerza armada". Las medidas de colectivización forzosa iban a acabar para siempre con el sueño de millones de medianos y pequeños agricultores que no querían integrarse en el koljós, por lo que fueron objeto de expropiaciones y persecuciones como había ocurrido con los kulaks.

Ante esta resistencia masiva de los campesinos, ocurrió algo inesperado. El 2 de marzo de 1930 *Pravda* y todos los periódicos soviéticos publicaron un famoso artículo de Stalin titulado "El vértigo del éxito". En él condenaba "las numerosas violaciones del principio de voluntariedad en la adhesión de los campesinos a los koljoses". Según Stalin, los responsables locales, "ebrios de éxito", habrían cometido "excesos". Sorprendentemente, un pasaje del texto ofrecía la posibilidad de que en el futuro se permitiera a los campesinos el abandono de la granja colectiva si así lo deseaban. Werth afirma que el artículo tuvo una repercusión inmediata y, mientras seguían las sublevaciones masivas en Ucrania, en el Cáucaso norte y en Kazajstán, cerca de cinco millones de campesinos abandonaron los koljoses en el mismo mes de marzo. Por su parte Conquest atribuye el artículo de Stalin a las protestas de sectores moderados del Politburó y cita a Anastás Mikoyan, según el cual los errores habían "empezado a minar la lealtad de los agricultores de cara a la alianza de obreros y campesinos." Conquest añade que Stalin siguió denunciando las medidas coercitivas contra los campesinos en varios artículos y discursos, lo que motivó que muchos comunistas locales, sobresaltados por sus reproches, trataran de suprimirlos y consideraron incorrecta su actitud de descargar la responsabilidad de los desmanes en los funcionarios locales.

Normalmente, se intentaba convencer a los payeses a través de asambleas y mítines de propaganda sobre las ventajas de las granjas colectivas. El siguiente paso era la llegada de un enviado del partido que preguntaba quién estaba en contra del koljós y de los planes del Gobierno soviético; aunque también se exhortaba a los campesinos a través de frases imperativas: "Debéis entrar inmediatamente en el koljós. Quien no lo haga es un enemigo del régimen soviético". Por contra, más de una vez habían aparecido en *Pravda* informaciones que avisaban sobre la deserción de comunistas locales escépticos que estaban en desacuerdo con la campaña de colectivización. El 28 de febrero de 1930, sólo dos días antes de la aparición del artículo de Stalin, se citaban en *Pravda* las palabras de un joven perito agrícola que había abandonado el partido después de haber estado siete días en un pueblo: "No creo en la colectivización. El ritmo es demasiado rápido. El partido ha tomado un rumbo equivocado. Dejad que mis palabras sirvan de aviso." Generalmente se arrestaba a los activistas que disentían y se los acusaba de conspirar con los kulaks, por lo que podían ser sentenciados a dos o tres años de cárcel.

En abril pareció que el artículo de Stalin iba a surtir efectos positivos. Cartas en las que se pedía un ritmo más lento de colectivización fueron enviadas a las autoridades locales. Se permitió que los campesinos colectivizados pudieran tener una vaca, ovejas y cerdos de su propiedad, así como herramientas de trabajo para sus propias parcelas. O sea, como incentivo para que los payeses permanecieran en los koljoses, se los autorizaba a retener su tierra, cultivar frutas y vegetales y conservar sus animales, siempre que cumplieran con el requisito de trabajar determinados días en la granja colectiva. El abandono del koljós implicaba la pérdida de este derecho. Se trataba, pues, de aceptar trabajar para el Estado con pagas ínfimas como condición para poder mantener sus solares.

La fórmula equivalía a un nuevo tipo de feudalismo en el sentido profetizado por Leontiev. En lugar de los señores feudales de los castillos, existían los plenipotenciarios del partido, de cuya buena predisposición dependía que se dieran o no facilidades a los campesinos para que abandonaran el koljós: una vez incautadas las tierras no era tan fácil volver a separarlas y las posibilidades de interpretación y cumplimiento del decreto estaban en manos de los gerifaltes locales. En general, se retenían las mejores tierras para la granja colectiva y se concedía a los pobres agricultores terrenos con arbustos, ciénagas y eriales. Pese a todo, según cifras aportadas por diversos autores, durante los meses de marzo y abril de 1930 la cifra de suelo colectivizado se redujo del 50,3% al 23% y continuó descendiendo hasta el otoño. En total nueve millones de casas agrarias abandonaron las granjas colectivas. Donde se produjo una mayor desbandada fue en Ucrania y, consecuentemente, las autoridades acusaron a los responsables de permitir la salida de los campesinos sin haber hecho suficientes esfuerzos para disuadirlos.

Durante 1930, según datos de la GPU, unos dos millones y medio de campesinos participaron en cerca de catorce mil revueltas, motines y manifestaciones de masas contra el régimen. A partir de la primavera, con la adopción de las medidas comentadas, disminuyó la agitación y los levantamientos fueron progresivamente a menos. Mientras en abril de 1930 la GPU registró cerca de dos mil casos de disturbios campesinos, en junio hubo sólo unas novecientas revueltas, cerca de seiscientas en julio, y tan sólo doscientas cincuenta y seis en agosto. Sin embargo, en septiembre de 1930 volvió a aumentar la presión sobre los campesinos individualistas, a los que se exigió la entrega de grandes cuotas de grano y otros productos. En *Pravda* se afirmó rotundamente que la mejor manera de obligar a la colectivización era hacer que las pequeñas explotaciones individuales no fueran rentables. Lo cierto era, no obstante, que pese a las desfavorables condiciones, las granjas individuales habían logrado mejores resultados que los koljoses en la cosecha de 1930. Por ello, en su edición de 16 de octubre de 1930 el mencionado periódico se preguntaba: "Si el campesino puede desarrollar su propia economía, ¿por qué debería incorporarse al koljós?" De este modo en el otoño tuvo lugar una nueva oleada de deskulakización, dirigida principalmente contra los campesinos que habían sido abanderados en el abandono las granjas colectivas, a los que se contemplaba nuevamente como kulaks que se oponían a la colectivización.

Según cifras oficiales aportadas por Naum Jasny en *The Socialized Agriculture of the USSR. Plans and Performance* (1949), las exigencias de grano del Gobierno aumentaron de manera vertiginosa durante los años que venimos contemplando: en 1928-29 obtuvo 10,8 millones de toneladas; en 1929-30, aumentó la cuota hasta 16.1; para la cosecha de 1930-31 la cifra ascendió a 22.1 millones de toneladas; en 1931-32, la adquisición de grano fue de 22,8 millones de toneladas, i. e., se duplicó la cantidad en tres años. Con independencia de cuáles fueran las condiciones, estas cantidades debían ser entregadas al Estado y dicha exigencia tenía que ser cumplida al margen de cuáles fueran las necesidades de alimentación del propio campesinado, que ni siquiera se tenían en consideración.

Una ley de 16 de octubre de 1931 prohibió a los koljoses reservar grano para sus necesidades internas hasta que se hubiera cumplido con las demandas del Gobierno. En la segunda mitad de 1931 también la carne empezó a recogerse con los mismo métodos. Estas exigencias no sólo superaban con creces las posibilidades de reposición de los campesinos, sino que, merced al sistema de contratos con las granjas colectivas, se pagaban los productos a precios bajísimos fijados arbitrariamente. Un decreto del 6 de mayo de 1932 permitió el comercio privado de cereales una vez se hubieran satisfecho las cuotas estatales. Poco tiempo después dos nuevos decretos, uno de 22 de agosto y otro de 2 de diciembre de 1932, estipulaban sentencias de hasta diez años en campos de concentración para aquellos que vendieran granos antes de haber cumplido con el Estado. Para hacerse una idea de hasta qué punto se estrujaba a los campesinos, sirve saber que en 1933 los precios en el mercado de los productos de entrega forzosa eran 25 veces más altos que los pagados por el Gobierno. Este hecho, naturalmente, atentaba contra los incentivos de las granjas colectivas para desarrollar su producción socializada. El sistema de entrega obligatoria de carne, leche, mantequilla, queso, lana y otros productos se rigió del mismo modo que el de los cereales a través de decretos del 23 de septiembre y 19 de diciembre de 1932.

Desde el exilio, León Trotsky, pese a su enemistad irreversible con Stalin, se declaró partidario entusiasta de la colectivización. En su obra *Problemas del desarrollo en la URSS* (1931) escribió que la colectivización era "una nueva era en la historia del hombre y el principio del fin de la idiotez en el campo." Sin embargo, ante las circunstancias insoportables de la vida campesina, muchos payeses "idiotizados", en realidad desesperados, comenzaron a desplazarse en masa a las ciudades, lo cual provocó que el campo perdiera fuerza de trabajo aceleradamente. Christian Rakovsky, judío trotskysta de origen búlgaro deportado a Asia central en 1928, como solución al problema de la huida de los campesinos propuso en un artículo lo siguiente: "¿Puede nuestro gobierno proletario promulgar una ley que sujete a los campesinos pobres en las granjas colectivas?". Esta sugerencia tuvo una respuesta inmediata en forma de un "pasaporte interno", introducido en diciembre de 1932, el cual prohibía en la práctica que los kulaks y los campesinos pudieran desplazarse a las ciudades sin permiso. Una ley de 17 de marzo de 1933 estableció que un payés no podía abandonar la granja colectiva y entrar en una ciudad sin un contrato de trabajo del empleador, ratificado por las autoridades del koljós. La adopción de pasaportes internos y la sujeción de los agricultores a la tierra implicaba una servidumbre mayor que la que tenían antes de la emancipación decretada en 1861 por el Alejandro II, el zar liberador.

Nuevos ataques contra los sacerdotes y las iglesias

En 1918 las propiedades de las Iglesias, así como las de los terratenientes, fueron nacionalizadas sin compensación. Clérigos y sacerdotes, considerados "servidores de la burguesía", fueron privados de sus derechos civiles, por lo que quedaron desprovistos de cartillas de racionamiento. La mayor parte de las tierras eclesiásticas estaban vinculadas a las parroquias, cuyos párrocos daban trabajo a los campesinos o se las alquilaban, aunque los había que las roturaban ellos mismos. Casi todos los monasterios fueron cerrados y se confiscó su propiedad. Con la NEP, sin embargo, se produjo una tregua y los ataques contra la religión se suavizaron, a pesar de que Lenin había mostrado en numerosas ocasiones su desprecio absoluto hacia la religiosidad y hacia la idea de Dios, que consideraba "una vileza indescriptible y abominable". En una carta a Maxim Gorky escrita en noviembre de 1913 Lenín había declarado: "Millones de pecados, hechos asquerosos, actos de violencia... son mucho menos peligrosos que la sutil, espiritual idea de Dios."

Tras la muerte del Patriarca Tikhon en abril de 1925, se había enviado a Siberia a sus sucesores eventuales, los metropolitanos Peter y Sergey. Otros diez sustitutos temporales fueron asimismo encarcelados hasta que en 1927 se logró un pacto que permitió la liberación del metropolitano Sergey. Un año después, en el verano de 1928, dio comienzo una nueva campaña antirreligiosa: comenzaron a cerrarse los pocos monasterios que seguían abiertos y los monjes fueron enviados al exilio. En abril de 1929 una ley prohibió a las organizaciones religiosas el establecimiento de fondos de asistencia, la organización de encuentros con feligreses, la realización de excursiones, la apertura de bibliotecas o salas de lectura, la prestación de ayuda médica o sanitaria y otras actividades. En mayo de 1929 el Comisariado de Educación sustituyó la política de no enseñanza religiosa en las escuelas por la de enseñanza contra la religión. En junio de 1929 se celebró un congreso de la Unión de Militantes Ateos y poco después se intensificó la campaña en todo el país. En la guerra civil, el expolio de las iglesias y el asesinato de miles de religiosos orquestado por Trotsky se había justificado alegando que las riquezas eclesiásticas servirían para aliviar aquella primera hambruna que ocasionó cinco millones de muertos. Durante los años de deskulakización y colectivización la excusa para que se desataran los ataques fue la solidaridad y la protección mutua entre campesinos y sacerdotes. Desde el punto de vista del partido, la iglesia organizaba las campañas de agitación de los kulaks. Por ello, los sacerdotes fueron habitualmente deportados con los kulaks.

Los mismos patrones de actuación de 1921 se repitieron entre 1929 y 1931: oposición del sacerdote al cierre o destrucción de la iglesia, respaldo solidario de los campesinos, arresto y deportación, cuando no asesinatos in situ, de campesinos y sacerdotes. La colectivización implicaba normalmente el cierre de la iglesia local. Rutinariamente, se confiscaban los iconos y luego eran quemados junto a otros objetos de culto. Robert Conquest cita una carta confidencial de un Comité Provincial fechada el 20 de febrero, en la cual se habla de soldados borrachos y konsomols (jóvenes comunistas) que "cierran arbitrariamente iglesias en los pueblos, rompen iconos y amenazan a los campesinos." A finales de 1929, con el pretexto de que eran necesarias para la industria, se puso en marcha una campaña para requisar las campanas de las iglesias. En enero de 1930 sólo en el distrito de Pervomaysk (noroeste de Ucrania) se habían desmontado las campanas de ciento cuarenta y ocho iglesias. Una enorme granja colectiva de los Urales informaba con orgullo el 11 de enero de que todas las campanas de las iglesias de la zona habían salido como chatarra y que en Navidad se habían quemado un gran número de iconos. Curiosamente, estas acciones fueron también criticadas por Stalin en la famosa carta de 2 de marzo de 1930, por lo que semanas después una resolución del Comité Central hablaba de "distorsión" en la lucha por los koljoses e incluía una condena "por el cierre administrativo de iglesias sin el consentimiento de la mayoría del pueblo." Como ocurrió con la colectivización, se produjo una moderación en la campaña contra las iglesias, pero la pausa fue aprovechada para organizar mejor las acciones y a partir del otoño siguió adelante de manera inexorable. A finales de 1930 el 80% de las iglesias de los pueblos habían sido cerradas.

La Academia de Ciencias de Moscú fue obligada a retirar el status de protección a todos aquellos monumentos que tuvieran alguna relación o pudieran ser susceptibles de asociación con temática religiosa. Los arquitectos protestaron cuando incluso dentro del Kremlin, en la plaza Roja de Moscú, fueron destruidas las puertas Iversky y la pequeña capilla Iversky, que se halla enfrente de ellas, hoy reconstruida. Kaganóvich, un sionista que había pertenecido a "Poale Sion" y era el jefe del partido en Moscú, rechazó las críticas y prosiguió con la destrucción de monasterios e iglesias de inapreciable valor artístico y arquitectónico. Una de sus mayores proezas en este sentido fue la voladura de la catedral de Cristo Salvador en Moscú el 5 de diciembre de 1931. En el mismo sitio Stalin y Kaganóvich habían pensado construir el Palacio de los Soviets, un proyecto faraónico diseñado por el arquitecto judío Boris Yofan. Dicho palacio debía tener 415 metros de altura e iría rematado en la cima con una estatua de Lenin de setenta metros y seis mil toneladas de peso. El nuevo Salvador del pueblo ruso, el Dios alternativo para el proletariado internacional, había predicado la guerra civil, el terror y el exterminio de una clase social; o sea, en lugar de amaos los unos a los otros, mataos los unos a los otros. Antes de la revolución había en Moscú cuatrocientas sesenta iglesias ortodoxas, de las cuales sólo quedaban doscientas veinticuatro el 1 de enero de 1930 y tan sólo unas cien el 1 de enero de 1933.

Especialmente destructiva fue la actuación en Ucrania, que debe ser entendida como el prólogo del genocidio programado por Kaganóvich y sus secuaces, el cual iba a tener lugar entre 1932 y 1933. En Kiev, una iglesia construida en el siglo X, la iglesia de los Diezmos (Desyatynna), la primera que hubo en la ciudad, fue destruida junto a otros edificios religiosos levantados entre los siglos XII y XVIII. La catedral de Santa Sofía de Kiev y otras iglesias fueron convertidas en museos y graneros. De los centenares de iglesias que había en Kiev, sólo dos muy pequeñas permanecían activas en 1935. En Járkov, en Poltava y en otras ciudades las iglesias se utilizaron como almacenes de piezas de repuesto, cines, estaciones de radio, e incluso fueron convertidas en urinarios públicos. En el nivel de las parroquias, unos dos mil cuatrocientos sacerdotes fueron arrestados. Se tienen datos de veintiocho sacerdotes ucranianos encerrados en las prisiones de Poltava (Ucrania central), de los cuales cinco fueron fusilados, otro perdió la razón y los demás acabaron en campos de concentración. En 1931 el Seminario de Teología de Mariupol fue convertido en barracones para trabajadores, pero en sus alrededores se instaló un recinto cerrado con alambradas, en el que se encarceló a cerca de cuatro mil sacerdotes y algunos prisioneros laicos, a los que se obligó a trabajos muy duros con escasa alimentación y cada día morían algunos de ellos. A finales de 1932 se habían cerrado más de mil iglesias en toda Ucrania; pero a finales de 1936 el 80% de las restantes fueron destruidas. Los sucesivos metropolitanos de la Iglesia Autocéfala Ucraniana murieron en manos de la policía política. Entre 1928 y 1938 catorce arzobispos y obispos ucranianos perdieron la vida en las prisiones soviéticas. Unos mil quinientos sacerdotes y cerca de veinte mil miembros de parroquias y de iglesias de distrito acabaron sus días en campos del archipélago Gulag.

Supuestamente, las medidas se aplicaron a todas las religiones. En los decretos oficiales en la parte europea de la URSS se alude expresamente a "iglesias y sinagogas". Se trata, por supuesto, de una fraseología que permite guardar las apariencias a los judeo-bolcheviques, todos ellos supuestamente ateos. Los crímenes y las persecuciones afectaron principalmente a cristianos ortodoxos y a católicos. La persecución de los católicos en la URSS desde la revolución hasta la segunda guerra mundial está perfectamente documentada en *Si el mundo os odia* (1998), de Irina Osipova. Los cristianos protestantes fueron acosados en otro nivel mucho menos destructivo. En cuanto al judaísmo, no se ha encontrado ninguna evidencia ni de la destrucción de sinagogas ni de la persecución o asesinato de rabinos. Ni siquiera el rabino Marvin S. Antelam, quien una y otra vez denuncia con saña a shabbetaicos, masones, frankistas y comunistas como integrantes de la conspiración internacional, ofrece un sólo ejemplo en *To Eliminate the Opiate* (*Para Eliminar el Opio*), obra cuyo título alude claramente a la frase atribuida a Marx, según la cual la religión es el opio del pueblo.

Holodomor: el genocidio ignorado de los campesinos ucranianos

En el capítulo anterior, al resumir las condiciones en que se hallaba Rusia antes de la catastrófica revolución financiada por los banqueros judíos, se ha hecho ya una reseña abreviada sobre el exterminio por hambre de entre seis y siete millones de personas en Ucrania, cifra que la *Enciclopedia Británica* aumenta, pues en ella se estima que murieron entre siete u ocho millones. Un crimen contra la humanidad que fue reconocido por fin el 23 de octubre de 2008 por el Parlamento Europeo. El hecho de que en marzo del mismo año el Parlamento de Ucrania y otros diecinueve países denunciaran ante el mundo que el Gobierno soviético había llevado a cabo un genocidio planificado obligó a la Cámara de Estrasburgo, la inoperante Eurocámara, a emitir una resolución. Desde entonces, nunca más se supo y un muro de silencio y olvido se instaló de nuevo en Europa y en el mundo.

En junio de 2009 las autoridades ucranianas publicaron una lista con los nombres de oficiales soviéticos relacionados con el genocidio. Cuando se constató que la mayoría de ellos eran judíos, el líder del Comité Judío Ucraniano, un abogado llamado Aleksander Feldman, se apresuró a advertir a quienes pretendían investigar que era una farsa hurgar en los hechos y darle publicidad al caso, puesto que todos los organizadores del exterminio ya habían fallecido. Es decir, mientras la ONU pide al Gobierno español que escarbe en el pasado y busque a posibles responsables de los crímenes del franquismo, mientras cientos de libros y películas machacan anualmente a la opinión pública internacional sobre el holocausto judío, mientras en distintos países europeos se encarcela por crímenes de pensamiento a investigadores que cuestionan la versión impuesta y pretenden revisar las cifras, mientras en Alemania se persigue y se encarcela a nonagenarios por el terrible delito de haber sido guardianes en campos de concentración o de trabajo, el Sr. Feldman considera ridículo que se señale a los culpables de una matanza de masas sin precedentes.

Por su responsabilidad en el genocidio ucraniano y en las atrocidades del comunismo debe señalarse a Stalin, uno de los más grandes criminales de la historia; pero cabe tener en cuenta, como se irá constatando de ahora en adelante, que existe una cantidad ingente de libros que, desde la muerte de Lenin, descargan sobre las espaldas de Stalin todos los crímenes del comunismo, como si él fuera el único responsable. La mayoría están escritos por trotskystas o por propagandistas a sueldo que pretenden establecer diferencias de tipo moral entre Stalin y los intocables Lenin y Trotsky, mártires del internacionalismo venerados desde siempre en los altares de la izquierda. El genocidio del campesinado ucraniano es uno de estos crímenes por lo general atribuidos íntegramente a Stalin, aunque, en realidad, el principal responsable fue Lázar Kaganóvich, quien después de ayudar a Stalin a taparle la boca a la Krúpskaya y a recuperar a través de ella el dinero que Lenin había depositado en Suiza, se convirtió en la eminencia gris y fue pieza fundamental en la lucha contra Trotsky.

Además de casarse con Rosa Kaganóvich, años más tarde Stalin reforzó los lazos familiares con esta familia judía casando a su hija Svetlana con Mijail Kaganóvich, hijo de Lázar Kaganóvich. El 15 de julio de 1951 el *London Sunday Express* y otros diarios de Londres daban la noticia y citaban como fuente a la agencia internacional Associated Press. "Nuptials of Dictator's daughter cost a reported $900,000" (La boda de la hija del Dictador cuesta 900,000 dólares) era uno de los titulares. Otros dos judíos jugaron junto a Kaganóvich un papel determinante en la organización de la hambruna. El primero fue Yakov Yakovlev (Epstein), que en 1922/23 había sido jefe de la sección de Agitación y Propaganda (Agit-Prop) del Comité Central ruso. Yakovlev era desde 1929 comisario de Agricultura, puesto desde el que impulsó la colectivización forzosa. El segundo, Grigory Kaminsky, ucraniano como Kaganóvich, en 1930 accedió al cargo de secretario del Comité de Estado de Moscú.

Antes de comenzar con el relato de los hechos, es preciso recordar los antecedentes subyacentes en el fondo de la inquina contra Ucrania. Los ataques a Ucrania y a su cultura nacional se han comentado sucintamente en la nota 6 de este mismo capítulo. El hecho de que el 28 de enero de 1918 la Rada (Parlamento ucraniano) declarase la independencia provocó el enfrentamiento entre los internacionalistas bolcheviques y los nacionalistas ucranianos. Ya entonces Lenin requisó todo el grano y lo envió a Rusia. Como se explica en la nota, La represión contra la lengua y la cultura llevó a los bolcheviques a clausurar escuelas e instituciones culturales e incluso el jefe de la Cheka, el judío Latsis, llegó a fusilar a personas por hablar ucraniano. Los constantes cambios de color político durante la guerra civil desataron en Ucrania una represión continuada que sumió a la sufrida población ucraniana en el terror permanente.

La fobia de Lenin y Trotsky hacia Ucrania fue íntegramente heredada por Stalin y Kaganóvich, quienes ya en abril de 1929 emprendieron a través de la OGPU una campaña contra académicos e intelectuales nacionalistas. En julio se detuvo a unos cinco mil miembros de la clandestina Unión por la Liberación de Ucrania y entre el 9 de marzo y el 20 de abril de 1930 se escenificó un juicio público en la Casa de la Opera de Járkov contra cuarenta supuestos miembros de dicha organización. Un lingüista y lexicógrafo, Serhiy Yefremov, socialista federalista que en los últimos días del zarismo había reivindicado la identidad ucraniana, era la principal figura entre los encausados. En febrero de 1931 se produjo una nueva ola de detenciones de intelectuales, la mayoría antiguos socialistas revolucionarios, acusados de haber creado el Centro Nacional Ucraniano. En esta ocasión no hubo juicio y casi todos fueron enviados a campos penitenciarios. Algunos autores consideran que estos movimientos para aplastar a la intelligentsia ucraniana fueron el primer asalto que precedió el ataque total contra el campesinado.

Se reconoció oficialmente que uno de los objetivos de la colectivización en Ucrania era la "destrucción de la base social del nacionalismo ucraniano". La Unión por la Liberación de Ucrania estaba extendida en los pueblos y muchos profesores y maestros fueron fusilados por sus relaciones con ella. Médicos e incluso algunos campesinos fueron igualmente ejecutados, acusados de pertenecer a la organización. Stanislas Kossior, supuesto trotskysta fusilado en 1939 que en julio de 1928 había sustituido a Lazar Kaganóvich al frente del Partido Comunista de Ucrania, declaró tras el genocidio que "la desviación nacionalista en el partido había jugado un papel excepcional en el origen y la profundización de la crisis en la agricultura". Asimismo el jefe de la policía política de Kossior, Vsevolod Balitsky, otro trotskysta ejecutado también en el contexto de la Gran Purga el 27 de noviembre de 1937, declaró en 1933 que "el puño de la OGPU golpeó en dos direcciones. Primero a los elementos kulaks en los pueblos y segundo a los principales centros del nacionalismo". El hecho de que la resistencia a la colectivización fuese mayor en Ucrania que en Rusia se atribuía a que se había inculcado en los kulaks ideas nacionalistas.

Para comprender cómo pudo organizarse la matanza por hambre de tantos millones de personas debe tenerse en cuenta que la colectivización forzosa estableció unas relaciones nuevas entre el campesinado y el Estado comunista. Bajo la NEP los campesinos sólo comercializaban como máximo el 20% de su cosecha. Para simiente podían reservar hasta un 15% y para el ganado, hasta un 30%. El resto era para su consumo. Las granjas colectivas tenían la finalidad de asegurar al Estado la entrega de productos agrícolas, que eran requisados cada otoño. Cada campaña se convertía en una lucha entre el Estado y los campesinos, que trataban por todos los medios de asegurar su supervivencia guardando para ellos una parte razonable de la cosecha. En el año 1930 el Estado exigió el 30% de la producción de Ucrania, el 38% de la cosecha de las llanuras del Kubán, en el Cáucaso del Norte, y el 33% de Kazajstán. En 1931 la campaña fue mucho y peor y decreció la producción, sin embargo los porcentajes exigidos aumentaron hasta el 41,5%, el 47% y el 39,5% respectivamente. Si se tiene en cuenta cómo distribuían la cosecha los agricultores cuando estaba vigente la NEP, es fácil entender que las exigencias desorbitadas del Estado en 1931 iban a desorganizar todo el ciclo productivo. En 1932, ante la evidencia de que podía producirse la hambruna, los agricultores de los koljoses comenzaron a ocultar una parte de la cosecha. En *Un Estado contra su pueblo* Nicolás Werth escribe lo siguiente: "Se constituyó un verdadero 'frente de resistencia pasiva', fortalecido por el acuerdo tácito y recíproco que iba a menudo del koljosiano al jefe de brigada, del jefe de brigada al contable, del contable al director del koljós, del director del koljós al secretario local del partido. Las autoridaders centrales tuvieron que enviar 'brigadas de choque' reclutadas en la ciudad para apoderarse de los cereales."

El 7 de agosto de 1932, a pesar de que ya entonces habían llegado al Kremlin informes sobre la existencia de "una amenaza real de hambre incluso en distritos donde la cosecha había sido excelente", se promulgó una ley de infausta memoria para el pueblo, que la bautizó con el nombre de "ley de las espigas". Dicha ley preveía la pena de muerte o condenas de hasta diez años en campos de trabajo "por cualquier robo o dilapidación de la propiedad socialista". Por increíble que pueda parecer, quienes habían prometido liberar al pueblo ruso de la esclavitud, estaban dispuestos a sentenciar a muerte a una persona por robar unas espigas de trigo o de cebada en un campo del koljós. Esta ley establecía que todos los bienes colectivos de las granjas, como el ganado y el grano, se consideraban propiedades "sagradas e inviolables" del Estado. En aplicación de la ley, desde agosto de 1932 a diciembre de 1933 fueron condenadas más de ciento veinticinco mil personas, cinco mil cuatrocientas de las cuales recibieron sentencias de pena de muerte.

En *The Harvest of Sorrow*, obra fundamental para estudiar en profundidad qué fue Holodomor, R. Conquest refiere algunas historias aparecidas en la prensa ucraniana en las que se da noticia de ejecuciones de kulaks que "sistemáticamente ratean cereales". En la provincia de Járkov cinco tribunales de justicia vieron cincuenta casos de este tipo y en la provincia de Odessa ocurría otro tanto. He aquí de manera abreviada algunos casos: En el pueblo de Kopani, en la provincia de Dniepropetrovsk, una banda de kulaks y subkulaks hicieron un agujero en el suelo de un granero y robaron trigo: dos de ellos fueron ejecutados y el resto encarcelados. En Verbka, otro pueblo de la misma provincia, el presidente del soviet local y un adjunto, así como tres presidentes de koljoses y ocho kulaks fueron juzgados: tres kulaks fueron condenados a muerte. Un agricultor de Novoseltytsya (provincia de Zhytomyr) fue fusilado por estar en posesión de doce kilos de trigo, recogidos en el campo por su hija de diez años. Una mujer cuyo marido había muerto de hambre dos semanas antes, fue sentenciada a diez años por haber cortado cien mazorcas de maíz de su propia parcela. Un padre de cuatro hijos recibió la misma condena por el mismo delito. Otra mujer fue asimismo condenada a diez años por recoger diez cebollas de una tierra colectiva. Otra condena de diez años se justificaba por el "robo" de patatas.

Pese al terror ejercido, el Estado no recibía las cantidades de grano exigidas, por lo que el 22 de octubre de 1932 se envió a Vyacheslav Mólotov a Ucrania y a Lazar Kaganóvich al Cáucaso. Ambos encabezaban dos comisones extraordinarias cuyo objetivo era acelerar las cosechas. Kaganóvich llegó a Róstov del Don el 2 de noviembre. Génrij Yagoda (Hirsh Yehuda), quien ejercía de facto el control de la policía secreta (OGPU), formaba parte de su comisión. Yagoda, Comisario del Pueblo para Asuntos Internos desde 10 de julio de 1934 al 26 de septiembre de 1936, se consagró al frente de la OGPU/NKVD como uno de los mayores criminales del siglo XX. Kaganóvich convocó a todos los secretarios de distrito del partido en la región del Cáucaso del Norte. Se decidió obligar a las organizaciones locales del partido a actuar contra los "kulaks contrarrevolucionarios" y a "aniquilar la resistencia de los comunistas locales y de los presidentes de koljós que se habían colocado a la cabeza del sabotaje".

Para los distritos colocados en la "lista negra", N. Werth cita estas medidas: "retirada de todos los productos de los almacenes, supresión total del comercio, reembolso inmediato de todos los créditos en curso, imposición excepcional y arresto de todos los 'saboteadores', 'elementos extraños', y 'contrarrevolucionarios' siguiendo un procedimiento acelerado, bajo la dirección de la GPU. En caso de que prosiguiera el 'sabotaje', la población sería susceptible de ser deportada en masa." Sólo en noviembre de 1932 se arrestó ya a cinco mil comunistas rurales, acusados de "colaborar con el sabotaje", y a quince mil koljosianos. En diciembre comenzaron las deportaciones masivas de kulaks y de poblaciones enteras de cosacos, cuyos poblados, "stanitsas", habían sufrido ya en 1920-21 las mismas medidas. En Ucrania, la comisión de Mólotov elaboró también una "lista negra" de los distritos que no entregaban las cuotas de cereales exigidas y se adoptaron las mismas medidas.

Con la prohibición de comerciar y tras la requisa de los productos de los almacenes ordenada por Kaganóvich, incluido el grano que se guardaba como reserva para la simiente, se estaban agotando las provisiones en Ucrania. En noviembre de 1932 se produjeron rebeliones campesinas y hubo casos de disolución de los koljoses. No todo el grano había sido exportado al extranjero o enviado a las ciudades o al ejército. Los graneros locales tenían stocks, reservas del Estado para casos de urgencia, como podía ser la guerra. Sin embargo, era evidente que no se consideraba la hambruna un caso de emergencia. Los campesinos se enfurecían al saber que, mientras ellos morían de hambre, había cereales que podían usarse para su sustento. En la provincia de Poltava, por ejemplo, se sabía que los almacenes estaban llenos hasta reventar. La leche era procesada para fabricar mantequilla en plantas cercanas a pueblos donde se moría por inanición. La mantequilla se empaquetaba y en el papel figuraba la inscripción en inglés: "USSR butter for export".

Vivían todavía payeses que recordaban las hambrunas en tiempos de Nicolás II. Entonces las autoridades los habían ayudado. Los campesinos iban a las ciudades a implorar ayuda "en nombre de Dios". En ellas se habían instalado cocinas donde se servía sopa caliente y los estudiantes aportaban donaciones recibidas mediante colectas. No se podía comprender que el autodenominado gobierno de los trabajadores y campesinos tuviera posibilidad de ayudar a los que morían de hambre y no lo hiciera. Había, por supuesto, campesinos que veinticinco años antes habían conocido el decreto de reforma agraria de noviembre de 1906, mediante el cual Stolypin había otorgado a los payeses el título de propiedad de las parcelas que habían trabajado en las comunas. Un decreto histórico que se había convertido en ley en junio de 1910.

El hecho que se bloquease la frontera ruso-ucraniana con el fin de impedir la entrada de alimentos en Ucrania constituye una prueba irrefutable de que Holodomor fue una decisión criminal planificada. Se desplegaron tropas a lo largo de la fontera para evitar que los ucranianos pudieran pasar a Rusia. En las estaciones y en los trenes hombres de la OGPU controlaban a los pasajeros y revisaban sus permisos de viaje. Mikhaylivka, La última estación entre Kiev y la frontera, estaba tomada por destacamentos armados de la OGPU. Quienes no disponían de pases especiales eran detenidos y devueltos a Kiev en trenes de carga. Todos en Ucrania sabían que las cosas en Rusia eran diferentes y por ello los había que se jugaban la vida por cruzar la frontera. Aquellos que conseguían burlar el bloqueo y pasaban al otro lado trataban de vender o intercambiar alfombras, ropa blanca o sus abrigos de pieles con el fin de conseguir comestibles para sus familias que morían de hambre. Especialmente cruel era el regreso después de tanto sacrificio, puesto que se les confiscaba el grano y los alimentos a quienes pretendían introducirlos en Ucrania.

Robert Conquest cita el ejemplo de un campesino ucraniano que había sido contratado para trabajar en los ferrocarriles de Moscú. Al enterarse de la situación de sus familiares, abandonó la capital rusa con unos treinta y cinco kilos de pan. En Bakhmach, en la frontera, le confiscaron treinta y dos kilos y, gracias al hecho de que estaba registrado como un trabajador ruso, se le permitió conservar el resto. Sin embargo, dos campesinas ucranianas que también trataban de introducir pan en su país fueron detenidas y se les requisó todo. En ocasiones, gente con pan se escondía en los vagones vacíos que regresaban a Ucrania tras haber descargado cereales ucranianos en Rusia; pero también estos trenes eran controlados, ya por funcionarios que confiscaban y arrestaban, ya por personal empleado que con frecuencia chantajeaba a los infelices que habían sido descubiertos. Conquest extrae la siguiente conclusión de todo ello: "Lo esencial es que, de hecho, había órdenes claras de detener a los campesinos que entraban en Rusia, donde había comida disponible, y de confiscar la comida a quienes habían conseguido burlar los controles y regresaban con ella. Esto sólo puede haber sido una orden emanada desde arriba: y sólo puede haber tenido un motivo." Hubo campesinos hambrientos que trataron de entrar en las zonas próximas a la frontera con Polonia y Rumanía, pero la policía tampoco lo permitió. Algunos de los más desesperados que trataron de atravesar el río Dniester para pasar a Rumanía fueron abatidos a tiros por miembros de la OGPU.

A medida que el invierno se acercaba las cosas fueron empeorando. El 20 de noviembre de 1932, un decreto del Gobierno ucraniano detuvo, hasta que se hubiera entregado la cuota de grano exigida, cualquier envío de cereales a los campesinos de los koljoses en pago por su trabajo. El 6 de diciembre el Comité Central del Partido Comunista de Ucrania y el Gobierno soviético de Ucrania mediante decreto señalaron a seis pueblos de tres provincias (dos en Odessa, dos en Járkov y dos en Dnipropetrovsk) que saboteaban las entregas de grano. Fueron sancionados de inmediato con la suspensión de suministros, la anulación de cualquier comercio con el Estado y la requisa de todas las provisiones de la cooperativa y de los almacenes del Estado. Además se procedió a la purga de los elementos considerados hostiles y contrarrevolucionarios de todas las granjas colectivas de los pueblos mencionados. El siguiente paso fue el bloqueo de los pueblos que no habían podido entregar las cuotas con el fin de impedir que entraran en ellos productos procedentes de las ciudades. El 15 de diciembre de 1932 se publicó incluso una lista con todos los distritos que habían sido penalizados con la interrupción de la entrega de productos comerciales hasta que lograran una mejora sustancial en el cumplimiento de los planes de recogida de granos. De trescientos cincuenta y ocho distritos en toda Ucrania, ochenta y ocho fueron sancionados y se deportó en masa a muchos de sus habitantes hacia el norte. Pese a todas las medidas, a finales de 1932 las toneladas de grano entregadas eran sólo el setenta por ciento de lo planificado.

Distintas fuentes hacen referencia a grandes movimientos de hasta tres millones de personas, que ya a comienzos del verano de 1932 trataban de desplazarse a zonas más prósperas. Las estaciones estaban abarrotadas de gentes del campo que pretendían entrar en las ciudades. Víctor Serge ofrece esta descripción:

> "Muchedumbres mugrientas llenan las estaciones, hombres, mujeres y niños amontonados, en espera de Dios sabe qué trenes. Se les ahuyenta, y ellos lo vuelven a probar sin dinero ni billetes. Suben al primer tren que pueden y se quedan dentro hasta que los sacan. Están silenciosos y pasivos. ¿Dónde van? Sólo en busca de pan, patatas o trabajo en las fábricas donde los trabajadores están mejor alimentados... El Pan es el gran movilizador de estas masas. ¿Qué puedo decir de los robos? la gente roba por doquier, en todas partes..."

La entrada en las ciudades de los payeses hambrientos se hizo casi imposible a partir del 27 de diciembre de 1932, fecha en que el Gobierno instauró el pasaporte interior y el registro obligatorio de los habitantes de las ciudades con el fin de "liquidar el parasitismo social" y de "combatir la infiltración de los elementos kulaks en las ciudades". La verdadera intención del pasaporte interno era evitar el éxodo de campesinos famélicos que trataban de salvar la vida entrando en los grandes núcleos urbanos.

A principios de 1933 se anunciaron nuevas exacciones y se produjo un nuevo asalto inhumano a las ya inexistentes reservas de Ucrania. El 7 de enero de 1933 un editorial del diario *Pravda* sentenciaba que Ucrania había fallado en las entregas de grano porque el Partido Comunista Ucraniano permitía la organización del enemigo de clase en Ucrania. En un pleno del Comité Ejecutivo Central celebrado el mismo mes de enero Stalin dijo que las causas de las dificultades en relación a la colecta de grano debían buscarse en el seno del mismo partido. Kaganóvich presentó un informe en el que insistía en que en los pueblos había aún representantes de la clase kulak que no habían sido deportados y kulaks que habían escapado del exilio y estaban siendo protegidos por sus familiares y, ocasionalmente, por "miembros compasivos del partido, que de hecho se comportaban como traidores a los intereses de los trabajadores". Denunciaba asimismo que había todavía "representantes de la burguesía blanca, de los cosacos y de la intelligentsia rural". Relacionados con los últimos, señalaba como objetivos de una purga antisoviética a profesores, ingenieros y peritos agrónomos, médicos, etc. Una vez más Kaganóvich convocaba a la lucha contra el enemigo de clase. Sobre todo insistía en los kulaks, a los que acusaba de "sabotear la siembra y las entregas de grano". Según su informe, los kulaks se habían aprovechado de las "tendencias pequeño-burguesas de los campesinos" y los acusó de "aterrorizar a los trabajadores honestos de los koljoses".

El 22 de enero de 1933 se dictó una circular firmada por Stalin y Mólotov que supuso la puntilla para millones de personas hambrientas. Se pedía a las autoridades locales y a la OGPU que prohibieran "por todos los medios las marchas masivas de campesinos de Ucrania y del Cáucaso del Norte hacia las ciudades". Se ordenaba asimismo el arresto de los elementos contrarrevolucionarios y que los demás fugitivos fueran conducidos a sus lugares de residencia. Nicolás Werth, que transcribe parcialmente el texto, cita los términos utilizados en la circular: "El Comité Central y el Gobierno tienen pruebas de que este éxodo masivo de los campesinos está organizado por los enemigos del poder soviético, los cotrarrevolucionarios y los agentes polacos con una finalidad de propaganda contra el sistema koljosiano en particular y el poder soviético en general". En aplicación de la circular se suspendió de inmediato la venta de billetes de tren y se establecieron cordones policiales controlados por la OGPU para impedir que los payeses abandonaran sus distritos.

Durante todo el invierno la mortalidad fue muy elevada; pero es a partir de marzo de 1933 cuando la mortandad tuvo lugar a gran escala en los campos. Al hambre se unió el tifus, por lo que hubo poblaciones que albergaban a miles de habitantes en las que sólo sobrevivieron algunas decenas. Se dispone de numerosos testimonios. Un historiador italiano, Andrea Graziosi, en *Cahiers du Monde Russe et Sovietique* publicó en 1989 una serie de cartas escritas en Járkov por diplomáticos italianos. Se trata de informes redactados entre 1932-1934. En *El libro negro del comunismo* figura el siguiente informe del cónsul italiano:

> "Desde hace una semana se ha organizado un servicio de acogida de niños abandonados. Efectivamente, cada vez hay más campesinos que fluyen hacia la ciudad porque no tienen ninguna esperanza de sobrevivir en el campo, hay niños a los que han traído aquí y que inmediatamente son abandonados por los padres, los cuales regresan a su población para morir en ella. Estos últimos esperan que en la ciudad alguien tendrá cuidado de sus hijos. [...] Desde hace una semana se ha movilizado a los 'dvorniki' (porteros) con bata blanca que patrullan la ciudad y que llevan a los niños hasta el puesto de policía más cercano. [...] Hacia medianoche se comienza a transportarlos en camiones hasta la estación de mercancías de Severo Donetz. Aquí se reúne también a los niños que se han encontrado en las estaciones o en los trenes, a las familias de los campesinos, a las personas aisladas de mayor edad. [...] Hay personal médico que realiza la 'selección'. Aquellos que no se han hinchado y ofrecen una posibilidad de sobrevivir son dirigidos hacia las barracas de Golodnaya Gora, donde en hangares, sobre paja, agoniza una población de cerca de 8.000 almas, compuesta fundamentalmente por niños. [...] Las personas hinchadas son transportadas en tren de mercancías hasta el campo y abandonadas a cincuenta o sesenta kilómetros de la ciudad, de manera que mueran sin que se las vea. [...] A la llegada a los lugares de descarga, se excavan grandes fosas y se retira a los muertos de los vagones."

Mientras las élites locales del partido y de la OGPU sobrevivían a la hambruna bien alimentados, informes de la propia OGPU señalan casos de canibalismo, algunos de los cuales aparecen relatados en la obra de Conquest, como es el caso de familias que se alimentaban con sus propios muertos o el de famélicos que atrapaban a niños o emboscaban a extraños. Un activista del partido que había trabajado en la campaña de colectivización de Siberia regresó a Ucrania en 1933 y se encontró con que la población de su pueblo se había casi extinguido. Su hermano menor le contó que sobrevivían con cortezas y hierba, pero que su madre les había dicho que debían comérsela si ella moría. Sobre estos casos de canibalismo, también informan los diplomáticos italianos de servicio en Járkov:

> "Cada noche se traen a Járkov cerca de 250 cadáveres de personas muertas de hambre o tifus. Se nota que muchos de ellos no tienen ya hígado: éste parece haber sido retirado a través de un corte ancho. La policía acaba por atrapar a algunos de los misteriosos 'amputadores' que confiesan que con esta carne confeccionaban un sucedáneo de 'pirozhki' (empanadillas) que vendían inmediatamente en el mercado."

La zona geográfica del hambre, a la cual no se permitió viajar a los corresponsales de prensa extranjera hasta el otoño de 1933, cubría Ucrania, las ricas llanuras del Don, del Kubán y del Cáucaso del Norte, así como una parte de Kazajstán. Como se ha dicho ya en la reseña abreviada del capítulo anterior, en la primavera de 1933 la mortalidad llegó a ser de veinticinco mil personas al día. Lo más aberrante es que mientras millones de campesinos morían de hambre durante aquel año, el Gobierno soviético continuaba exportando al extranjero dieciocho millones de quintales de trigo por "necesidades de la industrialización".

Al este de Ucrania, las llanuras de los ríos Don y Kubán estaban habitadas por cosacos y por campesinos ucranianos. Los cosacos del Don eran rusos, pero los del Kubán eran de origen ucraniano. Se ha visto ya que durante la guerra civil los cosacos habían luchado mayoritariamente contra los bolcheviques. Posteriormente, hubo levantamientos en 1922 y en 1928. Ya desde noviembre de 1929 se habían desplegado en el Don varias divisiones con objeto de reforzar el Distrito Militar del Cáucaso del Norte. A diferencia de los pueblos de campesinos, las '"stanitsas" cosacas eran poblados que podían superar los 40.000 habitantes, por lo que no podían ser controladas con un puñado de policías. La lucha de los cosacos contra la colectivización fue enconada y los efectos de la hambruna se dejaron sentir allí más tarde que en otras zonas. Tras la visita de la comisión de Kaganóvich y Yagoda en noviembre de 1932, se declaró el Don y el Kubán zonas de especial emergencia militar.

En Poltavskaya, una stanitsa situada en el delta del Kubán que había sido incluida en la lista negra de sabotajes, se produjo un levantamiento. Los rebeldes asesinaron a activistas del partido y a miembros de la NKVD (integraba a la OGPU) y controlaron temporalmente la población, que sólo pudo ser recuperada después de duros combates. En enero de 1933 operaba ya una comisión especial con poderes para imponer trabajos forzosos y para desahuciar, deportar e incluso ejecutar a quienes se resistieran. Se anunció que Poltavskaya había caído en manos de kulaks y que se exiliaría a todos excepto a unos pocos fieles. Declarado el estado de guerra, se llevó a cabo una operación ejemplificante a la que se dio publicidad para que todos supieran a qué atenerse. Actuaciones semejantes se emprendieron en Umanskaya, Urupskaya, Medveditskaya, Mishativskaya y así se continuó. Unos 200,000 habitantes de dieciséis stanitsas fueron deportados al lejano norte; pero la suerte de los no deportados fue incluso peor, ya que tuvieron que hacer frente a la hambruna. Distintos testimonios refieren que en el Kubán eran tantos los muertos que no se podía ya enterrarlos. Un testigo habla de grupos de niños apiñados en las esquinas que, temblando de hambre y de frío, acababan por morir en las calles. Una descripción de un ingeniero que trabajaba en los ferrocarriles permite hacerse cargo del volumen de la escabechina en la zona:

"A comienzos de 1933 dos misteriosos trenes salían cada mañana antes del amanecer de la estación de Kavkaz, en el Cáucaso del Norte, en dirección a Mineralny Vodi y Rostov. Los trenes iban vacíos y tenían de cinco a diez vagones cada uno. Entre dos y cuatro horas más tarde los trenes regresaban. Se detenían un rato en una estación de escala y luego seguían por una estribación sin salida hacia una antigua excavación. Mientras los trenes paraban en Kavkazka o en una vía lateral, todos los vagones estaban cerrados, parecían cargados y eran estrechamente vigilados por agentes de la NKVD. Al principio nadie prestaba atención a los misteriosos trenes y yo tampoco lo hice. Yo era aún un estudiante en el Instituto de Transportes de Moscú y trabajaba allí temporalmente. Pero un día, el conductor Kh., que era un comunista, me llamó silenciosamente y me condujo a los trenes, diciéndome: 'quiero enseñarte lo que hay en los vagones'. Abrió ligeramente la puerta de uno de los vagones, miré hacia el interior y casi me desmayé por el horror que vi. Estaba lleno de cuerpos, amontonados de cualquier manera. Más tarde el maquinista me contó la historia: 'el jefe de estación tenía órdenes secretas de sus superiores de cumplir con los requerimientos de la NKVD y tener preparados cada mañana dos trenes con vagones de carga vacíos. La tripulación de los trenes estaba custodiada por agentes de la NKVD. Los trenes salían para recoger los cuerpos de los campesinos que habían fallecido a causa de la hambruna y habían sido llevados a las estaciones de ferrocarril cercanas a los pueblos. Los cuerpos eran enterrados en zonas alejadas más allá de las excavaciones. Toda el área estaba vigilada por la NKVD y nadie podía acercarse."

Las ciudades del Cáucaso del Norte sufrieron gravemente las consecuencias de la hambruna. Para Stavropol, ciudad con una población de ciento cuarenta mil habitantes, se da una cifra de cincuenta mil muertos. En Krasnodar, cuya población era de ciento cuarenta mil personas, las víctimas ascendieron a cuarenta mil. En Starokorsunska, una stanitsa de catorce mil habitantes, sólo quedaban un millar después de la hambruna. Otras dos stanitsas, Voronizka y Dinska, presentan cifras similares. Un despacho de la Embajada Británica fechado el 27 de octubre de 1933 resumía la situación con estas palabras: "el elemento cosaco ha sido en gran parte eliminado, ya sea por muerte o por deportación".

En la obra de R. Conquest que venimos consultando, pues constituye una de las fuentes principales de este apartado sobre el genocidio en Ucrania, un capítulo titulado *Children* (*Niños*) está dedicado al estudio de los efectos que la hambruna tuvo en los niños. En él se relatan casos de madres que morían en las calles con sus hijos en el pecho o los de niños de siete, ocho y nueve años que eran testigos de la muerte de sus padres y debían tratar de sobrevivir por su cuenta. Sin embargo lo normal era lo contrario, o sea, los niños morían en primer lugar. En 1933 el embajador lituano en Moscú denunció en un informe que en Ucrania no se podían encontrar cadáveres de niños porque "los propios campesinos confesaban que se comían la carne de los niños muertos." M. Maskudov, un demógrafo soviético disidente, estima que no menos de tres millones de niños nacidos entre 1932 y 1934 murieron durante la hambruna. Los primeros en morir eran sobre todo los recién nacidos.

Basándose en el censo de 1970, Conquest apunta cifras bien significativas. En 1970 vivían 12.4 millones de personas nacidas entre 1929-31; sin embargo sólo había 8.4 millones nacidos entre 1932-34. Los datos de las áreas donde la penuria fue más severa demuestran el estrago que el hambre hizo en los niños: en algunos pueblos sólo un niño de cada diez logró sobrevivir. Existen números concretos de un distrito de la provincia de Poltava, según los cuales de 7.113 personas fallecidas 3.549 eran niños menores de dieciocho años, 2.163 eran hombres, y 1.401, mujeres. Conquest asume sin ninguna duda la cifra de tres millones de niños muertos y añade incluso un millón más, aquéllos que perdieron la vida a causa de las condiciones inhumanas de la deskulakización, con lo cual, según sus estimaciones, murieron en total más de cuatro millones de niños. Apunta, además, que esta cifra no incluye a muchos menores cuyas vidas quedaran arruinadas y malvivieron como pudieron durante años.

Muchos de estos niños abandonados a su suerte ("bezprizornii") se agrupaban en pandillas de pequeños delincuentes. Algunas fuentes confirman que ya en 1932 se dieron órdenes confidenciales de disparar a aquéllos que robaban en los trenes en tránsito detenidos en las estaciones. Este problema de bandadas de niños asilvestrados no disminuyó después de la hambruna, por lo que la posibilidad de eliminarlos físicamente, en ocasiones mediante un tiro, siguió presente a partir de 1934. Por fin el 7 de abril de 1935, mediante un decreto firmado por Kalinin y Mólotov, se legalizó la ejecución de niños a partir de los doce años, una brutalidad más de los criminales comunistas que tenían el poder en Moscú. A veces se permitieron incluso ejecutar a niños de menor edad. En los orfanatos donde eran internados los pequeños delincuentes, algunos doctores podían certificar que niños de once años eran en realidad mayores de lo que atestiguaban sus papeles supuestamente falsificados, por lo cual podían ser sentenciados a la pena de muerte. En su afán por denigrar a Stalin, el trotskysta Walter Krivitsky lo acusa de purgar incluso a los niños y confirma que en el encabezamiento del decreto se aludía a "medidas para combatir la criminalidad entre menores." Krivitsky denuncia que mientras miles de niños y jóvenes eran condenados a trabajos forzados y, con frecuencia, a la pena de muerte, Stalin decidió hacerse fotos con niños con el fin de presentarse "como el padrino de los niños de Rusia".

Las cifras totales del genocidio que da Conquest son estas: 11 millones de campesinos murieron entre 1930-1937, a los que añade 3.5 millones de personas que fueron arrestadas durante estos años y murieron posteriormente en los campos de trabajo. El desglose que hace sobre las circunstancias de la muerte de estos 14.5 millones de personas es el siguiente: Muertos como consecuencia de la brutalidad con que se llevó a cabo la deskulakización, 6.5 millones. Muertos en los procesos de deskulakización y colectivización de Kazajastán, así como en la posterior hambruna, 1 millón. Muertos entre 1932-33 a causa de la hambruna: 5 millones en Ucrania; 1 millón en el Cáucaso del Norte, 1 millón en otras partes. Según este autor, se trata de una estimación prudente, i. e. a la baja, que no refleja seguramente la verdad. Dichas cifras proceden de diversos trabajos de estudiosos y escritores soviéticos, pues en 1986, fecha de la edición de *The Harvest of Sorrow*, Moscú seguía sin permitir la investigación de los hechos criminales perpetrados contra millones de personas.

Conscientes de sus crímenes, los soviéticos trataron de ocultar a los países occidentales la matanza que estaban llevando a cabo y, una vez perpetrada, negaron incluso que hubiera tenido lugar. Sin embargo, a pesar de que se prohibió el acceso a las zonas de hambruna a posibles testigos, tanto en Europa como en América se supo lo que ocurría en la URSS. Periódicos como *New York Herald Tribune*, *Manchester Guardian*, *Daily Telegraph*, *Le Matin*, *Le Figaro*, *Neue Züriche Zeitung*, *Gazette de Laussana*, *La Stampa* y otros de menor renombre publicaron informaciones más o menos adecuadas. Abundaron, no obstante, los cómplices que, consciente o inconscientemente, colaboraron en la ocultación de la verdad. Uno de estos casos es el de Édouard Herriot, un socialista radical que fue primer ministro de Francia en tres ocasiones. Durante los meses de agosto y septiembre de 1933 Herriot visitó la URSS y pasó cinco días en Ucrania, donde fue obsequiado con banquetes y otros agasajos. Se le organizó un recorrido por zonas previamente "adecentadas". Su conclusión fue que no había habido hambruna en Ucrania y atribuyó las denuncias que se oían en Francia a propaganda antisoviética. El 13 de diciembre *Pravda* publicó sus declaraciones, según las cuales Herriot "negaba categóricamente las mentiras de la prensa burguesa sobre la hambruna en la Unión Soviética".

Párrafo aparte merece la actuación escandalosa de Walter Duranty, corresponsal de *The New York Times* en Moscú, quien intencionadamente, en su afán por ocultar la verdad, mintió una y otra vez en sus crónicas desde Moscú y se convirtió de este modo en cómplice del genocidio. Por qué lo hizo es evidente. Se ha comentado ya varias veces el papel desempeñado por *The New York Times,* cuyo propietario, Adolph Simon Ochs, un judío sionista al servicio de los banqueros que impusieron la Reserva Federal, había casado a su hija con Arthur Hans Sulzberger, otro judío que pasó a controlar desde entonces el diario. Puesto que los banqueros que habían ideado la Reserva Federal eran los mismos que habían financiado la Revolución Bolchevique, es fácil comprender que Walter Duranty estaba al servicio de los conspiradores, quienes acababan de situar a Franklin Delano

Roosevelt en la Casa Blanca y tenían entre sus prioridades que el nuevo presidente reconociera cuanto antes a la Unión Soviética.

Otro periodista que tuvo el coraje de informar sobre la verdad, Malcolm Muggeridge, corresponsal del *Manchester Guardian*, acusó a Duranty de ser "el periodista más mentiroso de cuantos he conocido a lo largo de cincuenta años de periodismo". El peso que sobre la opinión pública norteamericana tuvieron las informaciones de Walter Duranty no pudo ser contrarrestado. Para asegurar el prestigio de Duranty, en 1932 se le otorgó el premio Pullitzer por sus artículos laudatorios sobre la Unión Soviética. Precisamente en el mes de noviembre de 1932 informaba que "ni había hambruna ni síntomas de que la fuera a haber". El 23 de agosto de 1933 escribió: "cualquier información sobre hambruna en Rusia es hoy una exageración o propaganda maliciosa". Según Duranty, eran los emigrantes quienes, animados por la llegada de Hitler al poder, "contaban historias falsas sobre hambrunas, que circulaban en Berlín, Riga, Viena y otros lugares donde los enemigos de la Unión Soviética, describiendo a la URSS como un país de ruina y desesperación, estaban realizando intentos de última hora para evitar el reconocimiento de Estados Unidos".

Lo más curioso del caso Walter Duranty es que en privado no tenía ningún inconveniente en reconocer la verdad. Según Conquest, Duranty le confesó al periodista judío Eugene Lyons, corresponsal de UPI (United Press International), que estimaba que las víctimas de la hambruna rondaban los siete millones. Lyons, un comunista que trabajó inicialmente para la agencia soviética TASS, también ocultó al principio el terror de la hambruna, pero años más tarde, desengañado, supo rectificar y reconoció los hechos. Walter Duranty, pues, escribía exactamente lo contario de lo que sabía, lo cual demuestra el descaro y la doblez del flamante premio Pulitzer. Conquest cita textualmente estas palabras redactadas el 30 de septiembre de 1933 por el encargado de negocios británico en Moscú: "Según Mr. Duranty, la población del Caúcaso Norte y del bajo Volga ha disminuido cerca de tres millones el útimo año, y la población de Ucrania, en cuatro o cinco millones... Mr. Duranty cree que es posible que durante el pasado año hasta diez millones de personas hayan muerto, directa o indirectamente por la escasez de comida en la Unión Soviética".

Conociendo perfectamente que Holodomor había sido un hecho planificado y que los criminales que dirigían la Unión Soviética habían exterminado intencionadamente a millones de seres humanos, el 16 de noviembre de 1933, recién perpetrado el genocidio, Franklin Delano Roosevelt, el masón illuminati que en 1935 aprobó la introducción del billete de un dólar plagado de símbolos de la masonería, estableció relaciones diplomáticas con la URSS como si nada hubiera ocurrido.

6ª Parte
Los juicios de Moscú y la purga del trotskysmo

Mientras que los juicios de Núremberg han pasado a la historia como un acontecimiento necesario y gozan de un prestigio vergonzoso, los procesos de Moscú están hoy absolutamente desacreditados. La necesidad de cargar sobre las espaldas de Stalin todas las atrocidades del comunismo ha llevado a historiadores y a propagandistas de todo tipo a proclamar que los juicios fueron un "show", un espectáculo macabro montado por Stalin. Ello se explica por la finalidad de ocultar quién era Trotsky y por la necesidad de mantener ante los ojos de la nueva izquierda internacional la aureola de las figuras de Lenin y del mismo Trotsky, quien a través de sus escritos deshonestos supo imponer a socialistas ingenuos o cegatos su versión de la Revolución.

En realidad, el "show trial" (juicio espectáculo) tuvo lugar en Núremberg, donde los vencedores, entre los que estaba el hoy denostado Stalin, se otorgaron a sí mismos una superioridad moral que no tenían para juzgar a los vencidos: Dresde, Hamburgo, Hiroshima, Nagasaki son ejemplos clamorosos de crímenes de guerra sin parangón en la historia por los que nunca nadie ha exigido responsabilidades. En Núremberg se falsificaron masivamente pruebas y se obstaculizó en todo momento la labor de los abogados. El Ministerio Público estaba compuesto mayoritariamente por judíos emigrados de Alemania y se impidió la llegada de testigos que podían favorecer a los reos y comprometer a los fiscales. Los abogados no pudieron examinar las pruebas de los fiscales y debieron entregar sus documentos a los acusadores. En 1948 el principal fiscal británico, Sir Hartley Shawcross, declaró: "El proceso de Núremberg se ha transformado en una farsa, me avergüenzo de haber sido acusador en Núremberg como colega de esos hombres, los rusos". El juez norteamericano Wennerstrum, que dimitió de su cargo, declaró que su participación en la infamia de Núremberg era una deshonra para él y para la justicia norteamericana. La tortura a los acusados, que en el caso de los juicios de Moscú es invocada una y otra vez para desacreditarlos, se practicó habitualmente en el proceso alemán.

Son muchos los escritores judíos que se han dedicado a proclamar la inocencia de los condenados en los juicios de Moscú. Por otra parte, historiadores trotskystas como Pierre Broué y tantos otros ignoran o prefieren ignorar lo que en realidad representaba Trotsky. Robert Conquest, sovietólogo al que seguiremos citando, tampoco hace la más mínima alusión a los financieros de Trotsky y de la revolución bolchevique. Al exponer y analizar los hechos, Conquest no tiene en cuenta el hecho de que la Unión

Soviética había sido una obra del judaísmo internacional, lo cual constituye un grave problema, pues sólo considerando quiénes estaban detrás de Trotsky se puede obtener una visión adecuada que permita comprender el significado de las purgas de Stalin y de otros hechos capitales que acabaron desencadenando la segunda guerra mundial. Nosotros no podemos prescindir de esta circunstancia fundamental que hemos venido denunciando a lo largo de nuestro trabajo y, por ello, la seguiremos contemplando a lo largo de las páginas que siguen. Dicho de otro modo, no se puede olvidar que Trotsky representaba a los conspiradores internacionales que pretendían el Gobierno Mundial y que Stalin, tras optar por el nacionalcomunismo, se había convertido en un impedimento que, inicialmente, había que remover a cualquier precio.

Puesto que la Unión Soviética era obra del judaísmo internacional, miles de judíos ocupaban como sabemos los puestos dirigentes. Muchos de ellos, sobre todo en las finanzas, en la diplomacia, en la Policía y en el Ejército, eran trotskystas a los que Stalin precisaba controlar, toda vez que constituían para él una amenaza: mientras Trotsky estuvo vivo, su restauración en el poder constituyó el objetivo fundamental. La existencia de una oposición coordinada por Trotsky desde el extranjero es admitida por los historiadores y no puede negarse. Los asesinatos y el terror fueron los antídotos utilizados por Stalin para combatir a los opositores trotskystas, a quienes aplicó la misma medicina que anteriormente Lenin y Trotsky habían recetado a los enemigos de clase, considerados "enemigos del pueblo". Stalin, como se verá, demostró ser un político maquiavélico, cruel, de una astucia inigualable, que ejerció el monopolio de la violencia sin ningún escrúpulo ni consideración, de manera absolutamente despiadada.

El hecho de que poco a poco las purgas stalinistas fueran desplazando a los judíos y colocando a más rusos en el poder provocó que fuera acusado de antisemitismo; pero en realidad Stalin no tuvo ningún problema en rodearse de judíos siempre que le ayudasen a combatir a sus enemigos políticos. En 1946, recién acabada la guerra, Estados Unidos presentó a Stalin un nuevo plan para el Gobierno Mundial que había sido esbozado por dos judíos, David Lilienthal y el celebérrimo Bernard Baruch. Esta propuesta vio la luz en las páginas de *The Bulletin of Atomic Scientists* y estaba basada en el monopolio de la violencia atómica. Los científicos judíos que apoyaban el Gobierno Mundial: Albert Einstein, Robert Oppenheimer, Leo Szilard, Walter Lippman, Niels Bohr, James Franck, Eugene Rabinovitch, Hy Goldsmith, Hans Bethe y Harold Urey procedían del socialismo internacional y del sionismo. Stalin se negó una vez más a someterse y por tercera vez a lo largo de sus treinta años de dictadura volvió a ser acusado de antisemitismo. Finalmente, como se verá en otro capítulo, fue asesinado en 1953.

Para iniciar el relato de los hechos que condujeron a los procesos de Moscú, recordemos en primer lugar que la oposición trotskysta se fragmentó por razones tácticas tras el fracaso de los intentos por desplazar a Stalin y se produjeron así diversas subdivisiones. Se ha visto ya que en el otoño de 1927 el bloque de Trotsky y Zinóviev, derrotados en la pugna interna que se libraba dentro del partido, trataron de movilizar a las masas, hecho que supuso un desafió a Stalin, quien no se conformó hasta que logró su expulsión del partido. Zinóviev sería más tarde readmitido; pero Trotsky acabó deportado con sus más fieles seguidores. Hasta 1930 no se produjo otro intento de cuestionar a Stalin. Entonces, Martemyan Ryutin, un hombre del entorno de Bujarin, fue acusado de producir un documento de unas doscientas páginas, redescubierto e impreso en la era de Gorbachov. El texto constaba de trece capítulos y en cuatro de ellos se atacaba a Stalin, al que, como había hecho Trotsky años atrás, se acusaba de ser "el sepulturero de la Revolución".

Se consideró que en torno a Ryutin se había formado un grupo ("Plataforma Ryutin") que pretendía un complot contra Stalin. El 30 de septiembre Ryutin fue expulsado del partido y poco después, arrestado. Sin embargo, el 17 de enero de 1931 fue absuelto y posteriormente se decidió su readmisión. En una reunión del Politburó celebrada en la primavera de 1931 Stalin solicitó que se pudiera aplicar la pena de muerte a los integrantes del partido. Hasta entonces se había matado a discreción a todo tipo de opositores, pero los bolcheviques no se aplicaban entre ellos la máxima pena. Según parece, para evitar que la revolución acabase devorando a sus hijos, como en el caso de la Revolución Francesa, Lenin había pedido que no se ejecutara a miembros del partido.

En lugar de aceptar la derrota de sus tesis, en junio de 1932 Ryutin y un grupo de funcionarios envalentonados solicitaron una conferencia de la Unión de Marxistas-Leninistas. En este nuevo documento se apuntaba que Stalin y su camarilla no cederían voluntariamente, por lo que deberían ser retirados por la fuerza lo más pronto posible. Stalin interpretó estas palabras como una llamada a su asesinato y el 23 de septiembre de 1932 Ryutin fue nuevamente arrestado. Stalin hubiera deseado eliminar sin más contemplaciones a este adversario declarado; pero el asunto fue tratado en el Politburó, donde Sergei Kírov argumentó en contra de su pena de muerte y contó con el apoyo de Ordzhonikidze, Kúibyshev, Kossior, Kalinin y Rudzutak. Mólotov se mostró dubitativo y sólo Kaganóvich apoyó las pretensiones de Stalin, que tuvo que acatar la decisión de la mayoría. No obstante, en la Comisión de Control del Comité Central, reunido entre el 28 de septiembre y el 2 de octubre, se decidió expulsar del partido al grupo de Ryutin. Se los acusó de ser "degenerados que se habían convertido en enemigos del comunismo y del régimen soviético, traidores al partido y a la clase trabajadora". Ryutin fue sentenciado a diez años de cárcel y veintinueve miembros de su plataforma obtuvieron penas menores.

Otra resolución adoptada por el plenario fue la expulsión del partido de quienes conocían la existencia del grupo contrarrevolucionario y no habían dado aviso; entre estos estaban Zinóviev y Kámenev, que fueron nuevamente expulsados y deportados a los Urales. Poco después Iván Smirnov, quien recientemente había sido readmitido en el partido, fue asimismo detenido y sentenciado a diez años de cárcel. El profesor trotskysta Vadim Rogovin, autor de varios libros sobre Stalin, admitió en una conferencia pronunciada el 28 de mayo de 1996 en la Universidad de Melbourne que en 1931 Smirnov había establecido contactos en Berlín con el hijo de Trotsky, León Sedov, con quien había coincidido en la necesidad de coordinar esfuerzos. Otros dos condenados a penas de cinco años fueron Ivar Smilga y Sergei Mrachkovsky. El 12 de enero de 1933 el Pleno del Comité Central tomo la resolución de proceder a una purga severa dentro del partido, lo cual da a entender que las ramificaciones del asunto Ryutin eran serias y seguían inquietando a Stalin. A lo largo de 1933 más de ochocientos mil miembros fueron expulsados y otros trescientos cuarenta mil lo fueron durante 1934.

Una evidencia de que la oposición trotskysta estaba implicada en este complot que pretendía desbancar a Stalin la encontramos en el libro del general Walter Krivitsky, jefe del Servicio Secreto Militar en Europa Occidental, quien antes de ser asesinado en 1941 publicó en Nueva York *In Stalin's Secret Service* (1939), libro editado en España por NOS con el título *Yo, jefe del Servicio Secreto Militar soviético* (1945). Krivitsky, un judío trotskysta cuyo verdadero nombre era Samuel Gérshevich Ginsberg, escribe en la obra mencionada que el secretario de la célula del Partido dentro del Departamento del Servicio Secreto Militar (un trotskysta, claro) lo convocó a "una reunión secreta en la cual nuestro jefe, el general Berzin, iba a informar sobre el asunto Ryutin". Krivitsky puntualiza que, puesto que se trataba de algo muy confidencial, otros miembros de la célula (evidentemente los no trotskystas,) no asistieron a la reunión. Krivitsky reconoce que Berzin, que sería purgado en 1938, les leyó extractos del programa clandestino de Ryutin "en el que se calificaba a Stalin de gran agente provocador, de destructor del partido y de sepulturero de la revolución de Rusia". Berzin les confirmó en dicha reunión que "el grupo de Ryutin se proponía luchar para la caída de Stalin como jefe del Partido y del Gobierno"[13].

---

[13] El propio Krivistky reconoce en su obra que a finales de 1938, gracias a la ayuda de Léon Blum, presidente del Consejo de Ministros de Francia, y de su ministro del Interior, Max Dormoy, ambos judíos como él, logró huir de Francia, donde estaba siendo acosado por la NKVD. Una vez en Estados Unidos, asistido por otro judío, el periodista Isaac Don Levine, publicó el libro que venimos comentando. En octubre de 1939 viajó a Londres con el falso nombre de Walter Thomas y parece ser que en enero de 1940 reveló secretos de gran interés al MI5. Se cree que podría haber desvelado la identidad de dos célebres agentes soviéticos, Donald Maclean y Kim Philby. Tras el asesinato de Trotsky, en

El asesinato de Kírov

Es un hecho universalmente aceptado que el asesinato de Sergei Mirónovich Kóstrikov, alias Kírov, fue el acontecimiento que sirvió como desencadenante de las purgas de Stalin contra los trotskystas. Una vez más Robert Conquest es el principal investigador de lo ocurrido y es, pues, una fuente de información inevitable, aunque no siempre es convincente. Conquest presentó sus conclusiones en el libro *Stalin and the Kirov Murder* (1989); aunque también en *The Great Terror. A Reassessment* (1990) dedica un capítulo al análisis del famoso asesinato, que, según él, "merece ser calificado como el crimen del siglo", ya que durante los próximos cuatro años los líderes más conspicuos de la Revolución fueron fusilados por su responsabilidad en el crimen y "varios millones de personas -afirma Conquest- fueron condenadas por su complicidad en la amplia conspiración que se ocultaba detrás del asesinato de Kírov".

Entre el 26 de enero y el 16 de febrero de 1934 se celebró en Moscú el XVII Congreso del Partido Comunista de la Unión Soviética. Según parece, muchos contemplaban a Kírov como el favorito y algunos delegados se mostraron partidarios de situarlo en la Secretaría General; pero él renunció argumentando que ello pondría en entredicho las políticas del partido. Aparentemente, esta actitud de Kírov denota su fidelidad a Stalin. Además, entre ciento cincuenta y trescientos delegados de los casi dos mil que asistían al Congreso votaron en contra de la pertenencia de Stalin al Comité Central; aunque esto no quedó reflejado en el recuento oficial, según el cual sólo hubo tres votos en contra de Stalin y cuatro contra Kírov. Considerado el mejor orador del partido, Kírov controlaba la organización de Leningrado; pero finalmente fue Stalin quien fue aclamado como líder del partido. El Comité Central, del cual pasó a formar parte Yuri Pyatakov, quedó conformado casi integramente por veteranos stalinistas, a pesar de que trotskystas como Sokolnikov, Bujarin, Rykov y Tomsky figuraron entre los candidatos. Kírov fue elegido no sólo para el Politburó, sino también para el Secretariado, del cual formaban parte Stalin, Kaganóvich y Zhdánov.

Según Conquest, Kírov creía que los opositores trotskystas habían admitido su derrota y aceptaban definitivamente la situación, por lo que defendía ante Stalin que la mejor manera de desintegrarlos era propiciar una reconciliación dentro del partido. De hecho en el XVII Congreso habían tomado la palabra Bujarin y Rykov, considerados derechistas. Asimismo Zinóviev, Kámenev, Pyatakov y Rádek, los dos últtimos eran supuestamente ex-trotskystas, se habían dirigido a los congresistas. Todos habían mostrado una voluntad de unanimidad. Hasta uno de los trotskystas más prominentes, Christian Rakovsky, un judío internacionalista que, como Trotsky,

---

noviembre de 1940 Krivitsky regresó a Nueva York, donde sería finalmente ejecutado por agentes stalinistas el 10 de febrero de 1941.

consideraba oportunista y muy perjudicial la teoría del socialismo en un solo país, anunció su sometimiento al partido a través de un telegrama publicado en *Izvestia* el 23 de febrero de 1934. De este modo, se permitió su regreso a Moscú y en marzo fue recibido en la estación por Kaganóvich. En una carta publicada en *Pravda* en abril de 1934, cuyo título era "No debería haber piedad", admitió en público sus errores y, sorprendentemente, presentó a Trotsky y a sus seguidores como "agentes de la Gestapo". En 1935 Rakovsky fue nombrado incluso embajador en Japón.

Aparentemente, pues, a pesar de lo ocurrido en el XVII Congreso, Stalin había aceptado los planteamientos de Kírov, aunque es muy probable que en realidad fuese sólo una estratagema, toda vez que su policía secreta había infiltrado el entorno de Trotsky y de su hijo Sedov e informes comprometedores para los opositores le eran remitidos con regularidad desde Berlín y París. En julio de 1934 la OGPU quedó incorporada dentro de un nuevo organismo, el NKVD (Comisariado del Pueblo para Asuntos Internos), al frente del cual se colocó a Génrij Yagoda, cuyo verdadero nombre era Enokh Gershevich Yehuda, quien a su vez nombró como su director adjunto a otro judío Yakov Saulovich Agranov (Yankel Shmayevich), un chekista de la vieja escuela que había dirigido en 1921 la brutal represión ordenada por Trotsky contra los rebeldes de Kronstadt.

En septiembre de 1934 Kírov sufrió en Kazajstán un accidente de coche, considerado un atentado según algunas fuentes. Dos meses más tarde, a las 16:30 de la tarde/noche del 1 de diciembre, Sergei Kírov fue asesinado en la sede central del partido en Leningrado, ubicada en el viejo Instituto Smolny. En aquellas latitudes el día en invierno tiene pocas horas de luz y cuando Kírov llegó, a las cuatro de la tarde, la nieve caída contrastaba con la oscuridad de la noche. Antes de subir a sus dependencias se demoró conversando con Mijail Chudov, secretario segundo del Comité Provincial del Partido en Leningrado, y con sus colaboradores más próximos, a los que consultó sobre un informe. El asesino, Leonid Nikolayev, tras mostrar su pase a los guardias apostados en el exterior, había entrado con anterioridad sin nigún problema y lo estaba esperando escondido en los lavabos de la tercera planta, desde donde había observado su llegada en coche. Nikolayev había trabajado allí y conocía suficientemente el edificio. En teoría, Yuri Borisov, el guardaespaldas de Kírov que lo había acompañado hasta la entrada principal, debería haber subido con su jefe hasta el despacho, pero no lo hizo. Tampoco los guardias que habitualmente se hallaban apostados en los corredores se hallaban en su sitio. Cuando Kírov se dirigía solo por los pasillos hacia su oficina de trabajo, Nikolayev encontró la ocasión para aparecer a su espalda y le disparó en el cuello con un revólver Nagant. Algunas versiones indican que el criminal trató de suicidarse, ya que se descubrió que había un segundo tiro en el techo. Sea como fuere, Nikolayev se desmayó y cayó al suelo junto a su víctima, por lo que pudo ser detenido enseguida.

Naturalmente, Borisov, que tenía fama de ser muy leal a Kírov, fue inmediatamente requerido para ser interrogado. El 2 de diciembre por la mañana Agranov llamó desde Moscú a la NKVD de Leningrado y dio instrucciones a Volovich para que Borisov fuera conducido a Smolny. El viaje se hizo en un camión. Junto al conductor se sentaba un agente de la NKVD y en la parte trasera iba Borisov con otro policía. Según la versión que ofrece Conquest, cuando el camión circulaba por la calle Voinov, el hombre que iba junto al conductor dio un volantazo y estrelló el coche contra la pared de un almacén. Se informó después que Borisov había fallecido como consecuencia del accidente, pero en realidad, según esta versión, murió golpeado con barras de hierro que empuñaban los dos agentes que lo escoltaban, quienes a su vez serían posteriormente liquidados.

Diferentes versiones del asesinato de Kírov han circulado en Europa y hasta hoy ninguna ha establecido con certeza cómo ocurrieron los hechos y quién o quiénes estaban detrás. La versión oficial, que en su momento fue aceptada por los países occidentales, estableció que Nikolayev había actuado por orden de Zinóviev y Kámenev. En el primero de los tres juicios celebrados en Moscú entre agosto de 1936 y 1938 estos viejos bolcheviques fueron acusados de estar involucrados en el crimen. En el tercer proceso, celebrado entre el 2 y el 13 de marzo de 1938 y conocido como el Juicio de los Veintiuno, se estableció la versión que habría de perdurar hasta 1956, según la cual Zinóviev y Kámenev, de común acuerdo con Trotsky, habían planificado el asesinato. En el juicio se dio por probado que Yagoda, el jefe de la NKVD, instruyó a Iván Zaporozhets, el segundo en el mando de la NKVD de Leningrado, para que, removiendo los obstáculos, facilitase el crimen.

A partir de 1956 comenzó en la URSS y en todo el mundo la campaña de desprestigio de la figura de Stalin, que iba a permitir, entre otras cosas, la rehabilitación de numerosos trotskystas que habían sido condenados durante las purgas. Nikita Jrushchov pronunció el 25 de febrero de 1956 un discurso, considerado "secreto" porque fue dirigido al XX Congreso del PCUS en sesión cerrada, que supuso el principio de la revisión del periodo stalinista de treinta años. El texto completo no se publicó en la URSS hasta 1988, pero se distribuyeron copias a miembros regionales del partido y a varios gobiernos extranjeros. La aparición desde entonces de nuevos documentos sobre el caso Kírov ha permitido que fuese tomando fuerza otra versión, según la cual fue Stalin quien propició la eliminación de Kírov. Conquest, nuestra fuente principal en este asunto, sostiene la tesis de que Stalin, tras la evidente adhesión mostrada por el XVII Congreso a la figura de Kírov, concibió un plan absolutamente maquiavélico, de una sagacidad extraordinaria, que le permitió eliminar a la vez a su principal oponente y a la oposición trotskysta. Si ello fue así, su capacidad de intriga, su habilidad en el manejo y control de la situación y de los personajes no tiene precedentes, por lo que hay que situar en la historia a Stalin como un genio de perversión.

Una tercera posibilidad, que en la modesta opinión de quien escribe es la más plausible, sería la síntesis de las dos anteriores. Es decir, Kírov habría sido la víctima de dos conspiraciones: por un lado, la oposición trotskysta lo consideraba un hombre fiel a Stalin que podía ser un obstáculo en su camino hacia la recuperación del poder en Rusia, de ahí que tuvieran interés en liquidarlo; por otra parte, conociendo las intenciones de sus adversarios, Stalin habría decidido dejarlos actuar, facilitarles el crimen, permitir que asesinasen al dirigente que podía disputarle legalmente el poder, con el fin de acusarlos posteriormente y comenzar una purga despiadada contra ellos. Para poder desarrollar este plan, Stalin necesitó sin duda la colaboración de Yagoda, que necesariamente tuvo que seguir sus órdenes secretas. En su discurso de febrero de 1956 Jrushchov apuntó que las circunstancias que rodearon el asesinato de Kírov "escondían aún muchas cosas inexplicables y misteriosas que requerían un examen minucioso". Cinco años más tarde, en el ámbito del XXII Congreso celebrado en octubre de 1961, Jrushchov volvió sobre el tema y, esta vez públicamente, dijo: "Se necesitan aún grandes esfuerzos para descubrir a quién hay que culpar por la muerte de Kírov. Cuanto más profundamente estudiamos los materiales relacionados con su muerte, más preguntas surgen... Se está llevando a cabo una investigación completa sobre la coyuntura que envolvió este complicado caso". Hubo que esperar hasta 1988 para que Yagoda fuera oficialmente implicado. Se insinuó entonces la responsabilidad de Stalin. En el informe oficial se aludía a ella con estas palabras: "La participación de Stalin en el asesinato es altamente probable, pero no existen documentos que la confirmen".

Matthew E. Lenoe, en *The Kirov Murder and Soviet History* reproduce el texto de los careos entre Nikolayev y cuatro de los arrestados: Shatsky, Kotolynov, Yuskin y Sokolov, organizados por la NKVD entre los días 18 y 20 de diciembre de 1934. Sigue a continuación un fragmento del encaramiento entre el asesino Nikolayev y Kotolynov después de que ambos confirmasen que se conocían personalmente:

> "Pregunta a Kotolynov: ¿Confirma que era miembro de una organización contrarrevolucionaria zinovievista-trotskysta?
> Respuesta: Sí, confirmo que lo era. [...]
> Pregunta a Nikolayev: ¿Pertenecía usted a una organización contrarrevolucionaria zinovievista-trotskysta revolucionaria y quién lo reclutó?
> Respuesta: Sí pertenecía a una organización contrarrevolucionaria zinovievista-trotskysta. Fui reclutado por Kotolynov; esto fue en septiembre de 1934 en el edificio del Instituto Politécnico, donde Kotolynov estudiaba.

Pregunta a Kotolynov: ¿Confirma que reclutó a Nikolayev para la organización zinovievista-trotskysta?
Respuesta: No, lo niego.
Pregunta a Nikolayev: ¿Le propuso Kotolynov en nombre de la organización zinovievista-trotskysta que matase al camarada Kírov, aceptó usted la propuesta y bajo qué circunstancias tuvo lugar?
Respuesta: Sí, una propuesta para matar a Kírov me fue hecha por Kotolynov en nombre de la organización contrarrevolucianria zinovievista-trotskysta, Acepté la propuesta en septiembre de 1934, la propuesta fue hecha en el Instituto Politécnico donde yo fui para encontrarme con Kotolynov.
Pregunta a Kotolynov: ¿Confirma la declaración de Nikolayev, según la cual mató a Kírov por orden suya?
Respuesta: No, lo niego. [...]"

En el juicio Kotolynov aceptó sus contactos con la oposición contrarrevolucionaria zinovievista-trotskysta, pero mantuvo su negativa sobre la participación en el asesinato de Kírov. Este careo fue supervisado por dos judíos ucranianos Lev G. Mironov y Genrij Samoylovich Lyushkov, a los que acompañaba un tercer chekista de origen ruso llamado Dmitry Dmitriev. Tanto Mironov, cuyo verdadero nombre era Kagan, como Lyushkov acabaron siendo víctimas de Stalin. El primero, que, según Conquest, se deprimía por tener que perseguir a los viejos bolcheviques, fue jefe del Departamento de Economía de la Lubyanka y acabó siendo liquidado por Yezhov en 1938. El segundo, un bravucón con fama de sádico que era chekista desde 1920, fue nombrado en julio de 1937 jefe de la NKVD en el lejano oriente de Rusia, donde estuvo al mando de cerca de treinta mil tropas de élite. Cuando la gran purga estaba en su apogeo, Yezhov le ordenó regresar a Moscú, pero él desertó en junio de 1938 con valiosos documentos secretos y se pasó a Japón, donde admitió a oficiales japoneses que era un trotskysta. Lyushkov organizó con el apoyo de los japoneses un plan serio para asesinar a Stalin, pero fue descubierto. Finalmente, en 1945 desapareció sin dejar rastro.

En relación a los chekistas judíos, sabemos que desde los tiempos de Lenin la gran mayoría de chekistas fueron bolcheviques de origen judío. También lo eran los principales jefes de la NKVD que llevaron a cabo las purgas stalinistas a las órdenes de Yagoda. Muchos de ellos eran trotskystas que se vieron obligados a practicar un doble juego. He aquí algunos de ellos. El jefe del Departamento de Operaciones Especiales de la NKVD era Karl V. Pauker, un judío cuyo verdadero nombre nunca se determinó con certeza. Pauker, que en diciembre de 1934 arrestó a Kámenev por orden de Yagoda, acabó siendo denunciado y fusilado en 1937. Al frente del Departamento Especial de la OGPU, que cubría el Ejército, Yagoda situó a otro judío, Mark Isayevich (Isaakovich) Gay (Shpoklyand), el cual fue ejecutado por Yezhov tras la caída en desgracia de Yagoda. Como jefe del importantísimo

Departamento de Extranjero figuraba Abram Aronovich Slutsky, envenenado en febrero de 1938 por orden de Yezhov. Los dos oficiales de máxima confianza de Slutsky, Boris Davydovich Berman y Mijail Spiegelglass, eran asimismo judíos. Georgi A. Molchanov, jefe del Departamento de Política Secreta de la Lubyanka, era uno de los pocos rusos que ocupaban cargos de importancia en la NKVD de Yagoda. Entre otros altos funcionarios judíos de la NKVD dignos de mención destacan Lev N. Belsky (Abram M. Levin), Lev Borisovich Zalin (Zelman Markovich Levin), Grigory (Izrail) Moiseyevich Leplevsky, Zinovi Borisovich Katsnelson y Pyotr Gavrilovich Rud. Casi todos ellos acabaron siendo víctimas de Stalin por una u otra razón después de haberlo servido en las purgas.

El 21 de diciembre de 1934, tras varios días de careos e interrogatorios, la NKVD señaló ya que, además del asesino Nikolayev, existía un "Centro de Leningrado" vinculado a Zinóviev, quien ya en varias ocasiones había sido expulsado del partido y readmitido tras haber prometido fidelidad a la línea oficial. Al frente del grupo se situaba a Iván I. Kotolynov. El día siguiente se publicó una lista de arrestados cuyos nombres más destacados eran los de Zinóviev y Kámenev, a los que seguían G. E. Evdokimov, que había pertenecido al Secretariado, Zalutsky, Fedorov, Kuklin y Safarov. El 29 de diciembre Nikolayev, Kotolynov, Shatsky, Yuskin, Sokolov y otros cómplices fueron condenados a muerte y ejecutados. Se anunció públicamente que habían admitido en el juicio que el motivo del asesinato de Kírov era su sustitución por Zinóviev y Kámenev. El 15 y el 16 de enero de 1935 Zinóviev, Kámenev, Evdokimov, Bakayev, Kuklin y otros catorce fueron enjuiciados en Leningrado, acusados de conformar el "Centro de Moscú", desde donde se había apoyado políticamente al "Centro de Leningrado" de Kotolynov. El tribunal, presidido por V. V. Ulrich y cuyo fiscal era Andrei Vyshinsky, quien dos años más tarde adquirió renombre internacional por su actuación en los procesos de Moscú, condenó a Zinóviev a diez años de cárcel. Evdokimov recibió ocho años de condena y Kámenev cinco. Las otras sentencias oscilaron entre cinco y diez años.

Estas condenas fueron sólo el preámbulo de una tragedia que ha pasado a la historia como el "Gran Terror". Las maniobras de Stalin para preparar la purga completa de trotskystas en todo el país comenzaron enseguida. El 1 de febrero de 1935 el pleno del Comité Central eligió a Mikoyan y a Chubar para las plazas que habían quedado vacantes en el Politburó por las muertes de Kírov y Kuibyshev. En los puestos claves del partido Stalin colocó a los hombres que iban a ser sus máximos colaboradores durante las purgas: Nikolai Yezhov se convirtió en miembro del Secretariado y además el 23 de febrero fue nombrado jefe de la Comisión de Control del partido. Pocos días más tarde, el joven stalinista Nikita Jrushchov, protegido de Kaganóvich, ocupó el cargo de primer secretario de organización del partido en Moscú. En junio Andrei Vyshinsky accedió a la

Fiscalía General. El 8 de julio de 1935 se situó a Georgi Malenkov como principal subjefe de Yezhov y director adjunto del Departamento de Cuadros del Comité Central. En el Cáucaso estaba Lavrenti Beria, un criminal de la peor calaña que supo esconder sus cartas hasta el final, como se verá en su momento.

Mientras estos movimientos iban desarrollándose, hubo desde julio de 1935 hasta agosto de 1936 un periodo de calma relativa que parecía indicar que las aguas estaban encalmando, aunque en realidad había mar de fondo. En febrero de 1935 se creó una comisión para redactar una nueva Constitución en la que participaron Bujarin y Rádek. El texto estuvo listo en junio de 1936. Libertad de expresión y de prensa, inviolabilidad del domicilio y del secreto de la correspondencia, libertad de reunión y manifestación, prevención de arrestos injustificados, eran algunas de las garantías contempladas en el documento, que se convirtió en papel mojado tan pronto comenzó la vorágine de detenciones y asesinatos. Esta fachada de aparente normalidad permitió a Stalin hacerse con el control de la Policía Secreta y de otros mecanismos del poder. De hecho ya el 31 de marzo dio instrucciones a Yagoda y a Vyshinsky, quienes le ofrecieron cerca de ochenta nombres. Stalin les ordenó que prepararan un juicio contra los trotskystas y que le presentaran la propuesta concreta. En abril se comenzó a interrogar a Smirnov, Mrachkovsky y Ter-Vaganyan, líderes del llamado "Centro Trotskysta-Zinovievista"

Las detenciones que precedieron al primero de los procesos de Moscú comenzaron a comienzos de 1936. Valentín Olberg, un judío de origen letón, y varios profesores del Instituto Gorky de Pedagogía fueron detenidos en enero. Un grupo de estudiantes de las juventudes comunistas (Konsomol) de la ciudad de Gorky habían admitido a finales de 1935 que existía una conspiración para asesinar a Stalin. La NKVD acusó a Olberg de reclutar a profesores y alumnos. Durante tres días, entre el 25 y el 28 de enero, Olberg fue interrogado y acabó firmando una declaración en la que admitía que había sido enviado por Trotsky para organizar el atentado. En *The Great Terror. A Reassessment* Conquest da por buena la versión de Alexander Orlov en *Historia Secreta de los Crímenes de Stalin* (1955), según la cual Olberg era un agente provocador de la propia NKVD.

Orlov cuenta que, invocando la disciplina de partido, La NKVD le pidió a Olberg que confesase que era un nexo entre Trotsky y el grupo de Gorky. Se le dijo que era sólo un encargo y que, fuera cual fuera el veredicto del tribunal, quedaría posteriormente en libertad y obtendría un nombramiento en el lejano oriente. Olberg, según esta tesis, firmó todo lo que se le pidió; sin embargo, Valentín Olberg nunca recuperó la libertad y el 24 de agosto de 1936 fue condenado a muerte junto a otros trotskystas y ejecutado. En nuestra opinión, es probable que Olberg fuera un agente doble y no parece lógico que un hombre con su experiencia fuera tan ingenuo como para firmar una declaración que podía acarrearle la sentencia de muerte.

Ciertamente, Stalin consiguió infiltrar una y otra vez el entorno de Trotsky y de su hijo. La mejor prueba de ello es que logró asesinarlos a los dos. Veremos más adelante que el hombre de máxima confianza de Lev Sedov fue el agente de la NKVD Mark Zborowski, un judío que se hacía llamar Etienne y que llegó incluso a encargarse de la edición del famoso *Boletín de la Oposición*. Valentín Olberg consiguió también introducirse en el entorno de Trotsky y de su hijo Sedov. Ahora bien, la pretensión de que era agente provovador que trabajaba para la NKVD procede siempre de fuentes trotskystas[14]. El hecho de que Conquest otorgue plena validez a la tesis de Alexander Orlov no nos impide ponerla en entredicho, puesto que no merece ninguna credibilidad. Es un ejercicio de cinismo descarado que un criminal como Orlov, él mismo ejecutor implacable de los asesinatos ordenados por Stalin, escriba una obra sobre los crímenes de Stalin.

The Secret History of Stalin's Crimes, la obra citada de Alexander Orlov, fue publicada en Estados Unidos en 1953 con objeto de ganar dinero. En España fue editada en Barcelona dos años más tarde, en 1955. Las historias que cuenta Orlov las conoce normalmente de segunda mano. Una de sus fuentes principales fue el judío Abram Slutsky, un supuesto trotskysta infiltrado en la sección de Extranjero de la NKVD. Orlov también era judío, había nacido en Bielorrusia y su verdadero nombre era Leiba Lázarevich Felbing. Cometió en España numerosos crímenes por orden de Stalin. Fue el encargado de purgar a los líderes del POUM. Él mismo dirigió el secuestro y asesinato de Andreu Nin. Fue también uno de los principales artífices del robo del oro del Banco de España. Estos hechos serán objeto de estudio en el siguiente capítulo. En 1939 avisó a Trotsky mediante una carta no firmada de que un agente llamado "Mark", en realidad Zborowski, había infiltrado su organización en París. Alexander Orlov, Walter Krivitsky, Max Shachtman, Pierre Broué constituyen ejemplos de escritores que presentan en sus obras un abismo ético entre Stalin y Trotsky. El primero es siempre un dictador, un criminal sin escrúpulos, lo cual no es discutible; sin embargo, el segundo es presentado como un hombre íntegro, al que proponen como el Mesías de la clase obrera internacional.

---

[14] En un artículo publicado en 1972 en *Studies in Intelligence* Rita T. Kronenbitter, seudónimo bajo el que se esconde quizá un/a trotskysta, informa sobre las actividades de Valentín Olberg en el entorno de Trotsky. Kronenbitter sitúa a Olberg en Alemania ya en 1927, donde trabaja en *Inprekor* (International Press Correspondence), una publicación de la Comintern. En cartas escritas en 1929 a Trotsky, que se hallaba en Turquía, Olberg le dice que ha abandonado la agencia porque se opone al stalinismo y que se ha unido al movimiento de Trotsky en Berlín. En mayo de 1930, pese a que algunos amigos de Trotsky expresan cierta desconfianza hacia Olberg, tanto Trotsky como su hijo Sedov le confían ya nombres y direcciones de sus principales seguidores en Moscú en los países bálticos y en todas partes. Kronenbitter admite que las cartas de Trotsky, que se encuentran en los archivos de Harvard, demuestran que tiene plena confianza en el judío letón y en su mujer, que también se había unido al movimiento.

En febrero de 1936 Isak Reingold, otro judío que era presidente del sindicato del algodón y amigo de Sokolnikov (Brilliant), fue detenido. Se le acusaba de ser trotskysta y de estar relacionado con Kámenev. Según Orlov, para obligarlo a confesar se dio la orden de arrestar a su familia en su presencia. Recordemos que el arresto de familiares era uno de los recursos favoritos de Trotsky, quien en marzo de 1921 ordenó tomar como rehenes a las mujeres y a los hijos de los marinos de Kronstadt y amenazó a los amotinados con asesinarlos. En junio hubo nuevas detenciones: Moissei Lurje, Nathan Lurje, Fritz David y Berman-Yurin fueron arrestados. Los dos últimos reconocieron que habían visitado a Trotsky y habían recibido órdenes de matar a Stalin. Todos ellos acabarían siendo fusilados, pese a lo cual Robert Conquest, citando de nuevo a Orlov como fuente principal y otorgando otra vez credibilidad a sus planteamientos, acepta que los dos últimos eran agentes de la NKVD. En *Historia Secreta de los Crímenes de Stalin* Orlov reproduce el relato que Mironov (Kagan) le hizo a un interlocutor de confianza (supuestamente Abram Slutsky, principal fuente de Orlov) sobre su conversación con Stalin en relación con la negativa de Kámenev a confesar:

> "'¿Piensa que Kámenev no confesará?' Preguntó Stalin, con una mirada astutamente fastidiada.
> 'No lo sé', respondió Mironov. 'No cede a la persuasión'.
> '¿No lo sabe?' Inquirió Stalin con afectada sorpresa, mirando fijamente a Mironov. '¿Sabe cuánto pesa nuestro Estado, con todas las fábricas, máquinas, el Ejército, con todos los armamentos y la marina?'
> Mironov y todos los presentes miraron a Stalin con sorpresa.
> 'Piénselo y dígame', pidió Stalin. Mironov sonrió, pensando que Stalin estaba preparándose para contar un chiste. Pero Stalin no tenía intención de bromear. Miró a Mironov bastante serio. 'Le estoy preguntando, ¿cuánto pesa todo esto?' Insistió.
> Mironov estaba confuso. Esperó, confiando aún en que Stalin lo convertiría todo en un chiste; pero Stalin siguió mirándolo fijamente en espera de una respuesta. Mironov se encogió de hombros y, como un colegial que se somete a un examen, dijo con voz dubitativa, 'Nadie puede saber esto, Yosif Vissarionovich. Está en el ámbito de las cifras astronómicas'.
> 'Bien, ¿Y puede alguien resistir la presión de un peso astronómico?' Preguntó Stalin severamente.
> 'No', contestó Mironov.
> 'Entonces, no vuelva a decirme que Kámenev, o este o aquel prisionero, es capaz de resistir esta presión. No vuelva para informarme -dijo Stalin a Mironov- hasta que tenga en esta maleta la confesión de Kámenev'."

Finalmente tanto Zinóviev como Kámenev se rindieron, declararon y aceptaron el juicio. Conquest relata que Yagoda los tenía encerrados en celdas y que la condición física de Zinóviev era muy mala. Sobre Kámenev, explica que las amenazas contra su hijo, cuyo arresto fue ordenado en su presencia, comenzaron a debilitarlo. Citando una vez más a Orlov, Conquest escribe: "En julio, Zinóviev, después de una noche entera de interrogatorio, pidió hablar con Kámenev, y cuando discutieron el asunto aceptaron ir a juicio con la condición de que Stalin les confirmase delante del Politburó sus promesas de que ni ellos ni sus seguidores serían ejecutados. Ello fue aceptado, Sin embargo, cuando fueron llevados ante la supuesta reunión del Politburó, sólo estaban presentes Stalin, Voroshilov y Yezhov. Stalin les explicó que ellos formaban una comisión autorizada por el Politburó para escuchar el caso". Aunque perturbados por la ausencia de otros miembros, parece ser que los prisioneros aceptaron los términos de Stalin, quien les garantizó sus vidas y las de sus familiares. La fuente para esta información es otro judío trotskysta, Walter Krivitsky, quien asegura que un miembro de la familia de Zinóviev le dijo que éste había capitulado con el fin de salvar a su familia.

El Juicio de los Dieciséis

Antes de abordar el estudio del primero de los procesos contra la oposición trotskysta, quizá sirva de ayuda al lector sintetizar de antemano cómo estaba estructurada dicha oposición. El alto mando combinado de la oposición, el "Bloque de Derechistas y Trotskystas", estaba construido sobre tres diferentes estratos o niveles. Ello se debía a la creencia de que si uno era descubierto, los otros podrían seguir operando en la clandestinidad. La primera de estas capas era el "Centro Terrorista Trotskysta-Zinovievista", liderado por Zinóviev, responsable de la organización y dirección de actividades terroristas. En el segundo nivel estaba el "Centro Paralelo Trotskysta", cuyo máximo representante era Pyatakov. La organización y dirección de acciones de sabotaje recaía en este centro paralelo. El tercer estrato y, quizá el más importante, era el "Bloque de Derechistas y Trotskystas". Sus principales figuras eran Bujarin y Krestinsky, y en él se integraban la mayoría de miembros de alto rango de las fuerzas combinadas de la oposición.

A las 12:10 del 19 de agosto de 1936 comenzó el primero de los juicios, el "Juicio de los Dieciséis". Un informe amplio de las sesiones ante el Colegio Militar de la Corte Suprema de la URSS fue publicado el mismo año por el Comisariado de Justicia del Pueblo y está hoy a disposición de los internautas. El tribunal estaba presidido por Vassili Ulrich, jurista del Ejército. El fiscal general de la URSS, Andrei Vyshinsky, ejercía la acusación. Los acusados conformaban dos grupos. En el primero estaban once destacados bolcheviques que ya en 1926-27, cuando Trotsky y Zinóviev fueron expulsados del partido, habían integrado el "bloque unido de oposición". El segundo grupo lo integraban cinco miembros del Partido

Comunista de Alemania que habían emigrado a la URSS. En este primer juicio, diez de los dieciséis acusados eran judíos, de ahí que Trotsky acusase a Stalin de antisemitismo.

El presidente preguntó a los acusados si tenían objeciones con respecto a la composición del tribunal o al fiscal. Tras una negativa, anunció que los acusados habían declinado los servicios de abogados para su defensa, por lo que se les concedía a ellos personalmente todos los derechos, i. e., el derecho de hacer preguntas a los testigos y a otros acusados, de pedir a la corte aclaraciones sobre el procedimiento, de pronunciar discursos para su defensa... Conservaban, además, el derecho a la última súplica. A continuación el secretario del tribunal, A. F. Kostyushko, pasó a leer los cargos formulados contra los acusados, a los que nombró por este orden: G. E. Zinóviev, L. B. Kámenev, G. E. Evdokimov, I. N. Smirnov, I. P. Bakayev, V. A. Ter-Vaganyan, S. V. Mrachkovsky E. A. Dreitzer. E. S. Holtzman, I. I. Reingold, R. V. Pickel, V. P. Olberg, K. B. Berman-Yurin, Fritz David, (I. I. Kruglyanski), M. Lurje y N. Lurje.

Tras recordar que algunos habían sido ya condenados a penas de cárcel en enero de 1935, el secretario Kostyushko se refirió a nuevas circunstancias establecidas desde entonces y expuso las declaraciones efectuadas por los acusados. Sobre Zinóviev, dijo que ante el peso de las evidencias presentadas por las autoridades había admitido que "...El principal objetivo perseguido por el centro trotskysta-zinovievista era el asesinato de líderes del PCUS, y en primer lugar de Stalin y de Kírov". Sobre Reingold, dijo que en julio de 1936 había declarado que el principal objetivo era "...cambiar mediante la violencia el liderazgo del PCUS y de la Unión Soviética". Las confesiones de los encausados fueron expuestas una tras otra con la finalidad de sostener que había quedado establecido que el centro trotskysta-zinovievista era una organización terrorista que perseguía hacerse con el poder a cualquier precio. A continuación fueron expuestos los nuevos testimonios de los acusados sobre el asesinato de Kírov, los cuales permitían concluir que el mismo centro trotskysta-zinovievista había sido el responsable del crimen. La exposición del secretario acabó dando lectura a otro bloque de declaraciones que permitían concluir que el centro unido trotskysta-zinovievista trabajaba también en el asesinato de otros miembros del partido, tales como Voroshilov, Zhdánov y Kaganóvich.

En función de lo expuesto la investigación consideraba que los cargos podían ser establecidos así: 1) Que entre 1932-36 un centro unido trotskysta-zinovievista organizado en Moscú pretendía hacerse con el poder tras asesinar a los líderes del PCUS y del Gobierno. 2) Que Zinóviev, Kámenev, Evdokimov y Bakayev se habían unido a los trotskystas Smirnov, Ter-Vaganyan y Mrachkovsky, conformando así el centro unido trotskysta-zinovievista. 3) Que durante el periodo de 1932-36 el centro unido había organizado grupos terroristas y preparado atentados para asesinar a los camaradas Stalin, Voroshilov, Zhdánov, Kaganóvich, Kírov, etc. 4) Que uno de estos grupos, operando bajo instrucciones de Zinóviev y Trotsky y dirigido por Bakayev, había asesinado al camarada Kírov el 1 de diciembre de 1934.

Ya al final de su exposición, el secretario del tribunal añadió: "L. Trotsky y su hijo L. L. Sedov, ambos en el extranjero, habiendo quedado expuesto a través de los materiales del presente caso que han preparado directamente y guiado personalmente el trabajo de organización en la URSS de actos terroristas contra líderes del PCUS y del Estado Soviético, en el caso de que fueran encontrados en el territorio de la URSS, serán objeto de arresto inmediato y serán juzgados por el Colegio Militar de la Corte Suprema de la URSS.". Por último, Kostyushko dio los nombres de una serie de futuros encausados: Gertik, Grinberg, Y. Gaven, Karev, Kuzmichev, Konstant, Matorin, Paul Olberg, Radin, Safonova (esposa de Ivan Smirnov), Faivilovich, D. Shmidt y Esterman, los cuales, puesto que la investigación con respecto a ellos continuaba, habían sido dejados aparte en vistas a un juicio separado.

El presidente del tribunal preguntó a continuación a los acusados si aceptaban los cargos, cosa que hicieron todos. Sólo dos de ellos, Smirnov y Holtzman, hicieron algunas matizaciones. El primero aceptó su pertenencia al centro unido y sus contactos con Trotsky. Aceptó que había recibido instrucciones para organizar atentados y su responsabilidad por las acciones del centro unido, pero se negó a aceptar su participación personal en la preparación y ejecución de actos terroristas. El segundo aceptó los mismos cargos que Smirnov, pero negó también haber participado personalmente en actos terroristas. Escuchados estos dos acusados, el presidente propuso un breve receso de quince minutos y suspendió momentáneamente la sesión hasta las 13:45.

Sergei V. Mrachkovsky, íntimo colaborador de Trotsky desde la creación del Ejército Rojo, fue el primero en declarar. Detalló la historia de la formación del centro trotskysta-zinovievista y admitió que tras su regreso del exilio en 1929 había aparentado aceptar la línea oficial del partido, aunque sus intenciones eran continuar en la lucha con otros miembros de la oposición. El fiscal preguntó a quién se estaba refiriendo y Mrachkovsky mencionó los nombres de Smirnov y Ter-Vaganyan. Admitió también que ya en 1931 el grupo se planteaba abiertamente acciones terroristas y precisó que Smirnov, tras un viaje a Berlín, había traído instrucciones del hijo de Trotsky, L. Sedov, quien había dicho: "Hasta que no apartemos a Stalin, no habrá posibilidad de retomar el poder". Vyshinsky pidió entonces que aclarase esta frase: "¿Qué quiere decir con la expresión hasta que no apartemos a Stalin?". Mrachkovsky respondió: "Hasta que matemos a Stalin. En aquella reunión, en presencia de Smirnov, Ter-Vaganyan y Safonova, se me encargó la formación de un grupo terrorista, es decir, que seleccionase gente de confianza. El mismo encargo le fue hecho a Dreitzer. Aquel periodo, 1931 y 1932, fue empleado en inducir y preparar a la gente para cometer actos terroristas". Mrachkovsky precisó que Trotsky envió a un emisario llamado Gaven quien transmitió la necesidad de formar un centro unido para la organización de actos terroristas. El fiscal interrumpió este interrogatorio y se dirigió a Smirnov:

> "Vyshinsky: Una pregunta para Smirnov. ¿Corrobora que en 1932 recibieron un mensaje de Trotsky a través de Gaven?
> Smirnov: Recibí un mensaje de Trotsky a través de Gaven.
> Vyshinsky: Además, ¿recibió información verbal de la conversación con Trotsky?
> Smirnov: Sí, también conversación verbal.
> Vyshinsky: Usted, Smirnov, ¿confirma ante la Corte Suprema que en 1932 recibió de Gaven la orden de Trotsky de cometer actos de terrorismo?
> Smirnov: Sí.
> Vyshinsky: ¿Contra quién?
> Smirnov: Contra los líderes.
> Vyshinsky: ¿Contra cuáles?
> Smirnov: Stalin y otros."

Mrachkovsky ratificó que a finales de 1932 el bloque de trotskystas y zinovievistas estaba ya formado e implicó a Isak Isayevich Reingold. Declaró que fue a Moscú en 1932, donde por encargo de Smirnov contactó con Reingold, quien lideraba el grupo terrorista de Moscú, con el objeto de llegar a un acuerdo con él para la unión de las fuerzas. Siguiendo con su testimonio, Mrachkovsky declaró que en diciembre de 1934, estando en Kazajstán, recibió de Dreitzer una carta de Trotsky escrita con tinta invisible, en la que se decía que urgía acelerar los asesinatos de Stalin y Voroshilov y que en caso de una guerra había que adoptar una posición derrotista y sacar ventaja de la confusión. La carta estaba firmada con el nombre "Starik" (el viejo). Mrachkovsky aseguró conocer muy bien la letra de Trotsky, por lo que no tuvo dudas sobre su autoría. Puesto que Smirnov negaba su participación personal en la preparación y ejecución de actos terroristas, el fiscal se interesó entonces por el papel desempeñado por Smirnov en el centro terrorista y Mrachkovsky reiteró que todo se hacía con el conocimiento de Smirnov. Mrachkovsky confirmó asimismo que Zinóviev, Kámenev, Lominadze (que se había suicidado el año anterior), Ter-Vaganyan y otros formaba parte del centro unido, lo cual llevó al fiscal a buscar la confirmación de Zinóviev:

> "Vyshinsky: ¿Cuándo se organizó el centro unido?
> Zinóviev: En el verano de 1932.
> Vyshinsky: ¿Durante qué periodo de tiempo funcionó?
> Zinóviev: De hecho hasta 1936.
> Vyshinsky: ¿Cuáles eran sus actividades?

Zinóviev: Sus principales actividades consistían en la preparación de actos terroristas.
Vyshinsky: ¿Contra quién?
Zinóviev: Contra los líderes.
Vyshinsky: ¿Contra los camaradas Stalin, Voroshilov y Kaganóvich? ¿Fue su centro el que organizó el asesinato del camarada Kírov? ¿Fue el asesinato de Sergei Mironovich Kírov organizado por su centro o por alguna otra organización?
Zinóviev: Sí, por nuestro centro.
Vyshinsky: ¿En este centro estaban usted, Kámenev, Smirnov, Mrachkovsky y Ter-Vaganyan?
Zinóviev. Sí.
Vyshinsky: ¿Así pues todos organizaron el asesinato de Kírov?
Zinóviev: Sí.
Vyshinsky: ¿Así todos ustedes asesinaron al camarada Kírov?
Zinóviev: Sí
Vyshinsky: Siéntese."

El siguiente en declarar fue Grigori E. Evdokimov, quien confesó ser miembro del centro unido y haber aprobado personalmente los asesinatos. Puesto que había sido ya condenado a ocho años de cárcel, el fiscal le recordó que en el juicio celebrado los días 15 y 16 de enero de 1935 había negado que tuviera nada que ver con el asesinato de Kírov. "¿Mintió usted entonces?" le preguntó Vyshinsky. "Sí engañé al tribunal", respondió Evdokimov. Este acusado confirmó que las instrucciones procedían de Trotsky y que él y Smirnov, Mrachkovsky y Ter-Vaganyan habían estado de acuerdo en el verano de 1932. Añadió que en la ciudad de Ilyinskaya, donde vivían Zinóviev y Kámenev aquel verano, se celebró una conferencia en la que participaron también Bakayev y Karev. En dicha conferencia se decidió formar el centro de Moscú y el de Leningrado con el fin de combinar los grupos terroristas. Evdokimov declaró que, a propuesta de Zinóviev, se confió a Bakayev la organización de actos terroristas.

"Vyshinsky: Acusado Bakayev, ¿Confirma usted esto?
Bakayev: Durante aquella conferencia Zinóviev dijo que los trotskystas, a propuesta de Trotsky, habían decidido trabajar para organizar el asesinato de Stalin y que debíamos tomar en nuestras manos la iniciativa.
Vyshinsky: ¿Zinóviev dijo esto?
Bakayev: Sí.
Vyshinsky: ¿Dijo Zinóviev que usted debería tomar la iniciativa?
Bakayev: En aquella conferencia se me ordenó organizar una acción terrorista conta Stalin.
Vyshinsky: Y usted comenzó a prepararla. ¿Lo hizo usted?
Bakayev: Sí."

El nombre de Grigori Sokolnikov (Girsh Yankelovich Brilliant), el judío trotskysta que en diciembre de 1917 fue nombrado director del Banco del Estado y puso en marcha el saqueo de todos los depósitos, fue mencionado por primera vez. Evdokimov declaró que en el verano de 1934 Sokolnikov asistió a una reunión en el apartamento de Kámenev en Moscú, en la que, además de él mismo y del propio Kámenev, estaban también presentes Zinóviev, Ter-Vaganyan, Reingold y Bakayev. Evdokimov reconoció que en aquella conferencia se decidió acelerar el asesinato de Kírov. La sesión matinal del día 19 de agosto acabó con este interrogatorio:

"Vyshinsky: ¿Fue el asesinato de Kírov preparado por el centro?
Evdokimov: Sí.
Vyshinsky. ¿Participó usted directamente en los preparativos?
Evdokimov: Sí.
Vyshinsky: ¿Participaron con usted en los preparativos Zinóviev y Kámenev?
Evdokimov: Sí.
Vyshinsky: Con instrucciones del centro Bakayev fue a Leningrado para examinar cómo progresaban los preparativos. ¿Es así?
Evdokimov: Sí.
Vyshinsky (a Bakayev): ¿Se encontró usted con Nikolayev en Leningrado?
Bakayev: Sí.
Vyshinsky: ¿Deliberaron acerca de la necesidad de un entendimiento para asesinar a Kírov?
Bakayev: No había necesidad de llegar a un entendimiento con él, pues las instrucciones para el asesinato ya habían sido dadas por Zinóviev y Kámenev.
Vyshinsky: Pero Nikolayev le dijo que él había decido asesinar a Kírov, ¿Lo dijo?
Bakayev: Lo dijo, y también lo dijeron otros terroristas. Levin, Maldelstamm, Kotolynov, Rumyantsev.
Vyshinsky: ¿Discutieron el asesinato de Kírov?
Bakayev: Sí.
Vyshinsky: Él le confirmó su determinación. ¿Cuál fue su actitud al respecto?
Bakayev: Lo animé."

En la sesión de tarde fueron interrogados cuatro acusados: Dreitzer, Reingold, Bakayev y Pickel. El primero, Ephraim A. Dreitzer, jefe de los guardaespaldas de Trotsky, había sido uno de los organizadores de las manifestaciones de 1927. Cuando Trotsky fue exiliado a Alma Ata, Dreitzer organizó las comunicaciones con el centro trotskysta de Moscú. En otoño de 1931 aprovechó un viaje oficial de negocios a Berlín para contactar con el hijo de Trotsky, con quien se reunió dos veces en un café de la calle Leipziger. Dreitzer señaló reiteradamente a Smirnov como "el director de orquesta" y se declaró sorprendido de que negase la evidencia. El fiscal pidió por ello a Zinóviev que confirmase el papel desempeñado por Smirnov, cosa que hizo extensamente: "Smirnov, en mi opinión, desempeñó más actividades que nadie y nosotros lo teníamos como el jefe indiscutido del bloque trotskysta, como el hombre mejor informado de los puntos de vista de Trotsky." Zinóviev reiteró que había negociado personalmente con él dos o tres veces. En octubre de 1934 la hermana de Dreitzer le trajo desde Varsovia una revista alemana de cine en la que, según lo convenido con Lev Sedov, había un mensaje de Trotsky escrito con tinta invisible con instrucciones para preparar actos terroristas contra Stalin y Voroshilov.

Lo más destacado y novedoso del interrogatorio de Isak Isayevich Reingold fue la mención de Rykov, Bujarin y Tomsky, a los que implicó en la conspiración. Dijo que se había negociado con ellos como representantes de "la desviación derechista". Tal como había hecho Evdokimov en la sesión de la mañana, Reingold citó a Sokolnikov como integrante del centro trotskysta-zinovievista. Para desgracia de Bujarin y compañía, Reingold añadió que había dos grupos terroristas liderados por dos "derechistas", Slepkov y Eismont. Otra revelación de interés de este acusado fue que Zinóviev y Kámenev tenían el plan de nombrar a Bakayev al frente de la NKVD cuando lograsen el poder. Según Reingold, después de la toma del poder, se traería de vuelta a Trotsky desde el extranjero y con su ayuda se apartaría del partido y del Gobierno a todos los stalinistas. Siguieron los interrogatorios de Ivan Petrovich Bakayev y de Richard Vitoldovich Pickel, que no añadieron nada significativo, pues ambos ratificaron lo que se había venido declarando durante la jornada.

La sesión matinal del 20 de agosto comenzó con Lev Kámenev (Leiba Rosenfeld), uno de los dos peces gordos de este primer proceso, el cual aceptó que la conspiración terrorista estaba organizada por él mismo, Zinóviev y Trotsky. Kámenev, quien, según R. Conquest, "comenzó su declaración con cierta dignidad, pero que se hundió a medida que avanzaba el interrogatorio", no sólo confirmó la implicación de Sokolnikov (Brilliant), cuyo nombre había sido mencionado por Reingold, sino que involucró además a Rádek y a Serebryakov:

> "... Entre los líderes de la conspiración otra persona debe ser nombrada, la cual era uno de los líderes, pero que, a la vista de los planes especiales que hicimos con respecto a ella, no fue involucrada en trabajos de tipo práctico. Me refiero a Sokolnikov.
> Vyshinsky: ¿El cual era un miembro de centro, pero cuya participación fue guardada en estricto secreto?
> Kámenev: Sí, Sabiendo que podíamos ser descubiertos, designamos un pequeño grupo para que continuase nuestras actividades terroristas. Para este propósito nombramos a Sokolnikov. Nos pareció que por parte de los trotskystas este trabajo podía ser llevado a cabo satisfactoriamente por Serebryakov y Rádek."

En cuanto a la relación de los zinovievistas con otros grupos revolucionarios, entre los que estaban los llamados "derechistas", a los cuales se había referido Reingold en la sesión de tarde del día anterior y cuyo máximo líder era Bujarin. Kámenev dijo textualmente:

> "En 1932 conduje personalmente negociaciones con el llamado grupo 'izquierdista' de Lominadze y Shatsky. En este grupo encontré a enemigos del liderazgo del partido dispuestos a recurrir en su contra a las medidas de lucha más decidas. Al mismo tiempo Zinóviev y yo mismo mantuvimos contacto con el antiguo grupo de 'Oposición de Trabajadores' de Shlyapnikov y Medvedyev. En 1932, 1933 y 1934 mantuve personalmente relaciones con Tomsky y Bujarin y sondeé sus sentimientos políticos. Simpatizaban con nosotros. Cuando pregunté a Tomsky por el estado de ánimo de Rykov, replicó: 'piensa lo mismo que yo'. En respuesta a mi pregunta sobre lo que pensaba Bujarin, dijo: 'Bujarin piensa lo mismo que yo, pero sigue tácticas un poco diferentes: no está de acuerdo con la línea del partido, pero sigue la estratagema de enraizarse de manera persistente en el partido para ganarse la confianza de la dirección.'"

A petición del fiscal, el tribunal procedió a escuchar al profesor Yakovlev, un testigo que corroboró la declaración de Kámenev y añadió que en 1934 mantuvo con él una conversación en el transcurso de la cual le pidió que organizase un grupo terrorista en la Academia de Ciencias. Yakovlev reconoció haber aceptado el encargo y dijo que Kámenev le hizo saber entonces que había otros grupos con instrucciones para la comisión de actos terroristas, concretamente en Moscú contra Stalin y en Leningrado contra Kírov. Yakovlev precisó que el asesinato de Kírov había sido encargado al grupo de Rumyantsev-Kotolynov.

A continuación le tocó el turno a Grigori Zinóviev (Gerson Radomylsky), el otro pez gordo de la conspiración. Una vez más, Conquest alude al estado de ánimo de este acusado: "Apareció acobardado. El orador elocuente apenas era capaz de hablar. Se le veía hinchado, encanecido y respiraba como un asmático". Zinóviev destacó que en realidad nunca hubo diferencias sustanciales entre trotskystas y zinovievistas. En su declaración involucró a Tomsky y a Moissei Lurje (alias Alexander Emel), un enviado de Trotsky. Mencionó también a Ivar Smilga, un veterano que había formado parte del Comité Central en tiempos de Lenin. Zinóviev, como otros acusados, señaló a Smirnov como una pieza clave. Sigue un pasaje significativo de su declaración:

> "... Estabamos convencidos de que la dirección debía ser sustituida a cualquier precio, que debía ser sustituida por nosotros y por Trotsky. En esta situación tuve varias reuniones con Smirnov, que me ha acusado aquí

de decir con frecuencia falsedades. Sí, a menudo dije falsedades. Comencé a hacerlo en el momento que inicié la lucha contra el partido bolchevique. En tanto que Smirnov emprendió el camino de combatir al partido, también él dice mentiras. Pero parece que la diferencia entre él y yo es que he decidido de manera firme e irrevocable decir la verdad en este último momento, mientras que él parece haber adoptado una decisión diferente."

El fiscal le preguntó a Zinóviev que confirmase que Smirnov había sido desde 1931 el principal representante de Trotsky en la URSS, cosa que confirmó y, además, precisó que cuando tras el caso Ryutin, Kámenev y él marcharon al exilio, Bakayev y Smirnov quedaron al frente de las actividades terroristas. Zinóviev, ratificando a Evdokimov, declaró que en 1934 había enviado a Bakayev a Leningrado para saber cómo iban los preparativos del asesinato de Kírov: "Envié a Bakayev a Leningrado como persona de nuestra confianza... A su regresó confirmó que todo iba bien". Ya al final de la declaración, Ulrich, el presidente del tribunal, se interesó por el papel que había jugado personalmente Zinóviev en la preparación de actos terroristas contra el camarada Stalin. Él reconoció que tuvo conocimiento de dos atentados contra Stalin en los que habían participado Reingold, Dreitzer y Pickel.

A continuación se procedió a interrogar como testigo a la antigua esposa de Smirnov, Aleksandra Safonova, la cual reconoció que era miembro del centro trotskysta. Dijo que Smirnov había transmitido las instrucciones de Trotsky sobre terrorismo y que las apoyaba. Safonova contó que un día Mrachkovsky, tras una entrevista con Stalin, les relató a ambos su conversación y les dijo que la única salida era asesinarlo. Safonova confirmó que Smirnov apoyaba esta conclusión. Oído este testimonio, Smirnov negó que hubiese transmitido a Ter-Vaganyan, Mrachkovsky y Safonova instrucciones para adoptar el terrorismo y, a pesar de las declaraciones de los tres en este sentido, negó asimismo que, tras su entrevista con Stalin, Mrachkovsky hubiera hablado de la necesidad de asesinar a Stalin. Para probar que no había enemistad entre Safonova y Smirnov y para establecer claramente su relación personal ante el tribunal, el fiscal formuló estas preguntas:

"Vyshinsky: ¿Cómo eran sus relaciones con Safonova?
Smirnov: Buenas.
Vyshinsky: ¿Algo más?
Smirnov: Estábamos relacionados íntimamente.
Vyshinsky: ¿Eran marido y mujer?
Smirnov: Sí.
Vyshinsky: ¿Había entre ustedes resentimiento personal?
Smirnov: No."

Durante la sesión de la tarde se tomó declaración a otros tres acusados: Smirnov, Olberg y Berman-Yurin. El primero, pese a ser amigo personal de Trotsky y uno de los líderes de la organización desde su formación, se negaba a aceptar su participación directa en actividades terroristas. Aun a riesgo de extendernos excesivamente, reproducimos a continuación un interesante intercambio prolongado de preguntas y respuestas entre el fiscal y varios acusados:

"Vyshinsky: ¿Tuvo comunicación directa con Trotsky?
Smirnov: Tenía dos direcciones.
Vyshinsky: Le pregunto, ¿había alguna comunicación?
Smirnov: Tenía dos direcciones.
Vyshinsky: Responda, ¿había comunicación?
Smirnov: Si a tener dos direcciones se le llama comunicación...
Vyshinsky: ¿Cómo le llama usted?
Smirnov: Dije que tenía dos direcciones.
Vyshinsky: ¿Mantuvo comunicación con Trotsky?
Smirnov: Tenía dos direcciones.
Vyshinsky: ¿Mantuvo comunicación personal?
Smirnov: No hubo comunicación personal.
Vyshinsky: ¿Hubo comunicación por correo con Trotsky?
Smirnov: Hubo comunicación por correo con el hijo de Trotsky.
Vyshinsky: La carta que recibió a través de Gaven ¿fue enviada por Sedov o por Trotsky?
Smirnov: Gaven trajo una carta de Trotsky.
Vyshinsky: Esto es lo que le estoy preguntando. ¿Tuvo comunicación con Trotsky sí o no?
Smirnov: Digo que escribí una carta a Trotsky y recibí de él una respuesta.
Vyshinsky: ¿Es esto comunicación o no?
Smirnov: Lo es.
Vyshinsky: ¿Hubo, pues, comunicación?
Smirnov: La hubo.
Vyshinsky: ¿Dio usted instrucciones al grupo?
Smirnov: No, no lo hice.
Vyshinsky (a Mrachkovsky): Mrachkovsky, ¿le dio Smirnov instrucciones?
Mrachkovsky: Sí se me dieron instrucciones a principios de 1931, a su regreso del extranjero.
Vyshinsky: ¿Qué le dijo?
Mrachkovsky: Que era necesario comenzar a seleccionar a gente de confianza, que teníamos ante nosotros un trabajo muy serio, que los seleccionados debían ser gente decidida. Dijo esto en su apartamento.
Smirnov: ¿Fue en mi apartamento? ¿Dónde está mi apartamento?
Mrachkovsky: Esto fue en 1931 en Pressnya.
Vyshinsky: ¿Le visitó a usted en Pressnya?

Smirnov: No en la misma Pressnya, sino en aquel distrito.
Vyshinsky (a Zinóviev): Acusado Zinóviev, dijo que Smirnov habló con usted sobre terrorismo en más de una ocasión. ¿Habló de la necesidad de cometer actos terroistas?
Zinóviev: Correcto.
Vyshinsky: ¿Lo que dijo Mrachkovsky sobre el grupo terrorista es entonces cierto?
Zinóviev: Sí.
Vyshinsky: Acusado Smirnov, ¿Cree que Ter-Vaganyan, Mrachkovsky y Evdokimov mienten?
Smirnov: (no contesta.)
Vyshinsky: ¿Qué reconoce usted?
Smirnov: Reconozco que pertenezco la clandestina organización trotskysta, que encontré a Sedov en Berlín en 1931, escuché sus puntos de vista sobre terrorismo y pasé estas opiniones a Moscú. Admito que recibí instrucciones de Trotsky sobre terrorismo a través de Gaven y, aunque no estaba de acuerdo con ellas, se las comuniqué a los zinovievistas por medio de Ter-Vaganyan.
Vyshinsky: ¿Y, a pesar de no estar de acuerdo, siguió siendo miembro del bloque y trabajó en el bloque?
Smirnov: No abandoné oficialmente el bloque, pero de hecho no trabajé.
Vyshinsky. ¿Así cuando transmitió instrucciones no trabajó?
Smirnov. (no contesta.)
Vyshinsky: ¿Qué piensa? ¿Cuando un organizador trasmite instrucciones, es trabajo?
Smirnov: Por supuesto.
Vyshinsky: ¿Participó en el bloque?
Smirnov: Sí.
Vyshinsky: ¿Y admite que el bloque mantuvo posiciones terroristas?
Smirnov: Sí.
Vyshinsky: ¿Admite también que se mantuvo en esta posición en conexión con las instrucciones recibidas de Trotsky?
Smirnov: Sí.
Vyshinsky: ¿Y fue usted quien recibió estas instrucciones?
Smirnov: Sí.
Vyshinsky: Consecuentemente, ¿Fue usted quien persuadió al bloque para que adoptase el terrorismo?
Smirnov: Yo pasé las instrucciones sobre terrorismo.
Vyshinsky: Si confirma que, después de recibir instrucciones de Trotsky, la posición del bloque fue la del terrorismo, ¿debería decirse que el bloque adoptó la posición del terrorismo después de que usted recibió las instrucciones de Trotsky y las pasó a los miembros del bloque?
Smirnov: Yo recibí estas instrucciones, se las comuniqué a los trotskystas y zinovievistas, y ellos formaron el centro. Aunque no estuve de acuerdo, no abandoné oficialmente el bloque, pero de hecho no fui un miembro del bloque.

Vyshinsky (a Ter-Vaganyan): Ter-Vaganyan, ¿abandonó Smirnov el bloque?
Ter-Vaganyan: No.
Vyshinsky (a Mrackovsky): Mrachkovsky, ¿abandonó Smirnov el bloque?
Mrachkovsky: No.
Vyshinsky (a Dreitzer): Dreitzer, ¿supo que Smirnov había abandonado el bloque?
Dreitzer. Si dar instrucciones para organizar grupos terroristas es dejar el bloque, entonces, sí.
Vyshinsky (a Evdokimov): Evdokimov, ¿oyó que Smirnov había abandonado el bloque?
Evdokimov: No, al contrario; siguió siendo miembro del grupo y trabajó activamente en él.
Vyshinsky: ¿Compartió puntos de vista terroristas?
Evdokimov: Sí, los compartió.
Vyshinsky (a Kámenev): Acusado Kámenev, ¿qué sabe sobre el abandono del bloque de Smirnov?
Kámenev: Confirmo que Smirnov fue todo el tiempo miembro del bloque.
Vyshinsky: Acusado Smirnov, eso cierra el ciclo."

Al ver que todos declaraban en su contra, en el sentido de que él había sido el jefe de los trotskystas en la conspiración, Smirnov se dirigió hacia ellos de forma sarcástica y dijo: "¿Queréis un líder? ¡Bien, cogedme!"

Valentín P. Olberg, señalado como agente provocador en fuentes trotskystas, fue el siguiente en prestar declaración. Vyshinsky le pidió que dijera desde cuándo estaba conectado con el trotskysmo y Olberg admitió que desde 1927 era miembro de la organización y que en 1930 estableció contacto con el hijo de Trotsky mediante Anton Grilevich, editor de los panfletos de Trotsky en alemán. Declaró que desde mayo de 1931 a finales de 1932 se veían semanalmente, y en ocasiones hasta dos veces a la semana. Los lugares de reunión eran un café de la Nürnbergerplatz o el apartamento de Sedov. Olberg explicó que Susana, la esposa de Sedov, trajo de Copenhague una carta de Trotsky dirigida a su hijo, en la que autorizaba el viaje de Olberg a la URSS. El fiscal le preguntó qué sabía sobre un tal Friedmann y Olberg respondió que era un trotskysta que fue también despachado a la URSS.

"Vyshinsky: ¿Sabe que Friedmann estaba conectado con la policía alemana?
Olberg: Oí algo sobre esto.
Vyshinsky: ¿Era sistemático el vínculo con la policía alemana?
Olberg. Sí, era sistemático. Trotsky lo conocía y tenía su consentimiento.
Vyshinsky: ¿Cómo sabe que Trotsky lo sabía y consentía?

Olberg: Una de las líneas de conexión la mantenía yo mismo y la establecí con el beneplácito de Trotsky."

El acusado procedió luego a explicar los tres viajes que hizo a la URSS. La primera vez, en marzo de 1933, entró con pasaporte falso a nombre de Freudigmann y permaneció en el país hasta julio. Reconoció que el propósito del viaje era preparar y llevar a la práctica el asesinato de Stalin. Olberg vivió secretamente en Moscú durante seis semanas y fue luego a Stalinabad, donde ejerció como profesor de historia. Al no disponer de documentos que acreditasen su servicio militar, se le obligó a regresar al extranjero y fue a Praga, donde vivía su hermano menor, Paul Olberg. Desde la capital checa informó sobre lo ocurrido a Sedov, quien le prometió que conseguiría un pasaporte mejor. En Praga, según la versión oficial, Paul Olberg tenía conexiones con un tal Tukalevsky, un agente de la Gestapo que trabajaba como director de la Librería Eslava del Ministerio de Exteriores de Checoslovaquia. Valentín Olberg declaró que por 13.000 coronas checoslovacas Tukalevsky le ofreció un pasaporte a nombre de Lucas Parades, cónsul general de la República de Honduras en Berlín, quien había llegado a Praga. El dinero le fue remitido por el hijo de Trotsky y Olberg obtuvo así un nuevo pasaporte. Vyshinsky esgrimió entonces el pasaporte ante la corte y pidió a Olberg que confirmase si se trataba del mismo documento, cosa que hizo. De este modo Olberg entró de nuevo en la URSS en marzo de 1935, pero tampoco pudo permanecer allí el tiempo deseado porque había viajado con un visado turístico. Regresó, pues, a Alemania y allí permaneció tres meses, hasta que logró una extensión de tiempo para su pasaporte hondureño. En julio del mismo año realizó un nuevo intento. Tras una corta estancia en Minsk, se dirigió a Gorky, donde contactó con los trotskystas Yelin y Fedotov y obtuvo trabajo en el Instituto Gorky de Pedagogía. Allí trabajó en el atentado a Stalin, que debía tener lugar el 1 de mayo de 1936.

"Vyshinsky: ¿Qué evitó que llevase el plan a la práctica?
Olberg: El arresto.
Vyshinsky: ¿Informó a Sedov sobre los preparativos de la acción terrorista?
Olberg: Sí, le escribí varias veces a la dirección de Slomovitz y recibí una carta anunciando que nuestro viejo amigo insistía en que la tesis para el diploma debía ser presentada el 1 de mayo.
Vyshinsky: ¿Tesis para el diploma? ¿Qué es esto?
Olberg: El asesinato de Stalin.
Vyshinsky: ¿Y quién es el viejo amigo?
Olberg: El viejo amigo es Trotsky."

El último acusado de la jornada fue Konon Borisovich Berman-Yurin (alias Alexander Fomich), a quien el presidente del tribunal pidió que relatase las instrucciones recibidas en el extranjero antes de viajar a la URSS. Berman-Yurin declaró que en 1932 había visitado personalmente a Trotsky en Copenhague y había recibido de él instrucciones directas para que atentase contra Stalin. El primer contacto con Sedov fue establecido también, como en el caso de Olberg, mediante Anton Grilevich. Las declaraciones de este acusado merecen atención, pues explicó con todo lujo de detalles las circunstancias del encuentro y de la conversación con Trotsky en Copenhague. Según dijo, llegó a Copenhague a finales de noviembre de 1932, donde fue recibido en la estación por Grilevich, quien lo condujo hasta Trotsky. A requerimiento del líder, Berman-Yurin justificó extensamente su militancia trotskysta, tras lo cual se pasó a hablar de la situación en la URSS. Trotsky, según el acusado, dijo que Stalin debía ser destruido físicamente, que otros métodos de lucha no eran ya efectivos, que se requería gente dispuesta a todo, dispuesta al sacrificio personal, para realizar esta tarea histórica. Berman-Yurin explicó que la primera conversación acabó porque Trotsky salió de la casa y él permaneció en el apartamento a la espera de su regreso, que se produjo ya de noche. Continuó entonces la conversación y Trotsky expresó la necesidad de que también Kaganóvich y Voroshilov fueran asesinados.

> "Vyshinsky: ¿Qué otras cuestiones tocaron además de las de terrorismo?
> Berman-Yurin: Trotsky expresó sus puntos de vista sobre la situación ante la posibilidad de una intervención contra la Unión Soviética. Adoptó claramente una actitud derrotista. Dijo que los trotskystas debían unirse al Ejército, pero que ellos no defenderían la Unión Soviética.
> Vyshinsky: ¿Lo convenció?
> Berman-Yurin: Durante la conversación caminaba nerviosamente de un lado a otro de la habitación y hablaba de Stalin con un odio excepcional.
> Vyshinsky: ¿Dio usted su consentimiento?
> Berman-Yurin: Sí.
> Vyshinsky: ¿Terminó así su conversación?
> Berman-Yurin: También hablé con Trotsky sobre lo siguiente. Tras darle mi consentimiento, dijo debía prepararme para ir a Moscú, y puesto que tendría contacto con la Comintern, debía preparar la acción terrorista aprovechando este contacto.
> Vyshinsky: ¿Trotsky no sólo le dio intrucciones en general, sino que le formuló su tarea de manera concreta?
> Berman-Yurin: Dijo que la acción terrorista, si era posible, debería programarse para que tuviera lugar en el Pleno o en el Congreso de la Comintern... Esto tendría una repercusión internacional tremenda y provocaría un movimiento de masas en todo el mundo. Sería un acontecimiento político histórico de importancia mundial. Trotsky dijo que no debía contactar con ningún trotskysta en Moscú y que debía hacer el trabajo independientemente. Repliqué que no conocía a nadie en Moscú y que era difícil para mí imaginar cómo podía actuar en estas

circunstancias. Dije que tenía un conocido llamado Fritz David y pregunté si no debía contactar con él. Trotsky respondió que daría instrucciones a Sedov para aclarar este asunto y que él me daría instrucciones en este sentido."

Berman-Yurin viajó a Moscú en marzo de 1933. Sedov le ordenó que contactase con Fritz David para preparar el atentado. Ambos creyeron posible cometer el atentado durante el XIII Plenario de la Internacional Comunista (Comintern). Fritz David debía facilitar una entrada a Berman-Yurin y éste debía disparar a Stalin. El plan falló porque no se consiguió la entrada. Se decidió posponer el atentado hasta el Congreso de la Internacional, que estaba previsto para septiembre de 1934: "Yo -declaró Berman-Yurin- di a Fritz David una pistola Browning y balas. Antes de la apertura del Congreso me informó de que no había conseguido una entrada para mí, pero que él estaría en el Congreso. Decidimos que debería ser él quien llevara acabo la acción terrorista." El plan falló de nuevo, pues, aunque Fritz David estuvo sentado en un palco, no pudo acercarse a Stalin para dispararle.

Varias fuentes señalan que en 1936 Stalin conocía desde hacía años las entrevistas de Berman-Yurin con Trotsky. Rita T. Kronenbitter (ver nota 14) publicó en *Studies in Intelligence* el artículo titulado "Leon Trotsky, Dupe of the NKVD" ("León Trostky embaucado por el NKVD"), un documento secreto desclasificado años más tarde en el ámbito del "Historical Review Program" de la CIA. En este trabajo se desvela hasta qué punto agentes soviéticos tuvieron controlado en todo momento a Trotsky. "Todo lo que saben sobre mis movimientos es lo que aprenden de los periódicos", había declarado estúpidamente Trotsky en 1932. Lo cierto es que ya en 1931 la OGPU había infiltrado el círculo de Trotsky a través de los hermanos Sobolevicius, dos judíos Lituanos. El hecho de que los agentes que Stalin enviaba junto a Trotsky fueran judíos permite suponer que confiaba en ellos, lo cual facilitaba el acercamiento. Los hermanos Sobolevicius: Jack Soble y el Dr. Robert Soblen, conocidos entre los trotskystas como Adolph Senin y Roman Well respectivamente, visitaron a Trotsky en Turquía entre 1929 y 1932, donde ganaron su confianza. Trotsky los tenía por leales seguidores y probablemente ni siquiera supo nunca que eran hermanos. En diciembre de 1932 Jack Soble vio a Trotsky por última vez en Copenhague. Senin-Soble, después de haber transmitido a la NKVD toda la información sobre los movimientos de Trotsky en la capital danesa, a donde había ido para impartir un ciclo de conferencias, abandonó el movimiento trotskysta y desapareció[15].

---

[15] Los hermanos Sobolevicius eran también conocidos como Sobolev y Sobol. El mayor, Robert Soblen (Roman Well), era editor en 1927 de *Arbeiter Zeitung* y posteriormente de *Bolschevistische Einheit*, órganos de extrema izquierda en Alemania. Los nombres de Jack Soble y Robert Soblen, con los que son conocidos estos hermanos judíos, fueron los que adoptaron en Estados Unidos, donde siguieron trabajando como agentes soviéticos

La sesión matinal del día 21 comenzó con Edouard Solomonovich Holtzman, que ya en 1926 se había unido a la organización trotskysta y mantenía especial relación con Smirnov, a quien conocía desde 1918. El fiscal quiso dejar establecido que los encuentros entre Smirnov y Holtzman tenían lugar regularmente en el apartamento de la madre del primero. Holtzman reconoció haber viajado a Berlín, donde telefoneó a Sedov y concertó con él una cita en el "Zoologischer Garten". Puesto que no se conocían, acordaron que llevarían en sus manos ejemplares del *Berliner Tageblatt* y de *Vorwärts*. El hijo de Trotsky lo llevó en coche a un apartamento, donde Holtzman le entregó un informe y el código secreto. Durante los meses que estuvo en Berlín los encuentros se sucedieron, hasta que finalmente se citaron en Copenhague, a donde viajaron por separado por razones de seguridad. En la capital danesa se entrevistó con Trotsky, quien le pidió que le informase sobre los sentimientos y la actitud de los miembros del partido en relación a Stalin. Una vez más este acusado confirmó que durante la conversación Trotsky le había hablado de la necesidad de librarse de Stalin. Holtzman trató de argumentar ante el tribunal que él no compartía los puntos de vista de Trotsky sobre terrorismo; pero el fiscal le hizo confesar que, a pesar de todo, siguió perteneneciendo a la organización trotskysta sabiendo que se habían decidido acciones terroristas.

A continuación llegó el turno de los dos Lurjes, cuya relación es incierta, pues parece ser que no eran hermanos. Nathan, el primero en declarar, trotskysta desde 1927, reconoció haber llegado a la URSS procedente de Berlín con la misión de cometer actos terroristas. Nathan Lurje declaró que el odio a Stalin y a los dirigentes del PCUS había sido un punto central en el entrenamiento que había recibido de la organización en Alemania. Durante el juicio se constató que, tras llegar a Moscú en 1932, Nathan contactó con Konstant y Lipschitz, dos trotskystas que había conocido en Alemania, a los que transmitió las instrucciones que había recibido de la organización a través de Moisei Lurje. Konstant le hizo saber que tenían ya un grupo terrorista en el que participaba un ingeniero y arquitecto alemán llamado Franz Weitz, quien, según Konstant, era un miembro del NSDAP que en agosto de 1932 le informó de que existía la posibilidad de atentar contra el Comisario de Defensa de la URSS, el camarada Voroshilov. Desde septiembre de 1932 a marzo de 1933 se observó el ir y venir del vehículo en el que viajaba Voroshilov, pero se acabó desestimando la posibilidad de asesinarlo mediante disparos, ya que el coche se desplazaba velozmente. Se pensó luego en una bomba, pero tampoco se logró el atentado. Nathan Lurje declaró ante la corte que fue enviado entonces a Chelyabinsk, donde trabajó como cirujano, hasta que en enero de 1936 viajó en una misión científica a Leningrado. A su paso por Moscú

---

durante los años de postguerra. En 1957 Jack Soble y su esposa Myra fueron detenidos, acusados de integrar una red de espionaje conocida como "Mocase". Ambos fueron juzgados y encarcelados.

encontró a Moisei Lurje, quien le transmitió instrucciones para que atentara contra el camarada Zhdánov. Moisei Lurje (Michael Larin), un economista judío confundador del Comintern, cuya hija Anna Larina se casó con Bujarin en 1934, confirmó en su declaración que estuvo en contacto con Nathan desde abril de 1933 hasta enero de 1936 y que ambos eran trotskystas que tenían el encargo de atentar contra los dirigentes stalinistas. La sesión matinal del 21 de agosto finalizó con Vagarshak Arutyanovich Ter-Vaganyan, el cual además de implicar nuevamente a Smirnov y de aceptar que recibía instrucciones de Zinóviev y Kámenev, ofreció dos nuevos nombres, los historiadores trotskystas Zeidel y Friedland.

El último de los acusados, Fritz David (Ilya-David Israilevich) alias Kruglyansky, fue interrogado en la sesión de tarde del 21 de agosto. Entró en la URSS con instrucciones recibidas de Trotsky para atentar contra Stalin. Fritz David contactó únicamente con Berman-Yurin, quien cumplía asimismo instrucciones emanadas directamente de Trotsky. Los dos diseñaron planes concretos para asesinar a Stalin. El primer escenario escogido fue el XIII Pleno del Comité Ejecutivo de la Internacional; el segundo, el VII Congreso de la Internacional (Comintern). Ambos fallaron. En el primer caso, Stalin no asistió al plenario. En el otro, como se ha dicho al examinar la declaración de Berman-Yurin, Fritz David, fue capaz de entrar en el Congreso, pero no pudo acercarse a Stalin. Vyshinsky resume así la declaración del acusado: "Podemos, pues, resumir. Usted era miembro de la organización trotskysta y se reunió con Trotsky personalmente. Trotsky en persona le encargó que fuera a la URSS para cometer actos terroristas y le advirtió que guardase estricto secreto. Ello explica por qué no contactó con nadie excepto Berman-Yurin. Juntamente con Berman-Yurin, que había recibido instrucciones análogas, hizo preparativos para atentar contra la vida del camarada Stalin y eligió el VII Congreso en 1935 como el momento oportuno. Gracias a los contactos que tenía en el Comintern logró entrar en el Congreso con la finalidad de cometer el acto, pero no pudo hacerlo debido a circunstancias que usted no podía controlar."

Finalizados los interrogatorios el fiscal Vishinsky procedió a emitir un informe que anunciaba que se iban a instruir nuevos procesos:

> "En las sesiones precedentes algunos de los acusados (Kámenev, Zinóviev y Reingold) se han referido en su testimonio a Tomsky, Bujarin, Rykov, Uglanov, Rádek, Pyatakov, Serebryakov y Sokolnikov como, en menor o mayor grado, involucrados en las criminales actividades contrarrevolucionarias por las cuales los implicados en el presente caso están siendo juzgados. Considero necesario informar a la corte que ayer di órdenes para poner en marcha una investigación sobre las informaciones de los acusados en relación a Tomsky, Rikov, Bujarin, Uglanov, Rádek y Pyatakov, y que, de acuerdo con los resultados de esta investigación, la Fiscalía General instruirá procedimientos legales sobre el asunto. En relación a Serebryakov y a Sokolnikov, las autoridades están

ya en posesión de materiales que implican a estas personas en crímenes contrarrevolucionarios, y, a la vista de ello, se están instruyendo procedimientos criminales contra Sokolnikov y Serebryakov."

El día siguiente, 22 de agosto, esta declaración fue impresa. El mismo día, después de leerla, Mijail Tomsky (en realidad Honigberg) escribió una carta a Stalin en la que negaba todos los cargos y poco después se suicidó. El Comité Central, al cual era candidato Tomsky, denunció su suicidio un día después y lo atribuyó al hecho de haber sido incriminado.

La jornada del día 22 tuvo asimismo sesiones de mañana y tarde. La matinal fue íntegramente para la acusación. En una extensa intervención, el fiscal calificó al centro trotskysta-zinovievista de banda de despreciables terroristas y acusó a Trotsky, Zinóviev y Kámenev de ser enemigos declarados de la Unión Soviética, cuyos principales métodos eran el doble juego, el engaño y la provocación. Vyshinsky consideró que las actividades terroristas contrarrevolucionarias, entre las que insistió en resaltar el asesinato del camarada Kírov, habían quedado completamente probadas. Una vez caídas las máscaras de los acusados, concluyó, "solicito que estos perros rabiosos sean fusilados -cada uno de ellos." La sesión de tarde del día 22 y las dos sesiones del día 23 se dedicaron íntegramente a escuchar las súplicas de los dieciséis acusados. Cuando Fritz David, el último en intervenir, hubo finalizado eran ya las 19:00 de la tarde y la corte se retiró para considerar el veredicto. El 24 de agosto, a las 14:30 el presidente del Tribunal, Vassili Ulrich, leyó la sentencia que condenaba a todos los acusados a la pena suprema, que implicaba el fusilamiento y la confiscación de todos los bienes.

Si, como aseguran Orlov y Krivitsky, es cierto que Stalin prometió a Zinóviev y Kámenev que no serían ejecutados, incumplió evidentemente su promesa, puesto que veinticuatro horas después de hacerse pública la sentencia se anunció que iba a llevarse a cabo la ejecución. Sobre los últimos momentos de Zinóviev, Robert Conquest alude nuevamente en *The Great Terror* a la versión de Alexander Orlov. Según este último, el 20 de diciembre de 1936 Stalin ofreció un pequeño banquete a los jefes de la NKVD para conmemorar el aniversario de la creación de la Cheka. Cuando todos iban ya bebidos, el judío Karl V. Pauker, responsable de la seguridad del Kremlin, del Politburó y del propio Stalin, que iba a ser arrestado en marzo de 1937 y ejecutado el 14 de agosto del mismo año, parodió de manera servil para divertir a Stalin las súplicas de Zinóviev antes de ser fusilado. Utilizando a dos oficiales para el papel de guardianes, interpretó el papel de Zinóviev mientras era arrastrado a la ejecución. Colgándose de los brazos de los guardias, gimiendo y suplicando, Pauker/Zinóviev cayó de rodillas y se agarró a las botas de uno de los guardias gritando: "¡Por favor, por Dios, camarada, telefonea a Yosif Vissarionovich!". Stalin se carcajeaba y Pauker repitió su actuación. Ya con Stalin desternillándose de risa, Pauker/Zinóviev ofreció una nueva escena y elevando sus manos y llorando dijo: "¡Escucha, Israel, nuestro Dios es el único Dios!" Stalin se atragantaba de risa, e hizo una señal a Pauker para que acabase su representación. Es significativo, en cualquier caso, que Zinóviev, supuestamente ateo como el resto de sus colegas judeo-bolcheviques, los cuales se habían dedicado a destruir iglesias cristianas y a asesinar a los religiosos de esta fe, invocase al Dios de Israel antes de morir.

En cuanto a la pretensión de que los cargos presentados contra los acusados eran falsos y de que todo fue una farsa, pensamos que no se sostiene. Las alegaciones fueron examinadas con detenimiento por distintos abogados británicos, quienes las consideraron convincentes. También los periodistas internacionales presentes en el juicio otorgaron plena credibilidad al proceso. Fue posteriormente cuando escritores antistalinistas o trotskystas comenzaron a emplearse a fondo para desacreditar los procesos de Moscú. El propio Trotsky escribió que "los trotskystas estaban desempeñando en la URSS exactamente el mismo papel que los judíos y los comunistas realizaban en Alemania". Además, en los archivos de Harvard se han hallado documentos que demuestran sin lugar a dudas que Trotsky y su hijo Sedov se relacionaban con el bloque antistalinista cuando estaba en formación. El escritor trotskysta Vadim Rogovin en su libro *1937: Stalin's Year of Terror* admite que el bloque antistalinista estaba ya formado en junio de 1932. Los contactos de Trotsky y de su hijo con representantes de los dirigentes del centro trotskysta-zinovievista y la existencia de la conspiración son, pues, hechos innegables. La infiltración del entorno de Trotsky y de su hijo Sedov está totalmente probada y era tan profunda que incluso la edición del famoso *Boletín de la Oposición* llegó a estar en manos de Mark Zborowski, Etienne, el agente de la NKVD que presentó a Sylvia Ageloff a Ramón Mercader, quien sedujo a esta trotskysta y pudo así introducirse en la casa de Trotsky y asesinarlo.

El juicio de Pyatakov

Los preparativos para la instrucción del segundo proceso anunciado por Vyshinsky comenzaron enseguida. Sokolnikov fue arrestado el 26 de agosto. Dos semanas después de las ejecuciones, el 8 de septiembre de 1936, Bujarin y Rykov fueron confrontados con Sokolnikov en presencia de Kaganóvich, Yezhov y Vyshinsky; pero el 10 de septiembre *Pravda* informaba en un pequeño párrafo que los cargos contra Bujarin y Rykov se habían descartado por falta de evidencia. De este modo Bujarin conservó su posición como editor de *Izvestia* y ambos siguieron siendo candidatos al Comité Central. Según algunas fuentes, la renuncia a proseguir actuaciones contra ellos se debió a presiones de varios miembros del Politburó. El día 12 de septiembre fue detenido Georgi Pyatakov y el 22 le tocó el turno a Rádek. Mientras se producían estos arrestos la posición de Yagoda se tambaleaba.

Según Orlov, Yagoda, convencido de que Zinóviev y Kámenev no serían ejecutados, se había sentido engañado por Stalin. Posteriormente, iba a ser acusado de proteger a algunos acusados y de haber obstaculizado los interrogatorios. El 25 de septiembre Stalin y Andrei Zhdánov enviaron un telegrama desde Sochi a Kaganóvich y a Mólotov en el que consideraban urgente y necesario situar a Yezhov al frente del Comisariado de Asuntos Internos, lo cual indicaba que se desconfiaba de Yagoda. El 26 de septiembre Nikolai Yezhov se convirtió en el nuevo comisario de Asuntos Internos y miembro del Comité Central.

El hecho de que Yezhov fuera ruso no implicó, sin embargo, que se hubiera acabado con el predominio de dirigentes judíos en la NKVD. El 30 de septiembre el judío Matvei Davydovich Berman, considerado uno de los padres del Gulag, pues desde 1932 había estado al frente de la Administración de los Campos de Trabajo, ocupó el cargo de vicedirector de la NKVD. Expulsado del partido en 1938, Berman sería ejecutado el 7 de marzo de 1939. Su hermano Boris Davydovich ostentaba asimismo un puesto de importancia en el Departamento de Extranjero de la Lubyanka. Otros cuatro judíos: Mijail Iosifovich Litvin, Isaak Ilich Shapiro, Vladimir Yefimovich Tsesarsky y Semen Borisovich Zhukovsky estuvieron entre los primeros nombramientos de Yezhov. También su secretario, Yakob Deych, era judío, como lo era asimismo Yakov Saulovich Agranov, uno de los hombres de Yagoda que siguió en la NVKD y fue jefe del equipo de interrogadores que comenzaron a preparar el nuevo juicio. Él mismo acabó fusilado el 1 de agosto de 1938, acusado de ser un trotskysta y un enemigo del pueblo.

De los diecisiete personajes que comparecieron ante el tribunal, acusados de formar parte del llamado Centro Trotskysta Antisoviético, Pyatakov, Sokolnikov y Rádek eran las figuras más destacadas. El último había sido acusado por Trotsky de haber traicionado a Yakov Blumkin, el terrorista judío que por orden de Trotsky había asesinado el 16 de junio de 1918 al embajador alemán Wilhelm Mirbach. Blumkin, que fue secretario de Trotsky, se hallaba en Turquía en 1929 y vendía allí incunables en hebreo hurtados de las sinagogas de Ucrania, del sur de Rusia y de museos del Estado. Parte del dinero se lo entregaba a su jefe con el fin de financiar una red de espionaje en Oriente Medio. Trotsky le entregó entonces un mensaje secreto para Rádek. La GPU conoció la entrevista y le tendió una trampa. Elizabeth Zarubina (en realidad Lisa Rozensweig), una agente de origen judío que en Estados Unidos adoptó el nombre de Lisa Gorskaya, mantuvo durante semanas una aventura amorosa con Blumkin, quien fue arrestado cuando iba con ella en un coche y, posteriormente, ejecutado. Lo más probable es que Yagoda, quien junto a Menzhinsky dirigía la operación, advirtiera a Rádek de que la GPU estaba al corriente de todo. Trotsky acusó a Rádek de traición, pero es casi seguro que Rádek denunció a Blumkin como medida de autoprotección. En cuanto a Sokolnikov, en *Historia secreta de los crímenes de Stalin* Orlov da noticia de una entrevista con Stalin, en la que le habría prometido salvar la vida a cambio de su colaboración. Robert Conquest no considera muy creíble esta versión, puesto que Sokolnikov sabía lo ocurrido con Zinóviev y Kámenev. Sobre el tercer hombre, Pyatakov, el escritor trotskysta Pierre Broué escribe que había abandonado la oposición en 1928 y era considerado un desertor. En *Les Procès de Moscou*, Broué escribe lo siguiente: "Se había convertido en una persona tan odiosa para las gentes de la oposición trotskysta que Sedov, en un encuentro en Unter den Linden en Berlín, lo había increpado públicamente". Broué, en consecuencia, considera irrelevante todo lo declarado por Pyatakov en el juicio.

En diciembre de 1936 los detenidos comenzaron a colaborar. Conquest escribe que Stalin visitó personalmente a Rádek en la Lubyanka y mantuvo con él una larga conversación en presencia de Yezhov. Apoyándose otra vez en Orlov, Conquest afirma que, a partir de la entrevista con Stalin, Rádek se convirtió en el más valioso colaborador de los interrogadores. A finales de diciembre se entregó a Bujarin copia de las declaraciones de Rádek, en las que lo incriminaba en actuaciones terroristas y en otros crímenes. A partir de este momento, como consecuencia de las denuncias en su contra, Bujarin tuvo que afrontar continuos careos con Rádek, Pyatakov, Sokolnikov y otros acusados. El 16 de enero de 1937 su nombre dejó de aparecer como editor de *Izvestia*. Desde principios de enero la acusación disponía ya de cientos de páginas con evidencias sobre la gravedad del complot, por lo que el 23 de enero de 1937 pudo comenzar el proceso contra la nueva tanda de trotskystas, designados como "Centro Trotskysta Antisoviético", que se prolongó hasta el 30 de enero.

Ocho de los diecisiete acusados eran una vez más judíos. Knyazev, Pushin y Arnold fueron asistidos por abogados. Los demás: Pyatakov, Rádek, Sokolnikov, Serebryakov, Livshitz, Muralov, Drobnis, Bogulavsky, Rataichak, Norkin, Shestov, Stroilov, Turok y Hrasche, optaron por ejercer ellos mismos su propia defensa. La lectura de la acusación ocupó la primera hora de la sesión de apertura. En resumen, el fiscal Vyshinsky recordó que en el juicio anterior, merced a las declaraciones de Zinóviev, Kámenev y otros acusados, se había establecido la existencia de un "centro de reserva" organizado en torno a Pyatakov, Rádek, Sokolnikov y Serebryakov, el cual operaba bajo instrucciones directas de Trotsky. El fiscal afirmó que la principal tarea de dicho centro era derrocar al Gobierno de la URSS y que para ello contaban con la ayuda de Estados extranjeros, concretamente Alemania y Japón. Según Vyshinsky, la investigación había establecido que L. D. Trotsky había entrado en negociaciones con líderes del NSDAP con objeto de desatar una guerra contra la Unión Soviética. Todos los acusados se declararon culpables.

El embajador de Estados Unidos en Moscú, Joseph E. Davies, que era abogado, asistió a todas las sesiones de los juicios de Moscú. En su obra

Mission To Moscow se muestra completamente convencido de la culpabilidad de los acusados. El 17 de febrero de 1937, en un informe confidencial dirigido al secretario de Estado Cordel Hull, escribió: "Suponer que este proceso judicial fue ideado y escenificado como un proyecto de ficción política dramática equivaldría a presuponer el genio creativo de un Shakespeare y el genio de un Belasco en la puesta en escena". En el mismo informe, el embajador Davies informaba que había conversado con casi todos los miembros del cuerpo diplomático y que, salvo una excepción, opinaban "que los procedimientos establecían claramente la existencia de un complot político y una conspiración para derrocar al Gobierno".

El primero en declarar fue Georgi (Yuri) Piatakov. Sobre la famosa pelea de 1928, considerada definitiva por P. Broué, Pyatakov la mencionó en el contexto de una entrevista con Sedov en 1931 y declaró: "Sedov dijo que Trotsky nunca había dudado de que, a pesar de nuestra pelea a principios de 1928, él tenía en mí a un compañero de armas de confianza". El fiscal quiso dejar bien establecido que el encuentro de 1931 con el hijo de Trotsky se había producido y mantuvo el siguiente diálogo con el acusado Shestov:

"Vyshinsky: ¿Se encontró usted con Pyatakov en Berlín en 1931?
Shestov: Sí.
Vyshinsky: ¿Le informó el acusado Pyatakov sobre su encuentro con Sedov?
Shestov: Sí, lo hizo.
Vyshinsky: ¿Confirma lo que acaba de decir Pyatakov en relación a su entrevista con Sedov?
Shestov: Sí, lo confirmo."

A continuación Pyatakov informó al tribunal sobre la recepción a finales de noviembre de 1931 de una carta personal de Trotsky escrita en alemán y firmada con las iniciales "L. T." La carta, recordó el acusado, comenzaba con las palabras siguientes: "Querido amigo, estoy muy contento de que haya seguido mis indicaciones..." en la misiva se insistía en la necesidad de eliminar a Stalin y a sus colaboradores por cualquier medio y en la urgencia de unir en la lucha a todas las fuerzas antistalinistas. Pyatakov se refirió a continuación a un segundo viaje a Berlín a mediados de 1932. Otra vez se entrevistó con el hijo de Trotsky, quien le expresó la impaciencia de su padre porque todo iba muy despacio. Recordó concretamente estas palabras de Sedov: "Ya conoces el tipo de hombre que es Lev Davydovich, está rugiendo y delirando, ardiendo de impaciencia por ver cumplidas sus instrucciones cuanto antes, y nada en concreto puedo ofrecerle de tu informe". Pyatakov declaró que a finales de 1932 había dado a Kámenev su consetimiento para formar parte del centro de reserva, que comenzó a operar en 1933. Vyshinsky preguntó entonces bajo qué liderazgo funcionaba el centro paralelo o de reserva. "De Trotsky", respondió el acusado.

"Vyshinsky: ¿Qué medidas prácticas llevó a cabo el centro durante 1933 y 1934?
Pyatakov: Fue en 1933-34 cuando se desarrolló el trabajo de organización en Ucrania y en Siberia occidental. Más tarde se formó el grupo de Moscú. Se trabajó en los Urales y todo este trabajo comenzó a tomar forma en el cumplimiento de las instrucciones de Trotsky... En Ucrania el trabajo estuvo a cargo de Loginov y de un grupo de personas conectadas con él y se desarrolló principalmente en la industria del carbón. Su trabajo, principalmente, consistía en poner en marcha hornos de carbón que no estaban aún en condiciones de operar y en retardar la construción de partes muy importantes y costosas de la industria química y del carbón..."

Debe considerarse que el acusado era en 1933-34 el hombre de máxima confianza de Sergó Ordzhonikidze, un georgiano amigo de Stalin que ostentaba el cargo de Comisario del Pueblo de Industria Pesada. Por ello Pyatakov gozaba de una posición de privilegio para la organización de actividades de sabotaje en la industria y en otras áreas de producción. A petición del fiscal, el acusado hizo a continuación una relación de actividades de sabotaje en toda la URSS sobre las que había tenido conocimiento, las cuales se produjeron en la minería, la industria química, las centrales de producción eléctrica, la construcción, etc. A medida que el relato avanzaba fueron apareciendo los nombres de los personajes directamente implicados: Drobnis, Shestov, Muralov, Bogulavsky, Rataichak, Norkin. En Kémerovo, ciudad por la que pasaba el transiberiano hasta Vladivostok, se había desarrollado una importante industria química, de fertilizantes y de manufacturas. Allí fue enviado Norkin con órdenes de Piatakov.

"Vyshinsky: Camarada presidente, permítame hacer una pregunta a Norkin.
El presidente: Acusado Norkin.
Vyshinky: Acusado Norkin, ¿recuerda la conversación con Pyatakov acerca de paralizar los trabajos en la industria química en caso de guerra?
Norkin: Se dijo con bastante claridad que debían hacerse preparativos, de manera que las empresas de la industria de defensa pudieran ser paralizadas mediante explosiones e incendios.
Vyshinsky: ¿Recuerda cuándo le dijo esto Pyatakov?
Norkin: En 1936, en el despacho de Pyatakov en el Comisariado del Pueblo.
Vyshinsky: ¿Recuerda los detalles? ¿Hubo alguna referencia al coste de vidas humanas?
Norkin: Recuerdo que se dijo que la pérdida de vidas humanas era en general inevitable y que con ciertas acciones no se podía evitar la muerte de trabajadores. Esta orden fue dada.
Vyshinsky: Acusado Pyatakov, ¿recuerda si dijo esto a Norkin?

Pyatakov: Es correcto. No recuerdo las palabras exactas, pero esa era la idea. La idera era paralizar el complejo industrial de Kémerovo en caso de guerra; quizá hablamos de maneras concretas de hacerlo, y, por supuesto, se consideró la pérdida de vidas humanas. Le dije a Norkin que habría un coste en vidas humanas con el que había que contar.
Vyshinsky: ¿Contemplaron esto como algo inevitable?
Pyatakov: Por supuesto."

Siguen a continuación unos pasajes significativos en relación con un apartado muy importante de este capítulo: el de la financiación de Hitler. Como se podrá comprobar a través de las declaraciones de los acusados en este segundo juicio, los contactos de Trotsky con líderes nazis perseguían una guerra limitada contra la URSS que, teóricamente, tenía que acabar en tablas: debía servir para derrocar a Stalin y colocarlo de nuevo a él en el poder. En realidad esta táctica no era nueva: ya en 1905 Trotsky, Parvus y compañía habían trabajado por la derrota de Rusia frente al Japón como forma de hacerse con el poder; y también Lenin había apostado por el derrotismo durante la guerra mundial. Stalin y el nacionalcomunismo estaban desbaratando los planes de instaurar el Gobierno Mundial; sin embargo, en esta ocasión, ya con el comunismo implantado en Rusia, la URSS no debía ser derrotada: se trataba únicamente de reconducir la situación. Los banqueros judíos internacionales, que desde el principio habían financiado a Trotsky y al comunismo, no podían aceptar que de la noche a la mañana Stalin, un desconocido, hubiera puesto en entredicho el plan cuyo esquema inicial se remontaba a la fundación de los Illuminati de Adam Weishaupt. Los financieros de Wall Street habían acordado que Hitler debía descubrir por sí mismo los propósitos ocultos detrás de su asistencia económica al NSDAP. Cuando "Sidney Warburg" informaba sobre sus entrevistas, Rockefeller se interesaba especialmente por las manifestaciones de Hitler sobre los comunistas. El mismo Warburg le preguntó varias veces a Hitler cuáles eran sus intenciones en política internacional. En una ocasión el futuro Führer le dijo al joven Warburg: "Sus amigos de América tienen un indudable interés en que nuestro partido logre el poder en Alemania... No me importa qué motivos les impulsan a ayudarme; pero deben tener bien presente que sin medios financieros suficientes no puedo hacer nada." Recordado esto, puede comprenderse mejor la declaración de Pyatakov:

"Vyshinsky: ¿Estaban los miembros de su organización conectados con servicios de inteligencia extranjeros?
Pyatakov: Sí, lo estaban. Debo regresar a la línea diseñada por Trotsky para aclararlo...
Vyshinsky. ¿Qué exigía entonces Trotsky?
Pyatakov: Exigía actos definitivos de terrorismo y sabotaje. Debo decir que entre los seguidores de Trotsky había bastante resistencia con respecto a las instrucciones sobre actividades de sabotaje... Informamos

a Trotsky sobre la existencia de estas opiniones; pero él replicó en una carta redactada en términos tajantes que las instrucciones sobre terrorismo y sabotaje no eran fortuitas, no eran simplemente uno de los métodos intensos de lucha que proponía, sino una parte esencial de su política y de su actual línea de actuación. En la misma directriz expresó -esto fue a mediados de 1934- que ahora que Hitler había llegado al poder estaba bastante claro que su idea sobre la imposibilidad de construir el socialismo en un sólo país había quedado completamente justificada, que la guerra era inevitable, y que si nosotros los trotskystas queríamos mantenernos como una fuerza política, debíamos con antelación, habiendo adoptado una posición derrotista, no sólo observar y contemplar pasivamente, sino preparar activamente las circunstancias para esta derrota. Pero para hacerlo, debían formarse cuadros, y estos no podían crearse sólo hablando. En consecuencia las necesarias actividades de sabotaje debían llevarse a cabo."

En la página 53 del *Informe de los Procedimientos del Tribunal* en el caso del Centro Trotskysta Antisoviético, publicado en 1937 en Moscú por el Colegio Militar de la Corte Suprema de la URSS, se halla el siguiente pasaje de la declaración:

"Pyatakov: Recuerdo que Trotsky dijo en su directriz que sin la ayuda necesaria de Estados extranjeros, un Gobierno del bloque no podría nunca ni llegar al poder ni tomarlo. Era por tanto preciso llegar a acuerdos preliminares con los Estados más agresivos, como Alemania y Japón, y que él, Trotsky, había ya por su parte dado los pasos necesarios para establecer contactos con los gobiernos alemán y japonés."

Más adelante, en la página 55 del *Informe de los Procedimientos del Tribunal*, las asombrosas revelaciones de Pyatakov confirman un planteamiento que da sentido al pasado y al futuro que iba a seguir:

"...En una conversación, Trotsky me había dicho que consideraba absolutamente necesario organizar actos terroristas y de otro tipo, pero que tendría que consultarlo con sus camaradas Rykov y Bujarin, cosa que hizo posteriormente y luego me dio una respuesta en nombre de los tres... A finales der 1935 Rádek recibió una carta extensa con instrucciones de Trotsky. En ella Trotsky avanzaba dos posibles variantes para llegar al poder. La primera era la posibilidad de que lo lográramos antes de la guerra, y la segunda, durante la guerra. Trotsky visualizaba la primera variante como el resultado de un estallido concentrado de acciones terroristas, como dijo. Lo que tenía en mente era una cadena simultánea de atentados terroristas contra un número de líderes de PCUS y del Gobierno, y por supuesto en primer lugar contra Stalin y sus más íntimos colaboradores. La segunda variante, que en opinión de Trotsky era la más probable, era una derrota militar. Puesto que, como decía, la guerra era inevitable, y además en un futuro muy próximo -una guerra en primer lugar con Alemania, y posiblemente con Japón-, la idea era llegar a un acuerdo con los gobiernos de estos países y asegurar de esta manera que ellos contemplarían favorablemente la llegada al poder del bloque. Esto significaba hacer una serie de concesiones a estos países en términos acordados con antelación, a fin de conseguir su apoyo para mantenernos en el poder. Pero puesto que se nos proponía sin rodeos la cuestión del derrotismo, de las actividades de sabotaje en la retaguardia y en el Ejército durante la guerra, Rádek y yo mismo estábamos muy desasosegados y preocupados. Nos parecía que las razones por las que Trotsky apostaba por la inevitabilidad de la derrota eran su aislamiento y su ignorancia de las condiciones reales, su ignorancia de lo que estaba sucediendo aquí, su ignorancia de cómo era el Ejército Rojo; y por ello mantenía tales ilusiones. Ambos, Rádek y yo, por tanto decidimos que era preciso intentar un encuentro con Trotsky."

Dicho encuentro se produjo supuestamente en Noruega en diciembre de 1935; pero, puesto que Trotsky lo negó, una pléyade de escritores trotskystas y antistalinistas, entre los que se encuentra Robert Conquest, en teoría una fuente relativamente objetiva, han restado credibilidad a la declaración de Pyatakov sobre su entrevista con Trotsky en Oslo, que ocupa siete páginas del *Informe de los Procedimientos del Tribunal*. Está plenamente demostrado que Pyatakov consiguió viajar a Berlín en diciembre de 1935, donde debía gestionar asuntos del Gobierno soviético. Según su declaración, tras contactar con un agente de Trotsky, Bukhartsev, en el Tiergarten (zoo) de Berlín, obtuvo un pasaporte alemán y voló a Noruega. Despegó de Tempelhof en la mañana del 12 de diciembre y aterrizó en el aeropuerto Kjeller de Oslo a las tres de la tarde, donde esperaba un coche: "el trayecto duró probablemente unos treinta minutos y llegamos a las afueras. Descendimos del vehículo y entramos en una pequeña casa bien amueblada, y allí vi a Trotsky, a quien no había visto desde 1928". Durante el encuentro, que duró unas dos horas, Trotsky le reveló que había mantenido conversaciones con el líder nazi Rudolf Hess y que habían llegado a acuerdos de cooperación.

Conquest, apoyándose como de costumbre en el oportunista y poco fiable Alexander Orlov, acusa a Stalin de haber añadido personalmente esta historia en el guión. Además de la palabra de Trotsky, que lógicamente carece de valor, las pruebas que se aportan para negar el viaje de Pyatakov son dos noticias periodísticas publicadas con urgencia, a instancia de Dios sabe quién, un año después de los hechos, es decir, mientras se celebraba el juicio, concretamente el 25 y el 29 de enero de 1937. La primera, aparecida en el periódico *Aftenposten*, informaba que durante el mes de diciembre de 1935 no había aterrizado ningún avión civil en el citado aeropuerto. La segunda, publicada en *Arbeiderbladet*, el periódico del Partido Socialdemócarata Noruego, aseguraba que ningún avión había utilizado el aeropuerto entre septiembre de 1935 y mayo de 1936. Por su parte, desde México, Trotsky intervino personalmente y retó a Stalin a solicitar su extradición a una corte Noruega, "donde podría establecerse la verdad judicialmente". Evidentemente, un juicio paralelo en el extranjero era lo máximo a que podía aspirar Trotsky. Para contrarrestar la información aparecida en *Aftenposten*, al final de la sesión del 27 de enero el fiscal solicitó permiso a la corte para decir lo siguiente:

> "Vyshinsky: Tengo una solicitud al tribunal. Me interesé en este asunto (el vuelo a Oslo) y pedí al Comisariado de Asuntos Extranjeros que hiciera una indagación, puesto que quise verificar el testimonio de Pyatakov también desde este lado. He recibido una comunicación oficial, la cual solicito que sea añadida al registro judicial.
> (Lee) 'El Departamento Consular del Comisariado del Pueblo de Asuntos Extranjeros informa por la presente al Ministerio Público de la URSS que, según la información recibida por la Embajada de la URSS en Noruega, el aeródromo Kjeller cercano a Oslo recibe a lo largo de todo el año, de acuerdo a las regulaciones internacionales, aviones de otros países, y la llegada y salida de aviones es posible también durante los meses de invierno'."

No hay espacio para una reseña extensa de la declaración de Pyatakov sobre su conversación con Trotsky en Oslo, durante la cual la necesidad de un golpe de Estado fue expresada con rotundidad; pero no podemos dejar de citar textualmente algunos pasajes, entre los que destaca el famoso contacto con Rudolf Hess:

> "Pyatakov: ...Me dijo que había llegado a un acuerdo absolutamente definitivo con el Gobierno fascista alemán y con el Gobierno japonés y que ambos adoptarían una actitud favorable en el supuesto de que el bloque trotskysta-zinovievista llegase al poder... Me dijo que había mantenido extensas negociaciones con el vicepresidente del Partido Nacionalsocialista alemán, Hess. Es cierto que no puedo decir si existe un acuerdo firmado o si se trata sólo de un entendimiento, pero Trotsky me lo presentó como si existiera el acuerdo... ¿A qué equivale el acuerdo si hay que explicarlo brevemente? En primer lugar los fascistas alemanes prometen al bloque trotskysta-zinovievista una actitud favorable y su apoyo en caso de que acceda al poder. Como contrapartida los fascistas deben obtener las siguientes compensaciones: una actitud favorable en general a los intereses alemanes y hacia el Gobierno alemán en todas las cuestiones de política internacional; algunas concesiones territoriales que habría que hacer, en particular, concretamente, se habló veladamente de concesiones territoriales que tendrían que ver con la no resistencia a las fuerzas nacionalistas burguesas ucranianas en el caso de su autodeterminación.
> Vyshinsky: ¿Qué significa esto?

Pyatakov: Significa de una manera velada lo que Rádek declaró aquí: si los alemanes instalasen un Gobierno -no un Gobierno dirigido por un gobernador general alemán, sino un gobierno dirigido quizá por un hetman (jefe militar ucraniano)- serían ellos en todo caso quienes se autodeterminarían y el bloque trotskysta-zinovievista no se opondría a ello. En el fondo significaría el principio del desmembramiento de la Unión Soviética. El punto siguiente del acuerdo hacía referencia a la forma en que se posibilitaría al capital alemán la explotación de los recursos de materias primas que precisa de la URSS. Se trataría de la explotación de minas de oro, de petóleo, de manganeso, de los bosques, etc. En una palabra, se había acordado en principio entre Trotsky y Hess que se admitiría al capital alemán y recibiría el complemento económico necesario, aunque las formas concretas de esta participación serían objeto de un estudio posterior complementario."

Vyshinsky: ¿Y por lo que atañe a los casos de distracción en caso de guerra?

Pyatakov: Este fue el último punto. Lo recuerdo bien. En definitiva era el punto más penoso, que de una manera general demuestra claramente nuestro verdadero rostro. Había sido también planteado en el acuerdo entre Trotsky y Hess... En caso de un ataque militar había que coordinar todas las fuerzas destructivas de las organizaciones trotskystas que actuarían dentro del país bajo la dirección del fascismo alemán. El trabajo de distracción y de sabotaje llevado a cabo por la organización trotskysta dentro de la Unión Soviética debería realizarse según las instrucciones de Trotsky, las cuales estarían concertadas con el Estado Mayor alemán..."

Ya en la última parte del interrogatorio el fiscal pidió al acusado que hiciera una relación de su participación en la organización de actos de terrorismo. Pyatakov mantuvo su actitud de colaboración serena y dio detalles sobre los lugares donde se había actuado y sobre los dirigentes a quienes se quería asesinar, entre los que estaban Stalin, Mólotov, Yezhov y otros. Los nombres de los trotskystas implicados en el diseño, planificación y ejecución de las acciones: Rádek, Sokolnikov y Serebryakov, Norkin, Livshitz, Rataichak, etc. aparecieron una vez y otra a lo largo de la declaración y las confrontaciones entre los inculpados se sucedieron. Finalizado el turno de Pyatakov, llegó el momento de Karl Rádek

Cuanto había dicho el primer declarante pudo ser contrastado y confirmado durante el interrogatorio de Rádek, quien se mostró como uno de los acusados más convincentes y colaboradores. Reconoció haber recibido tres cartas de Trotsky: una en abril de 1934, otra en diciembre de 1935 y una tercera en enero de 1936, cuyos contenidos coincidían con lo expuesto por Pyatakov. Sin embargo, Vladimir Romm, corresponsal de la agencia TASS y de *Izvestia* en Estados Unidos que compareció en el juicio sin estar acusado, añadió que en agosto de 1933 había entregado a Rádek en su apartamento de Moscú una carta de Trotsky oculta en la sobrecubierta de un libro, una novela muy popular titulada *Tsusima*. Durante el proceso Rádek admitió que Romm había sido utilizado como enlace secreto. Sobre el contenido de la carta de 1934, el acusado declaró que Trotsky consideraba que la llegada del fascismo al poder en Alemania había cambiado toda la situación, puesto que implicaba guerra en el futuro, guerra inevitable. "Trotsky -explicó Rádek- no tenía ninguna duda de que esta guerra tendría como resultado la derrota de la Unión Soviética. Esta derrota, escribió, iba a crear las condiciones favorables para el ascenso al poder del bloque". El fiscal buscó la redundancia como manera de resaltar la gravedad de los conceptos y la responsabilidad de Rádek. He aquí la cita:

> "Vyshinsky: ¿Así que estaban interesados en apresurar la guerra y querían que la URSS resultase derrotada en esta guerra? ¿Cómo se decía esto en la carta de Trotsky?
> Rádek: La derrota es inevitabale y creará las condiciones para nuestro acceso al poder, por consiguiente, estamos interesados en desencadenar la guerra. La conclusión es: Estamos interesados en la derrota.
> Vyshinsky: ...La carta que usted recibió de Trotsky en abril de 1934 hablaba de guerra, sobre que la guerra era inevitable, que en esta guerra la URSS, en opinión de Trotsky, sufriría una derrota, que como consecuencia de esta guerra y de esta derrota el bloque llegaría al poder. Y ahora yo le pregunto: ¿En estas circunstancias, estaba usted por la derrota de la URSS o por la Victoria de la URSS?
> Rádek: Todas mis actuaciones durante aquellos años demuestran el hecho de que yo trabajaba para la derrota.
> Vyshinsky: ¿Eran sus actuaciones deliberadas?
> Rádek: Aparte de dormir, nunca en mi vida he realizado acciones no deliberadas.
> Vyshinsky: ¿Y ésta no era, desgraciadamente, un sueño?
> Rádek: Desgraciadamente, esta no era un sueño.
> Vyshinsky: ¿Era una realidad?
> Rádek: Era una triste realidad."

El fiscal preguntó si Pyatakov, Sokolnikov y Serebryakov estaban informados sobre la carta de Trotsky. Rádek respondió afirmativamente y enseguida Vyshinsky pidió a los acusados mencionados que lo confirmasen, cosa que hicieron. Sobre la carta de 1935, el fiscal le pidió un resumen y Rádek dijo entre otras cosas que la derrota inevitable en la guerra conllevaba sustituir el poder soviético por lo que Trotsky llamaba "un gobierno bonapartista", lo cual, en opinión del acusado, significaba servir al capital financiero extranjero. Rádek declaró que en dicha carta, además de reconocer las condiciones relativas a Ucrania, Trotsky contemplaba la cesión a Japón de la región de Amur y de la Provincia Marítima. También se mencionaba la necesidad de abastecer a Japón con el petróleo de Sajalín. Rádek llegó a confesar ante el tribunal que había tenido en ocasiones la sensación de que su organización se estaba convirtiendo en el representante directo de servicios de inteligencia extranjeros. "Dejamos de ser en lo más mínimo -afirmó- los amos de nuestras acciones".

El viaje a Oslo fue también confirmado por Rádek, quien ratificó lo dicho por Pyatakov en el sentido de que habían coincidido en la necesidad de visitar a Trotsky. "Pyatakov lo justificaba -aclaró Rádek- diciendo que Trotsky había perdido por completo el sentido de la realidad y nos marcaba tareas que no podíamos realizar, por lo que era necesario ir a verlo como fuera y hablar con él sobre las cosas". Rádek dijo ante el tribunal que cuando Pyatakov regresó de Oslo le hizo una serie de preguntas relativas a política exterior. Pyatakov le respondió que Trotsky le había asegurado que la guerra no era cuestión de cinco años, sino que se trataba de guerra en 1937, conclusión a la que había llegado a través de sus conversaciones con Hess y con otras personas semi-oficiales de Alemania con las que tenía tratos. Según Rádek, Trotsky dijo a Pyatakov que "los preparativos militares se habían completado y que se trataba ya de asegurar a Alemania los medios diplomáticos, para lo cual se necesitaría un año. El objeto de estos esfuerzos diplomáticos era, en primer lugar, asegurar la neutralidad de Gran Bretaña".

Todo lo relativo a las actividades terroristas, incluido el asesinato de Kírov, fue asimismo reconocido. El fiscal Vyshsinky, seguramente pensando ya en el tercer y último proceso, el Juicio de los Veintiuno, que finalmente tuvo lugar en marzo de 1938, le pidió que informase al tribunal sobre las conversaciones mantenidas con Bujarin, quien iba a ser el principal protagonista de dicho juicio. "Si se refiere a las conversaciones sobre terrorismo -respondió Rádek-, puedo enumerarlas concretamente. La primera tuvo lugar en junio o julio de 1934, después de que Bujarin regresara del trabajo en *Izvestia*. En aquel tiempo Bujarin y yo conversábamos como miembros de dos centros que estaban en contacto. Le pregunté si había tomado la senda del terrorismo y me respondió que sí. Le pregunté quién estaba dirigiendo esta actividad y respondió que él mismo y Uglanov".

Antes de abandonar a este acusado hay que destacar un hecho crucial de su declaración: la mención del nombre de dos militares. En el transcurso de su testimonio, Rádek dijo que el comandante de cuerpo Vitovt Putna, agregado militar soviético en Gran Bretaña que había sido detenido unos meses antes, lo había ido a ver con una solicitud del mariscal Tujachevsky. Putna había sido ya citado con anterioridad, pero no Tujachevsky. Durante la sesión de tarde Rádek, en un largo intercambio con Vyshinsky, trató de exculpar por completo al mariscal y declaró que Tujachevsky no tenía idea "ni de las actividades criminales de Putna ni de mis actividades criminales". Rádek se refirió a Tujachevsky como un hombre absolutamente devoto al Partido y al Gobierno; No obstante, el daño estaba ya hecho y así fue entendido por los asistentes al juicio.

No es posible seguir extendiéndonos en las declaraciones de los acusados en este segundo proceso, pues debemos ir abreviando. Aún así, no renunciamos a seleccionar aún algunos pasajes que aporten algo nuevo. Sobre la declaración de Yakov Livshitz, el siguiente en dar testimonio, cabe decir que además dar nuevos detalles sobre las relaciones de Pyatakov, Rádek y Smirnov con Trotsky, ofreció detalles concretos de actuaciones terroristas en colaboración con Serebryakov, Knyazev y Turok. La distribución de petróleo y los ferrocarriles fueron los objetivos principales. Livshitz reveló que sabía que Knyazev y Turok estaban en conexión con los servicios secretos japoneses. El segundo le reconoció al fiscal Vyshinsky que en enero de 1935 había recibido 35.000 rublos del servicio de inteligencia japonés, de los cuales conservó 20.000 para su organización y entregó personalmente el resto a Knyazev en mayo de 1935. "Acusado Knyazev, ¿es esto correcto?" - preguntó el fiscal. "Sí, lo recibí"- respondió. En *The Great Conspiracy Against Russia* Michael Sayers y Albert E. Kahn apuntan que el mismo Livshitz era un agente de la Inteligencia Militar japonesa y que pasaba con regularidad a Japón información sobre los ferrocarriles soviéticos.

La comparecencia de Grigori Yakóvlevich Sokolnikov (Brilliant) no añadió nada nuevo, aunque sirvió para identificar a nuevos grupos implicados en actividades terroristas. Sokolnikov, comisario de Finanzas entre 1923-26, había sido alejado por Stalin y nombrado embajador en Londres, cargo que ejerció entre 1929-32. Admitió que en el otoño de 1934 supo a través de Kámenev que existía un plan para asesinar a Stalin y a Kírov y que el mismo Kámenev le había explicado las posturas derrotistas de Trotsky. Informó sobre una entrevista con Pyatakov en enero de 1936, en el transcurso de la cual éste le dio detalles sobre el encuentro de Trotsky con Hess en el que se ofreció la posición derrotista a cambio de la ayuda alemana. Veamos dos preguntas concretas sobre cuestiones relacionadas con el sistema socio-político y económico:

> "Vyshinsky: ¿Estaba yo en lo cierto cuando redacté lo que sigue en la formulación de cargos?: 'La principal tarea que se proponía el centro paralelo era forzar el derrocamiento del Gobierno soviético con el objetivo de cambiar el sistema social y político existente en la URRS...' ¿Es correcta esta formulación?
> Sokolnikov: Sí, correcta.
> Vyshinsky: Más adelante digo en la imputación: 'L. D. Trotsky, y con sus instrucciones el centro trotskysta paralelo, querían conseguir el poder con ayuda de Estados extranjeros con objeto de restaurar el sistema capitalista de relaciones sociales en la URSS...' ¿Es correcta esta formulación?
> Sokolnikov: Correcta..."

Siguió Alexei Shestov, un ingeniero de minas que hasta 1927 había estado involucrado en la impresión y difusión de propaganda trotskysta. Fue nombrado en 1931 director de las minas de carbón de Kuznets, consideradas entre las mayores del mundo, cargo que le permitió viajar aquel mismo año a Berlín como integrante de una misión comercial encabezada por Pyatakov. Allí se entrevistó con el hijo de Trotsky, quien le puso al corriente de que introducían propaganda en la URSS a través de H. Dahlmann, de la multinacional Frölich-Klüpfel-Dahlmann, empresa que, además de financiar a Trotsky, trabajaba en proyectos mineros en los Urales y en Siberia. Shestov, a propuesta de Sedov, se entrevistó en Berlín con Dahlmann, quien le propuso ampliar su colaboración con los trotskystas y le sugirió la comisión de actos de sabotaje. Shestov pasó desde entonces a formar parte del servicio secreto alemán con el nombre clave de Alyosha. Sin embargo, R. Conquest, en su afán por desprestigiar los procesos y restarles credibilidad, dice que este trotskysta era un agente del NKVD.

Requerido por Vyshinsky, Shestov explicó que para llevar a cabo acciones de sabotaje reclutó al ingeniero Stroilov, quien aceptó el ingreso en la organización y le presentó un plan: se trataba de interrumpir la construcción de nuevas minas y la reconstrucción de las antiguas; disminuir la producción y provocar pérdidas mediante accidentes, explosiones e incendios; intensificar la destrucción de maquinaria, etc. Shestov añadió que robaban dinamita y la guardaban en un depósito secreto para disponer de una reserva propia. A la pregunta de qué pretendían, el acusado respondió: "Provocar explosiones en las minas". Shestov recordó que en 1934 se produjo una explosión en dicho polvorín y provocó la muerte de varios niños, hijos de los mineros que jugaban en las cercanías. Stroilov lo confirmó todo. Ya al final del interrogatorio, el acusado reconoció también que dio instruciones para la comisión de un robo en el banco de Anzherka, acción en la que participó. El botín ascendió a 164.000 rublos y él mismo gestionó este dinero.

La declaración de Leonid Serebryakov, vicedirector de la Administración de Ferrocarriles, se centró especialmente en explicar cómo se interrumpía el tráfico de trenes de carga con el fin de perturbar la entrega diaria de mercancías. En respuesta a una pregunta del presidente de tribunal, admitió que incluso habían contemplado con Livshitz la posibilidad de bloquear los principales nudos ferroviarios durante los primeros días de una hipotética movilización. El mismo presidente se dirigió a Livshitz para que confirmase esta declaración y precisara cuándo tuvo lugar la conversación. Livshitz ratificó lo dicho por Serebryakov y dio la fecha de 1935. Ambos acusados admitieron que las órdenes procedían de Pyatakov.

Las declaraciones de Yakov Drobnis, de M. S. Bogulavsky, de Mijail Stroilov y de Nikolai Muralov reiteraron y ahondaron en lo declarado por otros acusados. El complejo químico de Kémerovo, fue objetivo primordial de las acciones de Drobnis, Stroilov y Norkin. Stroilov reconoció que varios trotskystas, entre los que estaba él mismo, colaboraban con el Servicio de Inteligencia alemán y admitió ante el tribunal que había traicionado a su país. Muralov, desde sus inicios un miembro destacado de la facción militar de Trotsky, se consideró en el juicio un fiel soldado de Trotsky. Seguramente por ello había sido remplazado por Klementi Voroshilov al frente de la estratégica Guarnición Militar de Moscú. Muralov admitió que, en colaboración con Shestov, había tratado de asesinar a Mólotov en 1934 provocando un accidente de coche; pero el atentado fracasó porque Valentine Arnold, el trotskysta que conducía el vehículo y debía entregar su vida por la causa, se acobardó y disminuyó la velocidad cuando debía estrellarse en una zanja.

Sobre las declaraciones de Iván Knyazev y Yosif Turok, dos trotskystas que como se ha dicho más arriba colaboraban juntamente con Livshitz con el Servicio de Inteligencia japonés, lo más destacado fue su información sobre el sabotaje en el sistema ferroviario en los Urales, en donde Knyazev era el jefe. Este acusado aclaró al fiscal que se había enrolado como agente japonés en septiembre de 1934 y confirmó que en conversaciones con Livshitz habían acordado que era preciso combinar todas las fuerzas hostiles al Gobierno y al Partido y que estaban decididos a "dar una puñalada en la espalda" a fin de propiciar la derrota de su país en caso de guerra. Vyshinsky le obligó a recordar accidentes concretos que habían provocado. El acusado relató varios y recordó incluso los números de los trenes. Se refirió a un descarrilamiento provocado en el que perdieron la vida veintinueve soldados del Ejército Rojo y otros tantos resultaron heridos, quince de los cuales quedaron gravemente mutilados. El fiscal aludió a otros dos accidentes concretos: el primero ocurrido el 7 de febrero de 1936 entre Yedinover-Berdiaush; y el segundo, el 27 de febrero en la estación Christaya Chumlyak. Knyazev asumió la organización de ambos. Yosif Turok, que también ocupaba un cargo importante en el departamento de Tráfico en Perm y en los ferrocariles de los Urales, declaró que recibía órdenes directas de Livshitz para provocar descarrilamientos y ratificó cuanto había declarado su colega.

Iván Hrashe, Gavril Pushin y Stanislav Rataichak, tres trotskystas relacionados con el espionaje alemán, eran altos ejecutivos de la industria química y cometieron sus fechorías en este ámbito. Hrashe había entrado en Rusia en 1919 disfrazado de prisionero de guerra ruso y trabajó inicialmente como espía de Checoslovaquia; pero luego se pasó al Servicio de Inteligencia alemán. Pushin, agente alemán desde 1935, trabajaba en el complejo químico de Gorlova, desde donde pasaba información sensible sobre las empresas químicas y concretamente sobre trabajos con nitrógeno. Stanislav Rataichak era el jefe de la Administración Central de la Industria Química. Sigue el pasaje en que el fiscal confronta a los tres para aclarar sus actividades de espionaje:

"Vyshinsky: ¿Estaba usted conectado con el espionaje?
Rataichak: Sí, lo estaba.
Vyshinsky: ¿A través de quién?
Rataichak: A través de Pushin y Hrashe.

Vyshinsky: Acusado Pushin, ¿es correcto que Rataichak estaba conectado a través de usted con una organización de espionaje?
Pushin: A través de mí y también directamente.
Vyshinsky: Acusado Hrashe, ¿estaba Rataichak conectado a través de usted con agentes del Servicio de Inteligencia alemán?
Hrashe: Sí, él estaba conectado con agentes del Servicio de Inteligencia alemán.
Vyshinsky. ¿Y estaba usted conectado con ellos?
Hrashe: Sí.
Vyshinsky: ¿Como un agente?
Hrashe: Sí.
Vyshinsky: ¿En qué consitía su actividad?
Hrashe: En la transmisión de información secreta en relación con la industria química.
Vyshinsky: ¿Era esto conocido por Rataichak?
Hrashe: Sí, él era mi jefe.
Vyshinsky (a Rataichak): ¿Consecuentemente pasaba usted al Servicio de Inteligencia alemán materiales que poseía en virtud de su cargo?
Rataichak: Sí, yo era el jefe de la Administración Central de la Industria Química.
Vyshinsky. ¿Había actividades de sabotaje?
Rataichak: Sí.
Vyshinsky: ¿Había espionaje?
Rataichak: Sí.
Vyshinsky: ¿Participó usted en organizaciones terroristas?
Rataichak: No.
Vyshinsky: ¿Conocía usted la existencia de organizaciones terroristas?
Rataichak: Conocía la línea de Trotsky a través de Pyatakov."

A las cuatro de la tarde del 28 de enero de 1937 comenzó el discurso inclemente de la acusación. Vyshinsky recordó que las conexiones de los trotskystas con la Gestapo habían sido ya expuestas durante el proceso del pasado año, pero que en el presente juicio se habían puesto de manifiesto en toda su extensión. Acusó a los trotskystas de haber llegado "al límite, a la última frontera de la putrefacción política y al abismo de la degradación". El fiscal dijo que "no podía hablarse de un partido político, sino de una banda de criminales, simplemente la agencia de servicios de inteligencia extranjeros." Mostrándose cada vez más indignado, Vyshinsky afirmó que los trotskystas eran peor que los blancos y que "habían caído más bajo que los peores seguidores de Denikin y Kolchak". El fiscal utilizó el sintagma "Judas trotskystas".

Vyshinsky anunció que habían quedado esbozadas las líneas para un nuevo proceso, puesto que nuevos nombres habían aparecido, Además de Bujarin y Rykov, el acusado Drobnis había implicado a Christian Rakovski, otro importante líder trotskysta de origen judío. En relación a los hechos acontecidos en 1918, que culminaron con el intento de asesinato de Lenin, reseñado en el capítulo anterior en relación con los desacuerdos sobre el Tratado de Brest-Litovsk, el fiscal dijo lo siguiente:

> ".... Fueron Pyatakov y compañía quienes en 1918, en un periodo de extremo peligro para el país de los soviets, llevaron a cabo negociaciones con los socialistas revolucionarios para perpetrar un golpe de Estado contrarrevolucionario y arrestar a Lenin, con objeto de situar a Pyatakov como jefe del Gobierno y presidente del Consejo de Comisarios del Pueblo. Fue a través del arresto de Lenin, a través de un golpe de Estado, que estos aventureros políticos querían prepararse el camino al poder."

El fiscal finalizó asegurando que cuanto habían dicho los acusados había sido verificado por expertos. Las evidencias, además, se habían demostrado mediante la interrogación preliminar, las confesiones y los testimonios, por lo que no cabían dudas. Vyshinsky dijo que si en el juicio había habido deficiencias o fallos se debían a que los acusados ni habían dicho por completo cuanto sabían ni todos los crímenes que habían cometido: "Estoy convencido -dijo- que no han dicho ni la mitad de la verdad de lo que constituye la horrible historia de los espantosos crímenes contra nuestro país". Tras resumir los delitos más graves, concluyó con estas palabras: "Cámaradas jueces, el principal cargo que se hace en el presente juicio es el de traición a la patria."

Siguieron los abogados de quienes habían solicitado asistencia letrada y las últimas súplicas del resto de los acusados. Pyatakov terminó su intervención con estas palabras:

> "Ciudadanos jueces, sólo lamento profundamente que el principal criminal, el delincuente recalcitrante y obstinado, Trotsky, no esté sentado junto a nosotros en este banquillo de los acusados. Soy profundamente consciente de mi crimen y no me atrevo a pedir clemencia, ni siquiera tendré el descaro de apelar a la piedad. En pocas horas dictaréis vuestra sentencia. Aquí estoy frente a vosotros en la inmundicia, aplastado por mis propios crímenes, despojado de todo por mi propia culpa, un hombre que ha perdido a su partido, que no tiene amigos, que ha perdido a su familia, que se ha perdido incluso a sí mismo. No me privéis de una cosa, ciudadanos jueces, no me privéis del derecho de sentir que ante vuestros ojos he hallado la fortaleza, aunque demasiado tarde, de romper con mi pasado criminal."

El veredicto se dictó a las tres de la madrugada del 30 de enero de 1937. Excepto Sokolnikov, Rádek, Arnold y Stroilov, el resto de los inculpados fueron condenados a muerte. El 31 de enero *Pravda* informaba de que, tras anunciarse la sentencia, doscientas mil personas se manifestaron contra los acusados en la Plaza Roja, donde con una temperatura de -27° fueron arengados por Jrushchov y Shvernik. Según una versión reciente,

Rádek y Sokolnikov murieron asesinados en mayo de 1939 por compañeros de celda. Stroilov y Arnold acabaron fusilados en 1941.

Nos queda dejar constancia de una última muerte, la de Sergó Ordzhonikidze, Comisario de Industria Pesada, de quien Pyatakov había sido el más estrecho colaborador. Según algunas fuentes, Ordzhonikidze se habría quejado a su amigo Stalin porque la NKVD arrestaba a sus hombres sin ser informado. El 17 de febrero de 1937 tuvo una conversación con Stalin que duró varias horas. El día siguiente, a las 17:30 de la tarde estaba muerto. Algunas fuentes hablan de suicidio, otras de asesinato. Un informe médico oficial firmado por G. Kaminsky, comisario de Salud; I. Khodorovsky, jefe de la Administración Médico-Sanitaria del Kremlin; L. Levin, consejero de la citada Administración; y S. Mets, médico de la Clínica del Kremlin, atribuyó la causa de la muerte a una parálisis del corazón.

La purga en la NKVD y en el Ejército Rojo

El 9 de enero de 1937, seriamente comprometido por los hechos que acontecían en la URSS y con la perspectiva del juicio que se avecinaba, Trotsky llegó a México acompañado de sus más íntimos colaboradores. Había recibido una invitación de uno de los fundadores del Partido Comunista Mexicano, el pintor Diego Rivera, que era miembro del Comité Central. El 9 de febrero el Comité Americano para la Defensa de Trotsky organizó un acto en Nueva York al que asistieron unas siete mil de personas. Se había planeado que leyera un discurso por teléfono, pero las conexiones entre México y Nueva York fallaron y el texto tuvo que ser leído por el trotskysta Max Shachtman, un escritor judío. Más tarde se descubrió que el fallo en las líneas telefónicas había sido provocado por un operador stalinista. En el discurso, Trotsky pedía que se crease una comisión internacional que investigase los cargos que se habían hecho contra él en los procesos de Moscú.

Repetidamente hemos venido denunciando en esta obra de dónde procedía el poder de Trotsky. Naturalmente, pues, se puso en marcha enseguida una campaña internacional para desacreditar los juicios y rehabilitar su maltrecha figura. Un torrente de declaraciones, folletos, panfletos y artículos periodísticos comenzó a fluir en Europa y en América. Las medios más famosos de Estados Unidos, por lo general en manos de judíos adinerados, publicaron en sus páginas informes y colaboraciones de los amigos y admiradores de Trotsky, quienes difundían principalmente la tesis de que todo se limitaba a una venganza de Stalin contra Trotsky, el auténtico representante de la clase obrera internacional. Además de las emisoras de radio, *Foreign Affairs Quarterly*, *Reader's Digest*, *The Saturday Evening Post*, *American Mercury*, *The New York Times* y otras importantes publicaciones se pusieron al servicio de Trotsky.

En relación a esta campaña internacional, el 11 de marzo de 1937 el embajador Davies escribió en su diario lo siguiente: "...Otro diplomático, ministro --- (elude nombrarlo), me hizo ayer una clarificadora declaración. Discutiendo sobre el juicio, dijo que los acusados eran indudablemente culpables, que quienes habíamos asistido al juicio estabamos de acuerdo en esto; que el mundo exterior, a través de los informes en la prensa, sin embargo, parecía creer que el juicio era un chanchullo (una fachada, según sus palabras), que aunque nosotros sabíamos que no lo era, probablemente fuera mejor que el mundo lo creyera así". Dicho de otra forma, fuerzas poderosas bien conocidas trabajaban para esconder la verdad sobre la Quinta Columna en la Unión Soviética.

A pesar de que Stalin estaba diezmando de manera despiadada a los conspiradores y a cuantos podían oponérsele, la conjura no había sido completamente aplastada y seguía latente. Entre finales de febrero y comienzos de marzo se celebraron las sesiones del pleno del Comité Central, conformado por setenta miembros. Yezhov informó sobre asuntos policíacos; Zhdánov, sobre organización del partido; Mólotov expuso los temas económicos y Stalin realizó el informe político. Stalin lamentó que existieran "deficiencias en los métodos de trabajo del partido para la liquidación de los trotskystas y otra gente con dos caras". Entre los temas centrales de la agenda estaba el destino de Rykov, el sucesor de Lenin como primer ministro soviético, y Bujarin, que había presidido la Internacional (Comintern). Yezhov los implicó en las conspiraciones de Zinóviev y Pyatakov. Ambos comparecieron ante el pleno y trataron de defender su inocencia. El día 26 de febrero negaron por enésima vez todos los cargos en su contra. Bujarin se atrevió incluso a pronunciar un discurso en el que acusaba a Stalin y a Yezhov de ser los únicos conspiradores y de maquinar para instalar un régimen de la NKVD que diese poder ilimitado a Stalin. Ambos fueron insultados y abucheados. Un subcomité compuesto por Stalin, Mólotov, Voroshilov, Kaganóvich, Mikoyan y Yezhov preparó una resolución en la que se afirmaba que la NKVD había demostrado que ambos conocían las actividades contrarrevolucionarias del Centro Trotskysta y de otros derechistas de su propio círculo. Arrestados allí mismo, fueron trasladados a la Lubyanka. En otra de las sesiones, Stalin criticó gravemente a Yagoda, que fue sometido a un duro interrogatorio por los miembros del Comité. Entre otras cosas se le preguntó por qué había protegido a traidores trotskystas. El Plenario del Comité Central consideró que los hechos habían demostrado que "el Comisariado de Asuntos Internos había fracasado durante al menos cuatro años en el intento de desenmascarar a los enemigos del pueblo". El día 5 de marzo un discurso final de Stalin clausuró el Plenario.

A partir de este momento se precipitaron los acontecimientos. El 18 de marzo de 1937 Yezhov convocó a todos los jefes de la NVKD en la Lubyanka y pronunció un discurso demoledor contra Yagoda. Días antes casi todos los jefes de departamento habían sido destituidos o arrestados, a veces en sus propias oficinas, otras en sus casas por la noche o en las estaciones cuando abandonaban Moscú. Sólo Abram Aronovich Slutsky, trotskysta amigo y confidente de Krivitsky y de Orlov, se mantuvo momentáneamente en el departamento de Asuntos Exteriores. Walter Krivitsky narra una de las escenas de esta famosa reunión del día 18 de marzo en la que Artur Khristyanovich Artuzov y su amigo Slutsky se enzarzaron en una batalla de acusaciones para salvarse ante Yezhov. Artuzov acusó a Slutsky de ser un hombre de Yagoda. La fuente de Krivitsky es, evidentemente, el propio Slutsky. La cita, algo extensa, permite apreciar el ambiente que se respiraba en la reunión:

> "Tras haber arrojado a su camarada a las fieras, Artuzov bajó triunfante de la tribuna.
> Slutsky, que era jefe de la Sección Extranjera, se levantó para defenderse. También él sabía lo que estaba en juego. Comenzó bastante tranquilo, dándose cuenta de que todo estaba contra él.
> - Artuzov ha intentado pintarme como el más cercano colaborador de Yagoda. Yo, camaradas, desde luego fui secretario de Organización del Partido dentro de la OGPU; pero, ¿Era Artuzov o yo el miembro del Presídium de la OGPU? Yo os pregunto: ¿podía alguien en aquel tiempo haber sido miembro del organismo más alto de la OGPU sin gozar de la plena confianza y aprobación de Yagoda? Artuzov afirma que por mis buenos servicios a las órdenes de Yagoda y como secretario de Organización yo percibía una asignación extraordinaria. Según Artuzov, yo utilizaba esta asignación para establecer contacto entre la organización de Yagoda y sus dirigentes en el extranjero. Pero yo afirmo que esta asignación extraordinaria me fue concedida ante la insistencia del propio Artuzov. Durante muchos años Artuzov ha mantenido relaciones amistosas con Yagoda.
> Y entonces Slutsky descargó su golpe principal:
> -Yo te pregunto, Artuzov, ¿dónde vivías? ¿Quién vivía junto a ti? ¿Bulanov? ¿No se halla éste entre los primeros que han sido arrestados? ¿Y quién vivía precisamente debajo de ti? Ostrovsky. También él ha sido arrestado. ¿Y quién vivía justamente a tu lado, Artuzov? ¡Yagoda! Y ahora yo os pregunto, camaradas, ¿quién en las circunstancias de entonces hubiera podido vivir en la misma casa de Yagoda sin gozar de su absoluta confianza?"

Conquest ofrece nuevos ejemplos de la purga que se llevó a cabo en la NKVD durante el mandato de Yezhov. "Chertok -escribe-, el interrogador de Kámenev, se arrojó desde su apartamento en la decimosegunda planta. Algunos oficiales se pegaron un tiro o se suicidaron saltando desde las ventanas de sus oficinas. Otros se fueron impasiblemente, entre ellos Bulanov, secretario de Yagoda, arrestado a finales de marzo". Conquest afirma que tres mil agentes de la NKVD de Yagoda fueron ejecutados en 1937. Molchanov, Mironov (Kagan) y Shanin, que habían sido jefes de departamento con Yagoda, fueron denunciados como conspiradores derechistas. Otros dos jefes, Pauker y Gay, ambos judíos, fueron acusados posteriormente de espionaje. El 3 de abril se anunció que el mismo Yagoda, el cual tras dejar su puesto en el Comisariado de Asuntos Internos había sido nombrado comisario de Correos y Comunicaciones, había sido arrestado.

La Cheka había sido dirigida desde su creación por una mafia judía. Cuando en 1926 murió su fundador, el judío polaco Félix Dzerzhinsky (Rufin), Vyacheslav Menzhinsky, polaco también, pero de origen aristocrático, ocupó su lugar. Trotsky escribió en sus memorias que Menzhinsky era "la sombra de un hombre" y lo presenta como un hombre débil, un "don nadie" a las órdenes de Stalin. Oficialmente, en mayo de 1934 murió a causa de un infarto de miocardio, pero en realidad había sido asesinado por orden de Yagoda, su hombre de confianza, que se había unido a la conspiración en 1929 y era miembro secreto del bloque de derechistas y trotskystas.

En *The Great Conspiracy Against Russia* Michael Sayers y Albert E. Kahn explican con detalle cómo se produjo el asesinato. Según estos autores, "el papel de Yagoda en la conspiración fue conocido al principio sólo por los tres líderes del bloque derechista: Bujarin, Rykov y Tomsky. En 1932, cuando se formó el bloque de derechistas y trotskystas, también Pyatakov y Krestinsky conocieron el papel de Yagoda". Desde su puesto de vicepresidente de la OGPU, Yagoda, además de nombrar a judíos trotskystas como agentes especiales, protegía a los conspiradores, cosa que él mismo confirmó en el juicio de 1938. Yagoda declaró que el golpe de Estado debía coincidir con el estallido de la guerra. "Hay momentos -le confesó a Bulanov- en que uno debe actuar despacio y con extrema precaución, y hay momentos en que se debe actuar rápidamente y de repente". Los venenos fueron uno de sus métodos preferidos. Su principal colaborador fue Leo Levin, un médico judío que en 1953 formó parte del grupo de médicos judíos detenidos por Stalin antes de ser asesinado. Informado por Yagoda de la existencia de la conspiración, Levin, siguiendo instrucciones de su jefe, advirtió a Ignati N. Kazakov, el médico que atendía el asma bronquial de Menzhinsky, de que su paciente era un muerto viviente, de que estaba perdiendo el tiempo con él y de que no debía permitirle volver al trabajo. Kazakov narró esta conversación en el juicio de 1938. Textualmente, las palabras de Levin, citadas por Sayers y Kahn, fueron estas: "...Permitiéndole que vuelva al trabajo, te estás enemistando con Yagoda. Menzhinsky está en el camino de Yagoda y Yagoda tiene interés en apartarlo cuanto antes. Yagoda es un hombre que no se detiene ante nada". En resumen, Kazakov sucumbió y le dijo a Levin que cumpliría las órdenes. El 10 de mayo de 1934 Menzhynsky murió y fue sustituido al frente de la OGPU por el judío Génrij Yagoda, quien en el juicio declaró: "Niego que al provocar la muerte de

Menzhinsky actuase movido por motivos de naturaleza personal... Aspiraba al puesto de jefe de la OGPU en interés de la organización conspirativa". Se entiende así por qué en 1937 había en la NKVD tantos agentes trotskystas y judíos.

Las primeras detenciones en el Ejército Rojo se habían ya producido en 1936. El 5 de julio Dimitri Shmidt, un comandante judío que mandaba una unidad de tanques en el Distrito Militar de Kiev, fue arrrestado por la NKVD sin consultar ni avisar a su superior, el general trotskysta Iona Emmanuilovich Yakir, que también era judío. Yakir fue a Moscú para protestar y Yezhov le mostró materiales, presumiblemente confesiones de Mrachkovsky, Dreitzer y Reingold, que implicaban a Shmidt y a B. Kuzmichev, jefe de una unidad de la Fuerza Aérea, en un intento de asesinar al comisario de Defensa, Kliment Voroshilov. Shmidt y Kuzmichev estaban entre los nombrados en el Juicio de Zinóviev que habían quedado aparcados puesto que la investigación continuaba. Durante el proceso, tanto Reingold como Mrachkovsky los habían relacionado con un grupo de militares trotskystas. Ambos se movían en la órbita del general Yakir. El 14 de agosto fue arrestado otro comandante de cuerpo, Vitaly Primakov, y seis días más tarde, el 20 de agosto, lo fue también Vitovt Putna, llegado a Moscú procedente de Londres, donde estaba destinado como agregado militar. Putna admitió la existencia de varios grupos trotskystas. Durante el otoño de 1936 hubo incluso rumores de que iba a tener lugar un juicio contra comandantes trotskystas del Ejército.

Por todo ello, es seguro que Stalin sabía ya cuando el 5 de marzo de 1937 clausuró el Pleno del Comité Central que la conspiración contaba con el apoyo de un sector del Ejército, en cuyo interior anidaban muchos militares que le debían su carrera a Trotsky y le eran fieles. El Servicio Secreto de Información Militar había logrado resguardar su independencia desde los tiempos en que Trotsky era comisario de Guerra y, según Krivitsky, "fue uno de los últimos instrumentos en caer en manos de la Policía Secreta". Los generales del Ejército Rojo habían podido librarse de la depuración que venía sufriendo la oposición política desde la consolidación de Stalin en el poder; sin embargo, tras el arresto el 3 de abril de Yagoda, todo comenzó a moverse con celeridad. Anatoli Gekker, otro judío trotskysta que en 1924 había sido comisario político para las regiones comunistas de China y que era comandante de un cuerpo del Ejército, fue detenido en abril (fusilado el 1 de julio). Precisamente el Ejército Rojo chino había sido dirigido por otros dos judíos, V. Levichev y Yakov (Yan) Gamarnik. En el momento de su arresto, Gekker desempeñaba importantes cargos en el espionaje y era jefe de Enlace Exterior del Ejército Rojo. El mismo mes de abril, otro comandante de cuerpo, Ilia Garkavi, comandante del Distrito Militar de los Urales, fue también detenido. Se da la circunstancia que tanto Gekker como Garkavi estaban casados con dos hermanas de la esposa del general judío Iona E. Yakir. Éste y los también judíos Boris Feldman y Yan Gamarnik estaban entre los principales generales trotskystas de la conspiración. Yakir se presentó ante Voroshilov y se interesó por la situación de sus cuñados. Fue recibido también por Stalin, quien le dijo que otros detenidos habían vertido graves acusaciones contra ellos; pero que si eran inocentes serían puestos en libertad.

Entre el 22 y el 25 de abril Mark Isayevich (Isaakovich) Gay (Shpoklyand) y Georgi Prokofyev se vieron obligados a declarar sobre las conexiones del mariscal Tujachevsky y otros oficiales con Yagoda, su antiguo jefe, quien en aquella etapa rechazó las acusaciones. Gay, anterior jefe del Departamento Especial de la NKVD, había interrogado a Dimitri Shmidt. Al segundo, Prokofyev, antiguo vicedirector de la NKVD, Yezhov lo había sido sustituido por Matvei Berman, otro chekista judío. El 27 de abril A. I. Volovich, del Departamento Operativo, implicó también a Tujachevsky en un complot para hacerse con el poder. Los interrogadores de Yezhov lograron asimismo que Putna y Primakov declarasen en contra de Tujachevsky, Yakir, Feldman y otros militares. El 28 de abril de 1937 *Pravda* publicó un llamamiento mordaz al Ejército Rojo en el sentido de que luchase contra los enemigos internos y externos. Este aviso sesgado fue evidentemente comprendido por quienes sabían lo que significaba: la purga estaba comenzando.

Walter Krivitsky (Samuel Gérshevich Ginsberg), el judío trotskysta que ostentaba aún la jefatura del Servicio Secreto Militar en Europa occidental y que, según sus propias palabras, fue "uno de los brazos ejecutores de la intervención de Stalin en España", había sido llamado a Moscú por Yezhov. Allí vivió angustiado los acontecimientos desde principios de marzo hasta el 22 de mayo de 1937, pues estaba convencido de que iba a ser detenido y no regresaría a la Haya, donde residía con su familia. Pese a negar cínicamente su pertenencia a la oposición, su obra *Yo, jefe del Servicio Secreto Militar soviético* es una apología del trotskysmo y de los trotskystas, "idealistas que constituyen la última esperanza de un mundo mejor". En ella, se leen cosas vividas en primera persona, como, por ejemplo, el ambiente que se respiraba en el desfile de la plaza Roja el 1 de mayo, día en que vio por última vez al mariscal Tujachevsky. "Observado por todos - escribe Krivitsky- Tujachevsky fue el primero en llegar a la tribuna donde se situaban los militares. El segundo en llegar fue el mariscal Yegorov, que no se atrevió a saludarlo y se colocó a su lado. Gamarnik, vicecomisario de Guerra, llegó después y ni siquiera los miró... Acabada la parada militar los militares debían seguir en su sitio para presenciar la parada civil, pero Tujachevsky se marchó sin decir palabra con las manos en los bolsillos".

Tujachevsky, oficial del zar que era masón desde los dieciocho años, cayó prisionero de los alemanes en 1915. Oficialmente, logró escapar poco antes de que comenzara la revolución; aunque existe la posibilidad de que fuera liberado intencionadamente, puesto que cambió de bando enseguida. En 1918 ingresó en el Partido Bolchevique y pronto estuvo con los aventureros que rodeaban a Trotsky, el comisario de Guerra, quien lo nombró comandante en jefe de un ejército con sólo veinticinco años. Gracias a su formación militar, destacó de inmediato entre los inexpertos mandos del Ejército Rojo. En marzo de 1921, ya con fama de ser un héroe de la guerra civil, dirigió junto a Trotsky, la masacre de los marinos en Kronstadt. Ante la feroz resistencia de los amotinados, "cada casa tuvo que ser dinamitada", declaró el propio Tujachevsky. La represión posterior fue ejecutada sin escrúpulos y se fusiló masivamente. En 1922 Trotsky puso a Tujachevsky al frente de la Academia Militar del Ejército Rojo. El mismo año participó en las negociaciones con la República de Weimar que condujeron a la firma del Tratado de Rapallo. Puede decirse, pues, que Tujachevsky había tenido diversas relaciones con militares germanos. Con la progresiva pérdida de influencia de Trotsky, los mariscales Budyenny y Voroshilov fueron los nuevos hombres de Stalin. El grupo de generales próximo a Tujachevsky, entre los que estaban Yakir, Kork, Feldman Uborevich y Gamarnik, este último amigo personal de los generales alemanes Seeckt y Hammerstein, acusaron el cambio en el poder. Otro de los hombres próximos al grupo era Vitovt Putna, agregado militar en Berlín, Tokio y Londres.

M. Sayers y A. Kahn, apoyándose en las revelaciones del Juicio de los Veintiuno, contempladas en el siguiente apartado, escriben en *The Great Conspiracy Against Russia* que, desde la organización del bloque de derechistas y trotskystas, "Trotsky había visto a Tujachevsky como la mejor carta de toda la conspiración, que sólo debía ser jugada en el último momento estratégico". Según se desprende de las declaraciones de acusados y testigos en el juicio, Trotsky mantenía sus relaciones con Tujachevsky principalmente a través de Krestinsky y del agregado militar Putna. Durante el proceso se conoció una conversación entre Bujarin y Tomsky en la que el primero pregunta: "¿Cómo visualiza Tujachevsky el mecanismo del golpe?". A lo que Tomsky responde: "Este es asunto de la organización militar". Lo ideal hubiera sido hacer coincidir el golpe de Estado con el comienzo del anhelado ataque de Alemania. Parece ser que se había contemplado incluso la eventualidad de que Tujachevsky, utilizando a los políticos como cabezas de turco, pudiera buscar el apoyo popular e instaurar una dictadura militar. En este sentido Bujarin le dijo a Tomsky: "Puede que sea necesario elaborar un procedimiento que los presente como culpables de la derrota en el frente, lo cual nos permitirá ganarnos a las masas a través de consignas patrióticas".

A comienzos de 1936 Tujachevsky, antes de viajar a Londres como representante de su país en los funerales de Jorge V, había recibido el codiciado título de mariscal de la Unión Soviética. Confiado, de camino hacía Gran Bretaña, hizo paradas en Varsovia y en Berlín, donde estableció contactos con militares polacos y alemanes. Todo comenzó a complicarse en agosto con el juicio al bloque terrorista trotskysta-zinovievista y más aún con los posteriores arrestos de Pyatakov y Radek. Alarmado, Tujachevsky contactó con Krestinsky. Ambos constataron entonces que la aceleración de los acontecimientos implicaba adecuar el plan a las nuevas y cambiantes circunstancias, por lo que quizá fuera preciso ejecutar el golpe de Estado en primer lugar. Krestinsky prometió que mandaría con urgencia un mensaje a Trotsky. El texto fue enviado en octubre y en él se decía: "... Un gran número de trotskystas han sido arrestados; pero, aún así, las principales fuerzas del Bloque no se han visto aún afectadas. La acción puede llevarse a cabo, mas para ello es esencial para el Centro que se apresure la intervención extranjera".

En noviembre de 1936, en el ámbito del VIII Congreso Extraordinario de los Soviets, Tujachevsky y Krestinsky pudieron reunirse y conversar. Ambos comprobaron que los arrestos continuaban y el mariscal estaba muy inquieto: el arresto de Putna, la caída de Yagoda y su sustitución por Yezhov demostraban que Stalin estaba llegando a las raíces del complot. Tujachevsky se mostró partidario de precipitar sin demora los acontecimientos antes de que fuera tarde. Krestinsky se entrevistó con Rosengoltz y ambos estuvieron de acuerdo en que Tujachevsky tenía razón. Se envió, pues, un nuevo mensaje a Trotsky, en el que se le explicaba que Tujachevsky proponía actuar sin esperar a que comenzara la guerra. La respuesta de Trotsky llegó a finales de diciembre y en ella manifestaba su acuerdo. De hecho, tras el arresto de Pyatakov, Trotsky había llegado a la misma conclusión y así lo había escrito en una carta a Rosengoltz que se cruzó con la que había recibido. Así, pues, con la aquiescencia del viejo líder en el exilio, se dio "carte blanche" a Tujachevsky.

A través de las declaraciones de los acusados en el juicio de marzo de 1938, se supo que durante los meses de marzo y abril de 1937 se agilizaron los preparativos para el golpe. Sayers y Kahn, basándose en dicho juicio como principal fuente de información, establecen que a finales de marzo tuvo lugar una reunión entre Krestinsky, Tujachevsky y Rosengoltz en el apartamento que el tercero tenía en Moscú. El mariscal habría anunciado entonces que la acción podría llevarse a cabo a mediados de mayo y que los golpistas manejaban algunas variantes de actuación. Según Rosengoltz, una de las posibilidades contempladas preveía que un grupo de militares tomase la central telefónica del Kremlin y matase a los líderes del Partido y del Gobierno. De acuerdo con este plan, Gamarnik ocuparía la sede del Comisariado de Asuntos Internos y a él correspondería liquidar a Voroshilov y a Mólotov.

Justo a tiempo el Gobierno comenzó a tomar medidas que le permitieron abortar el complot. El 8 de mayo de 1937 un decreto restableció el viejo sistema de mando dual o compartido, que confería enorme poder a los comisarios políticos. Dicho sistema había sido puesto en práctica durante la guerra civil para controlar a militares que no gozaban de confianza por haber servido en el ejército zarista. El 9 de mayo se impartieron instrucciones a estos comisarios para que aumentaran la vigilancia. Mientras, a principios de mayo Tujachevsky fue citado por Voroshilov. Quienes lo vieron tras la entrevista con el comisario de Defensa lo describen como inusualmente sombrío y deprimido. Pocos días después fue de nuevo convocado por Voroshilov, quien con extremada frialdad le comunicó sus destitución como adjunto al comisario de Defensa y su traslado al Distrito Militar del Volga. Entre los días 10 y 11 fueron anunciados oficialmente éste y otros cambios de destino. Yakir, cuya posición en Ucrania debía ser primordial, fue trasladado de Kiev a Leningrado. El 14 de mayo, V. Primakov, que seguía detenido desde agosto del pasado año, tras ser golpeado y privado de sueño, acabó denunciando a Yakir y más tarde a Tujachevsky y a otros. También Putna, después de ser torturado, implicó el mismo día 14 a Tujachevsky. El 15 de mayo fue arrestado Boris Feldman, que al principio negó los cargos. Tras sufrir un interrogatorio severo, firmó una confesión completa sobre la conspiración, en la que denunciaba a Tujachevsky, Yakir, Eideman y otros. El 16 de mayo August Ivanovich Kork, general que había mandado el Distrito Militar de Moscú y que desde 1935 dirigía la Academia Militar Frunze, fue arrestado. Aunque inicialmente negó los cargos, el 18 de mayo acabó firmando una confesión en la que reconocía que Avel Yenukidze lo había reclutado para la conspiración derechista, conectada con el grupo trotskysta de Putna y Primakov.

Por fin, sobre el 24 de mayo Stalin, tras consultarlo con Mólotov, Voroshilov y Yezhov, ordenó el arresto de Tujachevsky y su expulsión del Comité Central. El 28 de mayo se supo en el Ejército que el caso había sido puesto en manos de los "órganos de investigación". El interrogatorio de Tujachevsky fue dirigido personalmente por Yezhov, ayudado por por Z. M. Ushakov, un chekista con fama de sádico, y por Grigory (Izrail) Moiseyevich Leplevsky, otro judío, uno más, que era el nuevo jefe de la Sección Especial de la Administración Principal de la Seguridad del Estado (GUGB) de la NKVD. El día 29 el mariscal aceptó cargos de espionaje, de conexiones con los alemanes y de haber sido reclutado por Yenukidze para la conspiración. El mismo día 29 el general Ieronim P. Uborevich, que se encontraba en Minsk, recibió la orden de viajar a Moscú y fue también detenido. Confrontado con Kork, negó los cargos; mas acabó confesando tras ser torturado. El día 31 se produjo la muerte del general Yan Gamarnik, cuyo final ha sido objeto de diversos relatos. Según algunas versiones, Gamarnik fue torturado y asesinado; pero otras aseguran que se suicidó pegándose un tiro. El mismo 31 de mayo fue detenido Iona Yakir, el último de los conjurados, quien, según revela Conquest, escribió desde la Lubyanka al Politburó exigiendo su inmediata liberación o una entrevista con Stalin, al que escribió prometiéndole su inocencia. Conquest transcribe un fragmento de su carta: "... Toda mi vida consciente ha sido empleada en trabajar de manera abnegada y honesta a la vista de partido y de sus líderes... Cada palabra que digo es inocente y moriré con palabras de amor para usted, el partido y el país, con fe ilimitada en la victoria del comunismo". El sovietólogo añade que Stalin escribió sobre esta carta: "canalla y prostituta".

Voroshilov añadió: "una descripción absolutamente precisa". Mólotov firmó este comentario y Kaganóvich agregó: "por traidor y escoria, un castigo: la pena de muerte". Sometido a nueve días de duros interrogatorios, Ushakov logró finalmente una confesión detallada de Yakir.

A las once de la mañana del 11 de junio de 1937 los acusados fueron presentados ante un tribunal militar especial del Tribunal Supremo de la URSS. En una sesión celebrada a puerta cerrada, todos los militares implicados en el complot fueron condenados a muerte. El veredicto fue anunciado el día 12 y el mismo día se ejecutó la sentencia. En el comunicado oficial, publicado en *Pravda* el día 11, se decía que "estaban acusados de quebrantar sus obligaciones militares y su promesa de lealtad, de traición a su país, de traición contra los pueblos de la URSS y de traición contra los trabajadores, los campesinos y el Ejército Rojo." En el informe de Voroshilov, publicado asimismo en *Pravda* el 15 de junio, se asociaba con Trotsky a los militares ejecutados y eran acusados de preparar los asesinatos de los líderes del Partido y del Gobierno y de espionaje.

La represión desencadenada durante los meses siguientes contra los familiares de los conspiradores y contra todo lo que oliera a trotskysmo dentro del Ejército Rojo fue de envergadura. Esposas, hijos, hermanos y parientes de los militares condenados fueron detenidos e internados en campos de concentración. Robert Conquest asegura que las mujeres de Yakir, Kork, Gamarnik y Tujachevsky acabaron siendo eliminadas con posterioridad, e igual suerte corrieron algunos familiares de otros militares ejecutados. En los días y semanas que siguieron al juicio se ejecutó a una veintena de generales de los acuartelamientos de Moscú. Más de medio centenar de comandantes de cuerpo y de división y cerca de mil oficiales fueron arrestados. La purga en la Escuela Militar del Kremlin y en la Academia Frunze fue rigurosa. En el Distrito Militar de Kiev, considerado el "nido de Yakir", entre seiscientos y setecientos oficiales fueron arrestados. Los datos que aporta Conquest para la Marina son asimismo impresionantes: de los nueve almirantes de la Flota, sólo uno (Galler) sobrevivió a la purga. También sus familiares y numerosos oficiales subordinados sufrieron las consecuencias de las operaciones de limpieza organizadas por la NKVD. Según este historiador la purga prosiguió a lo largo de todo el año 1938. En enero dio comienzo una segunda depuración en el Ejército, con una nueva tanda de arrestos que afectó a altos mandos y oficiales, entre los que estaba el mariscal Yegorov. Una segunda oleada se produjo a finales de julio, cuando más de una docena de generales del Ejército y de la Fuerza Aérea y de la Marina fueron depurados.

Vistos los hechos, queda por contemplar el papel desempeñado por Alemania en todo el asunto. Es ésta una tarea peliaguda, toda vez que algunos historiadores parecen más interesados en ocultar la verdad que en buscarla. Lamentablemente, Robert Conquest, que ha creado escuela, es uno de ellos. Conquest considera los procesos de Moscú "show trials" (juicios espectáculo). Pese a tener un caudal de información impresionante, insiste en beber de fuentes contaminadas, a las que otorga credibilidad cuando le permiten mantener su tesis de que Stalin lo fabricó todo y no existió conspiración trotskysta. Andrew Roberts en *"The Holy Fox" A Life of Lord Halifax*, obra a la que regresaremos en otro capítulo, liquida la purga de trotskystas en el Ejército Rojo con estas palabras: "Las purgas de Stalin de junio de 1937 habían decapitado virtualmente a todo el cuerpo de oficiales del Ejército. Cinco de los siete mariscales y una mayoría de generales y coroneles fueron fusilados en un paranoico espasmo stalinista de sed de sangre". Es decir, pese a la evidencia de que Trotsky había sido el creador del Ejército Rojo y tenía colocados a sus hombres de confianza, principalmente judíos, en los puestos clave; a pesar de saber que se había desencadenado la lucha interna por el poder tras el desplazamiento de Trotsky por Stalin, los historiadores oficiales prefieren ignorarlo todo y, por supuesto, guardan silencio sobre los banqueros judíos que financiaron a Trotsky, cuya figura preservan inmaculada. De este modo, el tema queda reducido a "paranoia stalinista", "sed de sangre" y "juicios espectáculo". Explicaciones muy académicas y profesionales.

Sobre las relaciones de los conspiradores con los alemanes, Conquest acepta como versión más probable la ofrecida por Walter Hagen en un libro editado en Linz en 1950, cuyo título en alemán es *Die geheime Front. Organisation, Personen und Aktionen des deutschen Geheimdienstes* (*El frente secreto. Organización, personas y acciones del Servicio Secreto alemán*). Esta obra apareció traducida al francés en 1952 con el título de *Le Front Secret* y un año más tarde *The Secret Front* se publicó en inglés. La versión de Hagen asumida por Conquest es en pocas palabras la siguiente: Reinhard Heydrich a finales de 1936 propuso a Hitler y a Himmler presentar un dossier falsificado de los contactos de Tujachevsky con los militares alemanes con el fin de provocar la purga y dañar el potencial del Ejército Rojo.

En primer lugar, puesto que se trata de acreditar el valor de la fuente, hay que decir que Walter Hagen es el pseudónimo de Wilhelm Höttl, un personaje mentiroso y deshonesto que tras la derrota de Alemania hizo cuanto le pidieron los enemigos de su país. Mark Weber, director del Institute for Historical Review, en el artículo "Wilhelm Höttl and the Elusive Six Million" (Wilhelm Höttl y los Imprecisos Seis Millones) ofrece información abundante e interesante sobre este individuo. Miembro del NSDAP, Höttl estuvo ocupado desde 1939 en la Oficina Central de Seguridad del Reich (RSHA). En 1945 los americanos lo arrestaron en Austria y durante varios años trabajó como agente de inteligencia para Estados Unidos. En abril de 2001 la CIA publicó el abultado archivo Höttl, en el que figuraba un informe detallado sobre su persona. Dicho informe, titulado "Analysis of the Name File of Wilhelm Hottl" (Análisis del archivo de Wilhelm Höttl) fue elaborado por Miriam Kleiman y Robery Skwirot, dos investigadores gubernamentales del IWG (Interagency Working Group). En estos documentos se establece que Höttl era un informador absolutamente poco fiable que fabricaba rutinariamente información para satisfacer a quienes estaban dispuestos a pagarle. En su informe, los dos investigadores del Gobierno escriben: "El archivo de Höttl consta apróximadamente de unas seiscientas páginas, uno de los más voluminosos sacados a la luz hasta ahora. El tamaño del archivo se debe a la carrera de Höttl como un traficante de inteligencia durante la posguerra, buena y mala, a cualquiera dispuesto a pagarle. Informes vinculan a Höttl con doce servicios de inteligencia diferentes: Estados Unidos, Israel, Unión Soviética, Gran Bretaña, Francia, Yugoslavia, Austria, Rumanía, Vaticano, Suiza, Alemania Occidental y Hungría."

Tan pronto fue capturado, Höttl comenzó a trabajar para la OSS (Office of Strategic Services), predecesora de la CIA. En palabras de los dos investigadores, "Höttl sirvió los intereses de sus captores". Fue entonces cuando, estando al servicio de la inteligencia norteamericana, Höttl, a petición del fiscal americano, realizó ante el tribunal de Nüremberg una declaración jurada según la cual Adolf Eichmann le había dicho que los nazis habían matado a seis millones de judíos. En 1949 un oficial de inteligencia de EE.UU, previno sobre la utilización habitual de Höttl por cualquier motivo y aludió a él como "un hombre de baja naturaleza y pobre palmarés político, cuya utilización en actividades de inteligencia, al margen de lo aprovechables que puedan ser, constituye una política miope por parte de EE.UU." En 1950 un nuevo mensaje de la CIA se refería a Höttl como un "infame fabricante de inteligencia". En abril de 1952 sus informes eran considerados "sin valor y posiblemente desorbitados o falsos".

Para acabar de perfilar la imagen de esta fuente impresentable, existen numerosos informes de inteligencia que lo relacionan con Simon Wiesenthal, el famoso cazador de nazis. Un informe de enero de 1950 del "Counter Intelligence Corps" (CIC) del Ejército de Estados Unidos menciona que Wiesenthal "ha contratado los servicios de Wilhelm Höttl". Finalmente, en julio de 1952 el Ejército de Estados Unidos estacionado en Austria rompió por completo sus relaciones con Höttl y en una carta se advertía de lo siguiente: "El Dr. Höttl ha sido conocido durante mucho tiempo por este Cuartel General y por otras organizaciones militares aliadas en Austria como un productor de información de inteligencia. Sus informes consisten normalmente en una fina telaraña de hechos, exageradamente maquillada con mentiras, engaños, conjeturas y otros falsos tipos de información. Esta organización no tendrá absolutamente nada que ver con el Dr. Höttl o cualquier otro miembro de su actual entorno. Es una persona non grata para el personal americano, francés y británico en Austria."

Con toda humildad, pensamos honestamente que aceptar como verdaderos hechos históricos que proceden de fuentes como ésta es un desprestigio para quienes lo hacen. Apoyándose en Höttl/Hagen, Conquest escribe que la creación de los documentos que Hitler envió a Stalin fue "un trabajo artístico que llevó tiempo". Según su versión, en marzo de 1937 Heydrich y Behrens dirigieron la falsificación de un dossier de treinta y dos páginas con cartas intercambiadas durante un año entre el alto mando alemán y Tujachevsky. El grabador Franz Putzig, técnico en falsificación de pasaportes, realizó el trabajo, al que se adjuntó una foto de Trotsky con oficiales alemanes. El servicio secreto alemán habría obtenido una firma de Tujachevsky de 1926, la cual, convenientemente imitada por grafólogos, fue utilizada para falsificar cartas. El dossier habría sido presentado a principios de mayo a Hitler y a Himmler, quienes aprobaron la operación. Según Conquest, una fotocopia de este documento falsificado fue enviado a Praga y el presidente Edvard Benes confirmó la existencia del complot al embajador soviético. Por otra parte, sigue escribiendo Conquest, "un agente secreto de Heydrich fue puesto en contacto con un funcionario de la Embajada soviética, le enseñó dos páginas y pidió dinero por la entrega del resto. El funcionario voló de inmediato a Moscú y regresó con plenos poderes para compar todo el dossier. Se pagó medio millón de marcos (aunque más tarde se comprobó que eran falsos). A mediados de mayo, los documentos estaban en manos de Stalin". O sea, que todo fue una tomadura de pelo de Hitler, una trampa en la que cayeron ingenuamente Stalin y sus secuaces.

Puesto que el asunto lo requería, hemos podido conseguir un ejemplar de alguna de las ediciones de la obra de Hagen/Höttl, con la finalidad de examinar directamente esta fuente. Tenemos, pues, *Le Front Secret*, publicado en 1952 en París, traducido del alemán por Albert Thuman. Bajo el epígrafe "El mayor golpe de Heydrich: él entrega a Stalin el dossier contra Tujachevsky", Höttl, el productor de relatos de inteligencia, narra la rocambolesca historia del falso dossier sobre Tujachevsky. Comienza desvelando que Heydrich se interesó por los servicios del general blanco N. Skoblin, pese a saber que era un doble agente que, siendo miembro de la expatriada Unión de Todos los Miltares de Rusia (ROVS), trabajaba a la vez para los soviéticos. De este modo Skoblin, que facilitó más tarde el rapto del general Miller, líder de los blancos, se habría convertido en un triple agente. En un pasaje del relato, Höttl escribe lo siguiente: "Es gracias a él (Skoblin) que Heydrich tuvo conocimiento desde finales de 1936 de un supuesto plan de Tujachevsky para tomar el poder en Rusia con la ayuda del Ejército Rojo y eliminar a Stalin suprimiendo todo el sistema soviético". La idea de que el triple agente Skoblin facilitó a la Gestapo y a la NKVD información sobre Tujachevsky no es original: Höttl/Hagen la toma del trotskysta Krivitsky, quien ya en 1939 la había expuesto en *In Stalin's Secret Service*. En cualquier caso, estas palabras sobre Tujachevsky daban a entender que el plan existía. Höttl, que se da cuenta de ello, demuestra inmediatamente su habilidad y añade: "¿Estaba esta información fundada? Es mejor dejar la cuestión abierta. Y hay poca esperanza de que se pueda nunca responder, pues el jefe de la GPU, Nicolai Yezhov, que proporcionó los elementos del asunto a

Vyshinsky, fue a continuación objeto de una acusación semejante y sucedió al Napoleón rojo ante el pelotón de ejecución". Es decir, para acabar de líar y enredar la maraña, Höttl/Hagen insinúa que el único que hubiera podido desvelar la verdad, Yezhov, fue fusilado.

A continuación, puesto que los hechos son tozudos, Höttl/Hagen vuelve a reconocer que existía una fractura dentro del Ejército Rojo y escribe que, antes de que Heydrich le presentara su plan, "Hitler había ya discernido que la división interior que amenazaba con descomponer el régimen soviético era una oportunidad para Alemania. Se ofrecía la posibilidad de debilitar de manera decisiva a la Unión Soviética y se abrían dos caminos para lograrlo: o bien apoyar a Tujachevsky contra Stalin y contribuir así a la eliminación del bolchevismo, o bien entregar a Tujachevsky a la venganza de Stalin y paralizar de este modo la potencia militar soviética. Indiscutiblemente, era más fácil para Alemania contribuir a la liquidación de Tujachevsky que ayudarlo en un golpe de Estado contra los amos del Kremlin." Este planteamiento encaja a la perfección con lo que hemos venido exponiendo, i. e., los trotskystas contaban con el Ejército para tomar el poder y aspiraban a que Hitler les ayudara a conseguirlo.

Algunas matizaciones son, sin embargo, pertinentes. En primer lugar hay que decir que no es cierto que se pretendiera la "eliminación del bochevismo". Quienes estaban alentando el golpe eran los viejos bolcheviques, la vieja guardia de judíos revolucionarios aglutinados en torno a Trotsky desde que éste, tras ser liberado por los canadienses gracias a su amigo Bernard Baruch, había entrado en Rusia procedente de Nueva York. El comunismo representado por Trotsky era el que interesaba a la internacional de las finanzas. Los grandes financieros deseaban el triunfo de la oposición y una prueba de ello, como se ha visto, era el papel que estaba jugando la prensa en Estados Unidos y en Europa. Recordemos que Rádek declaró en el juicio que Trotsky había dicho a Pyatakov que los preparativos militares se habían completado y que se trataba ya de "asegurar a Alemania la neutralidad de Gran Bretaña mediante esfuerzos diplomáticos". Por mucha impaciencia que tuvieran los trotskystas, es natural que sin esta garantía Alemania no se arriesgase.

En los planes de la conspiración estaba librarse a la vez de Stalin y de Hitler, que había sido financiado, entre otras cosas, para que atacase a Stalin. Trotsky y sus valedores concebían una guerra que serviría para derribarlos a ambos. El embajador francés en Moscú, R. Coulondre, habría advertido a Hitler el 25 de agosto de 1939 que en caso de guerra el verdadero vencedor sería Trotsky. Es muy probable que si Hitler hubiera atacado a la URSS en 1937, Estados Unidos, Gran Bretaña y Francia, con el paraguas de la Sociedad de Naciones, hubieran declarado la guerra a Alemania por haber iniciado una guerra de agresión. De hecho, eso fue lo que ocurrió dos años más tarde: como es sabido, cuando Alemania y Rusia se repartieron Polonia en 1939, Londres y París declararon la guerra a Alemania, pero no a la URSS.

Lo verdaderamente escandaloso del asunto es que Stalin no sólo tomó su parte de Polonia, sino que se anexionó además Estonia, Letonia y Lituania, invadió Finlandia y ocupó luego Besarabia y el norte de Bukovina. Todo ello impunemente. Era lógico, por consiguiente, y en eso tiene razón Höttl/Hagen, que Alemania optase por la opción menos arriesgada.

Otra cosa bien distinta es que precisara falsificar pruebas mediante un montaje espectacular, como pretenden quienes insisten en que los militares no formaban parte de la conspiración trotskysta. Ya para concluir nuestra refutación de esta fuente, veamos en resumen los hechos relatados por Höttl/Hagen, quien escribe que la falsificación comenzó en abril de 1937 y que la Gestapo contó con la colaboración de agentes de la NKVD. Para acabar de rizar el rizo, Höttl/Hagen añade que Hermann Behrens, ayudante de Heydrich, pensaba que estaban siendo instrumentos de la Policía Secreta soviética. En un subsuelo de la Prinz-Albrecht Straße, asegura Höttl/Hagen, "se fabricó una correspondencia de todo tipo, escalonándola a lo largo de los años". De este modo, recibos de generales soviéticos, cartas y otros documentos fueron provistos de los sellos correspondientes de los generales alemanes. Curiosamente, se mantiene fuera de la operación a Wilhelm Canaris, jefe del Servicio de Inteligencia alemán (Abwehr), un agente británico, un traidor, como es bien conocido. Höttl/Hagen asegura que Heydrich, en su afán por implicar a Canaris "fabricó unas cartas donde se podían leer los agradecimientos del jefe de la Abwher a Tujachevsky y a varios generales soviéticos por las informaciones recibidas del Ejército Rojo". Conquest, que utiliza a Höttl/Hagen sólo cuando conviene, asegura que una copia del dossier se entregó a los checos. Höttl/Hagen, sin embargo, dice exactamente lo contrario. Admite que inicialmente se había pensado en ellos, pero que se desestimó la opción. De acuerdo con su versión, "Behrens viajó a Checoslovaquia con un falso nombre y mantuvo en Praga una entrevista preliminar; pero finalmente esta vía le pareció a Heydrich demasiado incierta. Los checos se negaban, en efecto, a decir qué etapas seguirían exactamente los documentos en su trasmisión; no había ninguna garantía de que el envío no fuera interceptado por algún seguidor de Tujachevsky. Heydrich optó, pues, por una gestión directa a través de la Embajada soviética en Berlín".

No podemos demorarnos más en esta historia rocambolesca. Bernard Fay, historiador francés educado en Harvard que fue director de la Biblioteca Nacional durante la ocupación alemana de Francia (1940-1944), afirma categóricamente que Hitler proporcionó a Stalin documentos que le permitieron proceder a la gran purga militar. El interés de Fay como fuente radica en que, trabajando para el Gobierno de Vichy y con el visto bueno de la Gestapo, se apoderó de los archivos secretos del Gran Oriente en París y de las logias masónicas en toda Francia. El propio presidente Petain le encargó este trabajo, que le permitió editar una publicación mensual, *Les Documents Maçonniques*. Fay supo, por ejemplo, que el almirante Canaris había prevenido al Estado Mayor inglés antes de que Hitler lanzara en Francia la ofensiva de mayo de 1940. El propio Robert Conquest apunta que en enero de 1937 el corresponsal de *Pravda* en Berlín, V. Klimov, informó que en círculos del Ejército alemán se hablaba de conexiones con el Ejército Rojo, especialmente con Tujachevsky. El 16 de marzo de 1937 la Embajada soviética en París mandó un telegrama a Moscú en el que avisaba sobre la existencia de planes en el Ejército alemán "para promover un golpe de Estado en la Unión Soviética utilizando a personas del alto mando del Ejército Rojo". En nuestra opinión, parece claro que la Gestapo tuvo conocimiento del complot de los generales y tuvo interés en avisar a Stalin de una conspiración real.

Por otra parte, Stalin supo que Alemania no atacaría la URSS poco antes de que diera comienzo la purga del Ejército Rojo. Muy a pesar de los trotskystas y de quienes los alentaban, especialmente en Estados Unidos y en Gran Bretaña, Stalin y Hitler lograron alcanzar un acuerdo comercial que había ido fraguándose en secreto. A pesar de todos los intentos de los trotskystas por impedir el éxito de las gestiones, Stalin tenía fe en un convenio con Alemania y había enviado a David Kandelaki a la Embajada de Berlín como agregado comercial. En diciembre de 1936, por su cuenta y riesgo, Kandelaki contactó con el Dr. Schacht y exploró las posibilidades del acuerdo. Schacht le habría puesto como condición que Moscú dejase de apoyar las actividades de los comunistas en Alemania, infestada de trotskystas que pegaban de noche en las calles de Berlín carteles con las consignas de "¡Abajo Hitler y Stalin!" y "¡Larga vida a Trotsky!" Kandelaki viajó a Moscú y consultó con Stalin. El 29 de enero de 1937 Kandelaki se entrevistó de nuevo con Schacht y le formuló verbalmente la propuesta de Stalin y Mólotov de iniciar negociaciones directas.

Una prueba de lo mal que sentó el acuerdo la proporciona una vez el jefe del Servicio Secreto Militar en Europa, Krivitsky. Sus palabras cuando tuvo conocimiento del mismo merecen la cita: "...Una bomba estalló sobre mí. Eran las noticias estrictamente secretas que me envió Slutsky sobre la firma de un acuerdo entre Stalin y Hitler, traído por Kandelaki". Krivitsky añade que David Kandelaki había llegado en abril a Moscú acompañado por "Rudolf", un subordinado de Slutsky que actuaba como representante secreto de la NKVD junto a Kandelaki. (Sobre este "Rudolf" hay que decir que era un judío llamado Viliam Guenrijovich Fisher, alias Abel Rudolf, que se mantuvo en el Servicio Secreto hasta que fue capturado por el FBI en junio de 1957). Tanta importancia se dio al éxito de Kandelaki que fue recibido directamente por Stalin. Una prueba del valor que los nazis otorgaban asimismo al acuerdo es que Hitler había también recibido personalmente a Kandelaki. Lógicamente, las potencias extranjeras y los poderes que operaban en la sombra para derrocar a Stalin se oponían a este acuerdo germano-soviético[16].

Antes de abordar el Juicio de los Veintiuno, podemos concluir, pues, que tras el juicio a Pyatakov y a Rádek, no puede haber dudas de que se quería provocar una guerra con el fin de eliminar a Stalin y situar a Trotsky en el poder en la URSS. Las declaraciones realizadas en el juicio por Sokolnikov y Rádek sobre "el fascismo como la forma mejor organizada de capitalismo" eran sin duda concesiones hechas a la estrategia de Stalin, cuyo maquiavelismo y astucia política alcanzan las más altas cotas. Es evidente que Stalin sabía que la conspiración tenía su origen en la alta finanza internacional, máxima beneficiaria del expolio de Rusia, de las concesiones sobre los recursos y de las inversiones en el país. Todo ello había sido logrado mediante sus agentes, que eran los mismos hombres que trataban de recuperar el poder provocando la guerra con la Alemania hitleriana, a la que se estaba permitiendo rearmarse con esta finalidad. A Stalin, mientras iba eliminando progresivamente a los opositores, le convenía presentarlos como espías alemanes y japoneses, aunque en realidad servían otros intereses.

La afirmación de que el fascismo es la mejor forma organizada del capitalismo es una falacia que no se sostiene. Hoy es un hecho indiscutible que las "democracias" son la fachada adoptada por el capitalismo internacional, que se sirve del neoliberalismo y de la globalización para anular por completo la soberanía de los países. La segunda guerra mundial sirvió para criminalizar para siempre el nacionalismo de los Estados que pretendían ser soberanos y se oponían al dominio de la banca judía internacional. En realidad, Alemania, Japón, Italia y España no querían venderse al mercado, rechazaban someterse al préstamo y trataban de proteger sus economías, su industria y sus recursos de la depredación y el pillaje de los "banksters", que aspiraban y aspiran a poseerlo todo. Ayer y hoy la forma más avanzada del capitalismo se basa en la manipulación del crédito perpetrada por los banqueros prestamistas, valedores de las supuestas democracias, en las que han instaurado el sistema de la usura y de la deuda como paraíso ideal para sus operaciones.

---

[16] Sobre la misión de Kandelaki en Berlín, Burnett Bolloten, en su obra monumental *La Guerra Civil española: Revolución y contrarrevolución*, explica a través de una extensa nota que, además del acuerdo comercial, Kandelaki propuso un acuerdo político que Hitler rechazó. El documento "Kandelaki Mission", del Ministerio de Asuntos Exteriores alemán, cayó en manos de los Aliados. En el documento fechado el 11 de febrero de 1937, que finalmente se hizo público en 1983, figuran las palabras de Yevgeni Gnedin, miembro de la Embajada soviética en Berlín, quien en el curso de las negociaciones expresó "su pesar por el hecho de que los dos países... no pudieran llegar a un mejor entendimiento". Gnedin afirmó que había ido a Alemania "con instrucciones específicas de estudiar las posibilidades de una mejora" en sus relaciones. En otro comentario significativo, Gnedin dijo que "aunque la Comintern y la Unión Soviética tenían la misma ideología, la "Realpolitik" de la URSS no tenía nada que ver con la Comintern."

El Juicio de los Veintiuno

Poco antes de que comenzara en Moscú el Juicio de los Veintiuno, la largo mano de Stalin alcanzó en París a Lev Sedov, el hijo de Trotsky y Natalia Sedova, su segunda mujer. Un judío ucraniano que trabajaba para la NKVD, Mark Zborowski, se había ganado toda su confianza y traicionó a Sedov en el momento oportuno. Según John J. Dziak, autor del libro *Chekisty: A History of the KGB* y reconocido experto en temas de defensa e inteligencia, Zborowski fue reclutado en 1933 y formó parte de un grupo de agentes que asesinaron a importantes enemigos de Stalin, entre los que destacan Ignace Reiss (1937), un judío trotskysta amigo de Walter Krivitsky, Andreu Nin (1937) y el propio Krivistky (1941). Para introducirse en el círculo de Sedov en París, Zborowski, conocido como "Etienne", trabó amistad con Jeanne Martin, esposa de Sedov. Tanta confianza inspiró que se convirtió en secretario del hijo de Trotsky y llegó incluso a almacenar parte del archivo de Trotsky en su propia casa. A partir de ahí, es fácil imaginar hasta que punto la NKVD disponía de información veraz.

En sus informes, Zborowski utilizaba nombres en clave: "Old man" (Trotsky), "Sonny" (Sedov), "Polecats" (trotskystas). En un informe de enero de 1937 archivado por la NKVD, Etienne escribió: "Sonny, durante nuestra conversación en su apartamento sobre el tema del segundo juicio y el papel de los acusados, declaró: 'Ahora no deberíamos dudar. Stalin debe ser asesinado'". El 8 de febrero de 1938 Lev Sedov sufrió un ataque de apendicitis y Etienne lo convenció para que ingresara en una pequeña clínica de París dirigida por emigrantes rusos. Enseguida comunicó a la NKVD dónde estaba el hijo de Trotsky, quien, pese a ser operado con éxito el mismo día de su ingreso, falleció entre grandes dolores el 16 de febrero. Tras la muerte de su hijo, Trotsky inició una investigación. Mientras, Etienne se convirtió en el líder de la organización en París y continuó editando el *Boletín de la Oposición* con la judía trotskysta Lilia Estrin Dallin (Lilya Ginzberg), cuyo nombre en clave era "Neighbour". Algunos historiadores consideran a Mark Zborowski el espía soviético más imponente de todos los tiempos.

Para tener el panorama completo de lo que fue la conspiración trotskysta, queda por reseñar el famoso Juicio de los Veintiuno, el último de los procesos de Moscú, denominado oficialmente "Proceso del Bloque Trotskysta-Derechista". Casi un año trabajó el nuevo equipo de Yezhov en su preparación. Abram A. Slutsky, el trotskysta del departamento de Extranjero, "colaboró" hasta el 17 de febrero de 1938, fecha en que fue liquidado. Su verdugo, Mijail Frinovsky, declaró antes de ser ejecutado en 1940 que Yezhov le había ordenado "que lo eliminara sin hacer ruido". Frinovsky convocó a Slutsky en su despacho y, mientras conversaban, un funcionario entró y le aplicó una máscara de cloroformo. A continuación se le inyectó un veneno y después se anunció que había muerto de un ataque al corazón. Además del citado Frinovsky, el hombre que actuó como mano derecha de Yezhov fue el Judío Isaak Illich Shapiro, jefe del Secretariado de Yezhov y de la nueva Sección para Investigación de Casos Especialmente Importantes. El tercer ayudante de Yezhov fue Leonid Mijailovich Zakovsky (Genrij E. Shtubis), un letón cruel que utilizaba el látigo.

El juicio comenzó el 2 de marzo de 1938 y finalizó el día 13. Una vez más presidía el tribunal V. V. Ulrich y el acusador era Vyshinsky. En "Internet Achive" se halla a disposición de los lectores que quieran profundizar en nuestro breve resumen el *Report of Court Proceedings in the Case of the Anti Soviet Bloc of Rights and Trotskyites*, que contiene una traducción al inglés del texto completo de las sesiones, publicado en 1938 por el Comisariado de Justicia. Los cargos contra el "Bloque Trotskysta Derechista" incluían: relaciones con Estados extranjeros con el fin de obtener asistencia armada; actividades de espionaje en beneficio de estos Estados; actos de sabotaje en la industria, ferrocarriles, agricultura, finanzas y otras ramas del Estado socialista; actos de terrorismo contra líderes del Partido y del Gobierno. Los acusados fueron: Nikolai Bujarin, Alexei Rykov, Nikolai Krestinsky, Christian Rakovsky, Génrij Yagoda, Arkady Rosengoltz, Vladimir Ivanov, Mijail Chernov, Grigori Grinko, Isaac Zelensky, Sergei Bessónov, Akmal Ikramov, Fayzulla Khodzhayev, Vasily Sharangovich, Pavel Bulanov, Prokopy Zubarev, Lev Levin, Dmitry Pletnev, Ignaty Kazakov, Venyamin Maximov y Peotr Kryuchkov. Excepto Rykov, los principales líderes de Bloque: Bujarin, Krestinsky, Rakovsky, Yagoda, Rosengoltz eran judíos. Además de liderar el Bloque junto a Rykov, Bujarin fue acusado de conspirar para tomar el poder en 1918 y de haber querido matar a Lenin.

Detenido a finales de mayo de 1937, Nikolai Krestinsky, un judío converso, según reveló el propio V. Mólotov, dio la sorpresa, pues no corroboró la confesión hecha en la declaración preliminar y se declaró no culpable. El presidente Ulrich repitió la pregunta: "¿Se declara culpable?", a lo que el acusado respondió: "Antes de mi arresto era miembro del Partido Comunista de la Unión Soviética y lo sigo siendo." Ulrich leyó los cargos nuevamente, pero Krestinsky insistió: "Nunca he sido un trotskysta. Nunca he pertenecido al bloque de trotskystas y derechistas y no he cometido ni un solo crimen." Tras esta intervención del acusado, se produjo un breve descanso.

Este Krestinsky, conviene recordarlo, fue comisario de Finanzas entre 1918 y 1922, hasta que fue sucedido por Grigori Sokolnikov (Brilliant). Mientras estuvieron al frente de las finanzas, estos dos trotskystas, junto al también judío Leonid Krasin (Goldgelb), fallecido en Londres en 1926, trabajaron codo con codo con el máximo representante de la internacional judía de las finanzas, Olof Aschberg, el banquero de la revolución, que abrió un banco en Moscú para gestionar las transferencias por cable y fundó luego el Ruskombank, cuyo director de operaciones era Max May, del Guaranty Trust de J. P. Morgan. Krestinsky fue nombrado embajador en Alemania, puesto muy importante si se considera que de la victoria del comunismo en Alemania dependía el triunfo de las tesis internacionalistas de Trotsky. Como sabemos, Krestinsky había sido director del "Gokhran" (Tesorería del Estado para el almacenamiento de objetos valiosos), desde donde organizó la logística del expolio más grande de la historia. Al Gokhran iba a parar todo el botín incautado y allí se clasificaba para su futura exportación, momento en que volvía a intervenir el ubicuo Olof Aschberg, quien entre 1921 y 1924 procesó ingentes cantidades de oro, platino y diamantes del Gokhran.

Tras un receso de veinte minutos, se reanudó la sesión con la declaración de Bessónov, un socialista revolucionario que en 1918 se había opuesto como Trotsky y Bujarin a la paz de Brest-Litovsk. Desde su puesto de consejero en la Embajada de Berlín ejercía como enlace entre Sedov y Trotsky. Bessónov, que había sido arrestado el 28 de febrero de 1937, prestó una declaración detallada y precisa. Entre otras cosas aludió a un encuentro entre Trotsky y Krestinsky en octubre de 1933. Cuando fue preguntado por Vyshinsky en relación a la negativa de Krestinsky a reconocerse trotskysta, sonrió. "¿Por que sonríe?", le preguntó el fiscal. Su respuesta fue: "Sonrío porque la razón por la cual estoy aquí es que Nikolai Nikolayevich Krestinsky me nombró persona de enlace con Trotsky. Además de él y Pyatakov, nadie lo sabía. Si Krestinsky no me hubiera hablado de esto en diciembre de 1933, yo no estaría en el banquillo de los acusados." Vyshinsky preguntó inmediatamente sobre estas afirmaciones a Krestinsky, quien insistió en que no era un trotskysta y en que nunca había hablado de Trotsky con Bessónov.

> "Vyshinsky: Esto significa que Bessónov no está diciendo la verdad y que usted está diciendo la verdad. ¿Dice usted siempre la verdad?
> Krestinsky: No.
> Vyshinsky: No siempre. Acusado Krestinsky, usted y yo tendremos que examinar serias cuestiones y no hay razón para perder lo nervios. ¿Consecuentemente, Bessónov no está diciendo la verdad?
> Krestinsky: No.
> Vyshinsky: Pero usted tampoco dice siempre la verdad. ¿No es cierto?
> Krestinsky: No dije siempre la verdad durante la instrucción
> Vyshinsky: ¿Pero en otras circunstancias dice siempre la verdad?
> Krestinsky: Digo la verdad.
> Vyshinsky: ¿Por qué esa falta de respeto por la instrucción? ¿Por qué dijo usted falsedades durante la instrucción? Explíquese.
> Krestinsky: (No responde.)
> Vyshinsky: No oigo su respuesta. No tengo más preguntas."

Ante la insistencia del acusado en mantener que Bessónov mentía y que él decía la verdad, el fiscal pidió más detalles a Bessónov. Éste aludió a otra conversació con Krestinsky, concretamente una mantenida en Moscú en mayo de 1933. "¿Bajo qué circunstancias?", preguntó Vyshinsky. Bessónov precisó: "Después de que yo regresase a Moscú desde Inglaterra con toda la delegación comercial, fui nonbrado consejero de la Embajada en Alemania. Antes de asumir este puesto, tuve una larga conversación con Pyatakov y con Krestinsky." Otra vez el fiscal pidió a Krestinsky que confirmase este testimonio, pero una vez más repitió que nunca había formado parte del bloque trotskysta. Extraído de la obra *Le Procès de Moscou*, del trotskysta Pierre Broué, cuyas paráfrasis invitan a presuponer que todos mienten y que el único que dice la verdad, mientras es capaz de mantener su posición recalcitrante, es Krestinsky, reproducimos un fragmento íntegro del interrogatorio que permite apreciar la pericia del fiscal Vishinsky:

> "Krestinsky: No formaba parte del centro trotskysta porque yo no era trotskysta.
> Vyshinsky: ¿No era trotskysta?
> Krestinsky: No.
> Vyshinsky: ¿No lo ha sido nunca?
> Krestinsky: Sí, he sido trotskysta hasta 1927.
> El presidente: Al comienzo de la vista, usted ha respondido a una de mis preguntas que nunca había sido trotskysta. Lo ha declarado.
> Krestinsky: He declarado que no soy trotskysta.
> Vyshinsky: Así que hasta 1927 era usted trotskysta.
> Krestinsky: Sí.
> Vyshinsky: ¿Y en 1927 cuándo dejó de ser trotskysta?
> Krestinsky: Antes del XV congreso del partido.
> Vyshinsky: Recuérdeme la fecha.
> Krestinsky: Mi ruptura con Trotsky y con los trotskystas la fecho el día 27 de noviembre de 1927, cuando, a través de Serebryakov, que había regresado de América y estaba en Moscú, envié una carta virulenta que contenía una dura crítica.
> Vyshinsky: Esa carta no la tenemos en nuestro registro. Tenemos otra carta. Su carta a Trotsky.
> Krestinsky: La carta a la que me refiero la tiene el juez de instrucción, pues fue incautada durante el registro de mi domicilio y pido que dicha carta sea adjuntada al expediente.
> Vyshinsky: Hay en el expediente una carta del 11 de julio de 1927 que fue encontrada en su casa cuando se hizo el registro.
> Krestinsky: Pero hay otra del 27 de noviembre...
> Vyshinsky: No hay tal carta.
> Krestinsky: No puede ser.
> Vyshinsky: Estamos aquí en audiencia ante la corte y usted no ha dicho la verdad durante la instrucción. Declaró en la instrucción previa que no formaba parte del centro formalmente, sino que formaba parte del centro de una manera general. ¿Reconoció usted esto durante la instrucción?
> Krestinsky: No, no lo reconocí.

Vyshinsky: En sus declaraciones (ff. 9 y 10) dijo: 'formalmente no formaba parte...' ¿Puede pues entenderse que formaba parte de una manera no formal? ¿Es correcto?
Krestinsky: De ninguna manera formaba parte del centro trotskysta.
Vyshinsky: ¿Puede decirse que ha hecho falsas declaraciones?
Krestinsky: Acabo de declarar que el testimonio que presté no se ajustaba a la realidad.
Vyshinsky: ¿Cuando lo interrogué durante la instrucción previa, no dijo la verdad?
Krestinsky: No.
Vyshinsky: ¿Por qué no me dijo la verdad? ¿Le pedí que no dijera la verdad?
Krestinsky: No.
Vyshinsky: ¿Le pedí que dijera la verdad?
Krestinsky: Sí.
Vyshinsky: ¿Por qué entonces, aunque le pedí que dijera la verdad, se obstinó usted en decir mentiras, las hizo registrar al juez instructor y las firmó enseguida? ¿Por qué?
Krestinsky: Hice con antelación, antes de que usted me interrogase, declaraciones falsas en la instrucción previa.
Vyshinsky: ¿Y las ha mantenido?
Krestinsky: ... después las he mantenido porque estaba convencido por experiencia propia de que ya no podría, hasta la audiencia ante el tribunal, si había juicio, invalidar las declaraciones que había hecho.
Vyshinsky: ¿Y cree que ahora ha conseguido invalidarlas?
Krestinsky: No, esto no es ya lo importante. Lo importante es que yo declaro que no me reconozco trotskysta. No soy trotskysta."
Vyshinsky: Usted declaró que se encontraba en una situación conspirativa especial. ¿Qué quiere decir "situación conspirativa especial"?
Krestynsky: Usted sabe muy bien que...
Vyshinsky: No me cite como testigo en este asunto. Le pido qué significa "situación conspirativa especial".
Krestinsky: Lo he dicho en mi declaración.
Vyshinsky: ¿No quiere usted responder a mis preguntas?
Krestinsky: Esta frase donde digo que me encuentro en una situación conspirativa especial está escrita en mi declaración del 5 o del 9 de junio, la cual es falsa de principio a fin.
Vyshinsky: No le pregunto eso, y le ruego que no se precipite en sus respuestas. Le pido qué significa: yo me encuentro en una situación conspirativa especial.
Krestinsky: Eso no corresponde a la realidad.
Vyshinsky: Es lo que veremos enseguida. Quiero penetrar en el sentido de la declaración que usted hizo diciendo que se encontraba en una situación conspirativa especial.

Krestinsky: Si fuera conforme a la realidad, querría decir que siendo realmente trotskysta, tomo todas las precauciones para esconder mi pertenencia al trotskysmo.
Vyshinsky: Perfecto, y para esconderla, es preciso negar su trotskysmo.
Krestinsky: Sí.
Vyshinsky: Ahora, declara no ser trotskysta. ¿Pero no es para esconder que es usted trotskysta?
Krestinsky (después de un silencio): No, declaro que no soy trotskysta."

El fiscal llamó entonces a Arkady Rosengoltz, otro judío que fue oficial del Ejército con Trotsky durante la guerra civil. Luego pasó por los Comisariados de Transportes y Finanzas. Siendo embajador en Gran Bretaña entre 1925 y 1927, supervisó el espionaje soviético. Miembro del Comité Central del Partido Comunista de la Unión Soviética, fue nombrado en 1930 comisario de Comercio Exterior, cargo que mantuvo hasta junio de 1937. El 7 de octubre fue arrestado. Krestinsky, que no se había sentido bien, se desplomó. Vyshinsky le pidió que escuchara y él replicó que después de tomar una píldora se encontraría mejor, pero pidió que no se le interrogase durante unos minutos.

"Vyshinsky (dirigiéndose a Rosengoltz): Acusado Rosengoltz, ¿sabía usted que Bessónov era un trotskysta?
Rosengoltz: No, no lo sabía.
Vyshinsky: ¿Se lo había recomendado Pyatakov?
Rosengoltz: No tuve conversación con él sobre este tema.
Vyshinsky: ¿Pero sabía que Bessónov era trotskysta?
Rosengoltz. Lo supe por Krestinsky.
Vyshinsky: ¿Qué le dijo Krestinsky de Bessónov?
Rosengoltz: Que era trotskysta y que le ayudaba en su actividad trotskysta.
Vyshinsky: ¿Quién se lo dijo?
Rosengoltz: Es Krestinsky quien me lo dijo.
Vyshinsky: ¿Krestinsky personalmente?
Rosengoltz: Sí, Krestinsky personalmente.
Vyshinsky: ¿Recuerda en que año fue?
Rosengoltz: No puedo decirlo exactamente.
Vyshinsky: ¿Aproximadamente en 1933?
Rosengoltz: Sí, aproximadamente.
Vyshinsky: ¿En qué circunstancia y en qué ocasión se lo dijo?
Rosengoltz: Hablaba de los colaboradores del Comisariado del Pueblo de Asuntos Extranjeros que le ayudaban en este trabajo, y mencionó entre otros a Bessónov.
Vyshinsky (A Krestinsky): Acusado Krestinsky, ¿Ha oído usted esta declaración?
Krestinsky: La niego.
Vyshinsky: ¿Niega?

Krestinsky: Niego.
Vyshinsky: ¿He oído bien?
Krestinsky: Ha oído bien.
Vyshinsky: No tengo más preguntas."

Nuevamente Rosengoltz y posteriormente Grigori F. Grinko aportaron pruebas de la culpabilidad de Krestinsky, pero él se mantuvo firme en su posición. Grinko fue detenido el 13 de agosto de 1937 cuando era comisario de Finanzas, cargo que desempeñó entre 1930 y 1937. El 5 de febrero de 1937 Grinko había estampado su firma en el recibo intrascendente e inútil que extendieron los soviéticos por las siete mil ochocientas cajas de oro de las reservas del Banco de España. Acabada la sesión matinal y tras dos horas de receso comenzó la sesión de tarde. Un nuevo acusado, Rykov, confirmó la culpabilidad de Krestinsky, el cual negó otra vez rotundamente que tuviera conocimiento de actividades ilegales. Por fin acabó la sesión del día 2 de marzo con la declaración de Mijail A. Chernov, antiguo comisario de Agricultura, cuyo hombre de contacto dentro del bloque era Rykov, quien confirmó básicamente la declaración de Chernov.

El día siguiente, 3 de marzo, comenzó con la declaración de Vladímir Ivanov, antiguo comisario para la Industria Maderera, cuyo testimonio es muy relevante. Al comienzo de su interrogatorio Ivanov declaró que entre 1913 y 1916 había sido agente de la Ojrana, la policía secreta zarista, con el nombre clave de "Samarin" y el número de espía 163, y que en 1915 había recibido la orden de infiltrar a los bolcheviques. Tras el triunfo de la revolución, Ivanov se situó con los comunistas de izquierdas y conectó con Bujarin, quien en una ocasión le dijo que mantenía diferencias con Lenin en cuestiones fundamentales y que trabajaba en organizar cuadros que pudieran estar preparados para emprender acciones contra Lenin. Las siguientes preguntas del fiscal fueron:

"Vyshinsky: ¿Cómo esperaba Bujarin emprender acciones contra Lenin? ¿De qué modo se preparaba para actuar?
Ivanov: Tenía un estado de ánimo bastante agresivo. Sólo esperaba la llegada del momento adecuado. Quería tener sus propios cuadros.
Vyshinsky: ¿Para qué?
Ivanov: Para derrocar a Lenin
Vyshinsky: ¿Cómo pretendía derrocarlo?
Ivanov: Incluso por métodos físicos."

Por tanto, Ivanov reconoció haber estado involucrado en actividades de los comunistas de izquierda contra Lenin, los cuales trabajaban en parte, según declaró, a las órdenes de agentes británicos, cosa que Bujarin negó al ser confrontado con Ivanov. En relación a esta declaración de Ivanov cabe recordar que en el capítulo anterior figura el apartado "Trotsky y el intento de asesinato de Lenin", en el cual se ha visto la presunta implicación de

Bruce Lockhart, el hombre de Lord Milner, y de Sidney Reilly, el famoso espía británico, en el intento de golpe de Estado de 1918. Finalizada la declaración cruzada entre Ivanov y Bujarin, el tribunal procedió con el interrogatorio de Prokopy Zubarev, con el que finalizó la sesión matinal del día 3 de marzo.

Por fin, a las seis de la tarde el presidente propuso retomar el testimonio de Krestinsky; pero Vyshinsky intervino para anunciar que quería formular primero algunas preguntas a Christian Rakovsky, el judío búlgaro que fue presidente del Consejo de Comisarios de Ucrania hasta julio de 1923, y porteriormente embajador en Londres y en París. Internacionalista acérrimo, Rakovsky rechazaba como Trotsky la construcción del socialismo en un sólo país. Tras el suicidio en noviembre de 1927 de Adolph Joffe, el judío trotskysta contumaz que había organizado la revolución en Alemania, y tras la derrota de la oposición trotskysta en diciembre del mismo año, Rakovsky se exilió después de haber sido expulsado del Comintern, del Comité Central y del PCUS. Enseguida el fiscal le preguntó que explicase el contenido de una carta que le había escrito Krestinsky en 1929. Rakovsky respondió que le pedía que regresase para preservar los cuadros trotskystas dentro del partido y continuar con las actividades. A continuación, se produjo un hecho inesperado, pues Vyshinsky reconoció que Krestinsky tenía razón y que había encontrado entre los documentos la carta del 27 de noviembre de 1927 a la cual se había referido el acusado. El fiscal pidió autorización al tribunal para entregar una copia de la misma a Krestinsky y otra a Rakovsky. "Esta es la carta", asintió Krestinky. Rakovsky, despúes de examinarla, también la recordó. Vyshinsky leyó en voz alta diversos fragmentos y Rakovsky coincidió con el fiscal en que la carta contenía una crítica en relación al liderazgo incorrecto, a la línea política y a las tácticas empleadas. Todo ello, se decía en el texto, "debía ser rectificado para restaurar y ganar de nuevo la confianza de las masas y la influencia sobre las masas".

> "Vyshinsky: ...¿Qué encontramos aquí? A mí me parece una evaluación de la línea táctica de los trotskystas desde el punto de vista de los intereses de la lucha política trotskysta dentro del partido, y no una ruptura con el trotskysmo.
> Rakovsky: Sí, así es; lo confirmo plenamente.
> Vyshinsky (A Krestinsky): ¿Ha escuchado la detallada explicación que Rakovsky ha dado de lo que usted llama abandono del trotskysmo? ¿Considera correcta la explicación de Rakovsky?
> Krestinsky: Lo que dice es correcto.
> El presidente: ¿Confirma usted lo que ha dicho Rakovsky?
> Krestinsky: Sí, lo confirmo.
> Vyshinsky: Si lo que dice Rakovsky es verdad, ¿Continuará usted engañando al tribunal y negando que el testimonio que dio en la instrucción preliminar era verdad?

Krestinsky: Confirmo plenamente la declaración que hice en la investigación preliminar.
Vyshinsky: No hay más preguntas para Rakovsky. Tengo una cuestión para Krestinsky ¿Cuál es, entonces, el significado de la declaración que prestó ayer, que sólo puede ser contemplada como una muestra de provocación trotskysta ante el tribunal?
Krestinsky: Ayer, bajo lo influencia de un sentimiento ansioso de falsa vergüenza, debido al ambiente y al hecho de que me encuentro en el banquillo de los acusados, y también a la penosa impresión que me causó la lectura del acta de acusación, todo ello agravado por mi estado enfermizo, no pude decir la verdad, no pude decir que era culpable. Y en lugar de decir: sí soy culpable, constesté casi mecánicamente: no, no soy culpable.
Vyshinsky: ¿Mecánicamente?
Krestynsky: Ante la opinión pública mundial, no tuve el valor de admitir que durante todo el tiempo he dirigido una lucha trotskysta. Ruego a la corte que registre que me reconozco absolutamente y sin reservas culpable de todos los graves cargos que pesan sobre mí, y que admito mi completa responsabilidad por la traición y felonía que he cometido.
Vyshinsky: Por ahora no hay más preguntas para el acusado Krestinsky."

De la declaración de Alexei Rykov, exprimer ministro que era un alcohólico, destaca su información sobre la Plataforma Ryutin. Dijo que Tomsky, Bujarin, Vasily Shmidt y Uglanov habían sido los responsables, que Ryutin sólo había dado la cara por ellos y que la protección de Yagoda había salvado a los principales culpables. El fiscal le pidió que se extendiera sobre su relación con Yagoda y confrontó a ambos durante el interrogatorio. Repasando esta declaración, hay que destacar Rykov, Ivanov y Bujarin reconocieron ante el tribunal que habían organizado y alentado los levantamientos de los kulaks. Tras una alusión de Rykov a Bujarin, éste, a instancias del fiscal, declaró que había enviado al Cáucaso del Norte a un tal Slepkov "con el propósito de levantar insurrecciones. El trabajo era entonces agudizar por todos los medios el descontento de los kulaks con el poder soviético, avivar este descontento, organizar cuadros y organizar acciones, incluidas insurrecciones armadas." Ambos, Rykov y Bujarin, añadieron que también en Siberia tenían a un agitador, Yakovenko, que realizaba el mismo trabajo de agitación e insurrección con la ayuda de partisanos de la región. El protagonismo del interrogatorio fue asumido en muchos momentos por Bujarin, auténtico líder del Bloque que una y otra vez durante los días que duró el proceso fue confrontado con los acusados que lo mencionaban. Vyshinky preguntó a Rykov si conocía al terrorista Semyonov y él admitió: "Un día visité a Bujarin en su apartamento y encontré a un extraño sentado allí que se fue enseguida que yo llegué". El fiscal preguntó si aquel hombre era Semyonov y la respuesta fue afirmativa. Bujarin reconoció a instancias de Vyshinsky que estaba conectado con Semyonov y que éste, siguiendo sus instrucciones, preparaba en 1932 con otros socialistas revolucionarios atentados que incluían a Stalin y Kaganóvich. Para acabar con Rykov, queda añadir que, apoyado por Krestinsky y Rosengoltz, confirmó extensamente la participación de Tujachevsky y de otros generales en el bloque. De estas declaraciones proceden los detalles sobre reuniones en Moscú y contactos epistolares con Trotsky sobre la necesidad de acelerar el golpe de Estado, que han sido relatados más arriba.

El primero en declarar el día siguiente, 4 de marzo, fue Vasily Sharangovich, antiguo primer secretario en Bielorusia. En su declaración dio detalles sobre sabotajes en el ámbito rural. Se refirió a una anemia provocada intencionadamente en Bielorusia con el fin de eliminar miles de caballos, necesarios para las funciones de defensa. El acusado dio una cifra de treinta mil caballos muertos como consecuencia de estas actividades de quebranto en la agricultura. Tras Sharangovich, le tocó el turno al líder uzbeko Fayzulla Khodzhayev. De su declaración destaca por lo novedoso su confesión sobre la recepción de órdenes en 1936 para que trabajase con los británicos para la secesión de Uzbekistán, que se convertiría en un "protectorado británico" He aquí el pasaje:

> "Khodzhayev: ... Pero en relación con las repúblicas centroasiáticas, el país poderoso más próximo era Inglaterra. Debíamos alcanzar un acuerdo con ella. Nosotros, derechistas, dijo (Bujarin) participaremos en esto, pero vosotros estáis más cerca de la frontera, por tanto debéis establecer relaciones vosotros mismos.
> Vyshinsky: ¿Cerca de qué frontera?
> Khodzhayev: Afganistán. Hay una representación británica allí. Bujarin dijo que puesto que se trata de que las naciones capitalistas nos ayuden a lograr el poder y vosotros obtengáis vuestra independencia, hemos de prometer algo, dar algo.
> Vyshinsky: ¿Dar qué? ¿Prometer qué?
> Khodzhayev: Dar significa aceptar un protectorado británico, como mínimo. No hace falta mencionar aspectos económicos, como es natural. Uzbekistán, con sus cinco millones de habitantes no podría llegar a ser un Estado independiente entre dos colosos, la URRS por un lado e Inglaterra por otro. Deberíamos acercarnos a alguna orilla. Si uno se aleja de una orilla, debe acercarse a otra.
> Vyshinsky: ¿Esto es lo que dijo Bujarin?
> Khodzhayev: Así lo entendí yo.
> Vyshinsky: ¿Y Bujarin señaló a Inglaterra como la nueva orilla?
> Khodzhayev: Así lo entendí yo."

Tras esta declaración el presidente suspendió la sesión hasta las seis de la tarde. El fiscal interrogó entonces a Arkady Rosengoltz, ex comisario de Comercio Exterior, cuya declaración fue contrastada continuamente con Krestinsky. Rosengoltz reveló que en 1925 le pidió a Trotsky que admitiera que la teoría de la "revolución permanente" era errónea, pero él se había negado categóricamente a reconocerlo. Tras dar noticia de encuentros con Lev Sedov en 1933 en Felden y en 1934 en Karlsbad, Rosengoltz mencionó enseguida a Krestinsky como portador de instrucciones. Según este acusado, Trotsky estaba inicialmente convenido de que en 1935 o 1936 estallaría la guerra. Cuando se pudo constatar que no iba a producirse, se optó por el golpe de Estado. Rosengoltz aludió a la reunión en su apartamento con Tujachevsky y Krestinsky a finales de marzo de 1937, que ha sido ya mencionada antes en relación con la purga en el Ejército. Rosengoltz señaló a Krestinsky como el político que mantenía la negociación con el mariscal. Sobre estas relaciones veamos un fragmento.

> "Vyshinsky: Acusado Krestinsky, ¿es cierto que usted urgía de manera sistemática a Tujachevsky para que llevase a afecto el golpe de Estado?
> Krestinsky: Ya desde noviembre de 1936 yo estaba decididamente a favor de precipitar el golpe. No tenía que apresurar a Tujachevsky, porque él era de la misma opinión y él mismo así lo había expuesto a los derechistas, a mí, a Rosengoltz y a Rudzutak, y había solicitado nuestra aprobación para llevar a cabo la acción sin esperar un ataque armado. Por ello no había necesidad de darle prisas. Estábamos por completo de acuerdo sobre la cuestión del golpe."

Vyshinsky pidió a Rosengoltz que ampliara su declaración preliminar sobre el papel de Gamarnik. El acusado confirmó que habían mantenido una entrevista en la que el general se mostró confiado en su prestigio político dentro del Ejército y expresó su convencimiento de que podría tomar el Comisariado de Asuntos Internos durante el golpe con la ayuda de algunos comandantes atrevidos, entre los que mencionó a Goryachev. Gracias a su cargo de comisario de Comercio Exterior, Rosengoltz, según explicó, utilizó el correo diplomático para financiar el movimiento trotskysta. Mencionó entre las operaciones más importantes una llevada a cabo por Krayevsky, el cual entregó a Trotsky 300.000 dólares robados de fondos del Comisariado. Sobre este tema de la financiación de la organización trotskysta, Krestinsky fue requerido por el fiscal con el fin de ampliar la información.

> "Krestinsky: Los trotskystas nos habíamos ya acostumbrado entonces a recibir regularmente sumas en divisas fuertes.
> Vyshinsky: ¿Estaban acostumbrados a recibir dinero de servicios de inteligencia extranjeros?
> Krestinsky: Sí, este dinero era para el trabajo de la organizacioón que se desarrollaba en diversos países del extranjero, para la publicación de literatura, etcétera.
> Vyshinsky: ¿Cuál es el etcétera?
> Krestinsky: Para gastos de viajes, para agitadores, para el mantenimiento de ciertos profesionales en diversos países..."

A lo largo de esta nueva intervención, Krestinsky, embajador en Berlín, desveló que entre 1923 y 1930 habían obtenido anualmente 250.000 marcos oro. Según admitió, en 1928 recibió a través de Reich una carta de Trotsky escrita desde Alma Ata, donde estaba desterrado, en la que le daba instrucciones para recibir dinero de los alemanes. Krestinsky especificó que su relación había sido con el general Seeckt, el cual en aquella época dimitió, por lo que tuvo que establecer contacto con su sucesor. Fue el propio Seeckt quien le puso en comunicación con Hammerstein, jefe de Estado Mayor del Reichswehr. Puesto que el nexo estaba establecido con el Ejército alemán y no con el Gobierno en su conjunto, "con la llegada de Hitler al poder -dijo- y con Hitler esforzándose por subordinar al Ejército, y con una cierta actitud de desconfianza de algunos de los jefes del Ejército hacia los intentos de Hitler de penetrar el Reichswehr, el Gobierno alemán ya no podía ser identificado con el Ejército, y se hizo necesario contemplar que no sólo el Reichswehr, sino el Gobierno alemán como un todo pasó a ser la otra parte de nuestro acuerdo." Krestinsky continuó aclarando que a cambio de dinero, los alemanes recibían información de espionaje que podían necesitar durante un ataque armado.

La sesión vespertina finalizó con la declaración de Christian Rakovsky, cuya intervención merecería un espacio del que ya no disponemos. Rakovsky solicitó permiso para hacer unos comentarios preliminares, que se convirtieron en un discurso lleno de información relevante. Su primera observación fue textualmente la siguiente: "Trotsky, por así decirlo, es el principio rector en todas estas conspiraciones, en todas estas felonías y traiciones contra la Unión Soviética, contra los líderes del Gobierno y del Partido". Dicho esto, dividió en dos periodos sus actividades desleales, en medio de los cuales se hallaba su exilio. Rakovsky confesó su pertenencia al Servicio de Inteligencia británico y dijo que Trotsky estaba asociado con la Inteligencia británica desde 1926. Tras recordar que viajó a Japón en septiembre de 1934 como jefe de una delegación de la Cruz Roja, aludió a importantes contactos mantenidos con el embajador Yurenev, trotskysta de toda la vida, en relación a negociaciones relacionadas con la venta de la Compañía Ferroviaria del Este de China, negocio en el que se podía obtener beneficio para los trotskystas. En este momento el presidente Ulrich propuso suspender la sesión hasta las once de la mañana del día siguiente.

El 5 de marzo el presidente pidió a Rakovsky que concluyera con sus comentarios preliminares y él acabó relatando una entrevista en la que una persona cuyo nombre no desveló le expresó su malestar por las ingerencias de Trotsky en la cuestión china. Esta persona empezó su conversación diciendo: "Sabemos que usted es partidario y amigo íntimo de Trotsky. Debo pedirle que le diga que cierto Gobierno está descontento con sus artículos sobre la cuestión china y también con el comportamiento de los trotskystas chinos. Tenemos derecho a esperar una conducta diferente del Sr. Trotsky. El Sr. Trotsky debería comprender lo que es necesario para dicho Gobierno". Entendemos que la cuestión china estaba propiciando antagonismos entre Japón y gran Bretaña. Rakovsky precisó sin entrar en detalles que un incidente provocado podía ser utilizado como el deseado pretexto para intervenir en China, por lo cual escribió a Trotsky en este sentido, puesto que los trotskystas mantenían contactos con ambos servicios secretos. El fiscal apuntó en este momento que mientras Krestinsky estaba conectado con el Servicio Secreto Alemán, Rakovsky hablaba de conexiones con los servicios de Inteligencia de Japón y Gran Bretaña. A petición de Vyshinsky, el acusado explicó con todo detalle de qué manera había sido reclutado por el SIS (Secret Intelligence Service) británico. Vyshinsky le pidió que informara también al tribunal de cuanto sabía sobre la conexión del propio Trotsky con el SIS.

> "Rakovsky: Fue justo antes del exilio de Trotsky a Alma Ata. Al principio iba a ser enviado a Astrakán, pero logró que se cambiara por Alma Ata. Cuando lo visité en su apartamento en la calle Granovsky, lo encontré muy satisfecho con el cambio. Yo me sorprendí. Después de todo había varios días de viaje desde Frunze a Alma Ata (en aquel entonces no había ferrocarril allí). El replicó: "Pero está más cerca de la frontera china", y señaló unos mapas. Me dio a entender que tenía intención de escapar. Le pregunté cómo podía organizar sin recursos la fuga a través del oeste de China, a través de desiertos y montañas. "El Servicio de Inteligencia me ayudará", replicó Trotsky. Entonces me dijo en estricta confidencia que había establecido contacto criminal con el SIS en 1926.
> Vyshinsky: ¿A través de quién?
> Rakovsky: A través de uno de los representantes de la concesión de las minas de oro de Lena.
> Vyshinsky: ¿Tenía él algo que ver con la firma concesionaria?
> Rakovsky: En aquel tiempo él era el presidente de la Junta Principal de Concesionarios.
> Vyshinsky: Así que cuando era presidente de la Junta de Concesionarios estableció contacto con el Servicio de Inteligencia británico a través de un representante de las minas de oro de Lena.
> Rakovsky: Totalmente correcto...."

Rakoksky declaró que conoció a Trotsky en 1903 y que la amistad fue creciendo hasta que se convirtió en su amigo íntimo, tanto en lo personal como en lo político. En un momento del interrogatorio Rakovsky dejó entender que Alemania y Japón eran sólo instrumentos. Para quien supiera entender, Rakovsky insinuó bastante más de lo que dijo. La pregunta que inició este tema fue la siguiente: "¿En beneficio de quién libran ustedes, trotskystas, esta lucha contra el Estado soviético?". La respuesta fue: "Para tomar el poder". Cuando el fiscal le pidió que admitiera que pretendían destruir el orden socialista, Rakovsky discrepó y puntualizó que no podía decir abiertamente que quisieran volver al sistema capitalista, que este no era el objetivo que tenían en mente. "¿Sobre qué premisas y sobre qué prognosis histórica actuaban?", preguntó Vyshinsky. "Una prognosis muy indefinida, esto era una aventura, si se podía tomar el poder, muy bien, si no..." El fiscal no le dejó concluir su argumentación y pretendió que declarase en un sentido que favoreciera su tesis, pero Rakovsky insistió:

> "Rakovsky: No había en absoluto una premisa ideológica.
> Vyshinsky: ¿No había en absoluto premisa ideológica?
> Rakovsky: No.
> Vyshinsky: ¿Y el objetivo era una lucha furibunda contra el Estado socialista con el propósito de tomar el poder? ¿Y a la larga, en interés de quién?
> Rakovsky: Ciudadano fiscal, si le digo que queríamos tomar el poder para entregárselo a los fascistas, no sólo seríamos los criminales que somos, sino que también estaríamos locos. Pero...
> Vyshinsky: ¿Pero?
> Rakovsky: Pero cuando pensamos que era posible tomar el poder y mantenerlo sin entregárselo a los fascistas era una insensatez, era una utopía.
> Vyshinsky: Consecuentemente, ¿si hubieran logrado tomar el poder, hubiera caído de manera inevitable en manos de los fascistas?
> Rakovsky: Comparto totalmente esta opinión.
> Vyshinsky: ¿Querían, pues, tomar el poder con la ayuda de los fascistas?
> Rakovsky: Con la ayuda de los facistas.
> Vyshinsky: Si los facistas obtenían el poder para ustedes, en qué manos hubiera estado?
> Rakovsky: La Historia lo sabe.
> Vyshinsky: No, deje en paz a la Historia."

Este fragmento es, en nuestra opinión, absolutamente significativo. Rakovsky no podía ir más lejos en sus insinuaciones, pues hubiera tenido que decir que la utilización de los fascistas era un mecanismo para recuperar el poder, que con este objetivo habían financiado a Hitler y estaban permitiendo el rearme de la Alemania hitleriana, y que lo que pretendían a la larga era volver a servir los intereses de la internacional judía de las finanzas, que había respaldado el comunismo para apropiarse de los recursos de Rusia gracias a la labor de sus "revolucionarios". Cuando el fiscal dijo que no tenía más preguntas, Rakovsky pidió permiso para pronunciar unas palabras y recordó que durante ocho meses se había negado a testificar y que cuando decidió declararse culpable fue para realizar "una declaración exhaustiva, completa y franca". El presidente anunció un aplazamiento de veinte minutos.

Sobre el siguiente acusado, Isaac Abrámovich Zelensky, que desde 1931 había sido jefe de la Unión Central de Sociedades de Consumo (Tsentrosoyud), diremos sólo que declaró haber estado implicado en promover agitación entre los kulaks y en actividades de sabotale que pretendían producir descontento entre la población. Con este fin trabajó para desabastecer las tiendas y el mercado de productos de primera necesidad: sal, mantequilla huevos, azucar, maíz y otras mercancías básicas de consumo. Acabado el interrogatorio, el presidente suspendió la sesión, que se reanudó a las seis de la tarde con el testimonio de un líder uzbeko, Akmal Ikramov, que desde 1929 ejercía como primer secretario del Comité Central del Partido en Uzbekistán. Este acusado fue confrontado con Bujarin, Zelenski y Khodzhayev en relación a actividades de sabotale y terrorismo, pero nos ahorramos reseñar su declaración, pues no aporta nada nuevo y precisamos dedicar el espacio a Nikolai Bujarin, el encausado más relevante del juicio.

Aparte del liderazgo de Bujarin (Dolgolevsky) en el Bloque Trotskysta-Derechista, interesa cuanto se reveló en el juicio sobre su participación en el complot para asesinar a Lenin. En esta obra, como se recordará, se argumentó en su momento que Trotsky, en desacuerdo con la decisión de Lenin de firmar el Tratado de Brest-Litovsk, estaba detrás de los hechos. Veamos, pues, algunos momentos de la larguísima declaración de Bujarin. Tras la aceptación de los cargos por el acusado, Vishinsky comenzó el interrogatorio. El fiscal incidió inicialmente en aspectos ya establecidos en los procesos anteriores, por ejemplo, la disposición de los trotskystas a ceder territorios de la URSS a Alemania y a Japón o la participación del Bloque en actividades insurreccionales. Cuando se le pidió que explicara su participación en el asesinato de Kírov, Bujarin la negó, y también lo hizo Rykov al ser confrontado con el primero.

Vyshinsky les pidió que se sentaran y preguntó a Yagoda. "Ambos, Rykov y Bujarin -aseguró el ex jefe de la NKVD-, están mintiendo. Rykov y Yenukidze estaban presentes en la reunión donde se discutió el asesinato de S. M. Kírov". El fiscal pretendió entonces una respuesta lacónica e insistió en preguntarle: "¿Tuvieron los acusados Rykov y Bujarin alguna relación con el asesinato?" La respuesta fue: "Relación directa". Vyshinsky aprovechó la coyuntura para preguntar a Yagoda: "¿Tuvo usted como miembro del bloque de trotskystas y derechistas alguna relación con el asesinato?" Yagoda respondió: "La tuve". El fiscal no abandonó ya el tema del terrorismo y fue indagando sobre las orientaciones emanadas de Trotsky en relación con el asesinato de figuras relevantes. Preguntado sobre si, como miembro del bloque de derechistas y trotskystas, estaba a favor de actos terroristas, Bujarin reconoció que lo estaba. De repente Vyshinsky inquirió:

"Vyshinsky: ¿No estaba usted a favor del asesinato de líderes de nuestro partido y del Gobierno en 1918?
Bujarin: No, no lo estaba.

Vyshinsky: ¿Estuvo usted a favor del arresto de Lenin?
Bujarin: ¿Su arresto? Había dos planes. De uno avisé yo mismo a Lenin. Sobre el segundo, guardé silencio por razones de discreción, de las cuales si quiere, puedo dar detalles. Tuvo lugar.
Vyshinsky: ¿Tuvo lugar?
Bujarin. Sí.
Vyshinsky: ¿Y sobre el asesinato de Vladimir Ilich?
Bujarin: La primera vez se propuso mantenerlo bajo arresto durante veinticuatro horas. Existía esta fórmula. Pero en el segundo caso...
Vyshinsky: ¿Pero y si Vladimir Ilich se resistía al arresto?
Bujarin: Vladimir Ilich, como sabe, nunca entraba en conflictos armados. No era un peleador.
Vyshinsky: ¿Así que esperaban que cuando lo arrestasen Vladimir Ilich no se resistiría?
Bujarin: Vea, puedo mencionar otro caso. Cuando los socialistas revolucionarios de izquierda arrestaron a Dzerzhinsky, tampoco ofreció resistencia armada.
Vyshinsky: Esto depende siempre de las circunstancias. ¿Así, pues, en este caso contaban con que no habría resistencia?
Bujarin: Sí."

El fiscal quiso saber si en 1918 había también previsiones de arrestar a Stalin. El acusado matizó que hubo conversaciones para arrestar a Stalin y a Sverdlov. Vyshinsky interrumpió en este momento el interrogatorio y anunció que al final de la sesión o durante la vista del día siguiente pediría al tribunal la comparecencia de una serie de testigos en relación con el plan de arrestar y asesinar a Lenin. Mencionó a Yakovleva, Ossinsky y Mantsev, miembros del grupo llamado "comunistas de izquierda", y a Karelin y a Kamkov, miembros del Comité Central de los Socialistas Revolucionarios. Tras una deliberación del tribunal, la corte decidió acceder al emplazamiento de los citados testigos.

Bujarin había pretendido al inicio de su interrogatorio que, como se hizo con Rakovsky, se le permitiera considerar algunas circunstancias. El presidente, tras advertirle que no debía aprovechar la ocasión para defenderse, pues tendría oportunidad de hacer la última súplica, accedió a su petición. El acusado se remontó a los inicios de su actividad contrarrevolucionaria, habló de la evolución de los métodos de lucha y de la formación de grupos y cuadros. En relación con la jerarquía de la oposición que él encabezaba, explicó su relación con Tomsky (Honigberg), que se había suicidado en agosto de 1936, y con Rykov cuando ambos, como él mismo, eran miembros del Politburó y del Comité Central. Siguió luego explicando sus contactos con Zinóviev, Kámenev y Pyatakov y comentó el alcance de la llamada Plataforma Ryutin. Tanto el fiscal como el presidente lo interrumpieron, le dijeron que "estaba dando rodeos" y que fuese al grano. Bujarin dio entonces noticia de una conferencia ilegal celebrada en Moscú en 1932, a la cual asistieron agitadores y saboteadores como Slepkov o Yakovenko, esparcidos en todo el país, para informar sobre sus actividades. La sesión finalizó sin que Bujarin hubiera concluido su exposición.

A las once de la mañana del 7 de marzo Bujarin reanudó su relato. Se refirió a la formación de grupos conspirativos en el seno del Ejército y mencionó el papel de Yenukidze, quien en 1932 le dijo que "en los rangos superiores del Ejército Rojo derechistas, zinovievistas y trotskystas habían unido ya sus fuerzas". Entre los mencionados por Yenukidze, el acusado citó a Tujachevsky, Kork, Primakov y Putna. En relación con el golpe de Estado, reconoció que los derechistas ya en 1929-30 habían concebido lo que él llamó un "golpe de palacio", pues los conspiradores se hallaban en el Kremlin. Más avanzada ya la declaración Vyshinsky preguntó: "Acusado Bujarin, ¿se comprometió usted en negociaciones con Rádek sobre Ucrania?". El acusado matizó que en negociaciones no, sino en conversaciones. Bujarin explicó que Rádek le informó "sobre las negociaciones de Trotsky con los alemanes, las cuales contemplaban concesiones territoriales a cambio de ayuda a las organizaciones contrarrevolucionarias". Bujarin se apresuró a precisar que él estaba en contra de concesiones territoriales y que no se consideró vinculado por las instrucciones de Trotsky. El fiscal no aceptó esta desvinculación e inició una serie de confrontaciones con Rykov con el fin de probar la responsabilidad de ambos en las negociaciones. El negociador había sido el judío masón Lev M. Karakhan (Karakhanyan), uno de los principales astrólogos bolcheviques, quien junto a Ttrotsky y Joffe formó parte de la delegación soviética en Brest-Litovsk como secretario de la misma. Karakhan fue embajador en Polonia en 1921, en China entre 1923-26 y en Turquía a partir de 1934, hasta que fue arrestado y ejecutado el 20 de septiembre de 1937 junto a Yenukidze y otros, razón por la cual no podía estar presente en el juicio. Entre 1927 y 1934 Karakhan fue vicecomisario de Asuntos Exteriores. El comisario era el también judío y masón Maksim Litvínov (Meyer Hennokh Wallakh), en teoría un trotskysta que, sorprendentemente, se mantuvo nueve años al frente del Comisariado. Hecho este apresurado resumen, sigue un pasaje del interrogatorio en el que Bujarin fue confrontado con Rykov:

> "Vyshinsky: Acusado Rykov, ¿inició Karakhan negociaciones por iniciativa propia?
> Rykov: Las emprendió siguiendo instrucciones y por iniciativa de Tomsky, pero Bujarin y yo apoyamos esta iniciativa cuando fuimos informados de las negociaciones.
> Vyshinsky: No sólo apoyaron la negociación, sino también la iniciativa, o sea, el asunto en su conjunto.
> Rykov: Ninguno de nostros somos niños. Si no se respaldan estas cosas hay que luchar contra ellas. Uno no puede jugar con la neutralidad en este tipo de cosas.

Vyshinsky: Por tanto puede establecerse que Karakhan condujo las negociaciones con los fascistas alemanes con el conocimiento de Bujarin. Acusado Rykov, ¿confirma usted esto?
Rykov: Sí.
Bujarin: ¿Qué significa con el conocimiento de Bujarin? No es cierto que yo supiera que él iba a ir allí.
Vyshinsky: Yo no hablo sobre el hecho de ir allí. ¿Sabe lo que significa iniciativa?
Bujarin: Puedo suponerlo remótamente.
Vyshinsky: ¿Remótamente? Veo que su posición le obliga a suponer remotamente cosas que están muy claras.
Bujarin: Es posible.
Vyshinsky: El acusado Rykov acaba de declarar al tribunal delante de usted que Karakhan empezó negociaciones con los alemanes no por iniciativa propia, sino de Tomsky.
Bujarin; Pero ni Rykov ni yo sabíamos esto.
Vyshinsky: ¿Pero lo apoyó más tarde cuando lo supo?
Bujarin: Rykov ha declarado ya que en tales casos no puede haber neutralidad. Si no puse fin a las negociaciones, entonces las apoyé. Pero esto es una paráfrasis de lo que dije: si no las desaprobé, las aprobé.
Vyshinsky: Así, acusado Bujarin, ¿asume responsabilidad por las negociaciones de Karakhan con los alemanes?
Bujarin: Indudablemente."

Bujarin declaró luego que en el verano de 1934 pidió a Rádek que escribiera a Trotsky y le dijera que estaba yendo demasiado lejos en las negociaciones. Comentó que temía que los alemanes pudieran acabar incumpliendo cualquier acuerdo preliminar. También expresó sus dudas sobre Tujachevsky. Recelaba que pudiera albergar tendencias bonapartistas: "En mis conversaciones siempre me referí a Tujachevsky como un potencial pequeño Napoleón. Y usted sabe cómo se comportaba Napoleón con los llamados idealistas". Vyshinsky replicó: "¿Y usted se considera un idealista?" Continuando con este asunto de las negociaciones y de los planes para un golpe de Estado, el acusado informó sobre tres conversaciones mantenidas en 1935 tras la llegada de Karakhan a Moscú procedente de Turquía: la primera con Tomsky, la segunda con Yenukidze y la tercera con el mismo Karakhan. Sobre la primera dijo que le preguntó a Tomsky "cómo se visualizaba el mecanismo de intervención". La respuesta fue: "Este es un asunto de la organización militar que va a abrir el frente a los alemanes". Esta afirmación generó un intercambio de preguntas con el fiscal, que exigía que se le explicase exactamente que significaba "abrir el frente".

Fue en este contexto cuando surgió el asunto de la idea de culpar a los militares por la derrota, lo cual abriría la posibilidad de que los políticos lanzaran una campaña patriótica de consignas para ganarse a las masas. Vishinsky sentenció indignado: "jugar con consignas patrióticas, especular con ellas, pretender que alguien había cometido traición, pero que ustedes eran patriotas..." El fiscal le preguntó entonces si había tocado el tema en las entrevistas con Yenukidze y Karakhan. El acusado dijo que los alemanes habían pedido a Karakhan una alianza militar y la anulación de los pactos de asistencia mutua de la URSS con Checoslovaquia y Francia. Karakhan, según Bujarin, accedió a la segunda demanda. Vyshinsky insistió sobre el concepto de "abrir el frente" y preguntó si lo habían contemplado con Karakhan. El fiscal acusó a Bujarin de ser el promotor de la idea y Rykov lo confirmó: "Escuché por primera vez la idea de abrir el frente en boca de Bujarin".

Llegó por fin el turno de los testigos solicitados por el fiscal. Varvara Nikolaevna Yakovleva fue la primera en entrar. Yakovleva en marzo de 1918 trabajaba en la Cheka de Moscú. Lo primero que hizo fue aceptar su participación en el grupo de "comunistas de izquierda", cuyo organizador y líder fue Bujarin. Vyshinsky le pidió que relatara las principales actividades antisoviéticas del grupo y ella explicó que se formó un Consejo reducido en Moscú del cual fue secretaria, hasta que fue remplazada por Mantsev cuando ella marchó a Leningrado. Reconoció que en los debates del Consejo de Moscú se decidió luchar contra los partidarios de la paz con Alemania. Se refirió a un discurso de Stukov, registrado en el libro de actas del Consejo Regional de Moscú, en el que éste dijo que no debían encogerse y apuntó ya la posibilidad de llegar a la eliminación física de Lenin, Stalin y Sverdlov. Agregó que Mantsev y ella comprendieron que dejar constancia escrita de actividades ilegales comprometía al grupo y optaron por suprimir del libro de actas las páginas donde se registró la intervención de Stukov, quien más tarde les hizo saber que su intervención había contado con el beneplácito de Bujarin. Yakovleva expuso ante el tribunal que el propio Bujarin le confirmó que respaldaba a Stukov. Puesto que la declaración de esta testigo no tiene desperdicio, le cedemos la palabra:

> "Yakovleva: ... Al mismo tiempo Bujarin me dijo que él (Stukov) no era el único que pensaba así, que Bujarin había mantenido con Trotsky una conversación franca sobre el tema y que Trotsky pensaba también que la lucha política sobre la cuestión de guerra y paz había justo empezado, que los comunistas de izquierda debían contemplar la posibilidad de que la lucha llegara más allá de los límites del partido, y que había que buscar aliados en los que se pudiera confiar. Trotsky había dicho a Bujarin que los socialistas revolucionarios de izquierda, cuya posición sobre el asunto era bastante clara, podían ser esos aliados. Bujarin dijo también que Trotsky creía que la lucha debía adoptar formas más agresivas, que conllevaban no sólo la sustitución del Gobierno, sino su derribo y la eliminación física de los líderes del partido y del Gobierno. Mencionó inmediatamente a Lenin, Sverdlov y Stalin. Bujarin me informó de que en el curso de la conversación Trotsky le había dicho francamente que su posición intermedia en la cuestión de firmar la paz era sólo una maniobra

táctica, que simplemente no se atrevía a presentarse activamente a favor de los comunistas de izquierda, es decir, contra la firma de la paz, porque era un hombre nuevo dentro del partido, y si adoptaba públicamente la posición de los comunistas de izquierda se diría que había entrado en el partido para combatir a Lenin. Durante esta conversación, cuando me habló de la posición de Trotsky y de posibles aliados, Bujarin se refirió también a Zinóviev y Kámenev. Dijo que los dos mantenían una actitud vacilante en relación con la cuestión de guerra y paz, y que durante la discusión sobre el asunto le habían expresado repetidamente en conversaciones privadas que estaban a favor del planteamiento de los comunistas de izquierda. Bujarin dijo que Zinóviev y Kámenev no se atrevían a declararse abiertamente contra Lenin, pues ellos habían comprometido su posición sobre el asunto durante los días de octubre... Dijo que Zinóviev y Kámenev, como Bujarin y Trotsky, pensaban que la lucha política sobre la cuestión de guerra y paz sobrepasaba los confines del partido..."

Yakovleva prosiguió dando detalles precisos sobre lo ocurrido en 1918, como, por ejemplo, una entrevista con Zinóviev en el hotel Astoria, a donde la llevó Bujarin para que escuchara por sí misma la opinión del líder bolchevique. También aludió a la salida del Gobierno de los socialistas revolucionarios de izquierda a causa de su oposición a la firma de la paz. Dijo que en febrero de 1918 Bujarin y Pyatakov contactaron con los socialistas revolucionarios de izquierda para que aceptaran formar un Gobierno alternativo con los comunistas de izquierda. Al final, los socialistas revolucionarios de izquierda protagonizaron la revuelta de julio con sus propias fuerzas, ya que los comunistas de izquierda prácticamente dejaron de existir como organización. Acabada la exposición de Yakovleva, el fiscal comenzó a contrastar con Bujarin algunas de las aseveraciones de la testigo:

> "Vyshinsky: Acusado Bujarin, ¿Fue usted el organizador y líder del grupo llamado comunistas de izquierda en 1918?
> Bujarin: Fui uno de los organizadores.
> Vyshinsky: ¿Hablaron abiertamente del arresto de Lenin, Sverdlov y Stalin?
> Bujarin: Hubo conversaciones sobre el arresto, pero no sobre el exterminio físico. No fue en el periodo anterior a Brest-Litovsk, sino después. Antes de la Paz de Brest-Litovsk la principal orientación de los comunistas de izquierda era lograr la mayoría dentro del partido por medios legítimos.
> Vyshinsky: ¿Qué medios legales?
> Bujarin: Debates, votaciones en las reuniones y todo eso.
> Vyshinsky: ¿Y cuándo desapareció esta esperanza?
> Bujarin: Tras la Paz de Brest-Litovsk. Quiero clarificar esto a fin de refutar la declaración de Yakovleva. Ella habla de un periodo anterior a Brest-Litovsk, lo cual no tiene sentido porque entonces nosotros y los

trotskystas teníamos mayoría en el Comité Central y confiábamos en lograr la mayoría dentro del partido. Hablar de actividades conspirativas en aquel entonces no tiene sentido. En aquel tiempo hablé con Pyatakov, cuando Karelin y Kamkov propusieron formar un nuevo gobierno.
Vyshinsky: ¿Cuándo fue esto?
Bujarin: Fue antes de la Paz de Brest-Litovsk. Propusieron formar un gobierno arrestando a Lenin durante veinticuatro horas."

Esta respuesta permitió al fiscal establecer que, aunque Bujarin pretendía negarlo, antes de la Paz de Brest-Litovsk hubo conversaciones para derribar el Gobierno de Lenin.

"Vyshinsky: le pregunto, ¿Hubo antes de la conclusión de Brest-Litovsk negociaciones con los socialistas revolucionarios para arrestar a Lenin?
Bujarin : Sí.
Vyshinsky: ¿Y hubo también negociaciones después de la Paz de Brest Litovsk?
Bujarin: Después de la Paz de Brest-Litovsk hubo negociaciones."

Una vez confirmados los planes para arrestar a Lenin a Sverdlov y a Stalin, Vyshinsky avanzó un paso más y se adentró en la interrogación sobre el tema de la eliminación física de Lenin, para lo que confrontó a Bujarin con Yakovleva, la cual declaró que Bujarin le había dicho que la eliminación física no estaba excluida. Bujarin pidió entonces permiso para formular preguntas a la testigo y el presidente se lo concedió, pero inmediatamente suspendió la sesión. Cuando por la tarde se reanudó la vista, Ulrich acabó frustrando el interrogatorio de Bujarin a Yakovleva, ya que sus preguntas no guardaban relación con el caso y el acusado infringía el artículo 257 de la Ley de Enjuiciamiento Criminal, cuyo texto fue leído en voz alta por el presidente Ulrich. El acusado alegó que, puesto que ejercía su propia defensa, precisaba formular ciertas preguntas. Progresivamente, el presidente y el fiscal fueron más permisivos y Bujarin acabó interrogando sin problemas a todos los testigos. Valerian V. Ossinsky fue el siguiente en atestiguar y confirmó lo declarado por Yakovleva sobre los planes de los socialistas revolucionarios de izquierda para hacerse con el poder a través de la acción armada. Ossinsky ratificó que existían planes para asesinar a Lenin, Sverdlov y Stalin.

"Vyshinsky: ¿Cómo supo que el bloque de conspiradores tenía intención de asesinar a los camartada Lenin, Sverdlov y Stalin en 1918?
Ossinsky: Primero por Yakovleva y luego por Bujarin.
Vyshinsky: ¿Corroboró Bujarin personalmente esta intención?
Ossinsky: Sí.
Vyshinsky: ¿Y cuál fue su actitud al respecto?

Ossinsky: ¿Cuál fue mi actitud? ¿Quiere conocer mi actitud política o mi actitud subjetiva? Da igual, dejo al margen mi actitud subjetiva. Puesto que no me opuse, consecuentemente estuve de acuerdo.
Vyshinsky: ¿Y no informó a nadie sobre ello?
Ossinsky: No informé a nadie.
Vyshinsky: No hay más preguntas."

Entró a continuación Vasily Nikolayevich Mantsev, tercer testigo del grupo de los comunistas de izquierda, que era uno de sus líderes. Mantsev declaró que Bujarin consideraba que el Gobierno soviético de Lenin estaba traicionando los intereses de la revolución proletaria y confirmó lo declarado por sus colegas. Sobre la destrucción de las actas del Consejo Moscú que contenían el discurso en que Stukov abogaba por el asesinato de Lenin, dijo que él y Yavovleva las arrancaron del libro de actas siguiendo indicaciones de Bujarin: "Él propuso que esas actas se sacaran del libro a fin de ocultar las actividades conspirativas de los comunistas de izquierda". Bujarin se negó a aceptar los testimonios de los tres testigos que lo involucraban en el plan para asesinar a Lenin y los acusó de mentir. Sigue un pasaje de este interrogatorio:

"Vyshinsky: ¿Tuvo usted ocasión de visitar a Trotsky y hablarle de este asunto?
Mantsev: Sí, visité a Trotsky y le hablé de esto.
Vyshinsky: ¿Le habló Trotsky de la necesidad de asesinar a Lenin, Stalin y Sverdlov?
Mantsev: Sí, Trotsky habló de eso.
Vyshinsky: Consecuentemente, ¿cuando Bujarin declara que la iniciativa vino también de Trotsky, está diciendo la verdad?
Mantsev: Sí, en este caso está diciendo la verdad.
Vyshinsky: ¿Esto significa, puede decirse, que Trotsky conjuntamente con Bujarin estaban planeando matar a Lenin, Stalin y Sverdlov?
Mantsev: Sí, es verdad.
Vyshinsky: ¿Cómo llegó a enterarse de este plan?
Mantsev: Lo supe personalmente por Yakovleva, por Trotsky y por otros.
Vyshinsky: ¿Trotsky habló de la necesidad de asesinar a Lenin y Stalin?
Mantsev: Sí, lo hizo.
Vyshinsky: ¿Le dijo Bujarin que él mismo incitaba al asesinato de Lenin y Stalin?
Mantsev: Esto era una decisión."

Boris Davidovich Kamkov, un judío miembro del Comité Central de los Socialistas Revolucionarios en 1918, fue el siguiente testigo. Quizá el lector recuerda que este Kamkov, uno de los socialistas revolucionarios que presidían en julio de 1918 las sesiones del V Congreso de los Soviets, fue el encargado de increpar públicamente al embajador alemán durante una de las sesiones del Congreso. Dos días más tarde Mirbach fue asesinado por el judío Yakov Blumkin. Kamkov comenzó su declaración aludiendo a un encuentro con Bujarin en el Instituto Smolny, donde le comunicó que la posición del Partido Bolchevique, como consecuencia de la actitud hacia la Paz de Brest-Litovsk, se estaba complicando y había llegado a cotas muy graves: "dijo que estaban debatiendo la posibilidad de crear un gobierno anti-Brest formado por comunistas de izquierda y socialistas revolucionarios de izquierda presidido por Pyatakov". Para los socialistas revolucionarios, aseguró este testigo, la paz era inaceptable y estaban dipuestos a hacerla imposible como fuera. Confirmó que contaron con el apoyo de los comunistas de izquierda para el asesinato del embajador Mirbach, ejecutado directamente por Blumkin, hombre de máxima confianza de Trotsky, con el fin de frustrar la Paz de Brest-Litovsk. Veamos un fragmento del interrogatorio:

> "Vyshinsky: A propósito, ¿participó directamente, como miembro de los socialistas revolucionarios de izquierda, en el asesinato de Mirbach?
> Kamkov: Lo hice.
> Vyshinsky: ¿Estaban los comunistas de izquierda al corriente de los preparativos del asesinato de Mirbach y de la revuelta de julio?
> Kamkov: Sí.
> Vyshinsky: ¿Completamente?
> Kamkov: Completamente, de acuerdo con la información que recibí de Karelin, según declaré en la investigación preliminar.
> Vyshinsky: Sí, por supuesto, de acuerdo con una u otra información.
> Kamkov: Eso es lo que quería decir.
> Vyshinsky: Esto está bastante claro. Le pregunto: ¿Estaba Bujarin en particular -como líder de los comunistas de izquierda- al corriente de que los socialistas revolucionarios preparaban una revuelta, que estalló de hecho en julio de 1918?
> Kamkov: Según lo que me dijo Karelin, estaba al corriente.
> Vyshinsky: ¿Estaba completamente al corriente?
> Kamkov: Muy probablemente no parcialmente, sino completamente."

Vladimir Alexandrovich Karelin, que como Kamkov era también judío, según asegura con absoluta certeza Bruce Lockhart en *Memoirs of a British Agent*, fue el último de los testigos citados por el fiscal. Miembro asimismo del Comité Central del Partido de los Socialistas Revolucionarios de Izquierda en 1918, entró en la sala a requerimiento del presidente Ulrich. Karelin reconoció que en compañía de Kamkov y Proshyan habían negociado con Bujarin como líder de los comunistas de izquierda. Según este testigo, en diciembre de 1917 existía la esperanza de que el grupo de Bujarin podía acabar controlando el Comité Central del Partido Comunista. Mencionó la famosa frase de Trotsky: "Ni guerra ni paz", que implicaba la ruptura de las negociaciones de Brest-Litovsk. Karelin dijo que en diciembre/enero de 1918 se amplió la representación soviética y que él personalmente fue miembro de la delegación. Mencionó a Marc Nathanson (Isaac Sternberg) un líder judío de los socialistas revolucionarios que formaba parte del Gobierno de Lenin. Nathanson integraba también el Comité Central de su partido y, según Karelin, fue él quien les informó que se había acordado con Bujarin que se romperían las negociaciones y ello conduciría a una guerra revolucionaria. Karelin aseguró que él mismo, junto a Nathanson y Proshyan, conducían las negociaciones con el grupo de Bujarin, Rádek y Pyatakov, cuyo resultado debía conducir a un gobierno de coalición tras la caída del Gobierno de Lenin. También este testigo confirmó que se contemplaba el asesinato de los líderes del partido y del Gobierno. Esta parte del interrogatorio merece la cita.

"Vyshinsky: Bujarin dijo que el asesinato del embajador...
Karelin: Que la acción terrorista contra el embajador alemán Mirbach sería un paso impactante y efectivo hacia la ruputura de la Paz de Brest-Litovsk.
Vyshinsky: ¿Tuvo el atentado contra la vida de V. I. Lenin, perpetrado el 30 de agosto de 1918 por la socialista revolucionaria Kaplan, relación con el plan de asesinar a Lenin, Stalin y Sverdlov?
Karelin: Sí. La revuelta de julio de los socialistas revolucionarios de izquierda debía conllevar el inmediato establecimiento de contactos con los socialistas revolucionarios de derecha... Proshyan, que estaba a cargo de la organización de combate de los socialistas revolucionarios de izquierda, hizo un informe al Comité Central en el que dijo que la insistencia de Bujarin con vistas a un acto terrorista se había acentuado. Y debo decir que, pese a que esto se ha escondido y ocultado durante veinte años, el Comité Central de los Socialistas Revolucionarios de Izquierda estaba informado sobre estos acontecimientos.
Vyshinsky: ¿informado de qué?
Karelin: De que los socialistas revolucionarios de derecha, a través de su organización de combate, estaban preparando un atentado contra Vladimir Ilich Lenin.
Vyshinsky. ¿Significa esto que el Comité Central del Partido de los Socialistas Revolucionarios de Izquierda tenía información sobre los preparativos para el asesinato de Lenin?
Karelin: Sí
Vyshinsky: ¿Y qué tenía que ver con ello Bujarin?
Karelin: Según Proshyan, que negociaba con Bujarin, éste urgía acelerar la acción terrorista...
Vyshinsky: ¿Confirma usted que los preparativos de los socialistas revolucionarios de derecha para atentar contra la vida de Lenin se llevaban a cabo en colaboración con Bujarin?
Karelin: Con los comunistas de izquierda. Nosotros contemplábamos a Bujarin como líder de los comunistas de izquierda."

Naturalmente, estas acusaciones gravísimas obligaban al fiscal a preguntar a Bujarin sobre lo declarado por Karelin. "¿Qué tiene usted que decir?" Respuesta: "Niego categóricamente cualquier conexión en absoluto". Vyshinsky replicó: "Además, Yakovleva declara que en 1918 usted estaba de acuerdo en el plan para arrestar y asesinar a los camaradas Lenin, Stalin y Sverdlov. Karelin testifica lo mismo. Ossinsky testifica lo mismo, y Mantsev testifica lo mismo. Le pregunto: ¿Quién le dio instrucciones para organizar este crimen; qué servicio de inteligencia le dio estas instrucciones?". Bujarin insistió: "Niego completamente este hecho". El fiscal dijo que no tenía más preguntas y pidió a Karelin que se sentara, pero Bujarin solicitó interrogarlo. En su afán por desvincular al grupo de los comunistas de izquierda del complot de julio de 1918, formuló la siguiente pregunta:

> "Bujarin: ¿Sabe el ciudadano Karelin que durante la revuelta de Moscú de los socialistas revolucionarios de izquierda, una de las personas más importantes que participó en las operaciones prácticas, desde el punto de vista de la técnica de combate, contra los socialistas revolucionarios de izquierda fue el comunista de izquierdas Bela Kun?
> Karelin: Lo supe personalmente de comunistas de izquierda. Con respecto a Bela Kun, sé que en aquel tiempo era un comunista de izquierda, un miembro de este grupo que participó en el aplastamiento de la revuelta de los socialistas revolucionarios de izquierda, y en concreto, Bela Kun mandó un destacamente que luchó cerca de la oficina de telégrafos, que había sido tomada por un destacamento de los socialistas revolucionarios. Pero esto fue ya cuando el fracaso de la revuelta era claro. Entonces lo interpretamos como un abandono del barco que se hunde."

Estas alusiones a Bela Kun son un descubrimiento. Gracias a esta declaración, pues, queda constancia de que antes de ir a Hungría en el otoño de 1918, donde decía ser el hombre de Lenin para Europa central y occidental, había formado parte durante el verano de la conspiración liderada en la sombra por Trotsky, cuyo objetivo era derrocar al Gobierno de Lenin. El hecho de que cambiase de bando al comprender que el golpe había fracasado demuestra una vez más la cataduba de este criminal. Recordemos que el propio Trotsky hizo algo similar. En *Memoirs of a British Agent* Bruce Lockhart, con ambigüedad calculada, refiere que Leiba Bronstein (Trotsky) se hallaba a la espera en los suburbios de Moscú con dos regimientos de letones y con carros blindados.

Conocidas las declaraciones de estos cinco testigos, se impone una conclusión sobre unos hechos que la historiografía oficial omite intencionadamente. En el capítulo séptimo de esta obra se apuntó que Trotsky y sus partidarios perdieron el 24 de febrero de 1918 una votación en el Comité Central Ejecutivo, que aceptó las condiciones de Alemania para la

Paz de Brest-Litovsk. Gracias a las declaraciones de Yakovleva, se entiende ahora perfectamente por qué Trotsky se encerró en su habitación e incluso se abstuvo de participar en la votación: "no se atrevía a presentarse activamente a favor de los comunistas de izquierda... porque era un hombre nuevo dentro del partido... y se diría que había entrado en él para combatir a Lenin". En sus circunstancias era conveniente utilizar a uno o a varios testaferros. Las críticas de Lenin sobre las actitudes de Trotsky, sobre su falta de principios, sobre sus "continuos virajes", eran compartidas por muchos dentro del partido. En realidad Trotsky, el "sin partido", entendía el marxismo como una conspiración para la revolución permanente, para lograr, no la dictadura del proletariado, sino la dictadura sobre el proletariado y sobre todas las clases sociales. Servía a quienes lo habían financiado durante toda su carrera de revolucionario profesional. Su objetivo era el de sus patrocinadores: el Gobierno Mundial, anunciado en los *Protocolos de los Sabios de Sión*. Trotsky, masón desde 1897, miembro de la Orden de B'nai B'rith e illuminati de alto rango, demostró ser capaz de aglutinar en torno a su persona a miles de judíos, como lo demuestra el hecho de que pudiera contar con el Bund y con sus correligionarios eseristas cuando fue preciso. Los principales actores del intento de golpe de Estado de 1918 y del atentado contra Lenin eran casi todos judíos que trabajaban para Trotsky, un falsario que para algunos de sus admiradores era "el judío más importante después de Cristo".

Tras las sesiones del 7 de marzo, una jornada imprescindible que permitió establecer el significado profundo de unos hechos históricos que se mantienen ocultos o silenciados, la vista se reanudó el día 8 con el interrogatorio de los doctores envenenadores. Fueron juzgados por los siguientes crímenes: el primero, al que ya se ha hecho mención más arriba, fue el de Menzhinsky, predecesor de Yagoda, perpetrado en mayo de 1934 por Kamkov, que seguía instrucciones de Levin. El mismo mes Levin y Pletnev asesinaron al hijo de Gorky, Maxim Peshkov. Posteriormente, estos dos médicos acabaron también con la vida de Valerian V. Kuibyshev y, finalmente, con la del propio escritor Maxim Gorky, uno de los fundadores del realismo socialista, que se había ganado la enemistad personal de Trotsky. El Dr. Levin confesó en una extensa declaración que él y Yagoda habían sido los organizadores de estas muertes. Yagoda trató de desmarcarse de algunos hechos puntuales, pero su resistencia fue debilitándose.

La sesión de tarde comenzó con la declaración de Pavel P. Bulanov, secretario privado de Yagoda, que había trabajado con él desde 1929. Este acusado declaró que desde 1931 supo que su jefe estaba conectado con los derechistas y con los trotskystas. Todo lo dicho en la sesión matinal sobre la participación de Yagoda en los crímenes por envenenamiento fue confirmado por su antiguo secretario. El fiscal le preguntó que diera detalles sobre el envío de dinero a Trotsky y Bulanov mencionó que en 1934 había entregado por orden de Yagoda 20.000 dólares a un hombre enviado por

Trotsky y que hasta 1936 se produjeron cuatro o cinco entregas de dinero a la misma persona. Los detalles revelados por el Dr. Levin y por Bulanov son sustanciosos, pero no hay espacio para una reseña más amplia.

"¿Qué desea usted decir sobre sus crímenes?" Con esta pregunta el presidente del tribunal dio pie a la larga exposición del depuesto jefe de la NKVD, quien comenzó por reconocer que su pertenencia al bloque de Bujarin y Rykov se remontaba a 1928 y que muy pocas personas lo sabían. Su principal trabajo era proteger el secreto del bloque de derechistas y trotskystas, quienes le pidieron que colocase a miembros activos de la organización en puestos dirigentes de la OGPU. Yagoda confirmó que utilizaron a los kulaks y promovieron sus insurrecciones. Sobre el llamado "golpe de palacio", reconoció que, hasta la llegada de Hitler al poder, fue considerado la mejor opción y que su puesto como vicepresidente de la OGPU era clave, pues disponía de los medios técnicos para ejecutar el golpe, es decir, la guardia del Kremlin y las unidades militares, que eran el centro de atención. Más adelante dijo: "En 1933 el centro, el bloque de trotskystas y zinovievistas, se organizó y tomó forma. A través de Rykov supe que el bloque estaba conectado con los mencheviques y, a través de Bujarin, con los socialistas revolucionarios. Yenukidze me mantuvo informado sobre las decisiones del centro. Fue gracias a él que supe en enero de 1934 que había preparativos para un golpe de Estado, que conllevaba el arresto del XVII Congreso del Partido, que estaba reunido". Yagoda admitió que protegía a un grupo de sus seguidores que trabajaban para servicios de inteligencia extranjeros y que Karakhan le informó en 1935 sobre sus negociaciones con círculos fascistas alemanes, llevadas a cabo siguiendo instrucciones del bloque de derechistas y trotskystas. En su relato ante el tribunal, aceptó asimismo su participación en el encubrimiento de acciones terroristas, entre las que mencionó el asesinato de Kírov. Sobre el nombramiento de Yezhov al frente de la NKVD, declaró lo siguiente:

> "...Cuando Yezhov fue nombrado comisario de Asuntos Internos, quedó claro que toda la actividad de nuestro grupo y del bloque de derechistas y trotskystas sería descubierta. Yezhov ya había empezado a despedazar los cuadros de los conspiradores y, por supuesto, podía llegar al centro del bloque y a mí personalmente. Por ello, con el fin de salvar nuestra organización, para salvar a Rykov a Bujarin y a otros decidimos asesinar a Yezhov. El envenenamiento fue llevado a cabo por Bulanov, como él mismo ha confesado a la corte. Niego alguna de las cosas que ha dicho, pero ello no cambia los hechos y lo esencial del asunto."

La sesión del día 8 finalizó con la declaración del acusado Peotr Kryuchkov, el secretario de Gorky. Kryuchkov confirmó totalmente su declaración preliminar y se confesó culpable de haber asesinado de manera traicionera a Maxim Gorky y a su hijo Maxim Peshkov por orden de Yagoda, el cual le dijo que los grandes jefes de la conspiración Kámenev, Zinóviev,

Bujarin y Rykov consideraban que "era preciso disminuir la actividad de Gorky". El acusado relató cómo se las había ingeniado para que Gorky y su hijo contrajeran graves enfermedades respiratorias, las cuales, tratadas de manera adecuada por los doctores Levin y Pletnev, provocaron las muertes de los dos.

El día 9 de marzo el tribunal siguió escuchando las declaraciones del resto de los médicos asesinos. Dmitry Pletnev, de sesenta y seis años, un cardiólogo de gran reputación que era considerado una eminencia en su especialidad, fue el primer acusado en intervenir. Ignaty Kazakov prestó testimonio después de su colega. Métodos y técnicas utilizadas para la comisión de sus crímenes fueron expuestos con todo detalle ante el tribunal por ambos galenos. Especialmente relevante fue la declaración del segundo en relación al asesinato de Menzhynsky. Finalmente llegó el turno del último de los acusados, Venyamin Maximov-Dikovsky, el cual admitió que había sido nombrado secretario de Kuibyshev por Yenukidze y que desde este puesto había ayudado a los doctores. Declaraciones de testigos y de varios científicos y doctores en medicina que integraban una comisión de expertos requerida por la fiscalía acabaron de poner en evidencia las actuaciones de los doctores envenenadores.

Cuando parecía que la corte iba a retirarse, el fiscal Vyshinsky solicitó permiso para plantear algunas preguntas a Rosengoltz, quien cuando fue detenido llevaba en el bolsillo trasero un papel con oraciones escondido en el interior de un trozo de pan. El fiscal pidió permiso al tribunal para leer en voz alta el texto con el fin de pedirle al acusado una explicación. Se trataba de unos versículos de los salmos LXVIII y XCI. El primero rezaba: "Permite que Dios se presente, permite que sus enemigos sean dispersados: permite también que aquellos que lo odian huyan ante él. Como el humo que se esfuma, ahuyéntalos a ellos: y como la cera se funde con el fuego, permite que los impíos sean destruidos ante la presencia de Dios". He aquí el segundo salmo: "Quien mora en el lugar secreto del Altísimo, permanecerá bajo la sombra del Todopoderoso. Yo diré al Señor, tú eres mi refugio y mi fortaleza, en el confiaré. Él te protegerá de las trampas de los cazadores y de la pestilencia asquerosa. Él te defenderá bajo sus alas y tú estarás a salvo bajo sus plumas. Su lealtad y su verdad serán tu armadura y tu escudo. No tendrás miedo de ningún terror en la noche: ni de la flecha que vuela de día. Tampoco de la peste que se desplaza en la oscuridad: ni de la enfermedad que arrasa en el mediodía".

"Vyshinsky: ¿Cómo llegó esto a su bolsillo?
Rosengoltz: Mi esposa lo puso en mi bolsillo un día antes de que fuera al trabajo. Dijo que era para traer suerte.
Vyshinsky: ¿Y cuándo fue esto?
Rosengoltz: Varios meses antes de mi arresto.
Vyshinsky: ¿Y llevó esta "buena suerte" en su bolsillo durante varios meses?

Rosegoltz: Ni siquiera presté atención.
Vyshinsky: Sin embargo, ¿vio lo que hacía su mujer?
Rosengoltz: Tenía prisa.
Vyshinsky: ¿Le dijo que esto era un talismán familiar para la buena suerte?
Rosengoltz: Algo parecido.
Vyshinsky: ¿Y se prestó a ser el custodio de un talismán? No hay más preguntas."

El fiscal miró a las personas que asistían a la audiencia pública, algunas de las cuales estallaron en risotadas burlonas. Naturalmente, nada hay de censurable en el hecho de tener fe y esperanza en Dios. Lo criticable es que Rosengoltz y su mujer siguieran rezando al Dios de Israel, aquél que los había escogido entre todos los pueblos de la tierra, mientras sus colegas judeo-bolcheviques predicaban el ateísmo, perseguían a los cristianos y demolían iglesias. Tras este episodio chocante, el presidente Ulrich suspendió la sesión durante una hora y anunció que se reanudaría a puerta cerrada. En esta sesión Rakovsky, Krestinsky, Rosengoltz y Grinko aportaron evidencias sobre sus relaciones con países extranjeros y dieron los nombres de representantes oficiales con los que contactaron, los cuales no se habían desvelado en la audiencia pública por indicación del presidente del tribunal.

El día 11 de marzo se dedicó a los discursos finales y a las súplicas. Vyshinsky empleó toda la mañana en una intervención muy dura, en la que pasó revista a diversas actuaciones desde los tiempos de Lenin y examinó los hechos que habían sido probados. Mostró sin ambages todo su desprecio hacia los acusados, para los que no escatimó los peores calificativos. Con excepción de Rakovsky y Bessónov, solicitó pena de muerte para el resto de los inculpados, que "merecían ser fusilados como sucios perros". Por la tarde, los abogados de los doctores trataron de descargar toda la culpa de los crímenes de sus defendidos en Yagoda. Siguieron a continuación las súplicas del resto de enjuiciados, que se prolongaron hasta las 21:25 del día siguiente, 12 de marzo. Uno tras otro, después de pasar revista a su pasado revolucionario, reconocieron la gravedad de sus crímenes. A las 4:30 de la madrugada del 13 de marzo, después de siete horas de deliberación sobre el veredicto, el tribunal dictó sentencia. Todos los acusados fueron condenados a muerte excepto Pletnev, que obtuvo veinticinco años; Rakovsky, sentenciado a veinte años; y Bessónov, a quince años. Finalmente los tres acabaron siendo ejecutados en septiembre de 1941.

Como se ha visto, una campaña para proteger la figura de Trotsky, un personaje histórico cuyo descrédito no admite dudas, se orquestó durante los años en que se celebraron los procesos de Moscú y se ha venido prolongando hasta nuestros días. En numerosos artículos de la famosa Wikipedia, en el afán de falsificar la historia, se insiste en presentarlo todo como un montaje y se niega cualquier credibilidad a los procesos de Moscú. Sin embargo, diplomáticos, periodistas y escritores asistieron a las sesiones, celebradas en la sala Octubre de la Casa de los Sindicatos, donde cabían unas trescientas personas, y confirmaron en sus informes que no podía dudarse de la existencia del complot. La Liga Internacional de los Derechos Humanos y la Asociación Jurídica Internacional apoyaron públicamente los juicios. Embajadores y diputados de varios países confirmaron en sus escritos la verosimilitud de los procesos. Denis Nowell Pritt, por ejemplo, un diputado de los Comunes que era juez y conocía muy bien el derecho procesal, acudió a Moscú como corresponsal del *News Chronicle* de Londres. En sus artículos defendió la credibilidad de los juicios y expresó su convencimiento de que la culpabilidad de los acusados había quedado totalmente demostrada. Se ha comentado ya que Joseph E. Davies, el embajador de Estados Unidos, escribió una y otra vez en sus informes confidenciales que la autenticidad de la conspiración había sido puesta en evidencia. También el embajador checo Zdanek Firlinger insistió ante su Gobierno sobre el rigor y el respeto a las normas procesales. En definitiva, debe concluirse que la pretensión de liquidar el asunto con la afirmación de que todo fue un espectáculo es insostenible y pone en evidencia a quienes la mantienen.

Yezhovschina

El terror desatado en la Unión Soviética como consecuencia de la brutal represión que siguió a cada uno de los juicios es conocido como la "Yezhovschina", i. e. la época de Yezhov. Robert Conquest y sus seguidores estiman que se produjeron unos seis millones de arrestos y cerca de tres millones de ejecuciones. Otros historiadores consideran estas cifras exageradas y alejadas de la realidad. Se ha dicho ya que una de las razones que invitan a cuestionar las cifras de Conquest en relación a este periodo es la continua utilización de fuentes trotskystas, con frecuencia autores judíos, evidentemente interesados en magnificar la represión. Alexander Orlov, por ejemplo, escribe que una semana después de la ejecución de Zinóviev, Kámenev y compañía, Stalin ordenó a Yagoda seleccionar y fusilar a cinco mil opositores internados en los campos. En cualquier caso, sea esto cierto o no, el terror, enquistado ya en los hábitos de actuación del comunismo desde los primeros días de la revolución, fue ampliamente utilizado antes y después de la época de Yezhov.

Si se considera la duración en el tiempo de la conspiración trotskysta, sus métodos criminales, los medios utilizados y la amplitud de su organización, parece un milagro que Stalin pudiera sobrevivir y mantenerse en el poder. No cabe duda de que los conspiradores se encontraron con la horma de su zapato, pues sólo siendo más astuto, más perverso y más cruel que sus enemigos logró el georgiano derrotar a quienes lo querían muerto. Las purgas, el terror y una represión masiva fueron las principales medidas adoptadas para liquidar cualquier oposición. El Politburó aprobó el 30 de julio de 1937 la orden operativa 00447, que establecía cuotas de personas que debían ser arrestadas y fusiladas. Según los autores de *El libro negro del comunismo*, durante 1937 y 1938 el NKVD detuvo a 1.575.000 personas, de las cuales el 84% fueron condenadas en el transcurso de estos años. El 51% de estas personas convictas, o sea, 681 692, acabaron siendo ejecutadas. Estas cifras como puede verse son bastante inferiores a las ofrecidas por Conquest. Si tenemos en cuenta que se basan generalmente en datos oficiales, es probable que las cifras reales se hallen entre una y otra estimación.

La purga de los cuadros del partido fue conocida gracias al "informe secreto" de Jrushchov. Según éste, Yezhov envió en 1937 y 1938 trescientas ochenta y tres listas a Stalin con miles de nombres de figuras más o menos importantes del partido cuya ejecución requería su aprobación. Un artículo publicado el 10 de enero de 1989 en *Moskovskaya Pravda* aseguraba que sólo el 12 de diciembre de 1937 Stalin y Mólotov aprobaron 3.167 sentencias de muerte. Según el informe de Jrushchov, la purga en el partido afectó a 98 de los 139 miembros del Comité Central. Otro dato hacía refencia a los delegados que en 1934 participaron en el XVII Congreso del Partido: de los 1.966 asistentes, 1.108 fueron purgados. También los cuadros de las juventudes comunistas (Komsomol) se vieron sometidos a una represión severa: de los noventa y tres miembros de su Comité Central, setenta y dos fueron detenidos. En general los aparatos regionales y locales del Partido y del Konsomol fueron renovados. Representantes del Gobierno acompañados de agentes del NKVD llegaron a las provincias con la misión de, en palabras de *Pravda*, "ahumar y destruir los nidos de chinches trotsko-fascistas" En Ucrania la purga alcanzó niveles muy altos. Siendo Jrushchov el líder del Partido Comunista Ucraniano, se detuvo en 1938 a más de cien mil personas y una gran mayoría fueron ejecutadas. De los doscientos miembros del Comité Central del partido en Ucrania sólo tres sobrevivieron.

En el frente cultural, escritores, periodistas, actores, gentes del teatro y otros intelectuales fueron asimismo depurados: unos dos mil miembros de la Unión de Escritores fueron detenidos y deportados, cuando no ejecutados. La represión alcanzó nuevamente el ámbito de las creencias religiosas, por lo que también se decidió actuar contra "los últimos residuos clericales". El censo de enero de 1937 reveló que el 70% de la población, contra viento y marea, seguía siendo creyente. De las veinte mil iglesias y mezquitas que seguían más o menos activas en 1936, sólo un millar permanecían abiertas al culto en 1941. Miles de sacerdotes y casi todos los obispos fueron encerrados en campos de concentración y ejecutados en gran número.

CAPÍTULO IX

República, revolución y guerra civil en España

1ª Parte
La religión y la Iglesia en España

La persecución religiosa desatada en España entre 1931-39 es sólo equiparable a la practicada por los bolcheviques en Rusia. Por ello, antes de abordar los hechos concretos que acontecieron durante la II República y la Guerra Civil, se impone un breve preámbulo sobre el papel de la religión y de la Iglesia en la historia de España, nación secularmente maltratada y atacada con todo tipo de infamias y calumnias por sus numerosos enemigos, precisamente por su papel en defensa del catolicismo. Sabemos que el anticlericalismo en Europa y en el mundo formaba parte esencial de la gran conspiración planeada por masones e illuminati contra todas las religiones. Se ha dicho ya que intelectuales como John Robison y el abate Agustín Barruel fueron atacados y desacreditados por denunciar el complot a través de sus obras. El nuevo orden basado en el liberalismo económico y político, instaurado tras la Revolución Francesa de 1789, además de hipotecar el poder de las naciones y de consolidar el dominio de los banqueros internacionales, iba a ser el caldo de cultivo ideal para atacar todo aquello que tuviera que ver con los valores tradicionales. Los efectos de este nuevo orden iban a ser devastadores para España.

La civilización cristiana en Europa tuvo en España a su mejor paladín. El choque de civilizaciones que se produjo en la Península durante la Edad Media fue decisivo de cara a preservar a Europa de la expansión del Islam. El impulso y la fuerza fundamental que subyace en todos los reinos durante los siglos de reconquista fue la fe en Cristo; pero también lo fue la idea de España, hecho ignorado por algunos separatistas indocumentados y/o malintencionados. Ambas cosas iban estrechamente ligadas. Hispania, topónimo con el que Roma aludía al conjunto de sus provincias peninsulares, fue para los godos un punto de referencia y continuó siéndolo para los reyes cristianos posteriores, como puede apreciarse en innumerables textos y documentos medievales.

Isidoro de Sevilla en su obra histórica *Varones ilustres de España* considera hispanos a cuantos habitaban la Península. Los romances que tratan del último rey godo aluden a él como rey de España: "Don Rodrigo rey de España/ por la su corona honrar/ un torneo en Toledo/ ha mandado pregonar." En el *Poema de Mío Cid* se dice que de la toma de Castellón "fablará toda España". El conde de Barcelona, prisionero del Cid, rechaza la comida que se le ofrece y asegura que no comerá un bocado "por cuanto ha en toda España". Los cronistas catalanes rinden uno tras otro tributo a la idea de España. Pere I de Catalunya-Aragón les dice a los cruzados extranjeros que vienen a defender la fe cristiana en la batalla de las Navas de Tolosa que llegan tarde porque "los reys d'Espanha" ya han derrotado a los musulmanes. En 1283, Pere II pide a un caballero catalán que comparezca con él en Burdeos en duelo contra los franceses, e invoca "el honor de nos et de vos et de tota Espanya". Bernat Desclot, autor de la más antigua de las cuatro crónicas catalanas, ante la invasión de Catalunya por los franceses en 1285, apela a la importancia de que "totes les osts d'Aspanya hi fossen" (todas las huestes de España estuviesen) presentes simbólicamente para defender Catalunya. Ramon Muntaner, el más patriota de los cronistas catalanes, escribió lo siguiente: "Si aquests reys d'Espanya (Castilla, Aragón, Mallorca y Portugal) qui son una carn e una sanch, se tenguessen ensemps, poc duptaren tot l'altre poder del mon" (Si estos cuatro reyes de España, que son una carne y una sangre, se unieran, no habrían de temer a ningún otro poder en el mundo). Jaume I el Conquistador en su *Llibre dels feyts* explica las razones por las que ayudó a su yerno, Alfonso X el Sabio, a aplastar la sublevación de los moros de Murcia: "La primera cosa per Deu, la segona per salvar Espanya". Su nieto Jaume II en 1304 se refería al daño que la guerra entre Castilla y Aragón haría a "tota Espanya". En su *Estoria de Espanna o Primera Crónica General* Alfonso X el Sabio habla de su "Estoria de las Españas... de todos los reyes dellas". Es de conocimiento ineludible entre hispanistas el famoso *Elogio de España* escrito por el rey Sabio, que concluye así: "¡Ay Espanna! non ha lengua nin ingenno que pueda contar tu bien". En 1446 Alfons el Magnànin llega a Nápoles. Entre las dos torres del Castel Nuovo, magnífico edificio militar y residencial construido por orden suya, destaca el arco conmemorativo de su entrada apoteósica en la ciudad, en el que hizo grabar la inscripción "Alfonsus Rex Hispanus", aunque para los napolitanos siempre fue el rey de Aragón.

Con los Reyes Católicos y el descubrimiento de América, España entra en la historia moderna con una nueva dimensión: la idea de España, anhelada durante centurias por los hombres más eminentes, se ha hecho realidad; pero además, los hijos de la reconquista, convertidos en conquistadores, con una energía y un impulso vital sin precedentes en la historia, colonizaron las Américas y propagaron en ellas el cristianismo. La fundación de pueblos y ciudades da una idea de la inmensa labor realizada por los españoles. Sólo Roma ha construido más que España a lo largo de la historia. Los magníficos edificios de la arquitectura colonial en tantas poblaciones de Hispanoamérica constituyen un ejemplo imborrable del esfuerzo constructor de los conquistadores. Los indios fueron considerados ciudadanos libres y los españoles se mezclaron con ellos, dando así lugar al rasgo esencial de la colonización española: el mestizaje.

Si contemplamos lo ocurrido con la colonización británica, por ejemplo, se constata que los aborígenes australianos, que habían vivido en Oceanía durante miles de años, fueron exterminados. El genocidio fue llevado a cabo bajo el fundamento ideológico del darwinismo: se llegó a la conclusión de que los indígenas australianos eran salvajes y evolutivamente inferiores. Mientras en la América colonizada por los ingleses no quedan prácticamente indios, en la América española los indígenas eran a finales del siglo XVIII el 63% de la población. Actualmente, en Perú, Guatemala y Bolivia los indios siguen siendo ampliamente mayoritarios. Sin embargo, España ha sufrido durante siglos una campaña de ataques interminable y ha venido arrastrando una "Leyenda Negra". Hollywood se ha encargado, por contra, de presentar el exterminio de los indios norteamericanos como un hecho lógico: el Séptimo de Caballería aparece siempre como un regimiento de leyenda cuyos soldados liquidaban a los indios de manera natural, pues eran salvajes.

La creación del Tribunal del Santo Oficio de la Inquisición está sin duda relacionada con el origen de la leyenda negra. La expulsión de los judíos de España y las guerras de religión contra el protestantismo en Europa son los hechos determinantes que provocaron una campaña de propaganda bien planeada con el fin de desacreditar a la Inquisición española y combatir a la campeona del catolicismo. De poco sirvió que Carlos V y Felipe II fueran una vez más los principales defensores de Europa ante la amenaza de los turcos y del Islam: la victoria de Lepanto supuso un freno al expansionismo turco en el Mediterráneo y constituyó una victoria para toda la cristiandad. En 1567 apareció un panfleto traducido al francés, al alemán, al inglés y al flamenco que desencadenó la campaña contra España en general y contra la Inquisición en particular. El autor, que firmaba con el seudónimo de Montanus, decía haber sido víctima del Tribunal del Santo Oficio y describía una serie de torturas y prácticas ocultas. Hoy se sabe que Montanus era un falsario. Cada uno de los casos que tuvo la Inquisición durante sus trescientos cincuenta años de existencia tiene su propio registro, cuyos datos han sido vaciados en cintas y están hoy disponibles para los investigadores en la biblioteca de la Universidad de Salamanca.

En 1994 cuatro historiadores de prestigio internacional desmontaron públicamente ante las cámaras de la BBC el mito de la Inquisición española: Henry Kamen, profesor en universidades de España, Gran Bretaña y Estados Unidos y miembro de la Royal Historical Society; Jaime Contreras, catedrático de Historia Moderna en la Universidad de Alcalá de Henares, especialista mundial en la Inquisición y en la Contrarreforma; José Álvarez-Junco, catedrático en la Complutense de Madrid que dirigió el seminario de Estudios Ibéricos del Centro de Estudios Europeos de la Universidad de Harvard; y Stephen Haliczer, historiador estadounidense de origen judío, profesor en la Universidad de Illinois especializado en España, Italia y en la Iglesia Católica, protagonizaron el documental *The Myth of the Spanish Inquisition*, accesible en internet para quien tenga interés.

Haliczer afirma lo siguiente; "En realidad la Inquisición española utilizaba la tortura con poca frecuencia. En Valencia, por ejemplo, he encontrado que de 7.000 casos sólo el 2% experimenta alguna forma de tortura y en general no pasa de los quince minutos, y menos del 1% fue sujeto a una segunda sesión de tortura, i. e. más de una vez. No encontré a nadie que fuera torturado más de dos veces." Henry Kamen confirma que la Inquisición española torturaba menos que otros tribunales europeos y denuncia que la mayoría de imágenes de sus métodos de tortura reproducidas cientos de veces son falsas. El comportamiento de los interrogadores estaba bien establecido en sus "Instrucciones" y quienes no observaban los procedimientos eran destituidos. En todo el siglo XVI, asegura este profesor, la Inquisición ejecutó entre 40 y 50 personas en los territorios no peninsulares del imperio español, América incluida. Durante el mismo periodo en Inglaterra, donde dañar los jardines públicos podía conllevar la sentencia de muerte, fueron ejecutadas más de 400 personas. Kamen declara que las prisiones de la Inquisición en España eran las más decorosas, aserto que confirma el profesor Haliczer: "He encontrado ejemplos de prisioneros de cárceles seculares que blasfeman con el fin de que se los traslade a cárceles de la Inquisición y escapar así de los malos tratos que reciben en las cárceles seculares." Los profesores Contreras y Kamen coinciden en apuntar el rigor con que la Inquisición española examinaba el tema de la brujería. Mientras entre 1450 y 1750 fueron quemadas en Europa miles de personas acusadas de brujería, en España la Inquisición buscaba pruebas: "Recuérdese - apunta Kamen- que con frecuencia los inquisidores fueron abogados universitarios, y los abogados reclaman evidencias". Al no hallarlas, la brujería fue considerada por la Inquisición como un delito imaginario, un engaño por el que no se podía procesar. Kamen declara que el número de ejecutados por herejía en España, incluyendo a los falsos conversos, es mínimo si se compara con otros países no católicos. Finalmente, tanto Contreras como Kamen aportan cifras demoledoras para los falsificadores de la realidad y de la historia: el número de víctimas del Tribunal del Santo Oficio durante los 350 años de su actividad varió entre las 3.000 y las 5.000. Durante el mismo periodo más de 150.000 brujas fueron quemadas en Europa, hecho que raras veces se denuncia. Puesto que nos disponemos a estudiar la guerra civil española, podría establecerse otra comparación: sólo durante el mes de noviembre de 1936 la Junta de Defensa de Madrid ejecutó sin juicio a más personas que la Inquisición española en toda su historia.

Hasta el siglo XIX la Iglesia en España desempeñó una función unificadora, lo cual era en cierto modo un legado de la Edad Media. La conquista y colonización del Nuevo Mundo fue concebida como una misión evangelizadora y el papel de la Iglesia en América y en España fue relevante en todos los ámbitos. En *El laberinto español* Gerald Brenan reconoce la actitud positiva de la Iglesia en las cuestiones sociales y habla incluso de sus tendencias socialistas en la España del siglo XVII. Brenan escribe que "todos los doctores y teólogos estaban de acuerdo en que el hambriento tenía derecho a robar al rico si le había sido negada la caridad" y cita al gran teólogo Domingo de Soto, quien en 1545 predicaba que "so pena de pecado mortal, el rico está obligado a dar en limosnas todo aquello de que no tiene absoluta necesidad". El padre Mariana, uno de los grandes teólogos e historiadores de la época, declaraba que el Estado debía obligar al rico a distribuir las tierras que le sobraban o, si no era posible, rentarlas para que fueran cultivadas adecuadamente. Es decir, una vez fusionada con el Estado, la Iglesia católica trataba de imponer sus ideas morales.

Muchos de los misioneros en América constataron entusiasmados que los indígenas asimilaban con facilidad las doctrinas cristianas. Parece ser que en Perú los indios trabajaban la tierra de manera colectiva y ello fue considerado por algunos evangelizadores como un modelo válido y aplicable en España. El jesuita José de Acosta describe en su *Historia natural y moral de las Indias* (Sevilla 1590) el sistema económico de los incas y lo considera superior al régimen de competencia y propiedad privada que se estaba imponiendo en Europa. Gerald Brenan reconoce que los tan denostados y odiados jesuitas pusieron en práctica con los indios guaraníes las ideas de colectivización de la tierra en sus treinta misiones o "reducciones"[17] de Paraguay, Argentina y Brasil, las cuales, según Brenan, "son el primer ejemplo histórico de la organización de un Estado comunista hecha por europeos". Otro religioso con ideas socialistas alabado por Brenan es el franciscano Francisco Martínez de la Mata, considerado un agitador social en el siglo XVII. Sus *Discursos* fueron publicados en 1659 y el ilustrado Campomanes los volvió a publicar en 1775 en su *Discurso sobre la educación popular de los artesanos y su fomento*. Martínez de la Mata se autoproclamaba "siervo de los pobres afligidos y procurador de galeotes". En su búsqueda de soluciones para la crisis y la decadencia del siglo, propuso incluso la creación de una institución de crédito bancario para la agricultura con sucursales en cada ciudad.

El debate sobre la propiedad y la productividad de la tierra se había, pues, iniciado en el siglo XVI y se agudizó durante el siglo XVIII. Sobre el papel de la iglesia durante los siglos XVI y XVII Gerald Brenan escribe lo siguiente:

---

[17] Medio centenar de jesuitas dirigieron durante un siglo y medio a cerca de ciento cincuenta mil indígenas en estas "reducciones", comunidades en las que había bienes comunes y privados. Los indios tenían vida familiar y podían tener propiedades privadas. Los huérfanos y las viudas eran acogidos en una "casa de resguardo". Mientras en Europa la pena de muerte era habitual en todos los países, los jesuitas la abolieron en sus misiones y prohibieron el canibalismo. La orden de expulsión de los jesuitas decretada por Carlos III en 1768 conllevó la paulatina disolución de estas comunidades.

"La Iglesia española fue una institución niveladora. Sus estrechas relaciones con el Estado le inspiraron un interés por las cuestiones sociales y políticas que ninguna otra iglesia de la cristiandad jamás ha tenido y a su influencia se debió largamente el asombroso éxito de la colonización en América y la humanidad en los métodos con que, pasada la primera violencia de la conquista, eran resueltos los conflictos entre los colonizadores y los indígenas. Sus misioneros volvían a España con gran experiencia práctica de los problemas sociales. Por otra parte, el intenso idealismo de las órdenes monásticas hacía que su peso se inclinase generalmente a favor de los humildes (en América, los indios; en España, los trabajadores) contra los poderosos y los ricos. No es, pues, sorprendente comprobar que la Iglesia española haya ido más lejos que cualquiera de las iglesias protestantes de su tiempo ofreciendo una plataforma que permitía la libre discusión de teorías sociales de un cierto carácter comunista."

No obstante, pese a las buenas intenciones y a las ideas formuladas por algunas mentes esclarecidas, la agricultura en España no producía y estaba atrasada. La mayor parte de la tierra estaba en manos de la Iglesia y de la nobleza. Los campesinos trabajaban tierras que no eran suyas, las cuales no podían comprarse ni venderse libremente debido a su vinculación con la propiedad. Las tierras de la Iglesia estaban amortizadas en su totalidad; las de la nobleza se regían mayoritariamente por el régimen de mayorazgo. En tercer lugar estaban las propiedades de los municipios, bienes de uso común que se podían arrendar a los vecinos. Los rentistas basaban, pues, su riqueza en las rentas que cobraban a los campesinos que trabajaban sus tierras.

La legislación civil protegía desde la Edad Media las propiedades de la Iglesia, pues disponía que "todas las cosas que son o fueran dadas a la Iglesia por los reyes o por otros fieles cristianos, sean siempre guardadas y finadas en poder de la Iglesia". Los eclesiásticos explotaban sus propiedades a través del cultivo directo o mediante la cesión del cultivo a segundas personas con diferentes tipos de contratos. En Galicia existía un tipo de arrendamiento llamado "foro", que venía a ser una forma de enfiteusis hereditaria, pues el campesino no podía ser desahuciado. Esta forma de posesión se introdujo también en Castilla en el siglo XIV y se denominó "censo". En Asturias, País Vasco y Navarra el sistema que prevalecía era el de "aparcería". En las provincias vascas los contratos eran a veces orales y se transmitían de padres a hijos. Durante los siglos XVII y XVIII algunos colonos que tenían arrendadas tierras de la Iglesia las subarrendaban con gran porcentaje de beneficio: en ocasiones percibían hasta veinte veces más de lo que ellos pagaban. Surgieron así los "subforados".

En el siglo XVIII en algunas provincias de Castilla cerca del 75% de las propiedades estaban cedidas. Con vistas a mejorar la productividad, muchos eclesiásticos se interesaron en la agronomía con el fin de difundir entre los campesinos conocimientos que estimulasen el desarrollo agrario. Pero los ilustrados, conscientes del atraso de la agricultura española, fijaron su atención en la propiedad amortizada que no se podía vender ni hipotecar ni ceder, pues pertenecía a la Iglesia y a los municipios. Los mayores problemas de productividad estaban en los latifundios de Extremadura, Andalucía y sur de Castilla. Ilustrados como Campomanes, Carrasco, Olavide, Floridablanca y Jovellanos presentaron distintos informes agrarios que pretendían actuar sobre la amortización de tierras en manos de la Iglesia. Jovellanos en el *Informe de la Sociedad Económica* se muestra convencido de que si el Rey pedía a los prelados de sus iglesias "que promovieran por sí mismos la enajenación de sus propiedades territoriales para devolverlas al pueblo, bien fuera vendiéndolas y convirtiendo su producto en imposiciones de censos o en fondos públicos, o bien dándolas en foros o en enfiteusis, correrían ansiosos a hacer este servicio a la patria".

El papel nacional que la iglesia había desempeñado históricamente en España se puso de manifiesto una vez más durante la Guerra de la Independencia. Cuando el pueblo español se levantó en armas contra los franceses, lo hizo en comunión con los curas y los frailes, que encabezaban las Partidas de Cruzada, nombre que recibieron los grupos de clérigos guerrilleros que comenzaron la lucha contra el invasor. El reglamento de estas partidas lo escribió el carmelita descalzo Manuel de Santo Tomás. Fue el clero en su conjunto quien atizó la guerra y la sostuvo con sus bienes. La nómina de sacerdotes y religiosos del clero regular y secular que empuñaron las armas contra Napoleón es muy numerosa, tanto es así que, desde Galicia a Catalunya y desde Andalucía a Navarra, no existió región española sin sus guerrillas conducidas por canónigos, curas o frailes. Mientras muchos nobles y burgueses adinerados eran afrancesados, el pueblo fue dirigido por la Iglesia, cuyos representantes formaron parte de las juntas provinciales y locales. Las Juntas Provinciales de Sevilla, Toledo, Cuenca, Zamora y Santander fueron presididas por sus obispos. En Valencia, Cádiz, Huesca, Murcia y Galicia los obispos fueron también vocales de las Juntas. Tres obispos formaban parte de la Junta Central y dos cardenales fueron presidentes de la Regencia.

Los problemas para la Iglesia y el comienzo de su desvinculación con el pueblo y con los pobres surgieron como consecuencia de las nefastas políticas agrarias de los liberales y, concretamente, de la famosa desamortización de Mendizábal de 1836. Esta ley anticlerical y anticarlista disolvió las congregaciones religiosas y confiscó las propiedades agrarias de la Iglesia. Según Brenan, "al privar al clero y a los frailes de la posesión de la tierra, los apartaba de hecho del pueblo, obligándolos a pensar en otros medios de enriquecimiento y arrojándolos en brazos de las clases ricas". Mendizábal, comisario de abastecimientos desde 1817, debía organizar en 1819 los suministros de la flota que iba a partir de Cádiz para sofocar la rebelión independentista en América; pero en lugar de ello se dedicó a preparar la revolución de 1820 con Rafael de Riego, su hermano masón. Como sabemos, Mendizabal aparece en *Coningsby*, la novela de Disraeli cuyo protagonista es Lionel Rothschild. Juan de Dios Álvarez Mendizábal, descrito como el hijo de un marrano de Aragón, era un hombre de los Rothschild, un judío masón que adoptó un apellido vasco para esconder su origen y que se enriqueció en Londres especulando con bonos de la deuda gracias a su amistad con Nathan Rothschild. En 1835, año en que el Gobierno español otorgó a Lionel Rothschild, hijo de Nathan, la orden de Isabel la Católica, Mendizabal fue nombrado ministro de Hacienda. El duque de Wellington dijo entonces que Mendizábal no era más que "un puesto avanzado de los Rothschild".

Los liberales juzgaron anticuadas las ideas colectivistas de los siglos XVI y XVII, que favorecían la propiedad del Estado y un cierto grado de gestión comunal. Condenaron, claro, las soluciones basadas en la propiedad nacional de la tierra. Uno de los pocos que se opusieron a la ley de Mendizábal fue Flórez Estrada, quien propuso que los latifundios y los bienes comunales fueran nacionalizados y entregados a quienes los trabajasen, lo cual, según sus palabras, "promovería una solución colectivista del problema agrario, de acuerdo con la tradición española". Las consecuencias de la desamortización fueron desastrosas y ocasionaron graves perjuicios a los agricultores, a los que se despojó de las tierras de la Iglesia que habían cultivado durante siglos. Muchos de ellos, arruinados, cayeron en la miseria y en la indigencia. Las propiedades de la Iglesia fueron vendidas a precios ridículos y lo mismo ocurrió con terrenos comunales de los municipios, lo cual privó a los campesinos de pastos, caza, leña y de la práctica del carboneo. El resultado de la desamortización fue un incremento del número y del tamaño de los latifundios, que pasaron a ser propiedad de nuevos ricos, burgueses adinerados que sólo miraban por su beneficio económico. Evidentemente, la producción agraria disminuyó, pues los nuevos propietarios, que eran absentistas y vivían en las ciudades, no tuvieron ningún interés en emprender mejoras y sólo se preocuparon por lo general de establecer nuevos contratos de arrendamiento. De este modo, los campesinos quedaron a merced de esta nueva clase de terratenientes, los únicos que habían resultado favorecidos por la aplicación de unas doctrinas liberales que eran completamente inadecuadas a las condiciones y a los intereses del país. Comenzó a generarse así el caldo de cultivo para que las doctrinas anarquistas y marxistas arraigaran años más tarde entre el campesinado español.

Los primeros en percatarse de que el liberalismo obedecía a intereses económicos de los banqueros internacionales fueron los carlistas, quienes se opusieron radicalmente a una nueva doctrina que tenía en los masones a sus principales predicadores. Para ellos, la política agraria de los liberales atentaba contra los valores tradicionales y seculares de la nación. Los campesinos del norte de España así lo entendieron y se alzaron unánimemente en favor de don Carlos. En 1833 la cuestión religiosa y la de la tierra estaban relacionadas: mientras los liberales se apoyaban en los masones, los carlistas contaban con los jesuitas. La masonería, cuyo papel en la Revolución Francesa ha sido ya estudiado, penetró en España a través de círculos de ilustrados: el conde de Aranda llegó a ser gran maestre. Desde entonces su introducción fue progresiva y puede decirse que durante el siglo XIX se convirtió en una internacional revolucionaria de las clases medias, aunque a partir de 1848 comienza ya a hablarse de la masonería roja.

Muchos militares pertenecían a estas sociedades secretas y por ello la mayor parte de los complots y pronunciamientos se urdieron en las logias, que durante el trienio liberal se extendieron enormemente. Tras la muerte de Fernando VII, a través de militares y políticos masones como Espoz y Mina, Espartero, Álava, Toreno, Alcalá Galiano, Argüelles, Mendizábal, Istúriz, entre otros, los liberales consiguieron derrotar a los carlistas. Las maquinaciones de los Rothschild, que habían conseguido de Toreno la explotación de las minas de mercurio de Almadén, fueron decisivas en la derrota carlista. Los Rothschild sabían que si don Carlos hubiera reinado en España no habrían mantenido los derechos de explotación de las minas[18]. Pero los Rothschild no sólo se hicieron con el control de Almadén: los liberales pusieron asimismo en sus manos las minas de Río Tinto y Peñarroya, de donde se extraía cobre, plomo, zinc y otras materias primas necesarias para la industrialización de Europa.

Cuando en 1873 se proclamó la Primera República, que los propios masones llaman "República Masónica", los carlistas se habían ya levantado en armas en mayo de 1872. Para ellos la República llevaba mandil. Según confirma el gran maestre Miguel Morayta en *Masonería Española*, Figueras y Pi i Margall pertenecieron a la orden de los carbonarios, Salmerón simpatizaba con la masonería, y Castelar perteneció a la Orden. También eran masones los principales generales insurrectos en 1868: Domingo Dulce, Ramón Nouvillas, Francisco Serrano y el almirante Bautista Topete, bajo cuyo mando se había sublevado la flota en Cádiz. Serrano, "el general bonito" vencedor de la batalla del puente de Alcolea, formó el Gobierno provisional y fue Regente del Reino hasta la llegada de Amadeo I de Saboya,

---

[18] Henry Coston denuncia en *La Europa de los banqueros* que los masones liberales españoles entregaron los recursos naturales de España a la familia Rothschild. Según Coston, Almadén e Indria (Austria) eran en Europa los únicos yacimientos de mercurio, mineral necesario para refinar la plata de impurezas. Los Rothschild sabían que quien los controlara tendría en sus manos el monopolio del mercado del mercurio. Nathan Rothschild envió a su hijo Lionel a Madrid para hacerse con la explotación de las minas. Los postores habían enviado sus ofertas en pliego sellado al Ministerio de Finanzas. Sin que se sepa cómo, Lionel supo que la mejor oferta era la de la Banca Zulueta, y ofreciendo sólo cinco reales más ganó la puja. De este modo el 21 de febrero de 1835 Lionel Rothschild y el conde de Toreno firmaron el contrato que conllevaba aparejado un préstamo para combatir a los carlistas.

el rey masón que había sido traído a España por el general Prim, que asimismo era masón.

Los carlistas veían detrás de los liberales la mano de herejes, masones y judíos. En 1872, como en la Guerra de la Independencia, con un sentimentalismo de tipo romántico y quijotesco, arraigado en cierto modo en el alma española, miles de jóvenes y campesinos del País Vasco y de Navarra volvieron a la lucha dirigidos por curas y frailes. Es famoso el caso del párroco de Hernialde, el famoso cura Santa Cruz, descrito por Pío Baroja en su novela *Zalacaín el aventurero*, cuya crueldad y valentía iban a la par. Existe la tesis de que la masonería, ante la posibilidad de que la anarquía reinante facilitase la proclamación de Carlos VII, decidió apoyar el golpe de Pavía contra la República para evitar un mal mayor. De hecho, el 17 de marzo de 1875 el general Pavía declaró lo siguiente ante las Cortes: "¡Ah Señores diputados! Si yo no hubiera ejecutado aquel acto, no hubiera quizá terminado el mes de enero sin que hubiera entrado en Madrid don Carlos de Borbón".

Los apóstoles del ateísmo traen la Internacional a España

Las discrepancias con Marx sobre la organización de la Internacional habían impulsado a Bakunin a organizar en septiembre de 1868 una sociedad secreta revolucionaria, a la que llamó Alianza de la Democracia Social, en cuya cumbre estaban los Cien Hermanos Internacionales, otra sociedad secreta que había fundado anteriormente en Nápoles. En octubre, Bakunin, que como Marx, Trotsky y Lenin era masón de alto grado, envió a España en misión evangelizadora a un ingeniero italiano llamado Giuseppe Fanelli, otro masón al que había conocido en Ischia en 1866 y pertenecía a su Hermandad Internacional. Cuando en diciembre de aquel mismo año la Alianza de la Democracia Social solicitó ser admitida en la Internacional, su petición fue rechazada por el Consejo General. Bakunin comprobó entonces que Marx quería deshacerse de él y que judíos alemanes afiliados a la Internacional trataban de desacreditarlo, por lo que escribió en 1869 su *Polémica contra los judíos*, donde denunciaba que Marx estaba siendo financiado por banqueros judíos.

Fanelli, que había luchado contra el Papa a las órdenes de Garibaldi y era amigo íntimo de Mazzini, ambos masones del grado 33, llegó a Barcelona y desde allí comenzó su misión por tierras españolas. Uno de los primeros anarquistas españoles fue Tomás González Morago, cuyo padre era carlista. Anselmo Lorenzo, que también era masón, comenta que González Morago se acogió al anarquismo porque le parecía que realizaba las enseñanzas del Evangelio. En la primavera de 1870 se fundó la Alianza de la Democracia Social Española, cuyo primer congreso se celebró en junio en el Ateneo Obrero de Barcelona. A este congreso asistieron noventa delegados que representaban a treinta y seis localidades. Nació entonces la Federación

Regional Española de la Internacional, que adoptaría más tarde los estatutos de la Federación del Jura de la Internacional, redactados por Bakunin.

Los partidarios de Marx en España, a los que se dio el nombre de "autoritarios", fueron minoritarios y adoptaron el nombre de "comunistas", mientras que los bakuninistas se llamaron a sí mismos "colectivistas". Se trasladó de este modo a España la lucha que Bakunin mantenía con Marx, quien en diciembre de 1871 envió a su yerno Paul Lafargue, que hablaba perfectamente español, ya que había sido educado en Cuba. Lafargue atacó inmediatamente a la Alianza de la Democracia Social y la acusó de ser una sociedad secreta. Los días 12 y 13 de septiembre la Internacional había celebrado en Londres una conferencia que otorgó nuevos poderes al Consejo General, controlado por Marx. Este Consejo dictaba el derecho de admisión en la Internacional y había prohibido la existencia de sociedades secretas dentro de la Internacional. Con el fin de que la Policía española detuviera a los líderes anarquistas, Lafarge publicó los nombres de los principales dirigentes españoles de la Internacional en el periódico que poseían los marxistas en Madrid: *La Emancipación*. Los bakuninistas reaccionaron expulsando a los "autoritarios". Finalmente, en el Congreso de La Haya, celebrado en septiembre de 1872, Marx logró la expulsión de la Internacional de Bakunin y trasladó el Consejo General a Nueva York para impedir que sus enemigos le arrebataran el control de la organización. González Morago y Farga Pellicer convocaron un congreso que tuvo lugar el 26 de diciembre de 1872 en el teatro Moratín de Córdoba, donde los bakuninistas españoles reafirmaron las finalidades de la Internacional anarquista.

A partir de estos años los "apóstoles" del anarquismo, cuyo anticlericalismo era una de sus señas de identidad, comenzaron a difundir la nueva doctrina de libertad, igualdad y justicia. La primera huelga general en España tuvo lugar en 1873 en Alcoy, donde ocho mil obreros laboraban en fábricas de papel. Mediante esta acción revolucionaria los anarquistas pretendían conseguir la jornada de ocho horas. El alcalde, que trató de mediar, se puso del lado de los patronos, por lo que grupos de trabajadores se concentraron frente al Ayuntamiento. La policía hizo una descarga y comenzó una lucha que duró un día. La victoria fue para los obreros, que fusilaron al alcalde, cortaron su cabeza y las de los guardias que murieron en los combates y las pasearon por Alcoy. Puede decirse que a partir de este momento la violencia y el odio fanático contra la Iglesia se convirtió en una constante del movimiento anarquista. En octubre de 1910 nació en Sevilla la CNT, que iba a convertirse en la principal fuerza de combate del sindicalismo español.

Como bien había denunciado Bakunin, el hecho de que los marxistas contaran con el apoyo de la banca judía internacional propició la victoria del comunismo en Rusia, lo que puso en manos de los judeo-bolcheviques el liderazgo de los movimientos revolucionarios internacionales. En marzo de 1919 nació en Petrogrado la III Internacional. El primer objetivo de Trotsky, como se ha visto, fue expandir la revolución a Alemania, Hungría y Austria. Sin embargo, las condiciones sociales existentes en España la ponían también en el punto de mira. El Partido Comunista Español se fundó el 15 de abril de 1920. Entre el 19 de julio y el 7 de agosto de aquel año se celebró en Moscú el II Congreso de la Internacional Comunista. Fue entonces cuando Lenin profetizó que la segunda revolución proletaria tendría lugar en España y que sería apoyada por el proletariado en armas. Tras este anuncio los revolucionarios internacionales comenzaron a dedicar atención a los acontecimientos de la Península. El primer congreso del PCE se reunió en Madrid el 15 de marzo de 1922 y en él ya se aprobó la política del Frente Único con los socialistas y los anarquistas, cosa que Isidoro Acevedo, representante español en el IV Congreso de la Internacional, al que asistían sesenta y un países, anunció en su intervención en las sesiones del congreso celebradas en noviembre de 1922. Jules Humbert-Droz, representante suizo, intervino el 4 de diciembre e hizo hincapié en la necesidad de que el PCE trabajase con las organizaciones anarco-sindicalistas y con la UGT.

Los anarquistas, impresionados por la revolución bolchevique, estuvieron en 1921 dispuestos a la colaboración con los comunistas. Andreu Nin y Joaquín Maurín viajaron a Rusia y sin autorización federaron a la CNT con la III Internacional. Se supone que nada debían de saber entonces sobre la matanza de anarquistas en abril de 1918 y sobre la responsabilidad de Trotsky en la represión criminal de los marinos de Kronstadt en marzo de 1921. Pronto Ángel Pestaña, que había ido también a Rusia, trajo pruebas de lo que había ocurrido en Kronstadt y de la guerra de exterminio contra los anarquistas rusos, por lo que la acción de Nin y Maurín fue desautorizada. En el mes de junio de 1922 se celebró en Zaragoza un congreso presidido por Juan Peiró. La CNT reafirmó su voluntad de seguir la senda de comunismo libertario, rechazó cualquier conexión con la Internacional de Moscú y acudió al congreso de la Internacional Sindicalista (AIT) en Berlín. Durante los años de la dictadura de Primo de Rivera, Nin y Maurín organizaron en el exilio un pequeño partido comunista. Por su parte los anarquistas crearon en 1927 la Federación Anarquista Ibérica (FAI), una poderosa asociación secreta, cuyos dirigentes constituían una misteriosa élite política que pasó a formar parte de la directiva de la central anarcosindicalista.

2ª PARTE
ACOSO A LA MONARQUÍA Y DERRIBO

Tras la caída de tres grandes monarquías europeas como consecuencia de la Primera Guerra Mundial y de la Revolución en Rusia, ya sólo quedaba rematar la faena en España, país cuyo catolicismo era un escollo desde el siglo XVI. España no sólo había expulsado a los judíos, sino que colonizó y cristianizó América y durante siglos se erigió en defensora de la fe católica en Europa. Por todo ello, había hecho méritos más que suficientes para que el Movimiento Revolucionario Mundial preparase contra ella la batalla para acabar de una vez por todas con la Monarquía y con la religión. Como ha quedado esbozado, el proceso de descristianización de las clases trabajadoras precisaba divorciarlas de la Iglesia, su aliada tradicional. El daño provocado por la desamortización de los bienes eclesiásticos fue irreparable, pues originó una separación que fue acentuándose debido a la estupidez y a la hipocresía de la cúpula eclesiástica. De nada sirvió la actitud ejemplar de muchos curas y frailes que siguieron humildemente arrimándose a los pobres, puesto que la jerarquía, ignorando las enseñanzas de Jesucristo, decidió vincularse a los ricos con el fin de defender sus privilegios. De este modo, entre los pobres y las clases medias fue creciendo el escepticismo y el desprecio. Antes de la llegada de la República, el proceso de desapego con todo lo relacionado con la Iglesia afectaba incluso a los creyentes, como lo demuestra el hecho de que cada vez eran más bajos los porcentajes de practicantes.

Un jesuita inteligente, el padre Vicente Andrade, organizó en 1861 los primeros sindicatos católicos de trabajadores, que se afiliaron al Movimiento Internacional Católico del Trabajo; pero, desgraciadamente, ni obispos ni patronos supieron apoyar esta iniciativa. El pontificado de León XIII (1878-1903) permitió, no obstante, que las iniciativas del padre Andrade recibieran el reconocimiento que merecían. En 1891 la encíclica *Rerum novarum* denunciaba la opresión y sometimiento de los pobres por parte de "un puñado de gente muy rica". Además de exigir salarios justos, en la encíclica se reconocía el derecho a la sindicación y se progugnaba la creación de sindicatos católicos. La jerarquía española recibió instrucciones de organizar centros católicos y sociedades de ayuda para atender casos de enfermedad y paro forzoso. Los gastos debían ser mayoritariamente cubiertos por los patronos. En el norte peninsular estos sindicatos católicos llegaron a funcionar y se agruparon en un Consejo Nacional de las Corporaciones Católicas Obreras, presidido por el arzobispo de Toledo. Estas organizaciones asistían a enfermos, parados, ancianos y en los distritos rurales daban créditos sin interés a los campesinos. Otros sindicatos católicos se asociaron en la Federación Nacional de Sindicatos Católicos Libres, fundada en 1912 por dos padres dominicos. Otra cosa fue el sur y el este de

España, donde el sentir antirreligioso había calado con saña y el movimiento católico era casi inexistente.

Estos sindicatos católicos fueron, lógicamente, apoyados durante la dictadura de Primo de Rivera. Además, el general logró la colaboración de la UGT, cuyo secretario, Francisco Largo Caballero, se impuso a Indalecio Prieto y aceptó la oferta del dictador. Largo se convirtió en consejero de Estado, puesto desde el que trató de ampliar sus bases en detrimento de la CNT, que estaba siendo perseguida. Caballero fue analfabeto hasta los veinticuatro años y estaba ya afiliado al sindicato cuando aprendió a leer y escribir en 1893. No fue hasta 1934 cuando, estando en prisión a causa de su participación en la revolución de Asturias, comenzó a leer a los sesenta y siete años a Marx, Engels, Trotsky, Lenin y Bujarin. Parece ser que fue entonces cuando Largo Caballero se entusiasmó con la revolución rusa, pese a que había provocado la guerra civil, la ruina del país y cerca de veinte millones de muertos.

Con el apoyo de los socialistas de la UGT, Primo de Rivera amplió la legislación laboral que había establecido en 1919 la jornada de ocho horas y creó los comités paritarios que ajustaban los jornales, lo cual benefició a la clase trabajadora. De este modo se intentaba alejar a los obreros del anarcosindicalismo. Prácticamente se terminó con el paro merced a una política de obras públicas, pero aumentó la deuda. Si el dictador se hubiera atrevido a expropiar y parcelar los latifundios que sustentaban el anarquismo rural, habría, quizá, desactivado la fuerza de la CNT en el sur peninsular; pero era necesario asumir el coste de la expropiación y ello hubiera supuesto un mayor endeudamiento público. Por otra parte, su dependencia de la clase terrateniente y del Ejército no le permitían afrontar esta cuestión.

La dictadura había contado con el apoyo de la burguesía catalana, aterrada por la anarquía que había imperado en Barcelona. Puig i Cadafalch, presidente de la Mancomunidad, y otros miembros de la Lliga Regionalista de Cambó ofrecieron su apoyo a Primo de Rivera a cambio de que se permitiera la autonomía de Catalunya. Pese a que la burguesía conservadora salió beneficiada con el desarrollo de la industria y de las finanzas catalanas, el incumplimiento de la promesa fue un error que acentuó la tensión y tuvo graves consecuencias para la Lliga. El general no quería ver la realidad y afirmó repetidamente que el problema catalán no existía. El dictador no sólo se negó a avanzar en la idea autonómica, sino que prohibió el uso del catalán en las escuelas y en las comunicaciones oficiales. Tampoco se permitió enarbolar la senyera y bailar la sardana en público. Todo ello puso en bandeja el triunfo a los partidos de izquierda partidarios de la República[19].

---

[19] Miguel Primo de Rivera murió en París el 15 de marzo de 1930 en circunstancias que no han sido aclaradas, pues el médico de la embajada española, el judío Alberto Bandelac de Pariente, miembro de la Alianza Israelita Universal, no permitió que se practicara la autopsia al cadáver. La muerte, inesperada y repentina, puesto que no estaba enfermo y

Catorce meses sin tregua

Tan pronto cayó la dictadura comenzó una campaña desenfrenada de ataques a la institución monárquica y al rey. Además, a pesar de que el comunismo no contaba todavía con arraigo significativo en España, comenzó a aparecer en los cines la propaganda insidiosa que pintaba la revolución rusa como un triunfo de la clase obrera. En estas circunstancias Alfonso XIII ofreció el poder al general Dámaso Berenguer, quien el 30 de enero de 1930 juró el cargo de presidente del Consejo y asumió asimismo la cartera de Guerra. Su principal objetivo era organizar elecciones parlamentarias tan pronto como fuera posible. La Junta Central del Censo dirigió enseguida un escrito al Gobierno en el que se consideraba imprescindible una rectificación censitaria. Niceto Alcalá Zamora y Ángel Ossorio y Gallardo apoyaron con sus firmas la demanda de la Junta. La necesidad de proceder a esta actualización retrasó algunos meses la convocatoria, lo cual motivó que antimonárquicos y revolucionarios denunciaran que la nación seguía bajo un régimen ilegal de dictadura.

La agitación sindical instigada por comunistas, anarquistas y socialistas fue acentuándose progresivamente. En abril de 1930 llegó a Madrid un nieto de Karl Marx, Jean Longuet, un socialista francés apodado "Johnny" que había fundado el diario *Le Populaire*. Venía con la misión de transmitir instrucciones de actuación a los revolucionarios españoles. Este personaje, experto en conspiraciones, era hijo de Jenny Marx y de Charles Longuet, agente de máxima confianza de Marx en la Comuna de París que acabó casándose con su hija. Jean Longuet (Johnny), un descarado que pese a declararse pacifista había apoyado la concesión de créditos de guerra durante la Primera Guerra Mundial, era ya un sionista convencido cuando viajó a España: cuatro meses después, el 6 de agosto, apoyó junto al judío Léon Blum las posiciones sionistas en el Congreso de la Internacional Socialista en Bruselas, donde se pidió al Gobierno británico que ayudara a la inmigración y colonización judía a Palestina.

Poco a poco, pues, fue creciendo la agitación social y laboral. El 23 de junio estalló una huelga general en Sevilla, que días después fue apoyada

---

su diabetes estaba tratada y bajo control, le sorprendió en la habitación de su hotel mientras leía cartas y periódicos españoles. El embajador de España en la capital francesa, Quiñones de León, un masón bien conocido, mantenía con él contactos frecuentes. Según José Luis Jerez Riesco, la noche anterior a su defunción Primo de Rivera estuvo cenando con un judío masón de origen sefardita cuya identidad no precisa. Bandelac de Pariente, judío sefardita nacido en Tánger, fue el primero que inyectó en España el salvarsán, un preparado de arsénico orgánico empleado en el tratamiento de la sífilis y de la fiebre recurrente, llamado también el 606 (por ser el resultado de 606 experimentos). Su descubridor, un judío de origen alemán llamado Paul Ehrlich, llamaba "balas mágicas" a estos preparados. Parece ser que en un comunicado interno las logias consideraron "oportuno" el fallecimiento del exdictador.

en Málaga. Durante aquel mismo mes hubo paros y huelgas de la construcción en varias capitales. También en el mes de julio se convocaron huelgas en Santander, Gerona, Langreo, Málaga y otras ciudades; pero el acontecimiento más importante tuvo lugar el 17 de agosto en San Sebastián: en el Círculo Republicano se reunieron representantes de todos los partidos republicanos y lograron el "Pacto de San Sebastián", un acuerdo para derrocar a Alfonso XIII y proclamar la República. No se levantó acta por escrito de los temas tratados ni de los acuerdos; pero se supo merced a una nota oficiosa publicada en el diario *El Sol* que existió "unanimidad" en las resoluciones adoptadas. El líder socialista Indalecio Prieto había asistido al encuentro a título personal, por lo que en dicha nota se hacía un llamamiento al PSOE y a la UGT para que sumasen "su poderoso auxilio a la acción que sin desmayos pretenden emprender conjuntamente las fuerzas adversas al actual régimen político". Ambas organizaciones confirmaron su adhesión en octubre.

Ángel Rizo Bayona, gran maestre del Grande Oriente Español, fue quien concibió la idea del pacto para derrocar a la Monarquía. Así lo aseguran César Vidal y José A. Ayala Pérez, biógrafo de Rizo. El propio Alejandro Lerroux confirmó que Rizo había sido el ideólogo del Pacto de San Sebastián. Este masón, que en 1929 era capitán de corbeta, concibió también la idea de las "logias flotantes" para lograr el control de la Marina. El gran maestre Diego Martínez Barrio lo autorizó personalmente para hacer proselitismo entre el personal de la Armada. En 1930 Rizo fue elevado al grado 32 y se encargó de impedir cualquier reacción contraria a la proclamación de la República. Para comprobar su eficacia, baste decir que el 14 de abril más de tres mil integrantes de la Escuadra de Ferrol que estaban en Cartagena se manifestaron por las calles a favor de la República. Alejandro Lerroux, Manuel Azaña, Álvaro Albornoz, Marcelino Domingo, Ángel Galarza, Santiago Casares Quiroga, Eduardo Ortega y Gasset (hermano del filósofo) y Niceto Alcalá Zamora, todos ellos presentes en San Sebastián, eran asimismo masones. Junto a estos acudieron a San Sebastián tres representantes catalanes: Jaume Aiguader, que también era masón, Macià Mallol y Manuel Carrasco, a los que se prometió un tratamiento adecuado de la cuestión catalana.

En *Memorias de mi paso por la Dirección General de Seguridad*, publicadas en 1932 y 1933, el general Emilio Mola, que estuvo al frente de la Dirección General de Seguridad hasta la proclamación de la República, relata cómo se vivieron desde dentro aquellos tiempos de conspiración permanente, de los que la Policía tuvo bastante información a través de sus agentes. Durante los meses de septiembre y octubre la tormenta fue gestándose. Los partidos republicanos que integraban el movimiento revolucionario estaban tan obcecados que pensaban que anarquistas y comunistas les prestarían su colaboración a cambio de un simple reconocimiento, por lo que los utilizaban imprudentemente como instrumentos en su camino hacia el poder. El 3 de octubre Mola envió una extensa carta circular a todos los gobernadores en la que avisaba proféticamente del peligro que esta actitud comportaba:

> "La masa obrera, y en particular las organizaciones integradas por anarquistas, anarcosindicalistas, son materia propicia a la revuelta y a la acción, no porque les interese un cambio de régimen 'monárquico-burgués' por otro 'republicano-burgués', sino porque rotos los diques que mantienen el estado social actual y sumida la nación en el caos de la revolución, saben perfectamente lo difícil que será volver a las masas a la disciplina. Y como, por otra parte, a través de la crisis sólo las organizaciones obreras habrían ganado en fuerza y prestigio, el momento sería llegado de instaurar un régimen proletario... Realmente parece mentira que hombres de experiencia y cultura hayan caído en la tentación de ir a buscar el apoyo de la CNT para hacer la revolución; mas, desgraciadamente, así es."

En *Lo que yo* supe, primero de los tres libros que conforman las *Memorias* de Mola, el director general de Seguridad confirma que supo a finales de noviembre de 1930 que los preparativos para un golpe revolucionario estaban ya muy adelantados: se habían repartido armas y había militares comprometidos, generales incluidos, en Madrid, Valencia, Logroño, Huesca y Jaca. La UGT y algunos comunistas habían comprometido su participación. Se conocieron también los nombres y las carteras de los miembros del futuro Gobierno provisional que había sido pactado en el seno del Comité Revolucionario. Entre otros detalles concernientes a los planes de actuación, se supo que el capitán Fermín Galán actuaría en Jaca con paisanos armados y tropa, por lo que Mola, que lo conocía personalmente, decidió el 27 de noviembre escribirle una carta para que desistiera. "Mi distinguido capitán y amigo" eran los términos afectuosos con los que se dirigía a él. En un pasaje significativo le declaraba que el complot había sido descubierto: "Sabe el Gobierno y sé yo sus actividades revolucionarias y sus propósitos de sublevarse con tropas de esa guarnición: el asunto es grave y puede acarrearle daños irreparables". Entre otras advertencias, Mola le recordaba también que podía aplicársele el Código de Justicia Militar. Lo que no sabía Mola era que meses antes, a mediados de septiembre, Fermín Galán, con la mano derecha "sobre el Evangelio de la Luz", había realizado un juramento ante sus hermanos de la Logia Ibérica. Juan-Simeón Vidarte, vicesecretario del PSOE entre 1932 y 1939, masón del grado 33 cuyo nombre iniciático era "Erasmo", reproduce en *No queríamos al Rey* el juramento de Galán: "Juro solemnemente ante el Gran Arquitecto del universo y ante vosotros, mis hermanos, que el día que reciba las órdenes del Comité Revolucionario proclamaré la República en Jaca y lucharé por ella aunque me cueste la vida."

Nadie en la Dirección General de Seguridad creía que Galán seguiría adelante tras saber que se había descubierto la conspiración; pero el joven capitán no quiso ver la realidad y pensó que podía imponer la República en España. En la madrugada del viernes 12 de diciembre de 1930, en compañía de varios capitanes, entre los que estaban Ángel García Hernández y Salvador Sediles, y de paisanos encabezados por los líderes republicanos locales, Galán sublevó la guarnición de Jaca. Se encarceló al gobernador militar, general Urruela, y a los jefes y oficiales que no se sumaron. Dos carabineros que se negaron a ser desarmados fueron abatidos. El sargento que comandaba el puesto de la Guardia Civil también perdió la vida. Los sublevados se dirigieron entonces a Huesca en dos columnas: una abordó un tren militar y la otra marchó por carretera con camiones y automóviles. Un pequeño destacamento mandado por el general Las Heras trató de impedir el avance y se produjeron nuevas bajas, entre ellas el capitán Mínguez de la Guardia Civil. El general también resultó herido en la refriega. Finalmente en Cillas se produjo el choque con las fuerzas gubernamentales que acabó con una desbandada de los sublevados.

La Policía supo que, entre otros elementos revolucionarios, se encontraban en Jaca dos comunistas, un ingeniero llamado Cárdenas y el estudiante Pinillos. Parece ser que el jueves día 11 Casares Quiroga se hallaba en Zaragoza de camino hacia Jaca. Debía comunicar a Galán que el Comité Revolucionario había decidido aplazar la acción hasta el día 15, pero el aviso llegó tarde. También las vacilaciones de la UGT en Zaragoza y las divergencias en el seno de la CNT en Madrid coadyuvaron al fracaso de la intentona golpista. El domingo día 14 un Consejo de Guerra sumarísimo, en aplicación del Código de Justicia Militar, condenó a muerte a los capitanes Fermín Galán Rodríguez y Ángel García Hernández, que fueron fusilados el mismo día.

Hasta qué punto el capitán Fermín Galán era un alucinado queda de manifiesto en unos escritos redactados de su puño y letra que se hallaron en Jaca. El general Mola publicó fotocopias de los mismos en *Tempestad, calma, intriga y crisis*, el segundo volumen de sus *Memorias*. En unas cuartillas redactadas apresuradamente y llenas de tachones el joven capitán dejó pergeñados varios decretos y bandos. He aquí una pequeña muestra de algunas de sus locuras:

> "Dadas las circunstancias actuales que requieren una unidad de mando firme y segura sin subdivisiones que puedan perturbar la unidad de doctrina que nos inspira el desenvolvimiento racional de las cosas, con la clara visión que de ellas tenemos vengo en disponer:
> Artículo 1º Quedan concentradas en mi autoridad todos los poderes de la revolución."

En otros artículos redactados aparte, el capitán Fermín Galán, en demostración irrefutable de su estupidez supina, disponía lo siguiente:

"Artículo 1º Serán castigados con la pena de muerte sin formación de causa:
a) todo aquel que entorpezca de un modo o de otro, conspire o haga armas contra el régimen naciente.
b) todo aquel que trate de cambiar por sí mismo el orden existente atentando contra la vida de personas y la seguridad de las cosas.
c) Todo aquel que saque al exterior plata, oro o riqueza de todo género, incluidos los valores específicos o artísticos.
Artículo 2º Las juntas revolucionarias constituirán bajo su superior instrucción un Tribunal revolucionario, que conocerá y castigará, auxiliado por la Guardia Nacional, cuantos delitos se comprenden en el artículo anterior.
Artículo 3º Castigaré con todo rigor cualquier abandono o lenidad que encuentre en el cumplimiento de este bando por parte de las autoridades revolucionarias."

La precipitación de Galán, a todas luces un joven megalómano dispuesto liquidar a quien no aceptase sus condiciones o su "orden existente", propició el fracaso del golpe de Cuatro Vientos, que se produjo el lunes día 15. Si el joven capitán hubiera tenido paciencia, ambas sublevaciones habrían coincidido como pretendía seguramente el Comité Revolucionario. Protagonista destacado de la aventura del aeródromo fue Ramón Franco, hermano del general Franco, uno de los personajes más pintorescos e imprudentes del movimiento revolucionario, que en enero de 1926 se había convertido en un héroe nacional gracias a su vuelo en el hidroavión *Plus Ultra* desde Palos de la Frontera hasta Buenos Aires. Ramón Franco también era masón y había sido iniciado en la logia Plus Ultra, de ahí el nombre del avión.

Mola, permanentemente informado de sus andanzas, lo había detenido en octubre tras descubrir que trataba de comprar armas en Eibar y en Saint-Etienne, pero Franco consiguió escapar para tomar parte en el golpe. A las seis de la mañana llegaron en dos coches a Cuatro Vientos el general Queipo de Llano, los comandantes Hidalgo de Cisneros, Pastor y Roa, el capitán González Gil, un masón afiliado al PSOE, y otros oficiales. Ramón Franco llegó poco después. La guardia no opuso resistencia y se despertó a la tropa con el anuncio de que se había proclamado la República. El telegrafista cursó el siguiente despacho a todos los aeródromos: "Proclamada la República en Madrid, toque diana". Un teniente marchó con dos camiones y tropa al polvorín de Retamares, donde dos compañías de Ingenieros se sumaron a la rebelión y permitieron el traslado de bombas a Cuatro Vientos. Mientras tanto, el comandante Roa había impreso las proclamas que iban a ser lanzadas sobre Madrid. Ramón Franco debía bombardear el Palacio Real y despegó de la base con esta intención, pero al sobrevolar Madrid y ver que las plazas de Oriente y la de la Armería estaban llenas de niños jugando, desistió y regresó al aeródromo.

Después de lo ocurrido en Jaca, cuando el Gobierno conoció a primeras horas de la mañana que los aviadores de Cuatro Vientos se habían sublevado, acordó la declaración del Estado de Guerra en Madrid. Cuando más tarde se supo que habían comenzado huelgas generales y actos de violencia en numerosas ciudades, la declaración se hizo extensiva a toda España. Se contaba con una huelga general en Madrid, pero la convocatoria fracasó por disensiones entre los socialistas de la UGT. Enseguida se ordenó la marcha de tropas sobre la base aérea. Los cabecillas de la intentona comprendieron entonces que su aventura temeraria había fracasado y huyeron a Portugal sin avisar a los soldados, que rechazaron a tiros a una patrulla de Caballería enviada por el general Orgaz. Puesto que los rebeldes no deponían su actitud, se hicieron unos disparos de cañón sobre el aeródromo. Ante esta medida, los paisanos se dieron a la fuga y los rebeldes levantaron bandera blanca y se entregaron sin oponer más resistencia. El Comité Revolucionario había redactado incluso un manifiesto que acababa con los gritos de "¡Viva España con honra! ¡Viva la República!" e iba firmado por Niceto Alcalá Zamora, Alejandro Lerroux, Fernando de los Ríos, Manuel Azaña, Santiago Casares Quiroga, Indalecio Prieto, Miguel Maura, Francisco Largo Caballero, Marcelino Domingo, Luis Nicolau d'Olwer, Álvaro de Albornoz y Diego Martínez Barrio, los cuales asumían las funciones de Gobierno provisional.

Pese al acoso permanente a que se veía sometido, el Gobierno Berenguer confirmó en enero de 1931 su decisión de convocar elecciones generales y fijó la fecha del 1 de marzo. El general, un constitucionalista convencido, creía de buena fe que la vuelta a la legalidad pemitiría aplacar la agitación y la inestabilidad que promovían sin tregua los enemigos de la Monarquía. El Gobierno estaba dispuesto a levantar el estado de guerra, a restablecer las garantías constitucionales, a suprimir la censura de prensa y a permitir la propaganda electoral. El fiasco llegó cuando los partidos republicanos anunciaron que se abstendrían, lo cual supuso una nueva contrariedad para el Gobierno, que se dirigió a la opinión pública mediante una nota de prensa en la que rehusaba "penetrar en el fondo de los móviles de la campaña abstencionista" y hacía constar "una vez más su imparcialidad en la contienda electoral" a la vez que expresaba su "ferviente deseo en garantizar unas elecciones con votación libre y resultado exacto". El 7 de febrero de 1931 el Gobierno publicó el decreto de convocatoria, que fijaban la fecha del 1 de marzo para las elecciones de diputados y el 15 para las de senadores. Se establecía asimismo la fecha de 25 de marzo para la reunión de las Cortes en Madrid.

Muchos republicanos recibieron la noticia en el extranjero. Tras las sublevaciones de Jaca y Cuatro Vientos, los líderes revolucionarios que no habían sido detenidos se exiliaron. Puesto que París era uno de los centros de la emigración, había allí espías españoles que los vigilaban. Entre otros muchos estaban en la capital francesa Ramón Franco, que a través de masones franceses ingresó en el Grande Oriente, Indalecio Prieto, Queipo de Llano, Marcelino Domingo, Martínez Barrio. Este último llegó en febrero procedente de Gibraltar. El general Mola supo a través de sus agentes que por mediación de la masonería francesa habían contactado con el comunismo ruso y estaban en tratos con la delegación soviética en Viena, donde gestionaban un crédito de cuatro millones de pesetas. Pensaban depositar un millón y medio en un banco como fondo de garantía para asegurar las pagas de los militares: "Se juegan la vida, pero no el cocido", habría dicho Franco. Los otros dos millones y medio se destinarían a la compra de armas. También Cárdenas y Pinillos, los dos comunistas inseparables, aparecieron por allí en el mes de febrero. Según los informes que tenía la Policía española, en el hotel "Wien Back" de Viena se habían celebrado entrevistas con representantes de la Junta Central Revolucionaria y se preparaban para actuar el mismo día en que se celebrasen elecciones.

Así estaban las cosas cuando en la tarde del viernes 13 de febrero Álvaro de Figueroa y Torres, conde Romanones, y Manuel García Prieto, marqués de Alhucemas, dos liberales monárquicos, desencadenaron la crisis que provocó la caída del Gobierno. Ambos pretendían entregar a la prensa una nota en la que consideraban un precedente funesto la abstención de los partidos republicanos, toda vez que podría significar la muerte del sistema parlamentario. Anunciaban que concurrirían a las elecciones de marzo con el propósito de ir a las Cortes para pedir su disolución y exigir la convocatoria de otras constituyentes. Sobre el conde de Romanones, Juan-Simeón Vidarte desvela en *No queríamos al rey* que era masón, que había sido iniciado en secreto por Sagasta, gran maestre del Gran Oriente de España y gran comendador del Supremo Consejo del grado 33. Según Vidarte, el conde de Romanones siempre cumplió bien con la Orden. Vista la situación, Berenguer llamó a Cambó para conocer su actitud. El líder de la Lliga le comunicó que pensaba acogerse a la abstención. Advertido Cambó por el conde de Romanones del paso que iban a dar él y su colega, publicó este comunicado en la prensa de Barcelona:

> "Es notorio el concurso constante que tanto yo como las personas que comparten conmigo la dirección de una importante fuerza política hemos venido prestando al Gobierno. Ante las elecciones legislativas tanto tiempo anunciadas, nos limitamos a formular una petición de garantías de sinceridad electoral, que en sus puntos fundamentales fueron sustancialmente aceptados. A pesar de la otorgación de estas garantías y casi coincidiendo con ellas, empezaron las declaraciones de abstención electoral que, después de alcanzar a todos los grupos revolucionarios, se extendieron a notorias personalidades monárquicas y gubernamentales. Aun después de crearse tan delicada situación, entendimos, como entendemos hoy, que no debíamos abstenernos de participar en las

elecciones, pero ante la declaración de los jefes de las dos únicas fuerzas del partido liberal que no se habían declarado abstencionistas, parece claro que el Parlamento que está convocado no tendrá de vida más que los pocos días que tarden el conde de Romanones y el marqués de Alhucemas en llevar a la práctica el propósito que expresan en su nota. Y ante tal situación más vale, a mi juicio, afrontar desde ahora resueltamente el problema político, evitando los inconvenientes y los peligros notorios del régimen de interinidad a que daría lugar su aplazamiento."

Nadie comprendió por qué los líderes liberales habían esperado al último momento para anunciar una decisión que seguramente venían meditando desde tiempo atrás. Su actitud iba a dar pie en los proximos días a una campaña de prensa inclemente dirigida una vez más a desprestigiar al rey y a la institución monárquica. El 14 de marzo la crisis estaba servida. El Gobierno presentó la dimisión y, con objeto de no comprometer a sus sucesores, el general Berenguer propuso al rey la firma de un decreto que dejaba en suspenso los plazos señalados para las elecciones de diputados y senadores y la convocatoria de Cortes. Como alternativa a las elecciones para unas Cortes constituyentes, quienes habían originado la crisis proponían un gobierno de concentración monárquica presidido por el almirante Juan Bautista Aznar en el que entrarían tres ministros catalanes propuestos por Cambó. Antes de emprender viaje a Madrid, Francesc Cambó definió perfectamente la situación. Según su análisis, España estaba en una situación prerrevolucionaria en la que "todos los elementos de disolución política y social actúan con desenfrenada actividad". Para el líder de la Lliga, el Gobierno del general Berenguer había ido dando cada vez más "la sensación de que no era él quien preveía y dirigía los acontecimientos, sino que era un simple juguete de los hombres que los provocaban y administraban".

El día 15 Cambó se entrevistó con el rey y con Berenguer. El mismo día el monarca ofreció el poder a Santiago Alba, pero éste lo rechazó. Por su parte el conde de Romanones anunciaba en conversaciones con los periodistas que iba a intentar la formación de un gobierno de "clara y definida significación izquierdista" que convocaría unas Cortes "archiconstituyentes". Las Comisiones Ejecutivas de UGT y del PSOE reiteraban el día 15 la necesidad de ruptura con el pasado y pedían la República. El día 16 prosiguieron las consultas y José Sánchez Guerra, un político veterano, aceptó el encargo del rey. Sobre las gestiones realizadas por Sánchez Guerra destaca su visita a la cárcel Modelo, donde estaban presos los líderes del movimiento revolucionario. Oficialmente se dijo que había ido a pedirles apoyo y a ofrecerles puestos en el Gobierno que pensaba formar.

Otra versión muy distinta ofrece el entonces director general de Seguridad en *Calma, tempestad, intriga y crisis*. Emilio Mola asegura que el hijo de Sánchez Guerra, Rafael, no sólo militaba en el partido republicano, sino que era un elemento destacado de la conspiración. Rafael Sánchez Guerra iba en el coche con su padre cuando fue a la Modelo. Fue él quien le advirtió que los directores del movimiento revolucionario preparaban un golpe para la madrugada siguiente. En realidad, por tanto, la visita a la cárcel tuvo por objeto pedirles que aplazasen la acción por patriotismo. La opinión pública aceptó la primera versión y se dividió entre quienes protestaban porque estimaban que "entregaban al rey a sus enemigos" y quienes aplaudían la iniciativa, pese a que se decía que los presos políticos habían rechazado la iniciativa de Sánchez Guerra. En las *Memorias* el general Mola ofrece los detalles conocidos por el servicio secreto sobre cómo debía llevarse a efecto el movimiento revolucionario en la noche del lunes 16 al martes 17.

La duración de la crisis era, lógicamente, muy peligrosa y así lo entendían el general Berenguer y sus más íntimos colaboradores. Sobre las doce del mediodía del día 17 llegó a palacio Sánchez Guerra, supuestamente con la lista del nuevo Gobierno que pensaba proponer al rey. Media hora más tarde anunciaba a los periodistas que declinaba el encargo, a pesar de que no había encontrado ninguna dificultad en lo relativo a la convocatoria de Cortes constituyentes. "Mi consejo a Su Majestad -declaró- ha sido que llame a D. Melquiades Álvarez, por si él encuentra el concurso de las izquierdas que yo no he encontrado". Horas más tarde también este último se veía incapaz de alumbrar un gobierno viable y rechazó la propuesta de Alfonso XIII. En estas circunstancias de confusión, el ministro de Gobernación, Leopoldo Matos, decidió el mismo día restablecer la previa censura de la prensa. Ya por la tarde destacados monárquicos mantuvieron una reunión en el Ministerio del Ejército en la que los causantes de la crisis impusieron sus criterios. Entre los puntos de discusión el tema de las elecciones fue determinante. En contra de la opinión del general Berenguer, que defendía que unas elecciones a Cortes no sólo dotarían al Gobierno de legitimidad constitucional, sino que se obtendría además una mayoría monárquica, se impuso el criterio de quienes proponían primero las municipales.

Nuevamente gracias a Mola, que vivió la crisis en primera fila, se pudo saber que Berenguer propuso al duque de Alba para presidente del Gobierno, pero los liberales se opusieron: "El conde de Romanones -escribe Mola- apoyado por el marqués de Alhucemas, defendió la candidatura del capitán general de la Armada, señor Aznar. Era hombre no significado en política y de alta representación. Lo que no dijo el conde, aunque seguramente lo pensó, fue que Aznar, por carecer de criterio propio y por el afecto que le profesaba, serían un juguete suyo". Berenguer trató por todos los medios de desvincularse del Gobierno, pero se le convenció finalmente de que aceptase continuar en el Gobierno de concentración como ministro del Ejército.

Sobre las diez de la mañana del miércoles 18 llegó a palacio el almirante Aznar, quien recibió el encargo de formar gobierno. Fue sólo una visita protocolaria, pues todo se había decidido la tarde anterior. Antes del mediodía fueron llegando los ministros para jurar el cargo. El conde de Romanones fue nombrado ministro de Estado y el marqués de Alhucemas, de Justicia. El día 19 tuvo lugar el primer Consejo de Ministros, del que salió una declaración que anunciaba la renovación total de ayuntamientos y diputaciones como paso previo a la convocatoria de unas elecciones generales. El Gobierno ofrecía máximas garantías de lealtad en las elecciones y se declaraba decidido "a no tolerar ni dejar impune la menor perturbación de orden público".

Cuando la inestabilidad provocada por la crisis seguía instalada en el ambiente, comenzó el 13 de marzo en Jaca el consejo de guerra contra el resto de implicados en la sublevación de diciembre, sesenta y tres en total. La ocasión fue aprovechada por la masonería y por los revolucionarios de todo tipo para una campaña de agitación en todo el país. Por supuesto, los capitanes ajusticiados, Galán y García Hernández, se habían convertido ya en mártires de la libertad. Después de tres días de juicio y treinta y dos horas de deliberación, el tribunal dictó dieciséis sentencias, que iban de seis meses a veinte años de cárcel, una condena a cadena perpetua y una sentencia de muerte para el capitán Salvador Sediles, que había huido a Francia y fue juzgado "in absentia". Las Ejecutivas del Partido Socialista y de la UGT publicaron un manifiesto en el que pedían la amnistía. El Ayuntamiento de Madrid, la Federación Nacional de Estudiantes, el Ateneo Científico y otras instituciones pidieron al Gobierno que aconsejara el indulto. Los estudiantes de Medicina marcharon hasta la Puerta del Sol dando "vivas" a la República y "mueras" al rey. El Gobierno, sin molestarse en consultar siquiera al ministro del Ejército, el general Berenguer, se precipitó en proponer al rey que ejercitara el derecho de gracia.

Exactamente una semana después, ya en plena campaña electoral para los comicios municipales, comenzó el consejo de guerra a los seis firmantes del manifiesto de diciembre que no habían huido: Niceto Alcalá Zamora, Miguel Maura, Fernando de los Ríos, Álvaro de Albornoz, Francisco Largo Caballero y Santiago Casares Quiroga. El Gobierno Aznar, dando muestras de una estupidez política inaudita, había fijado la fecha del 20 de marzo para celebración del juicio. La pretensión de celebrar la vista en el Tribunal Supremo fue otra insensatez, puesto que el juicio se convirtió en una manifestación de exaltación republicana. El fiscal acusó a los procesados de conspiración para la rebelión militar. El espectáculo que se representó durante los días que duraron las sesiones fue delirante: los acusados aprovecharon sus declaraciones para realizar mítines que eran acogidos por el público con ovaciones estruendosas. En ocasiones se produjeron gritos subversivos sin que el presidente del tribunal, el general Burguete, fuera capaz de imponer el más mínimo decoro.

Finalmente, el día 23 se dictó sentencia y, pese que se habían solicitado penas de quince y ocho años de prisión, todos fueron condenados a seis meses y un día de prisión militar correccional por "excitación a la rebelión". Se les aplicó la ley de condena condicional y a las cinco de la tarde del día siguiente fueron puestos en libertad. Desde la mañana una muchedumbre había estado esperando en la calle la salida de la cárcel de los líderes republicanos, que fueron llevados a hombros como los toreros y aclamados como héroes. Para acabar convenientemente el mes de marzo, los estudiantes de Medicina de la Federación Universitaria Española convocaron una manifestación para el día 25. Entre los estudiantes había obreros armados y se produjeron graves enfrentamientos entre manifestantes y fuerzas del orden, que degeneraron en una batalla con disparos: murieron dos personas, un estudiante y un guardia civil. La huelga de estudiantes se extendió enseguida por todo el país.

El golpe de Estado incruento

El domingo 12 de abril de 1931 fue un día soleado y tranquilo. Las elecciones municipales se celebraron con normalidad. Puesto que en domingo las redacciones de los periódicos no trabajaban, no hubo el lunes periódicos en la calle. A las dos de la tarde el Ministerio del Interior hizo público que los monárquicos habían conseguido 22.150 concejales y los republicanos 5.875. Aunque se trataba de cifras incompletas, todo indicaba que en las zonas rurales, en pueblos y ciudades medianas, las candidaturas monárquicas habían ganado ampliamente. Sin embargo, a medida que fue avanzando la jornada comenzaron a conocerse los datos de las grandes ciudades, donde los republicanos habían vencido con claridad. Cuando el presidente Aznar llegó a media tarde al palacio de la Castellana para celebrar Consejo de Ministros, fue abordado por los periodistas, que le preguntaron si la crisis era inminente. Su respuesta fue la siguiente: "¿Crisis? ¿Qué más crisis desean ustedes que la de un país que se acuesta monárquico y amanece republicano?" Esta declaración del todo incomprensible e imprudente, inadmisible puesto que fue hecha por el presidente del Gobierno antes incluso de reunise con su Gobierno, demuestra que se adoptó enseguida una actitud derrotista.

Sobre la reunión de Gobierno, parece ser que hubo diversas opiniones. Algunos ministros apelaban a los datos recibidos y fueron partidarios de hacer frente a la situación hasta la convocatoria de las elecciones generales. Finalmente, sin considerar que la naturaleza de las elecciones no era política, el Consejo adoptó la decisión de entregar al rey una nota en la que se presentaba la dimisión del Gobierno con objeto de que el monarca pudiera decidir. Don Alfonso, por su parte, había recibido ya por la mañana al conde de Romanones y al marqués de Alhucemas. Conocer cuál fue el contenido de estas conversaciones sería sin duda del máximo interés, puesto que según Juan-Simeón Vidarte, Romanones fue el instigador de la claudicación del rey. El general Mola desvela que Alfonso XIII, sin conocimiento del

Gobierno, envió a un emisario al duque de Maura con el fin de que éste realizara algunas gestiones ante el Comité Revolucionario. ¿Cuáles fueron estas gestiones? El hecho fue que pronto comenzaron a circular por Madrid rumores de que el rey iba a abdicar.

Ya en la noche del lunes, con los primeros periódicos vespertinos en la calle, los servicios de inteligencia hicieron saber al general Mola que el Comité Revolucionario había pedido a sus correligionarios en provincias que lanzaran a la gente a la calle para atemorizar al Gobierno y obligar al rey a marcharse cuanto antes. El mismo agente añadía dos breves informaciones en su nota: el ministro de Instrucción Pública, José Gascón y Marín, estaba en inteligencia con los republicanos. La segunda era que otro ministro, cuyo nombre no pudo averiguar el confidente, había pedido al Comité que depusiera su actitud revolucionaria. Esta misma noche, mientras los exiliados se apresuraban a regresar a España, los miembros del Comité Revolucionario se reunieron en casa de Alcalá Zamora y redactaron un manifiesto que comenzaba de este modo. "La representación de las fuerzas republicanas y socialistas coaligadas para una acción conjunta siente la ineludible necesidad de dirigirse a España para subrayar ante ella la trascendencia histórica de la jornada del domingo 12 de abril. Jamás se ha dado un acto en nuestro pasado comparable con el de este día..." Se invocaba a continuación a las instituciones del Estado, al Gobierno y a las Fuerzas Armadas a "someterse a la voluntad nacional" y despreciaba "el voto rural de los feudos". El manifiesto concluía con la declaración de que se disponían a actuar con energía y presteza "implantando la República". Firmaban el texto Niceto Alcalá Zamora, Fernando de los Ríos, Santiago Casares Quiroga, Miguel Maura, Álvaro de Albornoz, Francisco Largo Caballero y Alejandro Lerroux. A medida que avanzaba la noche la excitación fue creciendo en Madrid y una multitud vociferante que exigía la República abarrotó por completo la Puerta del Sol.

El martes 14 de abril la palabra "República" aparecía en las páginas de todos los periódicos. La presión aumentó con la confirmación de que los republicanos habían ganado prácticamente en todas las grandes ciudades. En Eibar, los concejales electos marcharon al Ayuntamiento y ante diez mil personas allí congregadas izaron la bandera tricolor y proclamaron la República. Sobre la proclamación de Barcelona existe un relato más pormenorizado. En el Arxiu Nacional de Catalunya se han hallado recientemente unas notas inéditas de Joan Alavedra, secretario de Francesc Macià y Lluís Companys, que aportan nuevos datos. El día 13 por la noche la cúpula de ERC se reunió en la terraza del hotel Colón. Además de Companys y Macià, estaban Joan Lluhí, Pere Comes, Jaume Aiguader, Joan Casanelles, Joan Casanovas, Josep Dencàs y Ventura Gassol. Discutieron durante horas la estrategia a seguir. Macià no era partidario de esperar a las elecciones legislativas, como algunos políticos de Madrid, sino de actuar.

El día siguiente, Companys, Nicolau Battestini, Josep Bertran de Quintana, Ricard Opisso y Amadeu Aragay, que se habían reunido en la librería Ariel, cuyo propietario era Casanellas, decidieron ir al Ayuntamiento, donde habían quedado con Macià. En la puerta un oficial de ceremonia, Puigdomènech, les preguntó adónde iban. "¡Vamos a proclamar la República!" Ya en el interior Companys ordenó a Ribé, jefe de ceremonial, que convocase a la guardia urbana. "A sus órdenes, señor alcalde", respondió irónico el funcionario. "Esto lo encuentro muy frío", comentó Companys. Entonces Battestini le dijo: "Verás si lo calentamos", y comenzó a gritar: "¡Viva Catalunya libre! ¡Abajo la monarquía! ¡Viva la República!". Subieron las escaleras y entraron en el despacho del alcalde, Antonio Martínez Domingo. Amadeu Aragay i Daví, que como Companys era miembro destacado de la masonería, cogió entonces la vara y dándosela a Companys dijo: "¡Toma, Lluís, ya eres alcalde!" A continuación fueron a buscar una bandera republicana y alrededor de la una y media de la tarde Companys salió al balcón para proclamar la República ante unos pocos transeúntes.

Según Josep Tarradellas, Companys se precipitó porque tenía miedo de que Aragay se le anticipara y proclamara él la República. Es decir, el ansia de relevancia y protagonismo guió los pasos de este aventurero en cuyas actuaciones políticas predominó casi siempre el arrebato (rauxa) en lugar de la sensatez y la cordura (seny). El historiador Hilari Raguer relata que en 1917, elegido concejal por el Raval, Companys acusó a Carrasco i Formiguera, también concejal electo por Barcelona, de ser un separatista y pretendió que gritase "¡Viva España!". Azaña, en su afán por desacreditar a Lluis Companys, recuerda también este hecho en sus *Memorias políticas y de guerra*.

Según Alavedra, Macià se mostró contrariado cuando supo que Companys le había quitado el protagonismo que también él pretendía. Una hora más tarde Macià llegó al Ayuntamiento y le dijo textualmente: "Companys, esto no te lo perdonaré nunca". Entonces desde el mismo balcón se asomó a la plaza de Sant Jaume, cada vez más llena de gente, y proclamó el Estado catalán con estas palabras: "En nombre del pueblo de Catalunya proclamo el Estado catalán, que, con toda cordialidad, procuraremos integrar en la Federación de Repúblicas Ibéricas..." En la plaza arreciaron los vítores y se cantó la Marsellesa. Acto seguido, Macià cruzó la plaza y entró en la Diputación Provincial, actualmente palacio de la Generalitat, y se dirigió nuevamente a la muchedumbre desde el balcón: "En nombre del pueblo de Catalunya proclamo el Estado catalán, bajo el régimen de una república catalana, que libremente y con toda cordialidad desea y pide la colaboración de los otros pueblos hermanos de España en la creación de una Confederación de Pueblos Ibéricos, y ofrece liberarlos de la Monarquía borbónica. Aquí y ahora levantamos nuestra voz a todos los Estados libres del mundo, en nombre de la libertad, la justicia y la paz de las naciones."

Todo esto, claro está, constituía otra demostración de aventurerismo político, pues no lo habían consultado con nadie ni tenía nada que ver con lo acordado en el Pacto de San Sebastián, donde el Estado federal no se había planteado ni por asomo. La construcción de un Estado federal era una idea cuya maduración podía necesitar décadas: una vez más la "rauxa" caracterizaba la actuación de otro político catalán.

Mientras en Barcelona quien no corría volaba, En Madrid la proclamación de la República seguía sin producirse, aunque durante la mañana se habían dado pasos muy importantes. El rey encargó al duque de Maura la redacción de un manifiesto donde se dijera que saldría de España y esperaría el resultado de las deliberaciones de unas Cortes constituyentes, lo cual indica que no había perdido todas las esperanzas de regresar. El monarca pidió al conde de Romanones que sondeara los propósitos de Alcalá Zamora y le solicitase una tregua. La respuesta fue que se imponía la marcha del rey antes de la puesta de sol, ya que después de esa hora no podía responder de las masas. Mientras se realizaban estas gestiones, el almirante Aznar estaba fuera de juego, como de costumbre. El general Berenguer, ministro del Ejército, trataba de conocer cómo estaban las cosas en las principales guarniciones.

Sobre las tres y media de la tarde, el general Sanjurjo, director general de la Guardia Civil se reunió en casa de Miguel Maura con diversos miembros del Comité Revolucionario, lo cual era señal inequívoca de que se quería contar con el apoyo de la Benemérita, el cual fue garantizado por Sanjurjo. La suerte de la Monarquía estaba echada. Riadas de madrileños invadían ya las calles de la capital dando vivas a la República. Abundaban los carteles con retratos de Galán y García Hernández, los "mártires de la libertad". En el palacio de Comunicaciones ondeaban grandes banderas republicanas. Sobre las cuatro de la tarde los ministros se reunieron en el edificio de Gobernación y supieron que se había dado un ultimátum al rey, por lo que una de las preocupaciones principales de algunos fue la necesidad de garantizar la vida de Alfonso XIII y de su familia. El conde de Romanones manifestó que él respondía personalmente de ello. Y podía responder, puesto que incluso había pactado ya con el Comité cómo saldría de Madrid el monarca.

Al despedirse de los ministros, el rey les leyó el manifiesto encargado por la mañana al duque de Maura, en el que hizo algunas correcciones de su puño y letra. Antes de las cinco de la tarde, el Gobierno acabó la reunión y se supo entonces lo ocurrido en Barcelona. Las palabras que Alfonso XIII dirigió al pueblo español, que, sorprendentemente, el Gobierno provisional permitió que se publicaran el día 16, fueron estas:

> "Las elecciones celebradas el domingo me revelan claramente que no tengo el amor de mi pueblo. Mi conciencia me dice que ese desvío no será definitivo, porque procuré siempre servir a España, puesto el único

afán en el interés público hasta en las más críticas coyunturas. Un rey puede equivocarse, y sin duda erré yo alguna vez; pero sé muy bien que nuestra patria se mostró en todo momento generosa ante las culpas sin malicia.

Soy el rey de todos los españoles y también un español. Hallaría medios sobrados para mantener mis regias prerrogativas, en eficaz forcejeo con quienes las combaten. Pero resueltamente quiero apartarme de cuanto sea lanzar a un compatriota contra otro en fratricida guerra civil. No renuncio a ninguno de mis derechos, porque más que míos son depósito acumulado por la Historia, de cuya custodia ha de pedirme algún día cuenta rigurosa. Para conocer la auténtica y adecuada expresión de la conciencia colectiva, encargo a un Gobierno que la consulte, convocando Cortes Constituyentes, y mientras habla la nación suspendo deliberadamente en el ejercicio del Poder Real y me aparto de España, reconociéndola así como única señora de sus destinos.

También ahora creo cumplir el deber que me dicta mi amor a la patria. Pido a Dios que tan hondo como yo lo sientan y lo cumplan los demás españoles."

"Alfonso R. H."

El rey podría haber mencionado en su despedida que las elecciones habían sido municipales y podría también haber aludido a la amplia victoria de las candidaturas monárquicas; pero prefirió no hacerlo. En realidad, lo habían abandonado los propios monárquicos, que habían consentido un golpe de Estado contra ellos mismos después de haber obtenido una victoria electoral. Evitar la "fratricida guerra civil", el principal objetivo de su salida de España, se había logrado por el momento. Antes de la puesta del sol, el rey Alfonso salió de Madrid en coche con destino a Cartagena, adonde llegó antes del amanecer. Allí embarcó con rumbo a Marsella. La reina y los infantes, excepto don Juan, que estudiaba en la Academia Naval de San Fernando, salieron en tren el día siguiente desde El Escorial.

A las siete de la tarde, Eduardo Ortega y Gasset ya festejaba con las masas desde el balcón del Ministerio de Gobernación y anunciaba que la proclamación de la República era inminente. Sobre la misma hora Alcalá Zamora, Azaña, Largo Caballero, Albornoz, Lerroux y compañía salieron del domicilio de Miguel Maura en dirección a la Puerta del Sol para hacerse cargo del Poder. Por las calles aparecían cada vez más banderas rojas y republicanas, enarboladas por grupos que cantaban la Marsellesa y daban "vivas" a la República y "mueras" al rey Alfonso. "Que no se ha marchao, que lo hemos echao" y "un, dos, tres, muera Berenguer" eran algunas de las frases más coreadas. Cuando los miembros del Comité Revolucionario hicieron su entrada en el Ministerio de Gobernación, fueron ya saludados como Gobierno, aunque en realidad la toma de posesión aconteció el día siguiente sin negociaciones y sin ninguna oposición. Después de varios intentos de tomar el Poder por la fuerza, un golpe de Estado incruento había triunfado en España.

El Gobierno Provisional quedó constituido así: presidente del Gobierno, Niceto Alcalá Zamora; ministro de Asuntos Exteriores, Alejandro Lerroux, ministro de Justicia, Fernando de los Ríos; ministro de Gobernación, Miguel Maura; ministro de Finanzas, Indalecio Prieto; ministro de Obras Públicas, Álvaro de Albornoz; ministro de Educación, Marcelino Domingo; ministro del Ejército, Manuel Azaña; ministro de Marina, Santiago Casares Quiroga; ministro de Economía, Luis Nicolau d'Olwer, ministro de Trabajo, Francisco Largo Caballero. Todos fueron masones con la excepción de Indalecio Prieto y Miguel Maura. Nicolau d'Olwer, que suele pasar por no masón, pertenecía a la Gran Logia de Inglaterra. Se ha esgrimido el hecho de que Alcalá Zamora fuera católico para negar su pertenencia a la masonería. En realidad era un marrano que obedecía a una logia extranjera, quizá a la Gran Logia de Inglaterra o a B'nai B'rith. Tanto Léon de Poncins en *Histoire secrète de la Revolution Espagnole* como la revista judía *Kipá*, en una información de 16 de mayo de 1931, desvelan que tres miembros del Gobierno provisional, Alcalá Zamora, Miguel Maura y Fernando de los Ríos, eran marranos. El 12 de junio de 1931 *L'Universe Israelite* informaba sobre una recepción con todos los honores ofrecida por el presidente Alcalá Zamora a dos judíos: el Dr. Kibrik y el Dr. J. Jaén, gran rabino shabbetay de Buenos Aires, a los que prometió una ley en favor de los judíos, a los que se pretendía obsequiar con la ciudadanía española. El rabino se atrevió incluso a pedirle la entrega de Santa María de Toledo para convertirla de nuevo en una sinagoga.

Queda por añadir un comentario sobre la salida de España de la familia real. Después de haber cortado las cabezas de los reyes de Francia y de haber masacrado a los Romanov, es evidente que acabar para siempre con la monarquía más antigua de Europa, cuya historia la había convertido en una de las más odiadas, era para la masonería una tentación difícil de resistir. Cuando se dijo al conde de Romanones que si no salían de España antes de la puesta de sol, no se podía "responder de las masas", se desprendía una insinuación clara de que había personajes dispuestos a echar mano de fanáticos revolucionarios para asesinar a los reyes. Sin embargo, un agente secreto que trabajaba para la Dirección General de Seguridad, Mauricio Carlavilla, había pasado en enero de 1931 una información al general Mola donde se decía literalmente: "La masonería inglesa ha impuesto a la española el respeto a la vida del rey en caso de que triunfe la revolución. Esta imposición ha causado un hondo disgusto en las capas bajas de la masonería española y ha tenido que ser impuesta por designios de los altos grados."

Cuando el 19 de noviembre de 1931 las Cortes juzgaron al rey "in absentia", con el conde de Romanones en el papel de defensor, el diputado José Antonio Balbontín dijo en su intervención que "era una opinión muy extendida que la fuga o la salida de D. Alfonso de Borbón había sido consentida, preparada, facilitada, por el Gobierno provisional de la República". Alcalá Zamora, que ya no era presidente del Gobierno, pidió la palabra desde su escaño y se atribuyó en exclusiva la responsabilidad de haber salvado la vida del monarca: "Yo no podía consentir y no podía querer que la República naciera deshonrada, tomando el poder en las sombras de la noche, en la cual las turbas, de cualquier origen o de cualquier tendencia, vinieran con estrago, con indignidad, con tragedia, a manchar la aurora primera de la República española." El discurso florido de Alcalá Zamora terminó asumiendo la decisión de haber permitido la huida del rey Alfonso: "...a estos efectos, como todo lo que sea culpa, reproche o culpabilidad, el único responsable soy yo." Cuando parecía que las cosas iban a quedar así, Manuel Azaña, entonces ya presidente del Gobierno, pidió la palabra para reclamar también para sí y para los demás miembros del Comité Revolucionario la decisión de perdonar la vida de Alfonso XIII:

> "Muy gentil, señor Alcalá Zamora, muy caballeroso, muy abnegado lo que su señoría acaba de decir, recabando para sí la responsabilidad exclusiva en lo que se hizo el 14 de abril con respecto al Rey; pero sería una manifiesta injusticia y una falta de lealtad para con su señoría si este Gobierno no declarase solemnemente que todo lo que se hizo aquella tarde y aquella noche fue de común acuerdo, participando todos en la responsabilidad.
> ... Y me interesa hacer constar, además, que cuando todavía no éramos más que un Comité Revolucionario, y se discutían los medios y los actos que podrían traer la Revolución, fue acuerdo unánime del Comité Revolucionario, hoy Gobierno, que no se tocara a las personas reales, que se dejara a salvo a toda la familia real y que no mancháramos la pureza de nuestras intenciones con el acto repugnante de verter una sangre que ya, una vez derrocada la Monarquía, no nos servía para nada."

3ª PARTE
LA II REPÚBLICA

Los pasos dados en España para derrocar a la Monarquía fueron muy similares a los que se habían seguido en Rusia, donde en febrero de 1917 un Comité provisional revolucionario se convirtió de la noche a la mañana en Gobierno provisional. Antes de que los judeo-bolcheviques dieran su primer golpe de Estado, se produjo el golpe del Gobierno provisional masónico de Kerensky, que derrocó al zar y forzó su abdicación. Como en España, casi todos los miembros del Gobierno provisional ruso fueron masones y se comprometieron asimismo a unas elecciones para una Asamblea Constituyente que debería redactar una Constitución. Las elecciones prometidas se celebraron en Rusia en noviembre, dieciocho días después del golpe de Lenin, Trotsky y sus adláteres. Cuando en enero de 1918 se reunió la nueva Asamblea, los bolcheviques estaban en minoría, por lo que Lenin declaró que los soviets eran más democráticos que el Parlamento. Disolvieron entonces a tiros a los parlamentarios elegidos y dieron un nuevo golpe de Estado, que puso fin a la Asamblea Constituyente. También en España, cuando los resultados de las elecciones les fueron adversos, socialistas, anarquistas y comunistas intentaron acabar con la democracia mediante un golpe de Estado revolucionario en 1934, como se verá más adelante.

En todo el mundo las logias masónicas recibieron con euforia el advenimiento de la II República española. *El Boletín Oficial de la Gran Logia Española* publicó un artículo titulado "Saludo a la República", en el que se lee: "...Como españoles y francmasones que contemplan hecha ley la estructura liberal de un nuevo Estado engendrado de los inmortales principios que fulguran en Oriente (alusión al templo de Salomón), tenemos que sentirnos satisfechos... A los francmasones que integran el Gobierno provisional, al alto personal, compuesto asimismo en su mayoría de hermanos, nuestro aliento los acompaña". En otro artículo editorial, titulado "Nuestro saludo a la República", aparecido en el número 19 del *Boletín Oficial del Gran Oriente Español* se dice literalmente: "...Por el empuje de los ideales masónicos se han forjado las naciones orientadoras de nuestro tiempo; únicamente con el intenso amor a esas ideas que se enseñan en nuestro talleres, podrá estructurarse una nueva España, capaz de un alto destino histórico". En junio de 1931 *el Boletín Oficial del Supremo Consejo del Grado 33* para España y sus Dependencias publicó el artículo titulado "El nuevo régimen. La República es patrimonio nuestro", en el que se lee en alusión a la República: "...imagen perfecta, modelada por manos geniales, de todas nuestras doctrinas y principios. No se podrá producir otro fenómeno de revolución política más perfectamente masónico que el español". En México la revista *Cronos*, portavoz de las logias, publicaba un artículo firmado por José L. Oliveros donde se afirmaba lo siguiente: "España es ya una logia masónica que comprende las cuatro quintas partes de la península ibérica. Es un templo a la libertad, la bondad y la virtud, erigido el memorable 14 de abril de 1931, bajo la presidencia del Venerable Maestro Alcalá Zamora."

También en países europeos distintas publicaciones festejaron el triunfo masónico en España. La revista vienesa *Wiener Freimaurer Zeitung*, por ejemplo, confirmaba: "Un anhelo acariciado hace tanto tiempo por los hermanos del Gran Oriente Español se acaba de realizar... Quienes conocemos a los altos jefes de la masonería española no dudamos en que lograrán el mejor partido de tan excepcionales coyunturas." El *Bulletin de l'Association Maçonnique Internationale* divulgaba sin ambages en su entrega trimestral de julio-septiembre de 1931 que la asamblea del Grande Oriente Español, celebrada los días 5 y 6 de julio, "había elegido a sus grandes dignatarios entre los cuales se apuntan los nombres de tres ministros, un gobernador civil, un consejero de Estado, un alcalde, cuatro altos funcionarios y diez diputados a Cortes."

Por su parte, la Gran Logia Española quería más poder para los hermanos y en el número 8 de su *Boletín Oficial*, correspondiente al primer semestre de 1931, lamentaba que no se hubieran acaparado aún los cargos del cuerpo diplomático: "...No es un secreto que la francmasonería domina poco menos que en su totalidad en el Gobierno provisional como en los altos cargos. Parecía razonable que al movilizar el personal de embajadas, se hubiera escogido, dentro de estas circunstancias, a francmasones. Esto hubiera allanado considerablemente la gestión; y no obstante no se entiende así... Vea, pues, el ministro de Estado, que sabe que la francmasonería domina en Europa y América, si convendría en bien de la República tomar una resolución en este sentido para el bien del país."

La marea de masones lo inunda todo

Una publicación del Consejo Superior de Investigaciones Científicas, *La apostasía de las masas y la persecución religiosa en la provincia de Huelva 1931-1936*, cuyo autor es Juan Ordóñez Márquez, aportó en 1968 datos sorprendentes sobre la filiación masónica de los hombres de la República. De dicha obra procede parte de la información que sigue a continuación. Para comprender la abundancia de nombres y cargos, debe considerarse que la Segunda República llegó a conformar hasta veintiséis gobiernos. Sólo hubo un presidente del Gobierno que no fue masón, Joaquín Chapaprieta, un independiente que presidió el Consejo de Ministros entre septiembre y diciembre de 1935 y estuvo al frente de dos gobiernos.

Once fueron los presidentes masones del Consejo de Ministros que estuvieron al frente de veinticinco gobiernos. El primero, Niceto Alcalá Zamora, ocupó el cargo de abril a octubre de 1931 y luego fue nombrado presidente de la República. Le sucedió Manuel Azaña, quien, asegura Mauricio Carlavilla, había pertenecido a una logia irregular de acción política presidida por Marcelino Domingo, según consta en el "cuadro lógico" incautado por la Policía en el Círculo Mercantil, donde estaba domiciliada dicha logia irregular. Azaña, que se inició oficialmente en la masonería a partir del 5 de marzo de 1932 con el nombre simbólico de "Plutarco", presidió tres gobiernos desde octubre de 1931 a septiembre de 1933, y otros dos de febrero a mayo de 1936. Cuando dejó la Presidencia del Gobierno, sustituyó a Alcalá Zamora en la Presidencia de la República. El siguiente fue Alejandro Lerroux, cuyo nombre simbólico era "Giordano Bruno", sucedió a Azaña y presidió seis gobiernos: fue presidente del Consejo de septiembre a octubre de 1933, de diciembre de 1933 a marzo de 1934, de marzo a abril de 1934, de octubre de 1934 a abril de 1935, de abril a mayo de 1935, y de mayo a septiembre de 1935. Ricardo Samper Ibáñez, miembro del Rotary Club, sustituyó a Lerroux desde abril a octubre de 1934. Diego Martínez Barrio, masón de grado 33 y gran maestre del Grande Oriente Español, su presencia fue constante con uno u otro cargo en todos los gabinetes republicanos y fue presidente del Gobierno de octubre a diciembre de 1933. Al estallar la guerra civil presidió el 19 de julio un gabinete que duró poco más de una hora. Fue el Gobierno de menor duración en la historia de España. Manuel Portela Valladares, masón del grado 33, su nombre simbólico era "Voluntad", presidió dos gobiernos: el primero duró quince días, del 14 al 30 de diciembre de 1935; el segundo, desde diciembre a febrero de 1936. Augusto Barcia, masón del grado 33 cuyo nombre simbólico era "Lasalle", presidió el Consejo desde el 10 al 13 de mayo de 1936. Santiago Casares Quiroga, su nombre simbólico era "Sain Just" y en 1929 era ya masón del grado 18, presidió el Gobierno desde el 13 de mayo al 19 de julio de 1936.

 También fueron masones todos los presidentes del Gobierno durante la guerra civil. El primero de ellos, José Giral, "Nóbel", estuvo en el cargo desde el 19 de julio al 4 de septiembre de 1936, fecha en que fue sustituido por Francisco Largo Caballero, que pertenecía al Gran Oriente de Francia: por ello algunas fuentes, al no localizarlo en las logias españolas, no lo cuentan como masón. Largo Caballero presidió dos Gobiernos: el primero del 4 de septiembre al 4 de noviembre de 1936; el segundo del 4 de noviembre de 1936 al 16 de mayo de 1937. Por último tenemos a Juan Negrín. En la obra *Juan Negrín*, Gabriel Jackson escribe que su nombre aparece en la lista del *Diccionario de la Masonería,* de Lorenzo Frau, y cita a Aurelio Martín, quien en su estudio *La Segunda República, Grupo Parlamentario Socialista* dice que Negrín se inició en Alemania durante sus años de estudiante, lo cual es confirmado por Juan- Simeón Vidarte en *Todos fuimos culpables*. Este socialista afirma que el propio Negrín le confesó que se había iniciado en Alemania y que regularizó su situación cuando fue elegido para las Cortes de la República. El doctor Negrín estuvo al frente de los dos últimos Gobiernos de la República: del 17 de mayo de 1937 al 5 de abril de 1938, y desde esta última fecha hasta el 6 de marzo de 1939.

En cuanto a los presidentes de la Generalitat de Catalunya: Francesc Macià, Lluis Companys, Josep Irla y Josep Tarradellas, los cuatro fueron asimismo masones. El primero, Francesc Macià, viajó a la URSS a finales de 1925 para pedir ayuda a la III Internacional. Sin comprender absolutamente nada de lo que allí estaba ocurriendo tras la muerte de Lenin, se entrevistó con los trotskystas Bujarin y Zinóviev. En una carta a un amigo cubano, fechada el 15 de enero de 1926 en Bois-Colombes, Macià escribe que ambos se comprometieron "a avalar económicamente todos los gastos de organización, preparación y propaganda para la revolución en Cataluña y en toda España." Macià murió el día de Navidad de 1933 y en un extraño ritual masónico se le extrajo el corazón, que fue custodiado por Tarradelllas en el exilio con el fin de entregárselo a la familia.

Los hermanos masones coparon todos los Ministerios. Durante los dos primeros años en que gobernó la izquierda, pasaron continuadamente por el Ministerio de Justicia Fernando de los Ríos, encumbrado por la masonería al grado 33 en junio de 1931; Álvaro de Albornoz, que había sido con anterioridad ministro de Fomento; Casares Quiroga y Juan Botella Asensi. Pasados los dos años del bienio de derechas, los masones recuperaron en mayo de 1936 el importante Ministerio de Justicia en la persona de Manuel Blasco Garzón, cuyo nombre simbólico en la logia Fe era "Proudhon". Blasco Garzón había sido ministro de Comunicaciones y Marina Mercante desde el triunfo del Frente Popular en febrero. El Ministerio de la Guerra estuvo durante el bienio social-azañista controlado por masones. Azaña, que compaginó la Presidencia del Gobierno con la cartera de Guerra, fue sucedido en el cargo por Juan José Rocha García, masón del grado 33 cuyo nombre simbólico fue "Pi y Margall". Posteriormente, Rocha fue también ministro de Marina, de Estado y de Instrucción Pública. El siguiente ministro de Guerra masón fue Vicente Iranzo Enguita, que pasó también por los Ministerios de Marina y de Industria y Comercio. Su sustituto fue el gran maestre del Grande Oriente Español, Martínez Barrio. Posteriormente otros dos masones, Lerroux y Casares Quiroga, ocuparon el cargo. El Ministerio de Marina sólo estuvo en manos de ministros no masones durante medio año en los cinco años del periodo republicano. Por él pasaron Casares Quiroga, Giral, Companys, iniciado en la logia Lealtad de Barcelona, Iranzo, el ya citado Rocha y Gerardo Abad Conde, masón del gardo 33 que adoptó el nombre simbólico de "Justicia". Abad Conde presidió el Patronato que incautó los bienes a los jesuitas. En el Ministerio de Gobernación todos los ministros fueron masones con la excepción de Maura. Citamos sólo algunos ministros de Gobernación cuyos nombres aún no han aparecido en este reseña: Manuel Rico Avelló, que adoptó el nombre simbólico de "Roma" y además fue fugazmente ministro de Hacienda entre el 30 de diciembre de 1935 y febrero de 1936; Rafael Salazar Alonso, que además de ministro fue asimismo alcalde y presidente de la Diputación Provincial de Madrid; Eloy Vaquero Cantillo, alias "Cavour", que sería también ministro de Trabajo, Sanidad y Previsión; Juan Moles Ormella, ministro de Gobernación desde el 13 de mayo al 18 de julio de 1936. La cartera de Estado estuvo en manos de, por lo menos, cinco ministros masones: Lerroux, Samper, Rocha, Barcia y Fernando de los Ríos.

Puesto que los ministros masones se rodeaban de hermanos masones, puede decirse que la Orden logró controlar la Administración del Estado, que fue inundada por una marea incontenible. Aun con riesgo de fatigar al lector, mencionaremos para concluir algunos nombres de una lista interminable de los altos cargos masones de la República: Emilio Pardo Aguado, del triángulo de intelectuales Danton, masón del grado 33 y miembro del Soberano Consejo del Gran Oriente Español, "Desmoulins" para los hermanos, fue gobernador civil de Madrid y subsecretario de Comunicaciones, Ministerio del que llegó a ser ministro durante unos meses; Pedro Rico López, grado 33, simbólico "Madrid", fue alcalde de la capital española; Jaume Aiguader Miró, de la logia Rectitud de Barcelona, alcalde de la ciudad condal; Rodolfo Llopis Ferrándiz de la logia Ibérica de Madrid, fue director general de Enseñanza Primaria, extremadamente sectario; Mateo Hernández Barroso, grado 33, "Newton", director general de Telégrafos; Eduardo Ortega y Gasset, simbólico "León", primer gobernador civil de Madrid; José Salmerón García, simbólico "d'Alembert", director general de Obras Públicas; Pedro Armansa Briales, de la logia Pitágoras de Málaga, consejero de Estado; Dionisio Carreras Fernández, "Sócrates", de la logia Ibérica, consejero de Cultura; Antonio Pérez Torreblanca, "Diógenes", director general de Agricultura; Benito Artigas Arpón, "Juliano", director general de Comercio y Política Arancelaria; José Domínguez Barbero, "Henri", ministro del Tribunal de Cuentas; José Jorge Vinaixa, "Vergniaud", Consejero de Estado; Casimiro Giral Bullich, del grado 18, "Platón", consejero de la Generalitat de Catalunya; Manuel Torres Campañá, "Juvenal", subsecretario de Gobernación y de la Presidencia del Consejo; José Moreno Galvache, "Lucrecio", subsecretario sucesivamente de Agricultura, Industria e Instrucción Pública; Nicolás Sánchez Balástegui, "Pestalozzi", delegado del Gobierno en los Servicios Hidráulicos del Guadalquivir; Ramón Carrera Pons, comisario general de Catalunya; Fernando Valera Aparicio, "Plotino", director general de Agricultura y subsecretario de Justicia; Pedro Vargas Gurendiaín, "Pi", grado 18, subsecretario de Comunicaciones; Sidonio Pintado Arroyo, "Juvenal", consejero de Cultura; Gabriel González Taltavull, "Schopenhauer", grado 18, vocal del Tribunal de Garantías; Rafael Blasco García, "Sigfredo", grado 13, vocal suplente del Tribunal de Garantías; Luis Doporto Machori, "Teruel", gobernador civil de Valencia y consejero de Cultura; Clara Campoamor Rodríguez, directora general de Beneficencia. Dejamos en el tintero muchos nombres, pues carece de sentido continuar.

Anticlericalismo

Desde la irrupción del liberalismo en el siglo XIX, los episodios de anticlericalismo, asociado desde el principio a la masonería, habían ido in crescendo en España. Nadie esperaba, sin embargo, que las quemas de iglesias y conventos fueran a reaparecer sólo un mes después del golpe de Estado masónico-republicano. El 5 de mayo aparecieron en el periódico monárquico *ABC* unas declaraciones del Rey que se conviritieron en la sensación del momento. El editor del periódico, Luca de Tena, había viajado a Londres para entrevistar al monarca, con quien mantenía una amistad personal. Las manifestaciones de Alfonso XIII no fueron en absoluto provocadoras o incendiarias, sino todo lo contrario: "No pondré la más mínima dificultad en el camino del Gobierno republicano", afirmó el rey con una moderación digna de encomio. Veamos una cita de dicha entrevista extraída de *The Spanish Tragedy 1930-1936*, obra del hispanista Edgar Allison Peers:

> "Los monárquicos que quieran seguir mi consejo, no sólo se abstendrán de colocar obstáculos en la senda del Gobierno, sino que lo apoyarán en todas sus iniciativas patrióticas... Por encima de las ideas formales sobre República o Monarquía se encuentra España... Pueda que yo haya cometido errores, pero sólo he pensado en el bien de España... Rechacé los ofrecimientos que se me hicieron para mantenerme y reinar por la fuerza... Por España hice el mayor sacrificio de mi vida cuando descubrí que ya no me quería."

Allison Peers considera que lo que alarmó a la opinión republicana no fueron los sentimientos expresados en la entrevista, sino el hecho de que el editor hubiera viajado a Londres para conseguirla y que además Luca de Tena expresase su lealtad a la Monarquía Parlamentaria. Cuando sólo unos días después, el 7 de mayo, la prensa publicó una pastoral beligerante, según algunos provocativa y antigubernamental, del cardenal Segura, arzobispo de Toledo, los ánimos y los sentimientos anticlericales encontraron mayores motivos para exacerbarse. El cardenal primado de España, que había adquirido cierto prestigio social por su trabajo humanitario en Las Hurdes, no se privaba de loar el papel del rey Alfonso como defensor de la fe y la tradición y advertía a los fieles que "los enemigos del reino de Cristo estaban avanzando" En su texto se reproducían expresiones de una encíclica de León XIII:

> "Si permanecemos callados y ociosos, si nos permitimos caer en la apatía y en la timidez, si dejamos el camino libre a aquellos que pretenden destruir la religión o esperamos benevolencia de nuestros enemigos para lograr el triunfo de nuestros ideales, no tenderemos derecho a lamentarnos cuando la amarga realidad nos demuestra que tuvimos la

victoria en nuestras manos, pero no supimos luchar como guerreros valientes, preparados para perecer gloriosamente."

Mientras el diario *ABC* aludía a la pastoral como irreprochable, el ministro de Justicia, el socialista Fernando de los Ríos, la condenó con dureza y el Gobierno solicitó a la Santa Sede que apartase al cardenal Segura de la archidiocesis. El ambiente siguió caldeándose días después. El domingo 10 de mayo los miembros del Círculo Monárquico Independiente, recién fundado, celebraron su primera asamblea en un piso de la Calle de Alcalá para elegir a su Comité. Alguién se encargó de airear que se tramaba una conspiración contra la República. Según una versión, los transeúntes se indignaron al oír los acordes de la marcha real; según otra, los monárquicos provocaban desde un balcón del edificio. El resultado final fue que una muchedumbre comenzó a gritar contra quienes estaban en la casa y, pese a la llegada de la Guardia Civil, se procedió a incendiar los coches de los miembros del Círculo. Cuando los monárquicos trataron de salir a la calle, comenzaron los abucheos, los insultos y las agresiones, por lo que quedaron atrapados en el interior. Tan feas se pusieron las cosas que se personó en el lugar el ministro de Gobernación, Miguel Maura, quien trató de calmar a la turba. El resultado fue inesperado y los improperios se volvieron contra él: "¡Acabemos con él! ¡Acabemos con el hijo de su padre! ¡Abajo el hijo del monárquico!".

Las masas siguieron concentrándose en la calle de Alcalá y sus inmediaciones. De repente alguien aleccionó a la gente para que marchara a las oficinas de *ABC*, sitas en la calle Serrano. Miles de personas confluían y se añadían a la manifestación. En el camino prendieron fuego al quiosco del periódico católico *El Debate*. Reconocieron luego a Leopoldo Matos, ministro de Gobernación en el Gobierno Berenguer, se abalanzaron sobre él rompieron sus ropas y lo golpearon. El linchamiento pudo ser evitado por el servicio de escolta que todavía conservaba. Ya ante la sede del diario cientos de individuos participaron en el lanzamiento de piedras contra las ventanas y algunos vertieron gasolina en las paredes con intención de incendiarlo. Los guardias civiles se protegieron en el interior del edificio y desde allí dispararon al aire, lo que sirvió para dispersar a las masas. Incomprensiblemente, el Ministerio de Gobernación, para calmar a la gente, que seguía muy agitada, anunció por la noche que el diario *ABC* había sido suspendido, sus oficinas, registradas y su editor, encarcelado. Era toda una premonición de la incapacidad o de la falta de voluntad del Gobierno.

El día siguiente, 11 de mayo, comenzaron los ataques contra la Iglesia. A las diez y media de la mañana un grupo de hombres incendiaron la iglesia de los jesuitas de la calle de la Flor, en pleno centro de la capital. Cuando llegaron los bomberos, la multitud que contemplaba el fuego impidió que lo apagaran hasta que la Iglesia quedó arrasada. Una muchedumbre con banderas rojas procedió luego a incendiar la iglesia-convento de los carmelitas, en la plaza de España; la residencia de los jesuitas, en la calle Alberto Aguilera; el convento de los mercedarios, en Bravo Murillo; el colegio de Maravillas, en Cuatro Caminos; el colegio del Sagrado Corazón, en Chamartín, y otros edificios que quedaron más o menos destruidos. Los ataques contra la Iglesia se extendieron enseguida por todo el país: Valencia, Alicante, Murcia, Granada, Sevilla, Huelva, Córdoba, Cádiz, Málaga y otras ciudades y pueblos de España vieron como ardían sus iglesias, conventos, escuelas, seminarios, asilos y reformatorios. En Málaga los incendios se prolongaron durante dos días de manera ininterrumpida. Allí se prendió fuego al palacio episcopal, a la residencia de los jesuitas y a los conventos de agustinos, carmelitas y maristas. Varias iglesias que contenían valiosas obras de arte fueron asimismo destruidas. También tiendas y edificios públicos fueron pasto de las llamas. Es muy difícil aceptar que todos estos hechos pudieran suceder simultáneamente en lugares tan distantes sin la existencia de una mano oculta. Gerald Brenan asegura en *El laberinto español* que sólo en seis grandes ciudades: Madrid, Sevilla, Valencia, Málaga, Granada y Murcia, fueron completamente destruidas ciento dos iglesias y sedes conventuales. La cifra total de edificios eclesiásticos atacados en todo el país superó los doscientos.

Siendo extremadamente alarmantes todas estas muestras de odio e intolerancia, más grave fue aún la reacción del Gobierno, que no sólo fue incapaz de tomar medidas efectivas para poner coto al terror desatado por las turbas manipuladas y dirigidas, sino que culpó de todo a los monárquicos "Estos reaccionarios -se decía en el informe oficial- han escogido deliberadamente provocar tumultos y desafiar al pueblo". A pesar de que los periódicos más leales y devotos a la República contradecían en sus informaciones esta imputación del Gobierno, no hubo rectificación, sino todo lo contrario: la aplicación de la ley marcial sirvió para la suspensión de *ABC* y del diario católico *El Debate*, lo cual fue un estímulo para que las masas anticlericales persistieran en sus actitudes.

Para acabar de envalentonar el anticlericalismo, el 18 de mayo se invitó de manera comedida al obispo de Oviedo, Dr. Múgica, a que abandonara España "por el carácter eminentemente político que daba el obispo a sus visitas a las ciudades de su diocesis". Y aún hubo más: ignorando una carta fechada en Roma el 3 de junio y dirigida al presidente del Gobierno por los metropolitanos españoles, en la que se consignaban las vejaciones sufridas, se ordenó la expulsión del cardenal primado, Pedro Segura. El 14 de junio, dos semanas antes de las elecciones, se procedió a la detención del cardenal Segura cuando hacía una visita canónica a los conventos y parroquias de Guadalajara. Conducido a la comisaría del Gobierno Civil, el propio gobernador, León Trejo, lo desterró "de orden del Gobierno provisional de la República". Se le dieron diez minutos para que redactara un escrito de protesta a Alcalá Zamora y se le incomunicó en el convento de los padres Paúles. Al día siguiente fue conducido hasta la frontera de Irún.

La Constitución de la II República

Un decreto de 3 de junio de 1931 convocó elecciones generales de diputados a Cortes Constituyentes, que se celebraron el día 28 del mismo mes. La edad mínima para poder votar se fijó en los veintitrés años. Pese a cuanto había sucedido en mayo, el entusiasmo por la República, en la que tantos españoles habían depositado sus esperanzas, se materializó en unos resultados que favorecieron a los partidos republicanos y fueron una catástrofe para los monárquicos. La UGT y los socialistas colocaron a 117 diputados en el Parlamento; sin embargo los republicanos de izquierda conformaron el grupo más numeroso de las Cortes con 145 escaños. Los partidos que lo integraban eran Esquerra Catalana, de Macià y Companys; Acción Republicana, dirigido por Azaña; el Partido Radical-Socialista, en el que militaban Marcelino Domingo y Álvaro de Albornoz; y los republicanos de Galicia, cuyo líder era Casares Quiroga. Entre los republicanos de derechas, el de más peso era el Partido Radical de Lerroux, con 93 diputados. Las formaciones que no habían deseado la República lograron unos 50 representantes, de los cuales sólo 19 eran monárquicos. Los masones, que militaban en diferentes partidos políticos y en ocasiones discrepaban aparentemente, tenían en el anticlericalismo y en la hostilidad a la Iglesia Católica un punto de unión entre todos ellos. María Dolores Gómez Molleda apunta que en las primeras Cortes ciento cincuenta y uno de los cuatrocientos setenta diputados eran masones.

El mismo mes de junio la CNT estuvo celebrando un congreso en Madrid y apenas estuvo constituido el Parlamento estalló una huelga de telefonistas que duró semanas y dejó al país sin servicio. Además, los sindicalistas asaltaron con armas de fuego la Central Telefónica de la Gran Vía. Policías a caballo cargaron contra los asaltantes y la pretendida toma del edificio fracasó. Los empleados afiliados a la CNT se pasaron a la UGT ante la amenaza de ser despedidos. Una semana más tarde estallaron gravísimos disturbios en Sevilla. El 20 de julio se declaró la huelga general y un hombre murió como consecuencia de los enfrentamientos. Durante el funeral hubo nuevos disparos: otras tres personas perdieron la vida y muchas resultaron heridas. Las autoridades cerraron los centros de los sindicalistas y los comunistas y procedieron a arrestar a sus líderes, lo cual dio pie a nuevos enfrentamientos. Un centro sindical donde se habían hecho fuertes hombres armados fue destruido con fuego de artillería. Se declaró la ley marcial y se llegó incluso a vigilar la ciudad con aviones armados. Finalmente la situación fue calmándose; pero a final de mes la lista de fallecidos ascendía a treinta y había más de doscientos heridos. Estos acontecimientos ponían de manifiesto que una república burguesa no era el objetivo de los anarcosindicalistas y de los comunistas, sino una etapa en el camino hacia el triunfo de la revolución.

Antes de la elección del nuevo Parlamento, el Gobierno provisonal publicó un esbozo o anteproyecto de Constitución que iba a servir de base para la discusión parlamentaria. Desde julio a diciembre el debate de la Carta Magna ocupó a los diputados electos. Cuando el 9 de diciembre de 1931 el presidente de las Cortes, Julián Besteiro, promulgó la Constitución de la Segunda República, el Gobierno debió de sentir, obviamente, una enorme satisfacción; sin embargo era evidente que no podía ser la Constitución de todos los españoles. Sobraron masones y faltó a los legisladores altura de miras, voluntad de consenso y de concordia, inteligencia para comprender que entre la España que deseaba la masonería y la que deseaba la Iglesia Católica cabía una tercera, en la que vivían millones de ciudadanos que esperaban el pacto surgido de una negociación. Los veinticinco primeros artículos fueron aprobándose tras discusiones razonables, pero llegado el momento de dejar redactado el veintiséis, que trataba de la situación de la Iglesia con el nuevo Estado, se produjo la crisis que derribó al Gobierno. El Gobierno provisional había creado una comisión jurídica que había redactado un artículo en el que se declaraba a la Iglesia separada del Estado; pero se la consideraba una corporación especial de derecho público que podría tener sus propias escuelas y, con ciertas condiciones, podría enseñar la religión en las escuelas del Estado. El matrimonio canónico sería legal y las funciones eclesiásticas públicas podrían ejercerse previo juramento de fidelidad a la República. La mayoría de católicos hubiera aceptado esto. Por desgracia, las Cortes consideraron demasiado amplias estas concesiones.

José Ortega y Gasset había avisado sobre la necesidad de valorar adecuadamente la importancia tradicional de la Iglesia y el papel que había representado en la historia de España: "tratando con un cuerpo histórico e internacional como el de la Iglesia, debemos ser generosos en razón de las fuerzas del pasado que representa, pero debemos también actuar con cautela". El filósofo acabó declarando que la Constitución de 1931 era "lamentable y sin pies ni cabeza ni el resto de materia orgánica que suele haber entre los pies y la cabeza". Hubo más intelectuales republicanos que advirtieron del error. Gregorio Marañón, por ejemplo, uno de los más comprometidos con la República, consideró "inviable" la Constitución. Los diputados masones actuaron de forma unitaria y siguieron las instrucciones que recibieron de las logias, de las que existe abundante documentación publicada. La masonería exigió que las órdenes religiosas debían ser disueltas y sus bienes nacionalizados. He aquí, como ejemplo de los muchos que pueden aportarse en este sentido, un extracto de la sesión del 11 de octubre de 1931 que procede del *Boletín de la Gran Logia Española*:

> "El Gran Maestre (Francisco Esteva) plantea al Consejo la necesidad de que la Gran Logia contribuya con su acción a que la cuestión religiosa

quede para siempre ventilada en España, para lo cual propone se dirija un telegrama al presidente del Consejo en el sentido de que se incite a los diputados masones a que cumplan con su deber... Se aprueba la propuesta por unanimidad, acordándose que el telegrama sea enviado para su publicación a la prensa diaria de toda España. Asimismo se acuerda dirigirse a las logias, comunicándoles este acuerdo y rogándoles secunden esta labor, enviando también telegramas en este sentido y promoviendo en la vida profana una fuerte actuación anticlerical."

La demanda de disolución de las órdenes religiosas conllevaba aparejada otra exigencia irracional: el cierre de todas las escuelas religiosas. Si se hubieran priorizado de veras las necesidades educativas del país en lugar del anticlericalismo, se habría considerado que el Estado no podía prescindir de la noche a la mañana de unos centros educativos que acogían a cientos de miles de alumnos. Cerrar las escuelas religiosas equivalía a privar al país de la mitad de las escuelas de enseñanza secundaria. Gerald Brenan ofrece cifras sobre la situación de la enseñanza primaria sólo en la capital: "En Madrid, por ejemplo, 37.000 niños recibían educación en las escuelas del Estado, 44.000 en escuelas privadas, la mayoría regidas por órdenes religiosas, y 45.000 no recibían ninguna educación. Para llenar el hueco de las escuelas religiosas hacían falta 2.700 nuevas escuelas estatales." En *Anarquía y Jeraquía*, Salvador de Madariaga describió las consecuencias catastróficas de la inhibición de las órdenes religiosas en la educación. Cualquiera podía prever que para llevar a la práctica las pretensiones de la masonería anticlerical se precisaba gran cantidad de dinero y años de planificación. Pese a la propaganda de los partidos republicanos, cuando en 1933 concluyó el bienio social-azañista o masónico, los logros en el terreno de la educación seguían siendo muy pobres y la nación carecía de las escuelas necesarias. Parece claro que la República masónica buscaba pelea al agredir tan descaradamente a la Iglesia; pero al mismo tiempo, de manera temeraria e imprudente, estaba cavando su propia tumba, pues iba perdiendo el apoyo de las clases medias, imprescindibles si quería evitar su propio colapso.

Fue en el mes de octubre de 1931 cuando se produjo en las Cortes el debate que convirtió a Manuel Azaña en el hombre del momento. La discusión se centró en el artículo 26 de la Constitución, que contemplaba la disolución de todas las órdenes religiosas y la nacionalización de sus bienes. El día 8 intervino el primer espada, Fernando de los Ríos, ministro de Justicia, quien haciendo honor a su condición de marrano pidió "un tributo de respeto y de homenaje a los judíos en esta primera hora consagrada a hablar del problema religioso". Gil Robles advirtió de que a la primera oportunidad propondría una reforma constitucional si se aprobaba el artículo. Alcalá Zamora pidió en su intervención del día 10 que se tuviera en cuenta que los católicos eran mayoría en España, que no se legislase contra ellos, sino que se contase con ellos. Amenazó también con una revisión de la Constitución si se aprobaba el texto. Los socialistas, a través de Jiménez de

Asúa, presentaron el día 13 un voto particular que proponía establecer permanentemente la prohibición de ninguna orden religiosa en territorio español, la disolución de las existentes y la nacionalización de sus bienes.

El mismo día 13 llegó por fin la célebre intervención de Azaña, enemigo declarado de las órdenes religiosas, que pronunció uno de los discursos más espectaculares en la historia de la Segunda República. En su opinión, no se trataba de un problema religioso, sino político. "España ha dejado de ser católica", dijo entonces con flema británica, pese a reconocer enseguida que había millones de practicantes en el país. Bien debía de saber la carga política y emocional contenida en estas palabras que, según dijo, significaban una protección para la República. Para Azaña la proscripción de las órdenes religiosas equivalía a eliminar un temor. Con cierto cinismo, comparó la reforma de las órdenes religiosas con una intervención quirúrgica: "Pensad que vamos a realizar una operación quirúrgica sobre un enfermo que no está anestesiado y que en los embates propios de su dolor puede complicar la operación y hacerla mortal; no sé para quien, pero mortal para alguien". Entonces señaló directamente a los jesuitas como la orden que debía morir sin demora. Ya al final de su intervención se expresó con claridad meridiana sobre el tema de la enseñanza: "En ningún momento, bajo ningún concepto ni mi partido ni yo suscribiremos una cláusula legislativa en virtud de la cual se siga entregando a las órdenes religiosas el servicio de la enseñanza. Eso, jamás. Yo lo siento mucho; pero esta es la verdadera defensa de la República. A mí que no me vengan a decir que esto es contrario a la libertad, porque esto es una cuestión de salud Pública". La discusión del artículo se prolongó durante toda la noche y, con poco más de la mitad de los diputados en el hemiciclo, se aprobó el día 14 a las siete de la mañana por 178 votos a favor y 59 en contra.

Como se ha dicho, el asunto provocó una crisis gubernamental: Alcalá Zamora y Miguel Maura salieron del Gobierno y Azaña se convirtió en el nuevo presidente del segundo Gobierno de la República, que iba a durar hasta la aprobación de la Constitución en diciembre. Apenas llevaba una semana ejerciendo la Presidencia, Azaña presentó a las Cortes la Ley de Defensa de la República, aprobada el 21 de octubre. Dicha ley contradecía los derechos fundamentales que pretendía reconocer y garantizar la Constitución y, hasta que fue derogada el 29 de agosto de 1933 tras aprobarse la Ley de Orden Público, se convirtió en la norma fundamental para las libertades públicas. La ley permitía al ministro de Gobernación prohibir manifestaciones o actos públicos y suprimir asociaciones. Cualquier actividad considerada antirrepublicana podía ser reprimida, multada o penada con el exilio de los infractores. Así, por ejemplo, la defensa de la Monarquía, podía ser considerada una agresión contra la República. La ley podía reprimir no sólo huelgas, disturbios o actos violentos, sino la difusión de informaciones o rumores subversivos, con lo cual cualquier medio de comunicación podía ser suspendido. Naturalmente, abusos de todo tipo podían ser cometidos por el Gobierno al amparo de esta ley odiosa por antidemocrática que fue atacada con amargura desde todos los lados, pues era evidente que las medidas eran similares a las de la Dictadura.

Antes de promulgar la Constitución, las Cortes Constituyentes escenificaron un espectacular juicio "in absentia" a Alfonso XIII, que se convirtió en la sensación del otoño. La parodia de proceso comenzó al atardecer del 19 de noviembre y se prolongó hasta las cuatro de la madrugada del día siguiente. Un comité encargado de examinar la pretendida culpabilidad del monarca presentó su informe, según el cual el rey era culpable de alta traición contra el pueblo español, delito por el cual merecía la pena de muerte. Descartada por principios la pena capital, se recomendaba a las Cortes la cárcel de por vida si regresara a España, y la muerte en el caso de que persistiera en "sus actos de rebelión". Los principales cargos levantados contra el rey Alfonso fueron: 1. Abandono de sus obligaciones como monarca constitucional. 2. Aceptación del golpe de Estado de 1923. 3. Lesa majestad hacia el pueblo. 4. Complicidad en la corrupción administrativa. Quizá la pretensión del procesamiento, que fue calificado por el monárquico *ABC* como "acto de persecución rencoroso e innecesario", fuera enardecer aún más los sentimientos antimonárquicos. El diario fue suspendido durante tres días y multado con mil pesetas por haber expresado esta opinión. Nada pudo hacerse contra la opinión de *The Times*, que en su edición de 27 de noviembre se expresó en estos términos:

> "Desde su ascenso al trono en 1902 hasta 1923 el rey no puede ser acusado del primer delito, puesto que todos los decretos de este periodo fueron firmados por los ministros responsables. En cuanto al segundo delito, el documento presentado por el conde de Romanones demuestra que, en septiembre de 1923, la abdicación -lo cual hubiera sido una deserción, pues el rey estaba obligado bajo juramento a servir al país como un soldado- era la única alternativa a la aceptación de la dictadura militar, que, además - y ello es tan evidente que no puede ser discutido- contaba en aquel momento con la simpatía de la mayoría del país. En cuanto al crimen de lesa majestad hacia el pueblo, nadie parece entender que significa esto, y esta acusación ni siquiera se ha sostenido ante las Cortes. Tampoco hubo ningún intento de aportar pruebas de complicidad en la corrupción administrativa."

El bienio social-azañista o masónico

Una vez aprobada la Constitución el 9 de diciembre de 1931, las Cortes procedieron a la elección del presidente de la República. Sonaron los nombres de dos grandes intelectuales, Manuel Bartolomé Cossío y Rafael Altamira, autor este último de *Historia de España y de la civilización española*, obra de prestigio internacional. Finalmente fue escogido Niceto

Alcalá Zamora, quien tomó posesión el 11 de diciembre. Dos días después tuvo lugar la recepción al cuerpo diplomático. El decano era el Nuncio del Papa y, sarcásticamente, le tocó pronunciar el discurso oficial. La situación no podía ser más patética: el Gobierno había expulsado y depuesto al cardenal primado y el Vaticano había negado el plácet al embajador español ante la Santa Sede. La iglesia estaba siendo separada del Estado y sus instituciones agredidas, las órdenes religiosas disueltas, y había sido anunciada la expulsión de la Compañía de Jesús.

Mediante decreto de 23 de enero de 1932, la Compañía de Jesús fue disuelta y el Estado incautó sus propiedades. El sueño anhelado de la masonería se había hecho realidad. Unos días antes *El Debate,* "un periódico -decía Azaña- que hace mucho daño a la República por su intención, por su organización y por el catequismo que lo rodea", había sido cerrado sine die, lo cual sirvió de aviso para que el resto de la prensa moderase sus críticas, que las hubo. En 1935 Salvador de Madariaga, intelectual nada sospechoso de simpatizar con la Iglesia, en su ensayo *Anarquía y Jerarquía* escribió lo siguiente sobre la disolución de los jesuitas: "La II República ha arruinado una magnífica oportunidad de orientar el problema de la educación secundaria hacia una solución satisfactoria. Obsesionada por su anticlericalismo, ha clausurado descaradamente el único tipo de escuela que, aun con sus imperfecciones, tenía un cierto parecido con una escuela de secundaria." En el momento de su disolución, la Sociedad tenía cerca de setenta residencias y treinta colegios en toda España. El colegio de Sarriá tenía cerca de Barcelona una Escuela de Estudios Eclesiásticos, un Instituto de Química y laboratorios de Biología y de Psicología Experimental. También eran notables los estudios de teología del Colegio de Comillas y los de astronomía en Granada. La iglesia del Sagrado Corazón mantenía en Barcelona cinco patronatos obreros y educaba a unos mil doscientos niños. En Burgos existía también un patronato con mil quinientos miembros que incluía alojamiento, planes de pensiones, un sistema de beneficencia, un banco de ahorros y clases diurnas y nocturnas. En todo el país habían organizado los jesuitas sistemas educativos y sociales.

A partir del 20 de febrero de aquel año se reunió en Madrid la Asamblea General Extraordinaria del Grande Oriente Español. Léon de Poncins, autor de varios libros en los que denuncia la instrumentalización de la masonería por el judaísmo y el comunismo, motores del Movimiento Revolucionario Mundial, publicó en 1938 *Histoire secrète de la révolution espagnole.* En dicha obra reproduce íntegramente el informe o acta del famoso convento extraordinario, celebrado en el momento en que el dominio sobre el Gobierno republicano estaba en su zénit. Siguen unos fragmentos significativos, varios de los cuales se refieren a la estricta disciplina masónica de los hermanos que ocupan puestos políticos.

"...El venerable Maestro de cada logia advertirá a los hermanos masones que deben renovar la promesa verbal o escrita de estar siempre dispuestos a comparecer ante sus jueces respectivos para explicar y justificar la rectitud de su conciencia masónica en todos los actos de su vida masónica o profana... Los hermanos masones que rechacen renovar dichas promesas o que no respondan en el plazo que les será fijado serán expulsados de la Orden... Los Venerables Maestros velarán sobre el juramento prestado por sus hermanos ante el Altar con toda solemnidad..."
"Las logias y los triángulos establecerán unas fichas para todos los hermanos francmasones, señalando su ocupación habitual, los empleos que ejercen o han ejercido en el Estado o en empresas particulares y las razones de su salida; y su hoja de servicios con los méritos de sus trabajos masónicos. Esta ficha sera especialmente completa y detallada para los hermanos francmasones que ocupan algún cargo político debido a la elección popular o al nombramiento del Gobierno."
"Las autoridades masónicas están en la obligación de hacer cumplir con la frecuencia necesaria el deber impuesto a los francmasones que ejercen cargos públicos, de reiterar el juramento, de explicar y justificar masónicamente su conducta pública ante sus superiores. Y puesto que en un cargo público se puede faltar a los deberes masónicos, tanto por acción como por omisión, ello significa que el masón que desempeñe dicho cargo estará obligado no sólo a explicar y justificar toda acción que pueda parecer censurable o dudosa, sino también a recibir las directrices masónicas y a tenerlas en cuenta."
"Se recordará a los hermanos masones que ocupan empleos públicos su deber de amor y de tolerancia fraternales, y se vigilará que antepongan siempre esta fraternidad masónica a todas las divergencias que los puedan separar en las luchas políticas."

Fue en este contexto que llegó la primera Semana Santa bajo régimen republicano. La mayoría de las tradicionales procesiones fueron canceladas. Sevilla, donde se celebraban las más famosas, vivió con tristeza aquellos días, pero con calma. La campaña para retirar el crucifijo de las escuelas, hospitales, centros benéficos y de todos los establecimientos oficiales se había ya desatado y prácticamente no se veía una cruz. Por contra, quioscos y librerías exhibían en lugar destacado abundante despliegue de literatura pornográfica y de textos marxistas. Estos últimos se vendían con frecuencia delante de las iglesias. Otro rasgo significativo de la vida social en el primer aniversario de la República era el gran aumento de la mendicidad. El corresponsal de *The Times* lo relataba el 22 de marzo de 1932 para los lectores ingleses: "Las calles de Madrid y de muchas otras ciudades están tan infestadas de mendigos que es casi imposible caminar cien metros sin ser abordado no sólo por los ciegos y mutilados habituales, sino por grupos de dos o tres hombres que piden caridad con mantas o pañuelos grandes".

Es preciso recordar que en 1929 se había producido el famoso desplome de la Bolsa de Nueva York y en 1932 la depresión mundial estaba en su apogeo. En España los precios de los productos agrícolas habían caído como consecuencia de la crisis y gran cantidad de tierras dejaron de cultivarse. Esta fue una de las razones de un aumento del paro sin precedentes. Entre 1931 y 1932 el anarcosidicalismo creó una situación revolucionaria en el campo. Por fin, la tan cacareada reforma agraria, pendiente desde que los ilustrados detectaron el problema, comenzó a ser discutida en las Cortes. Se aprobó en dos partes, en julio y septiembre de 1932. Dotado con créditos anuales del Estado, se creó un Instituto de Reforma Agraria, que contempló la posibilidad de expropiar cualquier hacienda de más de veintidós hectáreas que no fuera trabajada. Los nobles perdían sus fincas sin derecho a reclamación, aunque se les compensaba según su declaración de ingresos; pero como ésta había sido falseada... En *El laberinto español* se atribuye la tardanza en acometer la cuestión agraria a los diferentes planteamientos de socialistas y republicanos. Los primeros defendían que los terrenos expropiados fueran trabajados de forma colectiva. Los segundos pretendían dividir la tierra en parcelas individuales. "La diferencia -escribe Brenan- era algo más que un principio abstracto: ello envolvía el futuro del socialismo y del republicanismo burgués español". Mientras tanto, el ambiente revolucionario en el campo impedía en la práctica la puesta en marcha de proyectos.

El 10 de agosto se produjeron simultáneamente dos estallidos. En Madrid un grupo de aristócratas y oficiales monárquicos retirados trató de capturar a primera hora de la mañana el edificio de Correos en la plaza de la Cibeles. Ignoraban que habían sido traicionados y los estaban esperando. Se produjo una breve refriega en la calla de Alcalá, contemplada por Azaña desde un balcón del Ministerio de la Guerra, y los rebeldes fueron detenidos. El mismo día tuvo lugar en Sevilla la Sanjurjada, que también había sido conocida de antemano. Fue una chapucera insurrección militar, apoyada sólo por un sector muy minoritario de la derecha monárquica. El general Sanjurjo, el director general de la Guardia Civil que un año antes se había negado a apoyar al rey, publicó incluso un manifiesto en el que lamentaba su lealtad a la República y se proclamaba capitán general. Anarquistas y comunistas declararon la huelga general y comenzaron a incendiar numerosas casas de aristócratas y varios clubs. Las oficinas del periódico *ABC* fueron una vez más pasto de las llamas. La rebelión fracasó con estrépito y causó diez muertos, casi todos del bando de los sublevados. Sanjurjo trató de escapar a Portugal, pero fue detenido en Ayamonte.

El fuego encendido con la intentona golpista se extendió por toda Andalucía. Socialistas, comunistas y sindicalistas se apresuraron a declarar huelgas de protesta en las grandes ciudades. En Granada los disturbios fueron especialmente serios y en el Albaicín la iglesia de San Nicolás fue arrasada. Algunos pretenden equiparar la Sanjurjada con lo ocurrido en Asturias y en

Cataluña en octubre de 1934, pero la comparación no se sostiene. En realidad, la izquierda salió fortalecida tras el golpe, que sirvió para reprimir y desarticular organizaciones derechistas y cerrar decenas de publicaciones: sólo en Madrid fueron suspendidos por un periodo indefinido ocho periódicos, entre ellos *ABC, El Debate* e *Informaciones*. Cuando Primo de Rivera prohibió periódicos, había sido acusado por los republicanos de no respetar la libertad de prensa. El general Sanjurjo sería posteriormente sentenciado a muerte, pero fue indultado por iniciativa de Alcalá Zamora y condenado a cadena perpetua. La Sanjurjada fue principalmente una protesta contra la reforma agraria y contra el Estatuto catalán, que debía aprobarse en las Cortes.

Sobre el Estatuto de Autonomía de Cataluña, dada la importancia de la cuestión catalana en la historia de España, cabría extenderse si dispusiéramos de más espacio. Tras la proclamación el 14 de abril de 1931 del Estado catalán, que se incorporaría a una Federación de Repúblicas Ibéricas, Macià fue advertido desde Madrid que debía rectificar si quería que la República fuera viable en España. Días más tarde los ministros Marcelino Domingo, Luis Nicolau d'Olwer y Fernando de los Ríos viajaron a Barcelona y lo convencieron de que tenía que renunciar a la República catalana y presentar a las Cortes un proyecto de Estatuto para Cataluña. El Consejo de Gobierno de la República Catalana debía adoptar el nombre histórico de Gobierno de la Generalitat. Sin embargo, los gritos de "¡Visca Macià! ¡Mori Cambó!" habían resonado el día 14 en las calles de Barcelona. Los cristales de las ventanas de la casa de Cambó fueron apedreados durante la noche. El líder de la Lliga, que había guardado cama por fiebre, se levantó asustado y tomó la decisión de coger un tren y exiliarse en París, donde iba a permanecer dos años y medio. Allison Peers, hispanista enamorado de la literatura, la historia y la cultura de Cataluña, traductor al inglés de numerosas obras de Ramon Llull, entre ellas *Blanquerna*, se pregunta lo siguiente en su libro *Catalonia Infelix*: "¿No podían olvidarse ahora las diferencias personales y políticas entre ellos y formar un gobierno de coalición Macià-Cambó, el cual hubiera unido los mejores cerebros de Cataluña? Aparentemente no, pero fue una pena". Si este consejo del profesor Allison Peers se hubiera llevado a la práctica, podría haberse evitado quizá el desastre de 1934; pero el tiempo de los moderados había pasado.

Los movimientos obreros y revolucionarios de Cataluña eran los más fuertes del país. La predicción de Lenin sobre España no era ignorada por anarquistas y comunistas, que luchaban por la revolución y no por una República burguesa. Nada de ello, no obstante, preocupaba a los nacionalistas catalanes, que comenzaron a trabajar con entusiasmo en la redacción del Estatuto de Autonomía. El 24 de mayo se realizaron elecciones entre todos los concejales catalanes y se constituyó la Diputación Provisional de la Generalitat, de donde salieron los once diputados que formarían la ponencia estatutaria. El 20 de junio, ocho días antes de la elecciones generales para las Cortes, el anteproyecto del llamado Estatut de Núria estaba redactado. El 2 de agosto fue sometido a referéndum y con una participación del 75% fue aprobado con el 99% de los votos. Cuatrocientas mil mujeres, que no tenían entonces derecho de voto, lo apoyaron con sus firmas. El 14 de agosto Maciá lo llevó personalmente a Madrid; pero las Cortes, enzarzadas en los debates sobre el texto de la Constitución, lo dejaron aparcado hasta el 6 de mayo de 1932, fecha en que comenzó su tramitación.

Durante los nueve meses que el Estatuto estuvo a la espera en Madrid, los partidos y sindicatos revolucionarios fueron calentando motores. Las elecciones generales de junio de 1931 confirmaron a la Esquerra de Macià y de Companys como la primera fuerza política en Barcelona y en Cataluña. El hecho de que Companys, que dejó la alcaldía de Barcelona para converstirse en gobernador civil, hubiera sido abogado de ladrones, pistoleros y otros malhechores, elementos que no hubieran podido militar en ningún partido o sindicato obrero, pero que eran aceptados en la CNT, le había servido para establecer muy buenas relaciones con los anarquistas. Desde su cargo de gobernador mantuvo relativamente en calma la ciudad: "Puesto que vosotros -les decía cínicamente a sus viejos amigos- no estáis preparados para hacer vuestra revolución, ¿por qué no nos dejáis hacer la nuestra y aprovecháis la libertad que os da el nuevo régimen para hacer vuestra propaganda?" Olvidaba que la propaganda por el hecho era la preferida de los anarquistas. Durante el verano comenzaron las huelgas, sabotajes y enfrentamientos con la policía, que era atacada desde ventanas y esquinas en una especie de guerra de guerrillas. Al gobernador civil se le llegó a pedir que desarmase a la policía y armase al pueblo. En septiembre de 1931 se declaró una huelga general de dos días que paralizó por completo la ciudad.

Meses después, ya en enero de 1932, sindicalistas, comunistas y anarquistas protagonizaron un alzamiento en Cataluña que debía extenderse a toda España. El movimiento estuvo organizado por la FAI y secundado por un partido trotskysta, la Izquierda Comunista, que se había separado del Partido Comunista oficial y había arrastrado a la mayoría de los comunistas catalanes. Sus líderes eran Andreu Nin, Joaquín Maurín y Juan Andrade. La FAI proclamó el comunismo libertario en el Alto Llobregat y se ocuparon los edificios públicos en Berga y Manresa. En algunos lugares las propiedades agrícolas fueron repartidas. Se logró sofocar la revuelta con abundante derramamiento de sangre. Azaña denunció categóricamente que el movimiento revolucionario había sido subvencionado desde el extranjero. De hecho, propaganda soviética y dinero extranjero entraban desde hacía tiempo en España a través de Barcelona. Más de un centenar de los dirigentes revolucionarios fueron detenidos, entre ellos Durruti y Ascaso, y deportados sin juicio a la Guinea española.

Pero sigamos con la tramitación del Estatuto. En el texto presentado a las Cortes, Cataluña era definida como un Estado autónomo dentro de la

República española. El catalán sería su lengua oficial, aunque se contemplaba la utilización del castellano como lengua para las comunicaciones con Madrid. En el Estatuto se establecían competencias legislativas y ejecutivas en materia de Educación. La Generalitat reclamaba para sí la potestad de establecer la división territorial de Cataluña y libertad para los ayuntamientos. Se establecía también que los jóvenes catalanes harían su servicio militar en Cataluña en tiempo de paz. Los principales temas que centraron el debate, que iba a durar hasta septiembre de 1932, fueron el de la lengua y el de la educación. La primera batalla fue la de la cooficialidad del castellano. Finalmente los diputados catalanes tuvieron que aceptar una redacción en estos términos: "La lengua catalana, así como la lengua castellana, serán lenguas oficiales en Cataluña".

El debate sobre la educación ocupó todo el mes de julio y dio lugar a encendidos discursos. El artículo en cuestión fue seriamente enmendado. La redacción definitiva otorgaba a la Generalitat el control de los servicios de bellas artes, museos, librerías, monumentos y archivos, con la excepción de los Archivos de la Corona de Aragón; pero no le concedía su máxima aspiración: la competencia exclusiva sobre la Universidad. Se aceptaba la autonomía universitaria, pero al ser la única Universidad en Cataluña, tenía que ser gobernada por una junta que asegurase la igualdad de derechos entre profesores y estudiantes de las dos lenguas y culturas. Los catalanes alegaron que ello iba contra el espíritu del Estatuto porque destruía la unidad del sistema educativo y porque alentaba distinciones raciales que conducían a enemistades. Azaña les dio la razón y trató de que el sector que se oponía modificase su planteamiento, pero no tuvo éxito. En éstas estaban las discusiones cuando aconteció la Sanjurjada. Durante la segunda quincena de agosto, la aprobación de artículos avanzó con celeridad y se aprobaron las disposiciones relacionadas con la organización municipal y administrativa. Asimismo se aceptó con gran satisfacción de los diputados catalanes la recuperación del antiguo código civil catalán. La votación se celebró el 9 de septiembre y el Estatuto de Autonomía de Cataluña se aprobó por amplia mayoría. El 11 de septiembre, fecha cargada de connotaciones históricas, los catalanes regresaron. El día 25 el presidente Azaña fue aclamado en Barcelona, donde procedió a la entrega formal del Estatuto a las autoridades catalanas. El 20 de noviembre de 1932 tuvieron lugar las primeras elecciones para el nuevo Parlamento catalán, que fueron ganadas ampliamente por Esquerra Republicana. Se evitó el nombre histórico de Corts por sus connotaciones monárquicas.

Mientras los nacionalistas pretendían avanzar en la construcción de su estrenada autonomía, el movimiento revolucionario seguía empeñado en impedir la paz social. En enero de 1933 García Oliver, líder de la FAI, dirigió un nuevo alzamiento armado en Barcelona, Lérida y Valencia. Entre otras cosas, se exigía la liberación de los deportados a Africa un año antes. Como entonces, se trató de ocupar importantes edificios públicos, pero otra vez fracasaron y los líderes anarquistas, a los que se confiscó mucho armamento, acabaron nuevamente detenidos. Grandes cantidades de bombas fueron descubiertas en Barcelona y el Gobierno declaró ilegal la CNT y clausuró sus locales, aunque careció de fortaleza para mantener la ilegalización.

Pero el hecho que había de marcar seriamente al Gobierno aconteció en una mísera aldea, Casas Viejas, próxima a Jerez de la Frontera. Los anarquistas andaluces habían convocado una huelga general en Andalucía en apoyo del alzamiento en Cataluña, que no llegó a materializarse. El 11 de enero Un viejo anarquista apodado Seisdedos, enterado de los proyectos de huelga general, decidió actuar por su cuenta. Tras envalentonar a sus amigos y familiares, protagonizaron todos un desfile por las calles del pueblo armados con fusiles y garrotes. En el centro anarco-sindicalista proclamaron el comunismo libertario y a continuación, tras intimidar al alcalde, sitiaron el cuartel de la Guardia Civil y exigieron la rendición. El sargento del puesto contactó con Cádiz y Medina Sidonia para solicitar refuerzos. El Gobierno, alertado de cuanto se había planeado en Andalucía y Cataluña, estaba preparado y ordenó el envío de tropas. Mientras tanto los rebeldes de Casas Viejas, que habían acumulado pistolas, abundante munición y explosivos, comenzaron la batalla e hirieron mortalmente a tres guardias. Poco después del mediodía llegaron los refuerzos e incluso el pueblo fue sobrevolado por aviones. Viendo la envergadura del dispositivo. Seisdedos y los suyos se retiraron a sus casas. Comenzó entonces un registro casa por casa, pero algunas rechazaron la rendición. El núcleo de la resistencia se organizó en la casa de Seisdedos, cuyo hija, Libertaria, iba recargando los fusiles a su padre mientras él seguía disparando. Las tropas asaltantes sufrieron importantes bajas y oscureció sin que los anarquistas se rindieran. Durante la noche las fuerzas del orden hicieron acopio de bombas y ametralladoras con intención de acabar de una vez con los rebeldes, pero no actuaron hasta que recibieron permiso del Ministerio de Gobernación, cuyo ministro era Casares Quiroga. La casa se arrasó sin piedad: después de ser bombardeada, se roció con gasolina y fue incendiada. Seisdedos, Libertaria y otras seis personas murieron. Las otras casas que resistían corrieron la misma suerte y otras veinte personas perdieron la vida. A las siete de la mañana todo había concluido

A medida que fueron conociéndose detalles de lo acontecido en Casas Viejas, la indignación se extendió por todo el país. Se acusó a la República de actuar igual o peor que la Dictadura. El prestigio del Gobierno cayó en picado y ya no se recuperó. Los socialistas, socios en el Gobierno de Azaña, salieron también muy tocados. En primavera la CNT volvió por sus fueros en Barcelona y declaró una huelga imponente en la construcción que se prolongó durante dieciocho semanas. En solidaridad con sus compañeros catalanes se declararon huelgas generales en Zaragoza, La Coruña, Oviedo y Sevilla. En las fundiciones de acero de La Felguera (Asturias) dos mil ochocientos trabajadores de la CNT, prácticamente toda la población, comenzaron en la primavera de 1933 una huelga heroica en solidaridad con el despido sin indemnización de compañeros de edad avanzada. Resistieron durante nueve meses y los patronos, ante las graves pérdidas que su obstinación les ocasionaba, acabaron cediendo.

Azaña había anunciado que convocaría en abril elecciones municipales con el nuevo censo, que incluía a las mujeres; pero vista su popularidad decreciente incumplió su promesa y el 23 de abril convocó únicamente elecciones parciales en unos dos mil quinientos distritos rurales que en abril de 1931 habían sido monárquicos, por lo que su representación había sido cancelada. Azaña, que llamó a estos pueblos los "burgos podridos", temía que los resultados pudieran ser entendidos como una voto de censura a su gestión. Y así fue, pues de los dieciséis mil concejales en juego, sólo unos cinco mil fueron para candidatos gubernamentales. Puede decirse que desde entonces la crisis política fue in crescendo y cada vez con más frecuencia se oían peticiones de dimisión del Gobierno en las Cortes, donde durante el mes de mayo se discutió la Ley de Congregaciones y Confesiones Religiosas, que venía a implementar los artículos anticlericales de la Constitución.

El 12 de junio Azaña acabó remodelando el Gobierno, en el que entró Companys como ministro de Marina. Sería el último Gobierno de las Cortes Constituyentes: en septiembre presentó su dimisión. Lo más reseñable de estos meses fue la creación del Tribunal de Garantías Constitucionales. Por lo demás, la impopularidad del Gobierno no hizo sino aumentar. Las huelgas eran continuas, el paro seguía siendo tan elevado como siempre y las prisiones estaban mucho más llenas que en tiempos de la Dictadura: sólo la CNT tenía en la cárcel a unos nueve mil presos. La República no había sabido resolver los problemas de los campesinos y los obreros y, además, había decepcionado por completo a las clases medias, entre las que había que contar a los monárquicos, sometidos a todo tipo de ultrajes: incluso los carteros habían recibido órdenes para que no entregasen a los aristócratas aquella correspondencia que les seguía llegando con los títulos de nobleza, que habían sido abolidos. La última demostración de intolerancia sectaria había sido una purga considerable dentro de la administración civil del Estado por el crimen de "incompatibilidad con el régimen".

El centro-derecha gobierna sin la CEDA

La caída de Azaña en septiembre dejó paso a un Gobierno efímero presidido por Lerroux, que duró del 12 de septiembre el 8 de octubre de 1933. Lo derribó una moción de confianza presentada el día 2 por Indalecio Prieto. El Gran Maestre del Grande Oriente Español, Diego Martínez Barrio, presidió el Gobierno que se encargó de vigilar el proceso electoral tras la disolución de las Cortes, anunciada por Alcalá Zamora, presidente de la República.

El 19 de noviembre de 1933 se celebraron las elecciones generales para las primeras Cortes ordinarias de la República, las primeras en que se permitió el voto femenino. Veintiséis formaciones políticas obtuvieron representación parlamentaria. El partido más votado fue la CEDA de José Mª Gil Robles, con 115 diputados, seguido del Partido Republicano Radical de Lerroux (PRR), con 102. El descalabro de las izquierdas republicanas fue clamoroso: sólo media docena de diputados lograron salir elegidos. Azaña consiguió mantener su escaño de milagro, gracias a que se presentó en Bilbao por el distrito de Indalecio Prieto, quien, en contra de las consignas de su partido, mantuvo la coalición con los republicanos de Azaña. Por su parte los socialistas también tuvieron su parte y de 116 diputados pasaron a tener 59. En Cataluña, Esquerra Republicana bajo de 46 a 17. Muchos de sus votos fueron a parar a La Lliga Regionalista, convertida en Lliga Catalana tras el regreso de Cambó, que consiguió 24 representantes. Parecía evidente que la sociedad española apostaba por la moderación y la estabilidad. Otros partidos de derecha con resultados destacables eran el Partido Agrario Español (PAE), con 30 escaños; Comunión Tradicionalista (CT), con 20; El Partido Republicano Conservador (PRC), con 17; Renovación Española (RE), con 14; el Partido Nacionalista Vasco (PNV), con 11. El Partido Comunista de España (PCE) y Falange Española (FE) lograron ambos un diputado y entraron en las Cortes por primera vez. La CNT había hecho campaña abstencionista.

Antes de la publicación de los resultados electorales, una huelga de transportes había ido caldeando el ambiente en Barcelona. El 8 de diciembre se convirtió en revuelta y la policía llegó a colocar ametralladoras en algunas plazas. Alzamientos anarcosindicalistas se produjeron en varias partes del país. Huelgas generales se declararon en La Coruña, Zaragoza y Huesca. En muchos pueblos de Aragón y en los viñedos de la Rioja se proclamó el comunismo libertario. En Barbastro y otras ciudades de la zona se levantaron barricadas y se intentó tomar los edificios públicos, por lo que hubo enfrentamientos con la la Guardia Civil. En Calatayud y en Granada se incendiaron conventos e iglesias. Supuestos revolucionarios provocaron un accidente en el tren que unía Barcelona y Sevilla y diecinueve personas murieron como consecuencia del sabotaje. El Gobierno declaró el estado de alarma, por lo que en tres o cuatro días se fue calmando la situación. Este fue el telón de fondo que ambientó la formación del primer Gobierno de Lerroux.

Lo lógico hubiera sido que el partido ganador, i. e. la CEDA, tratase de formar gobierno. Una coalición entre el Partido Radical de Lerroux y el de Gil Robles podría haber aportado estabilidad desde el principio de la legislatura; pero el presidente de la República encargó a Lerroux la formación del Gobierno. Es preciso considerar que Gil Robles era un joven abogado de treinta y cinco años con muy poca experiencia política, mientras que Lerroux era perro viejo avezado en mil batallas. Además, el hecho de que Gil Robles fuera un líder católico alertó a la masonería, que desencadenó enseguida una campaña en su contra. Desde el principio fueron las logias quienes le colocaron el sambenito de fascista. Ya durante la campaña electoral la masonería temía que sus victorias anticlericales pudieran verse comprometidas. La Gran Logia Española avisaba a los "queridos hermanos" que había que estar alerta: "...Se ventila en esta lucha la vida de Nuestra Orden. Son nuestros ideales amenazados los que hemos de defender. En nombre de ellos proponemos a nuestras logias hermanas que se unan a las organizaciones locales y pacten alianzas para luchar donde sea preciso contra la reacción que nos amenaza". En una circular del 22 de marzo de 1934 el Gran Oriente Español consideraba la victoria cedista como el triunfo del fascismo:

> "En virtud de los principios básicos de nuestra institución nos es obligada nuestra repulsa contra todo lo que signifique dictadura, y siendo en estos momentos el más grave e inminente peligro en esta Orden el del Fascismo, todos los francmasones, individual y colectivamente, debemos cuidar de impedir el desarrollo de esta fuerza, que con su nombre moderno cubre en España a nuestros tradicionales enemigos."

Sin embargo, ni la victoria de la CEDA significaba dictadura ni Gil Robles era un fascista, toda vez que en numerosas ocasiones había declarado su aceptación del régimen republicano. En realidad, el joven líder de la derecha estaba convencido de que dentro del armazón de la República era posible pactar una Constitución de consenso que sería aceptada por todos los católicos. Los seguidores de Gil Robles criticaron a Alcalá Zamora por no contar con él inicialmente, lo acusaron de haberlo tratado con desconsideración porque le tenía aversión personal; pero Gil Robles manifestó que estaba dispuesto a colaborar con los centristas de Lerroux, quien el 16 de diciembre presidió un Gobierno casi monocolor en el que no figuraba ningún ministro cedista. En cualquier caso, había que pagar algún precio por el apoyo de la CEDA: el Gobierno de Lerroux, a pesar de que el PRR se había caraterizado por su anticlericalismo y había votado en favor de la laicización de la educación, paralizó la sustitución de las escuelas religiosas por laicas. También se revisaron los procesos de expropiación de tierras y los propietarios que habían sido desposeídos arbitrariamente recuperaron sus haciendas. Ello provocó que unos diez mil campesinos que habían recibido tierras perdieran los asentamientos.

En febrero de 1934 Francisco Largo Caballero, presidente de la UGT, sindicato que había colaborado con la Dictadura de Primo de Rivera, comenzó a adoptar posiciones radicales que lo iban a convertir en el hombre de las masas: "La única esperanza de las masas -decía en febrero- es la revolución social. Sólo ella puede salvar a España del fascismo". En cuatro años la UGT había pasado de 300.000 a 1.250.000 afiliados y era el único sindicato que podía competir con la CNT. Desde esta posición de fortaleza sindical, Largo Caballero trató de crear una organización en la que confluyeran todos los partidos de la clase obrera: la Alianza Obrera. La CNT se negó a sumarse y los comunistas, que entonces se comportaban como revolucionarios furibundos, también se negaron a participar. Con estos planteamientos la posición de los socialistas con respecto al Gobierno de Lerroux era de enfrentamiento frontal.

A principios de marzo comenzaron las crisis gubernamentales que iban a sucederse una tras otra como consecuencia de la tozudez de Alcalá Zamora, quien siguió ignorando al vencedor de las elecciones. El 23 de enero de 1934 el Gran Maestre Martínez Barrio, que militaba en el PRR, cesó como ministro de la Guerra y pasó a desempeñar la cartera de Gobernación; pero el 3 de marzo, en sintonía con las instrucciones que impartían las logias, dimitió en protesta por la deriva del Gobierno, que precisaba el apoyo de los diputados de la CEDA. Su dimisión provocó la caída del Gobierno. Nuevamente Lerroux recibió el encargo del presidente de la Republica de formar un nuevo Consejo de Ministros. Gil Robles expresó entonces su escepticismo: "Dudo que pueda sobrevivir un mes." No se equivocó demasiado, pues el Gobierno se formó el mismo 3 de marzo y cayó el 28 de abril.

La CNT le dio la bienvenida con una huelga general en Zaragoza que se prolongó cuatro semanas, durante las cuales la capital aragonesa quedó paralizada. Otra huelga fue convocada en Valencia, pero allí los fondos para huelgas de la CNT se agotaron y no pudo durar. No fueron las huelgas, no obstante, las que provocaron la caída del nuevo Gobierno, sino el intento de promulgar en abril una ley que restableciera la pena de muerte. El ministro de Justicia, Ramón Álvarez Valdés, del Partido Republicano Liberal Demócrata, defendió el proyecto argumentando que el restablecimiento de la pena capital era la única manera de acabar con los crímenes que de continuo se sucedían en las grandes ciudades del país. Coincidiendo con el tercer centenario de la República, el ministro cometió la temeridad de permitirse un ataque contra los "mártires de la República", los "héroes de Jaca". Se montó entonces un escándalo mayúsculo en el hemiciclo, que se extendió por todo el país y provocó la dimisión de Álvarez Valdés. Fue sustituido por Salvador de Madariaga, un independiente que había entrado en el Gobierno como ministro de Instrucción Pública y que aceptó el cargo incomprensiblemente. La puntilla para el Gobierno llegó con el proyecto de Ley de Amnistía, que proponía el perdón para quienes habían cometido crímenes antes de diciembre de 1933, entre los cuales estaba el general Sanjurjo y sus colegas insurrectos en Sevilla. La ley se aprobó, pero a finales de abril se propagó el rumor de que el presidente de la República se negaba a aceptarla. Finalmente la firmó, pero publicó enseguida un escrito en el que explicaba por extenso su desaprobación. Lerroux se sintió desautorizado y el 28 de abril presentó su dimisión. Sólo cinco meses habían transcurrido desde las elecciones y la izquierda se precipitó a exigir nuevas elecciones. Tampoco esta vez Alcalá Zamora quiso acudir a Gil Robles y encargó la formación del Gobierno a Ricardo Samper, también del PRR. Salvador de Madariaga se apresuró a abandonar el Ejecutivo.

Con la llegada del verano las tensiones se trasladaron a Cataluña, donde el coronel Maciá había muerto el día de Navidad de 1933 y desde el 31 de diciembre Lluís Companys era el presidente de la Generalitat y nuevo hombre fuerte de la Esquerra. Como el Estatuto de Autonomía otorgaba a la Generalitat competencias sobre las elecciones municipales, el 14 de enero hubo allí elecciones locales, que habían sido ganadas por Esquerra Republicana. En abril de 1934 el Parlamento catalán aprobó una nueva ley agraria, la "Llei de Contractes de Conreu", conocida en Madrid como Ley de Cultivos. Los arrendadores protestaron con vehemencia y fueron a buscar apoyo en el Gobierno del Estado, que puso el asunto en manos del recién creado Tribunal de Garantías Constitucionales. Dicho Tribunal, compuesto por políticos que representaban a todos los partidos, sentenció en junio que el Parlamento de Cataluña carecía de competencias para legislar sobre la cuestión, por lo que la Ley de Cultivos fue declarada inaplicable. Comenzó entonces una crisis que acabó en el desastre del 6 de octubre. El Parlamento catalán lanzó un desafío al Gobierno de Madrid y ratificó la ley. Los partidos de la izquierda republicana en las Cortes se alinearon con Esquerra Republicana, pero la Lliga Catalana respaldó al Gobierno. El presidente Companys declaró que "ni una coma" de la ley sería alterada. El presidente Samper lo retó a aplicarla. Estando así las cosas, las Cortes cerraron para comenzar el periodo de vacación estival.

Para que el lector comprenda bien el asunto, hay que explicar que la mayor parte de la tierra en Catalunya estaba en manos de pequeños propietarios que cedían sus tierras a unos campesinos llamados "rabassaires". En los contratos de aparcería gastos y beneficios eran compartidos por el dueño y el arrendatario. La mayor parte de la tierra arrendada se dedicaba al cultivo de la vid, por lo que la duración de los contratos estaba ligada a la vida de las cepas. Cuando tres cuartas partes de las cepas habían dejado de producir, "rabassa morta", la tierra volvía al propietario, que podía o no renovar el contrato. El incumplimiento implicaba la desposesión de la tierra. Los rabassaires habían aprendido a prolongar la vida de las cepas y antiguamente las hacían durar cincuenta años. La plaga de filoxera en el siglo XIX mató las cepas viejas y se introdujo un tipo de planta cuya vida era de unos veinticinco años y requería más cuidado. Durante la guerra europea los precios eran tan altos que no hubo disputas para la renovación de los contratos; pero cuando llegaron las malas cosechas y comenzó a bajar el precio de los vinos, algunos rabassaires no pudieron cumplir los contratos y fueron desposeídos. Se organizaron entonces en un sindicato entre cuyos fundadores estaba Companys. Protegidos por Esquerra Republicana, se comprometieron a votar por ella en las elecciones. Puesto que todo tiene su precio, Macià, antes de morir, en la Pascua de 1933, se había dirigido en un mitin a quince mil agricultores y les había prometido una legislación que ayudase a resolver el asunto. En junio, comenzaron los disturbios en el campo y los arrendadores se encontraron con grupos de descontentos armados que atacaban sus propiedades. Un mes después, en julio de 1933, el anteproyecto de ley que se aprobaría en abril de 1934 entró en el Parlament. La ley, que gustó más a los agricultores que a los propietarios, aunque observadores imparciales admiten que se pretendía resolver una injusticia, preveía tribunales de arbitraje y daba facilidades a los arrendatarios para adquirir la tierra que hubiesen trabajado durante quince años.

La decisión del Tribunal de Garantías Constitucionales puso de relieve el enfrentamiento existente entre Esquerra Republicana y la Lliga Catalana de Cambó, que en enero de 1934 había abandonado el Parlament en desacuerdo con la manera en que se había producido la elección de Companys como presidente de la Generalitat. La Lliga, pese a aceptar que la reforma de la ley existente era necesaria, disentía sobre la manera en que los arrendatarios podían adquirir la tierra. En lugar de tratar de lograr los buenos oficios de la Lliga para una mediación ante los propietarios, Esquerra Republicana los acusó de haber animado al presidente Samper a llevar la Ley de Cultivos al Tribunal de Garantías y tachó su actitud de reaccionaria y antipatriótica. Una victoria política se convirtió de este modo en una pérdida de prestigio ante la opinión, sobre todo cuando el presidente de la Generalitat describió la resolución del Tribunal como un ataque a la autonomía de Cataluña.

Antes del final del verano las pasiones desatadas vencían ampliamente a la cordura. Companys no perdía ninguna oportunidad de atacar violentamente al Gobierno de la República. En un mitin celebrado en Gerona el 2 de septiembre se expresaba en estos términos: "Este Gobierno, que está encargado de dirigir a los pueblos hispanos, ya no es leal a la Constitución. No puede sacarse de encima el manto del imperialismo y la educación que ha recibido de la Monarquía. Estos hombres no son liberales, no pueden entender la idea federal. Si en Madrid no pueden crear el ideal hispánico, nosotros procederemos a crear la nacionalidad catalana." El artículo 13 de la Constitución, que Companys estaba obligado a cumplir, decía con claridad meridiana: "En ningún caso se admite la Federación de regiones autónomas". Es evidente, pues, que quien no era leal a la Constitución era el presidente de la Generalitat. Aunque lo peor era que Companys no estaba sólo, puesto que algunos socialistas expresaban cada vez con más frecuencia sus amenazas de no respetar las reglas del juego. Meses antes, Largo Caballero, en clara alusión a la dictadura del proletariado, había formulado la célebre pregunta de Lenin: "¿Libertad, para qué?". El mismo Azaña se expresaba cada vez con más frecuencia como un revolucionario en sus discursos. Para Azaña, el Gobierno de Esquerra en Cataluña "era el único poder republicano" en todo el país y el único "bastión" contra el regreso de la tiranía. Todos ellos olvidaban o despreciaban los votos depositados en las urnas. Después de haber estado legislando y gobernando durante dos años y medio, a los nueve meses del triunfo de sus adverarios políticos, los "demócratas" de la izquierda no aceptaban el juego parlamentario y querían hacerse con el poder mediante la revolución.

Por si no hubiera suficientes problemas, también los vascos plantearon el suyo. Los nacionalistas vascos, indignados por el anticlericalismo de la Constitución, habían abandonado las Cortes, pero con la nueva legislatura regresaron. Pretendían el control religioso en su comunidad y aspiraban a tener sus propios representantes en el Vaticano, por lo que muchos habían votado por la CEDA. Sin embargo se acercaron hacia las izquierdas cuando comprobaron que el Gobierno de centro derecha no era favorable a sus pretensiones de autonomía. Los vascos decidieron celebrar elecciones en sus ayuntamientos en señal de protesta por una imposición económica que iba en contra sus pretensiones de un concierto económico. El Gobierno de Madrid prohibió las elecciones y cuando se estaban realizando trató de impedirlas por la fuerza. Todos los ayuntamientos vascos dimitieron y las manifestaciones en demanda de autonomía proliferaron en el País Vasco. Finalmente, sus diputados en el Parlamento siguieron el ejemplo de los de Esquerra Republicana y abandonaron las Cortes. Así estaban las cosas en septiembre de 1934.

Por su parte, los líderes socialistas discrepaban sobre la estrategia a seguir. Los partidarios de Largo Caballero estaban dispuestos a desencadenar una revolución contra el Gobierno de la República, lo cual no era compartido por Indalecio Prieto, pues no veía cómo podía triunfar. El control que Largo Caballero ejercía sobre la UGT inclinó la balanza de su lado. El planteamiento revolucionario del líder ugetista fue compartido asimismo por Companys, el presidente de la Generalitat, quien estaba dispuesto a encabezar el alzamiento en Cataluña. En conexión con estos rumores, se anunció que setenta cajas con armas habían desembarcado en Asturias y el Gobierno informó de arrestos relacionados con el descubrimiento de grandes cantidades de municiones[20]. Vista la situación, se decretó el Estado de

---

[20] Sobre este asunto de las armas, parece ser que procedían de arsenales del Gobierno. Echevarrieta, un financiero vasco amigo de Indalecio Prieto, había hecho el pedido al Consorcio de Fábricas Militares en 1932 con la intención de ponerlas en manos de los revolucionarios portugueses. La entrega se frustró y quedaron escondidas en Cádiz hasta que en 1934, con permiso del ministro de la Guerra, casi con seguridad el venerable hermano Martínez Barrio, fueron embarcadas en *La Turquesa*, supuestamente con destino a Burdeos. En el camino el barco se detuvo frente a las costas asturianas y las desembarcó. La policía se enteró y pudo incautar por lo menos una parte, sobre todo cartuchos. Estas armas tenían que acabar en Madrid, pero debido a la vigilancia se decidió distribuirlas en Asturias. Entre ellas había quinientos fusiles Mauser, veinticuatro ametralladoras y miles de granadas de mano. Puesto que los cartuchos habían acabado en manos de la policía, se consiguió mediante una falsificación de papeles que un tren de municiones saliera del arsenal de Toledo hacia Asturias y supliera la pérdida.

Alarma en toda España. Las elecciones municipales que debían celebrarse en otoño fueron nuevamente canceladas.

Gil Robles, que había dicho en más de una ocasión a sus seguidores que su llegada al Poder era sólo cuestión de tiempo, consideró que el momento de dirigir el Gobierno había llegado. El 11 de septiembre el diario *El Sol* publicaba estas palabras del líder católico: "El camino está claro ante nosotros. ¡Ni un momento más! No queremos nada para nosostros, pero no toleraremos por más tiempo que continúe este estado de cosas." Parecía claro que Gil Robles retiraría su apoyo a Samper para reclamar el Gobierno. Así lo entendió el proletariado asturiano, que se aprestó a ir la huelga general. El 1 de octubre el líder de la CEDA pronunció en el Parlamento un discurso en el que condenó los sucesivos gobiernos de los últimos once meses, que no habían sabido interpretar la voluntad del pueblo: "Les hemos prestado nuestro apoyo -declaró-, pero sentimos que no podemos seguir haciéndolo por más tiempo. Estamos preparados para cumplir con nuestra obligación." Esta frase, destacada por *El Sol* en su edición del 2 de octubre, sólo podía ser entendida de una manera por el Gobierno, que presentó la dimisión. Otra vez el presidente de la República inició consultas y otra vez se negó a encargar la formación del Gobierno a Gil Robles. Las críticas expresadas por los cedistas contra Alcalá Zamora fueron rotundas y la indignación, monumental: su líder no sólo no sería el presidente, sino que ni siquiera iba a entrar en el Gobierno. La persona escogida por Alcalá Zamora era una vez más el aparentemente imprescindible Alejandro Lerroux, "don Ale", quien dio entrada en el Gobierno a tres ministros de la CEDA. Gerald Brenan encuentra en *El laberinto español* una justificación a la decisión de Alcalá Zamora. Según Brenan, "los partidos de izquierda advirtieron al presidente de la República que si algún miembro de la CEDA entraba en el Gobierno, verían en ese acto una declaracion de guerra hacia ellos." Según este hispanista británico, los partidos de izquierda presionaron a Alcalá Zamora para que disolviera las Cortes.

La izquierda reaccionó como si se hubiera producido un golpe de Estado; pero en realidad lo único que había sucedido era que el partido que había ganado las elecciones entraba con tres ministros en el Gobierno, sólo eso. En nigún país democrático del mundo se hubiera aceptado la censura del partido más votado. Era un hecho incomprensible e inaceptable. En *The Spanish Tragedy* Allison Peers se refiere a esta circunstancia con palabras de asombro: "La izquierda hubiera sido la primera en quejarse si ellos, como grupo mayoritario, hubieran sido excluidos del poder. ¿Por qué, entonces, siendo en principio demócratas, y habiendo sido rechazados por los electores, tenían que respirar fuego y matanza, y reclamar que lo que no habían sido capaces de ganar por medios legales debía ser obtenido por medios repugnantes?" En realidad, nadie aceptó la decisión del presidente de la República, cuyos enemigos aumentaron por la izquierda y por la derecha. Miguel Maura, antiguo ministro de Gobernación en abril de 1931, emitió un escrito en el que denunciaba como "traidor" a Alcalá Zamora. Otros antiguos colegas censuraron con encono su actuación y anunciaron que rompían su relación con él. También Azaña tomó la decisión de abandonar el Parlamento en protesta por la actuación del presidente de la República, pero sus motivaciones no eran nada claras.

El día 5 de octubre se declaró una huelga general en todo el país convocada por la UGT; En Asturias alcanzó tal intensidad que se proclamó la Ley Marcial y el Ejército acudió para reforzar a la Guardia Civil. En todas las grandes ciudades la huelga se dejó sentir con intensidad. En Madrid los militares hicieron funcionar algunos trenes, tranvías y autobuses, pero las comunicaciones de todo tipo quedaron alteradas. Sólo *El Debate* y *ABC* pudieron publicarse al no estar controlados por los sindicatos. Se advirtió a los ciudadanos que no salieran a la calle entre las ocho de la tarde y el amanecer. No hubo por el momento actos de violencia en Madrid.

Golpe de Estado de Companys en Cataluña

La huelga general en Barcelona se estaba desarrollando sin violencia y con un seguimiento irregular. Las autoridades municipales y regionales mantuvieron en la noche del día 4 una reunión y el presidente Companys anunció que había recibido de Madrid la seguridad de que no se declararía la ley marcial en Cataluña. La Generalitat se había responsabilizado del mantenimiento del orden público. El día 5 transcurrió sin incidentes dignos de mención en Barcelona y por la tarde parecía que la huelga se iba desinflando, pues la CNT no había secundado la convocatoria de los socialistas. El día 6, sin embargo, una proclama sospechosa titulada "La República Catalana" comenzó a repartirse desde primeras horas de la mañana. En ella se apelaba al pueblo catalán para que estuviera a punto. El panfleto terminaba con estas palabras: "¡A las armas por la República Catalana!" Otro hecho que no presagiaba nada bueno fue la ocupación del Fomento de Trabajo Nacional en la Puerta del Ángel, hecho protagonizado por la Alianza Obrera. En la Alianza Obrera confluían socialistas, trotskystas y nacionalistas. Se redactó allí una proclama que se fijó en calles céntricas de la ciudad. El texto comenzaba así: "El movimiento insurreccional del proletariado español contra el golpe de Estado cedista ha adquirido una extensión y una intensidad extraordinaria..." Una vez más, descaradamente, se calificaba de golpe de Estado la entrada de tres ministros católicos en el Gobierno. En la proclama se anunciaba: "la proclamación de la República Catalana tendrá sin duda una influencia enorme, provocará el entusiasmo de las masas trabajadoras de todo el país e impulsará su espíritu combativo." El texto finalizaba con las exlamaciones "¡Viva la huelga general revolucionaria! ¡Viva la República catalana!"

A las nueve de la mañana del día 6 el presidente de la Generalitat había ya decidido traicionar a la República, pues mostró a Josep Dencàs, conseller de Gobernación, dos textos optativos para dirigir al pueblo catalán: uno, redactado por Joan Lluhí, un masón que era conseller de Justicia; el otro lo había escrito él personalmente. Dencàs se inclinó por el segundo y preguntó a Companys si debía dar la orden de movilización y de reparto de armas. Tras recibir el permiso del presidente, ordenó a Miquel Badia el reparto de armas a los "escamots". Dencàs, otro masón que pertenecía a la logia Inmortalidad de Barcelona, había participado en la fundación de Esquerra Republicana de Cataluña en 1931. Él y Badia eran los líderes de Estat Català, el movimiento de las juventudes de Esquerra Republicana fundado por Macià. Estat Català tenía una organización militar de unos tres mil quinientos hombres, los escamots, que vestían uniforme verde y representaban el nacionalismo fanático. Badia, que también era masón y había participado en un atentado contra Alfonso XIII en 1925, era el jefe de la Comisaría General de Orden Público de la Generalitat, o sea, el jefe de la policía. Sus acólitos lo llamaban el "capitá collons" (capitán cojones). Estos dos hombres eran los colaboradores más íntimos de Companys.

Según un informe del general Domingo Batet, "se repartieron públicamente armas cortas y largas y comenzaron a circular grupos armados." El conseller de Gobernación ordenó la concentración de unos cuatrocientos mozos de escuadra en la Generalitat. Miquel Badia se puso al frente de los escamots y el comisario general Coll i Llach tenía a sus órdenes a tres mil doscientos guardias de asalto por si eran precisos. Emisarios fueron enviados por toda Catalunya con órdenes de movilización, dirigidas en especial a los rabassaires. A las cinco de la tarde tuvo lugar una reunión en el palacio de la Generalitat y a las seis y media los consellers se hallaban en sus despachos. A esa misma hora grupos de escamots y de militantes nacionalistas aparecieron en la Plaza de Cataluña. Pronto se organizó una manifestación que se dirigió a la plaza de Sant Jaume, donde se apiñó una muchedumbre que se extendía por las calles adyacentes. Entre gritos y aclamaciones exaltadas, el presidente Companys hizo su aparición en el balcón y pronunció estas palabras:

> "¡Catalanes!
> Las fuerzas monarquizantes y fascistas que desde hace un tiempo han estado intentando traicionar a la República, han logrado su objetivo y han tomado el poder. Los partidos y los hombres que han hecho manifestaciones públicas contra las escasas libertades de nuestra tierra, los núcleos políticos que predican constantemente el odio y la guerra a Cataluña constituyen hoy el soporte de las actuales instituciones. Los hechos que se han producido han dado a todos los ciudadanos la clara impresión de que la República, en sus fundamentales principios democráticos, se halla en gravísimo peligro. Todas las fuerzas auténticamente republicanas de España y los sectores socialistas avanzados, sin distinción ni excepción, se han alzado en armas contra este paso audaz de los fascistas.

La Cataluña liberal, democrática y republicana no puede estar ausente de la protesta que triunfa en todo el país, ni puede silenciar su voz de solidaridad con aquellos que, como ella, luchan en las tierras hispánicas, a veces hasta la muerte, por la libertad y el derecho. Cataluña enarbola alto su bandera y convoca a todos a cumplir con su deber y a prestar obediencia absoluta al Gobierno de la Generalitat, que desde este momento rompe todas las relaciones con las instituciones adulteradas. En esta hora solemne, en nombre del pueblo y del Parlamento, el Gobierno que presido asume todas las facultades del poder en Cataluña, proclama el Estado Catalán de la República Federal española, y al restablecer y fortalecer las relaciones con aquellos que dirigen esta protesta general contra el fascismo, los invita a establecer en Cataluña el Gobierno Provisional de la República, que hallará en nuestro pueblo catalán el más generoso impulso de fraternidad en el anhelo común de edificar una República Federal libre y magnífica.

Nos sentimos fuertes e invencibles. Mantendremos a raya a quien sea, pero es preciso que cada uno se contenga sujetándose a la disciplina y a la consigna de los dirigentes. El Gobierno, desde este momento, obrará con energía inexorable para que nadie trate de perturbar ni pueda comprometer sus objetivos patrióticos.

¡Catalanes! el momento es serio y glorioso. El espíritu del presidente Macià, restaurador de la Generalitat, nos acompaña. Cada uno en su lugar y Cataluña y la República en el corazón de todos.

¡Viva la República! ¡Viva la libertad!"

Concluido el discurso, el conseller de Cultura Ventura Gassol, otro dirigente masón de Esquerra Republicana, alentó a todos a que, en nombre del Gobierno de la Generalitat, anunciasen la proclamación por toda Cataluña. A continuación se izó entre aplausos la bandera de Cataluña. Un grupo de Estat Català protestó y exigió su bandera, la cuatribarrada con la estrella. Desde el balcón se les pidió disciplina y se les exhortó a que siguieran las órdenes del presidente. Ya en su despacho, Companys telefoneó al general Batet y le anunció que acababa de proclamar el Estado catalán. Batet replicó lo siguiente: "Como catalán, como español y como hombre de humanidad, siento mucho lo ocurrido, pues es un mazazo que me da en la cabeza. Asunto de tanta gravedad no puedo resolverlo en un momento..." Dicho esto, pidió un tiempo para reflexionar y exigió que se le comunicase por escrito el acuerdo, por lo que Companys le hizo llegar a través del director de Trabajo Joan Tauler este comunicado: "Excmo. Señor: Como presidente del Gobierno de Cataluña, requiero a V. E. para que con la fuerza que manda se ponga a mis órdenes para servir a la República Federal que acabo de proclamar. Palacio de la Generalitat, 6 de otubre de 1934." Tauler le preguntó si había respuesta y Batet respondió: "De momento, no. En todo caso, después."

Se mire por donde se mire, Companys, como en 1931, demostró que la sensatez, la cordura, la prudencia (seny) no eran cualidades que adornasen su persona. Definitivamente la insensatez y el arrebato (rauxa) presidían sus actuaciones oportunistas y aventureras[21]. En 1931 era sólo un conseller electo; pero en 1934 Lluís Companys no era únicamente el líder de Esquerra Republicana, sino el presidente de todo el pueblo catalán, que merecía, sin duda, estar mejor representado. Companys no sólo acababa de traicionar a la República, de la que era su máximo exponente en Catalunya, sino que, con su estúpido acto de rebelión, traicionaba a todos aquellos catalanes que estaban por el respeto a la legalidad republicana y estatutaria. Un análisis del contenido del texto demuestra que estaba plagado de mentiras: No había más traición a la República que la suya. En cuanto al anuncio de que "sectores socialistas avanzados, sin distinción ni excepción, se habían alzado en armas", indicaba que Companys estaba al corriente del golpe de Estado planeado por los socialistas y estaba participando en él con su rebelión. Muy significativa es la invitación "a aquellos que dirigen esta protesta general contra el fascismo a establecer en Cataluña el Gobierno Provisional de la

---

[21] Se admite generalmente que el "seny" es la mejor de las cualidades de los catalanes. Paradójicamente, sin embargo, en momentos decisivos de su historia han padecido unos dirigentes que se han dejado llevar por la "rauxa". Véase el caso del canónigo Pau Clarís, conseller en cap de la Generalitat, que se arrojó en brazos del cardenal Richelieu y permitió a Francia todo lo que no se quería permitir a España. El 16 de enero de 1641 este personaje calamitoso proclamó la República catalana bajo la protección de Francia; pero sólo una semana más tarde el mismo Pau Clarís, nombró a Luis XIII conde de Barcelona y soberano de Catalunya. Luis XIII ocupó militarmente el país y los franceses se hicieron con el control político y administrativo. Los catalanes sufragaron además los gastos del ejército invasor. El traidor Pau Clarís murió un mes más tarde, en febrero de 1641, pero su falta de seny ocasionó a Catalunya daños irreparables.
La historia de lo ocurrido con el tan denostado Felipe V, merece asimismo un breve comentario. Ciertamente, cuando el primer Borbón entró en España por Irún se apresuró a nombrar un virrey para Catalunya. Enseguida se le advirtió que lo que había hecho era una ilegalidad, toda vez que debía primero jurar las leyes catalanas. El rey se apresuró entonces a reparar su error convocando el Parlamento de Catalunya y en menos de un año se presentó en Barcelona para jurar las Constituciones catalanas, acto que tuvo lugar en el salón del Tinell el 14 de octubre de 1701. Las sesiones de las Cortes se prolongaron hasta el 14 de enero de 1702 y, según las leyes y costumbres, los catalanes aceptaron a su soberano. Felipe V no sólo juró, sino que concedió nuevos privilegios, entre ellos un Tribunal de Contrataciones, en el que se enjuiciarían las decisiones reales antes de ser aplicadas en Cataluña, y un permiso limitado para que pudieran comerciar con América. El ministro Melchor de Macanaz escribió: "Lograron los catalanes cuanto deseaban, pues ni a ellos les quedó qué pedir ni al rey cosa especial que darles, y así vinieron a quedarse más independientes del rey que el Parlamento de Inglaterra." En 1704 fracasó un intento de desembarco de tropas anglo-holandesas en Barcelona porque ningún catalán se unió a los invasores. Cuando en 1705 el desembarco del archiduque Carlos tuvo éxito y el 9 de octubre se rindió Barcelona, las élites catalanas, bajo las bayonetas de las tropas de ocupación, cambiaron de bando, traicionando el juramento que habían hecho, y se declararon austracistas. Las consecuencias de este acto imprudente de deslealtad fueron nefastas para el futuro de Catalunya y para el de toda España.

República", toda vez que Manuel Azaña se encontraba en Barcelona y muchos pensaron entonces que él era la persona designada por los conspiradores para presidir la República Federal. De hecho fue una de las personas arrestadas tras el fracaso del golpe en toda España.

Sobre las diez de la noche el general Batet anunció al presidente de la Generalitat que estaba por la legalidad y publicó un bando que declaraba el estado de guerra. Ante la negativa de Companys a aceptar la exigencia de rendición, comenzaron los movimientos. La gran plaza de Cataluña fue ocupada por las tropas de Batet, que pronto llegaron a la plaza de Sant Jaume. Allí convergieron dos piezas de artillería, una compañía de infantería y otra de ametralladoras. Pérez Farràs, jefe de los Mozos de Escuadra, ordenó hacer fuego. Un comandante y un soldado murieron y otros seis soldados y un capitán fueron también heridos tras esta primera escaramuza. Atrincherados en el palacio de la Generalitat, que había sido fortificado con ametralladoras, los dirigentes catalanes trataron de resistir en espera de refuerzos. Josep Dencàs hizo un llamamiento general y apeló a los rabassaires en particular a través de Radio Barcelona; pero la ayuda reclamada nunca llegó. A las cuatro de la madrugada el aeródromo de la Generalitat fue ocupado por fuerzas leales a la República. La mayor resistencia se localizó en el Centro Autonomista de Dependientes de Comercio y en la Comandancia General de Somatenes, donde se utilizó artillería para reducir a los rebeldes. Poco después de las seis de la mañana del 7 de octubre, Companys y los consellers que lo acompañaban, con excepción de Dencàs, que huyó con dinero a través de las alcantarillas y logró pasar al extranjero, decidieron entregarse ante la evidencia de que el pueblo no los respaldaba. El presidente de la Generalitat se dirigió a los catalanes y anunció su capitulación. El balance de los enfrentamientos en Barcelona fue de cuarenta y seis muertos y ciento diecisiete heridos.

Como consecuencia de lo ocurrido, la autonomía fue suspendida. De nada sirvieron los ruegos de Francesc Cambó, quien argumentó que no era todo el pueblo catalán quien había violentado el Estatuto, sino Esquerra Republicana. Cambó repitió que se podía confiar en que la Lliga sabría administrar lealmente las competencias de Catalunya y recordó la enemistad entre los dos partidos con estas palabras: "Durante tres años nos han humillado y nos han insultado. Cuando los papeles del Sr. Dencàs fueron examinados por la policía, se encontró una lista, en la que había veintiocho personas que debían ser fusiladas si la rebelión triunfaba. Yo era uno de ellos." Sin duda, estas revelaciones de Cambó ponen en evidencia la naturaleza totalitaria de los golpistas.

Golpe de Estado cruento y guerra civil en Asturias

Mucho más catastrófica fue la revolución que se desató simultáneamente en Asturias, donde un golpe de Estado organizado por socialistas, comunistas y anarquistas se convirtió en una guerra civil que duró dos semanas. La huelga general de la UGT seguía el día 6 su curso en toda España. Mientras en Madrid se luchaba en las calles, en Asturias los mineros se disponían a tomar Oviedo. El cuartel general de la revolución de octubre estaba en Madrid, donde Largo Caballero dirigía las operaciones. Las salidas y entradas a la capital fueron fuertemente controladas y las armas que se esperaban no pudieron llegar. Muchas de ellas habían sido descubiertas e incautadas semanas antes. Existían planes para volar el Ministerio de la Gobernación y se pretendía tomar también la Presidencia del Gobierno y otros centros de poder, pero la insurrección en Madrid fracasó. Tampoco en provincias se consiguieron los objetivos, aunque en algunas hubo fuertes combates. En Cantabria, por ejemplo, la huelga insurreccional se prolongó hasta el día 16. Hubo graves enfrentamientos con un balance de once muertos en la región. En el norte de Castilla-León las luchas en las zonas mineras fueron enconadas y se llegó a emplear artillería. Después de Asturias y Cataluña, fue en el País Vasco donde el alzamiento de octubre alcanzó mayor virulencia. Allí la insurrección duró una semana y produjo cuarenta víctimas, la mayoría entre los insurrectos. El día 5 en Eibar fueron asesinados el industrial Dagoberto Rezusta y el diputado tradicionalista Marcelino Oreja Elósegui, crímenes que causaron gran indignación. El mismo día se asesinó también en Mondragón a Carlos Larrañaga, un conocido carlista.

En Asturias las acciones fueron de tal envergadura que ha de hablarse de guerra civil. Gerald Brenan considera la revolución asturiana como la primera batalla de la guerra civil. "La revolución de octubre, lo he dicho y lo he escrito muchas veces, acabó con la República." Estas palabras escritas en *Mi testamento histórico-político* por Claudio Sánchez Albornoz, uno de los grandes historiadores españoles y presidente del Gobierno de la República en el exilio entre 1962 y 1971, permiten valorar adecuadamente la trascendencia histórica del alzamiento revolucionario. Desde 1912, los mineros de Oviedo, Gijón y pueblos de la zona estaban afiliados a la UGT y a la CNT. Su organización era buena: tenían periódicos y cooperativas propias, además de otras sociedades recreativas. En Gijón y en La Felguera, con su importante fundición de hierro, la CNT era predominante; mientras que en Oviedo y Sama los socialistas de la UGT eran mayoritarios. Los Comunistas lograron captar a uno de los sindicatos de la CNT y se implantaron también en Asturias. Cuando Largo Caballero fundó la Alianza Obrera, la CNT asturiana, a diferencia de lo ocurrido en Cataluña y en otras regiones, se sumó a ella. Además, la Comintern animó al Partido Comunista de España a trabar alianzas con otros partidos de cara a lograr un frente unido. Todo ello coadyuvó a que la Alianza Obrera se convirtiera en Asturias en el Frente Único, prototipo del Frente Popular.

Según las cifras aportadas por Brenan, en toda Asturias unos 70.000 trabajadores participaron de un modo u otro en la revolución, de los cuales 40.000 pertenecían a la UGT, 20.000 a la CNT y 9.000 eran comunistas. Se pusieron en práctica experiencias de comunismo libertario en La Felguera (municipio de Langreo) y en los barrios más pobres de Gijón. La sublevación comenzó el día 5 en Mieres, en cuyo Ayuntamiento se proclamó la República Socialista, y en Sama de Langreo, donde los milicianos socialistas a las órdenes de Belarmino Tomás asaltaron el día 5 el cuartel de la guardia civil y unos setenta guardias que lo defendían murieron. Desde estas localidades los jefes de la rebelión coordinaron las acciones. Un apagón de luz en Oviedo en la madrugada del día 5 era la señal convenida para que el socialista Ramón González Peña, que presidió el primer Comité Revolucionario, entrara en la ciudad al frente de los sublevados. Algo falló y el apagón no se produjo, por ello se retrasó la toma de Oviedo. El día 6 el alzamiento armado comenzó con ataques simultáneos a treinta y un cuarteles de la Guardia Civil. Las comunicaciones telefónicas y telegráficas fueron cortadas y miles de hombres dispuestos a todo se dirigieron hacia Oviedo. En su marcha fueron desparramándose para ocupar todos los pueblos y ciudades que atravesaban. En Trubia, a doce kilómetros de la capital, los revolucionarios ocuparon una fábrica de armas y se apoderaron de treinta mil fusiles, de numerosas ametralladoras y de algunos cañones.

Durante tres días Oviedo fue escenario de continuos combates. Tan pronto como las tropas leales eran desalojadas de los edificios que protegían, se procedía a prenderles fuego. El Banco Asturiano, el teatro Campoamor, el Instituto de Enseñanaza Secundaria y la Universidad fueron incendiados y sufrieron destrozos de consideración. La destrucción en la Universidad fue casi completa: ardieron la biblioteca, que contenía fondos bibliográficos de gran valor, y el museo de Historia Natural. Numerosos cuadros y obras de arte se perdieron. Quedaron en pie los muros, sobrias fachadas renacentistas. Curiosamente, la estatua del asturiano Fernando de Valdés Salas, el célebre inquisidor general de Felipe II y fundador de la Universidad, fue respetada pese a que el claustro que preside quedó arrasado. También la catedral resultó muy dañada: la famosa cámara santa, magnífica obra románica iniciada en el siglo IX, fue dinamitada e importantes reliquias desaparecieron. Puede decirse que el día 9 la ciudad estaba tomada por los asaltantes. Sólo en el palacio del Gobernador, donde se habían refugiado unos mil soldados y policías, había resistencia. No pudieron ser ayudados porque desde las ventanas de casas privadas, francotiradores disparaban sobre cualquiera se acercase a intentar aliviar la situación de los sitiados, lo cual demuestra que, a diferencia de Barcelona, se contaba con apoyo popular.

El general Eduardo López Ochoa, que estaba al mando de las tropas leales en Asturias, mantuvo con cuatrocientos hombres una dura batalla cerca de Avilés. Una vez controlado allí el alzamiento, trató de acudir a Oviedo para socorrer a sus hombres, pero la destrucción de los puentes y el bloqueo de las carreteras con árboles imposibilitaron su ayuda. Los refuerzos enviados por el Gobierno: Regulares y tropas de la Legión Extranjera comandadas por el coronel Yagüe, desembarcaron cerca de Gijón, ciudad que ya el día 10 cayó en manos de las fuerzas gubernamentales. López Ochoa recibió asimismo otros refuerzos que llegaron masivamente a Asturias desde todos los puntos cardinales. El día 12 las tropas del general López Ochoa, que marchaban a Oviedo desde el oeste, se encontraron con las de Yagüe en las afueras de la ciudad. La batalla por el control de la capital asturiana fue encarnizada y en sus calles los combates se prolongaron durante tres días.

Llegaron a formarse tres Comités Revolucionarios, que coordinaban en realidad los numerosos comités que se habían ido constituyendo en las distintas localidades. El primero estuvo presidido por el socialista Ramón González Peña y lo integraban cuatro socialistas, dos anarquistas y dos comunistas. González Peña hizo volar el 9 de octubre las cajas fuertes del Banco de España y cuando las cosas se comenzaban a poner feas él y otros miembros del Comité huyeron llevándose catorce millones de pesetas requisados de la sucursal. Se formó entonces un segundo Comité Revolucionario presidido por Teodomiro Menéndez, también socialista, aunque la mayoría de sus componentes eran del PCE. Estos comunistas denunciaron la actitud derrotista de los socialistas y emitieron un informe denunciando que los habían abandonado y que habían huido "forrándose de millones". Sobre este asunto, en la obra citada de Juan Ordóñez Márquez figuran unas palabras de Ángel Valverde, diputado radical que fue nombrado gobernador general de Asturias tras la revolución. En el transcurso de un banquete que le ofreció su partido el 13 de febrero de 1936, Valverde relató lo siguiente en relación a González Peña: "... por cierto que de los catorce millones de que se apoderó, tan sólo entregó cinco a los Comités Revolucionarios e intentó huir con el resto, hasta que fue detenido por los mismos revoltosos, quienes se apoderaron del dinero que llevaba. Se completa el hecho con el detalle de que casi todo el dinero recuperado por la fuerza pública, fue ocupado a la familia de los líderes -Graciano Antuña, Amador Fernández, etc.-. Más sucia fue aún la actuación de otro líder, Largo Caballero, cuya cobardía le llevó a negar toda participación en el movimiento." El Comité de mayoría comunista sólo estuvo al mando el día 12 de octubre, toda vez que enseguida los socialistas formaron el tercer Comité Revolucionario, presidido por Belarmino Tomás. Ya en sus cuarteles de las cuencas mineras de Mieres y Sama, estos dirigentes comprendieron que el alzamiento había sido vencido y el día 18 Belarmino Tomás se entrevistó con López Ochoa para concertar la rendición, que tuvo lugar el día 19. El propio general relata en *Memorias de un soldado* detalles sobre los acuerdos. Belarmino Tomás solicitó que "de ningún modo se permitiera a las tropas indígenas moras entrar en las poblaciones, pues les tenían verdadero temor por sus costumbres y por lo que se decía de ellos."

Este general fue llamado "el verdugo de Asturias" por la propaganda. El hecho de que fuese masón dio lugar a todo tipo de comentarios. Ordóñez Márquez asegura en *La apostasía de las masas y la persecución religiosa en la provincia de Huelva 1931-1936* que tuvo que dar cuenta de su actuación al frente de las fuerzas antirrevolucionarias ante el Consejo de los Siete de la Asociación Masónica Internacional de Bruselas, donde probablamente fue irradiado. Procesado y encarcelado en el mes de marzo tras la victoria del Frente Popular, fue trasladado al Hospital Militar de Carabanchel a causa de una dolencia. Allí era insultado y amenazado por enfermos y sanitarios izquierdistas. El 3 de abril de 1936 Teresa León, la compañera de Rafael Alberti, escribió en *Ayuda*, periódico del Socorrro Rojo Internacional: "López Ochoa, aventurero sin escrúpulos, su crueldad era conocida... responsable de la caza de fugitivos, violación de las mujeres, machacamiento de los niños... Repulsiva figura... ¿Enfermo en Carabanchel? ¿Quiza por miedo a que las masas lo ajusticien?" El 16 de agosto de 1936 fueron a buscarlo, lo sacaron en pijama y lo acribillaron en el cerro de Almodóvar. Después le cortaron la cabeza con una gran navaja y la clavaron en la bayoneta del fusil de una miliciana. A continuación los criminales recorrieron las calles de Madrid, al estilo de la Revolución Francesa, exhibiendo en alto la cabeza ensartada del general, que, para mayor escarnio, fue objeto de insultos y escupitajos. Su asesinato se considera una venganza masónica. La versión oficial de las autoridades republicanas, incapaces de detener a los verdugos, fue que había fallecido en el Hospital Militar de Carabanchel "a causa de una antigua dolencia".

La derrota del golpe de Estado dirigido por los socialistas, en lugar de provocar el hundimiento de la izquierda, sirvió para fortalecerla gracias a la campaña que socialistas y comunistas, apoyados por la masonería, organizaron dentro y fuera de España. Se acusó al Gobierno de crueldad infinita en la represión y, como de costumbre, se acudió a las manidas acusaciones a la España inquisitorial e intolerante. Una vez más, Juan-Simeón Vidarte reconoce los hechos: "La masonería, la Segunda Internacional, la Liga de los Derechos del Hombre (creación masónica) informaban al mundo de los crímenes cometidos por el fascismo español. Los partidos socialistas y comunistas del mundo entero enviaron al Gobierno español sus más enérgicas protestas. El diputado socialista francés Vincent Auriol organizó, junto con el presidente del Partido Socialista belga, Émile Vandervelde, una campaña internacional." Tanto el francés Auriol como el belga Vandervelde eran masones.

No puede negarse que después de los crímenes cometidos por los revolucionarios hubo episodios brutales de represión. El antagonismo histórico de los mineros contra la Guardia Civil dio lugar a episodios de odio por las dos partes. El hecho de que los guardias civiles que resistieron en sus acuartelamientos fueran asesinados cuando se rindieron originó sed de venganza entre los miembros de la Benemérita. Hubo numerosas ejecuciones sumarias. Hugh Thomas denuncia especialmente los métodos de Lisardo Doval Bravo, un oficial de la Guardia Civil que fue nombrado delegado del Ministerio de la Guerra para el orden público en las provincias de Asturias y León. Su misión era la "persecución de los elementos responsables de los delitos perpetrados en la revuelta" El Gobierno permitió que su actuación quedara fuera de control judicial, pues se le entregó un documento que le otorgaba la necesaria autonomía y especial jurisdicción para que pudiera hacer su cometido sin obstáculos. A principios de diciembre fue destituido, no por haberse excedido en sus atribuciones, sino por haber enseñado a dirigentes monárquicos copia de las órdenes recibidas en el sentido de que se contuviera en la represión.

En *El holocausto español*, Paul Preston da cuenta de una conversación del general López Ochoa con el socialista Juan-Simeón Vidarte, dos hermanos masones, en la que el primero explica que ordenó fusilar a unos legionarios que decapitaron y ahorcaron a presos con los que se ensañaron, lo cual dio origen a un altercado con el coronel Yagüe. En la misma conversación reproducida por Paul Preston, López Ochoa explica que mandó fusilar a seis moros que habían saqueado, violado y asesinado, lo cual le ocasionó problemas con el ministro de la Guerra, quien le pidió explicaciones: "¿Cómo se atreve usted a fusilar a nadie sin la formación de un Consejo de Guerra?" A lo que él contestó: "Los he sometido al mismo Consejo de Guerra al que ellos sometieron a sus víctimas." Quizá la diferencia entre unas brutalidades y otras estriba en que, normalmente, las autoridades buscaban o perseguían a quienes habían delinquido con anterioridad.

Además, está la violencia anticlerical absolutamente gratuita, que aparecía una y otra vez en las acciones de los revolucionarios hasta que acabó en la orgía incalificable de sangre y odio acontecida durante la guerra civil. Desde los primeros días del alzamiento en Asturias fueron asesinados sin motivo todo tipo de religiosos: los curas de Rebollada y Valdecuna murieron el día 5, el primero, a culatazos. El mismo día, en Mieres, los revolucionarios mataron a dos estudiantes y a dos novicios pasionistas. También un párroco fue asesinado en Mieres el día 5. Otro párroco de Mieres, el de San Esteban, fue detenido y fusilado el día 6. El mismo día 6, también en Mieres, se asaltó e incendió el convento de los Padres Pasionistas, dos de los cuales murieron a manos de los milicianos. No acabaron aún los crímenes en Mieres, pues el día 7 fue incendiado el monasterio de Santo Domingo, que había sido ocupado el día anterior. Seis seminaristas que habían huido del fuego y estaban escondidos fueron descubiertos y fusilados. El día 8 en Turón fueron asesinados seis frailes que habían sido secuestrados. El mismo día los milicianos mataron al vicario general, Juan Puertas, y al secretario de cámara del obispado, Aurelio Gago. En Santullano un jesuita y otro fraile fueron asimismo asesinados el día 8. La nómina del día 9 comienza con los llamados mártires de Turón, principal bastión comunista de Asturias donde fue proclamada la República Obrera y Campesina, basada en la dictadura del proletariado. Allí nueve sacerdotes de La Salle fueron fusilados al lado del cementerio, junto a ellos murió también otro pasionista. Entre otras víctimas del mismo día 9 hay que añadir al párroco de Santa María la Real y a tres religiosos más en Santullano, uno de ellos jesuita. El día 10 mataron al párroco de Olloniego. El día 12 fue fusilado el superior del convento de los carmelitas de Oviedo. En total treinta y cuatro sacerdotes y religiosos murieron en Asturias; pero a ellos habría que sumar los que fueron asesinados en otros sitios durante el alzamiento de octubre. En la provincia de Palencia, por aportar sólo un dato más sobre este asunto, el día 6 de octubre fue asesinado a puñaladas un hermano marista en Barruelo; en Muñecas mataron al párroco. Todos estos religiosos están identificados; pero nos guardamos sus nombres para no cansar al lector.

Las víctimas en todo el país como consecuencia del golpe de Estado y la guerra desatada fueron muy abultadas. Meses más tarde, el Gobierno hizo públicas las cifras oficiales de Asturias, que han sido revisadas y ligeramente modificadas por distintos historiadores. El balance es el siguiente: 1.335 personas perdieron la vida, de las cuales 1.051 eran civiles; 100, oficiales y números de la Guardia Civil; 98, soldados y 86, policías. Los heridos fueron 2.961, dos tercios de los cuales eran civiles. 730 Edificios públicos y privados resultaron destruidos o con daños de importancia, a los que hay que añadir 58 iglesias y 58 puentes. En cuanto al armamento capturado, las cifras son estas: 89.354 fusiles, 33.211 revólvers, 41 cañones, 10.824 kg. de dinamita, 31.345 bombas, 97.322 cartuchos, 50.585 cartuchos de dinamita, 255.375 cartuchos de revólver. La cifra de treinta mil detenidos da una idea cabal del apoyo masivo que tuvo el alzamiento. Las cárceles se llenaron a rebosar y ante la imposibilidad de albergar en ellas a tantos presos se construyeron campos de reclusión.

Para concluir este episodio nefando de la historia de la II República, cedemos la palabra al republicano Salvador de Madariaga, cuyas palabras, escritas en su obra *España. Ensayo de historia contemporánea*, suscribimos en su totalidad:

> "El alzamiento de 1934 es imperdonable. La decisión presidencial de llamar al poder a la CEDA era intacable, inevitable, y hasta debida desde hacía tiempo. El argumento de que José Mª Gil Robles intentaba destruir la Constitución para instaurar el fascismo era a la vez hipócrita y falsa. Hipócrita porque todo el mundo sabía que los socialistas de Largo Caballero estaban arrastrando a los demás a una rebelión contra la Constitución de 1931 sin consideración alguna para lo que se proponía o no Gil Robles; y por otra parte, a la vista está que el presidente Companys y la Generalitat entera violaron también la Constitución. ¿Con qué fe vamos a aceptar como heroicos defensores de la República de 1931, contra sus enemigos más o menos ilusorios de la derecha, a aquellos que para defenderla la destruían? (...) Con la rebelión de 1934 la izquierda española perdió hasta la sombra de autoridad moral para condenar la rebelión de 1936."

De crisis en crisis hacia el Frente Popular

Que el PSOE y ERC habían tratado de hacerse con el poder mediante un golpe de Estado y a través de la utilización de las masas es innegable. Podrá argumentarse que no todos los socialistas compartían la estrategia de Largo Caballero, lo cual es cierto. Indalecio Prieto, cuya posición era más bien turbia, reconoció en México en 1942 su parte de responsabilidad: "Me declaro culpable ante mi conciencia, ante el partido socialista y ante España entera, de mi participación en el movimiento revolucionario de octubre". Existía también un sector sensato y legalista en el PSOE personificado en la figura de Julián Besteiro, quien acusó a sus camaradas de "envenenar a los trabajadores con una propaganda falsa y cargada de odio". Pero los hechos cuentan mucho más que las palabras y éstos demuestran que se había intentado un golpe de Estado contra la República, pese a que los implicados negaron ignominiosamente su responsabilidad y atribuyeron el alzamiento a las masas, que se habían desbordado "espontáneamente".

Largo Caballero, Companys, Azaña y el resto de líderes comprometidos en el golpe fueron detenidos. Durante dos meses España permaneció bajo la ley marcial. Cataluña perdió temporalmente las competencias que le concedía el Estatuto. El invierno transcurrió con calma inusual: las huelgas decrecieron significativamente y una especie de agotamiento se instaló en el ambiente. El primero de los detenidos puesto en la calle fue Azaña, ya que no pudo probarse su participación en la organización de la rebelión. Volvió a ser detenido poco después, pero nuevamente fue puesto en libertad. También fue absuelto posteriormente Largo Caballero, quien había tomado la precaución de permanecer en su casa quieto mientras en Madrid se luchaba en las calles. Cuando en febrero de 1935 se celebraron los consejos de guerra contra Ramón González Peña y Teodomiro Menéndez, la campaña internacional había ya comenzado y socialistas masones franceses visitaron a su hermano masón Alejandro Lerroux, presidente del Gobierno, para hacerle entrega de miles de firmas recogidas en toda Europa para pedir el indulto de los procesados. El 16 de febrero los tribunales militares condenaron a Peña y a Menéndez a la pena de muerte, y en días sucesivos otros diecisiete miembros de los Comités Revolucionarios recibieron la misma condena.

Un día antes de la sentencia, el 15 de febrero, el diputado del Partido Republicano Conservador Dionisio Cano López había presentado en las Cortes una proposición de ley respaldada por veinte parlamentarios, entre los que estaban Calvo Sotelo, Fuentes Pila, Sainz Rodríguez, Ramiro de Maeztu y otros, en la que se pedía al Gobierno la adopción de medidas para impedir la pertenencia de miembros de las fuerzas armadas a la masonería. Fue una sesión tempestuosa que el vizconde Léon de Poncins transcribe íntegramente en su libro *Histoire secrète de la révolution espagnole*. Cano López argumentó que si se prohibía a los militares pertenecer a un partido político legalmente constituido, mucho menos se les debería permitir formar parte de una sociedad secreta cuyas directrices son incompatibles con los intereses de la patria a la que han jurado fidelidad. Este diputado atacó valientemente a la masonería y la acusó de ser un partido político y una organización internacional secreta que obligaba a sus miembros mediante juramento de obediencia. La proposición fue votada favorablemente, pero en la práctica se convirtió en letra muerta debido a la victoria del Frente Popular. Pese a la pertinencia indiscutible de la proposición, habida cuenta de que numerosos militares pertenecían a la masonería, que los había atraído como un imán desde el inicio del siglo XIX, Leandro Álvarez Rey, catedrático de Historia Contemporánea de la Universidad de Sevilla, autor, entre otras obras, de *Los diputados por Andalucía de la Segunda República 1931-1939*, descalifica a quienes prestan atención al discurso de Cano López y los tacha de fanáticos de extrema derecha o "pseudo historiadores revisionistas".

Los ministros del PRR de Lerroux se declararon en favor de la conmutación de las sentencias. La CEDA, el Partido Agrario y el Partido Republicano Liberal Demócrata (PRLD) de Melquiades Álvarez se opusieron y anunciaron que dejarían de apoyar al Gobierno. Aún así, Lerroux recomendó la condonación al presidente de la República y provocó la crisis. Alcalá Zamora conmutó la sentencia a veintiún condenados y sólo fueron ejecutados dos comparsas: Diego Vázquez, que había hecho volar un camión con treinta y dos guardias civiles, y Jesús Argüelles, alias "Pichalatu", que había fusilado a ocho paisanos. De nada le sirvió a "Pichalatu" confesar en el juicio que recibía órdenes del Comité Revolucionario. Los verdaderos responsables de la revolución de octubre saldrían pronto de las cárceles, pues la amnistía para todos los detenidos fue la principal promesa del Frente Popular durante la campaña electoral de febrero de 1936.

Sobre la situación del socialista González Peña en el penal de Burgos, nuevamente Ordóñez Márquez aporta información relevante. Según este autor, el director de la prisión de Burgos era el masón Julián Peñalver, a quien las logias le encomendaron que formase un "triángulo" de protección en torno a este preso, también masón. Enseguida que se le perdonó la pena de muerte, González Peña fue trasladado cómodamente en automóvil desde la prisión de Chinchilla a Burgos porque el clima de Chinchilla no le sentaba bien. Entonces, el policía Mauricio Carlavilla estuvo lo suficientemente cerca de él para escuchar de su boca el siguiente comentario: "Para enero estaré en libertad; me pondrá en libertad un gobierno-puente presidido por Portela." Bajo el pseudónimo de Mauricio Karl, Carlavilla cita estas palabras en su libro *Técnica del Komintern en España*.

El presidente Alcalá Zamora propuso afablemente la formación de un "Gobierno de concentración y concordia"; pero no encontró a nadie capaz de lograr esta hazaña. Después de una semana de incerteza se encontró una solución original: "don Ale" se encargó de formar un gobierno de trece ministros, miembros de su propio partido, ninguno de los cuales tenía acta de diputado. El hecho de haber sido ministro daba derecho entonces a una pensión vitalicia de 10.000 pesetas. Las posibilidades de supervivencia del nuevo Ejecutivo eran nulas, ya que estaba en minoría y nadie estaba dispuesto a apoyarlo. Todos los partidos comenzaron entonces a hablar de nuevas elecciones generales. Cuando el 6 de mayo de 1935 cayó el Gobierno, apenas un mes después de la toma de posesión, Alcalá Zamora se encontró por enésima vez ante la evidencia de que la única solución razonable era Gil Robles. Desde el fracaso del golpe de octubre, la CEDA había aumentado su prestigio y su apoyo popular, por lo que su número de afiliados no paraba de crecer. Comenzó entonces a circular el dilema: "Gil Robles o elecciones"; aunque algunos, premonitoriamente, advertían: "Gil Robles o el caos". Imperturbable, Alcalá Zamora evitó encargar a Gil Robles la formación del Gobierno. Su comodín de siempre, "don Ale", logró presidir otro gabinete de centro derecha en el que la CEDA obtuvo cinco carteras, entre ellas la de Guerra, que fue para Gil Robles. Entre las prioridades de este Gobierno estaban la confección de un presupuesto, ya que desde 1932 no había habido ninguno, y una reforma de la Constitución. El ministro de Hacienda, el independiente Joaquín Chapaprieta, anunció que en octubre presentaría unos presupuestos equilibrados. A finales de julio las Cortes se tomaron dos meses de vacaciones.

Aquel mismo mes de julio tuvo lugar en Moscú el VII Congreso de la Internacional Comunista, donde la estrategia del Frente Único que comprendía a las izquierdas burguesas fue plenamente confirmada y alentada. Wilhelm Pieck, secretario general del KPD (Partido Comunista de Alemania) pronunció el 25 de julio el discurso inaugural en la gran sala del Palágyi, de los Sindicatos. Pieck, en el contexto de su informe sobre los sucesos de octubre en España, mencionó el nombre de Largo Caballero, que fue acogido con un aplauso estruendoso e interminable. Este comunista alemán reivindicó la gloria de la operación asturiana y "de los combates de octubre de 1934". En el diario *Pravda* apareció un artículo en el que se saludaba a Largo Caballero, que era aclamado como el Lenin español. Comunistas de todo el mundo supieron entonces que en España había nacido un nuevo líder del comunismo internacional. El VII Congreso de la Internacional (Comintern) no se limitó a pedir la formación de un Frente Popular en España, sino que trazó incluso el programa que debería aplicarse tras la conquista del poder.

Inexorablemente, acabado el verano, siguieron dándose en España pasos hacia este Frente Popular anunciado en la reunión de la Internacional. En septiembre se produjo una nueva crisis: Alejandro Lerroux se convirtió en ministro de Estado y cedió la presidencia del Gobierno a Chapaprieta, quien, a pesar de no tener respaldo parlamentario, aceptó el cargo sin abandonar la cartera de Hacienda. Este Gobierno de sólo ocho miembros, en el que Gil Robles conservó el Ministerio de la Guerra, se formó el 25 de septiembre y duró hasta el 29 de octubre. A estas alturas, Gil Robles había dejado ya de interesarse por la Presidencia del Gobierno y quienes lo apoyaban en la calle llegaron a la conclusión de que mientras Alcalá Zamora fuese presidente de la República no había ninguna posibilidad para su líder. El segundo Gobierno de Chapaprieta (el único presidente del Consejo de Ministros que no fue masón) duró hasta mediados de diciembre. Su dimisión acentuó la sensación de que el país se encaminaba hacia unas nuevas elecciones. De los presupuestos ya ni se hablaba. Comenzaron entonces las maniobras del presidente de la República para imponer un gobierno sin contar con el partido mayoritario. El 11 de diciembre convocó a Gil Robles y le dijo que no iba a confiarle la formación del Gobierno; pero además trató de intimidarlo con la amenaza de que utilizaría a la Guardia Civil para reprimir cualquier reacción adversa de sus seguidores.

Mientras crecía la desmoralización del país, Alcalá Zamora, absurdamente, pretendía un gabinete de centro que no contaba con el apoyo parlamentario de nadie. Pese a que el fracaso estaba cantado, Manuel Portela Valladares, masón en las logias Fénix y Liberación de Barcelona y Gran Maestre del grado 33, aceptó descaradamente el reto y presentó su Gobierno el 14 de diciembre. Este venerable hermano había sido escogido para preparar las elecciones generales. El Gobierno duró exactamente dos semanas. Parece ser que la farsa fue descubierta y se produjo una trifulca con insultos y descalificaciones entre el presidente y sus ministros, por lo que se produjo la disolución del primer Gobierno Portela. El segundo se formó el 30 de diciembre y fue, en efecto, el encargado de organizar los comicios. Para tal fin, Portela Valladares también se hizo cargo del Ministerio de Gobernación. El presidente de la República disolvió las Cortes y convocó elecciones generales para el 16 de febrero de 1936.

Alcalá Zamora y Portela Valladares provocaron la derrota de las derechas y el triunfo del Frente Popular mediante una estrategia suicida que no es posible creer que fuese involuntaria. Portela, presidente del Gobierno y ministro de Gobernación, creó de la nada el Partido del Centro Democrático, llamado también Partido de Centro Nacional Republicano. Financiar a un segundo candidato del mismo partido para dividir el voto y facilitar la victoria del candidato opositor era, según se ha visto, la estratagema preferida del lobby judío en Estados Unidos. En las elecciones de 1936 el partido de Portela, burgués, moderado y oficial, sólo podía restar votos a las derechas, puesto que los pocos votos que obtuviera siempre serían restados a los partidos de derecha. La maniobra de Portela favoreció descaradamente al Frente Popular debido a que el sistema electoral concedía un prima del 80% a la candidatura mayoritaria. Es decir, la lista que obtuviera un voto más conseguía ocho diputados, mientras que la que obtuviera un voto menos sólo ganaba dos. Era, pues, el mejor método para restar votos a las derechas. Fue de este modo que los votos obtenidos por el partido de Portela decidieron la mayoría a favor de las candidaturas del Frente Popular en varias provincias y le facilitaron el triunfo absoluto. No es razonable pensar que

Portela Valladares y Alcalá Zamora fueran tan estúpidos que ignorasen las consecuencias desastrosas de su maniobra. Es por ello que algunos historiadores acusan al gran maestre Portela Valladares de obedecer órdenes superiores y de haber organizado la derrota de los partidos de derecha.

4ª PARTE
FRENTE POPULAR, REVOLUCIÓN Y GUERRA CIVIL

El resultado de las elecciones fue muy apretado. En febrero se otorgaron 265 escaños al Frente Popular, que obtuvo el 47,03% de los votos, y 185 escaños a la derecha, con el 46,48% de votos. Posteriormente, en mayo, después de revisiones y repeticiones se dio el resultado definitivo, según el cual el Frente Popular aumentó sus escaños hasta 285, mientras que la derecha se quedó con 166. El Partido de Centro Nacional Républicano de Portela Valladares obtuvo finalmente 17 escaños. El Censo era de 13.553.710 electores, de los que participaron en los comicios 9.864.783 (72,9%). Los partidos con más diputados del Frente Popular fueron los socialistas, que ganaron 99 escaños; la Izquierda Républicana de Azaña, con 87; y la Unión Republicana de Martínez Barrio, con 37. El Partido Comunista, gracias a formar parte de la coalición, pasó de 1 diputado en 1933 a 17 en 1936. Los partidos con más representación de las derechas fueron la CEDA, que consiguió 88 diputados; Renovación Española de Calvo Sotelo, con 12 escaños; y la Comunión Tradicionalista de Manuel Fal Conde, con 9. Como puede apreciarse, prácticamente con el mismo número de votos el Frente Popular consiguió una victoria aplastante y casi duplicó en escaños a sus adversarios. El puntillazo definitivo a la derrota de la derecha lo dio la Comisión de Actas, presidida por Indalecio Prieto, cuyos pucherazos impidieron que treinta candidatos electos de la derecha obtuvieran su acta. En sus *Memorias* Alcalá Zamora escribió: "En la historia parlamentaria de España no hay memoria de nada comparable a la Comisión de Actas de 1936".

Aunque ni la FAI ni la CNT estaban representados en el Frente Popular, la mayoría de los anarcosindicalistas lo votaron, lo cual fue determinante. La razón por la cual los anarquistas no se abstuvieron como en las elecciones de 1933 fue la promesa de amnistía, que había sido la principal propaganda del Frente Popular. Las elecciones se celebraron con normalidad; pero una vez acabada la jornada comenzó la presión en la calle y se vivió ya desde el principio una situación revolucionaria. Frente a la cárcelo Modelo aparecieron grupos que puño en alto proclamaban el triunfo del Frente Popular. En la madrugada del día 17 el ministro de la Gobernación supo que los agitadores dirigían en provincias a las masas exaltadas que dominaban las calles y pretendían asaltar las cárceles para liberar a los presos. En muchos lugares las prisiones fueron abiertas sin que las autoridades locales hicieran nada para impedirlo y miles de reclusos salieron a la calle en toda España. En Valencia, por ejemplo, una muchedumbre de la CNT asaltó la cárcel para sacar a los condenados de 1934. Aquella misma madrugada llegaron noticias de que ardían iglesias y conventos en pueblos de Murcia, Málaga, Sevilla, Córdoba, Cádiz y Cáceres. En Elche, los tres templos de la ciudad y el convento de las monjas clarisas fueron destruidos en días sucesivos. En Alicante, el alcalde, un energúmeno, había propuesto: "El día 16 no dejéis votar a las beatas ni a las monjas; cuando veáis a alguien que lleva en la mano una candidatura de derechas, cortadle la mano y rompédsela en las narices y se la hacéis comer". Allí, el día 20 por la tarde el populacho incendió las iglesias de Santa María y de Nuestra Señora de la Misericordia, el convento de las hermanas de la Sangre, al asilo de Nuestra Señora del Remedio y la sede de la congregación de San Luis. Tres periódicos: *Mas*, de la derecha agraria, *El Día* y *Diario de Alicante* fueron completamente destruidos. En la misma zona del Levante, en Yecla, las iglesias fueron incendiadas y sus ornamentos profanados.

No se comprende la precipitación de Portela Valladares, ministro de Gobernación y presidente del Gobierno, en abandonar sus cargos cuando estaba recibiendo informes de graves disturbios que incluían asaltos a algunas audiencias y diputaciones y el robo de actas electorales. El general Franco, que había sido nombrado jefe de Estado Mayor por Gil Robles, mantuvo en la madrugada del 17 de febrero contactos con el inspector general de la Guardia Civil, el general masón Sebastián Pozas Perea, a quien le pidió que considerase la declaración del Estado de Guerra para prevenir que los desórdenes fueran en aumento. Ante la indiferencia de Pozas, Franco llegó incluso a despertar al ministro de la Guerra, el general Nicolás Molero Lobo, que también era masón, y le pidió que propusiera al presidente del Consejo la declaración del Estado de Guerra. A las diez de la mañana se reunió el Consejo de Ministros y el general Molero presentó la propuesta. Inicialmente Portela Valladares aceptó, pero finalmente Alcalá Zamora le pidió que anulara la medida. Algunos historiadores consideran que mediante estos requerimientos Franco y Gil Robles intentaban en realidad perpetrar un golpe de Estado. Cuando ya España estaba sumida en la tragedia de la guerra civil, Alcalá Zamora reconoció públicamente lo que no quiso aceptar el 17 de febrero de 1936. En el artículo titulado "Les débuts du Front Populaire", publicado el 17 de enero de 1937 en el *Journal de Géneve*, escribió lo siguiente:

> "Desde el 17 de febrero, incluso desde la noche del 16, el Frente Popular, sin esperar el fin del recuento del escrutinio y la proclamación de los resultados, lo que debería haber tenido lugar ante las Juntas Provinciales del Censo el jueves día 20, desencadenó en la calle la ofensiva del desorden: reclamó el Poder por medio de la violencia. Algunos gobernadores civiles dimitieron. A instigación de dirigentes irresponsables, la muchedumbre se apoderó de los documentos electorales; en muchas localidades los resultados pudieron ser falsificados."

Es difícil comprender cómo puede dimitir un gobernador civil y dejar su puesto en el momento de mayor responsabilidad. Ahora bien, si se considera que el propio ministro de Gobernación daba ejemplo y abandonaba el barco en plena tormenta, las cosas pueden entenderse algo mejor. Josep Pla, el escritor y periodista catalán destinado en Madrid por *La Veu de Catalunya*, órgano de la Lliga de Cambó, fue desde 1931 a 1936 el mejor cronista de la vida de la República. En *Historia de la Segunda República española*, obra de casi dos mil páginas en cuatro volúmenes, hace la siguiente valoración de lo ocurrido el día después de las elecciones: "Se ha dicho que el día 17 de febrero fue un 14 de abril. No es exactamente esto. El 17 de febrero fue un 14 de abril agravado por una repetición del 11 de mayo". Como sabemos, el 11 de mayo ardieron más de doscientos edificios religiosos en toda España.

El día 18 se sucedieron los disturbios violentos, por lo que asaltos, pillajes e incendios continuaron en numerosas provincias. Ante la gravedad de los hechos, el general Franco visitó al presidente del Gobierno en el Hotel Palace, donde residía, y le exigió que tomase medidas urgentes que permitieran afrontar la situación; pero él replicó que carecía de energías y que pensaba dimitir de inmediato. Antes de que acabase el día, también Calvo Sotelo, acompañado de Joaquín Bau, se presentó en el hotel y le pidió al presidente del Gobierno que no abandonara el poder, sino que utilizase las pertinentes medidas legales de excepción. El día 19 Portela Valladares llamó al general Franco para confirmarle que ya no era presidente del Gobierno.

La ceremonia del traspaso de poderes tuvo lugar el mismo día 19 de febrero, por tanto antes de que las Juntas Provinciales confirmasen los datos de las elecciones. El director general de la Policía, el general masón Miguel Núñez de Prado, asistió al acto. Según sus comentarios, "parecía una ceremonia masónica". Núñez del Prado, conocía bien a los protagonistas: Portela Valladares, el gran maestre de la Gran Logia, entregaba el cargo a su sucesor, el masón Azaña, ante el gran maestre del Gran Oriente Español y futuro presidente de las Cortes, Martínez Barrio. Como testigos presenciales, dos generales masones, el propio Núñez de Prado y el inspector general de la Guardia Civil, Pozas Perea. En el primer gobierno del Frente Popular, formado apresuradamente por Azaña sin participación de los socialistas, había otros siete ministros masones. "El Gobierno parecía haber nacido bajo nuestros auspicios", escribe Juan-Simeón Vidarte en *Todos fuimos culpables*.

La primera medida de Azaña fue la firma del decreto de amnistía. El presidente Companys y seis de sus consellers regresaron a Barcelona en olor de multitudes. Lo primero que hizo el Parlament de Cataluña fue reafirmar la Ley de Cultivos. A pesar de la buena voluntad del Gobierno, las huelgas comenzaron en todo el país el mismo día 19. Se exigía la reincorporación al trabajo de los condenados o de los despedidos, el pago de los salarios a todos los obreros detenidos durante los dos años anteriores y el aumento de salarios. Además de estas huelgas corporativas, se declararon otras generales, regionales o locales, de tipo político o de solidaridad. La situación se agravó enseguida. Los patronos reaccionaron en muchos casos con el cierre de las empresas. También en el campo la situación se convirtió en revolucionaria, puesto que desde fines de febrero los campesinos comenzaron a ocupar fincas en Extremadura, en Andalucía y en Castilla, pues no en vano el Frente Popular les había prometido tierras. A finales de marzo se publicó un decreto que autorizaba al Instituto Agrario a proceder con mayor rapidez en el reparto. Por otra parte, los primeros objetivos de la violencia popular siguieron siendo como de costumbre los centros religiosos. En Madrid se incendiaron las iglesias de San Ignacio y San Luis, así como las oficinas de *La Nación*. En Logroño ardieron dos iglesias y cuatro conventos. A la violencia anticlerical se sumó pronto una ola de asesinatos de políticos y empresarios.

La política del Frente Popular había sido adoptada oficialmente en las resoluciones del VII Congreso Mundial de la Internacional Comunista, por lo que el PCE había diseñado metódicamente su estrategia, que les iba a permitir pasar de treinta mil miembros en vísperas de la guerra civil a doscientos mil a comienzos de 1937. La Pasionaria, Dolores Ibárruri, ya a finales de 1933, según consta en el XIII Informe del Pleno del Comité Ejecutivo de la Internacional Comunista, había declarado: "Nuestra tarea es atraernos a la mayoría del proletariado y prepararlo para la toma del poder. Ello significa que hemos de concentrar nuestro esfuerzo en la organización de comités obreros y campesinos y en crear soviets... El desarrollo del movimiento revolucionario es en extremo favorable. Estamos avanzando por el camino que nos ha sido indicado por la Internacional Comunista y que conduce al establecimiento de un gobierno soviético en España, un gobierno de obreros y campesinos." La labor de infiltración de sus células en las organizaciones obreras y en los sindicatos fue esencial.

Un hombre clave iba a ser Julio Álvarez del Vayo, quien había regresado de Rusia en abril de 1936. Sin dejar de pertenecer al Partido Socialista, Álvarez del Vayo se prestó a seguir las indicaciones de los comunistas. Él fue quien convenció a Largo Caballero para que aceptara la fusión de las Juventudes Socialistas con las Juventudes Comunistas, hecho que tuvo lugar tan pronto comenzó la guerra civil. Las Juventudes Socialistas Unificadas (JSU), cuyo secretario era Santiago Carrillo, ingresaron en bloque en el Partido Comunista. De este modo, líderes como Largo Caballero, La Pasionaria o Álvarez del Vayo, pese a que debían de saber lo que pasaba en Rusia, insistían en proponer el modelo soviético como la panacea universal para todos los males. Por otra parte, la propaganda inundaba las librerías, en las que proliferaban las traducciones de Lenin y libros o panfletos que ensalzaban las excelencias de la vida en el paraíso comunista. Lamentablemente, los trabajadores españoles ignoraban que el terror, el pillaje, el hambre, y la injusticia eran el resultado de la dictadura impuesta al pueblo ruso por agentes extranjeros.

El 7 de abril se produjo un acontecimiento desconcertante tras la apertura de las Cortes: la deposición de Alcalá Zamora como presidente de la República, a pesar de que su mandato expiraba en 1937. Don Niceto, "el Botas", sólo obtuvo el respaldo de cinco diputados de los 473 que integraban la Cámara. En resumen, ocurrió lo siguiente: la Constitución preveía que el presidente debía cesar en el cargo si disolvía dos veces las Cortes. Alcalá Zamora confiaba en que la disolución de las Constituyentes no contaba, por haber sido elegidas antes de que él comenzara su mandato. De hecho, Martínez Barrio, Largo Caballero y el propio Azaña así lo habían dado a entender en declaraciones y escritos. Alcalá Zamora estaba convencido de que sus días como presidente de la República estaban contados si ganaban las derechas; sin embargo, confiaba en que republicanos y socialistas juzgarían que la segunda disolución había sido necesaria y acertada, máxime cuando gracias a ella habían recuperado el poder, por lo que le permitirían acabar el mandato. Se equivocó: fue declarado culpable de haber disuelto las Cortes sin necesidad y se procedió a su destitución constitucional. Así le agradecieron las izquierdas sus maniobras políticas. Lógicamente, las derechas, que lo detestaban, se abstuvieron en la votación. Comenzó enseguida la búsqueda de un sucesor y, ante la sorpresa general, Manuel Azaña permitió que su nombre fuera propuesto. En el momento en que los partidos republicanos carecían de hombres de prestigio capaces de afrontar la situación que se había creado, Azaña se mostró dispuesto a abandonar sus responsabilidades como líder del Frente Popular y presidente del Gobierno.

Antes del estallido de la guerra civil, la llamada "primavera trágica" puso en evidencia que el odio entre españoles había llegado a extremos insoportables: los asesinatos en las calles estaban a la orden del día y el ambiente en el Congreso de los Diputados era irrespirable. Ha pasado a la historia del parlamentarismo la sesión del 15 de abril de 1936, en la que Azaña pidió el voto de confianza para el segundo gobierno del Frente Popular, que iba a durar hasta el 10 de mayo, fecha en que Azaña se encastilló en la Presidencia de la República. Azaña dijo en su discurso que él era la calma, que él personificaba la calma. José Calvo Sotelo le replicó que hablar de calma cuando no había seguridad para la vida de las personas era una prueba de despreocupación. "Si un Estado no sabe garantizar el orden, la paz, los derechos de todos los ciudadanos -dijo Calvo Sotelo-, ¡que dimitan los representantes de este Estado!" He aquí un parrafo significativo de su discurso reproducido del *Diario de Sesiones de Cortes*:

> "Miramos a Rusia y a Hungría, leemos y repasamos las páginas de su historia reciente, y, como sabemos que aquello fue una tragedia, corta para Hungría, permanente todavía para Rusia, queremos que esta tragedia se evite en España y decimos al Gobierno que a él le incumbe esta misión y que para cumplirla no le faltarán ciertamente ni los votos ni la opinión de los que aquí estamos. ¡Ah!, pero si el Gobierno muestra flaqueza, si vacila... nosotros tenemos que levantarnos aquí a gritar que estamos

dispuestos a oponernos por todos los medios diciendo que el ejemplo del exterminio, la trágica destrucción que las clases conservadoras y burguesas de Rusia vivieron, no se repetirá en España."

Entre insultos y amenazas toleradas por Martínez Barrio, presidente del Congreso, Calvo Sotelo prosiguió con su discurso vibrante en el que aportó cifras de lo ocurrido en España en un mes y medio, hasta el 2 de abril. Cuando dio la cifra de 345 heridos y 74 muertos, fue interrumpido por Dolores Ibárruri, La Pasionaria, quien le preguntó: "¿Cuánto dinero ha tenido usted que pagar a los asesinos?" Seguidamente Margarita Nelken, judía de origen alemán, famosa por sus apelaciones a la violencia, añadió: "Vamos a traer aquí a todos los que han quedado inútiles en Asturias". Calvo Sotelo replicó que mientras la Presidencia protegiera su derecho, diría lo que tuviera que decir. Hubo nuevas protestas y, entre otras cosas, se acusó a Calvo Sotelo de ser un cínico, puesto que las aciones violentas que denunciaba procedían de sus filas.

Por fin, el 10 de mayo Manuel Azaña dejó de ser presidente del Gobierno y se convirtió en el segundo presidente de la República. Fue elegido por una inmensa mayoría, aunque las derechas votaron en blanco. De este modo, Azaña pasó a convertirse en una especie de Buda hierático y beatífico, de sonrisa gélida, que desde la presidencia de la República contempló impasible la ruina de España. El mismo día 10 se formó una especie de Gobierno interino presidido por Augusto Barcia que duró tres días, hasta la formación el 13 de mayo del cuarto gobierno monocolor del Frente Popular, cuyo presidente fue Santiago Casares Quiroga. Los socialistas seguían sin colaborar. Si para los no iniciados lo ocurrido había sido inesperado, no lo fue para Largo Caballero, a juzgar por unas declaraciones asombrosas realizadas mientras estaba en prisión por su participación en el alzamiento de octubre. Edward Knoblaugh, corresponsal norteamericano en España de *Associated Press,* una de las agencias de información más importantes del mundo, lo visitó en su celda para hacerle una entrevista. Un fragmento de ella aparece en el libro *Correspondent in Spain* (1937). Knoblaugh, cuya obra fue traducida al español treinta años más tarde, confiesa que casi se había reído cuando Largo Caballero le dijo esto:

"Ganaremos por lo menos doscientos sesenta y cinco escaños. Todo el orden existente será transformado. Azaña será para mí lo que fue Kerensky para Lenin. Dentro de cinco años la República estará organizada de tal forma que a mi partido le será fácil utilizarla como un trampolín para conseguir nuestro objetivo. Nuestro propósito es una Unión de Repúblicas Ibéricas Soviéticas. La península Ibérica será otra vez un país. Portugal se incorporará, confiamos que pacíficamente, pero utilizaremos la fuerza si es necesario. ¡Detrás de estas rejas tiene usted al futuro amo de España!. Lenin declaró que España sería la segunda

República Soviética de Europa, y su profecía será una realidad. Yo seré el segundo Lenin que la hará realidad."

Knoblaugh añade que ante tan sensacional declaración quiso asegurarse de que Largo Caballero no la desmentiría. Antes de enviarla a Nueva York, le enseñó el texto en presencia de Máximo Fernández, uno de sus lugartenientes que dominaba el inglés, y "Largo la aprobó de buen grado". El titular de la entrevista apareció en primera plana de *La Prensa*, periódico nuevayorkino de lengua española.

Pocos días antes de la llegada de Azaña a la Presidencia de la República se habían celebrado los actos del día 1 de mayo, en los que Largo Caballero apareció como el hombre de la revolución. Encabezó la manifestación de Madrid, donde los trabajadores gritaron "¡Viva el Ejército Rojo!" y las imágenes de los líderes derechistas, Calvo Sotelo, Gil Robles, Antonio Goicoechea y otros fueron arrastradas o exhibidas colgadas de horcas. "La revolución que queremos sólo puede hacerse con la violencia", proclamaba abiertamente Largo Caballero, quien tenía desde el 6 de abril su periódico, *Claridad*, un diario de la tarde muy bien editado en el que se anunciaba con frecuencia el triunfo inevitable del socialismo. En sus artículos y en sus declaraciones Largo repetía incansable sus consignas. En abril había aparecido en *Claridad* la resolución del grupo socialista de Madrid: "El proletariado no debe limitarse a defender a la democracia burguesa, sino que debe asegurar por todos los medios la conquista del poder político, para realizar, a partir de él, su propia revolución social. En el periodo de transición de la sociedad capitalista a la sociedad socialista, la forma de gobierno será la dictadura del proletariado." Mientras el Lenin español se preparaba para apartar a los burgueses republicanos del poder, el otro líder socialista, Indalecio Prieto, lo acusaba de practicar "un revolucionarismo infantil" y se mostraba partidario de colaborar con los republicanos. Prieto pronunció en Cuenca un discurso muy bien acogido por el periódico republicano *El Sol*, que lo consideró entonces como el verdadero hombre de Estado que necesitaba la República; sin embargo el discurso fue rechazado in situ por las juventudes socialistas que lo amenazaron a él, a González Peña y a Belarmino Tomás que lo acompañaban. En Écija fueron recibidos a tiros y estuvieron a punto de morir. Este era el ambiente que se respiraba en España.

La acusación de que la Falange de José Antonio Primo de Rivera practicaba un "terrorismo contrarrevolucionario" es esgrimida con frecuencia por historiadores marxistas. Ciertamente, la Falange, que no logró representación parlamentaria en 1936, engrosó sus filas con jóvenes de formaciones de derecha que, cansados de la moderación de sus partidos, estaban dispuestos a dar respuesta en la calle a sus enemigos marxistas y anarquistas: era la peligrosa "dialéctica de los puños y las pistolas". Ahora bien, es indiscutible que desde abril de 1931 la calle había sido tomada una y otra vez por los incendiarios, los matones y otros radicales revolucionarios. Stanley G. Payne aclara quién y cómo empezó la violencia y los asesinatos de oponentes políticos.

En *Falange. Historia del fascismo español*, Payne constata que cuando en diciembre de 1933 apareció el primer numero de *F.E.*, el semanario de Falange, los socialistas amenazaron a los vendedores y la publicación desapareció de las calles, por lo que estudiantes del SEU tuvieron que venderla protegidos por escuadras de activistas. Antes de este acoso, el primer asesinato se había cometido el 2 de noviembre de 1933: un funcionario del Estado partidario de las JONS fue cosido a puñaladas en Daimiel. Un mes más tarde, el coche en que viajaba Ruiz de Alda, pionero de la aviación española y cofundador de Falange, fue detenido e incendiado a su paso por Tudela: Ruiz de Alda logró salvar la vida. El 11 de enero de 1934 el joven falangista Francisco de Paula Sampol fue muerto a tiros durante la venta del quinto número del semanario. Otros cuatro falangistas cayeron asesinados antes de que acabara el mes. El 9 de febrero de 1934, Matías Montero, estudiante de veinte años que había sido uno de los tres fundadores del Sindicato Español Universitario, recibió cinco balazos cuando regresaba a su casa tras haber ayudado a vender *F.E.*. Francisco Tello, obrero afiliado al PSOE y a las Juventudes Socialistas, fue detenido cuando aún llevaba encima el arma del crimen y condenado a veintitrés años; pero en febrero de 1936 salió a la calle amnistiado por el Frente Popular. Ninguno de estos asesinatos contra el incipiente movimiento fascista tuvo respuesta, por lo que algunos dieron a Falange el sobrenombre de "Funeraria Española" y a su líder el de "Juan Simón el Enterrador". El diario *ABC* escribió que el nuevo partido tenía más parecido con el franciscanismo que con el fascismo. La única respuesta de José Antonio al asesinato de su amigo fue una nota de prensa en la que afirmaba: "Falange Española no se parece en nada a una organización de delincuentes ni piensa copiar los métodos de tales organizaciones, por muchos estímulos oficiosos que reciba." Los asesinatos continaron y en marzo de 1936 murieron en Madrid otros dos falangistas. El propio José Antonio fue objeto de un atentado el mismo mes: se lanzó una bomba contra el parabrisas de su vehículo en pleno centro de Madrid, pero los ocupantes salieron ilesos. La necesidad de replicar a las agresiones se convirtió en un clamor. Un estudiante del SEU escribió una carta a José Antonio donde le decía que si *F.E.* seguía con aquel tono intelectual y literario no valía la pena arriesgar la vida para venderlo. Fue a partir de entonces cuando se organizaron las represalias y entraron en escena los pistoleros falangistas.

La impunidad había sido frecuente para los violentos de izquierda, investidos habitualmente de una hiperlegitimidad moral. Sin embargo, José Antonio Primo de Rivera fue "detenido por fascista", según consta en el registro de su detención, e ingresó el 14 de marzo de 1936 en la cárcel Modelo de Madrid. Seis semanas después de su encarcelamiento se efectuó un registro de su domicilio y se hallaron dos pistolas cargadas. Durante el juicio, celebrado el 28 de mayo, José Antonio declaró indignado que todo era una farsa y que las armas habían sido colocadas allí deliberadamente por la policía. Pese a que todo olía a un montaje, José Antonio fue condenado por tenencia ilícita de armas. El 5 de junio fue trasladado a Alicante, donde sería ejecutado el 20 de noviembre. Junto a José Antonio se detuvo a numerosos dirigentes de Falange, el único partido perseguido con saña por las autoridades republicanas. A raíz de estas detenciones proliferaron en marzo acciones violentas de falangistas contra dirigentes republicanos y socialistas. El primer atentado fue contra el diputado del PSOE Luis Jiménez de Asúa, tiroteado a la salida de su casa: él resultó ileso, pero uno de sus escoltas, Jesús Gisbert, murió. El 15 de marzo, el día siguiente del ingreso en prisión del líder falangista, la casa de Largo Caballero fue tiroteada por desconocidos. El 7 de abril se entregó en la casa de Eduardo Ortega y Gasset un cesto que contenía una bomba, cuya explosión no provocó víctimas, pero sí daños en la vivienda. El 13 de abril fue asesinado ante el portal de su casa Manuel Pedregal, magistrado del Supremo que había instruido la causa por el atentado contra Jiménez de Asúa. El 7 de mayo el capitán Carlos Faraudo, instructor de las milicias de las juventudes socialistas, fue asesinado en Madrid. Seis personas, supuestamente falangistas, fueron arrestadas en relación con el crimen.

Junto a esta violencia, los historiadores marxistas omiten mencionar los asesinatos de jóvenes falangistas que se produjeron en todo el país de marzo a julio de 1936. Puesto que las cifras de muertos y heridos presentadas por Calvo Sotelo en el Congreso llegaban hasta el 2 de abril, aportamos algunos datos sólo hasta esta fecha. El 6 de marzo fueron abatidos en Madrid cuatro albañiles miembros de Falange por no sumarse a la huelga y trabajar en la demolición de la vieja plaza de toros. Como represalia, los falangistas mataron a varios comunistas reunidos en una taberna. El mismo día 6, en Puebla de Almoradiel (Toledo) el derechista Miguel Sepúlveda fue asesinado y rematado a culatazos. El alcalde prohibió su entierro católico el día siguiente y los falangistas fueron a su casa para exigir el permiso, pero fueron tiroteados. Dos de ellos, Ramón Perea y Tomás Villanueva, murieron y hubo otras siete personas heridas. El mismo día 7 había muerto un miembro del SEU que días atrás había sido herido de bala por la policía. El día 9 de marzo murió en Palencia Jesús Álvarez: se defendió con un arma al negarse a ser cacheado por unos milicianos y un guardia de asalto lo mató. El 11 de marzo pistoleros marxistas asesinaron a dos estudiantes de Derecho en Madrid. El día siguiente, 12 de marzo, se repitió la acción: milicianos de las Juventudes Socialistas cacheaban armados a los transeúntes y asesinaron a dos estudiantes, José Olano y Enrique Valdovel, que se identificaron y fueron considerados fascistas. Lo ocurrido en Jumilla el día 16 merece unas líneas: Un obrero socialista que había tenido altercados con gente de la derecha fue hallado muerto. Se detuvo a todas las personas señaladas como falangistas y derechistas. La prisión fue asaltada por una multitud que exigió la entrega de los detenidos. Dos de ellos fueron matados a cuchilladas y un guardia murió tiroteado. Otros dos falangistas, Pedro Cutillas y Jesús Martínez, fueron agredidos con machetes que habían sido arrebatados a la Guardia Civil, luego los apalearon y arrastraron. El día 18 hubo tres sucesos en tres lugares diferentes: en Mendavía (Navarra) milicianos dirigidos por el alcalde dispararon contra dos falangistas y mataron a Martín Martínez de Espronceda; en Boñar (León) fue apaleado Manuel Montiel al ser considerado falangista; en Mula (Murcia) el alcalde de Acción Popular, José Martínez, apareció asesinado. El día 19 en Avila veinte personas apalearon al joven falangista Ramón Ferrer, que quedó grave. El mismo día en Córdoba otros tres falangistas fueron apaleados por un grupo socialista. Podría citarse en esta relación otro tipo de asesinatos y acciones violentas que completarían un cuadro de auténtica guerra civil.

Están luego los asesinatos entre los propios revolucionarios. Dentro de los más destacados del mes de abril figuran los de los hermanos Badia. Miquel, el "capità collons", y su hermano Josep fueron asesinados en la calle Muntaner de Barcelona por miembros de la FAI. Según parece, los anarquistas los odiaban por sus métodos al frente de la policía de la Generalitat. Otro ejemplo paradigmático se dio poco antes del comienzo de la guerra. Setenta mil obreros de la construcción comenzaron en Madrid una huelga indefinida, decidida en asamblea por la CNT y la UGT. Huelguistas armados obligaban a los comerciantes a servirlos, ocupaban los restaurantes y comían sin pagar. La socialista Clara Campoamor en *La revolución española vista por una republicana* relata así estos hechos:

> "Desde medidos de mayo hasta el estallido de la guerra civil, Madrid vivió en el caos. Los trabajadores comían en hoteles, restaurantes y cafés, se negaban a pagar las cuentas y amenazaban a los propietarios... Las mujeres de los trabajadores hacían sus encargos en las tiendas de comestibles sin pagar por ellos, pues iban acompañadas por un valiente con revólver. En pleno día en la periferia de la ciudad e incluso en el centro, pequeños comercios eran saqueados y los productos se tomaban bajo la amenaza de las pistolas."

El problema surgió entre los huelguistas cuando la UGT aceptó el arbitraje del ministro de Trabajo, mientras que la CNT decidió continuar. Los anarquistas acusaron a comunistas y socialistas de "rompehuelgas". Estallaron entonces las revueltas entre unos y otros. El día 9 de julio hubo cinco muertos en las puertas de los lugares de trabajo, tres de la CNT y dos de la UGT. En este ambiente, la CNT ametralló un café que servía de local a la Falange y cayeron muertos tres falangistas. El conflicto entre la UGT y la CNT se repetía en las mismas fechas en Málaga, donde el día 10 de julio los anarquistas asesinaron al comunista Andrés Rodríguez, jefe de la UGT. La replica fue un atentado contra Ortiz Acevedo, dirigente cenetista, pero el muerto fue uno de sus hijos. El día 11, antes del entierro del comunista Rodríguez, fue asesinado el socialista Ramón Reina. La violencia continuó hasta el día 15 y el gobernador mandó cerrrar los locales de las dos centrales obreras.

El asesinato de Calvo Sotelo

La eliminación el 13 de julio de 1936 de José Calvo Sotelo, líder de la oposición parlamentaria, fue un hecho escandaloso y gravísimo, pues se trató de una provocación detrás de la cual estaba el Partido Socialista. Algunas versiones pretenden falsificar la historia y justificar el hecho como una venganza por el asesinato el día 12, en realidad sólo cinco horas antes, del teniente José del Castillo, un masón que entrenaba las milicias ilegales de las Juventudes Socialistas. Se trata de una interpretación inadmisible. El *Diccionario de uso del español* de María Moliner ofrece esta definición de vengar: "Causar un daño a una persona como respuesta a otro (daño) o a un agravio recibido de ella." Quienes mataron a Calvo Sotelo no habían recibido de él ningún daño. Sí, en cambio, cabría calificar como venganza el asesinato del teniente Castillo, puesto que sus hombres habían matado a Andrés Sáenz de Heredia, primo del fundador de la Falange. El propio teniente Castillo había personalmente herido de gravedad a José Llaguno Acha, un joven militante carlista. Desde entonces Castillo estaba en el punto de mira de carlistas y falangistas. De ahí que haya discrepancias sobre quiénes fueron sus asesinos. Según Paul Preston, lo mataron los falangistas; pero Ian Gibson señala como autores del asesinato a miembros del Tercio de Requetés de Madrid. No vale, pues, argumentar que los compañeros del teniente se vengaron en una persona inocente que nada tenía que ver en los hechos mencionados. En realidad, aprovechando la coyuntura, los asesinos fueron utilizados. El teniente Castillo, Andrés Saénz de Heredia o José Llaguno eran peones que se sacrificaban entre sí; pero José Calvo Sotelo era una de las torres que tenían las derechas en la partida que se jugaba en España, a la que sólo se podía tumbar con apoyo de otras piezas importantes.

No sólo por su trágica muerte merece José Calvo Sotelo ser recordado. Siendo aún muy joven, demostró su valía y su categoría como hombre de Estado. En 1924, por ejemplo, realizó un Estatuto Municipal que, en opinión del profesor Alfonso Bullón, autor de la obra *José Calvo Sotelo*, "es la norma de gobierno más libre que han tenido los municipios en España, la que les ha dado más poderes, en la que se contemplaba por primera vez el voto femenino." Ministro de Hacienda en 1925 con sólo 32 años, fue autor de un intento de reforma fiscal que contemplaba el impuesto progresivo. Su política se encaminó a combatir el fraude fiscal y a tratar de que los privilegiados tributaran conforme a sus bienes, lo que le valió la enemistad de los sectores más inmovilistas, que lo llamaban "el ministro bolchevique". Se produjo entonces una reacción en su contra que lo obligó a desistir y a denunciar "el quietismo obstinado de las clases conservadoras". Calvo Sotelo impulsó la banca pública especializada y bajo su mandato nació el Banco de Crédito Local. Se creó asimismo el Banco Exterior de España y propició una importante reforma del Banco Hipotecario y del Banco de Crédito Industrial. Una medida de gran interés que le generó enemigos poderosos en el exterior fue la creación del monopolio de petroleos CAMPSA (Compañía Arrendataria del Monopolio de Petróleos S. A.), que provocó el enfrentamiento del régimen con las grandes compañías petroleras. Estos "trusts" internacionales trataban de hacerse con el monopolio petrolífero en Europa y no podían aceptar de ninguna manera un monopolio del petroleo en España. En la caída de Primo de Rivera la compañía angloholandesa Royal Dutch-Shell jugó un importante papel. Henri Deterding, director del trust, se entrevistó con el dictador y con el propio Calvo Sotelo, a quien advirtió: "Allá ustedes, el monopolio podrá nacer, vivirá uno o dos años, porque en ellos no han de faltar suministros; pero después no habrá quien los abastezca". En *Política económica de la Dictadura,* obra de donde proceden algunos de los datos anteriores, el profesor Juan Velarde considera que Calvo Sotelo fue un magnífico ministro de Hacienda.

El 15 de abril de 1931, José Calvo Sotelo se exilió en Portugal; pero fue elegido por Orense en las elecciones de junio. Esperaba que con el acta de diputado podría regresar a España sin peligro de ser encarcelado, como lo habían sido los ministros primorriveristas que no habían abandonado el país. Cuando supo que no podría ocupar su escaño, sino que iría a la cárcel, decidió seguir en el exilio. En septiembre de 1933 Calvo Sotelo fue elegido vocal del Tribunal de Garantías Constitucionales por los Colegios de Abogados, pero tampoco en esta ocasión se le permitió el regreso. No pudo participar personalmente en las elecciones de noviembre de 1933, pero envió una grabación que se emitió en el acto del cine Royalty de Madrid y pudo oírse por radio en toda España: "¡Españoles, madrileños! - decía Calvo Sotelo- oíd la voz lejana de un compatriota desterrado, a quien pretenden negar todo derecho político los mismos que niegan a España su honor, su historia y su fe. Lejos de vosotros geográficamente, pero cerca espiritualmente, soy un pobre exilado, a pesar del sufragio dos veces propicio, otras tantas escamoteado. Para hacer un pueblo se necesitan siglos y héroes, para deshacerlo bastan dos años y al timón cualquier monstruo." Calvo Sotelo volvió a ser elegido diputado, pero antes de regresar hubo de esperar todavía unos meses hasta que pudo acogerse a una amnistía.

Lo primero que hizo al llegar a Madrid el 4 de mayo de 1934 fue visitar a su padre. Tras las elecciones de febrero 1936, Calvo Sotelo tuvo que luchar otra vez con encono para que se le entregara el acta de dipuado que había ganado, pues la célebre Comisión de Actas pretendía hurtársela. En protesta por las arbitrariedades de la Comisión, los diputados de las derechas decidieron abandonarla para no legitimarla con su presencia; pero él se presentó en las Cortes para defender su escaño, y lo hizo con tanta brillantez que los republicanos no se atrevieron a anularlo, pese a las protestas de socialistas y comunistas. Finalmente en la madrugada del 3 de abril Calvo Sotelo consiguió su escaño "y con él -en palabras del profesor Bullón- su pasaporte hacia la muerte". De hecho, varios diputados del Frente Popular lo habían amenazado en varias ocasiones antes de ser asesinado.

Caos era la palabra utlizada repetidamente por los periodistas europeos que informaban sobre la situación española; pero, debido a la censura de prensa impuesta por el Gobierno, los españoles no estaban informados de lo que ocurría. Únicamente a través de las denuncias de Calvo Sotelo y de Gil Robles se conocían las cifras de la desastrosa realidad, pues la censura no podía ejercerse sobre las intervenciones de los diputados. Fue en la sesión del 16 de junio de 1936 cuando tanto Gil Robles como Calvo Sotelo denunciaron el desgobierno que imperaba y aportaron nuevos datos. Según el primero, entre el 16 de febrero y el 15 de junio se habían producido en España 113 huelgas generales y 228 huelgas parciales; 160 iglesias habían sido destruidas y se habían sofocado 251 incendios en edificios religiosos. Gil Robles dio en aquella intervención una cifra de 269 muertos y 1.287 heridos; pero el historiador Juan Blázquez ofrece hoy cifras contrastadas con nombres y apellidos que elevan a 454 los asesinatos y a 1.638 los heridos durante los cinco meses del Frente Popular.

Calvo Sotelo incidió en la obligación del Gobierno de asegurar el orden público y denunció su parcialidad a la hora de hacer cumplir la ley. Acusó a ciertos partidos de alentar la violencia con "propagandas insensatas" y citó concretamenteme a Largo Caballero, quien dos días antes había declarado en un discurso que la política del Frente Popular sólo era admisible para ellos en tanto en cuanto sirviera al programa de la revolución de octubre. Intervino a continuación Dolores Ibárruri, quien pidió que se encarcelase a quienes se opusieran a las políticas revolucionarias y "a los que con cinismo sinigual, llenos de sangre de la represión de octubre, vienen a exigir responsabilidades". Fue en un contexto de replicas cuando Pasionaria, sin tener turno de palabra, gritó: "Este es tu último discurso", palabras que no constan en el diario de sesiones, pero que han sido ratificadas por numerosos asistentes.

Peores fueron las palabras pronunciadas contra Calvo Sotelo en la sesión parlamentaria del 1 de julio. Ángel Galarza, socialista masón que frecuentaba la logia Luis Simarro de Madrid, elevó el tono de la amenaza de Pasionaria y dijo exactamente lo siguiente: "Pensando en su señoría, encuentro justificado todo, incluyendo el atentado que le prive de la vida". Hay que considerar que quien justificaba el asesinato de un parlamentario no era un personaje insignificante, sino un especialista en derecho penal que había sido fiscal general de Estado. Más tarde, siendo ministro de Gobernación, Galarza se iba a convertir en uno de los principales responsables de las matanzas de Paracuellos. Como es lógico, esta amenaza incalificable desató un escándalo, en el transcurso del cual se oyó a Dolores Ibárruri decir: "Hay que arrastrarlos". Martínez Barrio intervino para decir que las palabras del diputado no figurarían en el diario de sesiones; pero Ángel Galarza replicó: "Estas palabras que en el diario de sesiones no figurarán el país las conocerá y nos dirá a todos si es legítima o no la violencia".

Tras esta descarada exhibición de falta de principios y de legitimación infame del asesinato y de la violencia en general, parece evidente que quienes pretendían cobrarse la vida de Calvo Sotelo no eran peones cualesquiera. Un autor tan poco sospechoso de simpatías con la derecha como Gerald Brenan escribe lo siguiente: "Solamente había una posibilidad de que Largo Caballero tomara el poder, y era la de que los militares se alzasen, que el Gobierno diera armas al pueblo para sofocar el alzamiento y que el pueblo venciera en la lucha. Consciente o inconscientemente él y su partido calculaban su juego sobre la posibilidad de una insurrección militar". Es decir, con el asesinato de Calvo Sotelo los capitostes del PSOE pretendían provocar el alzamiento militar y aprovecharlo para hacerse con el poder. Si la apreciación de Brenan es acertada, se trataría una vez más de la estrategia de la guerra civil, proclamada reiteradamente por Trotsky y Lenin como medio idóneo para deshacerse de los enemigos de clase.

Una serie de hechos demuestran que los asesinos materiales de Calvo Sotelo fueron sólo los ejecutores de un plan que venía considerándose desde más arriba. A finales de junio el director general de Seguridad, José Alonso Mallol, maestro de ceremonias de la logia Constante Alona que había ilegalizado a la Falange y ordenado la detención de José Antonio Primo de Rivera, ordenó cambiar a los dos policías de escolta de Calvo Sotelo. El día 29 de junio Rodolfo Serrano de la Parte, amigo de Casares Quiroga, y un masón llamado José Garriga Pato fueron nombrados nuevos escoltas. Días más tarde recibieron instrucciones del jefe de personal de la Dirección General de Seguridad, Lorenzo Aguirre Sánchez, quien les ordenó que en caso de un atentado contra Calvo Sotelo, simulasen una protección si sucedía en sitio céntrico, pero que lo rematasen si acontecía en lugar no frecuentado, en el supuesto de que la agresión fracasase. De todo ello cabe inferir que la idea de matar a Cavo Sotelo existía con antelación al asesinato del teniente Castillo. Esto sería confirmado por el masón Urbano Orad de la Torre, militar que dirigió el bombardeo contra el Cuartel de la Montaña tras el 18 de julio, quien en septiembre de 1978 confesó a *El País* que la masonería había tomado la decisión de asesinar a Calvo Sotelo el 9 de mayo de 1936.

El policía Rodolfo Serrano sintió repugnancia ante la orden recibida y contactó en los pasillos del Parlamento con el diputado carlista Joaquín Bau Nolla, íntimo amigo de Calvo Sotelo. Serrano tenía acceso al Congreso por ser escolta. El diputado citó al policía en una cafetería de la calle Alcalá, donde Serrano precisó su información. Tras dar cuenta a Calvo Sotelo de lo que sabía, Bau visitó al ministro de la Gobernación, Juan Moles Ormellla, que también era masón, y le comunicó lo que había averiguado sin mencionar la fuente de la información. La mañana del día 8 de julio Calvo Sotelo y Bau visitaron juntos al ministro Moles, quien no les hizo excesivo caso, por lo que Calvo Sotelo, que consiguió que se le asignase una nueva escolta, lo hizo responsable de lo que le pudiera ocurrir.

A las nueve y media de la noche del día 12 fue asesinado el teniente Castillo. En *La Masonería en la España del siglo* XX, obra coordinada por J. A. Ferrer Benimeli, se confirma que entre masones andaba el juego, toda vez que, además del teniente Castillo, lo eran: Juan Moles Ormella, ministro de Gobernación y José Alonso Mallol, director general de Seguridad. Lorenzo Aguirre Sánchez, jefe de personal de la Dirección General de Seguridad, había solicitado su ingreso en la masonería y tras el inicio de la guerra entró en el Partido Comunista. En la obra citada se da noticia de la reunión de una docena de oficiales de las Fuerzas de Asalto, donde se habló de tomar venganza sin expresar en qué había de consistir. Mallol estuvo presente alrededor de un cuarto de hora escuchando y sin pronunciar una palabra. Todo hace pensar que Mallol contactó con el ministro de Gobernación, Moles Ormella, pues éste autorizó detenciones en los domicilios de personas significadas de derechas.

Sobre las dos de la madrugada del día 13 salieron del cuartel de Pontejos varias camionetas con guardias de asalto y militantes del PSOE con listas de activistas de Falange. La última camioneta, la número 17, no iba al mando de un oficial de Asalto, sino de un capitán de la Guardia Civil, Fernando Condés Romero, otro masón que era el jefe de La Motorizada, nombre de un grupo armado de los socialistas que actuaba como escolta de Indalecio Prieto. Esta camioneta fue la que se dirigió hacia el domicilio de Calvo Sotelo en la calle Velázquez. Se supo luego que otra había ido a la casa de Gil Robles, al que no encontraron porque se hallaba en Francia. Tras identificarse ante los guardias encargados de la vigilancia nocturna, Condés y varios hombres subieron a la casa.

Eran las dos y media de la madrugada. La familia se despertó sobresaltada al oír el timbre y las voces que exigían que abriesen a la policía. Tras penetrar en la vivienda, el capitán Condés, que iba de paisano, dijo que tenía que hacer un registro y enseguida anunció a Calvo Sotelo que la Dirección General de Seguridad había ordenado su detención. Calvo Sotelo pretendió hacer una llamada para averiguar quién había dado la orden, pero Condés no lo permitió. De nada le sirvió al jefe del Bloque Nacional argumentar que tenía inmunidad parlamentaria. Se le prometió que en la Dirección General podría alegar cuanto considerase oportuno, por lo que finalmente accedió a salir de su domicilio. Su mujer le pidió repetidas veces que no se fuera. Antes de marchar, Calvo Sotelo, que sospechaba lo peor, le dijo: "dentro de cinco minutos te llamaré desde la Dirección General de Seguridad si es que estos señores no me llevan a pegarme cuatro tiros". En la detención participaron unas veinte personas, de las que la mitad no pertenecían a la Guardia de Asalto. Entre los socialistas que acompañaban a Condés estaban Santiago Garcés y Francisco Ordóñez, que ocuparon durante la guerra cargos de gran responsabilidad, y José del Rey Hernández, readmitido en el cuerpo tras su expulsión por haber participado en el alzamiento de octubre de 1934. Del Rey era uno de los escoltas de la socialista Margarita Nelken.

El relato de lo ocurrido en la camioneta número 17 procede de un testigo presencial, el guardia de asalto Aniceto Castro Piñeiro, quien estaba de guardia en el cuartel de Pontejos cuando a medianoche vio llegar de paisano al capitán Fernando Condés junto con varios hombres habituales de la escolta de Indalecio Prieto. Este guardia fue en el vehículo, pero no subió a la casa. Según su versión, el capitán Condés y José del Rey se sentaron delante junto al conductor, Orencio Bayo. Calvo Sotelo iba en el tercer banco entre Aniceto Castro y otro guardia. El asesino, Victoriano Cuenca, otro socialista que era guardaespaldas de Indalecio Prieto, se sentó detrás de él y cuando llegaron al cruce de las calles Ayala y Velázquez, empuñó una pistola y le pegó dos tiros en la nuca. Calvo Sotelo cayó de bruces entre los asientos. Nadie dijo nada y quienes iban delante no se molestaron en mirar atrás. La camioneta siguió hasta el Cementerio del Este, donde se ordenó a los empleados que abrieran las puertas. Ya dentro del camposanto, dejaron el cadáver en el suelo, en un lugar próximo al depósito. De regreso, el chófer, preocupado por lo que habían visto los empleados de guardia en el cementerio, dijo: "Supongo que no nos delatarán", a lo que Condés respondió: "No te preocupes, que nada pasará". José del Rey agregó: "El que diga algo se suicida, pues lo mataremos como a ese perro".

Horas antes de que se hiciera público el asesinato, en medios socialistas se conocía bien lo sucedido. A las ocho de la mañana el pistolero Victoriano Cuenca habló con Julián Zugazagoitia, "Zuga", diputado del PSOE y director de *El Socialista*, al que informó de lo ocurrido. El capitán Condés, por su parte, contactó con el diputado socialista Juan-Simeón Vidarte y le informó sobre el crimen que habían cometido. En lugar de cumplir con su deber y denunciar los hechos a las autoridades, los socialistas guardaron un silencio cargado de complicidad. Vidarte le aconsejó a Condés que buscara un lugar para ocultarse y él lo hizo en casa de la diputada socialista Margarita Nelken.

El Gobierno negó el permiso para instalar la capilla ardiente de Calvo Sotelo en la Academia de Jurisprudencia, de la que era presidente, por lo que el entierro se celebró directamente en el cementerio donde había sido depositado el cadáver. A las cinco de la tarde el ataúd, acompañado por un gentío y por personalidades de la derecha, fue enterrado. Ante la multitud, Antonio Goicoechea, uno de los líderes de Renovación Española, pronunció unas palabras para la historia: "Ante esta bandera colocada como una cruz sobre tu pecho, ante Dios que nos oye y nos ve, empeñamos solemne juramento de consagrar nuestra vida a esta triple labor: imitar tu ejemplo, vengar tu muerte y salvar a España, que todo es uno y lo mismo, porque salvar a España será vengar tu muerte e imitar tu ejemplo será el camino más seguro para salvar a España." Ningún miembro del Gobierno tuvo la decencia de hacer acto de presencia en la ceremonia fúnebre. Terminado el entierro, algunos de los asistentes trataron de manifestarse, pero fueron disueltos a tiros por guardias de Asalto, que mataron a cinco personas e hirieron a una treintena.

Martínez Barrio suspendió la sesión prevista en las Cortes el día 14. El día 15 tuvo lugar una reunión de la Comisión Permanente y las derechas manifestaron su voluntad de abandonar el Parlamento. Indalecio Prieto, que supo desde el primer momento la verdad, se limitó a calificar los hechos como "un desmán de la fuerza pública". Sin embargo, el asesinato del líder de la oposición por miembros del PSOE, el más importante de los partidos que integraban el Frente Popular, era algo impensable en cualquier régimen democrático. La utilización de la fuerza pública para proteger a los criminales hacía aún más inadmisible lo sucedido. En lugar de tomar medidas contra las organizaciones socialistas, el Gobierno procedió a cerrar las sedes de Renovación Española, o sea, las del partido en que militaba la víctima. El descrédito de la República, que tantas ilusiones y expectativas había generado entre los españoles, había tocado techo. Las indagaciones sobre el asesinato de Calvo Sotelo condujeron inevitablemente a la detención del capitán Condés, identificado por la viuda en una fotografía; pero el día 25 de julio miembros de las juventudes socialistas se presentaron en el Tribunal Supremo y se llevaron los papeles del sumario.

Fracaso del golpe de Estado

Es bien sabido que el asesinato de Calvo Sotelo fue el detonante, la chispa que originó el incendio que abrasó España durante casi tres años. Es cierto que los planes para el Alzamiento existían con anterioridad, pero aquel crimen lo precipitó todo. Quizá fue esta precipitación la que condujo al fracaso inicial y, consecuentemente, a la guerra civil. La insurrección militar que deseaba Largo Caballero para hacerse con el poder se había producido y además, según había previsto el Lenin español, iba a desencadenar la revolución obrera. Se trataba, pues, de aprovecharla para derrotar a los sublevados e imponer la dictadura del proletariado tantas veces anunciada. Tras el fracaso inicial de la sublevación militar, todo estaba a favor de los líderes republicanos para que sofocaran en poco tiempo la rebelión, lo cual facilitaría una purga en profundidad en el Ejército y en la sociedad civil. Sin embargo, la desorganización, la incapacidad para coordinar a las fuerzas heterogéneas que integraban el Frente Popular y, en definitiva, las luchas intestinas, generaron una vez más el caos, que se plasmó en un doble poder en la España republicana. Durante las primeras semanas el Gobierno de la República, que además había estado esperando el golpe, tuvo al alcance de la mano una victoria rápida. Si hubiera sabido obrar con celeridad y de manera coordinada, el alzamiento militar habría durado poco: la mayoría de los generales, la aviación y la Guardia de Asalto habían permanecido leales. La flota quedó en manos del Gobierno tras el fracaso inicial de los rebeldes. Los recursos industriales eran suyos, y se disponía de las reservas de oro del Banco de España, las cuartas del mundo, como garantía para poder gestionar los gastos económicos de la guerra.

La primera medida de Casares Quiroga fue presentar la dimisión como presidente del Gobierno. Enseguida, en la madrugada del 18 al 19 de julio, Azaña le pidió al Martínez Barrio que tratase de formar un gobierno que se asegurase la lealtad de la cúpula militar y evitase la guerra civil. Fue el llamado "Gobierno relámpago", compuesto sólo por ministros republicanos, el cual, ante las manifestaciones de hostilidad de socialistas y comunistas, que pedían armas para luchar contra los militares, se desmoronó a las pocas horas y ni siquiera llegó a tomar posesión. El mismo 19 de julio, José Giral Pereira, el tercer presidente masón en menos de veinticuatro horas, consiguió configurar el Gobierno sin que participaran los socialistas; pero ante la presión de sindicatos y partidos de izquierda, tomó la decisión de distribuir armas a las milicias obreras y decretó la disolución del ejército y de la policía para proceder el 4 de agosto a la creación de los "batallones de voluntarios". De este modo, según reconocen los historiadores marxistas P. Broué y E. Témime en *La revolución y la guerra de España*, "la legalidad se esfumó ante el choque de las fuerzas sociales". Este Gobierno iba a durar hasta el 4 de septiembre de 1936, fecha en que, por fin, Largo Caballero llegó a la Presidencia.

Historiógrafos nacionalistas confirman que al anochecer del 20 de julio el general Mola, "el director", veía perdida la causa de los rebeldes, y que si continuó fue por el empuje de los requetés y de los falangistas, cuya decisión de combatir era imparable. El pesimismo estaba justificado si se considera cuál era la situación. El ejército de África, que debía desembarcar en masa en las horas posteriores al golpe, no podía cruzar el estrecho, pues la marinería y los suboficiales habían fusilado a los jefes y oficiales sublevados, con lo cual los barcos que debían transportar a los hombres de Franco a la Península habían quedado bajo control del Gobierno. En Andalucía, donde la fuerza de los sindicatos y de los partidos de izquierdas era abrumadora, Queipo de Llano había logrado momentáneamente el control de Sevilla con ciento ochenta hombres, lo cual era casi un milagro; pero sus posibilidades de mantenerse eran muy escasas si no recibía ayuda. En las regiones más importantes, las más industriales, donde se concentraba el comercio y la mayor parte de la población y de los recursos, el alzamiento había sido aplastado: Madrid, Asturias, Cantabria, el País Vasco, Cataluña, Valencia y toda la costa oriental se habían perdido. Las fuerzas insurgentes habían quedado cortadas en dos y sus posibilidades de contacto eran nulas, pues la flota anclada en Tánger dominaba el Estrecho e impedía la llegada de refuerzos del ejército de Marruecos. Para acabar de rematar la desastrosa situación de los sublevados, el general Sanjurjo, que de acuerdo con los planes iba a ser el jefe del Estado si triunfaba el golpe, murió el 20 de julio en Portugal cuando el avión que debía trasladarlo a Burgos se estrelló al despegar. El Gobierno, pues, tenía en sus manos las mejores piezas para ganar la partida.

Las posibilidades supervivencia de los golpistas se decideron entre el 18 y el 25 de julio. Así se lo reconocieron los jefes nacionalistas a Harold Cardozo, el corresponsal del *Daily Mail*, diario británico que apoyaba a los nacionalistas. Cardozo publicó en 1937 *The March of a Nation*, donde narra sus experiencias como periodista durante el primer año de guerra civil. Tres hechos fueron considerados vitales para mantener vivo el alzamiento: el control de la base naval de Ferrol, las comunicaciones ferroviarias en el territorio sublevado, la posesión de Sevilla y de los puertos de Cádiz y Algeciras. Que el general Mola pudiera retener la base de Ferrol fue vital para los rebeldes. El vicealmirante Indalecio Núñez Quijano apoyó la sublevación tras dudas iniciales, por lo que fue destituido y remplazado por el contralmirante Antonio Azarola, segundo jefe de la base, que había sido ministro de Marina con Portela Valladares. Tras el triunfo, los amotinados le formaron consejo de guerra y lo fusilaron por abrir el arsenal a las "masas marxistas".

La lucha en la base y en la ciudad fue durísima, hasta el punto de que la ciudad cambió de manos media docena de veces. Múltiples batallas se desencadenaron en los alrededores y en el centro de Ferrol entre leales y voluntarios falangistas y carlistas. En el interior de la base la confusión fue aún mayor. Tanto en el crucero *Almirante Cervera*, que estaba en el dique seco, como en el acorazado *España*, las tripulaciones se enzarzaron en combates dentro de los buques. En el tercer barco importante, el destructor *Velasco*, su dotación no se amotinó: una treintena acabaron fusilados tras la victoria de los rebeldes. Finalmente los nacionalistas tomaron la base. Franco contó así con un núcleo de la Armada que ayudó a levantar el bloqueo del Estrecho y participó desde el mar en el bombardeo de Irún, cuya toma a finales de agosto fue esencial para cortar la conexión con Francia a las provincias del norte.

El funcionamiento de las líneas de ferrocarril en las provincias donde había triunfado la conspiración era crucial para Mola. La huelga general convocada por los sindicatos estaba siendo seguida masivamente por los trabajadores y los trenes estaban parados. Para mantener operativas a las fuerzas sublevadas fue clave asegurar el transporte de combustible desde Vigo y Ferrol a Burgos, Pamplona y otras capitales rebeldes, las más orientales de las cuales eran Huesca, Zaragoza y Teruel. El general Mola firmó un decreto que amenazaba con la pena de muerte en aplicación de la ley marcial a quienes no se reincorporaran de inmediato al trabajo. Su segunda medida fue la constitución de un comité técnico de ingenieros ferroviarios, al que concedió poder y rango militar. Simultáneamente, en todo el territorio bajo control nacionalista, la Guardia Civil recibió el encargo de hacer salir de sus casas a los obreros y de entregarles la orden de que se reincorporaran sin demora al trabajo. La medida fue efectiva y en veinticuatro horas largos trenes con depósitos de gasolina circulaban por toda la zona controlada por el general Mola.

En cuanto a cómo Queipo de Llano tomó Sevilla, "la Roja", y los puertos de Algeciras y Cádiz, Harold Cardozo ofreció la versión apoteósica de los protagonistas, a quienes entrevistó días después para enviar su crónica al *Daily Mail*. Según este corresponsal, Queipo, que tenía bajo sus órdenes a ciento ochenta soldados, capturó la Maestranza de Artillería para controlar las armas, ordenó ocupar los puntos estratégicos y logró intimidar a la población sevillana. En respuesta al llamamiento a la huelga general, numerosos obreros comunistas y anarquistas armados habían levantado barricadas e incendiado iglesias y casas nobles. El farol de Queipo podría mantenerse poco tiempo, por lo que la llegada del ejército de África era vital. Pronto se recibieron mensajes desde Cádiz y otros lugares sobre concentraciones de sindicalistas armados. Desde los suburbios de Sevilla y desde Cádiz, la Guardia Civil pidió ayuda por teléfono, pues estaba siendo acosada.

Cuando Queipo supo que la sublevación en la flota había fracasado y que los barcos que debían traer las tropas de Franco patrullaban el Estrecho, movió continuamente a su guarnición para aparentar que tenía más efectivos de los reales y colocó ametralladoras en puntos claves. Cardozo relata que amanecía cuando Franco pudo enviar a Sevilla un avión con once legionarios al mando del capitán Luis Meléndez. Apenas bajó del avión, el capitán montó la ametralladora que había traído en la cabina de un gran camión de seis ruedas, ordenó a sus hombres que subieran y se dirigió a Capitanía. Allí se le indicó los barrios dónde estaban los rojos. Pidió un mapa y fue a gran velocidad hacia los puntos de concentración. El vehículo se convirtió en un torbellino de fuego que iba de un sitio a otro disparando sobre las concentraciones de sindicalistas. Varias veces se cambió el color del camión, por lo que se tuvo la sensación de que eran muchos los que atacaban. Comenzó a correr la voz de que había llegado la Legión y los hombres armados desaparecieron de las calles. La Guardia Civil y la Policía de Asalto, aprovechando el pánico creado, requisaron en las sedes de los sindicatos grandes cantidades de armas y municiones, que se repartieron entre voluntarios requetés y falangistas. Tres de los legionarios murieron y dos quedaron malheridos. Meléndez también fue herido en la mano izquierda. Antes del anochecer aterrizaron algunos aviones más. En jornadas sucesivas fueron llegando diariamente unos cien soldados y se pudo reforzar la posición de los sublevados en Andalucía occidental, aunque también en Granada se consolidó en días sucesivos el triunfo de la sublevación. Como se sabe, comenzó enseguida allí una represión despiadada, que se comentará al final del capítulo.

La revolución

A medida que España fue dividiéndose según el resultado del golpe, el poder del Estado en las provincias donde la sublevación había sido derrotada pasó a la calle. Burnett Bolloten detalla en *El gran engaño. Las izquierdas y su lucha por el poder en la zona republicana* hasta que punto las fuerzas revolucionarias arrebataron al Estado todos los resortes de la autoridad. El control de puertos y fronteras, habitualmente en manos de carabineros, guardias y oficiales de aduanas, fue desempeñado por comités de trabajadores. En la marina, el setenta por ciento de los oficiales fueron ejecutados por sus propios hombres y la autoridad quedó en manos de comités de marineros. En distintos ámbitos de la administración del Estado se impusieron asimismo comités dirigidos por anarcosindicalistas y socialistas. Los tribunales de Justicia fueron sustituidos por tribunales revolucionarios y en muchos lugares los archivos judiciales se quemaron. Cárceles y penitenciarías fueron asaltadas y los reclusos quedaron en libertad. Debido a todo ello, puede decirse que el Gobierno, presidido por Giral, sólo poseía el poder nominal, puesto que el poder real y efectivo quedó dividido en múltiples fragmentos y desparramado en ciudades y pueblos donde los comités revolucionarios ejercieron el control. Servicios esenciales como correos y telégrafos, estaciones de radio, centrales telefónicas pasaron a estar controlados por comités de trabajadores. Los obreros de la UGT y de la CNT comenzaron a expropiar y a colectivizar. Los archivos notariales fueron destruidos en muchos lugares. Los medios de transporte: ferrocarriles, tranvías, autobuses, barcos; los servicios de agua, luz y gas; las fábricas, las industrias y las minas; los cines y los teatros; los periódicos y las imprentas; hoteles, bares y restaurantes, etc. fueron incautados o controlados por comités de obreros.

La pequeña burguesía no se libró del cataclismo originado por la revolución: también los comerciantes, los artesanos, los pequeños fabricantes fueron expropiados por los anarcosindicalistas de la CNT y, con frecuencia, de la UGT. En Madrid los sindicatos se apropiaron de los locales y herramientas de carpinteros y zapateros, colectivizaron peluquerías y salones de belleza y establecieron el mismo salario para dueños y empleados. En Barcelona la reorganización de barberías y peluquerías fue aún más drástica. En *La Guerra Civil española: Revolución y contrarrevolución*, obra impresionante de mil doscientas páginas para un periodo de tres años, Burnett Bolloten escribe que "novecientas cinco peluquerías y barberías fueron cerradas y su personal y equipo se concentraron en doscientos doce establecimientos más grandes, donde los dueños expropiados trabajaban con los mismos derechos y deberes que sus antiguos empleados." Los anarcosindicalistas colectivizaron el comercio al por mayor del pescado y los huevos. En el matadero impusieron un comité de control que suprimió los intermediarios. La industria láctea fue colectivizada y también el mercado central de frutas y verduras. Puede decirse que los sindicatos se entrometieron en casi todos los terrenos habitualmente burgueses. Algunos miembros de la clase media, ante el temor de perder definitivamente el control de sus negocios, se avinieron de un modo u otro a la nueva situación con la esperanza de poder recuperar sus propiedades una vez pasado el terremoto revolucionario. Bolloten define la frustración de las clases medias con estas palabras: "La clase media no había hecho proyectos y ahorrado durante años, no había luchado para sobrevivir a la competencia de las grandes empresas, para ver sus esperanzas de independencia arruinadas en un sólo día. Si hubiesen esperado algo de la revolución, hubiera sido el verse libres de la competencia y participar en mayor escala en la riqueza del país, pero no la expropiación y un salario de obrero." En el campo, también los arrendatarios y los propietarios humildes sintieron el mismo desaliento que los pequeños fabricantes y comerciantes.

Cataluña, punta de lanza de la revolución

En estas circunstancias se produjo el ascenso vertiginoso del Partido Comunista, que, pese a su reducida representación en las Cortes y su escasa afiliación, consiguió suscitar las simpatías y las esperanzas de las clases medias en tan sólo unos meses. Tanto en el campo como en la ciudad, miles de pequeños burgueses se pusieron bajo su protección sin llegar a militar en el partido. La penetración comunista en España había sido objeto de especial atención de la Internacional (Comintern) en una sesión del 27 de febrero de 1936. Una de las principales medidas adoptadas para tal fin fue el envío a España de dos comunistas judíos, Bela Kun y Solomon Abramovitch Losovsky. Sobre el primero ya hemos escrito bastante. En cuanto al segundo, fue dirigente de la Internacional Sindical Roja y miembro del Comité Antifascista Judío. Salomón Losovsky fue uno de los sionistas que presionaron a Roosevelt para que entrase en la guerra. Finalmente, como se verá, acabó ejecutado por Stalin en 1952. En el mes de marzo estos dos hombres llegaron a Barcelona en compañía de Heinz Neumann, otro judío que, acusado de trotskysmo, también fue liquidado por Stalin en 1937. Su misión era preparar la creación de un comité militar revolucionario y la formación de células que debían servir de base al futuro ejército rojo. El fruto de su trabajo se recogería medio año más tarde, cuando con la llegada de Moses Rosenberg, el embajador soviético de origen judío enviado por Stalin, El PCE pasó a ser decisivo. Antes de que ello fuera posible, había que dejar paso a la revolución libertaria.

Cuando el 19 de julio una conjunción de guardias civiles, guardias de asalto y obreros de todas las tendencias derrotaron a los militares golpistas, comenzó en Barcelona la revolución. Los generales Goded, Fernández Burriel y otros militares de alta graduación fueron fusilados el 12 de agosto ante unas quinientas personas que gritaron "¡Viva la República!"; pero ya entonces el poder y la justicia eran revolucionarios y en Cataluña no existía más autoridad que la de los distintos comités surgidos en todo el país, cuya máxima expresión sería el Comité Central de las Milicias Antifascistas de Cataluña, creado a los pocos días. El 20 de julio por la tarde Juan García Oliver, Buenaventura Durruti y otros dirigentes anarquistas acudieron al palacio de la Generalitat con las armas en la mano y sin haber dormido en dos días. El presidente de Cataluña, según escribió Juan García Oliver en *Dans la tourmente. Un an de guerre en Espagne,* les dijo: "Habéis vencido y todo está en vuestro poder. Si no tenéis necesidad de mí, si no me queréis como presidente, decidlo ahora y me convertiré en un soldado más de la lucha antifascista". Según Miquel Serra Pàmies, Companys era dado a escenas teatrales: "Le daban ataques, se tiraba de los pelos, arrojaba cosas, se quitaba la chaqueta, rasgaba la corbata, se abría la camisa." Sin embargo, durante aquellos días se mostró muy prudente y su Gobierno aceptó todas las decisiones del Comité de Milicias Antifascistas. Más tarde, Companys se dirigió a través de la radio a los catalanes y anunció que el Gobierno "impondría disciplina con la colaboración y la ayuda de las organizaciones obreras y los partidos políticos antifascistas con los cuales había logrado un acuerdo" A partir de entonces se limitó a no hacer nada que pudiera alterar el inquietante orden revolucionario.

En *Por qué perdimos la guerra* el líder de la FAI Diego Abad de Santillán reconoce que optaron por mantener un presidente marioneta: "Pudimos quedarnos solos, imponer nuestra voluntad absoluta, declarar caduca la Generalitat y colocar en su lugar el verdadero poder del pueblo". En realidad, su intención era liquidar poco a poco a los republicanos en Catalunya y en Aragón. Si mantuvieron a Companys, fue por prudencia, porque les interesaba momentáneamente la presencia de la pequeña burguesía en las nuevos órganos de poder revolucionarios hasta que cayera Zaragoza. De esta manera, Esquerra Republicana colocó a tres delegados en el Comité Central; los rabassaires, uno, y Acció Catalana, otro. El POUM, (partido trotskysta de Andreu Nin) y el PSUC (los comunistas stalinistas catalanes), tuvieron un representante cada uno. Santillán y Aurelio Fernández fueron los dos miembros de la FAI. Por la CNT formaron parte del Comité Central García Oliver, Durruti y Asens. También la UGT tuvo tres representantes. Así, aunque la Generalitat siguió existiendo, el verdadero Gobierno de Cataluña fue este Comité Central, único poder efectivo. En su alocución radiofónica Companys había prometido que "impondría disciplina". Puesto que su partido formaba parte del Comité, debe ser considerado, pues, responsable de la "disciplina revolucionaria" que se impuso a la población.

En aplicación del orden revolucionario, la mayor parte de las iglesias de Cataluña fueron incendiadas durante los primeros días. En Barcelona, ya en la tarde del día 19, ardió la magnifica iglesia de Santa María del Mar, siguieron la iglesia gótica de Santa Ana, Santa María del Pi, la Merced, la iglesia barroca de Belén. Puede decirse que, salvo la catedral, salvada gracias a la intervención de la Generalitat, todas las iglesias de la ciudad fueron incendiadas. También el Cristo que coronaba la montaña del Tibidabo fue derribado. Hay que añadir además la destrucción más o menos completa de conventos, monasterios, seminarios, editoriales, librerías y sedes de los partidos conservadores. Lo mismo aconteció en toda Cataluña, con la excepción de la catedral de Tarragona. En Vic, una de las ciudades catalanas más tradicionales, ardieron por lo menos cuarenta iglesias y edificios religiosos, incluida la catedral. En Sitges, en Sabadell, en Puigcerdà todas las iglesias fueron destruidas. Los métodos de destrucción eran similares en todas partes: coches o camiones conducidos por revolucionarios iban de sitio en sitio, mataban al párroco o al sacerdote si lo encontraban, echaban gasolina por todo el edificio y prendían fuego. Si alguna persona se atrevía a oponerse o a protestar, era por lo general abatida a tiros en el lugar. El 22 de julio de 1936 *La Vanguardia* publicó un decreto emitido por el presidente Companys en el que se insistía en la importancia de "completar la aniquilación de los núcleos fascistas en toda Cataluña". Ya en 1931 Azaña había expresado lo poco que importaban estos actos vandálicos: "Todos los conventos de Madrid no valen la vida de un republicano".

Las destrucciones iban acompañadas de todo tipo de barbaridades. Los incendiarios y los espectadores que los alentaban protagonizaron con frecuencia vergonzosas demostraciones de júbilo. Se divertían vistiendo las estatuas de Cristo y de la Virgen María con trajes de milicianos o se adornaban a sí mismos con ropas sacras. Las profanaciones de tumbas y nichos en los solados de muchas iglesias fueron una constante. Se sacaban los cuerpos momificados de monjas y frailes. Entre otras obscenidades macabras, se jugaba al fútbol con las calaveras. En las escalinatas de la iglesia de las Carmelitas colocaron una docena de esqueletos de monjas y frailes y los dejaron expuestos ante las puertas de la iglesia, unos de pie y otros reclinados. El profesor Allison Peers, quien, ya se ha dicho, admiraba profundamente a Cataluña y a los catalanes, narra con rabia contenida en *Catalonia Infelix* el asesinato de amigos, estudiosos como él de una cultura a la que habían dedicado parte de sus vidas. Entre ellos recuerda a los obispos de Lérida y de Barcelona. Deplora especialmente el asesinato del director del coro de Montserrat, un hombre de ochenta y dos años, músico eminente, especialista en patrística, que no pudo escapar a Italia con otros miembros de la comunidad.

La violencia en Cataluña durante los dos primeros meses que siguieron al Alzamiento impresionó a propios y extraños. Pese a que portavoces oficiales declararon que todo era normal y que las autoridades ejercían un control absoluto, durante dos meses largos el reino del terror se impuso en todas partes. Los trabajadores deambulaban todo el día por las calles con fusiles y pistolas. Gracias a la toma de los cuarteles, se entregaron armas a todos los que querían tenerlas. Decenas de miles de fusiles se repartieron en Barcelona, en Madrid, en Málaga y en las ciudades donde el golpe había fracasado. Los presos políticos y comunes se encontraron en la calle y con armas en la mano tan pronto fueron liberados. Broué y Témime hablan de "un movimiento espontáneo, un verdadero 'terrorismo de masas' tanto por el número de verdugos como por el de víctimas". Estos autores, de acuerdo con el argumento marxista de que sólo el proletariado es pueblo, consideran que el poder "había pasado al pueblo" y a partir de ahí justifican ideológicamente la violencia, i. e. "la liquidación inmediata y sin proceso de los enemigos de clase tildados de 'fascistas' en aquellas circunstancias". De esta manera fueron asesinados in situ todo tipo de "fascistas" si no había un militante con autoridad para evitarlo. He aquí un fragmento de la obra de estos autores trotskystas:

> "El paseo se desenvolvía casi siempre conforme a la misma trama siniestra. La víctima, designada por un comité de 'vigilancia' o de 'defensa' de un partido o de un sindicato, era detenida en su casa, en la noche, por hombres armados, se la llevaba en coche fuera de la ciudad y se la abatía en un rincón aislado. De esta manera perecieron, víctimas de verdaderos arreglos de cuenta políticos, los curas, los patronos, pequeños y grandes, los hombres políticos, los burgueses o reaccionarios, todos aquellos que, en un momento u otro, disputaron con una organización obrera: jueces, policías, guardias de cárcel, soplones, atormentadores, pistoleros, o, más simplemente, todos aquellos que una reputación política o una situación social señalaron de antemano como víctimas. La 'frontera de clase', por lo demás, no siempre fue una protección suficiente: de tal modo, en Barcelona, fueron asesinados también militantes obreros: el secretario de los obreros portuarios de la UGT, el comunista Desiderio Trillas, denunciado por la CNT como 'cacique de los muelles', el encargado de la sección de UGT de la fábrica Hispano-Suiza."

Este texto confirma que existió un matonismo mafioso: las venganzas personales, el pillaje, el asesinato sin paliativos quedaban legitimados en nombre del orden revolucionario impuesto a toda la población. G. Brenan destaca que Juan Peiró, secretario general de la CNT en dos periodos y ministro de Industria de España desde noviembre de 1936 a mayo de 1937, denunció los excesos en *Llibertat*, el periódico que dirigía, desde el que reclamó la necesidad de organizar la represión. "En nombre del honor revolucionario", Peiró exigió que se terminase con la "danza macabra de todas las noches" y calificó a los que "matan por matar" como "modernos vampiros", "fascistas en estado latente".

El 1 de agosto el corresponsal de *The Times* escribía: "Tras la superficie se esconde en Barcelona la historia terrible de los registros en las casas por las escuadras de purificación, el secuestro de individuos y de familias enteras y sus consiguientes asesinatos en sitios solitarios, el asesinato de monjas y sacerdotes". Un testigo perspicaz e inteligente de la revolucion fue Franz Borkenau, austríaco de origen judío que había sido miembro del Partido Comunista Alemán y agente de la Comintern, el cual entró en Cataluña por Port Bou el 5 de agosto[22]. Borkenau en *El reñidero español* publicó su "Diario revolucionario", en el que anotó la impresión que le produjo la llegada de noche a Barcelona, con las calles tomadas por hombres armados, muchos de los cuales paseaban con una muchacha del brazo izquierdo: "Poca gente en el paseo de Colón. Y entonces, al doblar la esquina de Las Ramblas surgió una tremenda sorpresa: ante nuestros ojos, como un relámpago, se desplegó la revolución. Era algo abrumador. Como si hubiéramos entrado en un continente diferente..." Una vez superado el primer impacto, Borkenau constató que en la calle los milicianos podían detener a cualquiera y exigirle que demostrase que no era un fascista si no quería ser detenido o incluso ejecutado. El hecho de llevar encima libros de ideología derechista, periódicos conservadores o pruebas de haber estado en Italia o en Alemania podía acarrear funestas consecuencias. Observadores imparciales cifran en un centenar los muertos que se encontraban en las calles cada amanecer. La socialista Clara Campoamor escribió en *La revolución española vista por una republicana* que los cuerpos eran llevados al Hospital Clínico, que servía como morgue de la ciudad. Campoamor cifra en seis mil los cadáveres recogidos en cincuenta y dos días. Según el corresponsal de *The Times*, en la última semana de julio sólo en la carretera de La Rabassada se encontraban cada día una docena o más de cuerpos.

Así las cosas en la retaguardia, la respuesta que se precisaba contra los sublevados tardó en producirse. Quizá, si se hubiera actuado inmediatamente, Zaragoza, cuya posesión era vital para mantener las comunicaciones entre Madrid y Barcelona, podría haber sido tomada; pero ello no se logró en toda la guerra. Mientras en la zona nacional los trenes funcionaron prácticamente enseguida y el orden y la disciplina se impusieron de inmediato, en la zona roja la huelga se prolongó más de una semana. Puesto que no había ejército profesional, surgió la necesidad de organizar una milicia. Casi desde el comienzo se manifestaron los puntos de vista

---

[22] Franz Borkenau, desilusionado tanto con el comunismo como con el marxismo, se dedicó a la sociología. Realizó dos viajes a España. En el segundo tuvo problemas con miembros del PCE. En enero de 1937 sospecharon de él y fue denunciado como trotskysta. Arrestado y torturado fue puesto finalmente en libertad. La obra que comentamos se publicó en 1937, después de su segundo viaje, con el título de *The Spanish Cockpit*. Gerald Brenan, autor del prefacio de la edición norteamericana, considera esta obra de Borkenau como "un modelo de lo que debe ser todo estudio de una revolución y uno de los mejores libros publicados acerca de España". Borkenau murió en 1957.

divergentes entre los comunistas del PSUC, partidarios del "sistema de ejército", y los anarquistas, a favor del "sistema de milicias". Se trataba de organizar columnas formadas por miembros y simpatizantes de la CNT, controladas por las organizaciones anarquistas y dirigidas por comisarios políticos elegidos. Dentro de las columnas se formaron las centurias, de cien hombres. Con objeto de marchar hacia Zaragoza, se organizó apresuradamente la Columna Durruti, de unos tres mil milicianos, que salió de Barcelona en medio del entusiasmo general la mañana del 24 de julio de 1936. El único militar de profesión era el masón Enrique Pérez Farràs, comandante del Ejército español que en 1931 había sido nombrado jefe de los Mozos de Escuadra por Macià, el cual mostró desde el principio su pesimismo. En los días siguientes el Comité Central formó otras columnas, pero no fue tarea fácil, pues pronto surgieron peleas partidistas y rivalidades por la posesión de las armas.

Borkenau escribe páginas muy interesantes sobre la marcha de Durruti en su camino hacia el frente de Aragón. El 10 de agosto logró documentos que le permitieron salir de Barcelona en un automóvil del Comité Central de Milicias, acompañado de un chófer y un escolta armados, en pos de la columna anarquista. Al pasar por los pueblos comprobó que las iglesias habían sido incendiadas sin excepción y que operaban en ellos comités políticos que imponían el terror. Este era un hecho no sólo propio de Catalunya: en todas las ciudades y pueblos de España, según se ha dicho, proliferaban comités de todo tipo que funcionaban con distintos nombres: comités populares de guerra, de salud pública, de defensa, ejecutivos, revolucionarios o antifascistas, obreros... Borkenau constató que el POUM era el partido más fuerte en Lérida, lo cual se debía a que Maurín, uno de sus líderes, era originario de esta provincia. Ya en Fraga, donde la intervención de Farràs les sirvió para obtener habitación y cama, Borkenau averiguó que Durruti había ordenado el arresto de todos los sospechosos de actividades reaccionarias, que fueron llevados a la cárcel y fusilados. Los aldeanos, en su mayoría anarquistas, le narraron en la taberna lo ocurrido: "Haciendo el significativo gesto de cruzar su garganta con los dedos, un hombre nos dice que han ejecutado en el pueblo a treinta y ocho fascistas; es evidente que lo han disfrutado enormemente. No han matado ni mujeres ni niños, sólo al sacerdote, sus adherentes más activos, el abogado y su hijo, el juez y cierto número de campesinos ricos". Borkenau añade que como consecuencia de la matanza, los ricos y los católicos del pueblo vecino se rebelaron, por lo que una columna de milicianos se dirigió allí y ejecutó a otras veinticuatro personas.

Durruti instaló su Comité de Guerra en Bujaraloz, donde esperó la llegada de las columnas *Roja y Negra* y *Carlos Marx* antes de atacar Zaragoza. Su tardanza sólo permitía al enemigo reforzar sus posiciones. Cada día que pasaba hacía más difícil la toma de la ciudad. Finalmente, ni la Columna Durruti ni ninguna otra llegaron nunca a Zaragoza, por lo que sus logros más destacables fueron las colectivizaciones. El 11 de agosto Durruti emitió en Bujaraloz una proclama que abolía por completo la propiedad. Todos los bienes sin excepción pasaron a ser distribuidos por dos Comités, el de Guerra y el del Pueblo. En Sariñena, al norte de Bujaraloz, se ejecutó como de costumbre a los habituales, entre los cuales se encontraba el notario. En su casa y en unas oficinas situadas junto a la plaza se guardaban los documentos de la propiedad rural y de otros asuntos financieros. Todos fueron quemados en una hoguera en medio de la plaza a fin de que no quedara rastro de los derechos de propiedad. Este acto simbólico, que se repitió en otras localidades, significaba la abolición de la propiedad y la liquidación del anterior orden social y económico.

La colectivización de las tierras alentada por Durruti y su columna comenzó con la matanza de los grandes propietarios. En muchas zonas de Aragón se estableció el comunismo libertario y se abolió el dinero. Las colectivizaciones llegaron a involucrar a medio millón de personas. Mucho se ha discutido sobre si la colectivización rural fue voluntaria o forzada. Los anarquistas han venido argumentando que fue un movimiento de agrupación voluntario; sin embargo comunistas y republicanos afirman que en la mayoría de los casos fue impuesta por la fuerza. Entre los observadores neutrales hay opiniones para todos los gustos. Franz Borkenau considera que salvo en La Mancha la colectivización fue impuesta a los campesinos por el terror, a pesar de que las organizaciones sindicales campesinas de la UGT y de la CNT se habían pronunciado a favor de la voluntariedad de la colectivización agraria. En cualquier caso, en Cataluña los rabassaires, muchos de los cuales tenían tierras gracias a la Ley de Cultivos, se opusieron frontalmente a la colectivización.

Fue en aquellos días de agosto cuando tuvo lugar en Barbastro, cerca de Sariñena, una matanza estremecedora instigada por Durruti, que había ido a la ciudad a principios de mes debido al fusilamiento por error de tres anarquistas de Barcelona. Durruti, enfurecido por la muerte de los catalanes, recriminó al Comité local, les exigió que acabasen con tanta sotana y señaló al obispo. Recientemente, los hechos han sido divulgados gracias a la película *Un Dios prohibido*. Todo había comenzado el 20 de julio, cuando la casa de la Comunidad Claretiana de Barbastro fue asaltada por milicianos de la CNT. Vivían allí sesenta personas: nueve sacerdotes, doce hermanos y treinta y nueve estudiantes. Se apartó a los tres padres superiores, a los que fusilaron el 2 de agosto. El resto fueron trasladados a las Escuelas Pías, donde quedaron encerrados junto a nueve escolapios y diecinueve benedictinos. Los carceleros les llevaron prostitutas con el fin de provocar la apostasía de los jóvenes seminaristas, a quienes habían prohibido rezar. Mientras, se detuvo al obispo, monseñor Florentino Asensio. Encerrado el 8 de agosto en una celda del Ayuntamiento, fue cruelmente torturado. Se ensañaron con él: le hicieron múltiples heridas y amputaciones para desangrarlo lentamente. Entre burlas y carcajadas le cortaron los genitales. El 9 de agosto, al ser ejecutado junto a un grupo en el cementario, bendijo a quienes le disparaban. El 12 de agosto se fusiló a los seis profesores claretianos. El seminarista Faustino Pérez dejó escritas estas palabras en una envoltura de chocolate: "Seis de nuestros compañeros son ya mártires. Pronto esperamos serlo nosotros también. Pero antes queremos hacer constar que morimos perdonando a los que nos quitan la vida y ofreciéndola por la ordenación cristiana del mundo obrero..." El resto fueron ejecutados los días 13, 15 y 18 de agosto.

Junto a los tres superiores el 2 de agosto murió también un gitano, Ceferino Giménez Malla, conocido como "El Pelé", detenido por reprender a unos milicianos que golpeaban con las culatas a un sacerdote. Puesto que le encontraron encima un rosario, lo llevaron preso y lo condenaron. Le ofrecieron salvarse si dejaba el rosario, pero se negó. Murió coherentemente con el rosario en la mano gritando "Viva Cristo Rey". Puede hablarse sin exageración de exterminio del clero de Barbastro durante la guerra civil, pues el ochenta y ocho por ciento de los sacerdotes fueron martirizados. Los creyentes laicos no escaparon al odio anticlerical: cerca de ochocientos murieron en toda la diócesis por el simple hecho de ser católicos. En total, durante la guerra civil española fueron asesinados doce obispos y un administrador apostólico, 4.184 sacerdotes y seminaristas seculares, 2.365 religiosos y 296 religiosas.

Companys había animado a "completar la aniquilación de los núcleos fascistas en toda Cataluña". No se sabe si consideraba que entre ellos estaban los católicos, aunque para los anarquistas no había ninguna diferencia. Por otra parte, sólo existía la justicia impuesta por la dinámica de la revolución, de la que poco podían esperar quienes no eran considerados parte del "pueblo". Los tribunales de justicia estaban cerrados y los magistrados habían sido asesinados o habían huido. En Barcelona, milicianos dirigidos por el abogado masón Ángel Samblancat saquearon el palacio de Justicia y tiraron por las ventanas expedientes y crucifijos. Se creó un Comité de Justicia integrado por abogados de izquierda que despidió a todos los funcionarios y se erigió en Tribunal Revolucionario. Los jueces, los procuradores y el presidente del Tribunal fueron designados por los partidos y sindicatos. Por lo menos, supuso un avance en el propósito de suprimir la práctica de los paseos.

La situación en Madrid

El 18 de julio Sebastián Pozas Perea, el general masón de la Guardia Civil, ordenó el arresto inmediato de todo militar que abandonara su destino. Pozas, que pasó la noche en Gobernación controlando a las guarniciones, fue clave para el fracaso del golpe. Por la tarde, Dolores Ibárruri, diputada comunista por Asturias, desde un improvisado estudio radiofónico del Ministerio de Gobernación se dirigió en nombre del PCE al pueblo de

Madrid y al de toda España, instándole a que defendiera la República. Poco después dimitió el Gobierno de Casares Quiroga. El día 19 se conoció la formación del Gobierno de Martínez Barrio y la palabra "traición" corrió de boca en boca. Miles de personas en las calles pedían armas al Gobierno.

Sobre las doce y media de la mañana, el general Joaquín Fanjul, en compañía de su hijo y del comandante Mateo Castillo, llegó vestido de paisano al Cuartel de la Montaña para ponerse al frente de la sublevación en la capital. En lugar de salir a tomar los puntos neurálgicos, se hizo fuerte allí en espera de refuerzos que debían llegar de Burgos y Valladolid, pues la rebelión fracasó en las guarniciones de Campamento, Getafe y Cuatro Vientos. Al amanecer del día 20 se inició el bombardeo del cuartel con aviones y artillería. Sobre las once de la mañana se produjo la rendición. Las cifras de muertos oscilan, según las fuentes, entre quinientos y novecientos, muchos de los cuales fueron ejecutados in situ. El general Fanjul, su hijo y el coronel Fernández de la Quintana fueron hechos prisioneros. El 18 de agosto el general y el comandante fueron fusilados. El hijo de Fanjul, José Ignacio, fue asesinado cuatro días después en la cárcel Modelo por unos milicianos.

En la Sierra de Guadarrama tuvo lugar durante la última semana de julio y a principios de agosto la primera campaña militar de la guerra civil. Los generales golpistas pensaron inicialmente que la toma de la capital les daría la victoria. El general Mola intentó atravesar los puertos de montaña con el fin de caer sobre Madrid desde el norte, pero no lo consiguió debido a la rápida reacción de las tropas del Frente Popular: una conjunción de las unidades militares disueltas, de milicianos anarquistas y comunistas, y de guardias civiles y de asalto. Los rebeldes no pudieron progresar y el frente norte de Madrid quedó estabilizado hasta el final de la guerra. Ambos bandos fusilaron a los prisioneros. Los combates fueron feroces en los Altos del León y en Somosierra, donde perdieron la vida miles de combatientes, entre ellos Fernando Condés y Victoriano Cuenca, dos de los asesinos de Calvo Sotelo. También el líder falangista Onésimo Redondo murió el 24 de julio en el pueblo segoviano de Labajos, donde fue acribillado por un grupo de anarquistas tras llegar en automóvil pensando que era zona nacional.

El Gobierno Giral, formado tras el efímero "gobierno relámpago", mostró desde el primer momento su debilidad. Como en Cataluña, la división de poderes lo hizo inoperante, por lo que el papel de Giral fue semejante al de Companys. También en Madrid cuarteles y armerías fueron saqueados. Mujeres y hombres con fusiles al hombro se enseñorearon de las calles, aunque no de un modo tan absoluto como en Barcelona. Como en todas partes, las puertas de las cárceles fueron abiertas, lo cual permitió que presos políticos y comunes quedaran en libertad. Las turbas comenzaron sus desmanes el mismo día 19 de julio. En el barrio de Torrijos, frente a la iglesia de los dominicos, se tiroteó a los fieles cuando salían del templo y hubo varios muertos y heridos. Pronto el humo denso de los incendios fue elevándose al cielo en distintos puntos de la capital: las iglesias de San Nicolás, San Cayetano, San Lorenzo, San Andrés, las Escuelas Pía de San Fernando, fueron las primeras en arder. El día 20 las hogueras se reavivaron y la catedral de San Isidro acabó convertida en un gran brasero en el que se consumieron lienzos y valiosas obras de arte.

Con todo, lo peor fueron otra vez los asesinatos a sangre fría en las calles. Cada mañana se recogían los cuerpos de personas que habían sido sacadas de sus casas. El cementario de Aravaca, a unos diez kilómetros de Madrid, se convirtió en uno de los lugares preferidos de los verdugos. Sólo allí se dio muerte en pocos días a más de trescientos madrileños. En el reparto de poder en Madrid cada partido o sindicato se adjudicó una porción. Todos tuvieron sus checas, sus prisiones, sus propios "ejércitos" independientes. En los distritos funcionaron los ateneos libertarios, donde se organizaban acciones delictivas de todo tipo. Los milicianos se apropiaron de coches grandes y potentes con los que iban a buscar a sus víctimas y daban los paseos. Cuando hacía ya dos semanas que se asesinaba impunemente, el director general de Seguridad, Manuel Muñoz Martínez, masón del grado 33 que había sustituido a su hermano masón José Alonso Mallol, convocó a principios de agosto una reunión en el Círculo de Bellas Artes a la que asistieron todos los partidos y sindicatos que integraban el Frente Popular. Se creó un Comité Provincial de Investigación Pública para dirigir la política represiva y se aceptó que dicho Comité podría "ajusticiar" sin limitaciones ni formalidades cuando lo estimase conveniente. Posteriormente, este Comité Provincial se organizó en secciones o tribunales y funcionó hasta noviembre de 1936 en los sótanos de Bellas Artes.

Entre los crímenes autorizados por Manuel Muñoz, el hermano venerable que estaba al Frente de la Dirección General de Seguridad, está el primer fusilamiento masivo de la guerra civil, estudiado por el historiador Santiago Mata, quien en *El tren de la muerte: investigación de la primera masacre de la guerra civil* (2011) narra los hechos y analiza el impacto internacional que provocaron. El crimen aconteció el 12 de agosto de 1936, día en que se ametralló a cerca de doscientas personas. Procedían de Jaén, donde los detenidos no cabían en las cárceles y unos ochocientos presos estaban encerrados en la catedral. Para descongestionar la situación, el 11 de agosto por la noche, custodiado por guardias civiles, salió un tren con doscientos cincuenta prisioneros con destino a Alcalá de Henares. Ya en las estaciones de paso, las turbas apedreaban al convoy e insultaban a los pasajeros. Al llegar el 12 de agosto a la estación de Santa Catalina, el tren fue detenido por milicianos que exigían la entrega de los detenidos. Era cerca del mediodía cuando, tras una larga comunicación con el Ministerio de la Gobernación, el jefe de la fuerza que custodiaba el tren retiró la guardia y los ocupantes quedaron en manos del populacho.

Conducido el convoy a un ramal de circunvalación próximo a un lugar llamado el Pozo del Tío Raimundo, se hizo bajar a los presos en grupos y, colocados junto a un terraplén frente a tres ametralladoras, los fueron matando. Entre las víctimas estaban el obispo de Jaén, Manuel Basulto Jiménez, el vicario general de la diócesis, Félix Pérez Portela, y la hermana del obispo, Teresa Basulto, la única mujer de la expedición. "¡Esto es una infamia! -exclamó- .Yo soy una pobre mujer". Entonces se le dijo: "No te apures, a ti te matará una mujer". Se adelantó entonces una miliciana llamada Josefa Coso, "La Pecosa", que la ejecutó en el acto. Habían sido ya ametrallados unos doscientos hombres cuando un joven de diecinueve años, Leocadio Moreno, consiguió detener de milagro la ejecución. Él y unas cuarenta personas más salvaron la vida. Santiago Mata localizó a Leocadio cuando tenía ya noventa y cuatro años. Según Mata, la documentación diplomática ha revelado que la matanza desacreditó seriamente a la República, toda vez que muchos diplomáticos dejaron de considerla un Estado de Derecho y comenzaron a proteger a ciudadanos españoles en sus embajadas.

La derrota de los sublevados en Extremadura dejó a Franco y a Mola desconectados. Tras el fracaso en Guadarrama, la toma de Badajoz fue objetivo prioritario, pues seguían pensando en ganar Madrid. Desde comienzos de agosto, aviones rebeldes bombardearon la ciudad, donde la caza de derechistas había sido la pauta. Al saber que los nacionales se acercaban, los milicianos quisieron asaltar la cárcel y asesinar a los presos, pero los guardias lo impidieron. El 6 de agosto guardias civiles y de asalto se sublevaron. Las tropas del coronel Puigdengolas y los milicianos sofocaron la rebelión y encarcelaron a los sublevados. El mismo día se fusiló a once personas: curas, falangistas y varios militares jubilados.

El día 7, Zafra, Almendralejo y Villafranca de los Barros cayeron en manos del Ejército de África y el día 11 las tropas entraron en Mérida. En estos sitios se practicó una represión severa y centenares de personas fueron ejecutadas. La caída de Mérida desató una ola represalias en toda la provincia: entre el 7 y el 13 de agosto cientos de derechistas fueron a su vez fusilados en zona republicana. El 13 de agosto las tropas de Yagüe llegaron a las murallas de Badajoz y la población comenzó a huir en masa. Puigdengolas pasó a Portugal y abandonó la lucha. El día 14 el asalto a las murallas fue encarnizado. Al grito de "¡viva la muerte!" los legionarios avanzaron con la bayoneta calada. Una vez en la ciudad, se combatió sin piedad. El último punto de resistencia fue la catedral, donde una ametralladora disparó desde la torre hasta que acabó la munición. Al llegar arriba, los legionarios ignoraron la rendición del miliciano y lo lanzaron al vacío. Los moros no quisieron entrar en la catedral, pero protagonizaron en el exterior escenas dantescas de extrema crueldad: dispararon en las escalinatas a quienes se habían refugiado en el templo y los remataron a culatazos o los degollaron con sus cuchillos. Alertados por las descargas, el capitán González Pérez-Caballero y otro capitán acudieron al lugar y ordenaron el cese de la matanza. Ebrios de sangre, los marroquíes ignoraban las órdenes, por lo que ambos capitanes llegaron a desenfundar sus pistolas. Los moros se dispersaron entonces y comenzaron a saquear tiendas y comercios.

Antes del anochecer, la ciudad había sido tomada. No hubo prisioneros: se fusiló sin contemplaciones a quienes se habían rendido. Cerca de mil quinientas personas lograron huir por la puerta de Palmas y entraron en Portugal. Los militares no podían frenar su avance y la represión pasó pronto a manos de falangistas, cuyo jefe era Arcadio Carrasco, y de guardias civiles. La propaganda republicana sobre la magnitud de la represión tiene su origen en René Brut, quien el 16 de agosto seguía en Sevilla y llegó el día 17 a Badajoz, donde captó en el cementerio imágenes de numerosos cuerpos de fusilados, muchos de los cuales habían sido ya incinerados y estaban calcinados. Investigaciones recientes cifran en unos quinientos los cuerpos que entre el 13 y el 18 de agosto fueron llevados al cementerio, entre los que había 44 soldados nacionales y 220 republicanos, 70 carabineros y 180 milicianos. Durante el mes de agosto, no obstante, continuaron los fusilamientos, por lo que hay que sumar otros trescientos muertos víctimas de la represión. Actualmente se han aportado cifras de represaliados en Badajoz entre 1936 y 1945: se calcula que unas mil personas fueron fusiladas en estos nueve años como consecuencia de condenas en juicios sumarios.

La matanza de Badajoz tuvo repercusión mundial gracias a Jay Allen, periodista estadounidense amigo de Negrín y de Álvarez del Vayo. Él fue quien se inventó la mentira de la matanza de la plaza de toros de Badajoz sin haber estado nunca en la ciudad. Este corresponsal dio una cifra de cuatro mil muertos, que ha sido aceptada por muchos historiadores. Lo cierto es que Allen escribió sus artículos desde Tetuán y llegó a Madrid en octubre, cuando la ciudad podía caer en manos de los nacionales. Entonces el Gobierno de Largo Caballero volvió a utilizar con fines propagandísticos la toma de Badajoz y se inventó una corrida con prisioneros en lugar de toros, a la que habrían asistido dignidades eclesiásticas, monjas de blancas togas y frailes. La campaña de propaganda internacional le vino a la República como anillo al dedo para tapar lo que estaba ocurriendo en Barcelona, Madrid y otras ciudades como Málaga o Valencia. Borkenau, que llegó a Madrid el 24 de agosto procedente de Valencia, escribe que en la ciudad se había extendido la noticia de que en Badajoz los insurgentes habían ametrallado en la plaza de toros a mil quinientos prisioneros.

Como consecuencia del ambiente creado, una multitud concentrada frente a la prisión había exigido la ejecución inmediata de todos los detenidos en la cárcel Modelo. El ministro de Gobernación, Pozas Perea, permitió que agentes de la Dirección General de Seguridad y milicianos comandados por Elviro Ferrer Obrador entrasen en la Modelo para cachear a presos significados. El día 21 de agosto se acordó en la checa de Fomento un nuevo registro. Felipe Emilio Sandoval, alias "Dr. Muñiz", entró al frente de unos cuarenta milicianos de la CNT. El registro se interrumpió, por lo que fue reanudado el día 22, día en que entraron a prestar servicio funcionarios afines. Lo ocurrido es muy confuso, pero parece ser que un incendio en los sótanos de la cárcel generó el caos y propició la llegada a la cárcel de nuevos grupos de milicianos. Sobre las siete de la tarde se organizó un tribunal popular que logró ejecutar a personalidades de derecha, entre las que destacan: el líder republicano Melquíades Álvarez; José Mª Albiñana, jefe del Partido Nacionalista Español; Manuel Rico Avelló y José Martínez de Velasco, ambos exministros de la República; Julio Ruiz de Alda, falangista y piloto en el vuelo Msadrid-Buenos Aires del "Plus Ultra"; los generales Osvaldo Capaz y Rafael Villegas; un hermano de José Antonio Primo de Rivera... En total una treintena de presos fueron "ajusticiados" por este tribunal.

Existe un patrón de actuación que se repite inexorablemente a lo largo de la historia contemporánea. Cuando en las cárceles los presos son revolucionarios condenados durante el mandato de gobiernos conservadores, salen a la calle tan pronto llega al poder un gobierno "democrático" o de izquierdas. La toma de la Bastilla sentó el primer precedente, que luego se repitió en las revoluciones de 1848 y en Rusia durante la Revolución Bolchevique. En España, como se ha visto, la República amnistió en 1931 a los detenidos por la sublevación de Jaca y en 1936 el Frente Popular consiguió la victoria con la promesa de liberar a los detenidos por el alzamiento de Asturias. Otra cosa ocurre, por contra, cuando los prisioneros no son revolucionarios, sino derechistas o conservadores. En este caso, la justicia revolucionaria exige que sean exterminados. En septiembre de 1792, durante la famosa matanza de las prisiones, se asesinó en París a cerca de seiscientas personas. Entonces, los criminales hicieron signos masónicos a sus víctimas para salvar la vida a los hermanos de la secta. En España, lo ocurrido en la cárcel Modelo fue sólo el preámbulo de lo que iba a ocurrir poco después, cuando en Paracuellos se organizó la mayor masacre de toda la guerra.

A la unión de las fuerzas de África con las del norte, siguió la ofensiva final sobre Irún, finalizada el 4 de septiembre. La ocupación de Fuenterrabía e Irún, que fue incendiada por los defensores y quedó convertida en un montón de ruinas humeantes, cortó la conexión con Francia y supuso el hundimiento del frente guipuzcoano. Estos hechos provocaron que en Madrid se tomase conciencia de que el esfuerzo de guerra imponía acabar con el doble poder. Los partidarios de restaurar el Estado republicano exigían un gobierno sólido, apoyado en un ejército fuerte. El 26 de agosto el corresponsal de *Pravda*, Mijail Koltsov, un judío cuyo verdadero nombre era Mijail Efimovich Fridlyand, entrevistó a Indalecio Prieto, uno de los primeros en darse cuenta de la gravedad del momento. A finales de agosto, Prieto, partidario de que los socialistas entrasen en el Gobierno, estaba decidido incluso a apoyar a su contrincante, Largo Caballero, pues creía que era el único hombre respetado por las masas obreras que podía formar un gobierno. En *Diario de la Guerra de España* Koltsov reproduce un fragmento de la entrevista: "La opinión que tengo de él (de Largo) es conocida de todos. Es un imbécil que quiere dárselas de astuto. Es un desorganizador y un enredador que quiere dárselas de burócrata metódico. Es un hombre capaz de llevarlo todo y a todos a la ruina. Y sin embargo, hoy en día, es el único hombre, o por lo menos el único hombre útil para poner a la cabeza de un nuevo gobierno." Prieto estaba dispuesto a colaborar y a trabajar con Largo Caballero, pues creía que era la última carta: "No hay otra salida para el país. Tampoco la hay para mí si quiero ser útil al país".

El PCE y el PSUC compartían el planteamiento de Prieto, puesto que era también el de Stalin, que estaba entonces en plena purga de trotskystas tras el primero de los juicios de Moscú. Para poder ser el comodín, Largo Caballero debía renunciar por el momento a su anunciada "dictadura del proletariado". Desde *Claridad,* había criticado los decretos de movilización de Giral y había defendido la tesis leninista del "pueblo en armas". No compartía los planteamientos de quienes querían dejar de lado la revolución para ganar la guerra, aunque la dura realidad de las derrotas le haría reflexionar. Sin embargo, el 27 de agosto Largo Caballero expuso a Koltsov sus puntos de vista y, además de criticar con dureza a Giral, expresó su convencimiento de que las fuerzas populares unidas en torno a los sindicatos anarquistas y socialistas acabarían por tomar el poder. Koltsov interpretó que, a diferencia de Prieto, el Lenin español seguía pensando en un "gobierno obrero".

El mismo 27 de agosto, cuatro días después de las ejecuciones de Zinóviev y Kámenev, llegó a España Moses Rosenberg, el embajador soviético conocido como Marcel Rosenberg. Según desvela Nahum Goldmann, presidente del Congreso Mundial Judío, Rosenberg, que sería liquidado por Stalin en 1937, era un judío sionista que criticaba a los judíos comunistas que no lo eran. Entre 1920 y 1930 fue consejero de la Embajada soviética en París y luego secretario de la Sociedad de Naciones en Ginebra, donde con un sueldo superior a los 25.000 dólares poseía una lujosa mansión, dos limusinas, una colección de secretarias y una novia joven. Durante el tiempo en que Stalin confió en él, Rosenberg acaparó tanto poder que, aunque sólo era embajador, asistía a las reuniones del Consejo de Ministros, hecho insólito en la historia de las relaciones internacionales. La influencia de Rosenberg se dejó sentir desde el primer momento.

Pierre Broué confirma en *La revolución y la guerra en España* que Largo Caballero estaba decidido a tomar el poder. Según este autor, una asamblea de dirigentes de la UGT y de la CNT "culminó en la creación de un Comité provisional encargado de realizar el golpe de Estado y la instalación de una Junta presidida por Largo Caballero", de la que los republicanos quedarían excluidos. Clara Campoamor lo confirma y añade que Álvarez del Vayo, portavoz del Comité, avisó a Azaña, quien amenazó con renunciar. Broué asegura que la intervención de Rosenberg evitó la crisis y frenó al Comité provisional, que estaba decidido a prescindir de Azaña. El embajador soviético, escribe Broué, advirtió sobre las consecuencias en el plano internacional de una acción que "quitaba el argumento de la 'legalidad' a los amigos de la España republicana y parecía dar la razón a la propaganda rebelde al presentar ante los ojos del mundo a un gobierno de 'rojos' al que ya no cubriría ninguna ficción republicana y parlamentaria." Fue, pues, Rosenberg quien, en lugar del "gobierno obrero", propuso en aquel momento inicial de la guerra un gobierno de Frente Popular con ministros republicanos, presidido por Largo Caballero.

El 4 de septiembre nació el primer Gobierno de Largo Caballero, que había de durar dos meses exactos, hasta el 4 de noviembre de 1936. El secretario general de la UGT, además de la Presidencia, asumió la cartera de Guerra. Otros cinco socialistas entraron en el Gobierno, en él había también dos comunistas, cinco republicanos y un miembro del PNV. Los anarquistas no quisieron participar, pues, según *Solidaridad Obrera,* "las masas se sentirían frustradas si continuásemos cohabitando en instituciones cuya estructura es de tipo burgués". De este modo Largo Caballero presidió el Gobierno que había venido reclamando Indalecio Prieto, quien se puso al frente del Ministerio de Marina y Aire.

Largo Caballero y Negrín entregan el oro a Stalin

Sobre la intervención extranjera en la guerra civil española esta casi todo dicho. Los nacionales recibieron ayuda masiva de la Italia fascista, tanto en armamento como en hombres. Hay que precisar, no obstante, que cuando llegaron los primeros italianos del CTV, los brigadistas internacionales llevaban ya dos meses en España. La ayuda de la Alemania nacionalsocialista se centró en el armamento, aunque también llegaron asesores y los aviadores de la famosa Legión Cóndor. Portugal envió a un grupo de voluntarios, los Viriatos, pero su aportación fundamental fue logística: la utilización de su territorio al principio de la guerra fue esencial para los nacionales. Salazar sabía que una victoria del Frente Popular podía conducir a una federación de repúblicas ibéricas bajo la bandera roja del comunismo internacional. Por su parte, la República recibió ayuda ingente de la URSS y en menor escala de Francia, país que ayudó desde el primer momento al Frente Popular: a principios de septiembre de 1936 Francia había enviado ya cerca de cuarenta aviones y otros armamentos. También México envió armas a la República. Poco conocido es el intento del Gobierno republicano de comprar armas a Alemania. Entre el 1 y el 4 de agosto de 1936 Augusto Barcia, "Lasalle", masón del grado 33, estuvo en Berlín; pero si los masones antifascistas republicanos no tenían escrúpulos en negociar con los nazis, Hitler sí los tuvo y se negó a venderles nada.

Sobre los aspectos económicos de la ayuda extranjera, lo primero que hay que constatar es que la España nacional carecía de recursos económicos.

El 25 de julio dos alemanes que vivían en el Marruecos español, A. P. Langenheim y E. F. Bernhardt, llegaron a Bayreuth con una solicitud de ayuda. Cuando le dijeron a Hitler que Franco sólo disponía del oro depositado en el Banco de Tetuán, les contestó que era mejor guardarlo. Ya desde este primer momento, el Führer alemán se fio y aceptó conceder un crédito inicial a los nacionales. También Mussolini otorgó créditos a los sublevados con la única garantía de una victoria final que en aquellos momentos era muy incierta. Otras ayudas procedieron de Juan March y otros banqueros españoles, aunque también empresas norteamericanas y británicas otorgaron préstamos con el aval de católicos de sus países. En septiembre el bando nacional creó su propio Banco de España con sede en Burgos. En cuanto a los recursos del Frente Popular, se ha dicho ya que eran muy importantes, pues estaban en su poder todas las reservas en divisas, el oro y la plata del Banco de España. Su gestión fue lamentable, desastrosa, pues pagaron todas sus compras por adelantado, en oro y al contado, hasta que agotaron todos sus fondos. Mientras los gobiernos republicanos se entregaron por completo en brazos de Stalin, el gobierno de Franco supo mantener siempre su independencia.

Quizá el único asunto de la intervención extranjera en España que sigue confuso es el de la eliminación de los trotskystas, que se produjo de manera simultánea a los procesos y a las purgas en Rusia. Se trata de un episodio oscuro, generalmente mal estudiado y escasamente comprendido. La prolongación en España de la lucha interna entre los comunistas soviéticos influyó de manera perversa en la política del bando republicano y en la guerra. Fue una cuestión crucial que condicionó la implicación de la URSS a favor de la República. Cuando el nacionalcomunismo vencía al internacionalismo y en Rusia Stalin estaba ganando la partida a sus enemigos, España se convirtió en una pieza que todos querían cobrar y nadie quería perder. En septiembre de 1936 los trotskystas vieron en España una posibilidad de oponerse solapadamente a su enemigo, la última oportunidad, quizá, de conseguir una base de resistencia internacional. Las opciones eran escasas, pero ya fuera a través de las Brigadas Internacionales, ya mediante el control del Gobierno de la República, ya provocando una guerra mundial, los agentes trotskystas, y hubo muchísimos, podían intentarlo. La idea de crear un Estado comunista trotskysta en España existió y era bien vista por las fuerzas secretas que apoyaban a Trotsky.

Stalin, que conocía las ramificaciones de la conspiración que estaba combatiendo a través de las purgas, nunca perdió de vista a los hombres que operaban en España. Casi todos eran judíos, como de costumbre, lo cual demuestra una vez más que la revolución mundial fue desde el principio una empresa controlada y protagonizada por agentes judíos internacionales. Del mismo modo que la historiografía oficial ha ocultado la importancia histórica de los procesos de Moscú y el fariseísmo de los trotskystas, también guarda silencio sobre la verdadera naturaleza del episodio español. Stalin ambicionaba España desde un punto de vista "imperialista". La Península constituía geopolíticamente una posición estratégica de primer orden. Esa era, precisamente, la razón por la cual Gran Bretaña no podía aceptar que Stalin la controlase. Gibraltar, "Gib" como dicen los ingleses, el símbolo del poder británico, junto con Suez una de las dos llaves del Mediterráneo, era demasiado importante. Antes de ser asesinado por orden de Stalin en 1941, Krivitsky (Samuel Ginsberg), el judío trotskysta que en 1936 era jefe del Servicio Secreto Militar Soviético, escribió: "La historia de la intervención soviética sigue constituyendo el misterio más trascendental de la guerra civil española."

Con la formación del Gobierno de Largo Caballero, la intervención de Stalin en España se aceleró bruscamente. Krivitsky dedica un capítulo de su libro a comentar y explicar cómo se produjo. Ya que se trata de una fuente de gran interés, pues estuvo durante años en contacto íntimo con la política de la URSS en Europa, tomaremos de sus páginas importantes informaciones, siempre sin olvidar que odiaba profundamente a Stalin. Krivitsky no desvela nunca quiénes era los agentes trotskystas en España y presenta a sus colegas como idealistas que pretenden la liberación del proletariado internacional. Afirma con rotundidad que Stalin quería hacer de España una república soviética federada con la URSS y lamenta que tantos ingenuos pensaran que su política estaba conectada con la revolución mundial. Entre estos ilusos había miles de comunistas extranjeros que, expulsados de sus países, vivían refugiados en la Unión Soviética. Stalin aprovechó para deshacerse de estos viejos revolucionarios y enviarlos a España, a donde llegaron convencidos de que la guerra civil española podía desencadenar la revolución mundial.

Gracias a Krivitsky, se sabe que a finales de agosto tres funcionarios españoles viajaron a Rusia para comprar armas, pero no fueron conducidos enseguida a Moscú, sino que fueron retenidos en su hotel de Odessa. Entretanto, se reunió el Politburó, donde Stalin presentó por fin su plan de intervención, que debía hacerse de manera encubierta para evitar verse envueltos en una guerra. Un correo especial llegó en avión a Holanda, donde residía camuflado como un anticuario Walter Krivitsky, quien recibió estas instrucciones: "Extienda inmediatamente sus operaciones para cubrir la guerra civil española. Movilice todos los agentes y todas las facilidades disponibles para la rápida organización de un sistema para comprar armas y transportarlas a España. Se despacha a París un agente especial para ayudarle en esta labor. Allí se le presentará y trabajará bajo su supervisión."

El 14 de septiembre de 1936, Yagoda, cuya vinculación con los trotskystas no había sido aún descubierta, convocó por orden de Stalin una conferencia en la Lubyanka. Se decidió entonces coordinar las actividades del PCE con los servicios de inteligencia soviéticos. Asistieron a la reunión Mijail Frinovsky, entonces al mando de las fuerzas militares de la OGPU, integrada en la NKVD; Abraham Aronovich Slutsky, jefe de la división extranjera de la OGPU; y Semene Petrovich Uritsky, general del Estado Mayor del Ejército Rojo y sobrino de Moisei Salomonovich Uritsky, asesinado en 1918 en el contexto de las luchas intestinas entre Lenin y Trotsky. Los cuatro eran judíos y todos ellos acabaron siendo purgados como trotskystas y ejecutados por Stalin. Fue en esta conferencia en la Lubyanka donde se designó al hombre que había de organizar la OGPU en España, un veterano del departamento de Slutsky al que Krivitsky se refiere como "Nikolsky, alias Schwed, alias Lyova, alias Orlov", otro judío que fue conocido en España como Alexander Mijailovich Orlov, aunque su nombre verdadero era Leiba Lázarevich Felbing. El historiador Burnet Bolloten aclara que Stanley G. Payne le facilitó la copia de una nota firmada por el propio Orlov en 1968, según la cual su designación por el Buró Político se había producido el 26 de agosto de 1936, por lo cual la fecha del 14 de septiembre que da Krivitsky no es correcta en lo que se refiere a este nombramiento. De hecho, Orlov había ya partido hacia París en compañía de su mujer, María Roznetski, también agente de la NKVD, y de su hija, a las que dejó instaladas en la capital francesa. El 15 de septiembre se le sitúa ya en España. Burnett Bolloten apunta que es muy posible que Orlov formase parte de los oficiales soviéticos que acompañaban al embajador Rosenberg en sus visitas a Largo Caballero.

Dos días antes de la llegada de Orlov se había producido un hecho asombroso: el ministro de Hacienda, Juan Negrín, había ordenado mediante decreto el traslado de la mayor parte de las reservas de oro del Banco de España a la URSS. Según Krivistsky, el judío Arthur Stashevsky, que pasaba por ser un simple agregado comercial en España, trabajaba "para poner en manos soviéticas el control de las finanzas de la República". Stashevsky, escribe Krivitsky, "descubrió en Juan Negrín un sincero colaborador en sus planes financieros". Él fue, pues, quien convenció a Negrín para que le entregase el oro. Juan Negrín estaba casado con una judía de origen ucraniano, Maria Fidelman Brodsky Mijailova, hija de un adinerado hombre de negocios que residía en Alemania desde finales del siglo XIX. Con el fin de ocultar su origen judío, Negrín y su esposa decidieron registrar a sus hijos con el apellido materno de Mijailov en lugar de Brodsky. Tras su huida de España, Negrín se exilió en Bovingdon, cerca de Londres, donde era visitado frecuentemente por el embajador soviético, Ivan Maisky, un judío de origen polaco que lo frecuentaba regularmente. Negrín invitó a Maisky y a su esposa a pasar los fines de semana en su casa[23].

---

[23] En sus memorias Maysky escribe: "A partir de entonces Bovingdon se convirtió en nuestro lugar de descanso habitual los fines de semana." En febrero de 1953 Maisky fue arrestado. Acusado de espionaje, traición e intervención en la conspiración sionista, escapó de la ejecución gracias al asesinato de Stalin. Beria, que trató de hacerse con el poder, había pensado en él como futuro comisario de Asuntos Exteriores. En 1955 Maisky fue puesto en libertad y exonerado de sus cargos.

Puesto que la credibilidad de Krivitsky fue denunciada por los stalinistas, Burnett Bolloten, historiador inglés de origen judío, quiso comprobar la fiabilidad de las aserciones de Krivitsky. En *La Guerra Civil española: Revolución y contrarrevolución*, Bolloten demuestra a través de cuatro fuentes distintas que, en efecto, Negrín fue íntimo amigo de Stashevsky y estuvo casado con la judía María Fidelman Brodsky, de la que tuvo cinco hijos. He aquí estas fuentes: 1. Louis Fischer informa que Stashevsky fue un amigo de Negrín que lo aconsejó en temas económicos. 2. Álvarez del Vayo confirma que Negrín y Stashevsky mantenían una "verdadera amistad". 3. Santiago Garcés Arroyo, a quien Negrín colocó en abril de 1938 al frente del SIM (Servicio de Información Militar), reconoce que Negrín se llevaba muy bien con los rusos, especialmente con Stashevsky, "con quien desayunaba y almorzaba cada día". 4. Mariano Ansó, ministro con Negrín, observa que Stashevsky apreciaba su "talento y encanto irresistibles". Arthur Karlovich Stashevsky, nacido en Mitau, era en realidad un judío letón llamado Girshfeld o Hirshfeld, que bajo el pseudónimo de "Verkhovsky" sentó las bases para la fundación de las brigadas internacionales bolcheviques. En 1920, durante la guerra civil, fue jefe del servicio secreto en el frente occidental y, ya en tiempo de paz, organizó la red de inteligencia en Europa occidental por orden del Presidium de la Checa, por lo que fue galardonado como "Chequista Honorario". Con este currículum, caben pocas dudas sobre su afiliación trotskysta. Stalin lo ejecutó en 1937.

El Ejecutivo de Largo Caballero no informó sobre el traslado del oro al presidente de la República. El propio Largo justifica su decisión con el pretexto de que Manuel Azaña "se hallaba en un estado espiritual verdaderamente lamentable". A pesar de que en el artículo 2º del Decreto se decía que se daría cuenta a las Cortes, éstas nunca fueron advertidas. En el Decreto, fechado el 13 de septiembre de 1936, se aludía a que la anormalidad producida por la sublevación militar aconsejaba adoptar medidas para "salvaguardar las reservas metálicas del Banco de España, base del crédito público." El artículo 1º del Decreto decía textualmente: "Se autoriza al Ministerio de Hacienda para que en el momento que lo considere oportuno ordene el transporte, con las mayores garantías, al lugar que estime de más seguridad, de las existencias que en oro, plata y billetes hubiera en aquel momento en el establecimiento central del Banco de España." Es decir, que cuando las tropas nacionales ni siquiera se habían acercado a Madrid: el asedio al Alcázar de Toledo finalizó el 27 de septiembre, se consideró que el sitio más seguro para depositar el oro era Moscú. El día 14 se presentaron en el Banco de España fuerzas de carabineros, que contaron con la colaboración del director general del Tesoro, Francisco Méndez Aspe, hombre de confianza de Negrín. Los consejeros Martínez Fresneda y Álvarez Guerra denunciaron que lo que se pretendía era ilegal y presentaron su dimisión.

Según distintas fuentes, el cajero principal del Banco de España se suicidó en su despacho.

Las reservas españolas de 707 toneladas de oro eran entonces las cuartas del mundo. De ellas, 510 se entregaron a la Unión Soviética y el resto se depositó en bancos franceses con el fin de garantizar el pago de las compras de armamento. Antes de que el oro saliera de España, Stalin envió a Orlov un radiograma cifrado en Moscú: "Junto con el embajador Rosenberg, arreglé con el jefe del Gobierno español, Largo Caballero, el envío de las reservas de oro de España a la Unión Soviética en un vapor ruso. Todo debe hacerse con el máximo secreto. Si los españoles le exigen un recibo por el cargamento, rehúselo, repito, rehúse firmarlo, y diga que será entregado un recibo oficial en Moscú por el Banco del Estado. Le hago personalmente responsable de la operación." Casi dos meses transcurrieron hasta que el oro llegó a Moscú. Los procedimientos comenzaron a las 11.30 de la noche del día 15 de septiembre con el transporte de 7.800 cajas a la base naval de Cartagena. Cada una de ellas contenía unos 65 kilos de oro puro. El cargamento fue depositado en el polvorín de La Algameca y permaneció allí un mes, hasta el 22 de octubre. Si se considera que Cartagena estuvo hasta el final de la guerra bajo el control del Gobierno de la República, es evidente que allí mismo las reservas hubieran estado perfectamente guardadas.

Stalin había pensado que "un vapor ruso" sería suficiente para el transporte, pero Orlov comprobó que se necesitarían más buques, por lo que se trasladó a Cartagena y ordenó al agregado naval soviético que confiscase los barcos que llegasen. Mandó que se descargasen con rapidez y que permanecieran a la espera. Durante las noches de los días 22, 23 y 24 de octubre de 1936 tanquistas soviéticos de la base de Archena, a cuyo mando estaba un comandante judío llamado Semion Moiséievich Krivoshéin, cargaron el oro en los buques *Kim*, *Jruso*, *Neva* y *Volgoles*. El ministro de Marina, Indalecio Prieto, máximo responsable de la base naval, hubo de tener necesariamente conocimiento de lo que allí ocurría. Sobre las diez de la mañana del día 25 de octubre la operación había concluido. Méndez Aspe pidió un recibo, pero Orlov le contestó que sería emitido en Moscú una vez pesado el oro. Para tranquilizar al director general del Tesoro, Orlov le dijo que podía enviar un representante del Tesoro en cada uno de los barcos.

Meses después, en 1937, Krivitsky habló con los cuatro funcionarios españoles, que seguían en Moscú, hospedados en el hotel Metropol con sus pasaportes retenidos. "Si se marchan de aquí cuando la guerra termine -le dijo Slutsky-, podrán considerarse afortunados. Por ahora tienen que seguir en nuestras manos." Los barcos zarparon de Cartagena con destino a Odessa, a donde llegaron el 2 de noviembre con el tesoro español en sus bodegas. El muelle donde atracaron fue acordonado por tropas especiales. Funcionarios de la OGPU transportaron durante días las cajas hasta unas vías y fueron llenando los vagones de varios convoyes armados que trasladaron el cargamento a Moscú. En marzo de 1937 Slutsky y Krivitsky paseaban por la Plaza Roja y el primero le relató la llegada del oro. Para que se hiciera una idea de la cantidad le dijo: "Si todas las cajas apiladas en los muelles de Odessa hubiesen sido colocadas una junto a otra aquí, en la Plaza Roja, la hubiesen cubierto totalmente de extremo a extremo". Stalin dio un banquete en el Kremlin para celebrar el éxito de la operación. Entonces sentenció: "Los españoles no verán más el oro, del mismo modo que nadie puede ver sus propias orejas". La URSS, por tanto, no concedió ningún crédito a los republicanos y cobró por adelantado y con creces toda la ayuda que envió a España.

En *Armas para España. La historia no contada de la Guerra Civil española* Gerald Howson aclara de manera definitiva de qué manera Stalin estafó cientos de millones de dólares a la República mediante la venta de armamento. Howson demuestra cómo los soviéticos falsearon los libros de contabilidad y los precios de las armas, toda vez que el dólar se cambiaba entonces a 5,3 rublos y ellos establecieron para los españoles un cambio de 2,5 rublos por dólar. De este modo el Gobierno republicano pagó por las armas el doble de lo que valían. En palabras de Howson, "de todos los timos, engaños, robos y traiciones que tuvieron que soportar los republicanos, la conducta sin escrúpulos de Stalin y de los altos funcionarios de la nomenclatura soviética es seguramente la más sórdida, la más traicionera y la más indefendible."

Huida del Gobierno y matanza masiva de presos

La intervención soviética dio a los comunistas una fuerza y un poder del que habían carecido hasta entonces. La conexión del PCE con los servicios de inteligencia de Stalin le confirió ventajas adicionales sobre los demás partidos. Además, puede decirse que contaban con tres ministros más, toda vez que Rosenberg se comportaba en los Consejos de ministros como una especie de vicepresidente y los socialistas Negrín y Álvarez del Vayo actuaban en sintonía con ellos. Tan pronto comenzaron a llegar los asesores militares, su dominio se incrementó más aún. Sobre Rosenberg, Luis Araquistáin confirma que actuaba como un virrey que daba diariamente instrucciones a Largo Caballero sobre lo que tenía que hacer y a quién debía nombrar o destituir. Burnett Bolloten cita un texto muy significativo de Ginés Ganga, diputado socialista de izquierda: "Solía traer este señor (Rosenberg) en su bolsillo una colección de papelitos concebidos en estos o parecidos términos: a X, jefe de tal división, sería conveniente destituirle y nombrar como sustituto a Z; fulano, empleado del Ministerio A, no cumple como es debido, sería oportuno sustituirle por B; será preciso encarcelar y procesar a M por desafecto; y así constantemente." En total el personal militar técnico en España fue de unos dos mil hombres, de los cuales sólo los pilotos y oficiales de tanque entraron en combate. Los rusos eran miembros del Estado Mayor, instructores, ingenieros, peritos en la guerra química, mecánicos de avión, operadores de radio o expertos en artillería. Todos ellos estaban vigilados estrechamente por la NKVD.

Los encargados de reclutar la Brigada Internacional, verdadero ejército de la Comintern, fueron los partidos comunistas locales, integrados en la Internacional Comunista, donde muchos internacionalistas seguidores de Trotsky seguían tratando de influir, pese a que desde 1930 Stalin había venido practicando diversas purgas. Además, el Servicio Secreto Militar, todavía infiltrado en 1936 por numerosos trotskystas, tenía puntos secretos de control en Europa donde se reinvestigaba a los comunistas extranjeros que se habían alistado. Es preciso hacer hincapié en que la purga del Ejército Rojo en Moscú se produjo a finales de la primavera de 1937 y que en septiembre la conspiración contra Stalin estaba en su momento álgido. Los trotskystas mantenían una batalla a vida o muerte para desplazar a Stalin del poder y, naturalmente, pretendían imponerse en los acontecimientos de España, que iba a convertirse en otro escenario de su confrontación.

El control de los voluntarios brigadistas, muchos de los cuales venían a luchar por la República y por la revolución mundial, continuaba en España, donde eran espiados por comisarios políticos. Según Krivitsky, se les quitaba el pasaporte y rara vez les era devuelto, pues los pasaportes extranjeros y en especial los norteamericanos eran muy apreciados por la NKVD. En un documento del Comité Ejecutivo del Comintern fechado en otoño de 1937, cuando ya se había producido la purga de trotskystas en España, se indicaba la necesidad de "vigilar la selección de voluntarios para evitar que se introduzcan en las Brigadas agentes de los servicios de información y espías fascistas y trotskystas". En España hubo dos prisiones reservadas a los brigadistas, una en el barrio de Horta en Barcelona, donde en 1937 había seiscientos veinticinco prisioneros, y otra en Castellón de la Plana. La base de formación se estableció en Albacete, donde el encargado de velar por la ortodoxia de los voluntarios comunistas fue el francés André Marty, apodado "el carnicero de Albacete". Él mismo reconoce en un informe al Comité Central del Partido Comunista Francés que no vaciló y que ordenó las ejecuciones necesarias: unas quinientas.

Tras la liberación del Alcázar de Toledo, las tropas nacionales comenzaron a acercarse a Madrid. Mientras, los voluntarios internacionales comunistas iban desembarcando en los puertos del Mediterráneo y desde Francia entraban en Cataluña, donde la revolución había alcanzado su cénit y comenzaba a debilitarse. Allí, tras la formación del primer gobierno de Largo Caballero, la Generalitat trataba también de acabar con el doble poder, para lo cual era necesaria la disolución del Comité Central de las Milicias. Los anarquistas accedieron finalmente el 26 de septiembre y, a pesar de que se habían mantenido al margen del Gobierno de Madrid, aceptaron entrar en el Gobierno de la Generalitat, cuyo "conseller en cap" fue Josep Tarradellas. En este "Consell de Govern" formado el 28 de septiembre estuvieron representados todos los partidos y sindicatos, incluido el POUM, el partido trotskysta de Andreu Nin, que obtuvo la cartera de Justicia. El POUM se había atrevido a criticar el juicio de agosto de 1936 en Moscú, el primero de los tres procesos, y había salido públicamente en defensa de las víctimas. Los anarquistas, por su parte, consiguieron controlar Economía, Abastos y Sanidad. La formación del nuevo Gobierno de la Generalitat suponía en teoría el fin de los organismos del poder revolucionario. El 1 de octubre el Comité Central de las Milicias se disolvió y a través de un manifiesto se adhirió a la política de la Generalitat. El 9 de octubre un decreto que contó con la aprobación de Nin y de los "consellers" de la CNT acabó con los comités locales en toda Cataluña.

Tras el paso dado en Cataluña, hubiera sido una incoherencia que los anarquistas rehusaran formar parte del Gobierno de Madrid. La UGT, el PSOE y el PCE lo pedían, por lo que en octubre, coincidiendo con la llegada de los primeros oficiales y los primeros aviones rusos, comenzaron las negociaciones. Los periódicos de la CNT reclamaban la formación de un Consejo Nacional de Defensa. Las derrotas militares y la amenaza sobre la capital acabaron por decidir a los líderes de la CNT y de las FAI, que aceptaron entrar en el Gobierno, pese a la conmoción que su decisión provocó en el movimiento libertario. Al principio reclamaron seis carteras ministeriales. Largo Caballero les ofreció finalmente cuatro: Justicia (García Oliver), Sanidad (Federica Montseny), Comercio (Juan López) e Industria (Juan Peiró). La restauración del Estado se completó de este modo con la aprobación de los anarquistas.

El segundo gobierno de Largo Caballero y vigésimo cuarto de la Segunda República quedó constituido el 4 de noviembre de 1936, cuando ya las tropas sublevadas estaban en las cercanías de Madrid. Mantenían sus carteras Negrín en Hacienda y Prieto en Marina y Aire. Largo Caballero, además de la Presidencia, retenía también la cartera de Guerra. Manuel de Irujo y Jaume Aiguader representaban a nacionalistas vascos y catalanes. En el Gobierno estaban todos los partidos excepto el POUM, cuya participación vetó el PCE, que siguió instrucciones de Moscú. Un mes después, las presiones de los stalinistas catalanes del PSUC y de los asesores soviéticos provocaron el cese de Andreu Nin como conseller de Justicia de la Generalitat. Para algunos historiadores, esta medida inició el proceso contrarrevolucionario.

El 6 de noviembre por la noche, en las primeras horas del ataque a Madrid, Largo Caballero y sus ministros huyeron vergonzosamente sin anunciarlo a la población. En su viaje hacia Valencia, la caravana oficial fue detenida en Tarancón por un centenar de milicianos anarquistas, que insultaron y amenazaron a los ministros y al embajador Rosenberg, que huía con ellos. De nada sirvieron las explicaciones de los ministros anarquistas: la comitiva se vio obligada a retroceder. Finalmente, pudieron dar un rodeo al sur de Madrid y lograron proseguir su huida. Cuando llegaron a la capital del Turia, la CNT-FAI de Valencia los tachó de "cobardes y fugitivos". Dos días después se permitió a los periódicos dar la noticia del traslado del Gobierno de la República a Valencia "para organizar la victoria definitiva". El comunicado gubernamental anunciaba que, antes de partir, se había constituido la Junta de Defensa de Madrid, presidida por el general Miaja.

Con la llegada de los primeros soviéticos, un decreto de 6 de octubre había creado el Comisariado General de Guerra, que establecía la figura del comisario, representante del Gobierno en el ejército, el cual fue definido como el brazo derecho del mando, "el centinela, el ojo avizor", educador político de los soldados y de los oficiales, "el camarada y el modelo". Los comisarios habían de ser según el PCE "el nervio y el alma el ejército popular", aunque sus adversarios se referían a ellos como los "capellanes rojos". Los comunistas se hicieron con la mitad de los puestos de la Junta de Defensa, que se constituyó el 7 de noviembre, y de este modo se convirtieron en los amos de Madrid.

En la tarde del 9 de noviembre la ciudad parecía perdida. Además, el hambre comenzaba a ser otro enemigo a vencer: para hacerse con una barra de pan, se podía hacer cola en ocasiones desde la medianoche al mediodía. El pánico era general y las carreteras estaban llenas de fugitivos. Por el oeste y por el sur las fuerzas franquistas llegaban sin encontrar resistencia. En opinión de Edward Knoblaugh, corresponsal de Associated Press en Madrid. Franco pudo haber tomado aquella tarde la ciudad, pero no lo hizo, la entrada no se produjo, quizá porque se consideró que eran necesarios más efectivos. En opinión de observadores militares extranjeros, para tomar una ciudad como Madrid eran precisos unos ciento cincuenta mil hombres y Franco no quiso llevar al frente a las quintas recién movilizadas, pues no habían concluido su periodo de instrucción. Cuando tres días más tarde se decidió a entrar, ya era tarde, puesto que miles de brigadistas que habían recibido adiestramiento en Albacete fueron llegando a la capital.

Estando el control de la ciudad en manos del Partido Comunista y de los soviéticos, ante el temor de que los presos pudieran ser liberados, se vaciaron las cárceles y se cometió en Paracuellos del Jarama, Torrejón y Aravaca el mayor genocidio organizado de la historia de España. Aunque algunas estimaciones elevan hasta doce mil el número de víctimas ejecutadas durante las matanzas, la mayoría de estudiosos rebajan la cifra y la sitúan en torno a las ocho mil personas. El diplomático alemán Félix Schlayer, que actuaba en Madrid como cónsul y encargado de negocios de Noruega en España, fue quien descubrió los hechos y los denunció. Schlayer, un tipo duro de sesenta y tres años que había vivido como oficial alemán los horrores de la Primera Guerra Mundial, lucía un aparatoso bigote decimonónico que le confería apariencia de "Junker" prusiano. Su determinación valiente y su porte impresionante intimidaban con frecuencia a sus interlocutores. Aunque se haya querido desprestigiar a Schlayer por sus simpatías hacia los nacionales, su obra *Diplomat im roten Madrid*, publicada en 1938 en

Alemania tras su expulsión de España, fue un testimonio incontestable que desveló en Europa la masacre perpetrada por el Gobierno de la República. Santiago Carrillo, uno de los principales responsables de los crímenes contra la humanidad en Paracuellos, se refería a él como "el nazi ese".

Sólo en Madrid operaban unas doscientas checas. Algunas eran oficiales, pero la mayoría estaban controladas por partidos políticos, sindicatos y comités. Puede decirse que cualquier grupo de milicianos organizado, fueran anarquistas, socialistas o comunistas, se consideraba autorizado a detener, interrogar y, si fuera el caso, ejecutar a los sospechosos de antirrepublicanismo. Por ello, las sedes diplomáticas se convirtieron pronto en refugio de miles de personas que pedían protección. En octubre, Schlayer tenía alojadas en el "asilo" noruego a novecientas personas. Aurelio Núñez Morgado, el embajador de Chile, Decano del Cuerpo Diplomático, disponía de más espacio en los edificios de su embajada y superó en varios centenares la cifra anterior. También el jefe de la misión argentina, Edgardo Pérez Quesada, jugó un papel de primer orden. Cuando supo con certeza lo que ocurría, Pérez Quesada envió un informe contundente a Buenos Aires, del cual entregó una copia al encargado de negocios británico, que la hizo llegar al Foreign Office.

En este ambiente, Schlayer comenzó a finales de septiembre a interesarse por los presos y decidió visitar regularmente las prisiones, donde se hacinaban los detenidos. El hecho de que el abogado de su legación, Ricardo de la Cierva, estuviera encarcelado fue uno de los motivos de su preocupación. Su ejemplo fue seguido por los representantes de Chile, Argentina, Gran Bretaña, Austria y Hungría, lo cual suponía un respiro y un alivio para los detenidos. Estando todavía el Gobierno en Madrid, comenzaron a finales de octubre las sacas de presos de las cárceles. El director general de Seguridad, Manuel Muñoz, el masón del grado 33 cuyas manos estaban ya manchadas con la sangre de las víctimas del "tren de la muerte", firmó una orden que sirvió para ejecutar el 28 de octubre en el cementario de Aravaca a treinta y dos presos de la cárcel de Ventas, entre los que estaban el falangista Ramiro Ledesma y el intelectual de la Generación del 98 Ramiro de Maeztu, autor entre otras obras de *Defensa de la Hispanidad* y de *Don Quijote, don Juan y la Celestina*, excelente ensayo literario sobre los tres personajes universales de la literatura española. Detenido en julio, Maeztu escribió durante su cautiverio *Defensa del Espíritu*, obra póstuma de la que se perdieron fragmentos. El mismo día 28 otros veintinueve presos de la Modelo fueron asimismo fusilados en Aravaca. El día 29 cincuenta más fueron sacados de la famosa checa de Fomento y ejecutados en el camino de Boadilla.

El 1 de noviembre, el judío Koltsov (Efímovich Fridlyand), alias Miguel Martínez, supuestamente corresponsal de *Pravda*, pero en realidad asesor de las autoridades rojas y de la Junta de Defensa, trató con los comisarios políticos sobre la suerte que habían de correr los presos. Koltsov propuso fusilarlos. Nuevamente por orden de Manuel Muñoz setenta y nueve presos fueron sacados de la cárcel de Ventas y fusilados en Aravaca. Días después, el 3 de noviembre, otros cicuenta y seis presos fueron ejecutados en Carabanchel Alto. En la madrugada del día 5 salieron dos camiones cargados con presos de la cárcel de San Antón, otro, de la de Porlier, y una gran expedición, de la cárcel Modelo. Ian Gibson, autor de *El asesinato de García Lorca*, en su obra *Paracuellos: cómo fue* sostiene que Koltsov fue instigador y responsable de las matanzas de Paracuellos. Koltsov pasaba por ser hombre de máxima confianza de Stalin, pese a ello, sería denunciado a finales de 1937 por André Marty, máxima autoridad de las Brigadas Internacionales, que acusó a Koltsov de contactos con los trotskystas del POUM y a su esposa, María Osten, de ser agente del servicio de inteligencia alemán. Obligado a regresar a la URSS, Koltsov fue eliminado el 2 de febrero de 1940.

Los fusilamientos en Aravaca tuvieron que ser suspendidos por la cercanía de las tropas nacionales. Se escogió entonces Torrejón y Paracuellos como lugares para continuar con las ejecuciones. Con la huida del Gobierno, la Junta de Defensa nombró consejero de Orden Público al comunista Santiago Carrillo, líder de las JSU e hijo del socialista Wenceslao Carrillo. Como delegado a sus órdenes se situó a Segundo Serrano Poncela. En la tarde del día 6 de noviembre, poco antes de la toma de posesión de Carrillo, se hicieron grandes sacas de las cárceles Modelo y Porlier. Los presos fueron ejecutados al pie del Cerro de San Miguel, en cuya cima está el pueblo de Paracuellos, cercano al río Jarama. En la madrugada del día 7 se produjeron las mayores sacas: mil seiscientas personas salieron de la cárcel Modelo, de las cuales trescientas fueron conducidas a Alcalá de Henares y el resto sacrificadas en masa en Paracuellos. El mismo día 7 hubo dos sacas más: una muy grande de la cárcel de San Antón y otra más reducida de la cárcel de Porlier. Las víctimas de esta última fueron fusiladas en las tapias del cementerio de la Almudena. Después de la guerra estos cuerpos fueron exhumados y llevados al camposanto de Paracuellos. Las matanzas prosiguieron durante la noche del 7 al 8 de noviembre: expediciones salidas de las cárceles Modelo y Porlier fueron conducidas de nuevo a Paracuellos. La magnitud de las masacres precedentes desbordó las previsiones, por lo que no había preparadas suficientes fosas y los fusilados el día anterior seguían insepultos. Los vecinos fueron obligados a cavar nuevas zanjas, a las que arrastraron a los cuerpos mediante garfios y cuerdas tirados por caballos y mulas. A causa del amontonamiento de cadáveres en Paracuellos, las siguientes remesas fueron dirigidas a Soto de Aldovea, en el término de Torrejón de Ardoz, donde una antigua acequia de ciento cincuenta metros de longitud sirvió para sepultar a los muertos. Acabada la guerra, cuatrocientos catorce cadáveres fueron exhumados y trasladados en féretros individuales al cementerio de Paracuellos. De ellos, sólo algunos pudieron ser identificados.

Félix Schlayer escribe en *Diplomático en el Madrid rojo* que se presentó en la Modelo el día 7 por la mañana, acompañado de delegados del Comité Internacional de la Cruz Roja. Encontró la cárcel cercada con barricadas de adoquines y guardias y milicianos con bayonetas caladas en las entradas. Dentro vio gran número de autobuses. Quiso hablar con el director, pero estaba en el Ministerio. El subdirector le comentó que los autocares estaban allí para recoger a oficiales y llevarlos a Valencia. Se dirigió enseguida a la Dirección General de Seguridad, pero el venerable hermano Manuel Muñoz había huido con el Gobierno. Preguntó quién era el nuevo responsable y le dijeron que Margarita Nelken, la diputada socialista de origen judío, se había instalado en el despacho del director general desde la mañana. Solicitó una entrevista con ella, mas le dijeron que no estaba. Schlayer entendió que no quiso recibirlo.

Ante la imposibilidad de ver a Nelken, los diplomáticos, que no habían sido avisados por el Gobierno sobre su salida de Madrid, organizaron una reunión en la embajada chilena y decidieron dirigirse al Ministerio de la Guerra para entrevistarse con José Miaja, general en jefe de la Junta de Defensa. Los recibió a las 17:30 y prometió que "no dejaría que a los prisioneros se les tocara un pelo". Schlayer se interesó por su abogado, Ricardo de la Cierva, asesinado dos horas antes, y Miaja aseguró que haría todo lo posible por él. El diplomático regresó a las seis de la tarde a la Modelo y supo entonces por el director, con quien mantenía una buena relación, que Ricardo de la Cierva había sido entregado a un comunista llamado Ángel Rivera, que traía órdenes para el traslado de cientos de presos a Valencia. Antes de que acabase aquella larga jornada, Schlayer recogió de nuevo a los delegados de la Cruz Roja, pues habían conseguido una entrevista con el nuevo responsable de Orden Público, Santiago Carrillo, con quien mantuvieron una larga conversación. Carrillo les dijo que nada sabía de la salida de presos de la cárcel Modelo y mostró su predisposición a proteger a los detenidos. Schlayer relata que tuvo la certeza de que Carrillo les mentía, por lo que durante la noche los más funestos presagios acudieron a su mente. Al día siguiente se presentó de nuevo en la Modelo y el director trató de justificarse personalmente enseñándole un escrito de la Dirección General de Seguridad, donde se le ordenaba la entrega de novecientos setenta presos, seleccionados por sus guardianes, para su traslado a Valencia. "Empezaba a tomar cuerpo en mí -escribe Schlayer- la posibilidad de un crimen horrible en el que hasta entonces no había podido creer."

Con grandes dificultades, el encargado de negocios de Noruega logró un contacto telefónico con los directores de la cárcel de San Miguel de los Reyes (Valencia) y del penal de Chinchilla (Albacete). Supo entonces que en los útimos catorce días no habían recibido ningún preso procedente de Madrid. En días sucesivos Schlayer trató de localizar el lugar del crimen y sus pesquisas acabaron llevándolo inicialmente a Torrejón, en concreto a Soto de Aldovea, donde existe una fortaleza del XVIII, el castillo de

Aldovea. Se desplazó allí en compañía del argentino Edgardo Pérez Quesada, con quien había compartido sus averiguaciones y accedió a acompañarlo. Llegados al castillo, con absoluta naturalidad, Schlayer preguntó al miliciano que estaba de guardia dónde habían sido enterrados los fusilados. El hombre, que debía de ser un bendito, comenzó a indicarles por señas el camino; pero los diplomáticos le pidieron que los acompañase. Él cogió su fusil y los guió hasta la antigua acequia, donde flotaba un fuerte olor a putrefacción. En algunos lugares podían verse miembros que sobresalían o asomaban unas botas. Schlayer y Pérez Quesada calcularon que habría allí entre quinientos y seiscientos cadáveres.

Pocos días más tarde el diplomático alemán viajó con su conductor hasta Paracuellos. Cuando tras varias averiguaciones consiguió acercarse al lugar de las ejecuciones, se encontró con un joven que venía de arar con dos mulas. Utilizó entonces la misma táctica que en Soto de Aldovea y, como si fuera una cosa conocida, preguntó: "¿Dónde enterraron el domingo a toda la gente que ejecutaron?". El joven respondió: "Allí, bajo los Cuatro Pinos, pero no fue el domingo, fue el sábado". Schlayer insistió: "¿Cuántos fueron?". El campesino contestó que habían sido muchos. "¿Fueron unos seiscientos?", volvió a preguntar. "Más -respondió el joven-, estuvieron viniendo autobuses todo el día y durante todo el día se escucharon las ametralladoras." El diplomático quiso acercarse a los Cuatro Pinos, pero tres hombres con fusiles custodiaban el lugar. Schlayer escribe: "Vi claramente dos colinas de tierra paralelas recientemente levantadas, que iban desde la carretera hasta la orilla del río, de unos doscientos metros de largo cada una."

En resumen, Schlayer no sólo provocó la intervención diplomática, sino que buscó el apoyo del Dr. Henry, delegado de la Cruz Roja Internacional. Juntos sacaron fotografías, buscaron testimonios, entrevistaron a personas que habían sido obligadas a cavar fosas, visitaron las cárceles y conversaron con miembros de la Junta de Defensa. Ante el temor de un escándalo internacional se interrumpieron momentáneamente las sacas y las ejecuciones. Los miles de presos que quedaban aún en la Modelo fueron trasladados a las prisiones de Porlier, San Antón y Ventas. Otro hecho que propició el cese temporal de las matanzas fue la aparición en escena del anarquista sevillano Melchor Rodríguez, nombrado delegado de Prisiones el 10 de noviembre. Schlayer, que se entrevistó con él en varias ocasiones, tiene para Melchor Rodríguez palabras muy hermosas en su libro y le dedica un pequeño apartado titulado "¿Anarquista o apóstol?". Este anarquista, uno de tantos idealistas que chocaron con una realidad atroz, al tomar posesión de su cargo renunció al salario mensual de mil quinientas pesetas, "a pesar de que no tenía otra fuente de ingresos - escribe el cónsul- y vivía de la caridad de sus amigos". El nuevo delegado cortó radicalmente las sacas; pero sólo tardó cuatro días en saber que los comunistas habían vuelto a ejecutar a presos sacados de las cárceles sin su autorización. Exigió un castigo ejemplar, pero el ministro de Justicia, el también anarquista

García Oliver, no lo respaldó, por lo que Melchor Rodríguez dimitió de su cargo.

A partir del 17 de noviembre se reanudaron las sacas con destino a Paracuellos. El Comité Rojo de la Guardia Civil tenía encarcelados a miembros desafectos del Instituto en una checa llamada "Spartacus", situada en un convento de la calle de Santa Engracia. En la tarde del 19 de noviembre, supuestamente para ser trasladados a Guadalajara, unos dos centenares de guardias de todas las graduaciones salieron con destino a los cementerios de la Almudena y Vicálvaro, donde fueron ejecutados. El día 22 se produjo una saca más reducida de la cárcel de San Antón. El día 24 cientos de presos de todas las edades y profesiones salieron de Porlier hacia Paracuellos. De esta misma cárcel sacaron durante los días, 25, 26, 28 y 29 a centenares de nuevas víctimas, entre las que había una familia completa, la del conocido notario Alejandro Arizcún Moreno. De sus cuatro hijos fusilados, el menor era estudiante y tenía sólo diecisiete años. Nuevamente de la cárcel de San Antón hubo grandes sacas los días 27 y 28.

El dramaturgo Pedro Muñoz Seca salió maniatado a las ocho de la mañana del día 28 junto al P. Guillermo Llop, prior de los Hermanos de San Juan de Dios de Ciempozuelos. Aunque supuestamente la República era un régimen de libertades, Muñoz Seca, por ser monárquico, por ser amigo del rey y por escribir en contra de la República, había sido detenido el 29 de julio en Barcelona, donde el día 17 se había estrenado *La tonta del rizo* en el teatro Poliorama. Ingresado el 6 de agosto en la cácel de San Antón, había permanecido allí casi cuatro meses. El día 26 de noviembre le formaron un tribunal popular en la propia cárcel, que lo condenó a muerte por ser monárquico, antirrepublicano y católico; por supuesto tres crímenes gravísimos. A la una de la madrugada del día 28 se confesó con el sacerdote Ruiz del Rey, que murió con él, y a las cuatro de la mañana escribió una carta a su mujer, en cuyo párrafo final dejó estas palabras: "Siento proporcionarte el disgusto de esta separación; pero si todos hemos de sufrir por la salvación de España y esta es la parte que me ha correspondido, benditos estos sufrimientos." En el post scriptum aludía a su reciente confesión: "Como comprenderás, voy muy bien preparado y limpio de culpas."

De la cárcel de San Antón siguieron sacando presos los días 29 y 30. Más de doscientas cincuenta personas, entre las que había un centener de religiosos y una veintena de profesores de Universidad, fueron fusilados en la segunda fecha. También el mismo día 30 tuvo lugar una saca muy numerosa de la cárcel de Ventas. Fueron estas las últimas matanzas del mes de noviembre; pero el ritual macabro de las ejecuciones se prolongó durante los cuatro primeros días de diciembre. De San Antón sacaron presos los cuatro días. De la cárcel de Ventas salieron camino de la muerte sesenta y cuatro personas el día 2 y otras sesenta el día 3. Nuevas expediciones con destino a Paracuellos partieron de Porlier los días 1, 2, 3, y 4 de diciembre. Afortunadamente, el llamado "ángel rojo" fue requerido de nuevo por el ministro de Justicia. Melchor Rodríguez aceptó por segunda vez el cargo de delegado gubernativo de Prisiones con la condición de que ningún preso podría abandonar la cárcel sin su consentimiento escrito. A partir de entonces cesaron los asesinatos.

A la hora de buscar responsabilidades varios nombres son mencionados por los historiógrafos. Si aceptamos la tesis de Ian Gibson, la propuesta de exterminar a la población reclusa fue del judío Koltsov, él habría sido sido el instigador directo, aunque las órdenes procedieron de quienes tenían las competencias. Otro posible ideólogo de las masacres sería el argentino Victorio Codovilla, un stalinista que era máximo representante de la Internacional en Madrid. La orden inicial que autorizó las primeras sacas antes de que el Gobierno abandonase Madrid procedió del ministro de la Gobernación Ángel Galarza, el socialista masón que había justificado públicamente en las Cortes el asesinato de Calvo Sotelo. Una vez constituida la Junta de Defensa, los mandatos emanaron del nuevo consejero de Orden Público, Santiago Carrillo, que fue el responsable político, a pesar de que la idea no había sido suya.

Según consta en las *Actas de las sesiones de la Junta de Defensa de Madrid*, en la sesión del 15 de noviembre Carrillo dijo que él tenía la responsabilidad total y absoluta sobre todo lo relativo a los presos. Las órdenes, sin embargo, eran firmadas habitualmente por Segundo Serrano Poncela, su colaborador y mano derecha, que visitó personalmente la cárcel Modelo el 7 de noviembre y ordenó al más puro estilo leninista que se seleccionase a "militares, hombres de carrera y aristócratas". Ya en un segundo plano estarían aquellos que, teniendo responsabilidad, no tuvieron decencia o coraje para enfrentarse a los comunistas, que en sintonía con los esbirros soviéticos dirigían toda la operación. Entre estos estaría el ministro de Justicia, Juan García Oliver. Por último, no puede ignorarse que el presidente del Gobierno era Francisco Largo Caballero, en quien, tanto si se enteraba como si no, recaía la responsabilidad última de las actuaciones de sus ministros.

El 8 de diciembre, Georges Henry, el delegado suizo de la Cruz Roja Internacional, despegó de Madrid en un avión de la embajada francesa que cubría semanalmente el trayecto entre Toulouse y Madrid. Su destino final, sin embargo, era Ginebra, donde pensaba presentar un documento con las pruebas proporcionadas por Edgardo Pérez Quesada y Félix Schlayer sobre las matanzas de presos. Viajaban con él los periodistas Louis Delaprée, del periódico *Paris-Soir*, y André Chateau. Iban también como pasajeras dos niñas menores de doce años. El avión, un Potez 54, despegó a primera hora de la tarde. Además de llevar la bandera francesa en el timón de cola, en el fuselaje podía leerse perfectamente la inscripción "Ambassade de France". A la altura de Guadalajara un avión de guerra apareció de repente y se acercó para reconocerlo. Pareció que se alejaba, pero al poco regresó y ametralló al Potez 54, que fue gravemente dañado en un ala y en el fuselaje. Pese a todo, el piloto logró aterrizar el aparato en un campo de cereales de Pastrana, donde quedó panza arriba con las ruedas al aire y unos treinta impactos. Las dos niñas fueron las que salieron mejor paradas. El Dr. Henry fue herido en una pierna, Chateau pudo salvar la vida gracias a la amputación de una pierna, Delaprée murió el 31 de diciembre tras una agonía lenta y dolorosa. El piloto quedó ileso y, por su puesto, fue interrogado por el diplomático noruego, quien dio en su libro esta versión de lo ocurrido:

> "... A la altura de Guadalajara se cruzó de frente con otro avión que al principio le pasó a bastante distancia. Llevaba los distintivos del Gobierno rojo. El francés lo saludó como es habitual haciendo señas con las alas, es decir, moviéndolas dos veces arriba y abajo para ser reconocido, a pesar de que tenía grandes distintivos franceses. El avión rojo pasó de largo, se alejó, giró, volvió y se colocó debajo del francés. Después le disparó desde abajo con su ametralladora. Luego escapó con rapidez. El asustado piloto francés me hizo personalmente esta narración."

Mijail Koltsov visitó a los heridos en los hospitales el 9 de diciembre. En su *Diario de la guerra de España* escribió la versión que le hizo el propio Delaprée antes de morir:

> "No llevábamos en el aire más de diez minutos. De repente sobre nosotros apareció por un lado un caza. Dio una vuelta, por lo visto nos estuvo contemplando a su gusto. Es imposible que no viera las señales distintivas. Desapareció por unos minutos y luego de golpe, por abajo, a través del piso de la cabina, empezaron a penetrar las balas. Caímos heridos por los primeros disparos. El piloto quedó ileso. Se dirigió bruscamente al aterrizaje. El avión dio un golpe muy fuerte contra el suelo, se puso vertical sobre la proa. Gravemente heridos, desangrándonos, caímos uno encima de otro. Me parece que se inició un incendio, ya no comprendía nada. Unos minutos más tarde aparecieron unos campesinos, rompieron la portezuela y nos sacaron con todo cuidado."

Ya en 1938 William Foss y Cecil Gerahty denunciaron en *The Spanish Arena* quiénes habían sido los autores del ataque. También en sus libros coetáneos E. Knoblaugh y F. Schlayer apuntaron que había sido una operación de los servicios secretos de la Unión Soviética. En Francia el suceso conmocionó a la opinión pública, pero no se supo la verdad porque la prensa republicana aseguró que se trataba de "una nueva salvajada de la aviación franquista" y puso en marcha una campaña de propaganda que acusaba a los nacionales de un atentado contra la Cruz Roja Internacional y contra Francia. Hoy se sabe que los pilotos que protagonizaron el ataque fueron G. Zajarov y N. Shimelkov. Un amigo de Delaprée, el periodista

Sefton Delmer, aseguró en los años sesenta que Alexander Orlov, el jefe de la NKVD, había ordenado el derribo del avión para evitar que los informes sobre los asesinatos en masa de Paracuellos del Jarama llegasen al Comité de la Cruz Roja Internacional, pues la República podía ser acusada de crímenes contra la humanidad. Especialmente interesado en ocultar las masacres debía de estar el socialista Julio Álvarez del Vayo, ministro de Asuntos Exteriores, quien pronunció el 11 de diciembre en la sede de Naciones Unidas de Ginebra un discurso famoso, en el que acusó a Alemania y a Italia de bombardeos indiscriminados que causaban en España la muerte de miles de niños y mujeres. En el momento en que pretendía ganarse a la opinión internacional, hubiera sido un grave revés para Álvarez del Vayo, quien, como Negrín, estaba casado con una judía de origen ruso, que el Dr. Henry entregase en la ciudad suiza los documentos que hubieran desprestigiado a su Gobierno ante la opinión mundial.

Antes de que acabase el año, otro incidente provocó un escándalo internacional que puso en evidencia al Gobierno de Largo Caballero. El 20 de diciembre el barón de Borchgrave, diplomático que actuaba como encargado de negocios de Bélgica en España, salió de la embajada en su coche oficial y desapareció. Su esposa, de nacionalidad norteamericana, llamó preocupada a cuantos periodistas conocía y todos comenzaron la búsqueda. Por fin, el día 28, en una fosa común en Fuencarral, el cuerpo fue localizado junto a los de otras quince víctimas. El diplomático había sido asesinado con tres tiros a quemarropa, dos en la espalda y uno en la cabeza. El cadáver, espantosamente mutilado, pudo ser identificado por el nombre del sastre belga en su traje. Al principio el Gobierno dijo que había muerto en un bombardeo. En una segunda versión, culpó a brigadistas internacionales, quienes lo habrían ejecutado por ser un espía de Franco. El Gobierno belga, indignado, protestó enérgicamente y amenazó con romper las relaciones diplomáticas, exigió disculpas oficiales, honores militares en los funerales, una fuerte indemnización para la familia y castigo para los culpables. El Gobierno republicano rechazó cualquier responsabilidad y Largo Caballero sometió el asunto al Tribunal de La Haya. En Bélgica el asesinato fue comparado al de Calvo Sotelo y provocó la dimisión del socialista Émile Vandervelde, ministro de Sanidad y vicepresidente del Gobierno. Finalmente, en enero de 1938 Negrín aceptó pagar una indemnización de un millón de francos belgas.

Sobre el tema de la propaganda y la falta de escrúpulos de Álvarez del Vayo, hay que decir que en los primeros años de la guerra un personaje ya conocido, Otto Katz, el judío comunista y sionista que había montado en 1933 toda la campaña para inculpar a los nazis del incendio del Reichstag, estuvo al frente de la propaganda de la República. Katz llegó a Madrid a finales de junio de 1936 y tres días antes de la rebelión militar se desplazó a Barcelona, donde vivió el inicio de la guerra civil, durante la cual entró y salió de España en numerosas ocasiones. París y Londres fueron las ciudades desde las que controló la Agencia España, la cual dirigió en estrecha colaboración con Julio Álvarez del Vayo, el Ministro de Exteriores de la República que lo consideraba un genio de la propaganda.

Inicialmente, la Agencia España nació vinculada a Willi Münzenberg, "el millonario rojo", pero en 1937 Stalin perdió la confianza en Münzenberg por sus relaciones con el trotskysmo y Katz se convirtió en el director en la sombra. La Agencia España, con oficinas y contactos en toda Europa, mantuvo una red de información y desinformación y llevó a cabo otras tareas secretas. Katz estableció su base en la oficina de París, pero tenía el apoyo sólido de la Agencia Española de Noticias (Spanish News Agency) en Londres, de ahí sus frecuentes viajes. No todos aceptaron como Álvarez del Vayo la manera que tenía Katz de dirigir la Agencia España. Jonathan Miles informa en *The Nine Lives of Otto Katz* que Andrés de Irujo, secretario del Ministerio de Justicia cuando su hermano Manuel fue el ministro, denunció la falta de escrúpulos de una persona "con la que no deberían hacerse tratos." Irujo, sin saber quién era Katz y a quiénes estaba sirviendo, creía que había que evitar cualquier transacción con un personaje que, desde su punto de vista, no representaba de manera creíble a "ningún partido u organización política y que ignoraba el problema de España y del pueblo español." Irujo denunciaría posteriormente que la Agencia España fue una fábrica de propaganda sin ningún rigor informativo.

Hacia el dominio stalinista de la República

El 21 de diciembre de 1936 Stalin escribió una carta a Largo Caballero, publicada el 4 de junio de 1939 en *The New York Times* y citada por Gerald Brenan y por Burnett Bolloten. En ella le recomendó que se ganara a los campesinos solucionando las cuestiones agrarias y reduciendo los impuestos. En cuanto a la pequeña burguesía, le aconsejó que la captase impidiendo las confiscaciones, respaldando sus intereses e introduciendo dirigentes republicanos en el Gobierno con el fin de tranquilizar al capital extranjero. Stalin estaba, pues, en la línea de seguir una política moderada, que buscaba el respaldo de las clases medias y el apoyo de Francia y Gran Bretaña, una política que nada tenía que ver con la revolución que preconizaban trotskystas y anarquistas, tantas veces anunciada por el mismo Largo Caballero. El PCE, que de los treinta mil afiliados a comienzos de la guerra pasó a tener doscientos cincuenta mil en marzo de 1937, debía ser el gran beneficiado de esta línea de actuación. La batalla de Madrid fue la circunstancia que permitió que los comunistas se hicieran paulatinamente más fuertes, más imprescindibles. No debe olvidarse, no obstante, el papel de los anarquistas en la defensa de la capital y el poder que mantenían tanto en Madrid como en Barcelona y otras ciudades. Ellos iban a convertirse en el principal escollo que tarde o temprano habría que eliminar, puesto que, además, constituían para los trotskystas el único punto de apoyo posible.

Sólo con ellos podía formarse el partido revolucionario que exigía Trotsky en sus escritos sobre la situación en España.

Hay que tener presente, y éste es el gran misterio que sigue sin desvelarse, que entre bastidores se libraba la lucha interna entre los comunistas llegados de toda Europa, a los que Stalin controlaba a través de sus agentes. La maraña inextricable de traiciones, espías, agentes provocadores, criminales profesionales, desapariciones y asesinatos es muy difícil de desentrañar. Por lo general, los historiadores critican a Stalin, el gran traidor del proletariado internacional; pero los intelectuales dogmáticos de la izquierda no dicen una palabra sobre quién era Trotsky, cuya relación con los Baruch, Morgan, Schiff, Givotovsky y Warburg se pasa siempre por alto y no se desvela nunca. Trotsky representa para ellos la pureza revolucionaria. Su traición, mayor aún que la de Stalin, es ignorada y el enigma de las maniobras en la sombra de sus agentes en España no ha llegado a conocerse.

Sobre el terreno, el Partido Comunista, además de demostrar su capacidad de organización y su dominio de la técnica de la propaganda tuvo el poder de distribuir las armas que llegaban de Moscú, lo cual le permitió crear de la nada un magnífico ejército, el famoso Quinto Regimiento, vital durante los casi tres meses que duró el asedio de Madrid. A finales de 1936 el Quinto Regimiento contaba con sesenta mil hombres en sus filas. Entre sus fundadores estaban el stalinista italiano Vittorio Vidali, conocido como Carlos Contreras, el famoso comandante Carlos, comisario político del Regimiento, y Enrique Castro, su primer jefe militar.

La batalla frontal se desarrolló durante el mes de noviembre y la primera quincena de diciembre. En las ofensivas y contraofensivas se luchó hasta el paroxismo en durísimos combates cuerpo a cuerpo. Antes de morir en diciembre tras el derribo de su avión, el periodista Louis Delaprée narró la crudeza de los combates, que se libraron de casa en casa y de piso en piso: "Se disparaban a quemarropa, se degollaban de descansillo en descansillo..." Finalmente, los nacionales fueron detenidos gracias a la llegada de las brigadas internacionales, de los carros de combate T-26, de la artillería y de los aviones rusos, que otorgaron a los defensores de la capital el plus que necesitaban. "No pasarán", el famoso eslogan acuñado por Pasionaria, fue la consigna que se hizo realidad. En enero de 1937 el fracaso del ataque sobre Madrid era irreversible y el frente quedó estabilizado hasta el final de la guerra.

Los militares españoles que el Gobierno puso al frente de la defensa de Madrid fueron José Miaja y Vicente Rojo, junto a ellos estaba el máximo representante del GRU (Servicio Secreto Militar Soviético), un general de brigada que llegó como agregado militar y se hacía llamar Vladimir Efímovich Gorev, alias "Sancho", cuyo nombre verdadero era Woldemar Roze. Según Pierre Broué, este personaje fue el verdadero director del Estado Mayor y organizador de la defensa de Madrid. Gorev debió de estar en la órbita de Trotsky desde el principio: además de servir en el Ejército Rojo durante la guerra civil rusa, había trabajado en Alemania como organizador militar, aunque también estaba al cargo de los actos de terrorismo. Cuando fue detenido en 1923 por ser uno de los organizadores del "octubre alemán", dijo que se llamaba Alexander Skoblewsky. En Alemania tuvo un nombre diferente en cada ciudad. En Berlín pasaba por ser el general Wolf. Según la policía alemana Gorev-Roze-Skoblewsky era medio judío.

Antes de que fuera juzgado en Lepzig, el jefe de la GPU, Félix Dzerjinsky, trató de negociar su liberación a través de Heinz Neumann. Por fin, Skoblewsky, que había sido condenado a doce años, fue liberado en 1925 gracias a un intercambio de prisioneros. Su siguiente destino fue China, país que constituía otra de las prioridades de Trotsky. Allí debía organizar los soviets y acelerar la revolución. Hasta finales de 1929 estuvo en China, donde era llamado Vysokogorets, pero también tuvo otros dos alias, "Nikitin" y "Gordon". En *Das Rotbuch über Spanien* (*El libro rojo sobre España*) se le acusa de practicar el terror en masa y se le responsabiliza de la muerte de más de medio millón de personas en la región de Sinkiang, en el noroeste del país. Entre 1930 y 1933, con el seudónimo de "Herbert", trabajó como espía militar en Nueva York. Stalin, en el proceso de las purgas en el Ejército Rojo, ordenó su arresto en enero de 1938 y el mismo año fue sentenciado a muerte[24]. Otros dos militares judíos que adquirieron fama en

---

[24] Vladimir Efímovich Gorev (Woldemar Roze) estuvo rodeado de agentes judíos. Uno de ellos, Sergei Ginzburg, aparece con el pseudónimo de "Sierra Charriba" en las crónicas sobre la batalla de Madrid. Una investigación en los RGASPI (Archivos de Historia Socio-Política del Estado Ruso) ha permitido conocer un cuaderno de Sergei Ginzburg titulado *Misión en Madrid*. En él se da noticia de una reunión en las cercanías de la embajada soviética en la que el general Gorev, acompañado de su intérprete y amante Emma Wolf, convocó a una docena de personajes internacionales y españoles para anunciarles que los había integrado a todos en una unidad especial: el Batallón Móvil de Asalto. Wolf traducía al inglés y al español las palabras de Gorev, quien aseguró que la entrada en acción del Batallón significaría "una nueva forma de hacer la guerra, desconocida hasta ahora". Sólo los miembros de la nueva unidad, entre los cuales estaba Ginzburg, conocerían su existencia. Eran soldados seleccionados por su habilidad en el combate y por su gran resistencia física e intelectual. Ginzburg explica que el Batallón Móvil de Asalto, con base en Madrid, dependería directamente de Gorev, o sea, de la Inteligencia Militar, y operaría en cualquier lugar de España, pues sería transportado por tierra o por aire. Gorev anunció que las misiones del Batallón serían principalmente detrás de las líneas enemigas, razón por la que debía ser letal y eficaz. Dispondría para ello de los medios más avanzados y de las armas más modernas. Los nombres de algunos integrantes internacionales del Batallón mencionados por Ginzburg indican su origen judío. Entre ellos destacan Livshits, Ratner ("Juan"), Lvovich (estos dos últimos eran coroneles que fueron fusilados con Gorev) y otros dos tipos sentados a la derecha del general, viejos conocidos de Ginzburg: Rosencrantz y Guildenstern, a los que Gorev presentó como "dos revolucionarios que se ocuparían de diversas tareas relacionadas con su acreditada experiencia como agentes internacionales". Ginzburg acaba diciendo que, en todo caso, "no se fiaría de ellos".

la Batalla de Madrid fueron Semion Moiséievich Krivoshéin, alias "Melé", el cual comandó las fuerzas de tanques del ejército republicano, y Yakov Vladimirovich Smushkevich, que estuvo al frente de la aviación soviética y fue conocido como "general Douglas". También éste último sería arrestado en junio de 1941 y ejecutado en octubre del mismo año.

Uno de los comunistas que más fama mundial cosechó durante la defensa de Madrid fue el legendario general Emilio Kléber. Pasaba por ser un austríaco naturalizado canadiense, pero era un judío de origen alemán llamado Manfred Zalmónovich Stern, aunque también era conocido como Lazar Stern, Manfred Stern y Moishe Stern. Stern/Kléber había sido en 1929, bajo el pseudónimo de Mark Zilbert, jefe del espionaje soviético en Nueva York, donde coincidió con Gorev. Una campaña de prensa internacional se encargó de presentarlo como el gran héroe de las brigadas internacionales. Krivitsky asegura que pertenecía al Estado Mayor del Ejército Rojo. Kléber mandó la XI Brigada Internacional que luchó en los combates de la Casa de Campo y en la batalla de la Ciudad Universitaria. La propaganda lo catapultó a la fama al calificarlo como "salvador de Madrid". Sin embargo, Vicente Rojo, en una carta a Miaja fechada el 26 de noviembre de 1936, denunciaba la publicidad "exagerada" que recibía Kléber, su popularidad "artificiosa" y sus dotes "falsas" de dirección. Burnett Bolloten cita en su obra monumental sobre la Guerra Civil fragmentos de la carta de Rojo: "Es cierto que sus hombres se baten bien- decía-, pero nada más, y esto lo hacen muchos que no están mandados por Kléber." Rojo acusaba a Kléber de falsear en sus informes la situación militar, de insubordinación, de ambiciones políticas y advertía a Miaja de una "baja maniobra que puede desplazarlo a usted de la función que todos sus subordinados vemos que realiza con entusiasmo."

En la Nochevieja de 1936 se celebró en el puesto de mando de Kléber una cena a la que invitó entre otros: a Máté Zalka, conocido como el general Luckacs, un judío de origen húngaro que era comandante en jefe de la XII Brigada y se llamaba en realidad Béla Frankl; al poeta Rafael Alberti; a su compañera María Teresa León y a la hermana de ésta, que acabó casándose con Kléber[25]; al coronel Gustavo Durán, miembro de la generación del 27; y a un invitado especial, el comandante Juan Perea Capulino, un militar español que llegó a general. En su obra *Los culpables: recuerdos de la guerra 1936-1939*, Perea relata que Kléber le dijo que el PCE necesitaba controlar la dirección de la guerra y crear su propio caudillo, un hombre con una historia política revolucionaria que contase con la confianza del pueblo, el cual podría convertirse en generalísimo de los ejércitos de la República. "Usted puede ser ese hombre -le ofreció Kléber-. Yo sé, y se lo digo dentro de la mayor reserva, que en estos días será usted ascendido a general de división y que le confiarán el mando de una gran unidad en un sector muy

---

[25] Esta hermana de María Teresa León sería la enigmática española que años más tarde se presentó en Moscú con dos criaturas y aseguraba que era la esposa de Manfred Stern/Emilio Kléber.

a dirección, no deberían haber provocado su destitución y posterior
n.

talin habría recibido de sus agentes informes negativos sobre la
a del embajador Rosenberg, por lo que en la carta de 21 de diciembre
ada más arriba pidió a Largo Caballero una valoración sobre los
soviéticos y en particular su opinión sobre Rosenberg. En la carta
uesta, fechada el 12 de enero de 1937, publicada en *Guerra y
ión* por Dolores Ibárruri y otros, Largo Caballero escribió:

Los camaradas que han venido a ayudarnos a petición nuestra nos están
roporcionando un gran servicio. Su considerable experiencia nos es muy
til y contribuye de manera eficiente a la defensa de España... Puedo
segurarle que están realizando sus obligaciones con verdadero
ntusiasmo y extraordinario coraje. En cuanto al camarada Rosenberg,
uedo informarle sinceramente que estamos satisfechos con su
omportamiento y sus actividades entre nosotros. Aquí todos lo
preciamos. Trabaja mucho, de hecho excesivamente, pues expone su
elicada salud..."

sta respuesta demostraría que no fueron las quejas o supuestas
nes entre Rosenberg y Largo Caballero las que aconsejaron la
ión del embajador. El interés de Stalin por la actitud de la misión
tica indicaría más bien que su conducta no estaba en la línea con la
n no revolucionaria diseñada por Moscú. Una prueba de ello es que
febrero de 1937 el embajador de España en la URSS, Marcelino
, tuvo una reunión en el Kremlin con Stalin, Voroshilov y Mólotov.
ad de la entrevista, Stalin sorprendió al embajador al criticar a sus
ales representantes en España. En el Archivo Histórico Nacional
existen las notas de Marcelino Pascua sobre el encuentro. Según estos
, Stalin le dijo al embajador que enviarían a alguien menos "enfant
", alguien más "oficial". En cuanto a Antónov-Ovséyenko, se le dio
der que lo sustituirían por "alguien menos revolucionario".
Krivitsky reconoce que la principal preocupación de Moscú a finales
6 era conseguir el control de la Brigada Internacional. En cuanto al
o gobierno de Largo Caballero, lo define como "una precaria
n de partidos políticos antagónicos". Krivitsky viajó a Barcelona en
bre y supo por su colega Stashevsky que Stalin había pensado ya en
para sustituir al Lenin español. A principios de noviembre el PCE y
U apoyaron a Largo Caballero; aunque no lo controlaban a su antojo,
que ya desde el principio habían pensado en un sustituto. La prioridad
ar la batalla de Madrid aparcó las múltiples diferencias que latían
de la coalición gubernamental; pero en diciembre la Junta de Defensa
por decreto a los comités todas las atribuciones que les habían
do conservar en el mes decisivo de noviembre. El Partido Comunista
zó a trabajar en los barrios para que abandonasen sus iniciativas

importante del frente de Madrid. Atrévase usted. El Pa[...] la mism[...]
con mucho agrado el ingreso de usted en sus filas. Pién[...] ejecuci[...]
ahora." María Teresa León, sentada a la derecha del mil[...]
en su pecho la insignia del partido; no obstante, Perea[...] conduc[...]
ofrecimiento ante la sorpresa general. mencic[...]
    Gerald Brenan escribe en *El laberinto español* q[...] asesore[...]
"la presión comunista sobre el Gobierno era grande y [...] de res[...]
pensó en la inminencia de un golpe de Estado y e[...] *Revolu[...]*
Internacionales marcharían sobre Valencia." Si ello fue[...]
hacerse un par de preguntas. ¿Eran los generales Klébe[...]
Stalin y al PCE o buscaban dar un golpe de mano? [...]
ganarse el apoyo de Perea y había segundas intenciones[...]
4 de febrero de 1937 Kléber fue destituido súbitamente[...]
Brigada y en otoño del mismo año fue llamado a M[...]
Krivitsky, que durante años había trabajado con él y [...]
familia, relaciona su caída con la purga en el Ejército[...]
supo que Kléber fue arrestado y condenado a 15 años de[...]
actos de traición cometidos en España. Murió el 18 de fe[...]
campo de trabajo de Sosnovka.
    El 21 de febrero de 1937 se produjo otro hec[...]
convenientemente aclarado: la retirada del embajador [...] discus[...]
llamado a Moscú y eliminado el mismo año en el con[...] sustitu[...]
antitrotskystas. Su sustituto fue otro judío, León Yakov[...] diplom[...]
venía actuando como secretario de la Embajada. Este p[...] direcc[...]
uno de los funcionarios de la Checa de Petrogrado en los[...] el 2 d[...]
revolución. A principios de los años veinte pasó a ser jef[...] Pascu[...]
la Internacional (Comintern) en Europa Central. A la [...] En mi[...]
Rádek, trabajó junto a Bela Kun. Más tarde fue agreg[...] princi[...]
soviética en México y dirigió desde entonces las activid[...] (AHN[...]
Centroamérica y en América del Sur. Khaikis presentó [...] papele[...]
Azaña el 16 de marzo; pero su permanencia en el cargo [...] terribl[...]
mayo de 1937 fue llamado a Moscú y acabó también ejec[...] a ente[...]
queda claro quién ocupó su puesto.
    Según el socialista Luis Araquistáin no hubo má[...] de 19[...]
trotskysta Pierre Broué y otros historiadores tratan de ex[...] segun[...]
Rosenberg a partir de una supuesta queja de Largo Caballe[...] coalic[...]
del embajador en los asuntos españoles; pero esta explica[...] novie[...]
si se considera que a ojos de Moscú el Lenin español se h[...] Negrí[...]
un obstáculo para los comunistas stalinistas que no que[...] la OG[...]
social. Difícilmente Stalin hubiera hecho caso del re[...] por lo[...]
Caballero si Rosenberg hubiese actuado según sus instruc[...] de ga[...]
documentos demuestran que los asesores soviético[...] dentr[...]
comunistas y los socialistas Álvarez del Vayo y Negrín tr[...] retiró[...]
con el dominio del Gobierno. Si los esfuerzos de Rosenbe[...] permi[...]
come[...]

revolucionarias y se sometieran a la administración única de la Junta. Pierre Broué hace referencia a "choques violentos entre las tropas de la CNT y los hombres del Partido Comunista".

El 12 de diciembre la Junta decidió la militarización de todas las unidades de milicias bajo la autoridad de Miaja y de los comunistas de la Junta. En esta fecha los tranvías dejaron de ser gratuitos y se restablecieron los alquileres. El día 24 se prohibió llevar armas en la capital y la seguridad pasó a manos de organismos gubernamentales. El 26 de diciembre, el consejero de Abastos de la Junta, Pablo Yagüe, fue gravemente herido por milicianos de la CNT que pretendían verificar la identidad de los ocupantes de su vehículo. "Este atentado -escribe Broué- provocó la indignación de la prensa comunista, socialista y republicana. El periódico de la CNT, que quería responderles, fue censurado; pero los culpables, detenidos, fueron absueltos por el tribunal popular. La prensa de la CNT acusó a los hombres del PC de haber asesinado a tres de los suyos, como represalia, en un barrio de Madrid." En cuanto al POUM, se desencadenó una ofensiva en su contra que implicó el cierre de sus locales, su radio y su prensa.

En enero de 1937 los comunistas stalinistas preparaban ya la lucha por el poder en el Gobierno de Largo Caballero, que había de conducir a los sucesos de mayo de 1937 en Barcelona. La revolución había sido detenida y se preparaba la contrarrevolución, para lo cual Largo Caballero constituía un obstáculo. El Lenin español había propuesto en marzo de 1936 la fusión de los partidos socialista y comunista, lo cual había sido acogido con entusiasmo por José Díaz, líder de los comunistas. Un paso en este sentido había sido la unión en abril de 1936 de las Juventudes Socialistas y las Juventudes Comunistas, cuyo impulsor fue Álvarez del Vayo. Esta fusión se hizo precipitadamente, sin un congreso previo, y los grandes beneficiados fueron los comunistas. Largo Caballero debió de pensar que los tres mil jóvenes comunistas quedarían diluidos entre los cincuenta mil socialistas, pero ocurrió exactamente lo contrario, pues tras el estallido de la guerra, Santiago Carrillo, al secretario general de las JSU, al que Largo llamaba Santiaguito, se pasó al Partido Comunista junto a otros jefes de la Federación de las Juventudes Socialistas. De este modo las JSU se convirtieron en uno de los motores que impulsaron el dominio del PCE.

En lugar del Congreso Nacional de Unificación, Carrillo convocó en enero de 1937 una Conferencia Nacional dominada por sus delegados, que lograron la constitución de un Comité Nacional atestado de comunistas. Sólo entonces Largo Caballero se dio cuenta de su error. Jesús Hernández (Instrucción Pública y Bellas Artes) y Vicente Uribe (Agricultura), los ministros comunistas en el Gobierno, detentaban carteras de poco peso político para poder dominar el Ejecutivo. Por ello fue decisiva la colaboración de dos socialistas: Álvarez del Vayo (Asuntos Exteriores) y Negrín (Hacienda). El primero, que pasaba por ser hombre de confianza del primer ministro, demostró ser un comunista convencido, partidario de la

URSS y de su política internacional. Las actuaciones del segundo ya han sido comentadas.

Otra cosa eran los cuatro ministros anarquistas, teóricos representantes de la vanguardia revolucionaria. Mientras en Rusia los anarquistas eran un grupúsculo que pudo ser eliminado sin dificultad por Trotsky y Lenin, en España constituían los elementos más combativos del proletariado y eran imprescindibles de cara a la consolidación de la revolución. Trotsky había comprendido que en principio había que contar con las masas anarquistas para tomar el poder. En un artículo de 1931 titulado *La Revolución española y las tácticas comunistas* había escrito en relación a la CNT: "Reforzar dicha confederación y transformarla en una verdadera organización de masas es un deber para cada obrero avanzado y, ante todo, para los comunistas". Trotsky preveía entonces una lucha en dos frentes en el seno del movimiento obrero: contra el "cretinismo parlamentario" de los socialistas, y contra el "cretinismo antiparlamentario" de los anarquistas. A causa de su desprecio del anarcosindicalismo como doctrina y como método revolucionario, no veía otra solución que arrancar a las masas de la influencia de los anarquistas y de los socialistas: "Los anarcosindicalistas -decía Trotsky- podrían hallarse a la cabeza de la revolución sólo en el caso de que renunciaran a sus prejuicios anarquistas. Nuestro deber consiste en ayudarlos en este sentido. Hay que suponer que parte de los jefes sindicalistas se pasarán a los socialistas o quedarán al margen de la revolución. Los verdaderos revolucionarios estarán con nosotros; las masas irán con los comunistas, lo mismo que la mayoría de los obreros socialistas." Cinco años después de la publicación del artículo, Trotsky sólo contaba en España con el partido de Andreu Nin, el POUM, y los anarquistas seguían siendo la única carta posible para oponerse al comunismo de Stalin.

La situación de Largo Caballero como primer ministro era en cierto sentido similar, puesto que sólo apoyándose en los anarquistas podía sobrevivir a la ofensiva de quienes no querían una revolución social. Su situación se hizo insostenible cuando el sector de Indalecio Prieto se acercó también a los comunistas. Mientras en 1936 Largo había propugnado la unión con los comunistas e Indalecio Prieto la había rechazado, a principios de 1937 los papeles se habían invertido: ahora era Prieto quien pedía la fusión inmediata y Largo Caballero se oponía. Socialistas y comunistas estaban de acuerdo en poner fin a la revolución, en acabar con las colectivizaciones, en la restauración del Estado y en la formación de un ejército regular que pudiera ganar la guerra. En enero de 1937 Santiago Carrillo propuso en Valencia luchar contra tres enemigos: Franco, los trotskystas y los extremistas incontrolados. La caída el 8 de febrero de Málaga, donde imperaban la falta de disciplina, las luchas entre facciones y el caos favorecieron el inicio de la campaña pública contra el presidente del Gobierno y el reinicio de las hostilidades entre el PCE y la CNT, que se acusaron mutuamente de haber propiciado la derrota. Los comunistas explotaron al máximo el desastre de Málaga.

Las luchas entre comunistas y anarquistas eran un hecho. Largo Caballero fue comprobando durante el mes de marzo que hombres de su confianza, entre ellos Álvarez del Vayo, ministro de Exteriores, lo estaban traicionando. Informó de ello a Azaña. El presidente de la República autorizó la destitución del ministro; sin embargo, el presidente del Gobierno, consciente de su debilidad y de que el cese de Álvarez del Vayo implicaba una crisis de Gobierno, optó por mantenerlo. No obstante, el 14 de abril Largo pasó a la ofensiva y firmó una orden ejecutiva que limitaba los poderes del Comisariado de la Guerra, un organismo vital cuyos nombramientos decidiría él personalmente.

Por otra parte, en las checas de Madrid, en un círculo vicioso de acción reacción, habían comenzado a asesinarse unos a otros. Melchor Rodríguez, el "ángel rojo", acusó al comunista José Cazorla, consejero de Orden Público de la Junta, de permitir que los comunistas interrogasen, torturasen y matasen a militantes de la CNT en cárceles privadas. Los anarquistas acusaron a Cazorla de ser "un provocador al servicio del fascismo" y exigieron su destitución. El escándalo fue creciendo y Largo Caballero aprovechó la coyuntura para proceder el 23 de abril a la disolución de la Junta de Madrid, que sería sustituida por un Consejo municipal. Fue su definitiva declaración de guerra al PCE, pues numerosos comisarios cesaron en sus funciones.

De este modo, Largo Caballero trató de tomar la iniciativa para recuperar el control de la situación. Puesto que seguía siendo el ministro de Guerra, propuso un ataque en dirección a Extremadura con el fin de dividir nuevamente la zona franquista: el plan era cortar las comunicaciones de los rebeldes con el sur y aliviar así la situación en el frente del norte. Tanto Miaja como los consejeros rusos se opusieron alegando que no se podía desguarnecer Madrid. Cuando Miaja recibió la orden de enviar parte de las tropas de Madrid al sector de Extremadura, los comunistas le pidieron que se negara. Ante esta indisciplina, el ministro de la Guerra adoptó una actitud enérgica y obligó a Miaja a cumplir las órdenes.

Simultáneamente, en Catalunya el POUM, que en diciembre de 1936 había sido expulsado del Gobierno de la Generalitat por presiones de los stalinistas del PSUC, fue orientándose con claridad a favor de una política revolucionaria. A través de su periódico *La Batalla* denunció el retroceso de la revolución y las "maquinaciones contrarrevolucionarias del PC y del PSUC". El 21 de marzo Andreu Nin pronunció un discurso en Barcelona reproducido el día siguiente en *La Batalla*. Según él, el proceso contrarrevolucionario se producía debido al "papel político desempeñado por el reformismo dentro de la revolución, apoyado por esa organización internacional que tiene el cinismo de titularse comunista". Nin apelaba a los dirigentes de la CNT y terminó diciendo que para la victoria era necesaria "una sola bandera, la bandera roja de la revolución proletaria. Un solo gobierno, el gobierno obrero y campesino, el gobierno de la clase obrera."

Las juventudes del POUM, JCI (Juventud Comunista Ibérica), estaban por la disolución del Parlamento y a favor de una asamblea constituyente elegida sobre la base de los comités de fábricas y de las asambleas de los campesinos y de los combatientes. También la CNT tenía una corriente de oposición revolucionaria que no aceptaba la militarización de las milicias. Se hacían llamar "los amigos de Durruti" y publicaban el diario *El amigo del pueblo*. Su posición coincidía con la del POUM y la JCI. Andreu Nin y los dirigentes del partido trataron de acercarse a la dirección y a los militantes de la CNT con objeto de organizar la defensa del movimiento obrero y de las conquistas de la revolución. Su propuesta, apuntada el 25 de abril en otro discurso, era la formación de un Frente unido revolucionario. Para ello, pedía que "el instinto revolucionario de la CNT se transformase en conciencia revolucionaria y el heroismo de sus masas, en política coherente".

Estas eran en realidad las aspiraciones de Trotsky, quien desde México, sin sospechar que los agentes de Stalin lo tenían en el punto de mira, pontificaba en el mismo sentido con una palabrería insulsa, completamente alejada de la realidad, como lo estaban las propuestas de su amigo español. Trotsky había criticado la entrada de los anarquistas en el Gobierno del Frente Popular y la de Nin como conseller de Justicia en el Gobierno de la Generalitat. Una vez más, "el viejo" predicaba la guerra civil dentro de la guerra civil. En un artículo firmado con el seudónimo Crux, escrito en abril de 1937 y publicado con retraso en *La Lutte Ouvriére*, su receta era la siguiente:

> "Es preciso movilizar abierta y osadamente a las masas contra el gobierno del Frente Popular. Hay que desvelar, ante los obreros sindicalistas y anarquistas, la traición de estos señores que se hacen pasar por anarquistas cuando en realidad no pasan de simples liberales. Es preciso fustigar a Stalin como el peor agente de la burguesía. Hay que sentirse los dirigentes de las masas revolucionarias y no los consejeros del gobierno burgués."

La desfachatez y el cinismo de Trotsky, siendo él mismo el principal agente del capitalismo judío internacional, le permitían escribir en el mismo artículo:

> "... La victoria del ejército republicano del capital sobre el ejército fascista significará necesariamente la explosión de la guerra civil en el seno del campo republicano. En esta nueva guerra civil, el proletariado no podrá vencer si a su cabeza no se encuentra un partido revolucionario que haya conseguido ganarse la confianza de la mayoría de los obreros y de los campesinos semiproletarios."

Mientras el engreído gurú del proletariado internacional dogmatizaba desde la distancia, cómodamente instalado en su residencia mexicana, los españoles seguían luchando encarnizadamente unos contra otros. Sus propuestas y las críticas de Nin hacia el PCE y hacia Stalin, sin embargo, no pasaron desapercibidas.

Guerra civil en el bando republicano y derrocamiento de Largo Caballero

Cataluña, donde la revolución había alcanzado las cotas más altas, seguía siendo el bastión donde subsistían aún estructuras revolucionarias y los obreros armados se resistían a entregar sus parcelas de poder. El 3 de abril Companys formó un Consell de Govern provisional presidido por Josep Tarradellas, que además de conseller en cap lo era también de Hacienda y Educación. Artemi Aiguader (ERC), Joan Comorera (PSUC), Josep Calvet (Unió de Rabassaires), Francisco Isgleas (CNT) y Joan J. Domènech (CNT) completaban el Gobierno. El 7 de abril PSUC y UGT presentaron un "Plan de Victoria" para Cataluña que colisionaba con los objetivos revolucionarios de la CNT y concentraba todas las armas, la seguridad y el poder en manos del Govern. El 16 de abril Companys amplió a diez los miembros del Consell de Govern sin alterar la relación de fuerzas políticas.

El 17 de abril se presentaron en Puigcerdà y en Figueras carabineros enviados por Negrín con la intención de hacerse con el control de las aduanas, que desde julio de 1936 seguían en manos de milicianos de la CNT. Ante la negativa de estos a retirarse, se tensó la situación y se llegó a un punto muerto, por lo que el Comité Regional de la CNT trató de negociar. El 24 de abril, el comisario de Orden Público, Eusebio Rodríguez Salas, alias "el manco", antiguo militante anarquista y poumista que se había pasado al PSUC, sufrió un atentado del que salió ileso. El día 25, Roldán Cortada, dirigente de la UGT y miembro del PSUC fue asesinado en Molins de Rey. El PSUC organizó un entierro multitudinario que se convirtió en una protesta contra el POUM y la CNT: durante tres horas los comunistas stalinistas catalanes desfilaron con armas al hombro. Los líderes del POUM acusaron a los comunistas catalanes de haber propiciado una "manifestación contrarrevolucionaria".

El día siguiente la Generalitat envió a su policía a Molins de Rey. Los dirigentes anarquistas locales, acusados de haber participado en el asesinato, fueron detenidos. En este ambiente saltó por fin la chispa en Bellver de Cerdanya (Lérida), donde los carabineros se enfrentaron a tiros con militantes anarquistas. Antonio Martín, alias "el cojo de Málaga", cayó en el combate junto a otros siete milicianos. Martín, presidente del Comité Revolucionario de Puigcerdà y principal promotor de la colectivización en la región, era un antiguo contrabandista que se había convertido desde julio de 1936 en el jefe de los aduaneros. Ante el rumor de que el Ministerio de

Gobernación ordenaría el desarme de todos los grupos obreros, el 29 de abril grupos de la CNT-FAI armados con fusiles y granadas de mano aparecieron por las calles de Barcelona. Por el temor de que estallara un conflicto, la Generalitat canceló las celebraciones del 1 de mayo. Tanto *La Batalla* como *Solidaridad Obrera*, el periódico de la CNT, pidieron a los trabajadores que no se dejasen desarmar y que velasen "con las armas en la mano".

En Valencia se celebró el primero de mayo un mitin conjunto de la CNT y la UGT. Largo Caballero comprendió finalmente que se estaba quedando sólo, por lo que sus más incondicionales trataban aún de apelar a la unidad de los dos sindicatos. Carlos Baráibar, uno de los fundadores de *Claridad* junto a Luis Araquistáin, criticó veladamente al PCE y a la URSS y exaltó la acción conjunta de un utópico "gobierno sindical". Largo Caballero, que por su colaboración con Primo de Rivera nunca fue bien visto por las masas libertarias, sabía que los anarcosindicalistas no podían aceptar un ejército regular sin violar sus principios antiautoritarios, por ello, con el fin de ganárselos y buscar la reconcialiación, no había realizado una militarización completa de sus milicias, pese a que era una de las exigencias constantes de los comunistas.

La situación era explosiva y el estallido se produjo el día 3 de mayo. Sobre las tres de la tarde tres camiones con guardias de Asalto de la Comisaría de Orden Público al mando de Eusebio Rodríguez Salas, miembro del PSUC que ostentaba el cargo de comisario de Orden Público de la Generalitat, llegaron al edificio de la Telefónica con una orden de incautación firmada por Artemi Aiguader, miembro de ERC y consejero de Seguridad Interior. Telefónica pertenecía al trust norteamericano "American Telegraph and Telephon". La central, que de acuerdo con un decreto del Gobierno catalán sobre colectivizaciones estaba en manos de la CNT-FAI desde el inicio de la guerra, ejemplificaba a la perfección la dualidad de poderes. Todas las comunicaciones eran escuchadas por los anarquistas, que se enteraban de cuanto les interesaba. Azaña y Companys no podían hablar libremente, pues sus conversaciones eran a veces interrumpidas por el Comité de Control de la CNT. Arthur Koestler, corresponsal del *London News Chronicle*[26], desvela que Luis Araquistáin, embajador en París, y Álvarez del Vayo se comunicaban a través de sus esposas, dos hermanas judías de origen alemán que hablaban en yiddish, por lo que nadie podía entenderlas.

---

[26] Arthur Koestler, cuya obra *The Thirteenth Tribe* ha ocupado un espacio importante en esta obra, trabajaba en París en las oficinas de la Comintern de Willi Münzenberg, el gran propagandista del Partido Comunista de Alemania, y fue enviado a España como espía. Su trabajo como periodista le servía de cobertura. En París Koestler era el ayudante de Otto Katz, alias André Simone, el comunista judío de origen checo que había sido nombrado por Álvarez del Vayo director de la Agencia Española, oficina de propaganda exterior de la República. Tanto Katz como Koestler recibián instrucciones de Münzenberg.

Una vez en el interior, los guardias desarmaron a los milicianos de la planta baja; pero los trabajadores de los pisos superiores les cerraron el paso con ráfagas de ametralladora. Puesto que la CNT formaba parte del Gobierno de la Generalitat, Rodríguez Salas pidió ayuda y dos dirigentes anarquistas de las Patrullas de Control de la Comisaría General de Orden Público de la Generalitat, Dionisio Eroles y José Asens, se presentaron de inmediato. Eroles había dirigido las acciones de las Patrullas de Control del Comité Central de Milicias Antifascistas tras el golpe de Estado y era responsable del asesinato de miles de personas. El 22 de octubre de 1936 había sido uno de los firmantes del pacto de unidad de acción entre CNT, UGT, FAI y PSUC, por lo que desde entonces era el jefe de servicio de la Comisaría General de la Generalitat. Según la edición del 4 de mayo de *Solidaridad Obrera*, Eroles y Asens "intervinieron oportunamente para que nuestros camaradas, que se habían opuesto a la acción de los guardias dentro del edificio, renunciaran a su justa actitud." Otras fuentes dicen que convencieron a los guardias de Asalto para que abandonasen el edificio sitiado.

Al enterarse del asalto, los consellers de la CNT, Isgleas, Capdevila y Fernández, exigieron la destitución de Rodríguez Salas y de Aiguader, pero no obtuvieron satisfacción en su demanda, pues los otros partidos y el presidente Companys se opusieron. Ello provocó una huelga general y el rompimiento de hostilidades. En la plaza de Cataluña se habían ido concentrando miles de personas y enseguida los sucesos de la Telefónica fueron conocidos en toda la ciudad. El POUM, los Amigos de Durruti, las Juventudes Libertarias y otras organizaciones sacaron las armas y comenzaron a construir cientos de barricadas. George Orwell, que presenció los hechos, describe en *Homenaje a Cataluña* cómo se levantaban las barricadas:

> "La construcción de aquellas barricadas era un espectáculo extraño y maravilloso. Con esa energía apasionada que despliegan los españoles cuando han decidido emprender una tarea definitivamente, largas hileras de hombres mujeres y niños pequeños arrancaban adoquines, los trasladaban en una carretilla que habían encontrado en algún lugar e iban de un sitio a otro tambaleándose bajo pesados sacos de arena."

Al anochecer fábricas, talleres, almacenes y otros establecimientos habían parado su actividad. Barcelona estaba en armas y la guerra se había desatado. Los anarcosindicalistas dominaban la situación en los barrios obreros que rodean la ciudad: en los suburbios de Sarrià, Hostafrancs, Sans y la Barceloneta muchos guardias se rindieron o se encerraron impotentes en sus acuartelamientos. En la zona comercial y en el barrio gótico las fuerzas estaban más equilibradas. El presidente Azaña, que residía cerca del Parlamento catalán, a las ocho de la tarde, asustado por los disparos intermitentes que se oían en los alrededores, ordenó a su secretario Cándido

Bolívar que pidiera refuerzos a Largo Caballero para su guardia personal. Poco después fue el propio Aiguader quien solicitó al ministro de Gobernación, Galarza, el envío urgente de mil quinientos hombres para sofocar la rebelión. Por orden de Companys, Tarradellas visitó a Azaña a las once de la noche para pedirle disculpas. Para realizar un trayecto que podía hacerse en pocos minutos necesitó una hora y media. El propio Azaña lo narra en sus memorias:

> "Le obligaron a apearse del coche en todas las barricadas... y a parlamentar largamente, humillándole. Cuando quiso empezar el tema de las excusas, recalcándolo con que estaba avergonzado como catalán, le atajé repitiéndole las observaciones ya apuntadas a Bolívar para el presidente del Consejo: 'No hay lugar a excusas, sino a dominar el motín; y por lo que a mí toca, a garantizar mi seguridad y la libertad de mis movimientos'."

Los Comités regionales de la CNT, de la FAI, de las Juventudes Libertarias y del Comité Ejecutivo del POUM se reunieron durante la noche y los poumistas trataron de convencer a los anarquistas de que había llegado la hora de formar una alianza contra los comunistas y el Gobierno. Diversas fuentes ofrecen textos de lo que se dijo en aquella noche histórica. Bolloten reproduce las palabras del poumista Julián Gorkín: "Ni vosotros ni nosotros hemos lanzado a las masas de Barcelona a ese movimiento. Ha sido la respuesta espontánea a una provocación del stalinismo. Es el momento decisivo para la revolución. O nos ponemos a la cabeza del movimiento para destruir al enemigo interior o el movimiento fracasará y eso será nuestra destrucción. Es preciso elegir: la revolución o la contrarrevolución." Los dirigentes de la CNT y de la FAI se negaron y propusieron trabajar para apaciguar los ánimos. Según parece su máxima reivindicación era la destitución del comisario causante de la provocación.

El día siguiente, martes 4 de mayo, Aiguader volvió a pedir a Galarza el envío de mil quinientos guardias de asalto, pero Largo Caballero, que estaba librando una batalla política contra los comunistas, no quería enemistarse con la CNT y la FAI y proporcionar más poder a sus adversarios en Cataluña. El ministro de Gobernación respondió a Aiguader que el presidente del Gobierno esperaría hasta la tarde con la esperanza de que la Generalitat pudiera controlar la situación con sus propias fuerzas. Mientras, apoyados por el POUM, por las Juventudes Libertarias y por los Amigos de Durruti, los obreros, armados con ametralladoras y fusiles, se hicieron dueños de la ciudad. Atacaron los cuarteles de la Guardia de Asalto y los edificios gubernamentales. Una octavilla escrita por el judío alemán Hans David Freund se repartió por las barricadas. Al comenzar la guerra, Freund había entrado en España para participar en la construcción del movimiento trotskysta. Con este fin llegó en agosto a Madrid, donde colaboró en las emisiones en alemán de la radio del POUM. Desde finales de 1936 trabajaba en Barcelona junto a los Amigos de Durruti bajo el pseudónimo de "Moulin". Su papel en el alzamiento fue destacado, por lo que fue detenido a principios de agosto y, como Andreu Nin y otros trotskystas, desapareció.

El contragolpe de los comunistas y de las fuerzas gubernamentales no tardó en producirse y Barcelona se vio sumida en una guerra civil dentro de la guerra civil. Companys se dirigió a la población por radio e hizo una llamada a la calma que no sirvió para nada. Entretanto, Largo Caballero había convocado en Valencia a los ministros de la CNT de su Gobierno, a los que dijo que temía que los comunistas explotaran la lucha para derribarlo. Les confesó que no podía enviar las fuerzas solicitadas por Aiguader. "Ello no podía hacerlo el Gobierno -precisó-, ya que era entregar unas fuerzas para que operasen al servicio de quien tal vez había provocado el conflicto. Antes de acceder a ello, procedería a la incautación de los servicios de orden público, tal y como facultaba la Constitución." Largo Caballero propuso que se trasladasen a Barcelona representantes del Comité Nacional de la CNT y de la Comisión Ejecutiva de la UGT para tratar de parar las hostilidades. A las once de la mañana tuvo lugar en Valencia una reunión del Consejo de Ministros. Respaldados por Indalecio Prieto y por los ministros republicanos de izquierda, los comunistas presionaron al presidente del Gobierno para que, además de enviar refuerzos asumiera el control del orden público y de los asuntos militares en la región. Ante la amenaza de una crisis de Gobierno, Largo Caballero prometió adoptar estas medidas si la situación no había mejorado por la tarde.

García Oliver y Federica Montseny, los ministros anarquistas que habían apoyado la posición del presidente durante la reunión del Gobierno, llegaron en avión a Barcelona a las cinco de la tarde en compañía del ugetista Hernández Zancajo, amigo personal de Largo Caballero. Todos leyeron por radio un llamamiento a sus seguidores para que depusieran las armas y volvieran al trabajo, pero estas instrucciones indignaron a muchos libertarios, que se consideraron traicionados por sus dirigentes. Casi a la misma hora en que se produjo la llegada de los líderes cenetistas, el POUM se declaró públicamente a favor de la resistencia. Mientras, unidades de la 26ª División anarquista, la antigua Columna Durruti, se congregaron en Barbastro a las órdenes de Gregorio Jover con intención de marchar sobre Barcelona.

A las nueve y media de la noche Prieto comunicó con Azaña y le hizo saber que los destructores *Lepanto* y *Sánchez Barcaiztegui*, que debían evacuar al presidente de la República, habían salido de Cartagena a las dos de la tarde y que cinco compañías de la fuerza aérea llegarían a Valencia a las tres de la madrugada camino de Barcelona. El acceso libre al puerto desde el Parlamento era la principal preocupación de Azaña. Burnett Bolloten aporta el testimonio de Constancia de la Mora, esposa del jefe de la Aviación, Hidalgo de Cisneros. Según ella, desde el comienzo del conflicto Azaña había pedido al Gobierno con "insistencia histérica" que tomara medidas para su protección personal, pero sólo Prieto escuchó sus ruegos. Azaña se quejó posteriormente en sus escritos de que el presidente Largo Caballero ni siquiera trató de hablar con él.

Mientras Prieto intentaba tranquilizar a Azaña, los emisarios de Valencia se reunieron con el Gobierno catalán bajo la presidencia del president de la Generalitat. Con el fin de desplazar a Aiguader y a Rodríguez Salas, se acordó formar un Consell de Govern provisional con cuatro representantes: Esquerra, CNT, UGT y Unió de Rabassaires; pero cuando la CNT propuso que el nuevo gobierno se constituyera de inmediato, los comunistas plantearon que "era preciso que primero cesara totalmente el fuego en la calle". Esquerra y los Rabassaires apoyaron a los comunistas, por lo que a las dos de la madrugada del miércoles día 5 se decidió hablar otra vez por radio. Fue en vano, ya que durante toda la madrugada la lucha en las calles continuó encarnizada.

A primera hora de la mañana del 5 de mayo los dirigentes de la CNT redoblaron sus esfuerzos por controlar a sus partidarios. El líder anarquista Diego Abad de Santillán recordó posteriormente que había oído llorar por teléfono a compañeros libertarios que recibían la orden de no disparar mientras los estaban ametrallando. Así, pues, pese a estos intentos, las batallas se reproducían por doquier. Los barrios proletarios estaban todos a favor de la revuelta y bajo control de los obreros, que seguían ocupando las barricadas. En el casco antiguo, donde se concentraban los gubernamentales, los enfrentamientos eran especialmente intensos: las callejuelas estrechas y tortuosas propiciaban la lucha de barricadas. Las ráfagas de las ametralladoras y los tiros de los fusiles se oían en toda la ciudad y quienes se arriesgaban a salir de sus refugios caían abatidos en las calles. En la plaza de Catalunya, en las calles adyacentes y en los alrededores de la Generalitat hubo numerosos muertos y heridos. *Solidaridad Obrera* denunció el día siguiente la existencia de "agentes provocadores, los llamados francotiradores 'pacos', los cuales desde las azoteas de las casas se dedicaban a disparar las armas que tenían para llevar la alarma en los barrios donde había tranquilidad." Los dirigentes de la CNT, conscientes de que Largo Caballero no resistiría mucho tiempo la presión de sus adversarios, regresaron a la Generalitat e insistieron en que se constituyera el nuevo Gobierno sin pérdida de tiempo. La radio difundía los acuerdos entre la CNT y la Generalitat, a la vez que se exigía la retirada simultánea de policías y civiles armados, pero lo cierto era que los comunistas seguían demorando la constitución del nuevo Consell de Govern. Estando reunidos, llegó la noticia de que el Gobierno de Valencia había decidido incautarse los servicios de orden público y defensa.

Mientras en el palacio de la Generalitat continuaban las negociaciones, Azaña expresaba a Indalecio Prieto a través de una comunicación telegráfica la desconfianza sobre su rescate, pues no veía cómo el comandante del *Lepanto* podía presentársele estando cortadas las comunicaciones con el puerto. En *La Guerra Civil española: Revolución y contrarrevolución*, Bolloten reproduce la extensa conversación. Veamos un fragmento de las palabras de Azaña:

> "...Que yo me traslade a Valencia es muy buen pensamiento, pero absolutamente irrealizable y éste es uno de los caracteres más graves de la situación, porque es imposible traspasar las verjas del parque de mi residencia, en cuyo contorno se hace fuego con ametralladora, fusil y bombas. En relación con esto, he de decirle que el problema tiene dos caras. Una es la insurrección anarquista, con todas las graves consecuencias y deplorables efectos que no necesito señalarle a usted. Otra, la falta de libertad en que se halla el jefe del Estado, no sólo para moverse libremente, sino para ejercer su función. Ya lo primero sería grave y requeriría urgentísimas y enérgicas decisiones. Lo segundo añade gravedad y puede tener consecuencias incalculables. Desde el lunes por la tarde he esperado lo que razonablemente podía esperar, hasta que el Gobierno reuniese los elementos represivos bastantes para dominar la situación y liberar de su secuestro al presidente de la República... Todas estas consideraciones me inducen a hacerle saber que no puedo soportar más tiempo el retraso de la intervención decisiva del Gobierno en ninguno de los dos aspectos del problema, y no pudiendo el presidente de la República sofocar la insurrección con los sesenta soldados mal armados de su guardia, tendrá que atender personalmente a resolver el otro aspecto de la cuestión. A usted le sobra perspicacia y sensibilidad política para comprender que ni mi decoro personal ni la dignidad de mi función ni el escándalo que se está dando en el mundo entero permiten que el jefe del Estado permanezca más en la situación en que se encuentra..."

Amenazaba a continuación con informar al presidente de las Cortes, Martínez Barrio, quien debía sucederle en el cargo si presentaba la dimisión. La insinuación no pasó desapercibida a Prieto, que, después de deplorar la situación, le pidió unas horas más de calma. Prieto fue informado por Largo Caballero de que no cabían ya más demoras porque con ellas se contraía una gravísima responsabilidad, por lo que propuso que en un número extraordinario de la *Gaceta* se publicasen los decretos que habían de permitir a los ministros de la Guerra y Gobernación tomar las medidas para restablecer el orden. Prieto se apresuró a contactar de nuevo con Azaña, el cual le recordó que las circunstancias podían obligarle a determinaciones irreparables: "solamente una acción del Gobierno rapidísima y aplastante puede evitarlas." Bolloten, esgrimiendo una información facilitada por Hidalgo de Cisneros en Méjico en 1940, escribe que Prieto había sido testigo de la pusilanimidad del presidente Azaña en varias ocasiones. He aquí las palabras del propio Burnett Bolloten: "En 1936, cuando el presidente instaba al Gobierno a abandonar Madrid ante el creciente peligro en que se encontraba la capital, preguntó a Prieto: '¿Quiere el Gobierno que los fascistas me cojan aquí?' Irritado por las prisas de Azaña y su preocupación por la seguridad personal, Prieto comentó al al jefe de la Aviación, Hidalgo de Cisneros: 'Ese marica cobarde está actuando como una puta histérica'." Para justificar el empleo de tan duros términos el historiador británico añade: "Conocido como uno de los oradores más elocuentes de la República, Prieto también tenía fama de emplear un lenguaje grosero en sus conversaciones privadas." Lo cierto era que Azaña temía ser asesinado en Barcelona, toda vez que sabía que los anarcosindicalistas no habían olvidado la matanza de Casas Viejas en enero de 1933.

Los enfrentamientos llegaron a otras ciudades catalanas. La Guardia de Asalto procedió a desalojar las centrales de la Telefónica en Tarragona, Tortosa y Vich. Más de treinta anarquistas murieron en Tarragona y otra treintena perdieron la vida en Tortosa. Los elementos de la antigua Columna Durruti, a los que se habían unido milicianos de la 29ª división del POUM, se detuvieron en Binéfar, a cuarenta kilómetros de Lérida, donde delegados del Comité Regional de la CNT trataron de convencer a Gregorio Jover para que no siguiera la marcha, cosa que lograron a pesar de noticias de Barcelona sobre un ataque de elementos del PSUC al automóvil de Federica Montseny, tiroteado desde una barricada.

Por fin, se constituyó en Barcelona el nuevo Consell provisional. El conseller del PSUC-UGT, Antonio Sesé, secretario de la UGT catalana, cuyo ingreso en el Gobierno de la Generalitat acababa de ser anunciado por la radio, fue tiroteado y muerto en la calle Caspe, frente al Sindicato de Espectáculos Públicos de la CNT, cuando se dirigía en coche oficial a tomar posesión de su cargo. Los comunistas acusaron del asesinato a "provocadores trotskystas al servicio del fascismo". Una hora más tarde caía combatiendo Domingo Ascaso, hermano de Francisco, uno de los jefes del anarquismo español junto a Durruti y García Oliver. Los enfrentamientos se recrudecieron y fuerzas comunistas atacaron con gran violencia la estación de Francia, defendida por ferroviarios de la CNT. Los Amigos de Durruti se negaron a obedecer a los líderes de la CNT-FAI y optaron por proseguir la lucha. Por la noche el filósofo anarquista Camillo Berneri y su camarada Francesco Barbieri aparecieron asesinados en las Ramblas. Quince hombres con brazaletes de la UGT dirigidos por un mozo de escuadra vestido de paisano los habían sacado de su domicilio sobre las seis de la tarde. Al final del día Companys y Largo Caballero hablaron por teléfono y el primero accedió a ceder el Orden Público al Gobierno de Madrid, por lo que fuerzas del frente del Jarama fueron enviadas a Barcelona. Las unidades de guerra enviadas por Prieto, el ministro de Marina, estaban ya situadas frente al puerto barcelonés, donde barcos de guerra franceses e ingleses se dispusieron también a tomar posiciones.

El jueves 6 de mayo la CNT estaba dispuesta al acuerdo: ambos bandos debían abandonar las barricadas y poner en libertad a los rehenes. Companys proclamó que no había "ni vencedores ni vencidos". La población comenzó a salir a la calle para tratar de abastecerse o con intención de reanudar sus tareas cotidianas; pero los tiroteos no cesaban y no había manera de que los beligerantes abandonaran simultáneamente sus trincheras. Por la mañana, durante una pausa en la lucha, el comandante del *Lepanto* se presentó en el Parlamento acompañado por un grupo de marinos; pero Azaña opinó que sería temerario tratar de salir del edificio. El propio Azaña escribió más tarde: "Prieto seguía apremiándome para que saliese al puerto aprovechando diez minutos de calma." Zugazagoitia, que estaba junto a Prieto cuando trataba de convencer al presidente Azaña, relató años después: "En el rostro de Prieto había una leve sonrisa escéptica." Finalmente, el presidente de la República se decidió a salir, pero cuando se disponían a abandonar el edificio del Parlamento la lucha, explica Azaña, "se recrudeció con más violencia que nunca". Ello obligó a posponer su marcha a Valencia hasta el día siguiente.

Por la tarde se reanudaron los combates y una pieza de artillería de 75 mm. manejada por las juventudes libertarias dejó varios muertos al abrir fuego contra un cine ocupado por guardias republicanos. Por fin en la Casa CNT-FAI se recibió a media tarde la noticia de que mil quinientos guardias de Asalto habían llegado a Tortosa, lo cual empujó a los líderes anarquistas a trabajar durante la noche para organizar la tregua. Se ordenó a los camaradas que estuvieran prestos a retirarse a las seis de la mañana del viernes día 7 mayo. Agotados y con la sensación de que era inútil seguir luchando contra la voluntad de sus dirigentes, los hombres abandonaron de madrugada las barricadas y desaparecieron en la oscuridad. Al amanecer los comités locales de la CNT y la UGT lanzaron el siguiente llamamiento. "¡A trabajar todos, camaradas!"

Mientras tanto, Sebastián Pozas, el general de la Guardia Civil que se había afiliado al PCE, tomó posesión de la Capitanía General y recibió el mando de las tropas en Cataluña. Al mismo tiempo, una caravana de ciento veinte camiones transportaba a cinco mil hombres enviados desde Madrid, que entraron en Barcelona el día 7 de mayo. Al mando de la expedición estaba el teniente coronel Emilio Torres Iglesias, antiguo jefe de la columna anarquista *Tierra y Libertad*, que había llegado en avión. Parece ser que la propia CNT pidió que la fuerza fuera comandada por este viejo amigo, para facilitar las cosas y evitar repesalias. Sin embargo, el paso de los expedicionarios por los pueblos de Cataluña produjo el levantamiento de policías, militares y civiles del bando gubernamental contra los revolucionarios. En Tortosa los militantes de la CNT-FAI, que se habían impuesto a los comunistas, recibieron órdenes de no oponerse. Enseguida miembros de la UGT ocuparon los centros neurálgicos de la ciudad y encarcelaron a los anarquistas. Las colectividades campesinas en los alrededores de Tortosa fueron invadidas y la represión se extendió por los pueblos de la comarca. Los cuerpos de algunos detenidos que supuestamente eran trasladados a Tarragona fueron encontrados más tarde con balas en la cabeza. En Tarragona, donde los enfrentamientos fueron tan fuertes como en la capital, se asesinó a muchos detenidos y sus cadáveres fueron arrojados fuera de la población. En las comarcas del norte de Cataluña, de tradición carlista y conservadora, hubo asimismo acciones de revancha.

Al cabo de unos días comenzó a conocerse el destino de algunos personajes relevantes que habían desaparecido. A través de *Solidaridad Obrera* se supo, por ejemplo, que doce jóvenes libertarios sacados de sus casas en el barrio de San Andrés fueron asesinados. Sus cadáveres habían sido arrojados desde una ambulancia en el cementerio de Cerdanyola-Ripollet, donde aparecieron completamente desfigurados. Entre ellos estaba Alfredo Martínez, secretario del Frente de la Juventud Revolucionaria. Una vez sofocada la revolución, la Generalitat ofreció el balance oficial de víctimas de la guerra desatada en Catalunya durante las jornadas de mayo. Según sus cifras, hubo unos quinientos muertos y cerca de mil heridos.

Una de las condiciones del armisticio logrado fue la puesta en libertad de todos los prisioneros políticos. El hecho de que la OGPU, el servicio secreto soviético, tuviera sus propias cárceles clandestinas supuso un problema insoluble. Los elementos de la CNT-FAI y del POUM detenidos en centros oficiales fueron procesados por el delito de rebelión militar. Otros que no fueron liberados continuaron encarcelados como presos gubernativos. No ocurrió lo mismo con los anarquistas y trotskystas que habían ido a parar a las prisiones controladas por los esbirros de Stalin. La mayoría fueron torturados y asesinados. Este asunto merece más atención y será objeto de estudio en el siguiente apartado.

Los comunistas, valiéndose de lo sucedido, se apresuraron a pedir la supresión del antistalinista Partido Obrero de Unificación Marxista, al que hicieron responsable del derramamiento de sangre. El secretario general del PCE, José Díaz, reproduce en *Tres años de lucha* el discurso que pronunció el 9 de mayo de 1937 en un mitin público. De la obra de Burnett Bolloten, extraemos algunos fragmentos de gran interés:

> "...Todos los obreros deben conocer el proceso que se está desarrollando en la URSS contra los trotskystas. Es Trotsky en persona el que ha dirigido esta banda de forajidos que descarrilan los trenes en la URSS, practican el sabotaje en las grandes fábricas, y hacen todo lo posible por descubrir los secretos militares para entregarlos a Hitler y a los imperialistas del Japón. Y cuando esto ha sido descubierto en el proceso y los trotskystas han declarado que lo hacían en combinación con Hitler, con los imperialistas del Japón, bajo la dirección de Trotsky, yo pregunto: ¿es que no está totalmente claro que eso no es una organización política o social con una determinada tendencia, como los anarquistas, los socialistas o los republicanos, sino una banda de espías y de provocadores al servicio del fascismo internacional? ¡Hay que barrer a los provocadores trotskystas!

Por eso yo decía en mi discurso ante el Pleno del Comité Central, recientemente celebrado, que no solamente en España debe ser disuelta esa organización, suspendida su prensa y liquidada como tal, sino que el trotskysmo debe barrerse de todos los países civilizados, si es que de verdad quiere liquidarse a esos bichos que, incrustados en el movimiento obrero, hacen tanto daño a los obreros que dicen defender. Hay que terminar con esa situación.

En España, ¿quiénes si no los trotskystas han sido los inspiradores del putch criminal en Cataluña? *La Batalla* del primero de mayo está llena de incitaciones descaradas al golpe putchista... Todavía se tira este periódico en Cataluña... ¿Por qué? Porque el Gobierno no se decide a meterle mano, como lo piden todos los antifascistas.

Si a los diez meses de guerra no hay una política firme para poner a la retaguardia a la altura en que se van colocando algunos frentes, yo, y conmigo estoy seguro de que pensarán todos los antifascistas, comienzo a pensar: o este Gobierno pone orden a la retaguardia, o si no lo hace tendrá que hacerlo otro gobierno de Frente Popular."

José Díaz no podía comprender en 1937 que Trotsky no estaba "al servicio del fascismo internacional", sino que quería valerse de él para recuperar el poder en la URSS. Esa era la nueva misión de Trotsky, que sigue sin ser entendida en el siglo XXI gracias a la labor de falsificación de la realidad y de ocultación de la verdad histórica. Se ha visto en esta obra que el propio Hitler fue apoyado económicamente por los mismos banqueros judíos que habían financiado la revolución judeo-bolchevique. Mediante una guerra con Alemania, estos conspiradores aspiraban a situar de nuevo a sus agentes al frente de la URSS para continuar apropiándose de sus enormes recursos, como habían hecho durante los siete primeros años con Lenin y Trotsky. Cuando en 1932-33 ayudaron a Hitler a tomar el poder, pretendían lanzarlo contra Stalin, un nacionalcomunista que estaba procediendo a la eliminación física de muchos agentes judíos del comunismo internacional. Conseguir el control de España hubiera fortalecido enormemente la posición internacional del trotskysmo, que, no debe olvidarse, aquel mismo mes de mayo trató de tomar el poder en la URSS mediante un golpe militar. El análisis alucinado de León Trotsky sobre los sucesos de mayo demuestran que había perdido el sentido de la realidad con respecto a España si es que alguna vez lo tuvo. El texto que sigue figura en sus escritos sobre la revolución española:

"Si el proletariado de Cataluña hubiera tomado el poder en mayo de 1937, habría encontrado apoyo en toda España. La reacción burguesa-estalinista no habría podido reunir dos regimientos para aplastar a los obreros catalanes. En el territorio ocupado por Franco no sólo los obreros, sino también los campesinos, se habrían puesto al lado del proletariado catalán: habrían aislado al Ejército fascista y desencadenado en éste un proceso de desintegración irreversible. En estas circunstancias, es dudoso que algún gobierno extranjero se hubiera arriesgado a enviar sus regimientos al inflamado territorio español. La intervención hubiera sido materialmente imposible o, al menos, extremadamente peligrosa."

En una reunión del Gabinete de Largo Caballero celebrada el 13 de mayo, los dos ministros comunistas, Jesús Hernández y Vicente Uribe, exigieron la disolución del POUM. El presidente del Consejo rechazó con vehemencia que este partido fuera una organización fascista como decían los comunistas y se negó a tomar medidas en su contra. Añadió que no disolvería ningún partido ni sindicato, puesto que él no presidía el Consejo de Ministros para servir los intereses de ninguno de los partidos que lo integraban. Naturalmente, Largo Caballero tenía razón: el POUM no era una organización fascista. En los procesos de Moscú, donde se había demostrado la existencia de un plan para derribar a Stalin mediante un golpe apoyado por el Ejército Rojo, la acusación podía estar justificada, puesto que, además, los contactos de los trotskystas con los nazis habían existido. Sin embargo, en España no era aplicable al POUM, cuyos dirigentes no eran capaces de desentrañar el juego abominable de Trotsky, un fatuo incorregible que, sin aceptar su derrota y sus limitaciones, se disponía a crear la Cuarta Internacional.

Los dos ministros comunistas se levantaron y abandonaron el Consejo de Ministros. Prieto, que se sentaba a la derecha de Largo Caballero, explicó después de la guerra que el presidente del Gobierno pretendió continuar la reunión, pero él le dijo: "Mira, Caballero, aquí acaba de ocurrir algo grave, y es que se ha roto la coalición ministerial, puesto que se separa del Gobierno uno de los partidos que lo integraban. En consecuencia, creo que corresponde a tu deber, sin proseguir las tareas del Consejo, dar cuenta al presidente de la República y resolver con él la situación." Largo Caballero notificó lo sucedido a Azaña, a quien dio a entender que no tenía intención de dimitir, sino que pretendía sustituir a los dos ministros comunistas. Sobre esta entrevista, Azaña escribió en *Memorias políticas y de guerra*, tomo cuarto de sus *Obras completas*: "Largo me ponderó mucho la inoportunidad de la crisis, porque había razones de interés nacional que aconsejaban la continuación de su gobierno, a fin de cumplir planes importantísimos cuya suspensión sería una catástrofe." El más decisivo de estos planes era la ofensiva a gran escala en Extremadura.

Desde hacía dos meses, el presidente del Gobierno y ministro de la Guerra venía planeando una ofensiva militar por Extremadura, que debía comenzar a mediados de mayo. La crisis se había planteado, pues, en el momento en que la operación estaba a punto de iniciarse. Azaña aceptó los argumentos del presidente del Gobierno y sugirió aplazar cualquier cambio en el gabinete. No sólo los partidarios de Largo estaban convencidos de que la operación pudo haber sido decisiva, sino también el historiador militar nacionalista Ramón Salas Larrazábal. Burnett Bolloten recoge las opiniones de Salas Larrazábal, quien confirma que debían intervenir unos cien mil hombres en la operación, lo cual equivalía al mayor despliegue de tropas efectuado hasta entonces. Según Salas Larrazábal, la abrumadora superioridad inicial de los republicanos les habría permitido alcanzar Badajoz y la frontera portuguesa.

Enterados de la entrevista del presidente del Gobierno con Azaña, Negrín y Álvarez del Vayo, los dos ministros socialistas casados con mujeres judías, visitaron a Largo Caballero y, alegando que en aquellas circunstancias no se podía prescindir de los comunistas, le comunicaron que ellos dos y Prieto también dimitían. Con este paso, no sólo se eliminaba a Largo Caballero, sino que se impedía también la operación de Extremadura. El 15 de mayo Azaña encargó a Largo Caballero la formación de un nuevo Gobierno, pero el fracaso estaba cantado. El 17 de mayo presentó al presidente de la República su lista de ministros. Además de la Presidencia del Gobierno y del Ministerio de la Guerra, tomaba para sí las carteras de Marina y Aire. "Largo -escribió Azaña- no quería dejar el gobierno de ninguna manera." Sólo lo anarquistas podían aceptar que Largo Caballero conservase Presidencia y Guerra. La oposición de los comunistas, apoyados por los socialistas y la Izquierda Republicana obligó a Largo Caballero a abandonar sus esfuerzos por mantenerse en el poder. Entonces el presidente de la República confió a Juan Negrín, el hombre que desde hacía meses había sido escogido por Moscú, la tarea de constituir un nuevo Gobierno.

El 17 de mayo juraron sus cargos los ministros del quinto Gobierno de la guerra civil y vigésimo quinto de la República. Frente al anterior Ejecutivo, con 18 miembros, Negrín presentó el que debía ser el "Gobierno de la victoria", un gabinete comprimido, con sólo nueve ministros, en el que conservó la titularidad en Hacienda. Comunistas, socialistas, nacionalistas vascos y catalanes y los republicanos de Azaña se repartieron las carteras. Los anarquistas abandonaron el poder. El Ministerio de la Guerra pasó a llamarse de Defensa Nacional y fue ocupado por Indalecio Prieto. También en Cataluña la CNT acabó saliendo del nuevo Govern de la Generalitat, formado en junio y constituido por cuatro consellers de ERC, tres del PSUC, uno de Unió de Rabassaires y otro de Acció Catalana. El primer Gobierno de Negrín duró hasta el 18 de agosto, fecha en que Jaume Aiguader, el ministro de Esquerra Republicana en Madrid, que detentaba la cartera de Trabajo y Bienestar Social, provocó una crisis en protesta por la retirada de la competencia de Industria a la Generalitat. En Solidaridad con él, Manuel de Irujo, del PNV, presentó la dimisión. Un militante del PSUC entró así en el Gobierno, por lo que desde entonces los comunistas tuvieron tres Ministerios.

Judíos trotskystas y judíos stalinistas

Antes de abordar la represión que los comunistas llevaron a cabo contra el POUM y los anarquistas, es preciso insistir en la lucha subterránea que se libraba en España y en el mundo entre agentes judíos de Stalin y de Trotsky. Debe tenerse siempre presente que si la guerra civil española no hubiera coincidido simultáneamente con la lucha por el poder en la URSS entre trotskystas y stalinistas y con los procesos de Moscú, celebrados entre 1936 y 1938, la intervención de Stalin en España hubiera sido seguramente diferente. La exposición de algunos antecedentes y de varios hechos complementarios ayudará a comprender los acontecimientos en su conjunto.

El 3 de octubre de 1936, Vladímir Antónov-Ovséyenko, el revolucionario judío que había encabezado en 1917 la toma del Palacio de Invierno y que fue hombre de confianza de Trotsky en el Ejército Rojo, presentó sus credenciales a Companys como cónsul general de la URSS en Barcelona. El Politburó lo había nombrado para el cargo el 21 de septiembre. Antes, Ilya Ehrenburg, un judío de origen ucraniano que pasaba por corresponsal de *Izvestia*, había sido el encargado de observar el proceso revolucionario en Cataluña y de informar al embajador Rosenberg. La mejor tarjeta de presentación de Ehrenburg, sobre el que habrá ocasión de escribir más en el capítulo siguiente, es la arenga salvaje y criminal que dirigió en 1945 a los soldados del Ejército Rojo que invadían Alemania. Impresa en el folleto titulado "Matad", constituye un ejemplo máximo de odio racial antigermano: "¡Matad, matad! -exigía Ehrenburg- Entre alemanes no hay inocentes, ni entre los vivos, ni entre los que están a punto de nacer. Ejecutad las instrucciones del camarada Stalin y aplastad para siempre a la bestia fascista en su madriguera. Desgarrad con brío el orgullo de raza de las mujeres germánicas. Tomadlas como botín legítimo. ¡Matad, bravos y aguerridos soldados del Ejército Rojo!"

Este personaje repugnante, llegado a Barcelona a mediados de agosto, informaba incluso sobre los discursos de Companys. De especial importancia fueron las entregas del 17 y 18 de septiembre, en las que alertaba de dos crisis simultáneas: la del Gobierno de Madrid con la Generalitat, y la del Gobierno catalán con la FAI. En sus informes, reproducidos en *Spain Betrayed: The Soviet Union in the Spanish Civil War (Annals of Communism)* (2001), obra editada por varios autores basada en documentos extraídos del RGASPI (Archivos de Historia Socio-Política del Estado Ruso), denunciaba la intransigencia de los anarquistas que, en su opinión, amenazaba el esfuerzo de guerra y retrasaba la producción de las industrias catalanas. Fue Ehrenburg quien pidió en nombre de Companys el establecimiento de un Consulado Soviético en Barcelona. Antónov-Ovséyenko, que llegó acompañado de asesores soviéticos, estableció pronto excelentes relaciones con el presidente Companys y buscó un compromiso entre los comunistas y los anarcosindicalistas de la CNT. Por los papeles del embajador Marcelino Pascua, sabemos que cuatro meses después de su llegada a Barcelona, Antónov-Ovséyenko había perdido ya la confianza de Stalin, que lo consideraba un trotskysta. Tras los sucesos de mayo, se ordenó su regreso a Moscú en agosto de 1937. El 10 de febrero de 1939, acusado de espionaje y de trotskysmo, murió en la prisión de Butyrka.

Antónov-Ovséyenko escribió el 14 de octubre de 1936 una carta a Krestisnky, quien todavía no había sido acusado de trotskysta, en la cual, en sintonía con las directrices de Trotsky, expresaba sus planes de "domesticar" a los anarquistas. El texto (documento 22) aparece en la obra citada anteriormente. Se trata de una carta extensa, de la que reproducimos a continuación cuatro puntos. El cónsul general en Barcelona había infiltrado entre los anarquistas a un agente, al que alude como "X", con el que acordó la siguiente estrategia:

> "1. Fortaleceremos conjuntamente, por todos los medios, la comisión de conciliación permanente con los anarcosindicalistas."
> 2. Apoyaremos la autoridad del gobierno Companys-Tarradellas, gradualmente, adoptando de manera sistemática una serie de medidas que terminen con la testarudez de los anarquistas.
> 3. Hasta que se adopten medidas para desarmar a los elementos informales, pondremos en marcha una campaña política sobre la amenaza que supone Franco para la revolución, y todo eso."
> 4. Emprenderemos tan pronto sea posible la organización de una división unificada, seleccionando cuidadosamente sus mandos y dotándola de armas y uniformes. Las armas que lleguen del exterior irán con prioridad a esta división."

La carta finalizaba constatando que las relaciones entre la UGT y la CNT mejoraban, pero lamentaba que la comisión de enlace trabajase con dificultades "a causa de la intransigencia de Comorera" (secretario general del PSUC). Los comunistas de este partido, según sabemos, eran el principal punto de apoyo de la política de Stalin en Cataluña.

Es evidente que Stalin no podía compartir estos planes y tampoco las críticas al PSUC. La política oficial de la URSS fue anunciada el 17 de diciembre en *Pravda* con estas palabras: "En Cataluña, la eliminación de los trotskystas y de los anarco-sindicalistas ha comenzado ya. Será llevada a cabo con la misma energía que en la URSS". Se aludía así al inicio de las actuaciones de la policía secreta soviética, que tenía sus propias mazmorras y actuaba al margen del Gobierno de la República. Dos trotskystas que operaban en España, el general Walter Krivitsky (Ginsberg) y Arthur Stashevsky (Girshfeld), el amigo de Negrín, fueron llamados a la Unión Soviética en marzo de 1937 para informar sobre la situación. Ambos se encontraron en Moscú y allí tuvieron noticia de la revolución de mayo en Cataluña. El primero estaba convencido de que sospechaban de él y de que no regresaría a Holanda; sin embargo el 22 de mayo le ordenaron de manera inesperada que se reincorporase a su destino. El segundo, según cuenta Krivitsky, se entrevistó personalmente con Stalin en abril y salió confiado, tanto que se atrevió a encontrarse con el mariscal Tujachevsky, que estaba ya en el ojo del huracán. Finalmente, se permitió también el regreso de Stashevsky a Barcelona; pero en junio se le ordenó regresar de nuevo a Rusia, cosa que hizo en compañía del general Ian Berzin, máximo asesor militar soviético en España, cuyo nombre de guerra fue "Grishin". A principios de agosto Stashevsky escribió desde la cárcel una breve nota a su esposa, que vivía en París, en la que le pedía que viajase a la URSS. Stashevsky fue ejecutado en 1937. En cuanto a Berzin, un letón cuyo verdadero nombre era Peteris Kuzis, fue arrestado el 13 de mayo de 1938 y fusilado en los sótanos de la Lubyanka el 29 de julio del mismo año[27].

Estando Stashevsky y Krivitsky en Moscú, los agentes del servicio secreto soviético llevaron a cabo un secuestro en España que iba a ser el anticipo de las desapariciones y asesinatos de poumistas y anarquistas que se sucedieron tras los sucesos de mayo. El 9 de abril de 1937 el joven judío Marc Rafailovich Rein desapareció del hotel Continental de Barcelona, donde tenía una habitación, y nunca más se supo de él. Marc Rein trabajaba como corresponsal de varias publicaciones antistalinistas, entre ellas el diario judío nuevayorquino *Forward*. Era hijo del líder menchevique Rafael Abramovich, uno de los jefes del Bund judío antes de la Revolución de Octubre. Abramovich, dirigente de la II Internacional exiliado en París, era hombre de confianza de Leon Blum, el presidente judío del Gobierno francés, por lo que era una persona influyente. Por ello, tanto Largo Caballero como Companys se vieron obligados a dar explicaciones y a comenzar una investigación. Parece ser que el secuestro estaba relacionado con el tercero de los juicios de Moscú, cuyos principales acusados eran Bujarin y Rykov. Las pesquisas del Gobierno español señalaron al llamado "Grupo de Información", y concretamente al servicio de Alfredo Hertz, quien, según Julián Gorkín, era "uno de los grandes maestros de los interrogatorios y de las ejecuciones". Hertz ejecutaba con un tiro en la nuca cuando recibía el permiso, pero su especialidad eran las torturas nocturnas.

Poco se ha escrito sobre Hertz. Lo que hemos averiguado sobre él merece el inciso que sigue a continuación. La única fuente de información que proporciona datos de interés sobre este personaje es Jan Valtin,

---

[27] Este letón participó ya en la revolución de 1905, cuyas máximas figuras fueron Parvus y Trotsky. Según el historiador Víctor Suvorov, Berzin fue el principal organizador del terror durante la guerra civil rusa. Suvorov le atribuye la paternidad del sistema de tomar y fusilar rehenes con el fin de acabar con las rebeliones campesinas y recuperar a los desertores. A las órdenes de Trotsky, fue el encargado de eliminar a los marinos involucrados en la rebelión de Kronstadt en marzo de 1921. Antes de ser destinado a España, había sido jefe del Servicio Secreto Militar. Cuando fue llamado a Moscú en 1937, se le nombró de nuevo Jefe de la Inteligencia Militar, cargo que ocupó hasta su arresto en mayo de 1938.

pseudónimo de Richard Krebs. En *Out of the night*, extensa obra de carácter autobiográfico publicada en 1941 y traducida al español con el título de *La noche quedó atrás*. Valtin desvela que Hertz era un judío llamado George Mink, que en 1926 se había afiliado al Partido Comunista en Filadelfia, donde trabajaba como taxista a la vez que se dedicaba al pillaje en los muelles. Sus amigotes lo llamaban "Mink, el pirata del puerto". Lo que no supo Jan Valtin es que su verdadero nombre era Godi Minkovsky, según se desvela en *The Venona Secrets*, y que había llegado a Estados Unidos en 1911 a la edad de doce años. En 1927 se estableció en Nueva York, desde donde por iniciativa propia comenzó a enviar informes a Solomon Abramovitch Losovsky y le ofreció sus servicios.

Como se recordará, Losovsky, dirigente de la Internacional Sindical Roja y sionista, viajó a Barcelona en febrero de 1936 en compañía de Bela Kun y Heinz Neumann. En 1928 Losovsky llamó a Mink a Moscú y le suministró un pasaporte falso, dinero y poderes especiales. A partir de 1930 Mink pasó a formar parte del aparato de contraespionaje de la GPU y se movía entre Berlin y Hamburgo. Según Jan Valtin, que conoció personalmente a Mink, en Hamburgo, donde se le tenía por un gangster sin escrúpulos, asesinó al desertor Hans Wissinger. Cuando Valtin le comentó que quizá habían cometido un error, su respuesta fue: "¡Nosotros nunca cometemos errores! ¡Nunca eliminamos a hombres inocentes!" Valtin describe así a Mink en 1931: "Un tipo inusual, joven, elegante, con ligeros rasgos judíos, cínicamente arrogante, bajo de estatura, pero robusto. Su boca era pequeña y cruel, sus dientes irregulares y sus ojos, de color marrón verdoso, tenían un vago destello de animal salvaje."

A finales de mayo de 1935, personal del hotel Nordland de Copenhague irrumpió en la habitación de Mink al oír los gritos de una camarera que pedía auxilio: Mink la estaba violando. La policía danesa registró su habitación y encontró códigos secretos, pasaportes falsos, direcciones cifradas y miles de dólares. El 30 de julio de 1935, acusado de espionaje, fue condenado a dieciocho meses. Una vez en libertad, viajó a Moscú, donde sólo la poderosa influencia de Losovsky lo salvó del ostracismo por su conducta imprudente. La OGPU le suministró entonces un pasaporte con el nombre de Alfred Hertz y lo destinó a Barcelona, donde se instaló en el Hotel Continental, el mismo en el que estaba alojado Marc Rein. Hertz/Mink/Minkovsky actuó durante un tiempo como comisario político del batallón Thaelmann, el de Kléber/Stern, supuestamente encargado de la vigilancia de posibles trotskystas entre los brigadistas alemanes. Algo debió de hacer mal, posiblemente también él era trotskysta, toda vez que el stalinista Vittorio Vidali, alias Carlos Contreras, el comandante Carlos, en su libro *Diary of the Twentieth Congress of the Communist Party of the Soviet Union* informa que acabó siendo eliminado por Stalin.

Stéphane Courtois y Jean-Louis Panné en *El libro negro del comunismo* aseguran que el pulso por el caso Rein entre el Gobierno español y la NKVD llegó a tal extremo que el 9 de julio de 1937 el secretario de Estado, que dependía del Ministerio de Gobernación del socialista Zugazagoitia, provocó delante de testigos un careo entre su agente (SSI 29) y los camaradas Hertz y Mariano Gómez Emperador. El segundo era un hombre de los servicios secretos catalanes, que funcionaban como una delegación camuflada de la NKVD. El descaro de Hertz/Mink/Minkovsky llegó a tal punto que el día siguiente procedió a detener al agente gubernamental SSI 29, al que tuvo que soltar por órdenes de su superior, Alexander Orlov (Leiba Lázarevich Felbing), máximo responsable de la NKVD.

Con Alfredo Hertz trabajaban otros dos judíos: Georg Scheyer, alias Sanja Kindermann, que fue enviado a Valencia para dirigir la checa de Santa Úrsula, y Moritz Bressler, alias Hubert von Ranke, casado con Seppl Hermann, viuda de Rafael Campalans, prominente socialista catalán que había muerto ahogado en 1933 en la playa de Torredembarra. Seppl Hermann pasaba por ser Seppl Kapalanz, evidente germanización del apellido Campalans. Sobre los horrores de la checa de Santa Úrsula, existen testimonios de presos del grupo DAS, anarconsidicalistas alemanes. Helmut Kirschey, uno de ellos, explica que el personal de guardia del convento estaba compuesto de españoles; sin embargo, añade, "Los hombres de la NKVD-GPU que nos interrogaban eran todos judíos rusos. Hablaban yiddish entre ellos, y como este idioma tiene muchas palabras alemanas, podíamos entenderlos sin grandes problemas." Según Kirschey los interrogatorios tenían lugar por la noche: "Nos despertaban entre las doce y las dos, cuando más cansado y menos espabilado está uno"[28]. Moritz Bressler había sido contratado en 1930 por Ernö Gerö, alias "Pedro", bajo cuyas órdenes trabajaban todos ellos.

Ernö Gerö, conocido también como Ernst Singer, era otro judío llamado en realidad Ernst Moritsovich Gere, responsable de la NKVD en Cataluña, que a su vez estaba subordinado a Orlov. Gerö fue evacuado a la URSS en 1939 y acabada la guerra mundial se convirtió en uno de los dirigentes comunistas en Hungría. Gerö y Hertz, que creó un fichero de todos los extranjeros que residían en Cataluña, fueron los principales artífices del secuestro de Erwin Wolf, el secretario de Trotsky, que entró imprudentemente en España. Según los autores del *Libro negro del*

---

[28] Ángel Galarza, el responsable de las primeras sacas de Paracuellos, creó en Valencia el DEDIDE (Departamento Especial de Información del Estado). Dos de sus hombres, el comisario Juan Cobo y el comandante Justiniano García, jefe de su escolta, torturaban en las checas de Baylia y Santa Úrsula. En la Fundación Anselmo Lorenzo hay informes sobre sus métodos. En uno se lee: "Justin García intervenía en estos atropellos bestiales. Su especialidad consistía en apretar el cuello con las dos manos cortando la respiración. Era un estrangulamiento lento. Se hinchaban las venas de la garganta y la cara modificaba su colorido del rojo al blanco cadavérico. Numerosos detenidos que sufrieron este suplicio acabaron desmayándose víctimas de ataques al corazón."

comunismo, Alfredo Hertz se había introducido en el Cuerpo de Investigación y Vigilancia de la Generalitat y controlaba el departamento de pasaportes, por lo que examinaba las entradas y salidas en Cataluña. Erwin Wolf, cuyo pseudónimo político era "Kiff", nacido en el seno de una rica familia alemana de origen judío, se unió a Trotsky antes de que viajara a Noruega. Sus capacidades personales y sus habilidades lingüísticas le permitieron sustituir a Jan Frankel como secretario de Trotsky en noviembre de 1935. Frankel, que, naturalmente, también era judío, fue uno de los secretarios de Trotsky entre 1930 y 1933, y de febrero a octubre de 1937 vivió con él en Coyoacán.

El Comité Central del Partido Socialista Revolucionario Belga debatió en noviembre de 1936 la relación de Erwin Wolf con el POUM. A finales de abril de 1937, Wolf se ofreció para viajar a España con el fin de ayudar en la reorganización y reorientación del partido de Andreu Nin. Su llegada a Barcelona se produjo justo después de las jornadas de mayo. Se ha visto en el capítulo anterior que Stalin utilizó a agentes judíos para infiltrar el entorno de Trotsky, que solía confiar en personas de su misma etnia. El más famoso, Mark Zborowski, "Etienne", que se convirtió en secretario de Leon Sedov, conoció necesariamente los planes de Wolf. Varios autores coinciden en apuntar que fue él quien pasó la información sobre su entrada en España a la OGPU. En julio de 1937 Hertz/Mink/Minkovsky detuvo a Erwin Wolf por órdenes de Ernö Gerö. El secretario de Trotsky fue visto por última vez el 13 de septiembre de 1937 en la checa central de Barcelona, que estaba en el número 24 de la Puerta del Ángel. Después desapareció. Quizá fue trasladado en secreto a Moscú para ser interrogado. En cualquier caso, en Moscú o en Barcelona, fue ejecutado. Zborowski sería también esencial para lograr finalmente el asesinato de Trotsky en México. Todo se coció a fuego lento en España y concretamente en Cataluña, donde el "trabajo" de los agentes judíos de Stalin contra los judíos trotskystas fue brutal e implacable.

No sólo en España y en la Unión Soviética se producía el enfrentamineto entre agentes judíos trotskystas y stalinistas. La mano de Stalin llegaba hasta las Américas, como lo prueba el hecho de que Trotsky fuera asesinado en México y Krivitsky, en Estados Unidos. El jefe del Servicio Secreto Militar en Europa occidental, Krivitsky, fue puesto a prueba tan pronto se incorporó a su puesto en La Haya. Su colega y amigo Ignace Reiss, apodado "Ludwig", judío como él cuyo nombre auténtico era Nathan Markovic Poretsky, viajó desde París a la capital holandesa el día 29 de mayo de 1937 para anunciarle que pensaba abandonar el servicio. Krivitsky escribe textualmente el consejo que le dio: "La Unión Soviética es aún la única esperanza de los trabajadores del mundo entero. Stalin puede estar equivocado. Los Stalins vienen y se van. Pero la Unión Soviética perdurará. Nuestro deber es no separarnos de nuestros puestos." Es decir, si recuperaban el poder, todo volvería a estar bien.

Krivitisky relata que el 17 de julio Isaac Spiegelglass, otro judío llegado desde Moscú con plenos poderes para purgar los servicios extranjeros, le enseñó dos cartas que comprometían seriamente al camarada Reiss. "Ya sabes que eres responsable por Reiss -le dijo Spiegelglass-, tú lo presentaste al partido comunista y tú respaldaste su ingreso en nuestra organización." La invitación a participar en el asesinato de Reiss puso a Krivitsky entre la espada y la pared. Replicó que no quería tener "nada que ver con semejante empresa", con lo cual estaba cavando su propia tumba. Además, alertó a su amigo, que logró escapar temporalmente. El 10 de agosto se le ordenó a Krivitsky que regresara a Moscú y dos semanas después, en la noche del 4 de septiembre de 1937, el cuerpo de Reiss fue encontrado en una cuneta a la salida de Lausanne con cinco balazos de ametralladora en la cabeza y siete en el cuerpo. En sus bolsillos se halló un pasaporte falso a nombre de Hans Eberhardt. Candorosamente, Krivistky pretende convencer al lector de la superioridad moral de sus amigos trotskystas, los cuales "habían dedicado sus vidas a hacer un mundo mejor". Aunque siempre había negado ser trotskysta, Krivitsky confiesa que en noviembre de 1937 contactó con el hijo de Trotsky a través del abogado de Reiss. Reconoce asimismo que el ministro de Interior de Francia en el Gobierno de Léon Blum, el judío Marx Dormoy, otro más, le dio documentos de identidad y protección policial hasta que logró huir a Estados Unidos.

Represión contra poumistas y anarquistas. El asesinato de Andreu Nin

Conocidas todas estas cosas, estamos en mejor disposición para abordar lo ocurrido en España tras la semana trágica del mes de mayo. Una ola de terror salpicó toda Cataluña, donde las detenciones y secuestros de poumistas y anarquistas dieron lugar a torturas y asesinatos, de los cuales el más sonado fue el de Andreu Nin. Constituido el Gobierno de Negrín, la represión contra el POUM comenzó con la supresión de *La Batalla* el 28 de mayo. Se intentó detener a Julián Gorkín, que había sido el autor del editorial de 1º de mayo, en el que se proponía a la CNT la formación de un Frente unido revolucionario y se incitaba a los trabajadores a no abandonar las armas; pero la policía no encontró ni a él ni a Juan Andrade, otro de los impulsores del periódico. El 11 de junio, el mismo día en que los generales trotskystas del Ejército Rojo aparecían ante el Tribunal Supremo de la URSS, se formuló una acusación formal contra el POUM, según la cual, "la línea general de la propaganda de este partido era la supresión de la República y de su Gobierno democrático por la violencia y la instauración de una dictadura del proletariado." Más adelante el acta de acusación aludía a que el POUM había "calumniado a un país amigo cuyo apoyo moral y material había permitido al pueblo español defender su independencia." Se hacía referencia también al ataque contra la justicia soviética en relación a las críticas por los procesos de Moscú y a los contactos con los trotskystas.

En la noche del 16 de junio todos los dirigentes del POUM fueron detenidos en sus casas, pero Nin lo fue en su despacho. Puesto que Gorkín y Andrade seguían sin ser localizados, se detuvo a sus esposas. El 23 de junio se publicó un Decreto que anunciaba la creación de Tribunales de Espionaje y Alta Traición, compuestos por tres magistrados civiles y dos militares. Dichos tribunales eran nombrados por el Gobierno y podían celebrar vistas a puerta cerrada. El 29 de junio se supo mediante una nota del ministro de Justicia, Manuel de Irujo, que Julián Gorkín, Juan Andrade, Pere Bonet, Jordi Arquer y otros seis dirigentes poumistas habían sido acusados de alta traición. En última instancia salvarían la vida gracias a la intervención de varias delegaciones internacionales que fueron llegando a España para interesarse por ellos y velar por las garantías procesales. Juzgados entre el 11 y el 22 de octubre de 1938 serían condenados a quince años de prisión. Pero entre ellos no figuraba Andreu Nin, que había sido entregado a policías comunistas.

"¿Qué habéis hecho de Nin?" fue la pregunta que lanzó Federica Montseny, la primera persona que exigió públicamente noticias sobre él. El Gobierno se limitaba a decir que había sido arrestado y estaba detenido. El ministro de Gobernación, Zugazagoitia, admitió que estaba en Madrid en una prisión privada comunista. Según escribe P. Broué, "en un Consejo de Ministros Negrín interpeló a los ministros. Se declaró dispuesto a encubrir lo que había que encubrir, pero exigió que lo pusieran al corriente." Puesto que Nin, antiguo secretario de la CNT y de la Internacional Sindical Roja, era mundialmente conocido en el movimiento obrero y sindical, el asunto adquirió una repercusión internacional. El ministro de Justicia, Manuel de Irujo, tras fracasar en su intento de localizar a Nin en ninguna de las cárceles gubernamentales, nombró a un juez de instrucción especial para investigar la desaparición. Dicho juez ordenó la detención de policías sobre los que recaían sospechas, algunos de los cuales se habían refugiado en la embajada soviética. Días después, una brigada especial de policía intentó detener al propio juez, lo cual provocó que el ministro Irujo, indignado, amenazara con dimitir en un consejo de ministros tempestuoso en el que los comunistas, que defendieron la presencia de técnicos y consejeros soviéticos como expresión de una "ayuda desinteresada", quedaron en evidencia. Por ello no tuvieron más remedio que transigir en la destitución del director general de Seguridad, el teniente coronel comunista Antonio Ortega, ofrecido como chivo expiatorio. El 8 de agosto de 1937 el corresponsal de *The New York Times* escribió "Aunque se haya hecho todo para tapar el asunto, todo el mundo sabe ahora que lo han encontrado muerto en las afueras de Madrid, asesinado."

Algunas cosas sobre lo ocurrido se conocen a través de los escritos de distintos protagonistas. Así, por ejemplo, en *Yo fui ministro de Stalin* Jesús

Hernández se desmarca de la detención de Nin y señala que la decisión fue tomada en una reunión entre Orlov, Pasionaria y el secretario de organización del PCE, Pedro Checa, que trabajaba para los servicios de la NKVD, por lo que varios historiadores lo señalan como uno de los responsables de las matanzas de Paracuellos. El secuestro y posterior asesinato de Andreu Nin ha pasado a la historia con el nombre de "Operación Nikolai". Nin fue detenido por policías catalanes de la Brigada Especial. Después de permanecer unas horas en la comisaría de Barcelona, fue trasladado a Madrid por orden de Orlov. Enseguida fue conducido a Alcalá de Henares, donde entre los días 18 y 21 de junio fue interrogado: se pretendía que firmara un documento falso que implicaba al POUM en actos de traición y espionaje. A partir de este momento los investigadores ofrecen múltiples versiones sobre lo sucedido.

Hay bastante acuerdo en que el día 22 de junio Andreu Nin fue confinado en un chalé donde quedó en manos de Orlov y otros dos agentes soviéticos, que trataron de doblegarlo durante un mes. Puesto que ya conocemos a Orlov, presentaremos a sus cómplices. Uno de ellos era Iósif Romuáldovich Griguliévich, un judío nacido en Vilna en el seno de una familia karaíta de Crimea. La periodista costarricense Marjorie Ross en *El secreto encanto de la KGB: Las cinco vidas de Iosif Grigulievich* aporta datos sorprendentes sobre este personaje que, con el nombre de Teodoro B. Castro, llegó a ser embajador de Costa Rica en Italia y en Yugoslavia, donde tenía que asesinar a Josip Broz Tito. Curiosamente, había sido Tito quien, como delegado serbio de la Internacional, le dio el pasaporte falso que en 1936 le permitió entrar en España, donde fue conocido como "Júzik" y "Miguel". A lo largo de su carrera tuvo otros apodos: "José Ocampo", "Padre", "Artur", "Maks", "Daks" y "Felipe". Griguliévich ha sido señalado como probable autor material del asesinato de Nin.

Sobre la identidad del segundo agente, algunos señalan a Ernö Gerö, aunque la mayoría de historiadores, entre ellos Ángel Viñas, se inclinan por Leonid Eitingon, el lugarteniente de Orlov, otro judío cuyo verdadero nombre era Nahum Isaakovich Eitingon, apodado "Kotov", "Leónido" y "Pierre". Robert Conquest, Hugh Thomas y Julián Gorkín afirman que Eitingon fue amante de Caridad Mercader, la madre del asesino de Trotsky, aunque otro amante reconocido de Caridad, Pavel Sudoplátov, lo niega. Lo fuera o no, Nahum Isaakovich Eitingon la reclutó a ella y a sus amigas África de las Heras y Carmen Brufau, las tres famosas agentes españolas de la NKVD, y organizó el atentado que acabó con la vida de Trotsky el 20 de agosto de 1940. Estos tres hombres fueron, pues, quienes supuestamente torturaron a Nin, que se mantuvo firme y se negó a colaborar con los agentes stalinistas. No queda claro si murió durante las sesiones o lo asesinaron porque el estado en que quedó impedía ponerlo en libertad. Todo indica que

Orlov decidió eliminarlo[29]. Existe constancia de un telegrama enviado por "Júzik", probablemente desde París, encabezado por la letra "N", alusión clara a Nin, donde se habla del asesinato de Nin a medio camino de la carretera que va de Alcalá de Henares a Perales de Tajuña. Ángel Viñas considera que la fecha más probable del asesinato fue el 21 de julio de 1937.

En septiembre de 1937, Emma Goldmann, la famosa anarquista lituana de origen judío, visitó España con el fin de averiguar por sí misma la represión contra los anarquistas. Fue directamente a Valencia. "Descubrí - declaró Goldmann posteriormente- que mil quinientos miembros de la CNT, camaradas de la FAI y de la Juventud Libertaria, cientos del POUM e incluso miembros de las Brigadas Internacionales llenaban las prisiones de Valencia." En noviembre *Solidaridad Obrera* daba la cifra de quince mil presos en cárceles de Cataluña, Valencia y otras regiones de la zona republicana.

El 17 de octubre de 1937 Largo Caballero pronunció en el Teatro Pardiñas de Madrid su último discurso en España. En aquella famosa intervención, Largo aprovechó la ocasión para denunciar el daño que el caso Nin había ocasionado a la causa de la República en el extranjero: "Todos sabéis que ha habido casos verdaderamente desgraciados, que aún no se han esclarecido, de personas hechas desaparecer por elementos que no son el Gobierno, y que han constituido un Estado dentro de otro Estado." Se trataba de la primera denuncia pública de un dirigente republicano de la máxima relevancia sobre el hecho de que la República española había caído en manos de personas que no estaban al servicio del Estado español. Largo Caballero organizó una serie de mítines, pero no se le permitió volver a hablar en

---

[29] En 2013 apareció en España *El caso Orlov. Los servicios secretos soviéticos en la guerra civil española* (2013), obra del Boris Volodarsky de la que hemos tenido constancia demasiado tarde. Parece ser que este autor confirma que la orden de matar a Andreu Nin fue de Orlov y que Griguliévich le disparó, aunque pone en duda que fuera torturado. Ignoramos si en esta obra se aclara la deserción de Orlov, un misterio indescifrable, puesto que todo indica que estaba sirviendo bien a Stalin. Sin embargo, tanto Eitingon como Gerö pudieron informar a Stalin sobre aspectos desconocidos de las actividades de Orlov en España. En junio de 1938, Orlov recibió la orden de reunirse en Amberes con un jefe de la NKVD, probablemente Isaac Spiegelglass. Entonces robó 60.000 dólares de la caja de operaciones del NKVD y huyó con su mujer y su hija a Canadá. En 1939 envió una carta sin firma a Trotsky en la que le informaba que un agente llamado "Mark", probablemente Zborowski, había infiltrado su organización en París. Trotsky pensó que se trataba de una treta de Stalin y no dio credibilidad al aviso. En septiembre de 1938, en la conferencia de creación de la Cuarta Internacional en París, "Etienne" (Zborowski) presentó a Ramón Mercader, el futuro asesino de Trotsky, a la trotskysta Sylvia Ageloff, una mujer poco atractiva que fue seducida por Mercader. Enamorada de él apasionadamente, lo siguió a México y lo introdujo en la casa de Trotsky en Coyoacán. Orlov, según sabemos, después de haber sido verdugo de Stalin, tuvo el descaro de publicar en 1953 *The Secret History of Stalin's Crimes* (*La historia secreta de los crímenes de Stalin*). Tanto Orlov como Krivistsky se sirven en sus obras de las informaciones que les suministró en su día su correligionario Abram Slutsky.

público. El primero debía celebrase en Alicante, pero cuando se dirigía a la ciudad en compañía de Luis Araquistán, Rodolfo Llopis, Wenceslao Carrillo y otros colaboradores, fue detenido a punta de pistola. En *Todos fuimos culpables* Vidarte recuerda que le preguntó al ministro de la Gobernación, Julián Zugazagoitia, "Zuga", si era cierto que Caballero estaba bajo vigilancia policial, a lo que Zuga, normalmente comedido en sus expresiones, respondió: "Eso no es nada, porque voy a meter a Largo Caballero y a sus amigos en la cárcel... Mis órdenes no se discuten."

El 2 de noviembre de 1937 Trotsky se refirió a la batalla perdida en España mediante una carta a todas las organizaciones de trabajadores. Empezaba con estas palabras:

> "El movimiento socialista mundial está siendo destruido por una terrible enfermedad. La fuente de contagio es la Comintern, o para decirlo más correctamente, el GPU, para el cual el aparato de la Comintern sirve sólo como cobertura legal. Los acontecimientos de los últimos meses en España han demostrado de qué crímenes es capaz la burocracia desenfrenada y completamente degenerada de Moscú, juntamente con sus secuaces de la desclasada escoria internacional. No se trata de asesinatos secundarios o de montajes sin importancia. Se trata de una conspiración contra el movimiento obrero internacional."

Este texto demuestra hasta qué punto Trotsky reconocía que había perdido por completo su otrora poderosa influencia en el seno de la Internacional Comunista, cuyo Comité Ejecutivo había estado en manos de los trotskystas Zinóviev y Bujarin. Cuando en 1934 Stalin colocó al búlgaro Georgi Dimitrov al frente de la Internacional, se impuso ya sin paliativos la sujeción ideológica de los partidos comunistas a Moscú, cuya línea política propugnaba los frentes populares. Por contra, como se ha visto, los movimientos trotskystas continuaban al servicio de la revolución mundial, proyectada inicialmente por los Illuminati y esbozada por Adam Weishaupt. En julio de 1938 Rudolf Klement, uno de cuyos seudónimos era "Fréderic", otro secretario de Trotsky que preparaba en París la conferencia fundacional de la Cuarta Internacional, fue secuestrado y decapitado. Pese a todo, contra viento y marea, la Cuarta Internacional fue fundada en septiembre de 1938.

La situación en la España de Franco

Mientras el Gobierno de la República iba a remolque de Moscú y las luchas entre comunistas y anarquistas habían provocado el caos y la guerra intestina en Catalunya, los nacionales se disponían a ganar el norte, hecho que iba a crear las condiciones necesarias para la victoria final. Se ha dicho que la guerra civil española fue la última que se libró por la defensa de unos ideales, lo cual debe de ser cierto, puesto que los españoles de uno y otro bando así lo sintieron y murieron por ellos. Sin embargo, hemos visto en esta obra que la Revolución Mundial fue desde el principio el proyecto de unos conspiradores que, tras la publicación del *Manifiesto comunista*, expandieron la teoría de la dictadura del proletariado y planearon utilizar a las masas para alcanzar sus propósitos. Desde la distancia, cualquier observador objetivo podrá admitir que los ideales y los valores por los que luchó media España eran una quimera. Anarquistas e internacionalistas despreciaban los conceptos de Dios, patria, familia y propiedad, propugnaban un mundo feliz en el que no existirían naciones ni clases sociales. A la vez, la España republicana había adoptado el grito de viva Rusia y enarbolaba la bandera roja de los Rothschild con la hoz y el martillo, símbolo de las revueltas macabeas. Las imágenes de los dioses del ateísmo se exhibían en la Puerta de Alcalá. Por contra, los españoles del otro bando gritaban viva España y se aferraban a los valores tradicionales, entre los que predominaban la religión, la patria y la familia. Se podrá o no compartir estos ideales, pero en la práctica demostraron ser mucho más consistentes y sirvieron para conseguir una unión sin fisuras.

La correlación de fuerzas en la España nacional presentaba algunas diferencias ideológicas que fueron neutralizadas mediante el Decreto de Unificación del 19 de abril de 1937. Mediante este decreto Franco logró la disolución de los antiguos partidos de derecha, cuya influencia se había desvanecido. La Acción Popular de Gil Robles, quien no había protagonizado ningún papel desde el comienzo de la sublevación, desapareció cuando el propio Gil Robles anunció que renunciaba a la acción política. El otro partido monárquico, Renovación Española, tampoco dio señales de vida y Goicoechea, su líder, aceptó también la disolución. Sin embargo, las diferencias entre la Falange Española y la Comunión Tradicionalista tenían la suficiente envergadura como para constituir un escollo en la creación del partido único. Los falangistas no tenían inicialmente nigún problema con Franco, pero sus divergencias con las fuerzas conservadores, la Iglesia y los monárquicos, suponían un distanciamiento doctrinal con los carlistas, cuyos batallones de requetés habían sido determinantes para el triunfo del Alzamiento. Veámoslo brevemente.

Se ha dicho que los requetés eran soldados de otro siglo. Luchaban "por Dios, por la patria y el rey", por este orden, como se proclama en *Oriamendi*, el himno del carlismo, una ideología que había persistido de manera asombrosa y en 1936 era la fuerza política más antigua de Europa. Estos valores eran los mismos que habían defendido a lo largo del siglo XIX, cuando una vez y otra se habían levantado contra el liberalismo y la masonería internacional. El pretendiente carlista, don Jaime, había emitido el 23 de abril un manifiesto en que expresaba la disposición de los carlistas a colaborar con la República; sin embargo, los graves disturbios anticlericales de mayo de 1931 fueron señal inequívoca de que detrás del advenimiento del nuevo régimen se escondían el ateísmo y el comunismo internacional, fuerzas consideradas inhumanas y de origen extranjero. Tan pronto comprobaron la deriva de la República masónica, decenas de miles de voluntarios carlistas, al margen de lo que hicieran los militares, se mostraron dispuestos a tomar las armas, como habían hecho sus antepasados. Tras la muerte de don Jaime el 2 de octubre de 1931, don Alfonso Carlos, su tío, se convirtió en el nuevo pretendiente. El carlismo tenía sus órganos de expresión, muy combativos en casi todas las provincias. Destacaban *El Siglo Futuro*, en Madrid, *El Correo Catalán* o *El Pensamiento Navarro*, que fueron censurados o suspendidos una y otra vez pese a la libertad de prensa garantizada en la Constitución.

El 31 de marzo de 1934 una comisión de monárquicos carlistas y alfonsinos se entrevistó en Roma con Benito Mussolini, a quien confesaron que querían derribar la República y sustituirla por una monarquía corporativa. El Duce ordenó al mariscal Balbo que les entregase diez mil fusiles, doscientas ametralladoras y un millón y medio de pesetas. Se decidió también que jóvenes carlistas recibieran instrucción en Italia. El 3 de mayo de 1934, Manuel Fal Conde, que había conseguido organizar el carlismo en Andalucía y crear allí un grupo entusiasta de centenares de requetés, fue nombrado secretario general de la Comunión Tradicionalista. En Navarra y en el resto de España, los requetés comenzaron a recibir instrucción militar. El carlismo tenía también una rama femenina, "las Margaritas", que ya antes de la guerra eran cerca de treinta mil. En San Juan de Luz se estableció una Junta Militar carlista y se había pensado en el general Sanjurjo como jefe del movimiento.

En mayo de 1936 se reunieron en Lisboa Fal Conde, Sanjurjo y Javier de Borbón, que actuaba como regente. Apoyaron un levantamiento del Ejército; pero decidieron que si éste no se producía se alzarían por su cuenta y Sanjurjo se pondría al frente. Puesto que Mola había comenzado a organizar la conspiración militar, los carlistas se entrevistaron a principios de junio con él y le ofrecieron ocho mil cuatrocientos requetés, sólo en Navarra. El problema fue que Mola quería implantar una república con sufragio universal y los carlistas una monarquía católica y corporativa. Tales diferencias impidieron el acuerdo y Mola se dirigió por carta a Fal Conde en estos términos: "El precio que ustedes ponen para su colaboración no puede ser aceptado por nosotros. Recurrimos a ustedes porque en los cuarteles contamos únicamente con hombres uniformados, que no pueden llamarse soldados. De haberlos tenido, nos hubiéramos desenvuelto solos. El tradicionalismo contribuirá con su intransigencia al desastre español de un modo tan eficaz como el Frente Popular." Fal Conde acudió a la mediación de Sanjurjo, quien le pidió por carta a Mola que dejara combatir a los carlistas con la bandera bicolor, pues no estaban dispuestos a sublevarse con la bandera republicana. El 12 de julio rompieron las relaciones con Mola; pero el asesinato de Calvo Sotelo obligó al general a aceptar las orientaciones de la carta de Sanjurjo y las que pudiera dar posteriormente como presidente del Gobierno. Salvadas in extremis las diferencias, los requetés dieron la orden de movilización el 15 de julio. Con la muerte de Sanjurjo cinco días más tarde, cualquier pacto político quedó aplazado.

Un informe del 28 de febrero de 1936 cifra en más de veinticinco mil los requetés dispuestos a incoporarse a la rebelión en toda España. Algunas fuentes estiman que el 18 de julio el número de boinas rojas se acercaba a los treinta y cinco mil, de los cuales la mitad se encontraban en zonas donde la sublevación no triunfó, por lo que fueron neutralizados, como ocurrió en Cataluña, Valencia, Vizcaya y Guipúzcoa. Se estima que entre cincuenta mil y sesenta mil voluntarios pasaron por las filas legitimistas a lo largo de la guerra. En febrero de 1939 veintitrés mil seguían combatiendo. En la mañana del 19 de julio de 1936 miles de requetés se concentraron en la Plaza del Castillo de Pamplona. La mayoría de ellos eran gente sencilla que procedía del ámbito rural. Su aportación fue clave para mantener Navarra y reforzar La Rioja y Zaragoza. Posteriormente marcharon hacia Guadarrama y en septiembre de 1936 participaron en la toma de San Sebastián y en la liberación de Guipúzcoa. Los tercios de requetés fueron lo mejor de los voluntarios: eran disciplinados, entusiastas, sacrificados y valientes. Constituían una fuerza militar de choque resolutiva que fue utilizada de manera constante, por lo que seis mil perdieron la vida y unos treinta mil fueron heridos durante la contienda. Cuando participaron en la campaña del norte, los carlistas vieron cumplido el 19 de junio de 1937 un sueño centenario: tomar Bilbao, ciudad ante la cual en 1835 había caído Zumalacárregui, el mejor de sus generales. La entrada en Bilbao tuvo una gran connotación psicológica en ambientes carlistas.

La Comunión Tradicionalista había conseguido nueve diputados en las elecciones de febrero de 1936; en cambio la Falange Española sólo había obtenido seis mil ochocientos votos y no había logrado representación parlamentaria. Durante los meses que precedieron la sublevación militar, sin embargo, su afiliación aumentó significativamente y durante la guerra Falange Española se convirtió en una poderosa organización política. Algunas fuentes estiman que llegó a tener más de un millón de afiliados y otros elevan esta cifra hasta los dos millones. Muchos vieron en la Falange, que se oponía a la restauración monárquica, una fuerza de progreso frente al inmovilismo de los tradicionalistas. Bastantes falangistas tenían origen republicano y/o sindicalista, por lo que poseían una sensibilidad social que les aproximaba a los aliados italianos y alemanes. Además, crearon también unas fuerzas militares que se organizaron en milicias y llegaron a tener envergadura en Castilla, Extremadura y Andalucía. Si José Antonio Primo de Rivera, detenido y ejecutado en Alicante el 20 de noviembre de 1936, hubiera estado presente, las cosas podrían haber sucedido de otra forma. Ramón Serrano Suñer llegó a decir que si se hubiese presentado vivo en Salamanca el único "Caudillo" hubiese sido él. Pero en abril de 1937 los falangistas carecían de un jefe capaz de aglutinar a todos en torno a su figura. También entre los tradicionalistas había divisiones, puesto que el 29 de septiembre de 1936 había fallecido en Viena el último de los reyes de la dinastía carlista, don Alfonso Carlos, que no designó sucesor y se limitó a nombrar un regente.

En estas circunstancias, el general Franco, que el 1 de octubre de 1936 se había convertido en generalísimo y jefe del Estado, decidió a dar el paso necesario para crear el partido único, como había ocurrido en Italia y Alemania, con el fin de evitar peleas internas y mantener un poder fuerte que le permitiera centrarse en la guerra. Se trataba de conciliar las ideas de los falangistas, que pretendían la renovación a fondo del Estado, y las tendencias conservadoras de los tradicionalistas. Franco, que había sido considerado monárquico, era en realidad pragmático y realista, por lo que aplazó cualquier decisión en pro o en contra de la monarquía que pudiera dividir a sus partidarios. Por ello, cuando en febrero de 1937 Fal Conde trató de precipitar una restauración inmediata de la Monarquía, Franco lo consideró una traición y el líder tradicionalista tuvo que huir a Portugal. También surgieron resistencias por el lado falangista, donde hubo sus más y sus menos en los que no cabe ahora demorarse. Manuel Hedilla, que se convirtió en secretario general de la Falange, trató de oponerse a la unificación; pero no controlaba a los distintos grupos y sus maniobras propiciaron su detención y la de numerosos falangistas. Todos fueron juzgados y hubo cuatro sentencias de muerte, entre ellas la de Hedilla; aunque finalmente fueron conmutadas por penas de prisión perpetua. Hedilla obtuvo más tarde nuevas medidas de gracia.

El Decreto de Unificación se promulgó el 20 de abril de 1937. La noche anterior el Generalísimo pronunció un discurso desde el balcón del Cuartel General en Salamanca en el que justificó la decisión del partido único. El Decreto constaba de un preámbulo y tres artículos. El primero comenzaba así: "Falange Española y Requetés, con sus actuales servicios y elementos, se integran, bajo mi Jefatura, en una sola entidad política de carácter nacional que, de momento, se llamará Falange Española Tradicionalista y de las JONS. Esta organización, intermedia entre la sociedad y el Estado, tiene la misión principal de comunicar al Estado el aliento del pueblo y de llevar a éste el pensamiento de aquél a través de las virtudes político-morales de servicio, jerarquía y hermandad." En el artículo segundo se establecía que "el Jefe del Estado, un Secretariado o Junta Política y el Consejo Nacional" serían los órganos directores del partido. El Generalísimo nombró personalmente a todos los integrantes del primer Consejo Nacional, que constó de cincuenta miembros: la mitad fueron falangistas, una cuarta parte carlistas, cinco monárquicos y ocho militares. Esta composición permite constatar que la Falange se había convertido en la organización más favorecida. En el artículo tercero se decía: "Quedan fundidas en una sola Milicia Nacional las de Falange Española y de

Requetés, conservando sus emblemas y signos exteriores. La Milicia Nacional es auxiliar del Ejército. El Jefe del Estado es el Jefe Supremo de la Milicia. Será jefe directo un general del Ejército..." Un ejemplo símbólico de la unión fue la imposición a los falangistas de la boina roja de los requetés como complemento de su camisa azul. Las situaciones que se habían dado en el bando republicano, donde partidos, sindicatos y comités tenían sus propias milicias armadas, quedaban así descartadas. Una vez organizada y garantizada la unidad del Movimiento gracias a la creación del partido único, que anunciaba una estructura dictatorial para el posible nuevo Estado, todos los esfuerzos se concentraron en la conquista del norte.

Sobre el mito de Guernica y la campaña del norte

Vizcaya fue el primer objetivo de la campaña del norte, que se llevó a cabo por partes. La primera finalizó a finales de abril con la ocupación de Durango, Eibar y Guernica. El bombardeo de esta última ciudad por la legión Cóndor propició la creación de un mito que se ha mantenido hasta hoy. Los hechos ocurrieron el 26 de abril y la campaña de propaganda se encargó de desatar una reacción internacional. El máximo exponente de la operación propagandística fue el famoso *Guernica* de Picasso, cuadro que, por desgracia, se ha convertido en un panfleto pictórico a causa de la abusiva utilización política de que ha sido objeto. Entre múltiples mentiras, se dijo que el bombardeo duró tres horas y se habló de miles de víctimas. La falsedad de estos asertos está hoy demostrada: los aviones pasaron tres veces y las bombas cayeron durante unos minutos. El argumento dado por los franquistas sobre el incendio de la ciudad por "las hordas rojas" antes de evacuarla ha sido considerado irrelevante; sin embargo, es lo que hacían habitualmente los milicianos: lo hicieron en Irún y lo continuaron haciendo en otras ciudades de Cantabria y de Asturias. Sobre ello, el corresponsal de *The New York Times* escribió lo siguiente: "Los asturianos en retirada parecen decididos a no dejar tras de sí más que ruinas humeantes y desolación, cuando se ven obligados, finalmente, a abandonar una ciudad o un pueblo..., los rebeldes las encuentran dinamitadas y quemadas a ras de suelo."

Puesto que el asunto se debatió en la Cámara de los Comunes, donde se interpeló a Anthony Eden, secretario del Foreign Office, los nacionalistas invitaron a una comisión internacional. La delegación, encabezada por un arquitecto inglés especialista en destrucción, visitó la ciudad y pudo comprobar que, además de bombardeada, había sido incendiada y dinamitada. Buena parte de los daños en las calles fueron provocados por explosiones subterráneas en nueve puntos diferentes. En cada caso, estas explosiones se habían producido cerca de las tapas que conectaban con la red principal del alcantarillado. La prensa inglesa continuó interesándose por el asunto del bombardeo de Guernica. Un año más tarde, el 19 de abril de 1938, dos periódicos británicos, *The Daily Telegraph* y *The Morning Post*, publicaron una carta de A. W. H. James, comandante de aviación y miembro del Parlamento. Un fragmento del texto publicado en estos diarios fue reproducido en *La Renaissance de l'Espagne* (1938), obra del conde de Saint-Aulaire, embajador de Francia en Madrid y en Londres, quien desvela, por cierto, que tras la toma de Bilbao se hallaron en los cajones del lehendakari Aguirre sus insignias de francmasón. El comandante James visitó dos veces la ciudad y la examinó detenidamente. Según él, las versiones que declaran que la ciudad fue destruida por aire "proceden de jóvenes inexpertos, ninguno de los cuales ha sido testigo... No han tratado de verificar, a través de un examen crítico sobre el terreno, las historias que han difundido. Yo he comprobado que Guernica fue bombardeada, pero que la mayor parte de la destrucción, alrededor del 95 por ciento, solo pudo ser debida al incendio. Nada es más fácil de distinguir que los efectos esporádicos de un bombardeo y la destrucción sistemática, casa por casa de los incendiarios."

Dos historiadores de la asociación *Gernikazarra*, Vicente del Palacio y José Ángel Etxaniz, han realizado recientemente un estudio exhaustivo, donde establecen que en Guernica murieron 126 personas como consecuencia del bombardeo. En Dresde, ciudad bombardeada por cerca de tres mil bombarderos pesados durante tres días, más de 200.000 personas fueron masacradas como consecuencia de los bombardeos de saturación. Sin embargo, el historiador marxista E. Témime ni siquiera menciona esta ciudad alemana en *La revolución y la guerra de España*, donde compara el bombardeo de Guernica con otros efectuados en la II Guerra Mundial sobre ciudades inglesas y holandesas. Durante más de veinte años he trabajado como docente con miles de estudiantes. Casi todos sabían que Guernica había sido bombardeada y conocían el cuadro de Picasso; sin embargo, no encontré nunca a uno que tuviera noticia de lo ocurrido en Dresde.

En plena campaña por la toma de Bilbao, el general Mola falleció inesperadamente el 3 de junio de 1937 al estrellarse su avión cuando regresaba a Vitoria. Sustituido por el general Dávila, el 12 de junio se rompió el famoso "Cinturón de Hierro" que defendía la ciudad y comenzó el ataque definitivo sobre Bilbao, que cayó el día 19. Buena parte del ejército que la defendía se retiró hacia el oeste y entró en Cantabria. Con el fin de tratar de detener el avance nacionalista en el norte, los mandos de la República planearon una ofensiva sobre Brunete, en el sector de Madrid. Casi cincuenta mil hombres fueron puestos a disposición del Estado Mayor republicano. En la noche del 5 al 6 de julio se lanzó un ataque masivo y Líster ocupó Brunete; pero los nacionalistas se recuperaron pronto y en pocos días estuvieron en disposición de contratacar, por lo que a partir del día 12 la ofensiva se había detenido y los republicanos pasaron a defender las posiciones.

A finales de mes, parte de las tropas de Franco pudieron regresar al norte para preparar la campaña contra Santander. La entrada en la ciudad de los soldados navarros e italianos se produjo el día 26 de agosto y fue festejada con entusiasmo por una población que era mayoritariamente conservadora. Las tropas nacionales capturaron a unos diecisiete mil prisioneros, muchos de los cuales fueron fusilados. El 31 de agosto, en su retirada hacia Asturias, los milicianos republicanos, fieles a sus hábitos de actuación, dinamitaron e incendiaron Potes. Con la toma de Tresviso, la última localidad cántabra, finalizaron el 17 de septiembre las operaciones en esta provincia. Finalmente, la entrada de las brigadas navarras en Gijón se produjo el 21 de octubre de 1937. Puede decirse que la caída de esta ciudad supuso la desaparición del frente norte, pese a que la resistencia no cesó del todo y las operaciones de limpieza duraron algún tiempo, lo cual impidió que Franco pudiera desplazar enseguida la totalidad de las tropas que habían operado en Asturias.

A medida que los recursos iban pasando a sus manos, la situación económica de los rebeldes fue cada vez mejor, por lo que observadores neutrales comenzaron a pensar que su triunfo era ya sólo cuestión de tiempo. Las minas y la industria del norte fueron el complemento de los recursos agrícolas y ganaderos. Franco disponía de los rebaños de ovejas y cerdos de Extremadura, de las verduras de Galicia, de los cereales de Castilla y de los productos de las grandes fincas andaluzas. En la zona nacional las tiendas estuvieron bien surtidas y no sólo estaba asegurado el abastecimiento del ejército y de la población, sino que se pudo exportar una parte de la producción. Por otro lado, el Gobierno republicano tenía serios problemas para asegurar la alimentación de millones de personas que habitaban las grandes ciudades que controlaban. Cuando terminó la guerra, no obstante, comenzaron las dificultades para el Gobierno franquista, ya que fue preciso abastecer a las masas subalimentadas de Madrid, Barcelona y Valencia, que habían sufrido durante meses por falta de comida.

Dos batallas decisivas para ganar la guerra

A causa de la extensión que va alcanzando esta obra, es preciso resumir ya los hechos que condujeron a la victoria del bando nacional. En noviembre de 1937 Negrín había trasladado la sede del Gobierno a Barcelona. De este modo, la Generalitat fue cediendo a regañadientes sus prerrogativas y, a la vez, los anarcosindicalistas pudieron ser controlados de cerca por el SIM (Sevicio de Investigación Militar), una policía terrorífica temida por todos que estuvo bajo la influencia de Orlov hasta que se produjo su deserción en julio de 1938. Negrín y sus amigos se habían consolidado hasta tal punto que lograron incluso apoderarse de la dirección de la UGT. Fue entonces cuando el Consejo Superior de Guerra decidió tomar la iniciativa y escogió Teruel como objetivo. Hay que considerar que a finales de 1937 el ejército republicano contaba con 575.000 hombres, integrados en ciento cincuenta y dos brigadas. Si no se hubiera producido esta ofensiva, es casi seguro que Franco habría optado nuevamente por un ataque sobre Madrid. El 15 de diciembre comenzaron las operaciones y cuarenta mil hombres avanzaron hacia esta ciudad aragonesa, que quedó cercada mientras el grueso de las fuerzas prosiguió el avance. La entrada en Teruel se produjo el 22 de diciembre, pero en el interior de la ciudad se luchó casa por casa hasta el día de Navidad.

Franco decidió aceptar el envite y trasladó allí numerosas tropas, que lograron detener a los republicanos. La batalla fue encarnizada y ambas partes necesitaron enviar refuerzos y materiales para sostenerse en las posiciones. En un espacio muy reducido de terreno se concentraron cerca de ciento ochenta mil hombres, que lucharon bajo unas condiciones espantosas, toda vez que comenzó un invierno riguroso. Quien haya estado en Teruel sabe que es una de las zonas de España donde hace más frío. Los soldados atrincherados tuvieron que ser relevados cada cuarto de hora. La nieve, el viento y las carreteras heladas paralizaron casi por completo las operaciones. El 15 de enero de 1938 las condiciones meteorológicas se suavizaron y los nacionales prepararon una contraofensiva, pero no pudieron comenzarla porque los republicanos se lanzaron de nuevo al ataque. Por fin el 5 de febrero las tropas del general Yagüe rompieron el frente y desbordaron las posiciones enemigas. En definitiva, el 22 de febrero los republicanos evacuaron Teruel, se replegaron a las posiciones iniciales y dieron la batalla por perdida. Vicente Rojo ofreció el cargo a Negrín, quien no accedió a sustituirlo. La valentía y la bravura con que se batieron ambos bandos llevó al general Rojo a decir que en Teruel se había revelado "la grandeza moral del combatiente español".

Como consecuencia de la acumulación de efectivos en el sur de Aragón, la propia dinámica de las operaciones impulsó al ejército franquista a proseguir el avance hacia el Mediterráneo. El 9 de marzo reanudó el ataque y las tropas republicanas, que apenas habían tenido tiempo de reorganizarse, tuvieron que replegarse al otro lado del Ebro. Prieto, el ministro de Defensa, advirtió alarmado al Consejo de Ministros: "Si los rebeldes llegan al Mediterráneo, las cuatro quintas partes del ejército se encontrarán en la zona meridional." Se decidió entonces trasladar parte de las fuerzas a Cataluña, que se hallaba sin efectivos suficientes para poder afrontar una ofensiva. Con el fin de hacer posible la marcha de tropas hacia Tortosa por la carretera de la costa, la resistencia republicana se organizó sobre la línea Caspe-Alcañiz. Lérida cayó el 3 de abril. Nuevamente las palabras de Azaña sirven para ilustrar cuán comprometida era la situación: "Todavía no se ha explicado nadie por qué no llegaron hasta Barcelona cuando en marzo de 1938 tomaron Lérida. Entre ambas capitales no había fuerza alguna."

La debacle intensificó la campaña contra el ministro de Defensa, al que ya antes de la ofensiva nacional del 9 de marzo se quería defenestrar. En *Yo fui un ministro de Stalin* Jesús Hernández, entonces uno de los dos comunistas en el Gobierno, ofrece información sustancial para entender cómo se produjo la destitución de Prieto. Según él, Ernö Gerö (Ernst Morisovich), alias Pedro, uno de los implicados en el asesinato de Nin como máximo responsable de la NKVD en Cataluña, declaró en una reunión del buró político que había que "utilizar la pérdida de Teruel para liquidar a Prieto." Sobre la conspiración contra Prieto, Hernández da noticia de un viaje a Moscú de Boris Stefanov, alias "Moreno", delegado antitrotskysta de la Internacional que gozaba de la confianza de Stalin:

> "Stefanov, quien acababa de hacer un viaje rapidísimo a Moscú, traía instrucciones precisas y apoyó a Pedro con estas palabras: 'Los camaradas de la Casa aconsejan nutrir al ejército con nuevas reservas que hagan posible una resistencia prolongada al objeto de mantener la lucha con vistas a una posible conflagración mundial, que cambiaría todo el panorama de la guerra en España. Resistir, resistir y resistir, tal es la directiva de la Casa (Moscú)... ¿Ustedes creen que con Prieto al frente del Ministerio de Defensa es esto posible?'."

Prieto, como Azaña, era cada vez más partidario de buscar una solución negociada al conflicto. El 27 de febrero, cinco días después de la evacuación de Teruel, Dolores Ibárruri, La Pasionaria, había ya desencadenado la ofensiva contra el ministro de Defensa, al que, sin nombrarlo, acusaba de derrotista, incapaz y cobarde. El 16 de marzo de 1938, ante la sensación general de que la guerra estaba perdida, el embajador francés Eilrick Labonne ofreció a Negrín la mediación de Francia. El presidente del Gobierno convocó al Consejo de Ministros, que se reunió en el palacio de Pedralbes de Barcelona bajo la dirección del presidente de la República para estudiar la propuesta. Azaña planteó la conveniencia de aceptar la mediación e iniciar unas negociaciones de paz. Sabiendo que Prieto era tan pesimista como él, le pidió que informara al Consejo sobre cuál era la situación militar. El ministro de Defensa admitió la desmoralización del ejército, que "huía en todas direcciones abandonando las armas y las municiones."

Los rumores de capitulación se extendían por la ciudad condal, por lo que el PCE, con el apoyo del secretario del Comité Nacional de la CNT, Mariano Vázquez, organizó una manifestación que desfiló por las calles de Barcelona y fue dirigida hasta el palacio de Pedralbes. "El Partido Comunista -escribió La Pasionaria en sus memorias- movilizó a la población de Barcelona para exigir al Gobierno la continuación de la resistencia." Los manifestantes entraron con alboroto en los jardines del palacio. "¡Abajo los ministros capituladores!" y "¡Fuera el ministro de Defensa!" fueron los gritos que se escucharon durante la reunión del Consejo. Zugazagoitia y Vidarte, que había sido nombrado por la Ejecutiva socialista para que representase al partido en la manifestación, confirman en sus escritos que Negrín estaba enterado con anterioridad e incluso es posible que él mismo hubiera aconsejado a los comunistas que organizaran la marcha para coaccionar al presidente de la República.

El 23 de marzo de 1938, tanto el periódico comunista *Frente Rojo* como *La Vanguardia* publicaron un artículo de Jesús Hernández, ministro de Instrucción Pública, cuyo título era "Pesimista impenitente". El artículo, que contenía duros ataques al ministro de Defensa, iba firmado con el pseudónimo de Juan Ventura, pero la identidad del autor no escapó a nadie y mucho menos a Prieto, quien el 29 de marzo calificó ante el Consejo de Ministros de "inadmisible el proceder del ministro de Instrucción Pública al atacarme de la forma en que lo ha hecho." El ministro de Defensa anunció que no dimitiría por responsabilidad, aunque interiormente debía de saber con certeza que sus días como ministro estaban contados. Gracias una vez más a la obra exhaustiva de Bolloten, podemos transcribir las palabras que le escribió Negrín en una carta para anunciarle que iba a destituirlo:

> "Mi decisión de sustituirle como ministro de Defensa fue exclusiva y auténticamente personal. Surgió en mí la noche del 29 al 30 de marzo tras dolorosa y violenta lucha interior. Fue consecuencia de la reunión de ministros la noche del martes 29, en que usted, con su elocuencia sugestiva, su 'pathos' habitual y la autoridad de su cargo y su persona, desmoralizó por completo a nuestros colegas de Gobierno al estilizar los sucesos con tintes de sombría desesperación y presentarlos como fatales."

Palmiro Togliatti, máximo responsable de la Internacional en España cuya misión principal era asegurar que el PCE ejecutase fielmente las instrucciones de Stalin, informó a Moscú de que Negrín había convocado una reunión de la dirección socialista, donde declaró que Prieto no seguiría en el cargo de ministro de Defensa porque era "un derrotista, digno de ser fusilado".

Así, pues, enfrentado a los comunistas y sin el apoyo de su partido, Indalecio Prieto fue destituido. El día 5 de abril de 1938 se constituyó el nuevo Gobierno de Negrín, que iba a ser el penúltimo de la República, pues en agosto, en plena batalla del Ebro, una crisis con los nacionalistas catalanes y vascos, que salieron del Gobierno, obligó a Negrín a una remodelación. Además de la Presidencia, Negrín asumió la cartera de Defensa. El 30 de abril formuló su programa político en un documento de trece puntos en el que se concretaban los objetivos por los que continuaba la guerra y sobre los cuales podía establecerse un principio de acuerdo con los sublevados. El programa fue ampliamente difundido en España y en el extranjero. Tanto Negrín como su ministro de Asuntos Exteriores, Álvarez del Vayo, que regresó al Ministerio en sustitución de Giral, estaban convencidos de que estallaría un conflicto en Europa y de que, si lograban aguantar, había todavía esperanzas de salvación. Los acuerdos de Múnich supusieron un revés para todos los que como ellos anhelaban una guerra general en Europa. Puesto que la crisis de los sudetes y las consecuencias del acuerdo son de capital importancia para comprender los acontecimientos que siguieron, emplazamos al lector al siguiente capítulo, donde serán objeto de estudio.

El día 15 de abril de 1938 el ejército de Franco llegó al mar por Vinaroz, con lo que el territorio de la República quedó dividido en dos. El derrumbe del frente de Aragón provocó desánimo entre la población y profunda desmoralización en los soldados del Ejército Popular, muchos de los cuales comenzaron a pasarse al otro bando. El 2 de junio de 1938, el Ministerio de Defensa decidió hacer recaer el castigo de deserción en los familiares de los fugados, al más puro estilo soviético. Con el fin de ganar tiempo y para tratar de evitar que el ejército nacional marchase sobre Valencia, nuevamente el general Rojo planeó una ofensiva. Se trataba, además, de demostrar a Europa y al mundo que la República española no estaba todavía vencida. Ya en el mes de junio se comenzó a planear el paso del Ebro, una operación de gran riesgo que precisaba de una preparación prolongada, puesto que había que reunir barcas y construir puentes que posibilitaran el paso de las tropas.

En la noche del 24 al 25 de julio comenzó la operación. Los primeros comandos cruzaron el río en barcas y establecieron cabezas de puente que permitieron a los ingenieros trabajar con relativa seguridad en la colocación de puentes y pasarelas. El avance fue bastante rápido: Mora del Ebro y Corbera fueron ocupadas enseguida y la cabeza de puente alcanzó una profundidad de veinte kilómetros y una longitud de treinta, que abarcaba todo el gran meandro que traza el río entre Fayón y Gandesa. A pesar de que los espías habían informado de las concentraciones de tropas, el paso del Ebro sorprendió a los jefes nacionales. El envío inmediato de la aviación no fue suficiente para impedir que unos cincuenta mil hombres atravesaran el Ebro. Los nacionales se replegaron sobre Villalba y Gandesa y consiguieron aguantar. Cuando los tanques T-24 pudieron pasar el río y se presentaron en el campo de batalla, los socorros enviados por Franco estaban ya en el frente. Comenzó entonces una batalla de desgaste que se prolongó hasta el 15 de noviembre. Sólo tres días después del inicio de la ofensiva, Azaña, a escondidas de Negrín, mantuvo una entrevista secreta en Vic con el representante británico en Barcelona, John Leche, al que pidió que propusiera a su Gobierno un plan de paz que contemplaba la retirada de los combatientes extranjeros de ambos bandos y la formación de un gobierno de consenso sin los comunistas.

Fue durante el transcurso de la batalla del Ebro cuando el 29 de septiembre se logró el Pacto de Múnich, que acabó con las esperanzas republicanas de guerra en Europa y de intervención extranjera en España. También Franco siguió con gran preocupación el encuentro en la capital bávara, consciente de que todo podía estar allí en juego. Durante los meses de agosto y septiembre los nacionales lanzaron un ataque tras otro; pero la ferocidad de la resistencia fue máxima y cualquier punto en disputa podía ser capturado y recapturado varias veces. Las pérdidas en hombres y en material fueron enormes: entre sesenta y setenta mil combatientes resultaron muertos o heridos. A finales de octubre, mientras el bando nacionalista preparaba el envío de refuerzos, los soldados republicanos llegaron al límite de sus fuerzas. El 1 de noviembre comenzó un ataque que permitió la toma de las posiciones republicanas en los altos de la Sierra de Cavalls, con lo que toda la parte sureste de la zona ganada tras el paso del Ebro volvió a cambiar de manos. A pesar de que el 15 de noviembre se estabilizó otra vez el frente, el 15 de diciembre de 1938 la Republica había perdido la batalla y la guerra.

La ofensiva sobre Cataluña no se demoró y comenzó el 23 de diciembre de 1938. La República no disponía ya de reservas y sólo contaba con unos noventa mil hombres para defender el territorio catalán. El hundimiento se produjo ya en los primeros días de enero. La desesperación era tal que el Gobierno de Barcelona decidió la movilización de todos los hombres en edad de combatir, que no tuvo tiempo de hacerse efectiva. Cuando Barcelona estaba siendo bombardeada, se llegó incluso al extremo de movilizar a los bomberos, cuyas tareas eran imprescindibles en la ciudad. A finales de enero de 1939 el desorden y el caos reinaban en la ciudad. En el sur, la pérdida de Tarragona provocó la desbandada hacia el norte de miles de refugiados, que convergían en Barcelona y se hacinaban en las paradas de metro, que servían de refugio y de dormitorio. La supervivencia en la ciudad, donde los partidarios de Franco anhelaban el final de la pesadilla, era casi imposible, pues no había comida en las tiendas, ni carbón, ni electricidad. Muchos republicanos, cansados ya y sin esperanza, preferían también que todo acabase de una vez por todas.

El 23 de enero el presidente Negrín y su Gobierno abandonaron Barcelona. Ante la imposibilidad de llevarse con ellos todos los documentos, una parte de los archivos fue destruida. El 6 de febrero más de cien mil personas habían entrado en Francia y cientos de miles, entre las que estaban los soldados que huían con la población civil, se apiñaban cerca de las aduanas de Perthus y Boulou. Muchos de estos hombres armados hacían valer su fuerza y se apoderaban a punta de pistola de vehículos que más tarde abandonaban cerca de la frontera. Las autoridades francesas, desbordadas, a partir del 30 de enero habían prohibido el paso a hombres sanos y sólo permitían la entrada a mujeres y niños. Esta decisión provocó el pánico y muchos fugitivos optaron por regresar. Entre el 5 y el 9 de febrero la frontera se abrió de nuevo oficialmente para los soldados, cuyo material de guerra les fue confiscado. Entre los dirigentes republicanos que huían estaba el presidente de la República, Azaña, que pasó a Francia el 5 de febrero. Tres días más tarde también lo hizo Negrín y los últimos ministros del Gobierno. Los miembros del Estado Mayor, con el general Rojo a la cabeza, abandonaron España el 9 de febrero, unas horas antes de que los franquistas llegaran a la frontera en Perthus.

Según una información aparecida en junio de 2009 en la *Revista de Catalunya*, Miquel Serra Pàmies, uno de los creadores del PSUC el 23 de julio de 1936 y conseller de la Generalitat durante la guerra, consiguió que no se destruyera la ciudad condal antes de la retirada. En un amplio informe de veinte páginas, la mencionada publicación desvela que la URSS y la Internacional Comunista tenían un plan para destruir Barcelona mediante miles de toneladas de trilita y grandes cantidades de munición de artillería, con las que pretendían dinamitar fábricas e infraestructuras de la urbe catalana.

Golpe de Estado de Casado y nueva guerra civil en el bando republicano

Con el Gobierno de Negrín en Francia, la situación en la zona republicana se agravó peligrosamente, puesto que nadie tenía autoridad suficiente para dirigir la política y la guerra. En el consulado español de Toulouse, donde se refugió el Gobierno, Azaña y Negrín no se pusieron de acuerdo. Negrín pretendía que el presidente de la República regresara con él a España con el fin de retomar el poder. No hubo manera de convencerlo. También el general Rojo le había expresado al presidente del Gobierno que no veía con qué se podía resistir ni por qué había que continuar la resistencia. Negrín, Álvarez del Vayo, Segundo Blanco, sindicalista de la CNT que era ministro de Instrucción Pública y Sanidad, y los comunistas impusieron sus puntos de vista y decidieron volver inmediatamente a España con o sin Azaña. Su idea era resistir hasta el final antes que aceptar la capitulación sin condiciones que exigía Franco. Creían que las fuerzas armadas que había aún en la zona Centro-Sur eran suficientes para prolongar la lucha durante varios meses, a la espera de lo que pudiera suceder en Europa.

El 10 de febrero de 1939 Negrín aterrizó en Alicante acompañado por Julio Álvarez del Vayo, ministro de Exteriores, y Santiago Garcés Arroyo, el jefe del SIM (Servicio de Investigación Militar). Negrín se trasladó enseguida a Valencia. Allí se entrevistó con José Miaja, jefe del Ejército, quien se mostró partidario de poner fin a las hostilidades. Dos días más tarde se instaló en Madrid en el edificio de la Presidencia, donde convocó al coronel Segismundo Casado jefe del Ejército del Centro, quien le dijo claramente que sus fuerzas no tenían ninguna posibilidad de resistir la previsible ofensiva de los franquistas sobre la capital. Negrín comprobó, pues, que aparte de los oficiales del PCE, pocos jefes apoyaban la política de resistencia. Temiendo que Azaña, que se había instalado en la embajada española en París, presentara la dimisión y que Gran Bretaña y Francia reconocieran de inmediato al general Franco, el 12 de febrero Negrín envió a Álvarez del Vayo a la capital francesa para decirle al presidente de la República que el Gobierno consideraba "imprescindible" su presencia en España. Azaña se negó a prolongar una "lucha sin sentido".

El día 16 Negrín reunió en la base aérea de Los Llanos (Albacete) a los jefes militares. Todos excepto Miaja le expresaron que compartían el criterio del coronel Casado, quien relató lo que se dijo en esta reunión en *Así cayó Madrid*. Lo cierto era que Casado estaba ya en contacto con agentes franquistas y sabía que Franco no negociaría mientras los comunistas estuvieran en el poder. Por esta razón le dijo a Negrín que era preciso el regreso de Azaña y la formación de un nuevo gobierno de republicanos y socialistas en el que no hubiera comunistas. Entre los anarquistas, Casado contaba con el apoyo de Cipriano Mera, que mandaba un cuerpo del ejército, y con el de José García Pradas, líder de la CNT castellana. En cuanto a los socialistas, Julián Besteiro y Wenceslao Carrillo estaban al corriente de los planes del coronel y los aprobaban. Wenceslao Carrillo y otros socialistas trataron incluso de arrebatar el control del partido y de la UGT a los partidarios de Negrín. Casado mantenía contactos con el Foreign Office a través de Denys Cowan, que operaba en el consulado británico en Madrid.

El 27 de febrero Francia y Reino Unido reconocieron "de iure" al Gobierno de Burgos como Gobierno legítimo de España, a pesar de que el 13 de febrero de 1939 el BOE había publicado la Ley de Responsabilidades Políticas, que iba a servir "para liquidar las culpas contraídas por quienes contribuyeron con actos u omisiones graves a forjar la subversión roja". En esta ley se especificaba que representantes del Ejército, de la Magistratura y de la Falange conformarían los tribunales encargados de imponer sanciones. Según su artículo primero, las responsabilidades se retrotraían al 1 de octubre de 1934. Consumado así el abandono de la Segunda República, el día 28 el presidente Azaña hizo pública en Francia su renuncia. Pese a que los hechos demostraban día a día la inutilidad de la resistencia, Negrín procedió el 2 de marzo a una serie de cambios y promociones que pusieron los recursos del poder en manos de sus amigos comunistas. El coronel Casado fue ascendido a General, pero a la vez Negrín lo sustituyó en el mando del ejército del Centro por el comunista Modesto, ascendido también a general. Se crearon las "unidades móviles de choque" y los comunistas Líster, Galán y Márquez fueron nombrados coroneles. Al mando del puerto de Cartagena, sede de la flota, nombró a Francisco Galán. Otros dos comunistas, Etelvino Vega y Manuel Tagüeña, fueron designados gobernadores civiles de Alicante y Murcia. El 3 de marzo de 1939 la Diputación Permanente de las Cortes se reunió en París y nombró como presidente interino al gran maestre Diego Martínez Barrio, que también estaba en Francia.

Militares, sindicalistas y los cuadros de otros partidos consideraron estas maniobras de Negrín como un golpe de Estado comunista. La indignación era general y en la base de Cartagena se produjo en la noche del 4 de marzo una sublevación dirigida por el capitán de navío Fernando Oliva, que fue apoyada por la guarnición de la ciudad, al mando del coronel de artillería Gerardo Armentía, que acabaría suicidándose tras ser detenido. Era el comienzo de una nueva guerra civil en el bando republicano, que iba a cobrarse miles de muertos y heridos en una semana. En medio del caos y la confusión, el almirante Miguel Buiza ordenó el 5 de marzo la salida de la flota de Cartagena. Tres cruceros, ocho destructores y otras unidades menores pusieron rumbo a Bizerta, donde se entregaron a las autoridades militares francesas. Aunque fuerzas comandadas por el comunista Alonso Rodríguez recuperaron posteriormente el control de la base, la pérdida de la flota supuso la desaparición del mejor medio de evacuación con que contaba el Gobierno de Negrín.

Mientras el politburó del PCE se concentraba en Elda, en la llamada "posición Dakar", el coronel Casado se instaló a las siete de la tarde del 5 de marzo en el Ministerio de Hacienda. Una hora más tarde llegaron el resto de los conjurados y se constituyó el Consejo Nacional de Defensa, que Casado aceptó presidir provisionalmente hasta la llegada de Valencia del general Miaja, quien tras dudas y vacilaciones se había unido a la rebelión. La figura más relevante y prestigiosa era el socialista Julián Besteiro, a quien se le asignó Asuntos Exteriores. El socialista Wenceslao Carrillo asumió Gobernación. En el Consejo había dos hombres de la CNT, Eduardo Val y José González Marín, un representante de la UGT, Antonio Pérez, así como otros dos republicanos y un sindicalista. A las once y media de la noche la 70 Brigada, mandada por el anarcosindicalista Bernabé López, ocupó los puestos estratégicos de Madrid: Ministerios de Defensa, Gobernación y Comunicaciones, Telefónica, Banco de España y la Dirección General de seguridad. Dio así comienzo el golpe de Estado.

Una vez controlada la capital, ya a primeras horas de la madrugada del 6 de marzo, se emitió por radio un comunicado del Consejo. Habló a continuación Julián Besteiro, el cual afirmó que con la dimisión de Azaña la República había sido decapitada y el Gobierno de Negrín carecía de legitimidad. "El Ejército de la República -aseguró- existe con autoridad indiscutible, toma en sus manos la solución de un problema muy grave, esencialmente militar". Besteiro pidió a Negrín que se retirase y lo acusó de ganar tiempo "con la morbosa creencia de que la creciente complicación de los acontecimientos internacionales conduciría a una catástrofe de proporciones universales". Negrín, que había oído la alocución, llamó a Casado y, dándole el tratamiento de general, le preguntó qué estaba ocurriendo. Casado respondió que no era general, sino coronel, pues no aceptaba el nombramiento de un gobierno que no tenía legitimidad. En la mañana del día 6 de marzo todas las fuerzas del Frente Popular hicieron declaraciones públicas de apoyo al golpe. Sólo el PCE mantuvo su fidelidad a Negrín, el cual se encontraba en Elda desde el 27 de febrero, protegido en la llamada "posición Yuste" por una guardia de élite.

Mientras los comunistas en Madrid se disponían a presentar batalla a los golpistas, durante la madrugada del día 6 de marzo Negrín, Álvarez del Vayo y la cúpula dirigente del PCE comenzaron a preparar su salida de España. Negrín visitó el cuartel General del PCE en la "posición Dakar", donde comprobó que Palmiro Togliatti, el delegado de la Internacional en España, estaba organizando la salida de los dirigentes comunistas. Cinco horas antes de la huida del presidente del Gobierno, comenzaron a despegar aviones de la base de Monóvar, cercana a Elda. Los primeros en abandonar el país con destino a Orán fueron Dolores Ibárruri, Jesús Monzón, Stefanov, alias "Moreno", y el diputado comunista francés Jean Cattelas. Togliatti organizó más tarde la salida de más comunistas, entre los que estaban Uribe, Líster, Modesto, Hidalgo de Cisneros y otros dirigentes políticos y militares del PCE. Posteriormente, a las 14:30, el Gobierno de Negrín abandonó España con destino a Toulouse.

Los comunistas de Madrid, debido a la interrupción de las comunicaciones, desconocían las decisiones adoptadas en Elda por el Buró Político, así como la huida del Gobierno de Negrín. Sin embargo, Togliatti, cuya fiabilidad es muy escasa, escribió posteriormente que se les había ordenado derribar a la Junta por las armas. Con o sin órdenes, el contragolpe comunista fue liderado por Guillermo Ascanio, que mandaba una división desplegada en la zona de El Pardo, con la que comenzó el ataque contra las tropas casadistas. El centro de Madrid se convirtió en un campo de batalla en el que los soldados del Frente Popular luchaban entre sí, como había ocurrido en Cataluña en las jornadas de mayo. Tanques y piezas de artillería disparaban en la Castellana, en Recoletos y en otras calles del corazón de la capital, convertida en escenario de un espectáculo delirante. Durante los dos primeros días pareció que el contragolpe iba a triunfar. Fue preciso que las brigadas del IV Cuerpo del Ejército, mandadas por el anarquista Cipriano Mera, abandonasen el día 9 el frente de Guadalajara para entrar en Madrid. Los combates en la capital se prolongaron hasta el 13 de marzo. En Valencia y en otras provincias los comunistas no tenían ningún plan de actuación y básicamente combatieron para defenderse. Los historiadores no se ponen de acuerdo en cuanto al número de muertos de esta segunda guerra civil dentro de la guerra civil. Julián Casanova asegura que fueron dos mil entre ambos bandos; pero Ángel Bahamonde y Javier Cervera Gil elevan el total de víctimas de los enfrentamientos hasta cifras de escándalo y aseguran que los fallecidos fueron cerca de veinte mil, lo cual parece increíble.

Una vez acabada la guerra intestina, el coronel Casado trató de negociar una paz honrosa; pero las bases que presentó para iniciar la negociación eran poco realistas y el 15 de marzo Franco, que en el fondo nunca había pensado en hacer grandes concesiones, exigió la rendición incondicional. Finalmente, el 26 de marzo se rompieron las negociaciones, por lo que a últimas horas del día 27 de marzo Casado y su Junta de Defensa se trasladaron a Valencia, desde donde abandonaron España el día 29 por la tarde a bordo de un crucero británico. Sólo Julián Besteiro se quedó en Madrid como máxima autoridad republicana, esperando en los sótanos del Ministerio de Hacienda, donde había estado ubicado el Consejo Nacional de Defensa, la llegada de los vencedores.

Sobre la represión en la España nacional

Como es bien sabido, el odio engendra odio y la violencia engendra violencia. Estas semillas habían sido sembradas abundantemente en España durante años. No en vano el marxismo, como se ha visto, pregona el odio y la lucha entre clases para imponer la dictadura del proletariado. La guerra civil constituyó la máxima expresión del odio subyacente en el seno de la sociedad española. Uno y otro bando trataron de justificar sus propios crímenes como respuesta a otros mucho peores cometidos por los adversarios. Puesto que hemos ido reseñando los actos abominables y la barbarie desatada en la España republicana desde los primeros momentos, es necesario antes de concluir este capítulo contemplar la represión en la España franquista. Una represión que se concretó en ejecuciones y asesinatos, muchos de los cuales podrían haberse evitado. De hecho, cuando el 2 de septiembre de 1936 Manuel Hedilla tomó posesión del cargo de jefe de la Junta de Mando Provisional de Falange Española de las JONS escribió varias indicaciones claras: "Es necesario evitar -aconsejó- que se cometan desafueros por sentimientos de tipo personal, muchas veces inconfesables". Hedilla dijo que había que procurar que el control se realizara tratando de que no hubiera "víctimas inocentes en la retaguardia de nuestras líneas... No se castigará a nadie sin averiguación de sus antecedentes y sin orden de la autoridad competente." Meses después, en la Nochebuena de 1936, Hedilla pronunció un discurso en el que insistía en la necesidad de obrar con rectitud:

> "...Y me dirijo a los falangistas que se cuidan de las investigaciones políticas y judiciales en las ciudades y sobre todo en los pueblos. Vuestra misión ha de ser obra de depuración contra los jefes, cabecillas y asesinos. Pero impedid con toda energía que nadie sacie odios personales, y que nadie castigue o humille a quien, por hambre o desesperación, haya votado a las izquierdas. Todos sabemos que en muchos pueblos había -y acaso hay- derechistas que eran peores que los rojos. Quiero que cesen las detenciones de esta índole y, donde las haya habido, es necesario que os convirtáis vosotros en una garantía de los injustamente perseguidos. Y allí donde os encontréis, estad resueltamente dispuestos a oponeros a procedimientos contra los humildes. La Falange ha de estar en todos los sitios con la cara muy alta, para poder defenderse de sus muchos enemigos. Queremos la salvación y no la muerte de los que en su inmensa mayoría tenían hambre de pan y justicia."

Todavía en la primavera de 1937 Hedilla expresó en declaraciones al periódico *Il Regime Fascista* su voluntad de reconciliación entre los españoles. Pese a que fueron mutiladas por la censura militar, en *El Adelanto* del día 17 de abril de 1937 podía leerse esta idea esencial "...Para nuestros trabajadores engañados, nuestro perdón más cordial y cristiano; perdón que significa obligación y amistad..." Para quienes contemplamos los hechos desde una óptica cristiana estas palabras y las citadas anteriormente constituyen un modelo de comportamiento que deberían haber seguido quienes hicieron de la cruz el símbolo de su lucha contra el comunismo ateo. En lugar de dejarse llevar por el odio y la intolerancia, estaban obligados a anteponer la templanza, la comprensión y, por supuesto, la caridad y el perdón; pero la mayoría de las veces no lo hicieron.

Debe considerarse, por otra parte, que la represión franquista se ejerció durante un periodo de tiempo mucho mayor, ya que tras la victoria siguieron años muy duros para los vencidos que permanecieron España. Además, el hecho de que hasta el final de la guerra Barcelona, Madrid y Valencia, las grandes ciudades, estuvieran en manos de la República implicaba necesariamente que la persecución de los adversarios políticos se llevara a cabo tras la victoria. Puesto que fue en estas ciudades donde los frentepopulistas cometieron el mayor número de asesinatos contra civiles, las denuncias y delaciones de quienes tenían anhelos de venganza fueron inevitables.

Otra circunstancia que debe tenerse en cuenta es que también importantes centros urbanos como Bilbao, Málaga, Santander, Gijón, San Sebastián... fueron tomados después de haber estado sujetos a la represión anterior de las fuerzas republicanas. El revanchismo propició asimismo en estas ciudades la persecución y las represalias tras la entrada de los nacionales. En San Sebastián, por ejemplo, se fusiló sin prolegómenos a muchos detenidos. José Herrera, coronel del requeté de Sevilla, recuerda en su aparición en el documental *Violencia en la retaguardia* que cuando llegaron al pueblo malagueño de Almargen, grupos de mujeres afluían a la plaza por las calles gritando: "¡Matadlos, matadlos!". Justificaban su sed de sangre en el hecho de que les habían matado a un ser querido: el hijo, el marido o el hermano. Esta anécdota es significativa, pues demuestra que la sangre llama a la sangre y que los sentimientos de odio y de revancha en unos y otros fueron incontenibles. En la provincia de Málaga, donde los republicanos habían acabado con la vida de más de dos mil quinientos adversarios políticos, la represión fue inclemente y miles de personas fueron fusiladas.

Ahora bien, Émile Témime, historiógrafo marxista, reconoce lo siguiente: "Pasados los primeros momentos de la agitación y de lo pintoresco, los observadores están de acuerdo en que la España nacionalista tenía un aspecto de calma y aun, en algunas regiones, de paz, inimaginables en la zona republicana en la misma época." Ciertamente, el espectáculo macabro de los asesinatos y los muertos tirados a docenas en las calles de las ciudades no se dio en el bando nacional o, si se quiere, fue menos siniestro debido a la dirección de las ejecuciones ejercida por las autoridades. El dominio de la represión se consiguió antes en la zona nacional y de forma más completa que en la otra zona. No obstante, durante los primeros meses hubo también bastante descontrol en el bando rebelde y fue entonces cuando se dieron venganzas personales y se eliminó arbitrariamente a personas inocentes. De los fusilamientos ordenados por cualquiera que se creyera autorizado a matar, se pasó a un remedo de justicia mediante la "instrucción sumaria" y, a partir de comienzos de 1937, a través de los consejos de guerra. En ambos bandos el mayor número de víctimas en la retaguardia se produjo durante los meses de 1936. Ya el 13 de febrero de 1939, como se ha dicho, entró en vigor la Ley de Responsabilidades Políticas que, tan pronto acabó la guerra, permitió perseguir a quienes habían organizado la subversión a partir de octubre de 1934. Las penas impuestas iban desde la prisión o confiscación de bienes hasta la pena de muerte. Dicha ley fue reformada en 1942 y derogada en 1945. El 1 de marzo de 1940 entró en vigor la Ley de Represión de la Masonería y el Comunismo, que estuvo vigente hasta 1964.

En cualquier caso, masacres masivas como las organizadas en Paracuellos del Jarama y otros lugares de infausta memoria próximos a Madrid no se produjeron en la España nacional. Ni siquiera hubo un caso parecido al del tren de Jaén, cuando se ametralló en el acto de manera indiscriminada a doscientas personas que estaban siendo trasladadas a Alcalá de Henares. Quizá un caso comparable se produjo en Cáceres, donde en diciembre de 1937 se descubrió la presencia del comandante comunista Máximo Calvo. Se llegó a la conclusión de que se tramaba un complot para poner la ciudad en manos del enemigo. Unas doscientas personas se vieron implicadas en el asunto, por lo que, tras consejos sumarísimos, acabaron todas fusiladas. No hubo, sin embargo, una ejecución colectiva de los doscientos sentenciados. Los fusilamientos comenzaron el 25 de diciembre de 1937, día en que fueron ejecutadas treinta y cinco personas. En fechas sucesivas continuaron aplicándose las sentencias de muerte, hasta que finalizaron el 20 de enero de 1938.

Nuestra condición de hispanistas nos impele a finalizar este capítulo con una reseña del asesinato cobarde de Federico García Lorca. Un crimen despreciable, como todos, que desprestigió desde el principio a la España nacional y privó a las letras españolas de un figura inigualable, cuya obra, si no hubiera sido asesinado, prometía ser de las más prolíficas de nuestra literatura, pues con sólo treinta y ocho años su producción literaria era ya inmensa. La muerte de García Lorca repercutió en todo el mundo, puesto que la calidad de creaciones como *El romancero gitano* o *Bodas de sangre* lo habían consagrado en Europa y en América. El hispanista Ian Gibson realizó su tesis doctoral, *Granada, 1936. El asesinato de García Lorca*, sobre lo ocurrido en la ciudad de la Alhambra. En esta obra se ofrecen datos precisos sobre la represión en Granada, en cuyo cementerio fueron fusiladas 2.012 personas desde julio de 1936 a marzo de 1939. La mitad de estas muertes se produjo en dos meses: sólo en agosto de 1936 se ejecutó en el cementerio a 562 personas, y otras 499 fueron fusiladas en septiembre. En un sólo día de este segundo mes, el 22, se dio muerte a setenta personas. Estas cifras confirman, como se ha comentado, que fue en los meses inmediatos al estallido de la guerra fratricida cuando se mató más.

Federico García Lorca llegó a Granada el 14 de julio para pasar unos días con sus padres y su hermana en la Huerta de San Vicente, una propiedad de la familia. Todo el mundo lo supo porque *El Defensor de Granada*, cuyo director era buen amigo del poeta, dio la noticia en primera página el día 15. Días después comenzó la guerra civil. Los sublevados se hicieron con el control del centro de la ciudad el 20 de julio, pero en el barrio obrero del Albaicín se organizó la resistencia y comenzaron los tiroteos. El día 22 Radio Granada emitió un ultimatum. Mujeres y niños bajaron por las estrechas calles en dirección a los puntos de concentración indicados; pero Los hombres se negaron a rendirse y reanudaron los combates. Se utilizaron piezas de artillería para cañonear el Albaicín, por lo que los obreros comenzaron a enarbolar banderas blancas. El día 24 la resistencia estaba aplastada; pero Granada fue al principio una isla en una zona donde había fracasado la rebelión. El 29 de julio la aviación republicana realizó el primero de una serie de bombardeos sobre la ciudad, que además de causar víctimas civiles provocaron destrozos en la Alhambra. El día 30 numerosos milicianos lanzaron un ataque para tratar de recuperar el control de la ciudad. Fueron rechazados por los sublevados y comenzó entonces un cerco que duró un mes.

Tras ser amenazado en la Huerta de San Vicente, los padres de Federico le aconsejaron buscar un lugar más seguro. Llamaron a Luis Rosales, otro poeta granadino amigo de la familia. Algunos de los hermanos Rosales eran "camisas viejas" de la Falange. Luis Rosales ofreció tres alternativas a su colega: pasarlo a la zona roja, llevarlo a casa del eminente compositor Manuel de Falla o alojarlo en su propia casa, en la calle de Angulo. Cuando los enemigos de Lorca regresaron a la Huerta, ya no lo encontraron; pero la familia, intimidada, no tuvo más remedio que desvelar que estaba viviendo en casa de los Rosales[30]. García Lorca supo angustiado que en la madrugada del 16 de agosto su cuñado, Manuel Fernández-Montesinos Lustau, había sido fusilado. Su angustia se vio justificada, ya que por la tarde del mismo día fue detenido.

Al frente de un dispositivo de seguridad desmesurado, Ramón Ruiz Alonso, un exdiputado de la CEDA que hizo la denuncia, se presentó en casa de los Rosales con una orden de detención con sello del Gobierno Civil. Ninguno de los hermanos estaba en casa. Ian Gibson escribe: "La señora Rosales, consternada y temiendo que a Federico lo matasen allí mismo, en la calle, insistió en que no dejaría salir de su casa a García Lorca sin que antes

---

[30] El cabeza de familia, don Miguel Rosales Vallecillos, arriesgó su vida y su fortuna acogiendo en su casa a Lorca y a otros perseguidos por José Valdés Guzmán, un comandante camisa vieja de Falange que había asumido el mando del Gobierno Civil.

estuviesen presentes su marido o uno de sus hijos." Llamó enseguida a Miguel, su hijo mayor que estaba de servicio en el cuartel de la Falange, y también habló con su marido. Miguel se presentó en la casa y decidió ir con el poeta al Gobierno Civil, pero Valdés Guzmán, el gobernador civil, estaba inspeccionando las trincheras del frente de Jaén y no se podía hacer nada hasta que llegara, por lo que Lorca fue encerrado en dependencias del edificio. Cuando los otros hermanos Rosales supieron lo ocurrido, marcharon de inmediato al Gobierno Civil acompañados de otros falangistas con intención de enfrentarse al gobernador.

El día 17 de agosto, Angelina Cordobilla, la niñera de los Fernández-Montesinos, fue enviada por la madre de Federico al Gobierno Civil con comida para su hijo, pero Valdés Guzmán le dijo que ya no estaba. Mintió, pues es casi seguro que permaneció allí desde la tarde del día 16 hasta la noche del día 18. Gibson considera que Valdés dudó sobre qué hacer con el escritor, habida cuenta de que no ignoraba su prestigio. Por ello, contactó con el general Queipo de Llano, el jefe supremo de los sublevados en Andalucía, cuyos excesos verbales delataron repetidamente su conducta lamentable y su bravuconería. Durante su investigación, Ian Gibson averiguó que un contertulio de Valdés Guzmán en la peña del Bar Jandilla, Germán Fernández Ramos, citó las palabras textuales de Queipo de Llano en respuesta a la consulta del gobernador civil: "Déle café, mucho café", lo cual equivalía a decir que lo mataran.

Con estas instrucciones, se sacó a Lorca del Gobierno Civil en la noche del 18 de agosto y fue conducido a Víznar, un pueblo situado a nueve kilómetros de Granada. Muy cerca, existía un edificio llamado "La Colonia", que sirvió de veraneo para grupos de escolares hasta que fue convertido en cárcel. Allí pasó García Lorca sus últimos momentos. Parece ser, según Gibson, que además de unos guardias de Asalto que, quizá como castigo, habían sido forzados a participar en los fusilamientos, los criminales eran voluntarios que "mataban por el gusto de matar". El poeta fue asesinado en la madrugada del 19 de agosto en Fuente Grande, lugar situado entre los pueblos de Alfacar y Víznar, cerca del tristemente célebre barranco de Víznar, donde hubo múltiples ejecuciones. Otras tres personas murieron a su lado: Dióscoro Galindo González, maestro de Pulianas, y los banderilleros Joaquín Arcollas Cabezas y Francisco Galadí Mercal.

El primer periódico en desvelar la muerte de Lorca fue el *Diario de Albacete*, que en su edición de 30 de agosto daba noticia en primera página del "posible fusilamiento del gran poeta Federico García Lorca". En días sucesivos la noticia se extendió como reguero de pólvora por todo el mundo. *The Times* de Londres informó varios días sobre el caso durante el mes de septiembre. Dámaso Alonso, poeta y maestro de hispanistas, dedicó en 1940 el poema elegíaco *La Fuente Grande o de las Lágrimas* a su amigo asesinado. Rafael Alberti, Miguel Hernández, Emilio Prados, poetas de su generación, compusieron poemas en memoria de Lorca. También Antonio

Machado escribió el poema *El crimen fue en Granada: A Federico García Lorca*. Con el fragmento titulado *El crimen* queremos acabar este capítulo sobre la tragedia de España:

"Se le vio, caminando entre fusiles,
por una calle larga,
salir al campo frío,
aún con estrellas de la madrugada.
Mataron a Federico
cuando la luz asomaba.
El pelotón de verdugos
no osó mirarle a la cara.
Todos cerraron los ojos;
rezaron: ¡ni Dios te salva!
Muerto cayó Federico
-sangre en la frente y plomo en las entrañas-
... Que fue en Granada el crimen
sabed -pobre Granada-, en su Granada."

ÍNDICE

A. W. H. James, 497

Abad Conde, 354

Abad de Santillán, 422, 471

Abdalah I, 22

Abdul Hamid II, 21

Abraham, 32, 100, 123, 124, 439

Abramovich, 482

Acevedo, 329

Acosta, 321

Adler, 15, 160

Aemilius, 120

Ageloff, 246, 489

Agranov, 218, 219, 247

Agranyants, 94

Aguirre, 412, 413, 497

Aiguader, 334, 344, 354, 445, 468, 469, 470, 471, 479

Alavedra, 344, 345

Alba, 340, 341

Alberti, 389, 459, 514

Albiñana, 433

Albornoz, 333, 338, 342, 344, 347, 348, 353, 359

Alcalá Galiano, 326

Alcalá Zamora, 332, 333, 337, 342, 344, 346, 347, 348, 349, 351, 352, 358, 361, 362, 364, 367, 372, 374, 375, 376, 379, 394, 395, 396, 398, 399, 402

Alda, 405, 433

Aldrich, 165, 166

Alejandro II, 194

Alejandro III, 39

Alfons el Magnànin, 318

Alfonso X, 318

Alfonso XIII, 332, 333, 341, 343, 346, 349, 355, 363, 381

Allen, 433

Allenby, 26

Allison Peers, 355, 356, 368, 380, 423

Alonso, 412, 514

Altamira, 364

Altschüler, 120

Álvarez, 141, 320, 324, 341, 375, 393, 394, 401, 407, 433, 435, 440, 441, 443, 454, 455, 460, 462, 463, 468, 478, 502, 505, 507

Álvarez del Vayo, 141, 401, 433, 435, 440, 443, 454, 455, 460, 462, 463, 468, 478, 502, 505, 508

Álvarez Guerra, 441

Álvarez Rey, 393

Álvarez Valdés, 375

Álvarez-Junco, 320

Amadeo I, 326

Ambrosio, 43

Amery, 27

Andrade, 330, 369, 487

Andreeva, 36, 37

Andronnikov, 87

Angell, 132

Anna, 117, 118, 244

Ansó, 440

Antónov-Ovséyenko, 461, 480, 481
Antuña, 388
Appeter, 32
Aragay, 345
Aranda, 325
Araquistáin, 460, 467, 468
Arcollas, 514
Argüelles, 326, 394
Arizcún, 451
Arlozoroff, 151, 152
Armand, 25
Armansa, 354
Armentía, 506
Arnold, 249, 261, 264
Aron, 32
Arquer, 487
Artemi Aiguader, 466, 467
Artigas, 354
Artuzov, 267
Ascanio, 508
Ascaso, 369, 474
Aschberg, 36, 42, 43, 44, 45, 46, 49, 109, 285
Asens, 422, 468
Asensi, 353
Asensio, 428
Aspe, 441
Astor, 10, 11
Ataturk, 21
Auerbach, 154
Augusto, 352, 403, 436
Auriol, 390
Avkséntiev, 58, 59
Ayala, 333, 414
Azaña, 333, 337, 345, 347, 348, 349, 352, 353, 359, 361, 362, 364, 367, 369, 370, 371, 372, 373, 378, 380, 384, 393, 398, 400, 401, 402, 403, 404, 416, 423, 435, 440, 460, 463, 467, 469, 471, 472, 473, 474, 478, 479, 500, 503, 504, 505, 506, 507
Azarola, 417
Aznar, 340, 341, 342, 343, 346
Bach-Zelkewski, 123
Badia, 381, 382, 408
Bahamonde, 508
Bakayev, 223, 228, 231, 232, 233, 235
Bakunin, 327, 328
Balbo, 138, 493
Balbontín, 349
Baldji, 21
Balfour, 20, 22, 23, 24, 26, 27, 28, 52, 147, 149
Balitsky, 199
Bandelac, 332
Baráibar, 467
Barbieri, 474
Barcia, 352, 354, 403, 436
Bar-Gilead, 155
Baroja, 327
Barondess, 9
Barruel, 317
Baruch, 7, 9, 11, 34, 127, 149, 158, 159, 163, 214, 279, 456
Basilio, 42
Basulto, 431
Batet, 382, 383, 385
Battestini, 345
Bau Nolla, 413
Bauer, 16
Baumann, 115
Bayo, 414
Bazhanov, 182

Bechstein, 115

Behrens, 277, 280

Bela, 68, 74, 100, 101, 309, 421, 460, 483

Bell, 141

Belsky, 222

Ben Gurión, 151, 153

Benedict, 9, 162

Benes, 277

Berenguer, 332, 338, 339, 340, 341, 342, 346, 348, 357

Beria, 31, 84, 185, 223, 440

Berkman, 80

Berman, 32, 162, 222, 226, 228, 236, 240, 241, 242, 244, 247, 270

Berneri, 474

Bernhardt, 436

Berthelot, 23, 24, 28

Bertran, 345

Berzin, 216, 482

Bessónov, 284, 285, 286, 289, 314

Besteiro, 359, 392, 506, 507, 509

Bethe, 215

Bethell, 83

Bey, 22

Bieberstein, 100, 107

Bien, 226, 239

Black, 152

Blasco, 353, 355

Blázquez, 411

Bleichröder, 131

Blum, 217, 482, 486

Blumenfeld, 151

Blumkin, 248, 307

Bogulavsky, 249, 251

Bohr, 214

Boky, 84

Bóldyrev, 58, 59, 60, 62

Bolívar, 469

Bolloten, 282, 440, 473, 476, 501

Bonet, 487

Borbón, 327, 349, 384, 493

Borchgrave, 454

Borisov, 219

Borisovich, 222, 240, 247

Borkenau, 425, 426, 427, 433

Bourgeois, 18

Bowman, 11

Brandeis, 7, 9, 10, 24, 29, 148, 149, 158, 160

Brandler, 104, 106

Branting, 44, 48

Brenan, 322, 324, 379, 387, 425

Brenner, 149

Bressler, 484

Brockdorff, 14, 16

Brockdorff-Rantzau, 16

Bronder, 116, 117, 122

Bronstein, 67

Broué, 248, 249, 286, 435, 457, 488

Brufau, 489

Brüning, 98

Brut, 432

Brzezinski, 11

Budnitskii, 70

Budyenny, 271

Buiza, 506

Bujarin, 96, 97, 101, 103, 215, 218, 223, 227, 233, 234, 244, 247, 248, 253, 258, 263, 266, 268, 271, 284, 285, 290, 292, 293, 298, 299, 300, 301, 302, 303, 304, 305, 306, 307, 308, 309, 311, 312, 331, 353, 482, 491

Bukhartsev, 254
Bulanov, 267, 284, 311, 312
Bullón, 409, 411
Burguete, 342
Bush, 11
Cadafalch, 331
Calvet, 466
Calvo, 393, 398, 400, 403, 404, 407, 409, 410, 411, 412, 413, 414, 415, 416, 430, 452, 454, 493, 511
Calvo Sotelo, 403, 409, 410, 411, 412, 413, 414
Cambó, 368, 373, 377, 385, 400
Campalans, 484
Campoamor, 355, 387, 408, 425, 435
Campomanes, 322, 323
Canaris, 280
Cándido, 469
Cano López, 393
Capaz, 433
Capdevila, 468
Carasso, 21
Cárdenas, 335, 338
Cardozo, 158, 417, 418, 419
Carlavilla, 349, 352
Carlos, 325, 326, 427, 456
Carlos III, 322
Carlos V, 319
Carlos VII, 327
Carrasco, 323, 334, 345, 432
Carrera, 355
Carreras, 354
Carrier, 78, 81
Carrillo, 402, 446, 448, 449, 452, 462
Carter, 127, 128, 130, 131, 134, 137, 140, 142

Casado, 505
Casanelles, 344
Casanova, 508
Casanovas, 344
Casares, 333, 335, 337, 342, 344, 348, 352, 353, 359, 371, 403, 412, 416, 429
Casimiro, 355
Cassel, 21
Castillo, 409, 413, 429
Castro, 414, 456, 489
Cattelas, 508
Cazorla, 464
Cecil, 26, 30, 45, 453
Cervera, 418, 508
Chamberlain, 161
Chao, 121
Chapaprieta, 352, 395
Chateau, 452
Checa, 54, 69, 440, 488
Cheney, 12
Chernov, 284, 290
Chian, 96
Chicherin, 50
Chubar, 223
Chudov, 219
Churchill, 48, 64
Cierva, 447, 449
Clarís, 383
Clayton, 28, 46
Clemenceau, 14
Clinton, 157
Cobo, 484
Codovilla, 452
Cohen, 151, 159
Coleman, 110

Coll, 382

Comes, 344

Comorera, 466, 481

Companys, 344, 345, 353, 354, 368, 378, 383, 393, 422, 469

Condés, 413, 414, 415, 430

Conquest, 65, 91, 206, 211, 213, 218, 219, 220, 222, 226, 234, 254, 260, 274, 275, 277, 280, 489

Contreras, 320, 456, 484

Cook, 163

Coolidge, 11

Cordobilla, 513

Cortada, 466

Coso, 431

Cossío, 364

Coston, 326

Coughlin, 167

Coulondre, 279

Cowan, 506

Cristo, 18, 77, 112, 181, 196, 310, 317, 356, 423, 428

Cross, 64

Csatary, 32

Cuenca, 324, 414, 430

Cuno, 103

Curzon, 22

Cutillas, 407

Cutler, 9

D'Amato, 33

Dahlmann, 260

Daim, 120

Danton, 354

Danzig, 15, 17

Davidsohn, 32

Davidson, 111, 117, 118

Davies, 162, 249, 265, 314

Dávila, 497

Davis, 11

Davydovich, 222, 247, 250

Dawes, 144

Day, 85

de Asúa, 361, 406

De Beers, 38

Delano, 12, 116, 122, 157, 158, 211, 212

Delaprée, 452, 453, 454, 456

Delavaud, 48

Delbrück, 147

Demjanjuk, 32

Dencàs, 344, 381, 385

Denikin, 64, 65, 66, 67, 68, 78, 82, 263

Desclot, 318

Desmoulins, 354

Deterding, 410

Detlev, 144

Deutscher, 181

Deutzberg, 128

Deych, 247

Díaz, 462, 476, 477

Dickstein, 160

Diels, 151

Dieterichs, 68, 70

Dillon, 146

Dimitrov, 491

Dios, 39, 42, 88, 111, 142, 194, 196, 202, 204, 246, 254, 313, 324, 347, 415, 427, 451, 491, 492, 514

Disraeli, 324

Dmitriev, 221

Döhle, 155

Domènech, 466

Domingo, 338, 348, 352, 359, 367

Domínguez, 354
Doporto, 355
Dormoy, 217, 486
Douglas, 157, 182, 458
Doval, 390
Dreitzer, 228, 230, 233, 236, 238, 239, 269
Drexler, 115
Drobnis, 249, 251, 261, 263
Drygalla, 32
Dubinsky, 162
Duggan, 11
Dulce, 326
Durán, 459
Duranty, 211
Durruti, 369, 422, 426, 427, 465, 468, 470, 471, 473, 474
Dzerzhinsky, 31, 35, 39, 75, 77, 84, 87, 89, 268, 299
Dziak, 283
Eastman, 95
Eberhardt, 486
Ebert, 99, 101, 107
Echevarrieta, 379
Eckart, 121
Eden, 182, 496
Edison, 111
Eduardo, 333, 347, 354, 388, 406, 507
Ehrenburg, 480
Ehrlich, 332
Eichmann, 31, 117, 154, 155, 276
Eideman, 273
Einstein, 214
Eismont, 233
Eisner, 9
Eitingon, 489

Emel, 107, 235
Engels, 331
Epstein, 198
Eroles, 468
Esau, 123
Eshkol, 153
Espartero, 326
Espoz y Mina, 326
Esterman, 229
Esteva, 360
Estrin, 283
Etxaniz, 497
Evdokimov, 223, 228, 231, 232, 233, 235, 237, 239
Ezekiel, 159
Fabre, 86
Fahey, 182
Faivilovich, 229
Fal, 398, 493, 495
Falkenhayn, 130
Falla, 513
Fanelli, 327
Fanjul, 429
Faraudo, 407
Fardji, 21
Fay, 280
Feder, 115
Federico, 512, 513
Fedorov, 223
Fedotov, 240
Feis, 158
Feisal, 10
Feldman, 58, 68, 197, 270, 271, 273
Felipe, 319, 384, 387, 433, 489
Ferguson, 26, 27, 118

Fernández, 354, 388, 404, 421, 422, 429, 468

Fernández-Montesinos, 513

Fernando, 337, 506

Ferrer, 407, 413, 433

Fidelman, 439, 440

Figueras, 326, 466

Filene, 160

Firin, 32

Firlinger, 314

Fischer, 105, 106, 107, 110, 440

Fisher, 281

Flieg, 100

Flórez, 325

Floridablanca, 323

Ford, 115

Forrestal, 161

Foss, 453

Fouché, 97

Francisco, 63, 322, 326, 331, 338, 342, 344, 348, 352, 360, 374, 405, 414, 441, 452, 466, 474, 506, 514

Franck, 214

Franco, 337, 338, 399, 400, 417, 418, 419, 431, 437, 446, 454, 463, 477, 481, 491, 492, 495, 498, 499, 502, 503, 504, 505, 508

Frank, 61, 118, 123, 159

Frankel, 485

Frankenberger, 117, 118, 119, 121

Frankenstein, 159

Frankfurter, 10, 158, 160

Franklin, 10, 12, 20, 46, 116, 122, 157, 158, 160, 169, 171, 178, 211, 212

Frau, 353

Frazer, 61

Frenkel, 32

Freudigmann, 239

Freund, 470

Frey, 131

Friedland, 244

Friedmann, 239

Frinovsky, 284, 439

Frunze, 95, 273, 275, 296

Fuentes Pila, 393

Gago, 391

Galadí, 514

Galán, 334, 335, 336, 342, 346, 506

Galarza, 333, 411, 452, 469, 484

Galindo, 514

Gallardo, 332

Gamarnik, 269, 271, 273, 274, 294

Ganga, 443

Garcés, 414, 440, 505

García, 335, 336, 339, 342, 346, 353, 354, 370, 422, 444, 447, 450, 452, 474, 484, 506, 512, 513, 514

García Lorca, 512, 514

Garibaldi, 327

Garkavi, 270

Garriga, 412

Garzón, 353

Gascón, 344

Gassol, 344, 383

Gaudin, 10

Gauss, 123

Gaven, 229, 230, 237, 238

Gavrilovich, 222

Gay, 222, 268, 270

Gekker, 269

Gerahty, 453

Gerö, 484, 485, 489, 500

Gertik, 229

Gibson, 409, 447, 452, 512, 513, 514

Gil Robles, 361, 372, 373, 374, 375, 376, 379, 392, 395, 399, 404, 411, 413, 492

Gilbert, 46

Gilliard, 70

Giménez, 428

Ginsberg, 104, 216, 270, 438, 481

Ginsburg, 154

Ginzburg, 457

Giral, 352, 354, 355, 416, 420, 430, 435, 502

Gisbert, 406

Givotovsky, 31, 456

Glasser, 160

Glean, 127, 128, 131

Gnedin, 282

Göbbels, 139, 140, 143, 152, 153

Goded, 421

Goethe, 30

Goicoechea, 404, 415, 492

Goldberg, 124

Golden, 25

Goldenweiser, 160

Goldman, 80, 123, 151

Goldmann, 435, 490

Goldsmith, 214

Gómez, 359, 484

González, 327, 328, 355, 387, 388, 393, 394, 405, 432, 507, 514

Gordon, 457

Gorev, 100, 457, 458

Göring, 113, 114, 122, 134, 135, 136, 138, 140, 141, 143, 151

Gorkín, 469, 482, 487, 489

Gorky, 36, 37, 40, 68, 194, 224, 240, 310, 312

Goryachev, 294

Govorukhin, 87

Graf Kessler, 112

Graves, 61

Graziosi, 205

Greeley, 143

Greenspan, 11

Grey, 45

Grigoriev, 73

Griguliévich, 489

Grilevich, 239, 241

Grinberg, 229

Grinko, 284, 289, 313

Gross, 161

Guenon, 121

Guggenheim, 30, 49

Guido, 121

Guildenstern, 458

Guillermo, 110, 451, 508

Gukovsky, 44

Gunther, 147

Guralsky, 100

Gustavo, 459

Gutmann, 143

Haas, 9

Hagen, 154, 275, 276, 277, 278, 279, 280

Haliczer, 320

Halifax, 179, 275

Hall, 148

Hallett, 117, 118

Hammerstein, 271, 295

Hanfstängl, 121, 122

Haniel, 16

Harding, 20, 46

Hart, 64

Haushofer, 122

Hays, 126

Hecht, 159

Hecksher, 45

Hedilla, 495, 509, 510

Heiden, 118

Heine, 122

Helfferich, 98

Helphand, 121

Heras, 335, 489

Hermann, 100, 110, 113, 122, 146, 151, 280, 484

Hernández, 335, 336, 342, 346, 354, 414, 462, 470, 477, 488, 500, 501, 514

Herrera, 510

Herriot, 210

Hertz, 482, 483, 484, 485

Hesnard, 108

Hess, 113, 122, 147, 254, 255, 256, 258, 259

Heydrich, 123, 276, 277, 278, 280

Heydt, 129, 131, 138

Hidalgo de Cisneros, 337, 471, 473, 508

Hiedler, 117, 118

Hillman, 162

Himmler, 31, 123, 139, 276, 277

Hindenburg, 98, 129, 139, 143

Hirsh, 201

Hitler, 31, 33, 111, 113, 114, 115, 116, 117, 118, 119, 120, 121, 122, 123, 124, 125, 126, 127, 128, 129, 130, 131, 132, 133, 134, 135, 136, 137, 138, 139, 140, 141, 142, 143, 144, 145, 146, 147, 148, 149, 150, 152, 153, 155, 156, 157, 161, 177, 181, 211, 251, 252, 276, 277, 278, 279, 280, 281, 282, 295, 298, 311, 436, 437, 476, 477

Hoffenreich, 119

Holtzman, 228, 229, 243

Hoover, 40, 128

Hope, 29, 30, 144

Horowitz, 161

Howson, 442

Hrasche, 249

Hull, 249

Humbert-Droz, 329

Hüttler, 117, 118

Hymans, 19

Ibárruri, 401, 403, 411, 412, 429, 460, 500, 508

Ibn Hussein, 10

Ikramov, 284, 298

Iranzo, 353

Irla, 353

Irujo, 445, 455, 479, 487, 488

Irving, 45, 160

Isaaksohn, 32

Isabel, 123, 324

Iscariote, 43

Isgleas, 466, 468

Isidoro, 318, 329

Istúriz, 326

Itz von Mindelstein, 153

Ivanov, 284, 290, 292

Jabotinsky, 21, 152

Jackson, 166, 169, 353

Jaén, 348, 431, 511, 513

Jaffé, 9

Janin, 61, 69

Jasny, 193

Jaume I, 318

Jaume II, 318

Jeffries, 28

Jensen, 26
Jerez Riesco, 332
Jerkowitz, 162
Jerome, 159
Jesús, 112
Joffe, 43, 54, 291, 301
Jogiches, 57, 100
Jones, 171
Jorge V, 272
Josephsohn, 32
Jovellanos, 323
Jover, 471, 473
Jrushchov, 220, 223, 264, 315
Judá, 9
Justiniano, 484
Kagan, 32, 222, 226, 268
Kaganóvich, 181, 185, 196, 198, 199, 201, 202, 205, 207, 215, 218, 223, 228, 229, 231, 241, 247, 266, 274, 292
Kahn, 11, 163, 259, 268, 271, 272
Kahr, 113
Kalinin, 80, 209, 215
Kamen, 320
Kámenev, 67, 76, 90, 91, 93, 94, 95, 96, 97, 183, 216, 218, 219, 222, 223, 225, 226, 228, 230, 231, 232, 233, 234, 235, 239, 244, 245, 247, 248, 249, 250, 259, 267, 300, 304, 312, 315, 435
Kaminsky, 198, 265
Kamkov, 300, 304, 306, 307, 310
Kandelaki, 281, 282
Kaplan, 92, 160, 308
Kapp, 98
Kappel, 63
Kappler, 117
Karakhan, 301, 302, 311
Karelin, 300, 304, 307, 308, 309

Karev, 229, 231
Katanaev, 61
Katz, 107, 141, 455, 467
Kazakov, 268, 284, 312
Kedrov, 81
Keitel, 124
Kennedy, 161
Kerensky, 39, 59, 350, 404
Kern, 110
Kersten, 123
Kessler, 123
Khaikis, 460
Khan, 97
Khodorovsky, 265
Khodzhayev, 284, 293, 298
Kibrik, 348
Kirdorf, 103
Kirkpatrick, 12
Kírov, 78, 215, 217, 218, 219, 220, 221, 223, 228, 229, 231, 232, 233, 235, 245, 258, 259, 299, 312
Kirschey, 484
Kirstein, 161
Kissinger, 11
Kléber, 458, 459, 483
Kleiman, 276
Klement, 491
Klimov, 181, 281
Kloeckner, 103
Klotz, 8
Knoblaugh, 404, 446, 453
Knox, 59
Knyazev, 249, 259, 261
Kochba, 181
Koestler, 467
Kogan, 185

Kolchak, 54, 55, 56, 58, 59, 60, 61, 62, 63, 64, 68, 69, 70, 78, 100, 263

Koltsov, 434, 435, 447, 452, 453

Konstant, 229, 243

Kork, 271, 273, 274, 300

Kossior, 199, 215

Kostyushko, 228, 229

Kotolynov, 221, 222, 233, 235

Krasilnikov, 61

Krasin, 36, 38, 39, 43, 44, 47, 48, 50, 285

Krayevsky, 294

Krestinsky, 36, 37, 47, 227, 268, 271, 272, 284, 285, 286, 287, 288, 289, 290, 291, 292, 294, 295, 296, 313

Krivitsky, 104, 210, 216, 217, 225, 227, 245, 267, 269, 270, 278, 281, 283, 438, 439, 440, 442, 443, 458, 459, 461, 481, 482, 486

Krivoshéin, 441, 458

Kronenbitter, 224

Krupp, 103

Krúpskaya, 89, 90, 91, 92, 93, 94, 198

Krylov, 181

Kryuchkov, 284, 312

Kuhn, 31, 45, 126, 163, 175

Kühnl, 101

Kuibyshev, 223, 311, 312

Kuklin, 223

Kun, 68, 74, 100, 101, 102, 309, 421, 460, 483

Kunz, 32

Kuzmichev, 229, 269

Kwazenskij, 33

La Guardia, 419, 473

Labonne, 501

Lacour-Gayet, 133

Lafargue, 328

Lafayette, 175

Laidoner, 66

Lamm, 111, 112

Lamont, 10, 127

Lancz, 119

Lander, 82

Langenheim, 436

Lansing, 63

Lanz, 119, 120

Lanz von, 119, 120

Lapowski, 146

Largo Caballero, 331, 338, 342, 344, 347, 348, 352, 374, 375, 378, 386, 388, 392, 393, 395, 401, 402, 404, 406, 411, 412, 416, 417, 433, 434, 435, 436, 438, 439, 440, 441, 443, 444, 445, 452, 454, 455, 456, 460, 461, 462, 463, 464, 466, 467, 469, 470, 471, 472, 473, 474, 477, 478, 479, 482, 490

Larina, 244

Larrañaga, 386

Laserson, 35

Lashevich, 57

Laski, 159

Latsis, 65, 82, 87, 199

Laurence, 162

Laval, 133

Law, 8

Lazarevich, 58

Lebey, 7

Lebor, 33

Leche, 503

Ledesma, 447

Lee, 50, 255

Leiserson, 162

Lenard, 123

Lenin, 9, 30, 31, 34, 35, 36, 37, 38, 39, 41, 50, 51, 52, 56, 57, 65, 71, 73, 74, 75,

76, 78, 84, 85, 86, 88, 89, 90, 91, 92, 93, 94, 95, 98, 101, 102, 105, 181, 183, 194, 196, 198, 199, 213, 214, 215, 222, 235, 252, 263, 266, 284, 290, 298, 299, 300, 303, 304, 305, 306, 308, 309, 310, 314, 327, 329, 331, 350, 353, 368, 378, 395, 402, 404, 405, 412, 416, 435, 439, 460, 461, 462, 477

León, 459

León XIII, 330, 356

Leontiev, 189, 192

Leopoldo, 357

Leplevsky, 222, 273

Lerroux, 333, 337, 344, 347, 348, 352, 354, 359, 372, 373, 374, 375, 376, 379, 393, 394, 395

Levi, 99, 101, 106, 153

Levichev, 269

Levin, 222, 233, 265, 268, 284, 310, 311, 312

Levine, 217

Levinthal, 9

Libertaria, 371, 490

Liebenfels, 119, 120

Lilienthal, 159, 214

Lina, 50, 57, 66, 67, 85, 88, 182

Lincoln, 84, 121

Linden, 44, 248

Linder, 123

Lippman, 214

Lipschitz, 243

Líster, 498, 506, 508

Litvin, 247

Litvínov, 45, 182, 301

Livshits, 458

Livshitz, 249, 256, 259, 261

Llaguno, 409

Llop, 451

Llopis, 354, 490

Lloyd, 8, 22, 26, 27, 47, 49, 50, 67, 89, 121

Lluhí, 344, 381

Llull, 368

Lockhart, 52, 53, 76, 290, 307, 310

Loeb, 31, 45, 46, 126, 163, 175

Loginov, 250

Lominadze, 230, 234

Lomonosov, 45

Longuet, 332

López, 354, 393, 445, 507

López Ochoa, 388, 389, 390

Lorenzo, 327, 484

Losovsky, 107, 421, 483

Lossow, 113

Lublin, 162

Luca de Tena, 355, 356

Ludendorff, 98, 113, 114, 139

Ludwig, 46, 111, 486

Luis XIII, 384

Lurje, 107, 226, 228, 235, 243

Lusk, 46

Lütgebrunn, 134

Lüttwitz, 98

Luxemburgo, 57, 99

Lvovich, 458

Lyons, 211

Lyushkov, 221

Macabeos, 28

Macanaz, 384

Macdonald, 29

MacDonogh, 124

Machado, 514

Macià, 334, 344, 345, 353, 359, 367, 368, 377, 381, 383, 426

Mack, 9

Maclean, 217

Madariaga, 361, 364, 375, 392

Maeztu, 393, 447

Magnes, 52

Maisky, 439, 440

Majnó, 74

Makhover, 182

Makow, 123

Maldelstamm, 233

Malenkov, 223

Mallol, 334, 413

Mandel, 8

Mandell, 7, 8, 10, 20, 24, 46, 52, 149, 158

Mantoux, 8

Mantsev, 300, 303, 306, 309

Manuel de Santo Tomás, 324

Mar, 32, 422

Marañón, 360

Mariana, 321

Mark, 150, 222, 224, 225, 246, 270, 276, 283, 458, 485, 489

Márquez, 351, 388, 389, 394, 506

Marschner, 120

Marshall, 9

Martel, 68

Martens, 46

Martínez, 322, 333, 338, 345, 352, 354, 372, 375, 379, 398, 400, 402, 403, 407, 412, 415, 416, 429, 430, 433, 441, 447, 473, 475, 506

Marty, 444, 447

Marx, 124, 162, 197, 327, 328, 331, 332, 427, 486

Mas, 399

Maskudov, 209

Maslow, 105, 106, 107

Mata, 322, 431

Matorin, 229

Matos, 341, 357

Maura, 338, 342, 344, 346, 347, 348, 354, 356, 362, 380

Maurier, 98

Maurín, 329, 369, 426

Maxim, 194, 310, 312

Maximov, 284, 312

May, 47

Mazzini, 327

McCarthy, 12

McCormick, 121

McDonald, 172

McFadden, 133, 157, 163, 164, 167, 168, 169, 170, 174, 178, 180

McMeekin, 33, 34, 36, 37, 38, 39, 41, 42, 44, 45, 48, 49, 50, 67, 109

Medina, 371

Medvedev, 185

Medvedyev, 234

Mehmet, 21

Meierdorf, 50

Meinertzhagen, 29

Meir, 153, 185

Mekhlis, 182

Meléndez, 419

Melgunov, 86, 87

Mendelssohn, 9, 43, 131, 138, 144, 177

Mendelssohn-Bartholdy, 9

Méndez, 441

Mendizabal, 324

Mendizábal, 324, 325, 326

Menéndez, 388, 393

Menzhinsky, 34, 84, 248, 268, 310

Mera, 506, 508

Mercader, 96, 121, 246, 489

Merkel, 32

Mesías, 22, 157, 225

Meslah, 21

Mets, 265

Meyer, 101, 301

Meyers, 162

Miaja, 100, 445, 449, 457, 458, 461, 464, 505, 507

Mikoyan, 191, 223, 266

Milch, 123

Miles, 141, 455

Miller, 278

Millerand, 47

Milner, 8, 10, 12, 26, 27, 30, 31, 52, 53, 290

Mindelstein, 154

Mínguez, 335

Mink, 483, 484, 485

Mirbach, 248, 307, 308

Mironov, 221, 226, 268

Misurata, 21

Modesto, 506, 508

Moiséievich, 441, 458

Moiseyevich, 185, 222, 273

Mola, 334, 336, 337, 338, 340, 341, 343, 344, 349, 417, 418, 429, 431, 493, 497

Molay, 157

Molchanov, 222, 268

Molero, 399

Moles, 354, 413

Moliner, 409

Mólotov, 141, 185, 186, 201, 202, 205, 209, 215, 247, 256, 261, 266, 273, 281, 284, 316, 461

Money, 29

Montagu, 132, 134, 143

Montague, 8

Montanus, 319

Montero, 405

Montiel, 407

Montseny, 445, 470, 473, 487

Monzón, 508

Mora, 471, 503

Morayta, 326

Moreno, 355, 431, 451, 500, 508

Morgan, 10, 11, 12, 30, 31, 33, 43, 44, 47, 50, 63, 125, 127, 131, 143, 144, 145, 146, 285, 456

Morgenthau, 9, 159, 174

Moshé, 153

Motzkine, 13

Mowshowitch, 9

Mrachkovsky, 216, 224, 228, 229, 230, 231, 236, 237, 238, 269

Muggeridge, 211

Múgica, 358

Müller, 106

Muñoz, 430, 431, 447, 448, 451

Muntaner, 318, 408

Münzenberg, 140, 141, 455, 467

Muralov, 249, 251, 261

Musil, 111

Mussolini, 135, 437, 493

Myra, 243

Nachmann, 111

Nakhimson, 57

Napoleón, 100, 278, 302, 324

Nathanson, 308

Negrín, 353, 433, 436, 439, 440, 441, 443, 445, 454, 460, 461, 462, 466, 478, 479, 481, 487, 488, 499, 501, 502, 503, 504, 505, 506, 507, 508

Neilson, 61
Nelken, 403, 414, 415, 449
Nelson, 162, 165
Neumann, 106, 421, 457, 483
Newton, 354
Nicolai, 278
Nicolás, 39, 51, 70, 73, 77, 81, 82, 86, 186, 188, 200, 201, 202, 205, 355, 367, 399, 430
Nicolau d'Olwer, 338, 348, 367
Nikitich, 36
Nikitin, 457
Nikolayev, 74, 219, 221, 222, 232
Niles, 161
Nin, 369, 444, 463, 487, 488, 489
Nina, 31
Nokilov, 70
Norkin, 249, 251, 256, 261
Nouvillas, 326
Núñez, 400, 417, 446
Nuorteva, 46
Obadiah, 36
Ocampo, 489
Ochs, 125, 211
Olano, 407
Olavide, 323
Olberg, 224, 225, 228, 229, 236, 239, 240, 241
Olga, 93
Oliphant, 160
Oliva, 506
Oliveros, 351
Olivetti, 8
Olminsky, 84
Opisso, 345
Oppenheimer, 9, 38, 214

Orad de la Torre, 412
Ordóñez, 351, 388, 389, 394, 414
Ordzhonikidze, 74, 215, 250, 264
Oreja, 386
Orgaz, 337
Orlando, 8
Orleans, 175
Orlov, 224, 225, 226, 245, 247, 248, 254, 267, 315, 439, 441, 454, 484, 485, 488, 489, 499
Ormsby, 28
Ortega, 333, 347, 354, 360, 406, 488
Orwell, 468
Osipova, 197
Osiris, 12, 25
Ossinsky, 300, 305, 306, 309
Ossorio, 332
Osten, 448
Ostrovsky, 267
Owen, 145, 146
Palacio, 497
Palágyi, 395
Palmstierna, 48
Panné, 484
Papen, 125, 126, 139, 142
Parades, 240
Pardo, 354, 508
Parvus, 14, 21, 121, 252, 482
Pascua, 461, 480
Pauker, 222, 246, 268
Pavía, 327
Payne, 405, 439
Pedregal, 406
Peel, 154
Peigné, 7
Peiró, 329, 424, 445

Pellicer, 328
Peña, 387
Peñalver, 394
Pere I, 318
Pere II, 318
Perea, 399, 400, 407, 429, 433, 459
Pereira, 416
Pérez, 333, 354, 385, 426, 428, 431, 432, 447, 449, 452, 507
Perichenko, 80
Perkins, 162, 178
Perl, 185
Perlman, 162
Pernstorfer, 116
Peshkov, 68, 310, 312
Pestaña, 329
Petain, 280
Peters, 77
Petrovsky, 84
Philby, 217
Pi i Margall, 326
Picasso, 496, 497
Pichon, 23
Pickel, 228, 233, 236
Picot, 22
Pieck, 395
Pilsudski, 99
Pinillos, 335, 338
Pinkeles, 120, 121
Pintado, 355
Pío, 327
Pipes, 75
Pitt, 64, 65
Pitt-Rivers, 64
Pla, 400

Plaut, 151
Pleffer, 142
Pletnev, 284, 310, 312, 314
Pogány, 100
Poincaré, 14, 17, 103
Polina, 185
Polkehn, 150, 151, 154
Polkes, 154
Pölzl, 118
Poncins, 7, 348, 365, 393
Poole, 54
Portela, 352, 394, 396, 398, 399, 400, 418, 431
Pound, 13
Pozas, 399, 400, 429, 433, 475
Prados, 514
Preparata, 121
Preston, 390, 409
Prieto, 331, 333, 338, 339, 348, 372, 373, 378, 379, 392, 398, 405, 413, 414, 415, 434, 436, 441, 445, 463, 470, 471, 472, 473, 474, 478, 479, 500, 501, 502
Prim, 326
Primakov, 269, 270, 273, 300
Primo de Rivera, 329, 331, 332, 367, 374, 405, 406, 410, 412, 433, 467, 494
Pritt, 314
Prokofyev, 270
Proshyan, 308, 309
Proudhon, 353
Puertas, 391
Puigdengolas, 432
Pushin, 249, 262
Putna, 259, 269, 270, 271, 272, 273, 300
Putzig, 277
Pyatakov, 218, 227, 245, 247, 248, 249, 250, 251, 252, 253, 254, 255, 256, 257,

258, 259, 260, 261, 263, 264, 266, 268, 272, 279, 282, 285, 286, 289, 300, 304, 307, 308

Quandt, 147

Queipo, 337, 338, 417, 418, 419, 513

Quigley, 12, 30, 144, 145

Quiñones, 332

Quintana, 345, 429

Rabinovitch, 214

Rádek, 101, 105, 107, 218, 223, 234, 245, 247, 248, 249, 253, 256, 257, 258, 259, 264, 279, 282, 300, 302, 308, 460

Radin, 229

Raguer, 345

Rakovsky, 193, 218, 284, 290, 291, 295, 296, 297, 298, 300, 313, 314

Rappoport, 32

Rataichak, 249, 251, 256, 262, 263

Rathenau, 9, 14, 108, 109, 110, 111, 112, 143, 150

Ratner, 458

Rayfield, 81

Redondo, 430

Reed, 157, 182

Reich-Ranicki, 117

Reilly, 290

Rein, 482, 483, 484

Reina, 408

Reingold, 82, 225, 228, 230, 232, 233, 234, 236, 244, 269

Reiss, 283, 486

Renault, 60

Reuter, 16

Rey, 451

Rezusta, 386

Rhodes, 30, 31, 45

Ribbentrop, 123, 124

Ribé, 345

Richelieu, 383

Rico Avelló, 354, 433

Riego, 324

Rigg, 150

Ríos, 337, 342, 344, 348, 353, 356, 361, 367

Rivera, 265, 449

Rizo, 333

Roa, 337

Robin, 121

Robins, 77

Robison, 317

Rocha, 353

Rockefeller, 9, 10, 11, 12, 30, 50, 63, 124, 127, 128, 132, 138, 146, 162, 252

Rodrigo, 318

Rodríguez, 336, 355, 393, 408, 450, 452, 464, 466, 467, 468, 471, 507

Rogovin, 216, 246

Röhm, 139, 141

Rohrberg, 86

Rojo, 457, 458, 499

Romanones, 339, 340, 341, 343, 346, 348, 349, 363

Romanov, 39, 49, 348

Romm, 257

Roosevelt, 10, 12, 20, 46, 83, 116, 122, 132, 157, 158, 159, 160, 161, 162, 163, 169, 170, 171, 172, 173, 174, 176, 178, 211, 212, 421

Rosales, 512, 513

Rosenberg, 106, 108, 113, 123, 124, 182, 421, 435, 439, 441, 443, 445, 460, 461, 480

Rosenblum, 157

Rosencrantz, 458

Rosenfeld, 67, 234

Rosenfelt, 157

Rosengoltz, 57, 183, 272, 284, 288, 289, 292, 293, 294, 312, 313

Rosenman, 160

Ross, 489

Rossi, 138

Rothschild, 8, 9, 11, 24, 25, 26, 27, 28, 30, 31, 43, 48, 110, 118, 131, 134, 175, 177, 324, 326, 492

Roznetski, 439

Rudolf, 122, 147, 151, 254, 255, 281, 491

Rudolph, 102

Rudzutak, 215, 294

Ruiz, 405, 433, 451, 513

Rumyantsev, 233, 235

Ruppin, 151

Ruskin, 30

Russo, 22

Rykov, 97, 218, 233, 234, 244, 247, 253, 263, 266, 268, 284, 289, 292, 299, 300, 301, 302, 311, 312, 482

Ryutin, 215, 216, 235, 292, 300

Sabath, 159

Sáenz, 409

Safarov, 223

Safonova, 229, 230, 236

Sagasta, 339

Saint-Aulaire, 15, 497

Saint-Etienne, 337

Salas, 387, 466, 467, 468, 471, 478

Salazar, 354, 436

Salem, 21

Salmerón, 326, 354

Salomon, 118

Samblancat, 428

Samper, 352, 354, 376, 377, 379

Sampol, 405

Samuel, 26, 28

San Luis, 399

Sánchez, 340, 341, 355, 386, 471

Sandoval, 433

Sanjurjo, 346, 367, 375, 417, 493

Santa Cruz, 119, 327

Saposs, 162

Sara, 158

Sarolea, 108

Sassoon, 8

Sassun, 21

Schacht, 143, 144, 145, 147, 281

Scheel, 44

Scheidemann, 15, 16

Scheuber-Richter, 114

Scheyer, 484

Schickler, 147

Schicklgruber, 117, 118

Schiff, 11, 15, 30, 31, 33, 43, 174, 175, 176, 177, 178, 456

Schlayer, 446, 447, 448, 449, 450, 452, 453

Schlecht, 107

Schleicher, 139

Schliapnikov, 51

Schmitz, 146

Schneiderman, 162

Scholem, 107

Schönman, 152

Schröder, 139

Schulman, 182

Schuschnigg, 125

Schvarts, 87

Sebottendorf, 122

Sediles, 335, 342

Sedov, 181, 216, 218, 224, 225, 229, 233, 237, 238, 239, 240, 242, 243, 246, 248, 249, 250, 260, 283, 285, 294, 485

Sedova, 95, 283

Seeckt, 100, 271, 295

Sefton, 454

Segura, 356, 358

Seisdedos, 370

Seisser, 113

Semiónov, 62, 63

Semyonov, 292

Sepúlveda, 407

Serebryakov, 234, 245, 249, 256, 257, 259, 261, 287

Serge, 101, 106, 204

Serra Pàmies, 422, 504

Serrano, 326, 357, 412, 413, 448, 452, 494

Service, 216, 278, 296

Sesé, 473

Shabbetay, 22

Shachtman, 225, 265

Shanin, 268

Shapiro, 84, 247, 284

Sharangovich, 284, 293

Sharett, 151

Shatsky, 221, 223, 234

Shawcross, 213

Shchlyansky, 57

Sheinman, 43

Shepard, 11

Shepardson, 11

Shestov, 249, 250, 251, 260, 261

Shimelkov, 454

Shipov, 34

Shlyapnikov, 234

Shmidt, 229, 269, 270, 292

Shoup, 125, 126

Shultz, 11

Shunderev, 66, 67

Shvernik, 264

Sidonia, 371

Sieff, 28

Simón, 181, 406

Simone, 467

Simpson, 29

Singer, 485

Six, 154

Skala, 119

Skoblewsky, 100, 457

Skoblin, 278

Skoropadsky, 65

Skousen, 30

Skwirot, 276

Slepkov, 233, 292, 300

Slutsky, 222, 225, 226, 267, 281, 284, 439, 442, 490

Smilga, 216, 235

Smirnov, 216, 224, 228, 229, 230, 231, 233, 235, 236, 237, 238, 239, 243, 244, 259

Smushkevich, 458

Soble, 242, 243

Soblen, 242

Sobolevicius, 242

Sokolnikov, 35, 43, 218, 225, 232, 233, 234, 245, 247, 248, 249, 256, 257, 259, 260, 264, 282, 285

Sokolov, 20, 23, 68, 70, 221, 223

Solomon, 39, 44, 160, 421, 483

Soloukhin, 85

Solts, 32

Solzhenitsyn, 32, 83, 188

Sonnino, 8

Soto, 321

Spiegelglass, 222, 486, 489

Spiridónova, 58, 93

Stalin, 14, 32, 40, 57, 74, 81, 82, 83, 89, 90, 91, 92, 93, 94, 95, 96, 97, 102, 105, 107, 108, 135, 162, 181, 182, 183, 184, 185, 190, 191, 193, 195, 196, 198, 199, 205, 210, 213, 214, 215, 216, 217, 218, 220, 222, 223, 224, 225, 226, 227, 228, 229, 230, 231, 232, 233, 235, 236, 239, 240, 241, 242, 243, 244, 245, 246, 247, 248, 250, 252, 253, 254, 256, 259, 264, 265, 266, 268, 269, 270, 271, 272, 273, 275, 277, 278, 279, 280, 281, 282, 283, 292, 300, 303, 304, 305, 306, 308, 309, 315, 421, 434, 435, 436, 437, 438, 440, 441, 442, 443, 447, 455, 456, 457, 459, 460, 461, 463, 465, 466, 476, 477, 478, 479, 480, 481, 484, 485, 486, 488, 489, 491, 500, 502

Stanley, 405, 439

Stashevsky, 439, 440, 461, 481, 482

Stauss, 123

Steagall, 170

Stefanov, 500, 508

Stein, 123

Steinberg, 44, 67

Steinhardt, 162

Stepanovich, 75

Stephani, 61

Stern, 106, 107, 160, 458, 459, 483

Stinnes, 101, 103

Stolypin, 72, 190, 202

Strasser, 114, 123, 137, 138, 139, 142

Streicher, 123, 124, 136

Stresemann, 104, 106, 107

Stroilov, 249, 260, 261, 264

Stukov, 303, 306

Stürmer, 123

Sudoplátov, 489

Suess, 123

Sulzberger, 126, 211

Susana, 239

Sutton, 34, 45, 46, 47, 63, 125, 138, 143, 144, 145, 146, 147, 157, 169

Suvorov, 482

Sverdlov, 58, 68, 72, 300, 303, 304, 305, 306, 308, 309

Swope, 159

Sykes, 22

Syrkin, 9

Tagüeña, 506

Tarradellas, 345, 353, 444, 466, 469, 481

Tauler, 383

Techow, 110, 111

Tello, 405

Témime, 417, 424, 497, 511

Templer, 120

Ter-Vaganyan, 224, 228, 229, 231, 232, 236, 237, 238, 244

Thalheimer, 102, 105, 107

Thälmann, 105, 107

Thyssen, 103, 115, 118

Tikhon, 38, 39, 194

Tisza, 100

Togliatti, 502, 508

Tomás, 387, 389, 405

Tomsky, 97, 218, 233, 234, 235, 244, 245, 268, 271, 292, 300, 301, 302

TOMSKY, 97

Topete, 326

Tor, 18

Toreno, 326

Torquemada, 123

Torres, 339, 355, 475

Trebitsch, 120, 121

Trejo, 358

Trevor-Roper, 83

Trillas, 424

Trotsky, 9, 15, 30, 31, 34, 38, 39, 40, 41, 43, 50, 51, 52, 53, 54, 56, 57, 67, 71, 73, 74, 76, 79, 80, 85, 89, 90, 91, 92, 93, 94, 95, 96, 97, 98, 99, 102, 105, 107, 147, 165, 178, 179, 181, 182, 193, 195, 198, 199, 213, 214, 215, 216, 217, 218, 219, 224, 225, 227, 229, 230, 231, 232, 233, 234, 235, 236, 237, 238, 239, 240, 241, 242, 243, 244, 245, 246, 248, 249, 250, 251, 252, 253, 254, 255, 256, 257, 258, 259, 260, 261, 263, 264, 265, 268, 269, 271, 272, 274, 275, 277, 279, 281, 282, 283, 285, 287, 288, 290, 291, 293, 294, 295, 296, 297, 298, 299, 300, 302, 303, 306, 307, 308, 309, 310, 311, 314, 327, 329, 331, 350, 412, 437, 439, 443, 456, 457, 462, 465, 476, 477, 478, 479, 480, 481, 482, 485, 486, 489, 490, 491

Truman, 160, 161

Tsesarsky, 247

Tujachevsky, 75, 80, 259, 270, 271, 272, 273, 274, 276, 277, 278, 279, 280, 281, 293, 294, 300, 302, 482

Tukalevsky, 240

Turok, 249, 259, 261

Uborevich, 271, 274

Uglanov, 95, 245, 258, 292

Ulrich, 144, 223, 227, 235, 245, 284, 296, 305, 307, 313

Unslichlicht, 107

Untermayer, 148, 149, 160, 162

Urey, 215

Uribe, 462, 477, 508

Uritsky, 67, 439

Urlanis, 51

Urruela, 335

Ushakov, 273

Val, 507

Valdés, 387, 513

Valdovel, 407

Valera, 355

Valtin, 100, 483

Valverde, 388

Van der Lubbe, 140

Vanderlip, 50

Vandervelde, 390, 454

Vaquero, 354

Vargas, 355

Vázquez, 394, 501

Vega, 506

Velarde, 410

Veniamin, 40

Ventura, 344, 383, 501

Vidal, 333

Vidarte, 335, 339, 343, 353, 389, 390, 400, 415, 490, 501

Villanueva, 407

Villegas, 433

Vinaixa, 355

Viñas, 489

Vincent, 390

Viner, 159

Vinogradov, 58

Vissarionovich, 181, 226, 246

Volgogódski, 58

Volker, 11

Volkov, 61

Volodarsky, 489

Volodicheva, 91

Volovich, 219, 270

Voslensky, 88

Vyshinsky, 223, 224, 227, 229, 230, 231, 232, 233, 234, 236, 237, 238, 239, 240, 241, 244, 245, 247, 249, 250, 251,

252, 255, 256, 257, 258, 259, 260, 261, 262, 263, 264, 278, 284, 285, 286, 287, 288, 289, 290, 291, 292, 293, 294, 295, 296, 297, 298, 299, 300, 301,302, 303, 304, 305, 306, 307, 308, 309, 312, 313, 314

Vysokogorets, 457

Walker, 128

Walther, 98, 112

Warburg, 8, 9, 11, 30, 31, 43, 124, 125, 126, 127, 128, 129, 131, 133, 134, 135, 136, 137, 138, 140, 141, 142, 143, 144, 147, 153, 158, 163, 175, 177, 179, 181, 252, 456

Ward, 54, 59, 60

Washington, 50

Wasserman, 144

Wassermann, 9, 153

Wasserstein, 121

Weber, 276

Weintraub, 160

Weishaupt, 12, 13, 30, 71, 157, 252, 491

Weismann, 181

Weitz, 243

Weizmann, 9, 24, 26, 28, 29, 123, 151, 152

Wellington, 324

Wennerstrum, 213

Werth, 51, 73, 77, 81, 82, 85, 86, 186, 188, 191, 200, 201, 205

Wertheimsteim, 26

Wiesenthal, 32, 277

Wilson, 7, 8, 13, 14, 15, 18, 19, 24, 29, 46, 52, 53, 126, 148, 157, 158, 159, 165, 166

Wilton, 43

Wirth, 112

Wise, 9, 13, 24, 158, 160

Wissinger, 483

Witte, 177

Wolf, 9, 100, 162, 457, 458, 485

Wolk, 124

Wolman, 162

Woods, 124

Wrangel, 64, 68

Wyzanski, 159

Yagoda, 31, 84, 201, 207, 218, 219, 220, 222, 224, 226, 247, 248, 266, 267, 268, 269, 270, 272, 284, 292, 299, 310, 311, 312, 314, 315, 438

Yagüe, 388, 390, 432, 461, 499

Yakir, 58, 269, 270, 271, 273, 274

Yakovenko, 292, 300

Yakovlev, 198, 235

Yakovleva, 300, 303, 304, 305, 306, 309, 310

Yarovslaski, 57

Yefremov, 199

Yegorov, 270, 275

Yenukidze, 273, 274, 299, 300, 302, 311, 312

Yezhov, 31, 84, 222, 223, 227, 247, 248, 256, 266, 267, 269, 270, 272, 273, 278, 283, 312, 315

Yofan, 196

Young, 21, 144, 145, 146

Yudénich, 66, 67

Yurenev, 295

Yuskin, 221, 223

Yuzhak, 182

Zaharoff, 121

Zahnschirm, 118

Zajarov, 454

Zakovsky, 284

Zalka, 459

Zalutsky, 223

Zaporozhets, 220
Zaritsky, 162
Zarubina, 248
Zborowski, 224, 225, 246, 283, 485, 489
Zeidel, 244
Zeigner, 107
Zelensky, 284, 298
Zeleny, 74
Zemlyachka, 68
Zenzínov, 58
Zeví, 22
Zhdánov, 218, 247, 266
Zhemchúzhina, 185

Zhukovsky, 247
Zilbert, 458
Zinóviev, 67, 78, 84, 90, 91, 94, 95, 96, 97, 100, 101, 102, 103, 105, 107, 215, 216, 218, 219, 222, 226, 227, 228, 230, 231, 232, 233, 234, 235, 237, 244, 245, 247, 248, 249, 266, 269, 300, 304, 312, 315, 353, 435, 491
Zorkin, 58
Zubarev, 284, 290
Zugazagoitia, 414, 474, 484, 488, 490, 501
Zulueta, 326
Zumalacárregui, 494

OTROS LIBROS PUBLICADO POR OMNIA VERITAS

Omnia Veritas Ltd presenta:

HISTORIA PROSCRITA I
LOS BANQUEROS Y LAS REVOLUCIONES

POR

VICTORIA FORNER

Los procesos revolucionarios necesitan agentes, organización y, sobre todo, financiación, dinero.

LAS COSAS NO SON A VECES LO QUE APARENTAN...

Omnia Veritas Ltd presenta:

HISTORIA PROSCRITA III
LA II GUERRA MUNDIAL Y LA POSGUERRA

POR

VICTORIA FORNER

Distintas fuerzas trabajaban para la guerra en los países europeos

MUCHOS AGENTES SERVÍAN INTERESES DE UN PARTIDO BELICISTA TRANSNACIONAL

Omnia Veritas Ltd presenta:

HISTORIA PROSCRITA IV
HOLOCAUSTO JUDÍO, NUEVO DOGMA DE FE PARA LA HUMANIDAD

POR

VICTORIA FORNER

Nunca en la historia de la humanidad se había producido una circunstancia como la que estudiaremos...

UN HECHO HISTÓRICO SE HA CONVERTIDO EN DOGMA DE FE

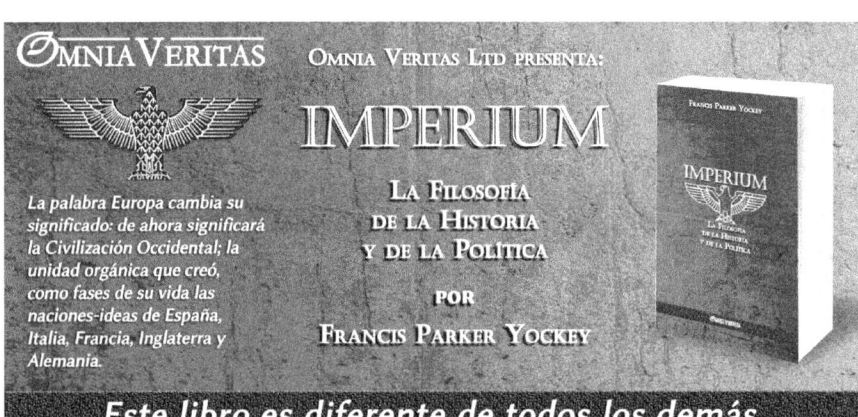
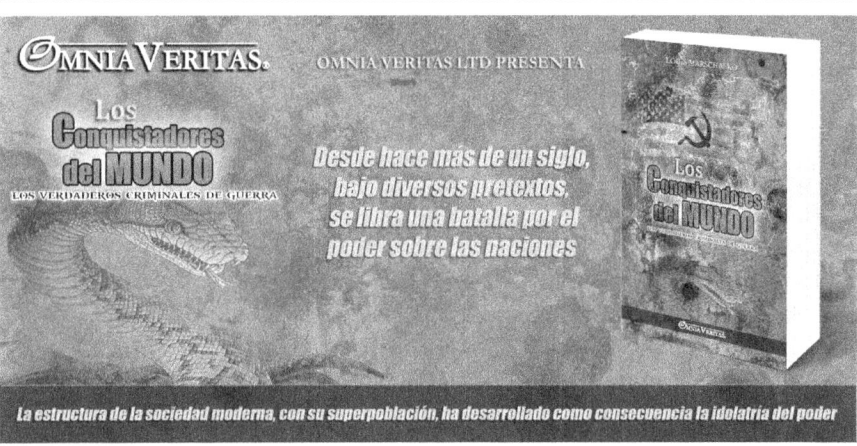

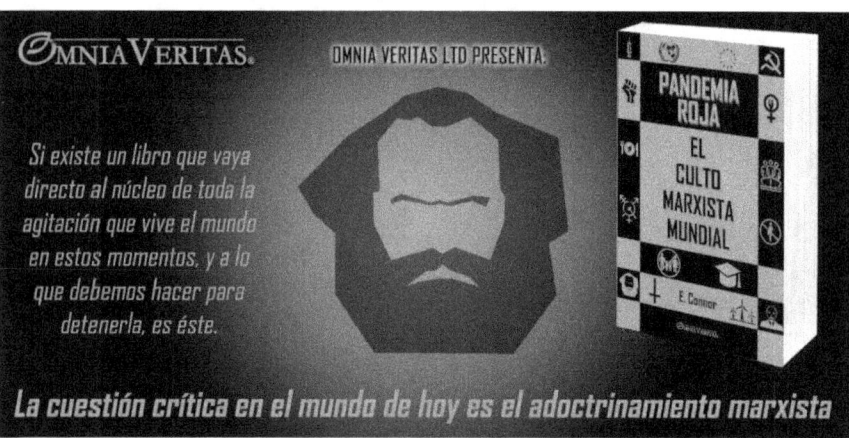

www.ingramcontent.com/pod-product-compliance
Lightning Source LLC
Chambersburg PA
CBHW060219230426
43664CB00011B/1487